Customs ACT
관세법

머리말

2003년 관세법의 출간에 따른 2006년(제1개정판), 2009년(제2개정판) 및 2014년(제3개정판)의 개정판에 이어 제4개정판을 출간하게 되었다.

제3개정판을 출간한지 4년 정도가 지났음에도 관세법을 개정하지 못하고 있다가 독자들의 요청에 따라 관세법을 비롯한 무역실무분야에 대한 다년간의 강의경험에서 느낀 점들과 강의자료를 보완·정리하여 무역업종사자나 대학의 무역학과 및 국제통상학과 학생들, 그리고 관세사, 국제무역사, 무역영어검정시험을 준비하는 많은 수험생들에게 무역실무분야에서 조금이라도 도움을 줄 수 있었으면 하는 마음으로 제3개정판을 출판하기로 하였다.

제4개정판은 2018년 8월 현재까지의 관세법, 관세법시행령 및 관세법시행규칙의 개정내용을 모두 반영하고 관세법의 내용을 알기 쉽게 이해할 수 있도록 많은 부분을 그림으로 설명하려고 노력하였다.

이 책은 크게 11개의 장과 부록으로 구성되어 있다.

제1장에서는 관세법의 기초로서 주로 관세행정기구, 관세행정 및 수출입의 정의를 다루었다.

제2장 및 제3장에서는 과세요건으로서 과세물건, 납세의무자, 과세표준, 관세율, 탄력관세제도 및 기타 관세를, 과세와 징수로서 세액의 확정, 관세의 징수절차 및 관세채권의 확보를 다루었다.

제4장에서는 감면·환급 및 분할납부로서 감면세제도, 관세환급제도 및 관세의 분할납부제도를 다루었다.

제5장부터 제7장까지에서는 운송수단으로서 선박과 항공기, 차량을, 보세구역으로서 지정보세구역, 특허보세구역 및 종합보세구역을, 운송으로서 보세운송, 내국운송 및 보세운송업자를 다루었다.

제8장에서는 통관으로서 수입통관절차, 수출통관절차, 반송통관절차 및 간이통관절차를 다루었다.

제9장부터 제11장까지에서는 납세자의 권리 및 불복절차, 세관공무원의 자료제출요청, 벌칙 및 조사와 처분을 다루었다.

부록에서는 관세법, 관세법시행령 및 관세법시행규칙을 수록하였다.

필자는 누구든지 무역실무를 쉽게 이해하고 접근할 수 있는 관세법의 지침서를 제공하겠다는 마음으로 집필을 시작하였지만 당초의 의도와 달리 부족한 점이 많을 것으로 생각한다.

이 책의 제4개정판의 출간 이후에도 부족한 부분을 계속해서 보완해 나갈 것이며 관세법의 개정 및 제도의 변화를 즉시 수용하여 반영할 것을 약속하는 바이다. 아무쪼록 이 제4개정판이 대학의 무역 및 국제통상학과 학생들뿐만 아니라 일선의 무역실무가에게 조금이라도 도움이 되어 무역실무(무역상무)분야의 학문적 발전과 무역거래의 원활한 진행에 일조할 수 있기를 희망하는 바이다.

그 동안 학문발전에 아낌없는 조언과 많은 질책을 해 주신 필자의 지도교수이며 건국대학교의 국제무역학과를 정년퇴임하신 최의목 교수님과 학부과정의 무역실무 및 신용장과목을 시작으로 대학원 석·박사과정에 이르기까지 무역실무분야의 학문발전에 영향을 주시고 건국대학교를 정년퇴임하신 김용복 교수님께도 깊이 감사드리며 아울러 이 책을 기꺼이 출판해 주신 한올출판사 임순재 사장님 그리고 편집부 관계자 여러분께도 깊이 감사드리는 바이다.

2018년 8월

전 순 환

CONTENTS

CONTENTS

CONTENTS

Chapter 3 부과와 징수 _204

Chapter 4 감면·환급 및 분할납부 _256

CONTENTS

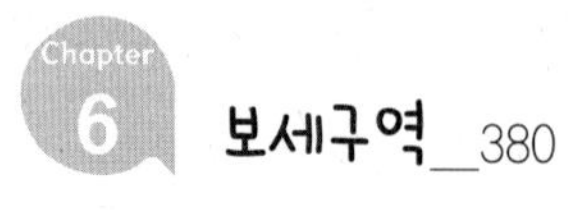

Chapter 6 보세구역_380

Chapter 7 운 송_466

C O N T E N T S

CONTENTS

Chapter
1
관세법의
기초

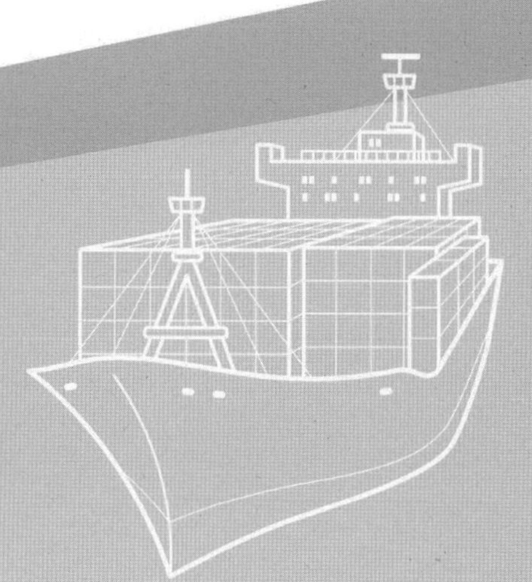

제1절 관세법의 개요

제2절 관세행정기관

제3절 관세행정

제4절 수출입, 반송 및 통관의 정의

Chapter 1

관세법의 기초

제1절 관세법의 개요

관세법(Customs Act)은 관세행정의 기본법으로서 1949년 11월 19일에 제정·공포되어 여러 차례 개정을 거듭하여 현재에 이르고 있다.

Ⅰ. 관세법의 목적

관세법은 관세의 부과(imposition)·징수(collection) 및 수출입물품의 통관(customs clearance)을 적정하게 하고 관세수입을 확보함으로써 국민경제의 발전에 이바지함을 목적으로 한다(법 제1조).

즉, 관세법의 목적은 관세의 부과·징수와 수출입물품의 적정한 통관, 관세수입의 확보 등의 수단을 통하여 국민경제의 발전을 도모하는 것이다.

관세법의 목적과 성격

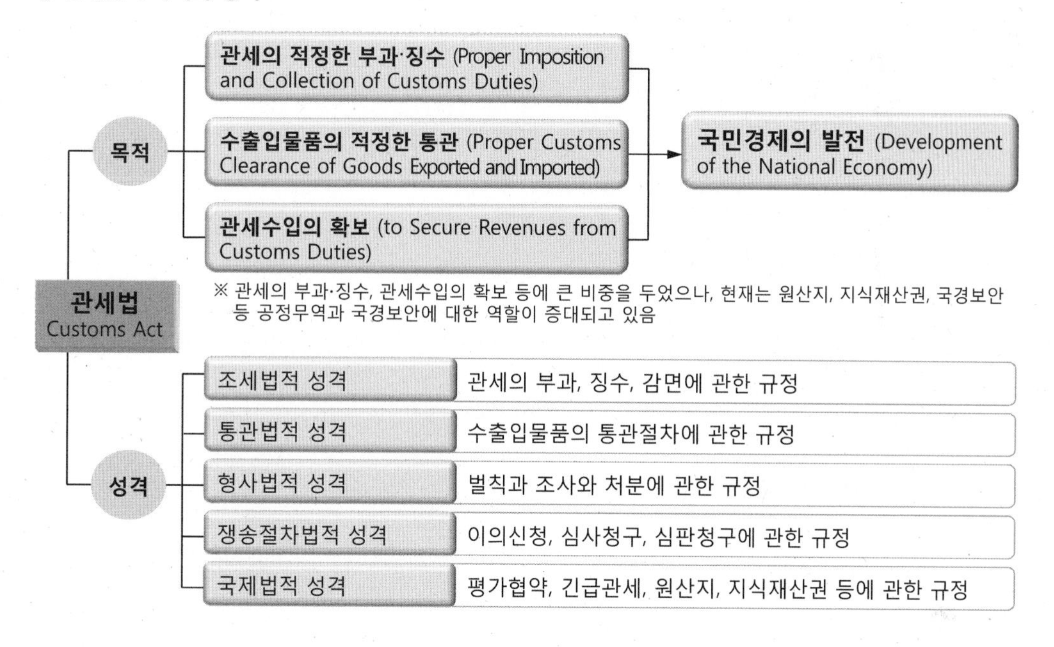

Ⅱ. 관세법의 성격

1. 조세법적 성격

관세법은 세법으로서, 관세의 부과·징수·감면에 관한 규정을 두고 있으며, 징수의 확보를 위하여 보세제도·운송기관에 대한 규제·처벌 등을 규정하고 있다. 즉, 관세의 납세의무 등 과세요건과 감면요건을 규정하고 있다는 측면에서 볼 때, 관세법은 조세법적 성격을 가지고 있는 것이다.

2. 통관법적 성격

관세행정은 관세의 징수와 동시에 통관이 이루어진다. 즉, 수입의 경우에는 관세의 징수와 동시에 통관이 이루어지는 반면, 수출의 경우에는 관세의 징수는 이루어지지 않고 통관만이 이루어진다는 측면에서 볼 때, 관세법은 통관법적 성격을 가지고 있는 것이다.

3. 형사법적 성격

관세법이 관세징수와 통관의 적정을 확보하기 위한 수단으로서 벌칙과 조사 및 처분에 관한 규정을 두고 있다는 측면에서 볼 때, 관세법은 형사법적 성격을 가지고 있는 것이다.

4. 쟁송절차법적 성격

관세법이 이의신청, 심사청구, 심판청구 등에 관한 규정을 두고 있다는 측면에서 볼 때, 관세법은 쟁송절차법적 성격을 가지고 있는 것이다.

5. 국제법적 성격

관세법이 평가협약, 긴급관세, 원산지, 지식재산권 등에 관한 규정을 두고 있다는 측면에서 볼 때, 관세법은 쟁송절차법적 성격을 가지고 있는 것이다.

Ⅲ. 관세법령의 관리체계

「관세법」은 「관세법」에서 위임된 사항과 그 시행에 필요한 사항을 규정한 관세법시행령과 「관세법」과 관세법시행령의 시행에 필요한 사항과 관세법시행령이 위임한 사항을 규정한 관세법시행규칙으로 구성되어 있다.

관세법과 관련하여, 수출용원재료에 대한 관세등 환급에 관한 특례법·시행령·시행규칙·사무처리고시, SOFA특례법, 관세사법·시행령·시행규칙, 세계무역기구협정의 이행에 관한 특례법, 세계무역기구협정 등에 따른 양허관세규정 등이 있다.

관세법령의 관리체계

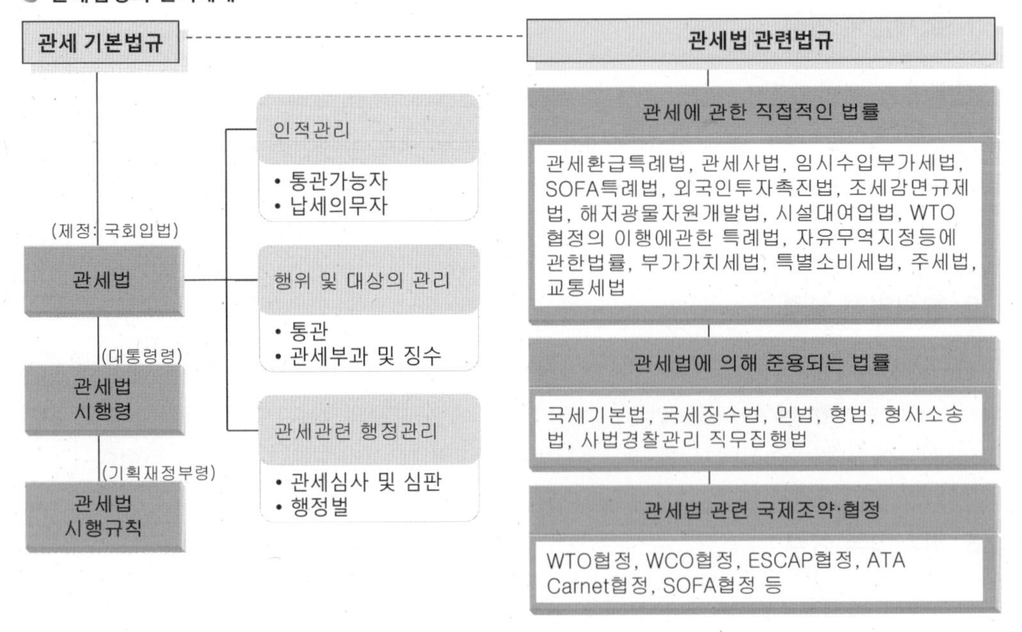

Ⅳ. 관세법령의 구성

관세법은 총 13개장과 부칙으로 구성되어 관세의 부과·징수 및 통관에 관한 사항을 포괄적으로 규정하고 있으며, 별표로서 관세율표가 부속되어 있다.

관세법령의 구성

	관세법	관세법시행령	관세법시행규칙
1장	총칙 (제1조~제13조)	총칙 (제1조~제4조)	
2장	과세가격과 관세의 부과·징수등 (제14조~제48조)	과세가격과 관세의 부과·징수등 (제5조~제56조)	
3장	세율 및 품목분류 (제49조~제87조)	세율 및 품목분류 (제57조~제107조)	
4장	감면·환급 및 분할납부 등 (제88조~제109조)	감면·환급 및 분할납부 등 (제108조~제134조)	
5장	납세자의 권리 및 불복절차 (제110조~제132조)	납세자의 권리 및 불복절차 (제135조~제154조)	
6장	운송수단 (제133조~제153조)	운송수단 (제155조~제173조)	제1조~제87조
7장	보세구역 (제154조~제212조)	보세구역 (제174조~제225조)	
8장	운송 (제213조~225조)	운송 (제226조~232조)	
9장	통관 (제226조~제261조)	통관 (제233조~제263조)	
10장	세관공무원의 자료 제출 요청 등 (제262조~제268조)	세관공무원의 자료제출요청 등 (제264조)	
11장	벌칙 (제268조의2~제282조)	과태료의 부과 (제265조~제266조)	
12장	조사와 처분 (제283조~제319조)	조사와 처분 (제267조~제273조)	
13장	보칙 (제320조~제329조)	보칙 (제273조의2~제288조)	
부칙			
별표			

Ⅴ. 관세법 적용의 원칙(Principle of Applying Customs Act)

관세법은 과세권을 행사함에 있어서 과세형평의 원칙, 합목적성의 원칙 등의 관세법 해석기준과 소급과세의 금지원칙을 규정하고 있다.

제1항 및 제2항의 기준에 맞는 이 법의 해석에 관한 사항은 「국세기본법」 제18조의2에 따른 국세예규심사위원회에서 심의할 수 있으며, 이 법의 해석에 관한 질의회신의 처리 절차 및 방법 등에 관하여 필요한 사항은 대통령령으로 정한다 (법 제5조 제3항 및 제4항)

1. 관세법 해석의 기준과 소급과세의 금지

(1) 관세법 해석의 기준(Standards of Legal Interpretations)

관세법을 해석하고 적용할 때에는 과세의 형평(equity of duty imposition)과 해당 조항의 합목적성(basic objectives)에 비추어 납세자의 재산권(property right of any duty payer)을 부당하게 침해하지 아니하도록(is not unfairly infringed) 하여야 한다(법 제5조 제1항).

(가) 과세형평의 원칙

과세형평의 원칙이란 관세법을 해석 하고 적용할 때 납세자의 재산권을 부당하게 침해하지 않도록 과세자와 납세자간 또는 다른 납세자간에 공평하여야 한다는 원칙이다.

(나) 합목적성의 원칙

합목적성의 원칙이란 법규의 개개의 조항을 해석하는데 있어서는 개개조항의 형식이나 그 문리 해석에만 집착하지 말고 그 법규전체가 내포하고 있는 입법취지 등의 기본이념을 기초로 하여 그 조항의 목적 등을 종합적으로 고려하여 해석하여야 한다는 것이다.

(2) 소급과세의 금지(Prohibition on Retroactive Imposition of Customs Duties)

관세법의 해석이나 관세행정의 관행(practices of the tariff administration)이 일반적으로 납세자(duty payers)에게 받아들여진 후에는 그 해석(such interpretation) 또는 관행에 따른 행위(act) 또는 계산(calculation)은 정당한 것으로 보며(shall be deemed justifiable), 새로운 해석이나 관행(new interpretation or new practices)에 따라 소급하여(retroactively) 과세되지 아니한다(법 제5조 제2항).

(3) 관세법 해석에 관한 질의회신의 절차와 방법

제1항 및 제2항의 기준에 맞는 이 법의 해석에 관한 사항은 「국세기본법」 제18조의2에 따른 국세예규심사위원회에서 심의할 수 있으며, 이 법의 해석에 관한 질의회신의 처리 절차 및 방법 등에 관하여 필요한 사항은 대통령령으로 정한다(법 제5조 제3항 및 제4항).

(가) 질의회신

기획재정부장관 및 관세청장은 법의 해석과 관련된 질의에 대하여 법 제5조에 따른 해석의 기준에 따라 해석하여 회신하여야 한다(영 제1조의3 제1항).

(나) 회신문서의 송부

관세청장은 회신한 문서의 사본을 해당 문서의 시행일이 속하는 달의 다음 달 말일까지 기획재정부장관에게 송부하여야 한다(영 제1조의3 제2항).

(다) 해석요청

관세청장은 법의 해석과 관련된 질의가 「국세기본법 시행령」 제9조의3 제1항의 어느 하나에 해당한다고 인정하는 경우에는 기획재정부장관에게 의견을 첨부하여 해석을 요청하여야 한다(영 제1조의3 제3항).

관세법 해석에 관한 질의회신의 절차와 방법

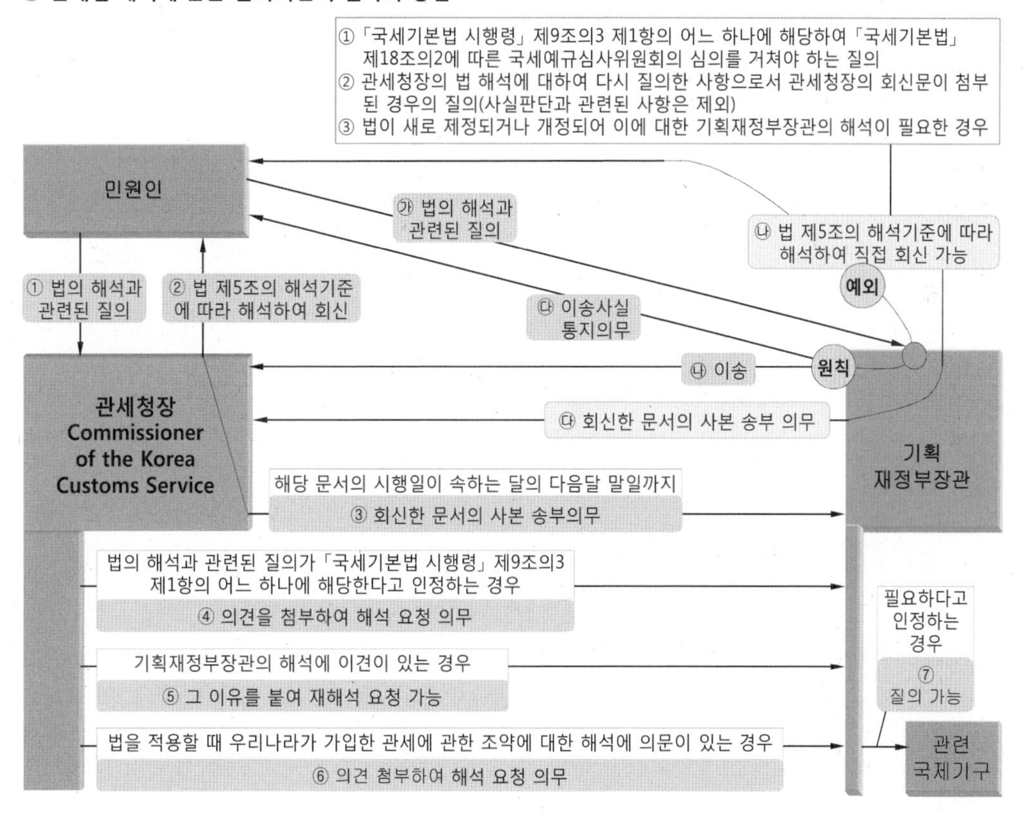

(라) 재해석요청

관세청장은 기획재정부장관의 해석에 이견이 있는 경우에는 그 이유를 붙여 재해석을 요청할 수 있다(영 제1조의3 제4항).

(마) 질의의 이송

기획재정부장관에게 제출된 법 해석과 관련된 질의는 관세청장에게 이송하고 그 사실을 민원인에게 알려야 한다. 다만, 다음의 어느 하나에 해당하는 경우에는 기획재정부장관이 직접 회신할 수 있으며, 이 경우 회신한 문서의 사본을 관세청장에게 송부하여야 한다(영 제1조의3 제5항).

① 「국세기본법 시행령」 제9조의3제1항 각 호의 어느 하나에 해당하여 「국세기본법」 제18조의2에 따른 국세예규심사위원회의 심의를 거쳐야 하는 질의

② 관세청장의 법 해석에 대하여 다시 질의한 사항으로서 관세청장의 회신문이 첨부된 경우의 질의(사실판단과 관련된 사항은 제외)

③ 법이 새로 제정되거나 개정되어 이에 대한 기획재정부장관의 해석이 필요한 경우

(바) 조약에 대한 해석

관세청장은 법을 적용할 때 우리나라가 가입한 관세에 관한 조약에 대한 해석에 의문이 있는 경우에는 기획재정부장관에게 의견을 첨부하여 해석을 요청하여야 한다. 이 경우 기획재정부장관은 필요하다고 인정될 때에는 관련 국제기구에 질의할 수 있다(영 제1조의3 제6항).

(사) 그 밖의 규정

위의 제1항부터 제6항까지에서 규정한 사항 외에 법 해석에 관한 질의회신 등에 필요한 사항은 기획재정부령으로 정한다(영 제1조의3 제7항).

Ⅵ. 납세자와 세관공무원의 의무

1. 신의성실(Good Faith and Sincerity)

납세자(Every duty payer)가 그 의무(his obligations)를 이행할 때에는 신의(in good faith)에 따라 성실하게 하여야 한다. 세관공무원(customs officer)이 그 직무(his duties)를 수행할 때에도 또한 같다(법 제6조).

납세자와 세관공무원의 의무	
신의성실 (Good Faith and Sincerity)	납세자가 그 의무를 이행할 때에는 신의에 따라 성실하게 하여야 한다. 세관공무원이 그 직무를 수행할 때에도 또한 같다. [법 제6조
세관공무원의 재량의 한계 (Limits on Discretion of Customs Officers)	세관공무원은 그 재량에 따라 직무를 수행할 때에는 과세의 형평과 이 법의 목적에 비추어 일반적으로 타당하다고 인정되는 한계를 엄수하여야 한다. [법 제7조

2. 세관공무원의 재량의 한계(Limits on Discretion of Customs Officers)

세관공무원(Every customs officer)은 그 재량에 따라 직무를 수행할 때에는 과세의 형평(equality of duty imposition)과 이 법의 목적(objectives of this Act)에 비추어 일반적으로 타당하다고 인정되는 한계를 엄수(adhere to the limits)하여야 한다(법 제7조).

제2절 관세행정기관

관세행정기관에는 실제로 기획·집행을 하는 일반행정기관으로서 기획재정부, 관세청, 세관 등이 있으며, 특정사항에 대하여 심의·의결하는 행정위원회 또는 회의로서 관세품목분류위원회, 관세정보공개심의위원회, 관세심사위원회, 보세판매장 특허심사위원회, 무역원활화위원회, 관세체납정리위원회, 원산지확인위원회, 원산지표시위반단속기관협의회, 수출입물품안전관리기관협의회 등이 있다.

Ⅰ. 관세의 중앙행정기관

1. 기획재정부

기획재정부에는 관세에 관한 사무를 관장하는 보조기관으로서, 조세정책 및 제도의 기획·입안 및 총괄·조정하는 세제실이 있다. 세제실에는 관세정책관이 있으며, 이 관세정책관은 관세에 관한 정책의 수립 및 관세제도의 기획·입안에 관하여 세제실장을 보좌한다.

2. 관세청

기획재정부에는 관세의 부과·감면 및 징수와 수출입물품의 통관 및 밀수출입단속에 관한 사무를 관장하기 위하여 관세청을 두고 있다.

관세청 조직

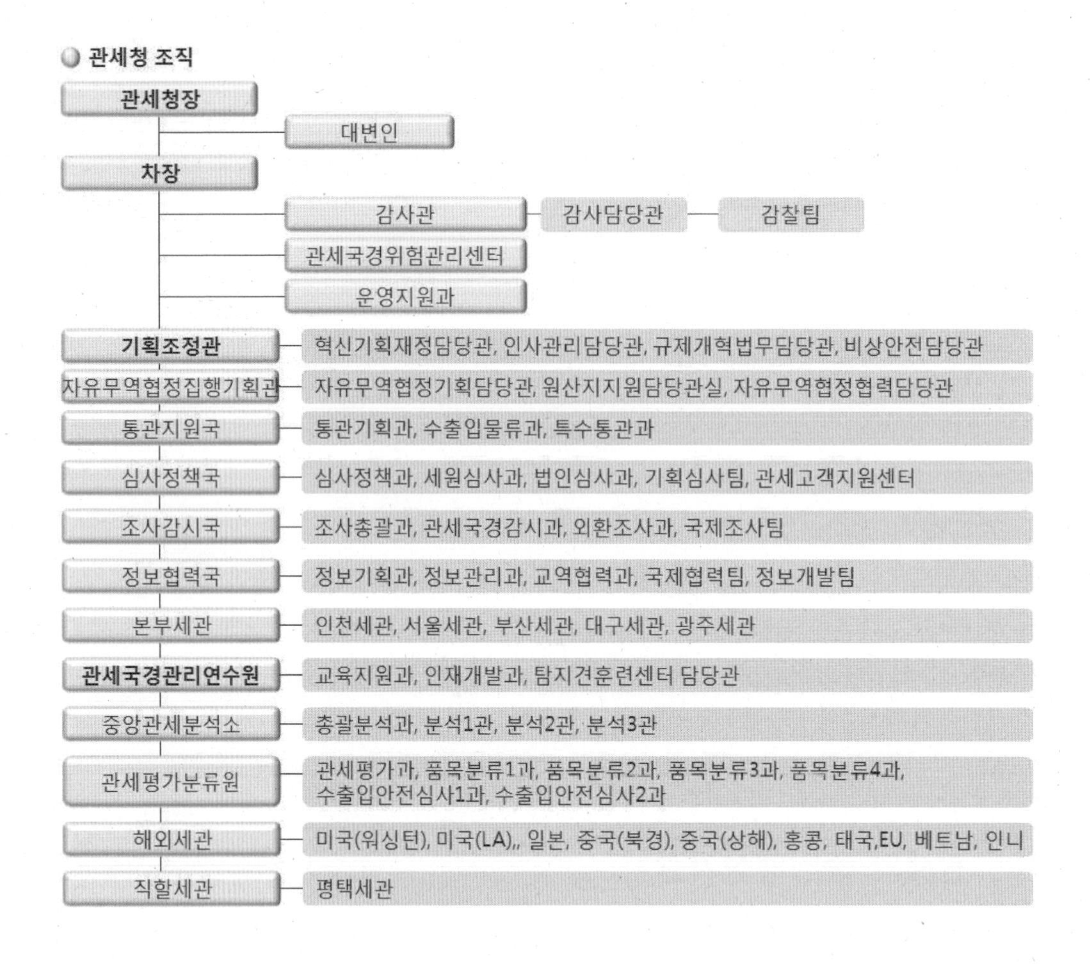

3. 세관

(1) 의의

세관은 주로 개항과 내륙공업지역에 설치되어 있으며, 관세청장 소속하에 6개 본부세관, 40개 세관, 5개 감시소를 두고 있다.

세관 조직

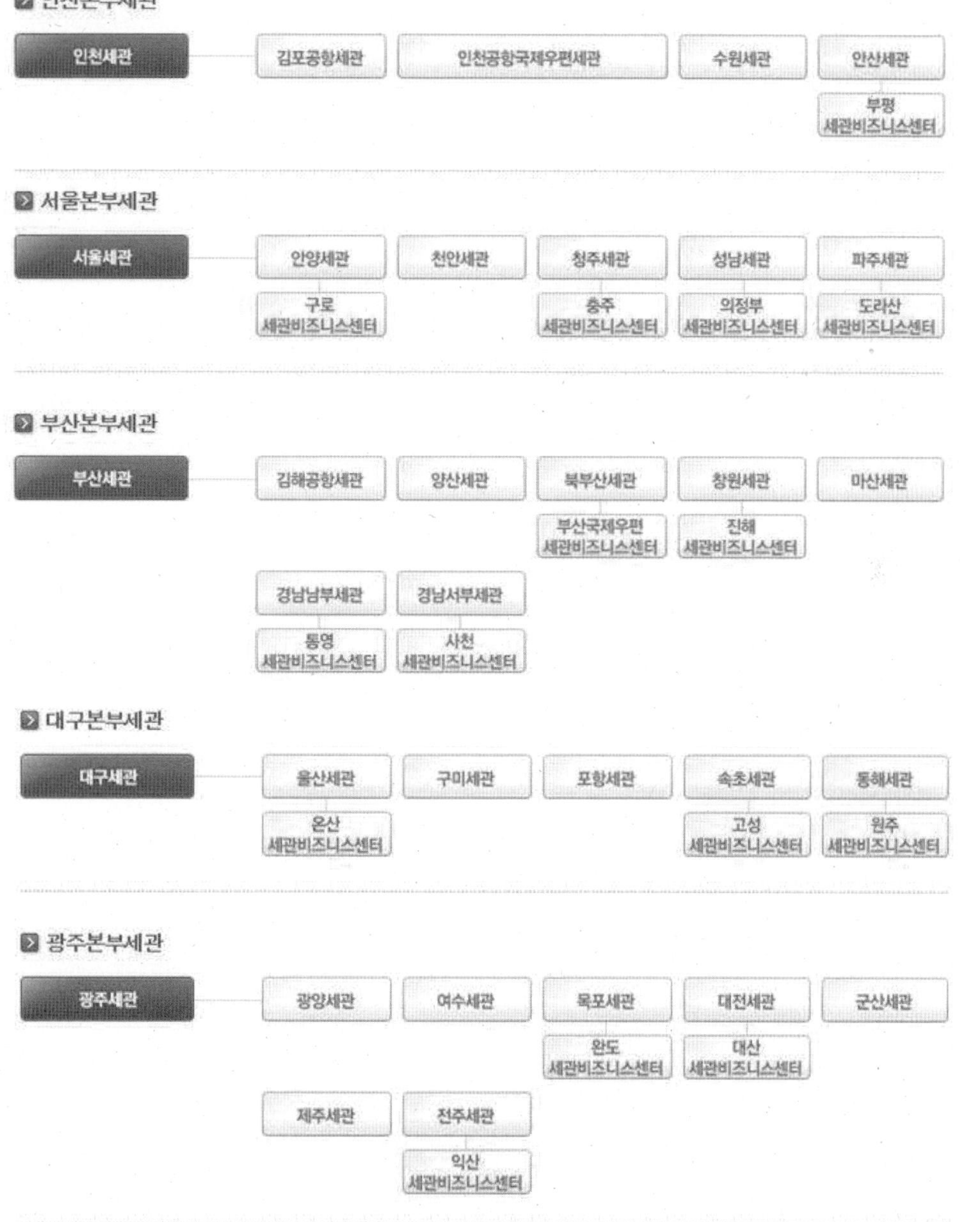

인천본부세관
인천세관
김포공항세관
인천공항국제우편세관
수원세관
안산세관
부평 세관비즈니스센터
서울본부세관
서울세관
안양세관
천안세관
청주세관
성남세관
파주세관
구로 세관비즈니스센터
충주 세관비즈니스센터
의정부 세관비즈니스센터
도라산 세관비즈니스센터
부산본부세관
부산세관
김해공항세관
양산세관
북부산세관
창원세관
마산세관
부산국제우편 세관비즈니스센터
진해 세관비즈니스센터
경남남부세관
경남서부세관
통영 세관비즈니스센터
사천 세관비즈니스센터
대구본부세관
대구세관
울산세관
구미세관
포항세관
속초세관
동해세관
온산 세관비즈니스센터
고성 세관비즈니스센터
원주 세관비즈니스센터
광주본부세관
광주세관
광양세관
여수세관
목포세관
대천세관
군산세관
완도 세관비즈니스센터
대산 세관비즈니스센터
제주세관
전주세관
익산 세관비즈니스센터
평택직할세관
평택직할세관

(2) 세관의 기능

세관의 기능은 수입되는 물품에 관세를 부과·징수하여 국가재정수입을 확보하고, 수출입물품의 통관이 적법한 절차에 따라 이루어지도록 하여 대외무역질서를 확립하는 것이다.

세관의 기능

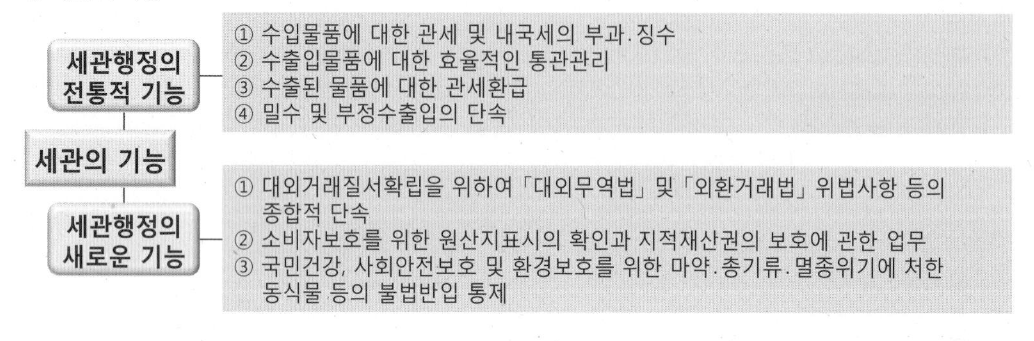

(가) 세관행정의 전통적 기능

세관행정의 전통적 기능은 다음과 같다.

① 수입물품에 대한 관세 및 내국세의 부과·징수
② 수출입물품에 대한 효율적인 통관관리
③ 수출된 물품에 대한 관세환급
④ 밀수 및 부정수출입의 단속

(나) 세관행정의 새로운 기능

세관행정의 새로운 기능은 다음과 같다.

① 대외거래질서확립을 위하여 「대외무역법」 및 「외환거래법」 위법사항 등의 종합적 단속
② 소비자보호를 위한 원산지표시의 확인과 지적재산권의 보호에 관한 업무
③ 국민건강, 사회안전보호 및 환경보호를 위한 마약·총기류·멸종위기에 처한 동식물 등의 불법반입 통제

(3) 세관의 업무시간 및 물품취급시간

세관의 업무시간, 보세구역과 운송수단에 있어서의 물품의 취급시간은 대통령령으로 정하는 바에 따르는 바, 세관의 업무시간과 보세구역 및 운송수단의 물품의 취급시간은 다음의 구분에 따른다(법 제321조 제1항 및 영 제274조).

① 세관의 업무(개청)시간 및 운송수단의 물품취급시간 : 「국가공무원 복무규정」에 따른 공무원의 근무시간. 다만, 항공기 · 선박 등이 상시 입 · 출항하는 등 세관의 업무 특성상 필요한 경우에 세관장(Head of Customhouse)은 관세청장의 승인을 받아 부서별로 근무시간을 달리 정할 수 있다.

② 보세구역의 물품취급시간 : 24시간. 다만, 감시 · 단속을 위하여 필요한 경우 세관장(Head of Customhouse)은 그 시간을 제한할 수 있다.

◉ 세관의 업무시간 및 물품취급시간 (법 제321조 제1항 및 영 제274조)

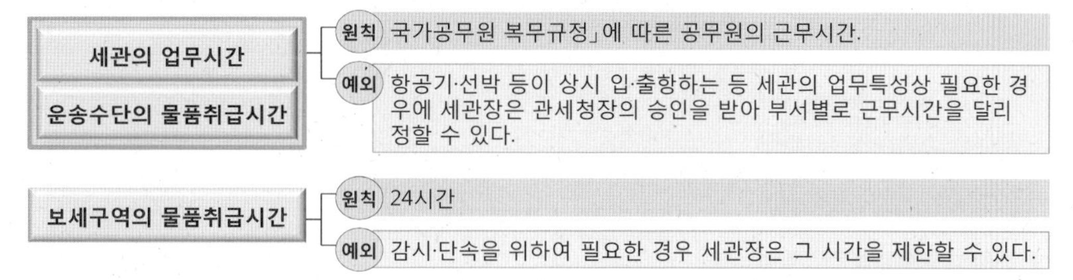

(4) 임시업무시간(세관의 업무시간외 및 운송수단의 물품취급시간외 물품취급)

임시업무(세관의 업무시간외 및 운송수단의 물품취급시간외 물품취급)는 선적 및 양륙이 긴급하게 요청되는 긴급물품인 경우에 세관의 정상적인 근무시간 외에 세관직원을 근무하게 하여 수출입통관절차 등의 세관업무를 신속하게 처리하도록 하는 것을 말한다.

즉, 다음의 어느 하나에 해당하는 자는 대통령령으로 정하는 바에 따라 세관장에게 미리 통보하여야 하는 바, 이에 따른 사전통보는 부득이한 경우를 제외하고는 「국가공무원 복무규정」에 의한 공무원의 근무시간 내에 하여야 한다(법 제321조 제2항 및 영 제275조 제4항).

① 세관의 업무시간이 아닌 때에 통관절차 · 보세운송절차 또는 입출항절차를 밟으려는 자
② 운송수단의 물품취급시간이 아닌 때에 물품을 취급하려는 자

(가) 세관의 업무시간외 물품취급에 대한 통보

상기의 "세관의 업무시간이 아닌 때에 통관절차·보세운송절차 또는 입출항절차를 밟으려는 자"는 대통령령으로 정하는 바에 따라 세관장(Head of Customhouse)에게 미리 통보하여야 하는 바, 공휴일 또는 세관의 업무시간이 아닌 때에 통관절차·보세운송절차 또는 입출항절차를 밟으려는 자는 사무의 종류 및 시간과 사유 등 "다음의 사항"을 기재한 통보서를 세관장(Head of Customhouse)에게 제출하여야 한다. 다만, 수출·수입·반송의 신고를 하여야 하는 우편물외의 우편물에 대하여는 그러하지 아니하다(법 제321조 제2항 및 영 제275조 제1항·제3항).

① 해당 물품의 내외국물품의 구분과 품명 및 수량
② 포장의 종류·번호 및 개수
③ 취급물품의 종류
④ 물품취급의 시간 및 장소

◉ 임시업무시간 (세관의 업무시간외 및 운송수단의 물품취급시간외 물품취급)

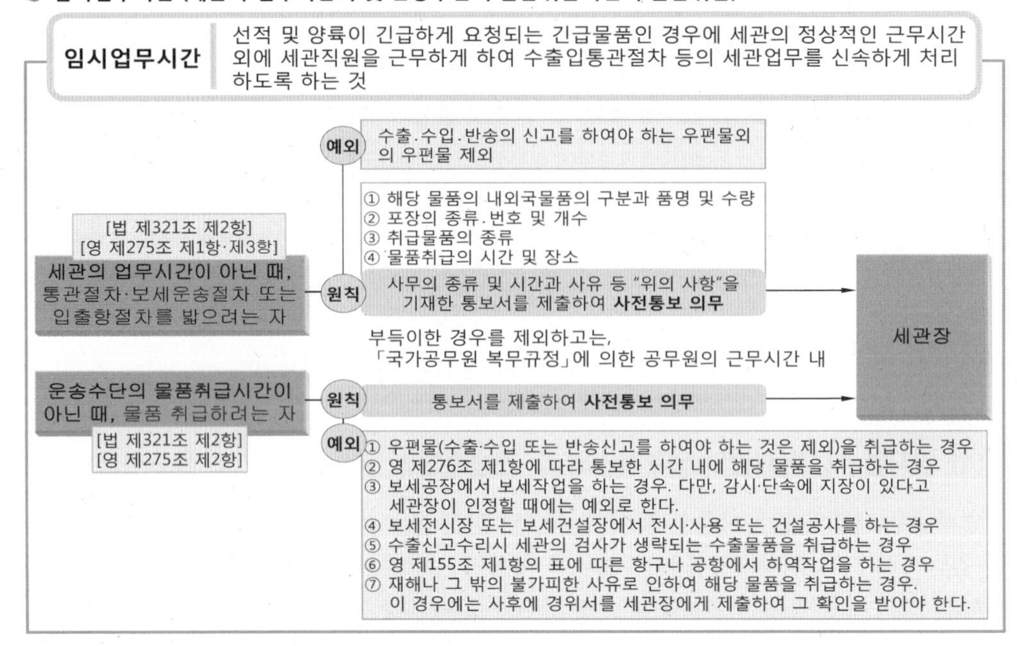

(나) 운송수단의 물품취급시간외 물품취급에 대한 통보

상기의 "운송수단의 물품취급시간이 아닌 때에 물품을 취급하려는 자"는 대통령령으로 정하는 바에 따라 세관장(Head of Customhouse)에게 미리 통보하여야 하는 바, 물품취급시간이 아닌 때에 물품의 취급을 하려는 자는 다음의 어느 하나에 해당하는 경우를 제외하고는 통보서를 세관장에게 제출하여야 한다(법 제321조 제2항 및 영 제275조 제2항).

① 우편물(법 제241조의 규정에 의하여 신고를 하여야 하는 것은 제외한다)을 취급하는 경우
② 제1항에 따라 통보한 시간내에 해당 물품의 취급을 하는 경우
③ 보세공장에서 보세작업을 하는 경우. 다만, 감시 · 단속에 지장이 있다고 세관장이 인정할 때에는 예외로 한다.
④ 보세전시장 또는 보세건설장에서 전시 · 사용 또는 건설공사를 하는 경우
⑤ 수출신고수리시 세관의 검사가 생략되는 수출물품을 취급하는 경우
⑥ 제155조 제1항에 따른 항구나 공항에서 하역작업을 하는 경우
⑦ 재해 그 밖의 불가피한 사유로 인하여 해당 물품을 취급하는 경우. 이 경우에는 사후에 경위서를 세관장에게 제출하여 그 확인을 받아야 한다.

(다) 세관의 업무시간외 및 운송수단의 물품취급시간외 물품취급에 따른 수수료

위의 ① 세관의 업무시간이 아닌 때에 통관절차 · 보세운송절차 또는 입출항절차를 밟으려고 하거나 또는 ② 운송수단의 물품취급시간이 아닌 때에 물품을 취급하려고 하여 세

관장(Head of Customhouse)에게 사전통보를 한 자는 기획재정부령으로 정하는 바에 따라 수수료를 납부하여야 하는 바, 납부하여야 하는 "세관의 업무시간외 통관절차 · 보세운송절차 또는 입출항절차에 관한 수수료(구호용 물품의 경우 해당 수수료를 면제한다)"는 기본수수료 4천원(휴일은 1만 2천원)에 다음의 구분에 따른 금액을 합한 금액으로 한다. 다만, 수출물품의 통관절차 또는 출항절차에 관한 수수료는 수입물품의 통관절차 또는 출항절차에 관한 수수료의 1/4에 상당하는 금액으로 한다(법 제321조 제3항 및 규칙 제81조 제1항).

① 오전 6시부터 오후 6시까지: 1시간당 3천원
② 오후 6시부터 오후 10시까지: 1시간당 4천8백원
③ 오후 10시부터 그 다음날 오전 6시까지: 1시간당 7천원

위의 수수료를 계산함에 있어서 관세청장이 정하는 물품의 경우 여러 건의 수출입물품을 1건으로 하여 통관절차·보세운송절차 또는 입출항절차를 신청하는 때에는 이를 1건으로 한다(규칙 제81조 제2항).

세관의 업무시간외 및 운송수단의 물품취급시간외(임시업무시간) 물품취급에 따른 수수료

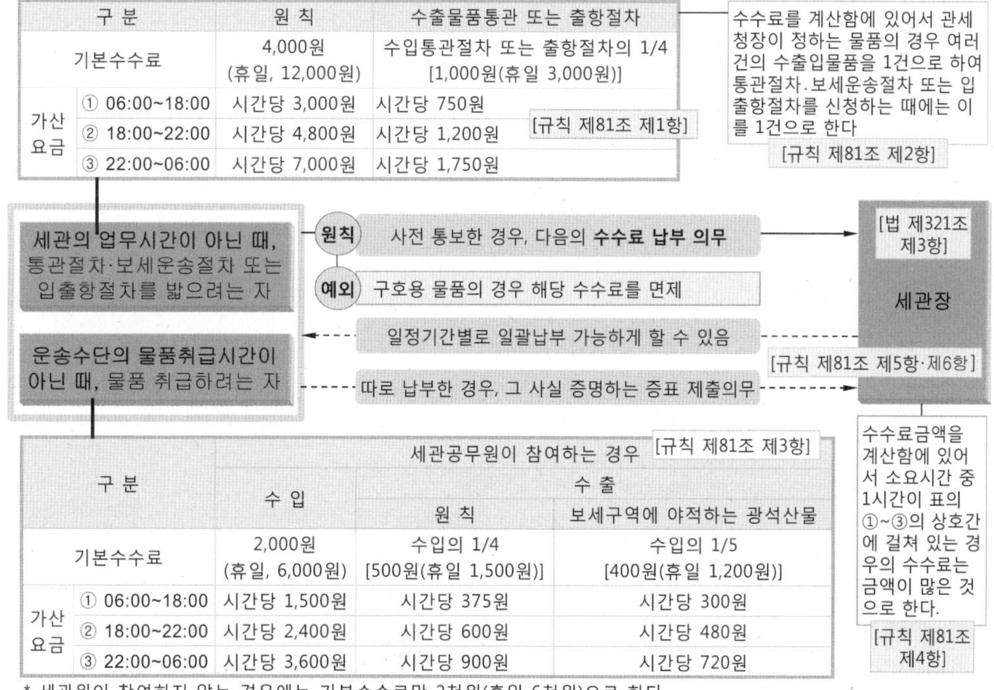

구 분		원 칙	수출물품통관 또는 출항절차
기본수수료		4,000원 (휴일, 12,000원)	수입통관절차 또는 출항절차의 1/4 [1,000원(휴일 3,000원)]
가산요금	① 06:00~18:00	시간당 3,000원	시간당 750원
	② 18:00~22:00	시간당 4,800원	시간당 1,200원
	③ 22:00~06:00	시간당 7,000원	시간당 1,750원

구 분		세관공무원이 참여하는 경우		
		수 입	수 출	
			원 칙	보세구역에 야적하는 광석산물
기본수수료		2,000원 (휴일, 6,000원)	수입의 1/4 [500원(휴일 1,500원)]	수입의 1/5 [400원(휴일 1,200원)]
가산요금	① 06:00~18:00	시간당 1,500원	시간당 375원	시간당 300원
	② 18:00~22:00	시간당 2,400원	시간당 600원	시간당 480원
	③ 22:00~06:00	시간당 3,600원	시간당 900원	시간당 720원

* 세관원이 참여하지 않는 경우에는 기본수수료만 2천원(휴일 6천원)으로 한다

(라) 운송수단의 물품취급시간외 물품취급에 따른 수수료

위의 ① 세관의 업무시간이 아닌 때에 통관절차·보세운송절차 또는 입출항절차를 밟으려고 하거나 또는 ② 운송수단의 물품취급시간이 아닌 때에 물품을 취급하려고 하여 세관장(Head of Customhouse)에게 사전통보를 한 자는 기획재정부령으로 정하는 바에 따라

수수료를 납부하여야 하는 바, 납부하여야 하는 "물품취급시간외의 물품취급에 관한 수수료"는 해당 물품을 취급하는 때에 세관공무원이 참여하는 경우에는 기본수수료 2천원(휴일은 6천원)에 다음의 어느 하나에 해당하는 금액을 합한 금액으로 하며, 세관공무원이 참여하지 아니하는 경우에는 기본수수료 2천원(휴일은 6천원)으로 한다. 다만, 수출물품을 취급하는 때에는 그 금액의 1/4에 상당하는 금액(보세구역에 야적하는 산물인 광석류의 경우에는 그 금액의 1/5에 상당하는 금액)으로 한다(법 제321조 제3항 및 규칙 제81조 제3항).

① 오전 6시부터 오후 6시까지 : 1시간당 1천5백원
② 오후 6시부터 오후 10시까지 : 1시간당 2천4백원
③ 오후 10시부터 그 다음날 오전 6시까지 : 1시간당 3천6백원

(마) 세관의 업무시간외 및 운송수단의 물품취급시간외 물품취급에 따른 수수료의 금액

수수료금액을 계산함에 있어서 소요시간 중 1시간이 위의 ①~③의 상호간에 걸쳐 있는 경우의 수수료는 금액이 많은 것으로 한다(규칙 제81조 제4항).

또한, 세관장(Head of Customhouse)은 수수료를 일정기간별로 일괄하여 납부하게 할 수 있으며, 수수료를 납부하여야 하는 자가 관세청장이 정하는 바에 따라 이를 따로 납부한 때에는 그 사실을 증명하는 증표를 세관장(Head of Customhouse)에게 제출하여야 한다(규칙 제81조 제5항 및 제6항).

(5) 세관설비의 사용

물품장치나 통관을 위한 세관설비를 사용하려는 자는 기획재정부령으로 정하는 사용료를 납부하여야 한다(법 제323조).

세관설비의 사용

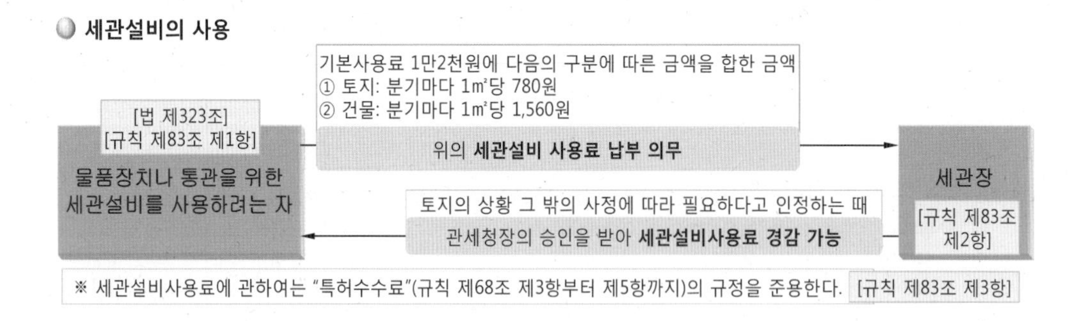

(가) 세관설비사용료

납부하여야 하는 세관설비사용료는 기본사용료 1만2천원에 다음의 구분에 따른 금액을 합한 금액으로 한다(규칙 제83조 제1항).

① 토지: 분기마다 1㎡당 780원

② 건물: 분기마다 1㎡당 1,560원

(나) 세관설비사용료의 경감

세관장(Head of Customhouse)은 토지의 상황 그 밖의 사정에 따라 필요하다고 인정하는 때에는 관세청장의 승인을 받아 세관설비사용료를 경감할 수 있다(규칙 제83조 제2항).

(다) 세관설비사용료의 준용규정

세관설비사용료에 관하여는 "특허수수료"(규칙 제68조 제3항부터 제5항까지)의 규정을 준용한다(규칙 제83조 제3항).

세관설비사용료는 분기단위로 매분기말까지 다음 분기분을 납부하되, 특허보세구역의 설치·운영에 관한 특허가 있은 날이 속하는 분기분의 수수료는 이를 면제한다. 이 경우 운영인이 원하는 때에는 1년 단위로 일괄하여 미리 납부할 수 있다(규칙 제83조 제3항: 제68조 제3항 준용).

세관설비사용료를 계산함에 있어서 특허보세구역의 연면적은 특허보세구역의 설치·운영에 관한 특허가 있은 날의 상태에 의하되, 특허보세구역의 연면적이 변경된 때에는 그 변경된 날이 속하는 분기의 다음 분기 첫째 달 1일의 상태에 의한다(규칙 제83조 제3항: 제68조 제4항 준용).

특허보세구역의 연면적이 수수료납부후에 변경된 경우 납부하여야 하는 특허수수료의 금액이 증가한 때에는 변경된 날부터 5일내에 그 증가분을 납부하여야 하고, 납부하여야 하는 특허수수료의 금액이 감소한 때에는 그 감소분을 다음 분기 이후에 납부하는 수수료의 금액에서 공제한다(규칙 제83조 제3항: 제68조 제5항 준용).

Ⅱ. 권한의 위임 · 위탁에 따른 관리기관

관세법에 따른 관세청장(Commissioner of the Korea Customs Service)이나 세관장(Head of Customhouse)의 권한은 대통령령으로 정하는 바에 따라 그 권한의 일부를 세관장(Head of Customhouse)이나 그 밖의 소속 기관의 장에게 위임할 수 있다(법 제329조 제1항).

권한의 위임·위탁에 따른 관리기관

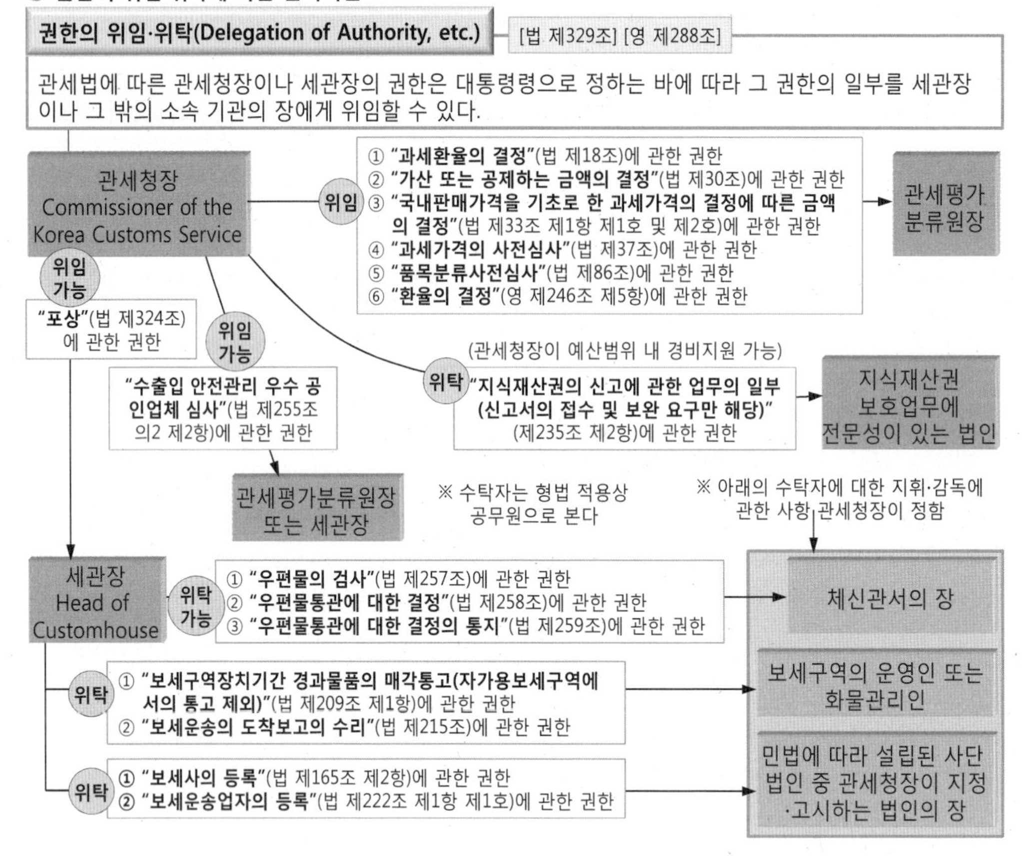

1. 관세청권한의 위임관리기관

(1) 세관장

관세청장은 "포상"(법 제324조)에 관한 권한을 세관장(Head of Customhouse)에게 위임할 수 있다(영 제288조 제1항).

(2) 관세평가분류원장

관세청장은 다음의 권한을 관세평가분류원장에게 위임한다(영 제288조 제2항).

① "과세환율의 결정"(법 제18조)에 관한 권한

② "가산 또는 공제하는 금액의 결정"(법 제30조)에 관한 권한

③ "국내판매가격을 기초로 한 과세가격의 결정에 따른 금액의 결정"(법 제33조 제1항 제1호 및 제2호)에 관한 권한

④ "과세가격 결정방법의 사전심사"(법 제37조)에 관한 권한
⑤ "품목분류사전심사"(법 제86조)에 관한 권한
⑥ "환율의 결정"(영 제246조 제6항)에 관한 권한

(3) 세관장 또는 관세평가분류원장

관세청장은 "수출입 안전관리 우수 공인업체 심사"(법 제255조의2 제2항)에 관한 권한을 세관장(Head of Customhouse) 또는 관세평가분류원장에게 위임할 수 있다(영 제288조 제3항).

(4) 지식재산권 보호업무에 전문성이 있는 법인

관세청장은 대통령령으로 정하는 바에 따라 "지식재산권의 신고에 관한 업무의 일부(신고서의 접수 및 보완 요구만 해당한다)"(제235조 제2항)를 지식재산권 보호업무와 관련된 단체에 위탁할 수 있는 바, 관세청장은 이러한 권한을 「민법」 제32조에 따라 설립된 사단법인 중 지식재산권 보호업무에 전문성이 있다고 인정되어 관세청장이 지정 · 고시하는 법인에 위탁한다. 이 경우 관세청장은 예산의 범위에서 위탁업무의 수행에 필요한 경비를 지원할 수 있다(법 제329조 제4항 및 영 제288조 제8항).

2. 세관장권한의 위탁관리기관

(1) 체신관서의 장

세관장(Head of Customhouse)은 대통령령으로 정하는 바에 따라 다음의 권한을 체신관서의 장에게 위탁할 수 있다(법 제329조 제2항).

① "우편물의 검사"(법 제257조)에 관한 권한
② "우편물통관에 대한 결정"(법 제258조)에 관한 권한
③ "우편물통관에 대한 결정의 통지"(법 제259조)에 관한 권한

(2) 비영리법인·화물관리인·운영인

세관장(Head of Customhouse)은 대통령령으로 정하는 바에 따라 제157조, 제158조 제2항, 제159조 제2항, 제165조 제2항, 제209조, 제213조 제2항(보세운송신고의 접수만 해당) · 제3항, 제215조, 제222조 제1항 제1호 및 제246조 제1항에 따른 권한을 다음의 자에게 위탁할 수 있다(법 제329조 제3항).

① 통관질서의 유지와 수출입화물의 효율적인 관리를 위하여 설립된 비영리법인
② 화물관리인
③ 운영인

④ 보세운송업자(법 제222조)

(가) 보세구역의 운영인 또는 화물관리인

세관장(Head of Customhouse)은 다음의 권한을 보세구역의 운영인 또는 화물관리인에게 위탁한다(영 제288조 제5항 및 제6항).

① "보세구역장치기간 경과물품의 매각통고(자가용보세구역에서의 통고 제외)"(법 제209조 제1항)에 관한 권한

② "보세운송의 도착보고의 수리"(법 제215조)에 관한 권한

(나) 관세청장이 지정하여 고시하는 법인의 장

세관장(Head of Customhouse)은 다음의 권한을 「민법」 제32조에 따라 설립된 사단법인 중 관세청장이 지정하여 고시하는 법인의 장에게 위탁한다(영 제288조 제7항).

① "보세사의 등록"(법 제165조 제2항)에 관한 권한

② "보세운송업자의 등록"(법 제222조 제1항 제1호)에 관한 권한

(3) 수탁자에 대한 지휘·감독

위의 제5항부터 제9항까지의 규정에 따라 업무의 위탁을 받은 자에 대한 지휘·감독에 관한 사항은 관세청장이 정한다(영 제288조 제10항).

3. 관세청장 또는 세관장권한의 위탁관리기관

관세청장 또는 세관장은 대통령령으로 정하는 바에 따라 제265조에 따른 물품 또는 운송수단 등에 대한 검사 등에 관한 업무의 일부(개항을 출입하는 자가 휴대하는 물품 및 개항을 출입하는 자가 사용하는 운송수단에 대한 검사에 관한 업무에 한정한다)를 대통령령으로 정하는 법인 또는 단체에 위탁할 수 있다. 이 경우 관세청장 또는 세관장은 예산의 범위에서 위탁업무의 수행에 필요한 경비를 지원할 수 있다(법 제329조 제5항).

관세청장 또는 세관장은 법 제329조 제5항에 따라 제155조 제1항에 따른 개항(보세구역을 포함한다)으로부터 나오는 사람의 휴대품 및 운송수단에 대한 검사 업무를 관세청장이 정하는 기준에 따라 검사 업무에 전문성이 있다고 인정되어 관세청장이 지정·고시하는 법인 또는 단체에 위탁할 수 있다(영 제288조 제9항).

4. 수탁관리기관의 공무원 의제

법 제329조 제2항부터 제5항까지의 규정에 따라 관세청장 또는 세관장으로부터 "권한을 위탁받은 기관", 즉 "체신관서의 장, 통관질서의 유지와 수출입화물의 효율적인 관리를 위하여 설립된 비영리법인, 화물관리인, 운영인, 보세운송업자, 지식재산권 보호업무와 관련

된 단체, 대통령령으로 정하는 법인 또는 단체"에서 위탁받은 업무에 종사하는 사람은 「형법」 제127조 및 제129조부터 제132조까지의 규정을 적용할 때에는 공무원으로 본다(법 제330조 제7호).

Ⅲ. 관세의 행정위원회

1. 관세품목분류위원회

(1) 위원회의 설치

다음의 사항을 심의하기 위하여 관세청에 관세품목분류위원회("분류위원회"라 한다)를 두며, 분류위원회의 구성, 기능, 운영 등에 필요한 사항은 대통령령으로 정한다(법 제85조 제2항 및 제4항).

① 품목분류의 적용기준의 신설 또는 변경과 관련하여 관세청장이 기획재정부장관에게 요청할 사항

② 특정물품에 적용될 품목분류의 사전심사

③ 특정물품에 적용될 품목분류의 변경 및 재심사

④ 그 밖에 품목분류에 관하여 관세청장이 분류위원회에 부치는 사항

(2) 위원회의 구성 및

(가) 위원회의 자격

위원회는 위원장 1인과 20인 이상 30인이하의 위원으로 구성하며, 위원장은 관세청의 3급 이상 공무원 또는 고위공무원단에 속하는 일반직공무원으로서 관세청장이 지정하는 자가 되고, 위원은 다음의 어느 하나에 해당하는 자중에서 관세청장이 임명 또는 위촉한다. 또한, 위원장은 위원회의 회무를 통할하고 위원회를 대표한다. 위원장이 직무를 수행하지 못하는 부득이한 사정이 있는 때에는 위원장이 지명하는 위원이 그 직무를 대행하고, 위원중 공무원인 위원이 회의에 출석하지 못할 부득이한 사정이 있는 때에는 그가 소속된 기관의 다른 공무원으로 하여금 회의에 출석하여 그 직무를 대행하게 할 수 있다(영 제100조 제1항 제2항, 제5항~제7항).

① 관세청소속 공무원

② 관계중앙행정기관의 공무원

③ 시민단체(비영리민간단체지원법 제2조에 따른 비영리민간단체를 말한다. 이하 같다)에서 추천한 자

④ 그 밖에 상품학에 관한 지식이 풍부한 자

위의 ③ 및 ④(제2항 제4호 및 제5호)에 해당하는 위원의 임기는 2년으로 하되, 한번만 연임할 수 있다. 다만, 보궐위원의 임기는 전임위원 임기의 남은 기간으로 한다(영 제100조 제3항)

(나) 위원의 해임 또는 해촉

관세청장은 관세품목분류위원회의 위원이 다음 각 호의 어느 하나에 해당하는 경우에는 해당 위원을 해임 또는 해촉할 수 있다(영 제100조 제4항).

① 심신장애로 인하여 직무를 수행할 수 없게 된 경우
② 직무와 관련된 비위사실이 있는 경우
③ 직무태만, 품위손상이나 그 밖의 사유로 인하여 위원으로 적합하지 아니하다고 인정되는 경우
④ 위원 스스로 직무를 수행하는 것이 곤란하다고 의사를 밝히는 경우
⑤ 제101조의2 제1항 각 호의 어느 하나에 해당함에도 불구하고 회피하지 아니한 경우

(다) 자문위원의 위촉 및 간사의 임명

관세청장은 회의의 원활한 운영을 위하여 품목분류와 관련된 기술적인 사항 등에 대한 의견을 듣기 위하여 관련 학계 · 연구기관 또는 협회 등에서 활동하는 자를 기술자문위원으로 위촉할 수 있다(영 제100조 제8항).

그리고, 위원회의 서무를 처리하기 위하여 간사 1인을 두고, 간사는 관세청장이 소속 공무원 중에서 임명한다(영 제102조 제1항 및 제2항).

(3) 위원회의 운영

(가) 위원회의 회의

위원장은 위원회의 회의를 소집하고 그 의장이 된다. 위원회의 회의는 위원장과 위원장이 매 회의마다 지정하는 14인으로 구성하되, "다음의 자"(영 제100조제2항 제2호 · 제4호 또는 제5호)가 8인 이상 포함되어야 하며, 이들의 과반수의 출석과 출석위원 과반수의 찬성으로 의결한다(영 제101조 제1항~제3항).

① 관계중앙행정기관의 공무원
② 시민단체(「비영리민간단체지원법」 제2조에 따른 비영리민간단체를 말한다. 이하 같다)에서 추천한 자
③ 그 밖에 상품학에 관한 지식이 풍부한 자

(나) 위원의 수당 및 공무원 의제

위원회의 회의에 출석한 공무원이 아닌 위원에 대하여는 예산의 범위에서 수당을 지급할 수 있다(영 제103조).

또한, 위원회(관세품목분류위원회, 관세체납정리위원회, 관세정보공개심의위원회, 관세심사위원회, 보세판매장 특허심사위원회, 원산지확인위원회)의 위원 중 공무원이 아닌 사람은 「형법」 제127조 및 제129조부터 제132조까지의 규정을 적용할 때에는 공무원으로 본다(법 제330조 제8호).

(다) 위원회의 운영세칙

관세법 시행령에서 규정한 것외에 위원회의 운영에 관하여 필요한 사항은 위원회의 의결을 거쳐 위원장이 정한다(영 제104조).

(4) 위원의 제척 · 회피

관세품목분류위원회의 위원은 다음 각 호의 어느 하나에 해당하는 경우에는 심의 · 의결에서 제척된다(영 제101조의2 제1항).

① 위원이 해당 안건의 당사자(당사자가 법인 · 단체 등인 경우에는 그 임원을 포함한다. 이하 이 항에서 같다)이거나 해당 안건에 관하여 직접적인 이해관계가 있는 경우
② 위원의 배우자, 4촌 이내의 혈족 및 2촌 이내의 인척의 관계에 있는 사람이 해당 안건의 당사자이거나 해당 안건에 관하여 직접적인 이해관계가 있는 경우
③ 위원이 해당 안건 당사자의 대리인이거나 최근 5년 이내에 대리인이었던 경우
④ 위원이 해당 안건 당사자의 대리인이거나 최근 5년 이내에 대리인이었던 법인 · 단체 등에 현재 속하고 있거나 속하였던 경우
⑤ 위원이 최근 5년 이내에 해당 안건 당사자의 자문 · 고문에 응하였거나 해당 안건 당사자와 연구 · 용역 등의 업무 수행에 동업 또는 그 밖의 형태로 직접 해당 안건 당사자의 업무에 관여를 하였던 경우
⑥ 위원이 최근 5년 이내에 해당 안건 당사자의 자문 · 고문에 응하였거나 해당 안건 당사자와 연구 · 용역 등의 업무 수행에 동업 또는 그 밖의 형태로 직접 해당 안건 당사자의 업무에 관여를 하였던 법인 · 단체 등에 현재 속하고 있거나 속하였던 경우

또한, 관세품목분류위원회의 위원은 제1항 각 호의 어느 하나에 해당하는 경우에는 스스로 해당 안건의 심의 · 의결에서 회피하여야 한다(영 제101조의2 제2항).

2. 관세정보공개심의위원회

(1) 관세정보공개심의위원회의 설치(Establishing the Customs Information Disclosure Deliberative Committee)

법 제116조의2 제1항과 제4항에 따른 체납자의 인적사항과 체납액 등에 대한 공개 여부를 심의하거나 재심의하기 위하여 관세청에 관세정보공개심의위원회(이하 이 조에서 "심의위원회"라 한다)를 둔다(법 제116조의2 제2항).

(2) 관세정보공개심의위원회의 구성

관세정보공개심의위원회(이하 이 조에서 "위원회"라 한다)의 위원장은 관세청 차장이 되고, 위원은 다음의 자가 되며, 다음의 ②에 따른 위촉위원의 임기는 2년으로 하되, 한 번만 연임할 수 있다. 다만, 보궐위원의 임기는 전임위원 임기의 남은 기간으로 한다(영 제141조의3 제1항 및 제2항).

① 관세청의 고위공무원단에 속하는 일반직공무원 중에서 관세청장이 임명하는 자 4인
② 법률 또는 재정·경제에 관한 학식과 경험이 풍부한 자 중에서 관세청장이 위촉하는 자 6인

(3) 위원의 해임 또는 해촉

관세청장은 위원회의 위원이 다음 각 호의 어느 하나에 해당하는 경우에는 해당 위원을 해임 또는 해촉할 수 있다(영 제141조의3 제3항).

① 심신장애로 인하여 직무를 수행할 수 없게 된 경우
② 직무와 관련된 비위사실이 있는 경우
③ 직무태만, 품위손상이나 그 밖의 사유로 인하여 위원으로 적합하지 아니하다고 인정되는 경우
④ 위원 스스로 직무를 수행하는 것이 곤란하다고 의사를 밝히는 경우
⑤ 영 제141조의3 제5항 각 호의 어느 하나에 해당함에도 불구하고 회피하지 아니한 경우

(4) 관세정보공개심의위원회의 회의

위원회의 회의는 위원장을 포함한 재적의원 과반수의 출석으로 개의하고, 출석위원 과반수의 찬성으로 의결한다(영 제141조의3 제4항).

● 관세정보공개심의위원회[Customs Information Disclosure Deliberative Committee]

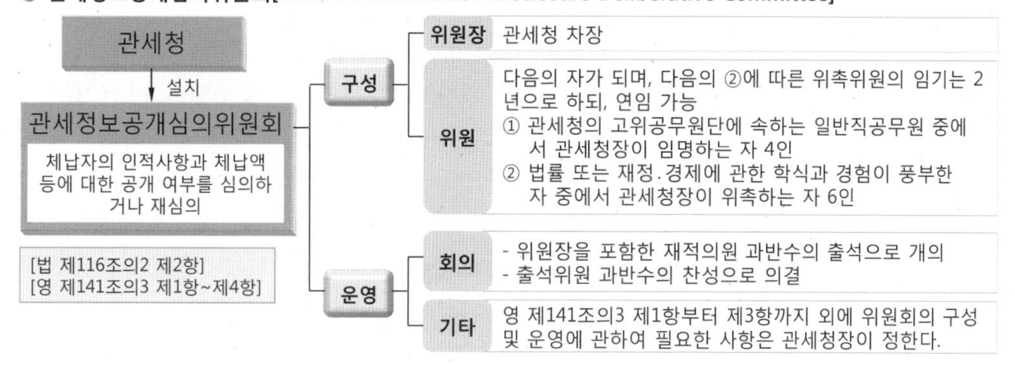

(5) 관세정보공개심의위원회의 위원의 제척

위위원회의 위원은 다음 각 호의 어느 하나에 해당하는 경우에는 심의·의결에서 제척된다(영 제141조의3 제5항).

① 위원이 해당 안건의 당사자(당사자가 법인·단체 등인 경우에는 그 임원을 포함한다. 이하 이 항에서 같다)이거나 해당 안건에 관하여 직접적인 이해관계가 있는 경우

② 위원의 배우자, 4촌 이내의 혈족 및 2촌 이내의 인척의 관계에 있는 사람이 해당 안건의 당사자이거나 해당 안건에 관하여 직접적인 이해관계가 있는 경우

③ 위원이 해당 안건 당사자의 대리인이거나 최근 5년 이내에 대리인이었던 경우

④ 위원이 해당 안건 당사자의 대리인이거나 최근 5년 이내에 대리인이었던 법인·단체 등에 현재 속하고 있거나 속하였던 경우

⑤ 위원이 최근 5년 이내에 해당 안건 당사자의 자문·고문에 응하였거나 해당 안건 당사자와 연구·용역 등의 업무 수행에 동업 또는 그 밖의 형태로 직접 해당 안건 당사자의 업무에 관여를 하였던 경우

⑥ 위원이 최근 5년 이내에 해당 안건 당사자의 자문·고문에 응하였거나 해당 안건 당사자와 연구·용역 등의 업무 수행에 동업 또는 그 밖의 형태로 직접 해당 안건 당사자의 업무에 관여를 하였던 법인·단체 등에 현재 속하고 있거나 속하였던 경우

또한, 위원회의 위원은 제5항 각 호의 어느 하나에 해당하는 경우에는 스스로 해당 안건의 심의·의결에서 회피하여야 한다(영 제141조의3 제6항).

(6) 관세정보공개심의위원회의 위원의 운영

영 제141조의3 제1항부터 제6항까지에서 규정한 사항 외에 위원회의 구성 및 운영에 관하여 필요한 사항은 관세청장이 정한다(영 제141조의3 제7항).

(7) 관세정보공개심의위원회의 위원의 공무원 의제

위원회(관세품목분류위원회, 관세체납정리위원회, 관세정보공개심의위원회, 관세심사위원회, 보세판매장 특허심사위원회, 원산지확인위원회)의 위원 중 공무원이 아닌 사람은 「형법」 제127조 및 제129조부터 제132조까지의 규정을 적용할 때에는 공무원으로 본다(법 제330조 제8호).

3. 관세심사위원회(Tariff Examination Committee)

(1) 관세심사위원회의 설치

법 제118조에 따른 과세전적부심사, 제122조에 따른 심사청구 및 제132조에 따른 이의신청을 심의하기 위하여 세관 및 관세청에 각각 관세심사위원회를 두며, 관세심사위원회의 조직과 운영, 심의사항 및 그 밖에 필요한 사항은 대통령령으로 정한다(법 제124조 제1항 및 제2항).

(2) 관세심사위원회의 심의사항

관세심사위원회의 심의사항은 다음의 구분에 따른다(영 제147조 제1항).

① 관세청에 두는 관세심사위원회: 법 제118조제2항 단서에 따라 관세청장에게 제기된 과세전적부심사청구와 법 제122조에 따라 관세청장에게 제기된 심사청구 사항
② "본부세관"(인천세관 · 서울세관 · 부산세관 · 대구세관 및 광주세관)에 두는 관세심사위원회: 법 제118조 제2항 본문에 따른 과세전적부심사 청구 및 법 제132조에 따른 이의신청 사항
③ "일선세관"(위의 ②의 본부세관 외의 세관)에 두는 관세심사위원회: 법 제132조에 따른 이의신청 사항

(3) 관세심사위원회의 구성(Composition of Customs Appeal Committee)

관세심사위원회는 위원장 1명을 포함하여 다음의 구분에 따른 위원으로 구성하며, 관세심사위원회에 그 서무를 처리하게 하기 위하여 간사 1명을 두고, 간사는 위원장이 소속공무원 중에서 지명한다(영 제147조 제2항 및 제148조 제7항).

① 관세청에 두는 관세심사위원회: 29명 이내의 위원
② 본부세관에 두는 관세심사위원회: 22명 이내의 위원
③ 일선세관에 두는 관세심사위원회: 15명 이내의 위원

관세심사위원회의 구성[Composition of Customs Appeal Committee]

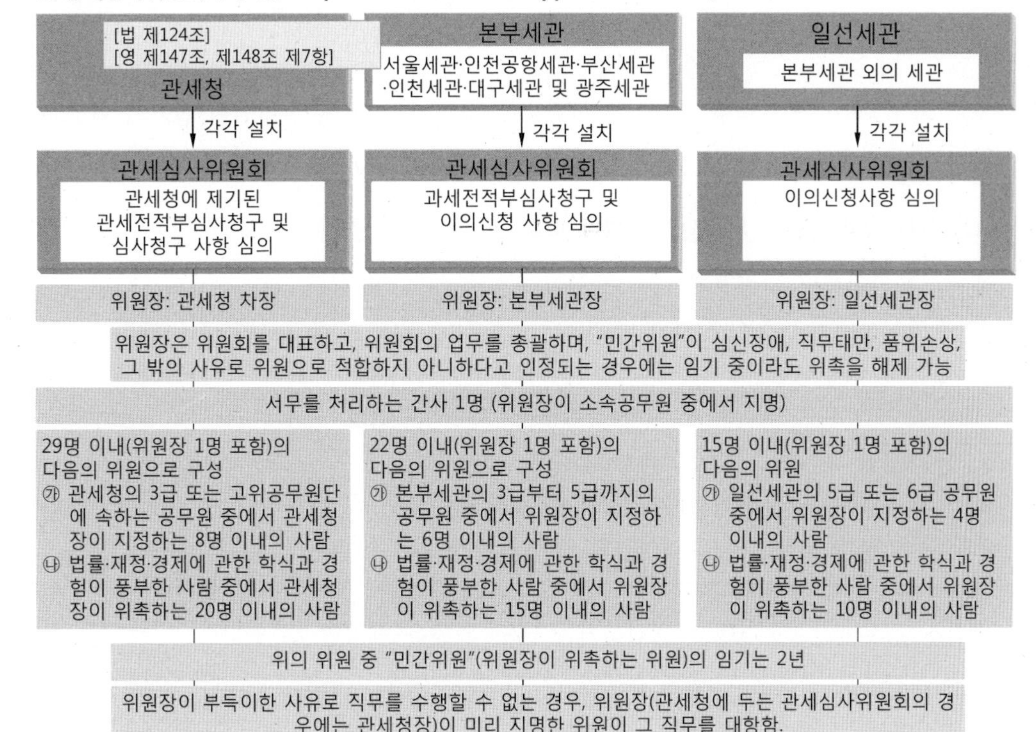

(가) 관세심사위원회의 위원의 자격

관세심사위원회의 위원은 다음의 구분에 따른 사람이 되며, 관세심사위원회의 위원장이 부득이한 사유로 직무를 수행할 수 없는 경우에는 다음의 위원 중 관세심사위원회의 위원장(관세청에 두는 관세심사위원회의 경우에는 관세청장을 말한다. 이하 이 조에서 같다)이 미리 지명한 위원이 그 직무를 대행한다(영 제147조 제4항 및 제6항).

① 관세청에 두는 관세심사위원회

㉮ 관세청의 3급 또는 고위공무원단에 속하는 공무원 중에서 관세청장이 지정하는 8명 이내의 사람

㉯ 법률 · 재정 · 경제에 관한 학식과 경험이 풍부한 사람 중에서 관세청장이 위촉하는 20명 이내의 사람

② 본부세관에 두는 관세심사위원회

㉮ 본부세관의 3급부터 5급까지의 공무원 중에서 위원장이 지정하는 6명 이내의 사람

㉯ 법률 · 재정 · 경제에 관한 학식과 경험이 풍부한 사람 중에서 위원장이 위촉하는 15명 이내의 사람

③ 일선세관에 두는 관세심사위원회

㉮ 일선세관의 5급 또는 6급 공무원 중에서 위원장이 지정하는 4명 이내의 사람

㉯ 법률 · 재정 · 경제에 관한 학식과 경험이 풍부한 사람 중에서 위원장이 위촉하는 10명 이내의 사람

또한, 위의 위원 중 "민간위원"(관세심사위원회의 위원장이 위촉하는 위원)의 임기는 2년으로 하되, 한번만 연임할 수 있다. 다만, 보궐위원의 임기는 전임위원 임기의 남은 기간으로 한다(영 제147조 제7항).

(나) 관세심사위원회의 위원장의 자격과 역할

관세심사위원회의 위원장은 다음의 구분에 따른 사람이 되며, 관세심사위원회의 위원장은 관세심사위원회를 대표하고, 관세심사위원회의 업무를 총괄하며, 위의 "민간위원"이 심신장애, 직무태만, 품위손상, 그 밖의 사유로 위원으로 적합하지 아니하다고 인정되는 경우에는 임기 중이라도 위촉을 해제할 수 있다(영 제147조 제3항·제5항).

① 관세청에 두는 관세심사위원회: 관세청차장
② 본부세관에 두는 관세심사위원회: 본부세관장
③ 일선세관에 두는 관세심사위원회: 일선세관장

또한, 관세심사위원회의 위원장은 관세심사위원회의 위원이 다음 각 호의 어느 하나에 해당하는 경우에는 그 지정을 철회하거나 해당 위원을 해촉할 수 있다(영 제147조 제8항).

① 심신장애로 인하여 직무를 수행할 수 없게 된 경우
② 직무와 관련된 비위사실이 있는 경우
③ 직무태만, 품위손상이나 그 밖의 사유로 인하여 위원으로 적합하지 아니하다고 인정되는 경우
④ 위원 스스로 직무를 수행하는 것이 곤란하다고 의사를 밝히는 경우
⑤ 제148조의2 제1항 각 호의 어느 하나에 해당함에도 불구하고 회피하지 아니한 경우

(4) 관세심사위원회의 회의(Meetings of Customs Appeal Committees)

(가) 관세심사위원회의 회의의 소집

관세심사위원회의 회의는 위원장과 다음의 구분에 따라 위원장이 회의마다 지정하는 사람으로 구성하되, 민간위원이 2분의 1 이상 포함되어야 하며, 관세심사위원회의 위원장은 제147조 제1항에 따른 심의가 필요한 경우 기일을 정하여 관세심사위원회의 회의를 소집하고 그 의장이 되며, 기일을 정하였을 때에는 그 기일 7일 전까지 지정된 위원 및 해당 청구인 또는 신청인에게 통지하여야 한다(영 제148조 제1항~제3항).

① 관세청에 두는 관세심사위원회: 10명
② 본부세관에 두는 관세심사위원회: 8명
③ 일선세관에 두는 관세심사위원회: 6명

(나) 관세심사위원회의 회의의 정족수

관세심사위원회의 회의는 구성원 과반수의 출석으로 개의하고, 출석위원 과반수의 찬성으로 의결한다(영 제148조 제4항).

(다) 관세심사위원회의 회의의 비공개원칙

관세심사위원회의 회의는 공개하지 아니한다. 다만, 관세심사위원회의 위원장이 필요하다고 인정할 때에는 공개할 수 있다(법 제127조 제3항).

(라) 관세심사위원회의 의결사항보고

관세심사위원회의 회의에서 의결한 사항은 위원장이 관세청장에게 보고하여야 한다(영 제148조 제6항).

관세심사위원회의 회의[Meetings of Customs Appeal Committees]

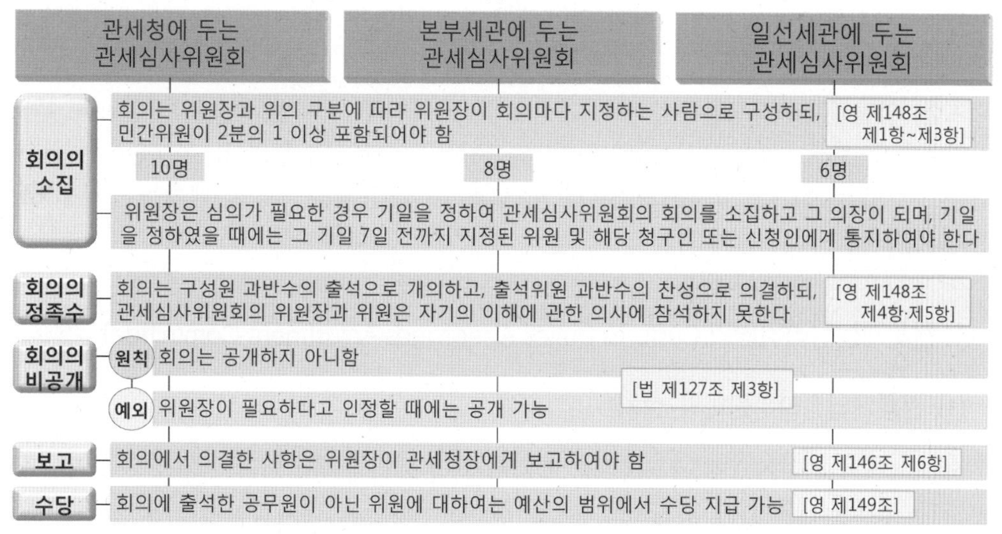

(마) 관세심사위원회 위원의 제척 · 회피

관세심사위원회의 위원은 다음 각 호의 어느 하나에 해당하는 경우에는 심의 · 의결에서 제척된다(영 제148조의2 제1항).

① 위원이 해당 안건의 당사자(당사자가 법인 · 단체 등인 경우에는 그 임원을 포함한다. 이하 이 항에서 같다)이거나 해당 안건에 관하여 직접적인 이해관계가 있는 경우

② 위원의 배우자, 4촌 이내의 혈족 및 2촌 이내의 인척의 관계에 있는 사람이 해당 안건의 당사자이거나 해당 안건에 관하여 직접적인 이해관계가 있는 경우

③ 위원이 해당 안건 당사자의 대리인이거나 최근 5년 이내에 대리인이었던 경우
④ 위원이 해당 안건 당사자의 대리인이거나 최근 5년 이내에 대리인이었던 법인·단체 등에 현재 속하고 있거나 속하였던 경우
⑤ 위원이 최근 5년 이내에 해당 안건 당사자의 자문·고문에 응하였거나 해당 안건 당사자와 연구·용역 등의 업무 수행에 동업 또는 그 밖의 형태로 직접 해당 안건 당사자의 업무에 관여를 하였던 경우
⑥ 위원이 최근 5년 이내에 해당 안건 당사자의 자문·고문에 응하였거나 해당 안건 당사자와 연구·용역 등의 업무 수행에 동업 또는 그 밖의 형태로 직접 해당 안건 당사자의 업무에 관여를 하였던 법인·단체 등에 현재 속하고 있거나 속하였던 경우

또한, 관세심사위원회의 위원은 제1항 각 호의 어느 하나에 해당하는 경우에는 스스로 해당 안건의 심의·의결에서 회피하여야 한다(영 제148조의2 제2항).

(바) 관세심사위원회의 수당 및 공무원 의제

관세심사위원회의 회의에 출석한 공무원이 아닌 위원에 대하여는 예산의 범위에서 수당을 지급할 수 있다(영 제149조).

또한, 위원회(관세품목분류위원회, 관세체납정리위원회, 관세정보공개심의위원회, 관세심사위원회, 보세판매장 특허심사위원회, 원산지확인위원회)의 위원 중 공무원이 아닌 사람은 「형법」 제127조 및 제129조부터 제132조까지의 규정을 적용할 때에는 공무원으로 본다(법 제330조 제8호).

4. 관세체납정리위원회(Customs Duties Arrearages Adjustment Committee)

(1) 관세체납정리위원회의 설치

관세(세관장이 징수하는 내국세등을 포함한다)의 체납정리에 관한 사항을 심의하기 위하여 세관에 관세체납정리위원회를 둘 수 있으며, 관세체납정리위원회의 조직과 운영에 필요한 사항은 대통령령으로 정한다(법 제45조 제1항 및 제2항).

(2) 관세체납정리위원회의 구성

(가) 위원회의 구성

관세체납정리위원회는 위원장 1인을 포함한 5인 이상 7인 이내의 위원으로 구성한다. 관세체납정리위원회의 위원장은 세관장이 되며, 위원은 다음의 자중에서 세관장이 임명 또는 위촉한다(영 제42조 제2항 및 제3항).

① 세관공무원

② 변호사·관세사·공인회계사·세무사

③ 상공계의 대표

④ 재정경제에 관한 학식과 경험이 풍부한 자

위의 ②부터 ④(제3항 제2호부터 제4호)까지의 규정에 해당하는 위원의 임기는 2년으로 하되, 한번만 연임할 수 있다. 다만, 보궐위원의 임기는 전임위원 임기의 남은 기간으로 한다(영 제42조 제4항).

(나) 위원의 해촉

세관장은 관세체납정리위원회의 위원이 다음 각 호의 어느 하나에 해당하는 경우에는 해당 위원을 해임 또는 해촉(解囑)할 수 있다(영 제43조).

① 심신장애로 인하여 직무를 수행할 수 없게 된 경우

② 직무와 관련된 비위사실이 있는 경우

③ 직무태만, 품위손상이나 그 밖의 사유로 인하여 위원으로 적합하지 아니하다고 인정되는 경우

④ 위원 스스로 직무를 수행하는 것이 곤란하다고 의사를 밝히는 경우

⑤ 제42조제3항제1호 및 제2호에 따른 신분을 상실한 경우

⑥ 제45조의2제1항 각 호의 어느 하나에 해당함에도 불구하고 회피하지 아니한 경우

⑦ 관할 구역 내에 거주하지 아니하게 된 경우

⑧ 관세 및 국세를 체납한 경우

(다) 위원장의 직무

관세체납정리위원회의 위원장은 해당 위원회의 회무를 통리하고 해당 위원회를 대표하며, 위원장이 직무를 수행하지 못하는 부득이한 사정이 있는 때에는 위원장이 지명하는 위원이 그 직무를 대행한다(영 제44조 제1항 및 제2항).

(3) 위원회의 운영

(가) 위원회의 회의

관세체납정리위원회의 위원장은 체납세액이 관세청장이 정하는 금액 이상인 경우로서 다음의 어느 하나에 해당하는 경우 회의를 소집하고 그 의장이 된다(영 제45조 제1항).

① 「국세징수법」의 예에 따른 관세(세관장이 징수하는 내국세를 포함한다. 이하 같다)의 체납처분을 중지하려는 경우

② 법 제4조제2항에 따라 체납된 내국세등에 대해 세무서장이 징수하게 하는 경우

또한, 관세체납정리위원회의 회의의 의사는 위원장을 포함한 재적위원 과반수의 출석으로 개의하고 출석위원 과반수의 찬성으로 의결한다(영 제45조 제2항).

(나) 관세체납정리위원회 위원의 제척 · 회피

관세체납정리위원회의 위원이 다음 각 호의 어느 하나에 해당하는 경우에는 심의 · 의결에서 제척된다(영 제45조의2 제1항).

① 위원이 해당 안건의 당사자(당사자가 법인 · 단체 등인 경우에는 그 임원을 포함한다. 이하 이 항에서 같다)이거나 해당 안건에 관하여 직접적인 이해관계가 있는 경우

② 위원의 배우자, 4촌 이내의 혈족 및 2촌 이내의 인척의 관계에 있는 사람이 해당 안건의 당사자이거나 해당 안건에 관하여 직접적인 이해관계가 있는 경우

③ 위원이 해당 안건 당사자의 대리인이거나 최근 5년 이내에 대리인이었던 경우

④ 위원이 해당 안건 당사자의 대리인이거나 최근 5년 이내에 대리인이었던 법인 · 단체 등에 현재 속하고 있거나 속하였던 경우

⑤ 위원이 최근 5년 이내에 해당 안건 당사자의 자문 · 고문에 응하였거나 해당 안건 당사자와 연구 · 용역 등의 업무 수행에 동업 또는 그 밖의 형태로 직접 해당 안건 당사자의 업무에 관여를 하였던 경우

⑥ 위원이 최근 5년 이내에 해당 안건 당사자의 자문 · 고문에 응하였거나 해당 안건 당사자와 연구 · 용역 등의 업무 수행에 동업 또는 그 밖의 형태로 직접 해당 안건 당사자의 업무에 관여를 히였던 법인 · 단체 등에 현재 속하고 있거나 속하였던 경우

또한, 관세체납정리위원회의 위원은 제1항 각 호의 어느 하나에 해당하는 경우에는 스스로 해당 안건의 심의 · 의결에서 회피하여야 한다(영 제45조의2 제2항).

(다) 의견청취

관세체납정리위원회는 의안에 관하여 필요하다고 인정되는 때에는 체납자 또는 이해관계인 등의 의견을 들을 수 있다(영 제46조).

(라) 회의록 작성

관세체납정리위원회의 위원장은 회의를 개최한 때에는 회의록을 작성하여 이를 비치하여야 한다(영 제47조).

(마) 의결사항의 통보

관세체납정리위원회의 위원장은 해당 위원회에서 의결된 사항을 관세청장에게 통보하여야 한다(영 제48조).

(바) 위원의 수당 및 공무원 의제

관세체납정리위원회의 회의에 출석한 공무원이 아닌 위원에 대하여는 예산의 범위에서

수당을 지급할 수 있다(영 제49조).

또한, 위원회(관세품목분류위원회, 관세체납정리위원회, 관세정보공개심의위원회, 관세심사위원회, 보세판매장 특허심사위원회, 원산지확인위원회)의 위원 중 공무원이 아닌 사람은 「형법」 제127조 및 제129조부터 제132조까지의 규정을 적용할 때에는 공무원으로 본다(법 제330조 제8호).

5. 보세판매장 특허심사위원회

(1) 보세판매장 특허심사위원회의 설치

보세판매장의 특허에 관한 다음의 사항을 심의하기 위하여 관세청에 보세판매장 특허심사위원회를 두며, 보세판매장 특허심사위원회의 설치·구성 및 운영방법 등에 관하여 필요한 사항은 대통령령으로 정한다(법 제176조의3 제1항 및 제2항).

① 제176조의2제3항에 따른 보세판매장 특허 신청자의 평가 및 선정
② 그 밖에 보세판매장 운영에 관한 중요 사항

(2) 보세판매장 특허심사위원회의 구성 및 운영

(가) 특허심사위원회의 구성

특허심사위원회는 위원장 1명을 포함하여 100명 이내의 위원으로 성별을 고려하여 구성한다(영 제192조의8 제1항).

(나) 특허심사위원회의 위원의 자격 및 공무원 의제

특허심사위원회의 위원은 다음 각 호의 어느 하나에 해당되는 사람 중에서 관세청장이 "평가분야"(제192조의3제2항에 따른 평가기준을 고려하여 관세청장이 정하는 분야)별로 위촉하고, 위원장은 위원 중에서 호선한다(영 제192조의8 제2항).

① 변호사·공인회계사·세무사 또는 관세사 자격이 있는 사람
② 「고등교육법」 제2조제1호 또는 제3호에 따른 학교에서 법률·회계 등을 가르치는 부교수 이상으로 재직하고 있거나 재직하였던 사람
③ 법률·경영·경제 및 관광 등의 분야에 전문적 지식이나 경험이 풍부한 사람

또한, 위원회(관세품목분류위원회, 관세체납정리위원회, 관세정보공개심의위원회, 관세심사위원회, 보세판매장 특허심사위원회, 원산지확인위원회)의 위원 중 공무원이 아닌 사람은 「형법」 제127조 및 제129조부터 제132조까지의 규정을 적용할 때에는 공무원으로 본다(법 제330조 제8호).

(다) 특허심사위원회의 위원의 임기

특허심사위원회 위원의 임기는 1년으로 하되, 한 차례만 연임할 수 있다(영 제192조의8 제3항).

(라) 특허심사위원회의 위원의 해촉

관세청장은 특허심사위원회의 위원이 다음 각 호의 어느 하나에 해당하는 경우에는 해당 위원을 해촉할 수 있다(영 제192조의8 제4항).

① 심신장애로 인하여 직무를 수행할 수 없게 된 경우
② 직무와 관련된 비위사실이 있는 경우
③ 직무태만, 품위손상이나 그 밖의 사유로 인하여 위원으로 적합하지 아니하다고 인정되는 경우
④ 위원 스스로 직무를 수행하는 것이 곤란하다고 의사를 밝히는 경우

(마) 특허심사위원회의 위원의 공개

제192조의9 제3항 각 호의 어느 하나에 해당함에도 불구하고 회피하지 아니한 경우

관세청장은 제2항에 따라 위촉한 위원 명단을 관세청의 인터넷 홈페이지 등에 공개하여야 한다(영 제192조의8 제5항).

(바) 특허심사위원회의 기타 운영사항

제1항부터 제5항까지에서 규정한 사항 외에 특허심사위원회의 구성 및 운영에 필요한 사항은 관세청장이 정한다(영 제192조의8 제6항).

(3) 보세판매장 특허심사위원회의 회의

(가) 특허심사위원회의 회의 소집

특허심사위원회의 위원장은 위원회의 회의를 소집하고 그 의장이 된다. 다만, 특허심사위원회의 위원장이 부득이한 사유로 직무를 수행할 수 없는 경우에는 특허심사위원회의 위원장이 미리 지명한 위원이 그 직무를 대행한다(영 제192조의2 제1항).

(나) 특허심사위원회의 위원의 구성

특허심사위원회의 회의는 회의 때마다 평가분야별로 무작위 추출 방식으로 선정하는 25명 이내의 위원으로 구성한다(영 제192조의2 제2항).

(다) 특허심사위원회의 위원의 제척

다음의 어느 하나에 해당하는 사람은 해당 회의에 참여할 수 없다(영 제192조의2 제3항).

① 해당 안건의 당사자(당사자가 법인 · 단체 등인 경우에는 그 임원을 포함한다. 이하 이 항에서 같다)이거나 해당 안건에 관하여 직접적인 이해관계가 있는 사람
② 배우자, 4촌 이내의 혈족 및 2촌 이내의 인척의 관계에 있는 사람이 해당 안건의 당사자이거나 해당 안건에 관하여 직접적인 이해관계가 있는 사람
③ 해당 안건 당사자의 대리인이거나 대리인이었던 사람
④ 해당 안건 당사자의 대리인이거나 대리인이었던 법인 · 단체 등에 현재 속하고 있거나 최근 3년 이내에 속하였던 사람
⑤ 해당 안건 당사자의 자문 · 고문에 응하였거나 해당 안건 당사자와 연구 · 용역 등의 업무 수행에 동업 또는 그 밖의 형태로 직접 해당 안건 당사자의 업무에 관여를 하였던 사람
⑥ 해당 안건 당사자의 자문 · 고문에 응하였거나 해당 안건 당사자와 연구 · 용역 등의 업무 수행에 동업 또는 그 밖의 형태로 직접 해당 안건 당사자의 업무에 관여를 하였던 법인 · 단체 등에 현재 속하고 있거나 최근 3년 이내에 속하였던 사람

(라) 특허심사위원회의 위원의 회피

특허심사위원회의 회의에 참석하는 위원은 제3항의 어느 하나에 해당되는 경우에는 스스로 해당 회의의 심의 · 의결에서 회피하여야 한다(영 제192조의2 제4항).

(마) 특허심사위원회의 회의의 의결

특허심사위원회의 회의는 제2항에 따라 선정된 위원 과반수의 참석으로 개의하고, 회의에 참석한 위원 과반수의 찬성으로 의결한다(영 제192조의2 제5항).

위의 규정(제5항)에도 불구하고 법 제176조의3제1항제1호에 따른 보세판매장 특허 신청자의 평가 및 선정에 관한 심의를 하는 경우에는 위원장을 제외하고 각 위원이 자신의 평가분야에 대하여 평가한 후 그 평가분야별 점수를 합산하여 가장 높은 점수를 받은 보세판매장 특허 신청자를 특허를 부여받을 자로 결정한다(영 제192조의2 제6항).

(바) 특허심사위원회의 심의

특허심사위원회는 심의를 위하여 필요한 경우에는 관계 행정기관의 장에 대하여 자료 또는 의견의 제출 등을 요구할 수 있으며, 관계 공무원 또는 전문가를 참석하게 하여 의견을 들을 수 있다(영 제192조의2 제7항).

(사) 특허심사위원회의 회의의 기타 사항

영 제192조의2 제1항부터 제7항까지에서 규정한 사항 외에 특허심사위원회의 회의에 관하여 필요한 사항은 관세청장이 정한다(영 제192조의2 제8항).

6. 무역원활화위원회

(1) 무역원활화위원회의 설치

"무역원활화"(법 제240조의4에 따른 통관 등 수출입 절차의 원활화 및 이와 관련된 국제협력의 원활화)의 촉진에 관한 다음의 사항을 심의하기 위하여 기획재정부장관 소속으로 무역원활화위원회(이하 이 조 및 제245조의3에서 "위원회"라 한다)를 둔다(영 제245조의2 제1항).

① 무역원활화 기본계획에 관한 사항
② 무역원활화 추진 관련 행정기관 간의 업무 협조에 관한 사항
③ 무역원활화 관련 법령 · 제도의 정비 · 개선에 관한 사항
④ 그 밖에 무역원활화 추진에 관한 주요 사항

(2) 무역원활화위원회의 구성

"위원회는 위원장 1명을 포함하여 20명 이내의 위원으로 구성하며, 위원회의 위원장은 기획재정부차관이 되고, 위원은 다음의 사람이 된다(영 제245조의2 제2항 및 제3항).

① 무역원활화 관련 행정기관의 고위공무원단에 속하는 공무원 중에서 기획재정부장관이 임명하는 사람, 즉 기획재정부장관이 임명하는 위원은 다음과 같다(규칙 제77조의4 제1항).
   ㉮ 기획재정부 관세국제조세정책관
   ㉯ 농림축산식품부, 산업통상자원부, 국토교통부, 해양수산부, 식품의약품안전처 및 관세청 소속 고위공무원단에 속하는 일반직공무원 중에서 그 소속기관의 장이 추천하는 사람
② 다음의 어느 하나에 해당하는 사람 중에서 기획재정부장관이 위촉하는 사람
   ㉮ 무역원활화 관계 기관 및 단체의 임직원, 즉, 이 규정에 따라 기획재정부장관이 위촉하는 위원은 「관세사법」에 따른 관세사회, 「대한무역투자진흥공사법」에 따른 대한무역투자진흥공사, 「민법」 제32조에 따라 산업통상자원부장관의 허가를 받아 설립된 한국무역협회 및 「상공회의소법」에 따른 대한상공회의소의 임원 중에서 그 소속기관의 장이 추천하는 사람으로 한다(규칙 제77조의4 제2항).
   ㉯ 무역원활화에 관한 학식과 경험이 풍부한 사람으로서 해당 업무에 2년 이상 종사한 사람

위의 ②(제3항 제2호)에 따른 위원의 임기는 2년으로 하되, 한번만 연임할 수 있다. 다만, 보궐위원의 임기는 전임위원 임기의 남은 기간으로 한다(영 제245조의2 제4항).

위의 ②(영 제245조의2 제3항 제2호)에 따른 위원 중 결원이 생긴 경우 새로 위촉된 위원의 임기는 전임자 임기의 남은 기간으로 한다(규칙 제77조의4 제3항).

(3) 무역원활화위원회의 위원의 해임 또는 해촉

기획재정부장관은 위원회의 위원이 다음의 어느 하나에 해당하는 경우에는 해당 위원을 해임 또는 해촉할 수 있다(영 제245조의2 제5항).

① 심신장애로 인하여 직무를 수행할 수 없게 된 경우
② 직무와 관련된 비위사실이 있는 경우
③ 직무태만, 품위손상이나 그 밖의 사유로 인하여 위원으로 적합하지 아니하다고 인정되는 경우
④ 위원 스스로 직무를 수행하는 것이 곤란하다고 의사를 밝히는 경우

(4) 무역원활화위원회의 간사

위원회의 사무를 처리하기 위하여 간사 1명을 두며, 간사는 기획재정부의 고위공무원단에 속하는 공무원 중에서 기획재정부장관이 지명한다(영 제245조의2 제6항).

(5) 무역원활화위원회의 구성에 필요한 사항

영 제245조의2 제1항부터 제6항까지에서 규정한 사항 외에 위원회의 구성에 필요한 사항은 기획재정부령으로 정한다(영 제245조의2 제7항).

(6) 무역원활화위원회의 운영

(가) 무역원활화위원회의 의장

위원회의 위원장은 회의를 소집하고 그 의장이 되고, 위원회의 위원장이 부득이한 사유로 그 직무를 수행할 수 없을 때에는 위원장이 미리 지명한 위원이 그 직무를 대행한다(영 제245조의3 제1항 및 제2항).

(나) 무역역활화위원회의 회의

위원회의 회의를 소집하려면 회의 개최 7일 전까지 회의 일시·장소 및 안건을 각 위원에게 서면으로 알려야 한다. 다만, 긴급한 사정이나 그 밖의 부득이한 사유가 있는 경우에는 회의 개최 전날까지 구두로 알릴 수 있다(영 제245조의3 제3항).

또한, 위원회는 재적위원 과반수의 출석으로 개의하고, 출석위원 과반수의 찬성으로 의결한다(영 제245조의3 제4항).

(다) 무역역활화위원회의 업무수행에 필요한 전문가 등의 의견진술

위원회는 업무수행을 위하여 필요한 경우에는 전문적인 지식과 경험이 있는 관계 분야 전문가 및 공무원으로 하여금 위원회의 회의에 출석하여 의견을 진술하게 할 수 있다(영 제245조의3 제5항).

(라) 무역역활화위원회의 위원의 수당과 여비

위원회에 출석한 위원과 관계 분야 전문가에게는 예산의 범위에서 수당과 여비를 지급할 수 있다. 다만, 공무원이 그 소관 업무와 직접적으로 관련되어 출석하는 경우에는 수당과 여비를 지급하지 아니한다(영 제245조의3 제6항).

(마) 무역역활화위원회의 회의

제1항부터 제6항까지에서 규정한 사항 외에 위원회의 운영에 필요한 사항은 기획재정부령으로 정한다(영 제245조의3 제7항).

7. 원산지확인위원회

(1) 원산지확인위원회의 설치

다음 각 호의 사항을 심의하기 위하여 관세청에 원산지확인위원회를 두며, 원산지확인위원회의 구성·운영과 그 밖에 필요한 사항은 대통령령으로 정한다(법 제232조의3 제1항 및 제2항).

① 제229조제3항에 따른 원산지 확인 기준 충족 여부 확인
② 제230조 각 호에 따른 원산지 표시의 적정성 확인
③ 제232조제3항에 따른 원산지증명서의 내용 확인
④ 그 밖에 이 법 또는 「자유무역협정의 이행을 위한 관세법의 특례에 관한 법률」에 따른 원산지 확인 등과 관련하여 관세청장이 원산지확인위원회의 심의가 필요하다고 인정하여 회의에 부치는 사항

(2) 원산지확인위원회의 구성

원산지확인위원회는 위원장 1명을 포함하여 20명 이상 30명 이하의 위원으로 구성하며, 위원장은 관세청에서 원산지업무를 관장하는 고위공무원단에 속하는 공무원이 되고, 위원은 다음의 어느 하나에 해당하는 자중에서 관세청장이 임명 또는 위촉한다(영 제236조의4 제2항 및 제3항).

① 관계중앙행정기관에서 원산지 관련업무를 담당하는 공무원
② 관세청·관세평가분류원·중앙관세분석소 또는 세관에서 원산지 관련업무를 담당하고 있는 공무원
③ 그 밖에 원산지업무에 관하여 학식과 경험이 풍부한 자

위의 ③(제3항 제3호)에 해당하는 위원의 임기는 2년으로 하되, 한번만 연임할 수 있다. 다만, 보궐위원의 임기는 전임위원 임기의 남은 기간으로 한다(영 제236조의4 제4항).

(3) 원산지확인위원회의 위원의 해임 또는 해촉

관세청장은 위원이 다음 각 호의 어느 하나에 해당하는 경우에는 해당 위원을 해임 또는 해촉할 수 있다(영 제236조의4 제5항).

① 심신장애로 인하여 직무를 수행할 수 없게 된 경우
② 직무와 관련된 비위사실이 있는 경우
③ 직무태만, 품위손상이나 그 밖의 사유로 인하여 위원으로 적합하지 아니하다고 인정되는 경우
④ 위원 스스로 직무를 수행하는 것이 곤란하다고 의사를 밝히는 경우
⑤ 제6항 각 호의 어느 하나에 해당함에도 불구하고 회피하지 아니한 경우

(4) 원산지확인위원회의 위원의 제척

위원회의 위원은 다음의 어느 하나에 해당하는 경우에는 심의·의결에서 제척된다(영 제236조의4 제6항).

① 위원이 해당 안건의 당사자(당사자가 법인·단체 등인 경우에는 그 임원을 포함한다. 이하 이 항에서 같다)이거나 해당 안건에 관하여 직접적인 이해관계가 있는 경우

② 위원의 배우자, 4촌 이내의 혈족 및 2촌 이내의 인척의 관계에 있는 사람이 해당 안건의 당사자이거나 해당 안건에 관하여 직접적인 이해관계가 있는 경우

③ 위원이 해당 안건 당사자의 대리인이거나 최근 5년 이내에 대리인이었던 경우

④ 위원이 해당 안건 당사자의 대리인이거나 최근 5년 이내에 대리인이었던 법인·단체 등에 현재 속하고 있거나 속하였던 경우

⑤ 위원이 최근 5년 이내에 해당 안건 당사자의 자문·고문에 응하였거나 해당 안건 당사자와 연구·용역 등의 업무 수행에 동업 또는 그 밖의 형태로 직접 해당 안건 당사자의 업무에 관여를 하였던 경우

⑥ 위원이 최근 5년 이내에 해당 안건 당사자의 자문·고문에 응하였거나 해당 안건 당사자와 연구·용역 등의 업무 수행에 동업 또는 그 밖의 형태로 직접 해당 안건 당사자의 업무에 관여를 하였던 법인·단체 등에 현재 속하고 있거나 속하였던 경우

또한, 위원회의 위원은 위의 ①부터 ⑥까지(제6항 각 호)의 어느 하나에 해당하는 경우에는 스스로 해당 안건의 심의·의결에서 회피하여야 한다(영 제236조의4 제7항).

(5) 원산지확인위원회의 운영

(가) 원산지확인위원회의 회의

위원장이 부득이한 사유로 그 직무를 수행하지 못하는 경우에는 위원장이 지명하는 자가 그 직무를 대행하며, 위원중 공무원인 위원이 회의에 출석하지 못할 부득이한 사정이 있는 때에는 그가 지명하는 공무원(해당 직위가 공석인 때에는 위원장이 지명하는 공무원을 말한다)으로 하여금 회의에 출석하여 그 직무를 대행하게 할 수 있다(영 제236조의4 제8항 및 제9항).

또한, 위원회의 회의는 위원장을 포함한 재적위원 과반수의 출석과 출석위원 과반수의 찬성으로 의결하며, 위원회의 서무를 처리하기 위하여 위원회에 간사 1인을 두며, 위원회의 간사는 관세청의 5급 이상 공무원 또는 고위공무원단에 속하는 일반직공무원중에서 위원장이 지명한다(영 제236조의4 제10항 및 제11항).

그리고 관세청장은 회의의 원활한 운영을 위하여 위원회에 상정된 물품의 원산지 확인 업무와 관련된 의견을 듣기 위하여 관련 학계·연구기관 또는 협회 등에서 활동하는 자를 자문위원으로 위촉할 수 있다(영 제236조의4 제12항).

(나) 원산지확인위원회의 수당 및 공무원 의제

원산지확인위원회에 출석한 공무원이 아닌 위원 및 자문위원에 대하여는 예산이 정하는 범위에서 여비 및 수당을 지급할 수 있다(영 제236조의4 제13항).

또한, 위원회(관세품목분류위원회, 관세체납정리위원회, 관세정보공개심의위원회, 관세심사위원회, 보세판매장 특허심사위원회, 원산지확인위원회)의 위원 중 공무원이 아닌 사람은 「형법」 제127조 및 제129조부터 제132조까지의 규정을 적용할 때에는 공무원으로 본다(법 제330조 제8호).

그리고 영 제236조의4 제1항부터 제13항까지에서 규정한 사항 외에 위원회의 구성 및 운영에 필요한 사항은 관세청장이 정한다(영 제236조의4 제14항).

8. 원산지표시위반단속기관협의회

(1) 원산지표시위반단속기관협의회의 설치

관세법, 「농수산물의 원산지표시에 관한 법률」 및 「대외무역법」에 따른 다음의 "원산지표시 위반 단속업무에 필요한 정보교류 등 대통령령으로 정하는 사항"을 협의하기 위하여 관세청에 원산지표시위반단속기관협의회를 두며, 원산지표시위반단속기관협의회의 구성·운영과 그 밖에 필요한 사항은 대통령령으로 정한다(법 제233조의3 제1항·제2항 및 영 제236조의9 제1항).

(2) 원산지표시위반단속기관협의회의 구성

원산지표시위반단속기관협의회(이하 이 조에서 "협의회"라 한다)는 위원장 1명을 포함하여 25명 이내의 위원으로 구성하는 바, 협의회의 위원장은 원산지표시 위반 단속업무를 관장하는 관세청의 고위공무원단에 속하는 공무원 중에서 관세청장이 지정하는 사람이 되고, 위원은 다음의 사람이 된다(영 제236조의9 제2항·제3항).

① 관세청장이 지정하는 과장급 공무원 1명
② 농림축산식품부장관이 지정하는 국립농산물품질관리원 소속 과장급 공무원 1명
③ 해양수산부장관이 지정하는 국립수산물품질관리원 소속 과장급 공무원 1명
④ 특별시, 광역시, 특별자치시, 도, 특별자치도의 장이 지정하는 과장급 공무원 각 1명

한편, 위원장은 협의회를 대표하고 직무를 통할한다. 다만, 부득이한 사유로 위원장이 그 직무를 수행하지 못하는 경우에는 위원장이 미리 지명한 사람이 그 직무를 대행한다(영 제236조의9 제4항).

(3) 원산지표시위반단속기관협의회의 회의

협의회의 회의는 정기회의와 임시회의로 구분하되, 정기회의는 반기마다 소집하며, 임시회의는 위원장이 필요하다고 인정하는 경우에 소집하고, 협의회의 회의는 재적위원 과반수의 출석으로 개의하고, 출석위원 3분의 2 이상의 찬성으로 의결한다(영 제236조의9 제5항·제7항).

또한, 협의회의 회의는 위원장이 소집하며 그 의장은 위원장이 되고, 협의회의 사무를 처리하게 하기 위하여 관세청 소속 5급 공무원 1명을 간사로 둔다(영 제236조의9 제6항·제8항).

그리고, 제1항부터 제8항까지에서 규정한 사항 외에 협의회의 운영에 필요한 사항은 협의회의 의결을 거쳐 위원장이 정한다(영 제236조의9 제9항).

9. 수출입물품안전관리기관협의회

(1) 수출입물품안전관리기관협의회의 설치

"안전성 검사에 필요한 정보교류 등 대통령령으로 정하는 다음의 사항"을 협의하기 위하여 관세청에 수출입물품안전관리기관협의회를 두며, 수출입물품안전관리기관협의회의 구성 · 운영과 그 밖에 필요한 사항은 대통령령으로 정하고, 제1항부터 제8항까지에서 규정한 사항 외에 안전성 검사의 방법 · 절차 등에 관하여 필요한 사항은 관세청장이 정한다(법 제246조의3 제7항－제9항 및 영 제251조의2 제1항).

① "안전성 검사"(법 제246조의3 제1항에 따른 안전성 검사)에 필요한 정보교류
② 안전성 검사 대상 물품의 선정에 관한 사항
③ 그 밖에 관세청장이 안전성 검사와 관련하여 협의가 필요하다고 인정하는 사항

(2) 수출입물품안전관리기관협의회의 구성

"협의회"(법 제246조의3 제7항에 따른 수출입물품안전관리기관협의회)는 위원장 1명을 포함하여 25명 이내의 위원으로 구성하며, 협의회의 위원장은 관세청 소속 고위공무원단에 속하는 공무원 중에서 관세청장이 지명하는 사람으로 하고, 위원은 다음 각 호의 사람으로 한다(영 제251조의2 제2항 및 제3항).

① 관세청의 4급 이상 공무원 중에서 관세청장이 지명하는 사람 1명
② 관계 중앙행정기관의 4급 이상 공무원 중에서 해당 기관의 장이 지명하는 사람 각 1명

(3) 수출입물품안전관리기관협의회의 위원의 지명 철회

제2항에 따라 협의회의 위원을 지명한 자는 해당 위원이 다음 각 호의 어느 하나에 해당하는 경우에는 그 지명을 철회할 수 있다(영 제251조의2 제4항).

① 심신장애로 인하여 직무를 수행할 수 없게 된 경우
② 직무와 관련된 비위사실이 있는 경우
③ 직무태만, 품위손상이나 그 밖의 사유로 인하여 위원으로 적합하지 아니하다고 인정되는 경우
④ 위원 스스로 직무를 수행하는 것이 곤란하다고 의사를 밝히는 경우

(4) 수출입물품안전관리기관협의회의 회의

협의회의 회의는 위원의 과반수 출석으로 개의하고, 출석위원 3분의 2 이상의 찬성으로 의결한다(영 제251조의2 제5항).

(5) 수출입물품안전관리기관협의회의 운영

제1항부터 제5항까지에서 규정한 사항 외에 협의회의 운영에 필요한 사항은 협의회의 의결을 거쳐 위원장이 정한다(영 제251조의2 제6항).

제3절 관세행정

Ⅰ. 행정편의의 제공

1. 무역통계의 작성 · 교부

(1) 통계작성의 열람 및 교부

(가) 통계작성의 열람

관세청장은 다음의 사항에 관한 통계를 작성하고 그 열람이나 교부를 신청하는 자가 있으면 이를 열람하게 하거나 교부하여야 한다(법 제322조 제1항).

① 수출하거나 수입한 화물에 관한 사항
② 입항하거나 출항한 외국무역선 및 외국무역기에 관한 사항
③ 그 밖에 외국무역과 관련하여 관세청장이 필요하다고 인정하는 사항

(나) 통계외 통관관련 세부통계자료

제1항에 따른 통계 외 통관 관련 세부 통계자료를 열람하거나 교부받으려는 자는 사용 용도 및 내용을 구체적으로 밝혀 관세청장에게 신청할 수 있다. 이 경우 관세청 장은 대통령령으로 정하는 경우를 제외하고는 이를 열람하게 하거나 교부하여야 한다(법 제322조 제3항).

여기에서, "대통령령으로 정하는 경우"란 열람 또는 교부의 대상이 되는 자료가 「공공기관의 정보공개에 관한 법률」 제9조 제1항의 어느 하나에 해당하는 경우를 말한다(영 제276조 제3항).

(2) 통계 · 증명서의 작성 및 교부의 신청

법 제322조제1항 및 제3항에 따라 통계의 열람 또는 교부를 신청하려는 자는 다음의 사항을 기재한 신청서를 관세청장에게 제출하여야 한다(영 제276조 제1항).

① 통계의 종류 및 내용
② 열람 또는 교부의 사유

(3) 통계의 공표

관세청장은 통계를 집계하고 대통령령으로 정하는 바에 따라 정기적으로 그 내용을 공표할 수 있는 바, 통계의 공표는 연 1회 이상으로 한다(법 제322조 제2항 및 영 제276조 제2항).

(4) 통계의 범위 및 절차

관세청장은 제1항에 따른 통계 및 제3항에 따른 통계자료를 전산처리가 가능한 전달매체에 기록하여 교부하거나 전산처리설비를 이용하여 교부할 수 있다. 이 경우 교부할 수 있는 통계의 범위와 그 절차는 관세청장이 정한다(법 제322조 제4항).

(5) 통계표의 교부업무의 대행

관세청장은 "대행기관"(제1항에 따른 통계, 제3항에 따른 통계자료 및 제4항에 따른 통계의 작성 및 교부 업무를 대행할 자)을 지정하여 그 업무를 대행하게 할 수 있다. 이 경우 관세청장은 통계작성을 위한 기초자료를 대행기관에 제공하여야 한다(법 제322조 제5항).

이 경우, "대행기관"에서 대행 업무에 종사하는 사람(법 제322조 제5항)다음에 해당하는 사람은 「형법」 제127조 및 제129조부터 제132조까지의 규정을 적용할 때에는 공무원으로 본다(법 제330조 제4호).

(6) 증명서·통계표의 교부신청

(가) 증명서 · 통계표의 교부신청

법 제322조 제6항에 따라 증명서, 통계 또는 통계자료를 교부받으려는 자는 다음의 사항을 적은 신청서를 관세청장 · 세관장 또는 법 제322조 제5항에 따라 업무를 대행하는 자에게 제출하여야 한다(영 제276조 제4항).

① 증명서, 통계 또는 통계자료의 내용이 기록되는 매체의 종류 및 내용
② 교부를 받으려는 사유

(7) 증명서·통계표의 교부 수수료의 관세청 수납

세관사무에 관한 증명서와 제1항에 따른 통계, 제3항에 따른 통계자료 및 제4항에 따른 통계를 교부받으려는 자는 기획재정부령으로 정하는 바에 따라 관세청장에게 수수료를 납부하여야 한다(법 제322조 제6항 본문).

(8) 증명서·통계표의 교부 수수료의 대행기관 수납

(가) 대행기관 수납

다만, "대행기관"이 업무를 대행하는 경우에는 대행기관이 정하는 수수료를 해당 대행기관에 납부하여야 한다(법 제322조 제6항 단서).

(나) 대행기관의 수수료 결정시 관세청장의 승인

대행기관은 수수료를 정할 때에는 기획재정부령으로 정하는 바에 따라 관세청장의 승

인을 받아야 한다. 승인을 받은 사항을 변경하려는 경우에도 또한 같다(법 제322조 제7항).

따라서, 대행기관은 교부수수료를 정하거나 변경하려는 경우에는 이해관계인의 의견을 수렴할 수 있도록 대행기관의 인터넷 홈페이지에 30일간 정하거나 변경하려는 교부수수료의 내용을 게시하여야 한다. 다만, 긴급하다고 인정되는 경우에는 대행기관의 인터넷 홈페이지에 그 사유를 소명하고 10일간 게시할 수 있다(규칙 제82조 제2항).

또한, 대행기관은 제2항에 따라 수렴된 의견을 고려하여 제1항에 따른 교부수수료의 범위에서 정한 교부수수료에 대하여 관세청장의 승인을 받아야 한다. 이 경우 대행기관은 원가명세서 등 교부수수료의 승인에 필요한 자료를 관세청장에게 제출하여야 한다(규칙 제82조 제3항).

(다) 대행기관의 승인수수료 금액의 공개

대행기관은 제3항에 따라 승인받은 교부수수료의 금액을 대행기관의 인터넷 홈페이지를 통하여 공개하여야 한다(규칙 제82조 제4항).

(라) 대행기관의 수수료 징수

대행기관이 수수료를 징수한 경우 그 수입은 해당 대행기관의 수입으로 한다(법 제322조 제8항).

(9) 증명서·통계표의 교부 수수료

(가) 교부수수료의 금액

세관사무에 관한 증명서, 통계 및 통관관련 세부통계자료의 교부수수료는 별표 7과 같다(규칙 제82조 제1항).

[별표 7] 증명서 또는 통계의 교부수수료(제82조제1항관련)

구분			단위	금액
1. 증명서			1통	400원
2. 통계	관세청장이 발간하는 무역통계연보·월보에 등재된 통계항목	인쇄물	1년분	기본료 2만8천원 +1매당 400원
		전산처리가 가능한 전달매체에 기록하거나 전산처리설비를이용하여 교부하는 것	1월분	20만5천원
			1분기분 1분기분(월별)	26만7천원 55만4천원
			1반기분 1반기분(분기별) 1반기분(월별)	34만7천원 48만1천원 98만4천원
			1년분 1년분(반기별) 1년분(분기별) 1년분(월별)	45만1천원 62만5천원 98만1천원 172만2천원
	그 밖에 추가항목	수출입통관 자료 항목별		항목당 금액의 10분의 1씩 추가
3. 통관 관련 세부통계자료	인쇄물			기본료 2만8천원 +1매당 400원
	전산처리가 가능한 전달매체에 기록하거나 전산처리설비를 이용하여 교부하는 것			기본료 2만8천원+ (건수×항목수)×5원

(나) 교부수수료 수준의 평가 및 통보

관세청장은 3년마다 원가명세서, 대행기관의 교부수수료 수입·지출 내역 등을 검토하여 교부수수료 수준을 평가하여야 하며, 필요한 경우 적정한 교부수수료 수준을 통보할 수 있다(규칙 제82조 제5항).

(다) 증명서·통계의 교부수수료의 인상

일일자료교부 등 새로운 컴퓨터프로그램이나 전산처리설비를 필요로 하는 방식으로 교부신청을 하는 경우에는 추가되는 비용의 범위에서 제1항 및 제3항에 따른 교부수수료를 인상하여 적용할 수 있다(규칙 제82조 제6항).

(라) 정부 등에 대한 교부수수료의 면제

정부 및 지방자치단체에 대하여는 제1항 및 제3항에 따른 교부수수료를 면제한다(규칙 제82조 제7항).

(마) 공공기관 등에 대한 교부수수료의 인하 또는 면제

「공공기관의 운영에 관한 법률」 제4조에 따른 공공기관 및 영 제233조에 따라 관세청과 정보통신망을 연결하여 구비조건을 확인하고 있는 기관에 대하여는 관세청장이 정하는 바에 따라 제1항 및 제3항에 따른 교부수수료를 인하하거나 면제할 수 있다(규칙 제82조 제8항).

(10) 증명서의 발급제한

세관사무에 관한 증명서 중 수출·수입 또는 반송에 관한 증명서는 해당 물품의 수출·수입 또는 반송 신고의 수리일부터 5년 내의 것에 관하여 발급한다(법 제322조 제9항).

2. 편의제공

이 법에 따라 물품의 운송·장치 또는 그 밖의 취급을 하는 자는 세관공무원의 직무집행에 대하여 편의를 제공하여야 한다(법 제325조).

3. 국가관세종합정보망의 구축 및 운영

(1) 국가관세종합정보망의 구축·운영

관세청장은 전자통관의 편의를 증진하고, 외국세관과의 세관정보 교환을 통하여 수출입의 원활화와 교역안전을 도모하기 위하여 "국가관세종합정보망"(전산처리설비와 데이터베이스에 관한 국가관세종합정보망)을 구축·운영할 수 있다(법 제327조 제1항).

(2) 전자신고등

세관장(Head of Customhouse)은 관세청장이 정하는 바에 따라 국가관세종합정보망의 전산처리설비를 이용하여 이 법에 따른 신고·신청·보고·납부 등과 법령에 따른 허가·승인 또는 그 밖의 조건을 갖출 필요가 있는 물품의 증명 및 확인신청 등(이하 "전자신고등"이라 한다)을 하게 할 수 있다(법 제327조 제2항).

법 제327조 제2항에 따른 전자신고의 작성에 필요한 구체적인 사항은 관세청장이 정하여 고시한다(규칙 제77조의6 제4항).

(3) 전자송달

세관장(Head of Customhouse)은 관세청장이 정하는 바에 따라 국가관세종합정보망의 전산처리설비를 이용하여 전자신고등의 승인·허가·수리 등에 대한 교부·통지·통고 등(이하 "전자송달"이라 한다)을 할 수 있다(법 제327조 제3항).

(4) 간이한 전자신고

전자신고등을 할 때에는 관세청장이 정하는 바에 따라 관계 서류를 국가관세종합정보망의 전산처리설비를 이용하여 제출하게 하거나, 그 제출을 생략하게 하거나 간소한 방법으로 하게 할 수 있다(법 제327조 제4항).

(5) 전자신고의 접수 및 전자송달의 도달시기

제2항에 따라 이행된 전자신고등은 관세청장이 정하는 국가관세종합정보망의 전산처리설비에 저장된 때에 세관에 접수된 것으로 보고, 전자송달은 송달받을 자가 지정한 컴퓨터에 입력된 때(관세청장이 정하는 국가관세종합정보망의 전산처리설비에 저장하는 경우에는 저장된 때)에 그 송달을 받아야 할 자에게 도달된 것으로 본다(법 제327조 제5항).

(6) 전자송달의 이행

전자송달은 대통령령으로 정하는 바에 따라 송달을 받아야 할 자가 신청하는 경우에만 하며, 제6항에 따라 전자송달할 수 있는 대상의 구체적 범위 · 송달방법 등에 관하여 필요한 사항은 대통령령으로 정한다(법 제327조 제6항 및 제8항).

(가) 전자송달의 신청

전자송달을 받으려는 자는 관세청장이 정하는 바에 따라 전자송달에 필요한 설비를 갖추고 다음의 사항을 기재한 신청서를 관할세관장에게 세출하여야 한다(영 제285조의 2 제1항).

① 성명 · 주민등록번호 등 인적사항
② 주소 · 거소 또는 영업소의 소재지
③ 전자우편주소 〔"전산처리설비"(법 제327조 제5항에 따라 관세청장이 정하는 국가관세종합정보망의 전산처리설비)의 경우에는 사용자확인기호를 이용하여 접근할 수 있는 곳을 말한다〕
④ 제3항에 따른 서류 중 전자송달을 받으려는 서류의 종류
⑤ 그 밖의 필요한 사항으로서 관세청장이 정하는 것

(나) 전자송달의 방법

제6항에도 불구하고 국가관세종합정보망의 전산처리설비의 장애로 전자송달이 불가능한 경우, 그 밖에 대통령령으로 정하는 다음의 어느 하나에 해당하는 사유가 있는 경우에는 교부 · 인편 또는 우편의 방법으로 송달할 수 있다(법 제327조 제7항 및 영 제285조의2 제2항).

① 정전, 프로그램의 오류 그 밖의 부득이한 사유로 인하여 금융기관 또는 체신관서의 전산처리장치의 가동이 정지된 경우
② 전자송달을 받으려는 자의 전산처리설비 이용권한이 정지된 경우
③ 그 밖의 전자송달이 불가능한 경우로서 관세청장이 정하는 경우

(다) 전자송달할 수 있는 서류

전자송달할 수 있는 서류는 납부서·납세고지서·환급통지서 및 그 밖에 관세청장이 정하는 서류로 하며, 관세청장은 이 서류 중 납부서·납세고지서·환급통지서 및 관세청장이 따로 정하는 서류를 전자송달하는 경우에는 전산처리설비에 저장하는 방식으로 이를 송달하여야 하며, 관세청장은 이 서류외의 서류를 전자송달하는 경우에는 전자송달을 받으려는 자가 지정한 전자우편주소로 이를 송달하여야 한다(영 제285조의2 제3항－제5항).

전자송달할 수 있는 서류와 그 송달방법

전자송달할 수 있는 서류	송달방법
납부서 납세고지서 환급통지서 관세청장이 따로 정하는 서류	전산처리설비에 저장하는 방식으로 송달
이외의 기타 서류	전자송달을 받으려는 자가 지정한 전자우편주소로 송달

4. 국가관세종합정보망 운영사업자 또는 전자문서중계사업자의 지정 등

(1) 국가관세종합정보망 운영사업자 또는 전자문서중계사업자의 지정

(가) 국가관세종합정보망 운영사업자의 지정기준

관세청장은 국가관세종합정보망을 효율적으로 운영하기 위하여 대통령령으로 정하는 기준과 절차에 따라 "국가관세종합정보망 운영사업자"(국가관세종합정보망의 전부 또는 일부를 운영하는 자)를 지정할 수 있는 바, 그 지정기준은 다음과 같다. 국가관세종합정보망의 유지·보수 업무만을 담당하는 국가관세종합정보망 운영사업자의 경우에는 다음의 ①의 기준을 적용하지 아니한다(법 제327조의2 제1항 및 영 제285조의3 제1항).

① 「민법」 제32조에 따라 설립된 비영리법인 또는 「정부출연연구기관 등의 설립·운영 및 육성에 관한 법률」에 따른 정부출연연구기관일 것
② 전산정보처리시스템의 구축 및 운영에 관한 경험을 보유할 것
③ 그 밖에 관세청장이 정하는 설비 및 기술인력 등의 기준을 보유할 것

(나) 전자문서중계사업자의 지정기준

"전자문서중계업무"(「전기통신사업법」 제2조제8호에 따른 전기통신사업자로서 전자신고 등 및 전자송달을 중계하는 업무)를 수행하려는 자는 대통령령으로 정하는 기준과 절차에 따라 관세청장의 지정을 받아야 하는 바, 그 지정기준은 다음과 같다(법 제327조의3 제1항, 영 제285조의4 제1항～제3항 및 규칙 제84조·제85조).

① 「상법」상 주식회사로서 납입자본금이 10억원 이상일 것

② 정부, 「공공기관의 운영에 관한 법률」 제4조에 따른 공기업 및 비영리법인을 제외한 동일인이 의결권있는 주식총수의 15/100를 초과하여 소유하거나 사실상 지배하지 아니할 것. 이 경우 기획재정부령으로 정하는 동일인이 소유하거나 사실상 지배하는 주식의 범위는 주주 1명 또는 그와 다음의 어느 하나에 해당하는 자가 자기 또는 타인의 명의로 소유하는 주식을 말한다(이 규정은 외국인에게도 이를 준용한다).

㉮ 주주 1인의 배우자, "친족"(8촌 이내의 혈족 또는 4촌 이내의 인척)

㉯ 주주 1인이 법인인 경우에 해당 법인이 30/100 이상을 출자 또는 출연하고 있는 법인과 해당 법인에 30/100 이상을 출자 또는 출연하고 있는 법인이나 개인

㉰ 주주 1인이 개인인 경우에 해당 개인 또는 그와 그 친족이 30/100 이상을 출자 또는 출연하고 있는 법인

㉱ 주주 1인 또는 그 친족이 최다수 주식소유자 또는 최다액 출자자로서 경영에 참여하고 있는 법인

㉲ 주주 1인과 그 친족이 이사 또는 업무집행사원의 과반수인 법인

③ 전자문서중계사업을 영위하기 위한 설비와 기술인력을 보유할 것. 이 경우 기획재정부령으로 정하는 지정기준의 세부적인 사항은 다음과 같다(㉮ 및 ㉯의 각목의 세부적인 사항은 관세청장이 정하여 고시한다).

㉮ 전자문서중계사업에 필요한 다음의 설비에 대한 정당한 사용권을 가질 것

㉠ 전자문서중계사업을 안정적으로 수행할 수 있는 충분한 속도 및 용량의 전산설비

㉡ 전자문서를 변환 · 처리 · 전송 및 보관할 수 있는 소프트웨어

㉢ 전자문서를 전달하고자 하는 자의 전산처리설비로부터 관세청의 전산처리설비까지 전자문서를 안전하게 전송할 수 있는 통신설비 및 통신망

㉣ 전자문서의 변환 · 처리 · 전송 · 보관, 데이터베이스의 안전한 운영과 보안을 위한 전산설비 및 소프트웨어전자문서중계사업을 안정적으로 수행할 수 있는 충분한 속도 및 용량의 전산설비

㉯ 전자문서중계사업에 필요한 다음의 기술인력을 보유할 것

㉠ 「국가기술자격법」에 따른 정보처리 또는 통신 분야의 기술사 이상의 자격이 있는 자 1인 이상

㉡ 전자문서중계사업을 위한 표준전자문서의 개발 또는 전자문서중계방식과 관련한 기술 분야의 근무경력이 2년 이상인 자 2인 이상

㉢ 전자문서와 데이터베이스의 보안관리를 위한 전문요원 1인 이상

㉣ 「관세사법」에 따른 관세사 자격이 있는 자 1인 이상

(2) 국가관세종합정보망 운영사업자 또는 전자문서중계사업자의 결격사유

다음의 어느 하나에 해당하는 자는 "국가관세종합정보망 운영사업자" 또는 "전자문서

중계사업자"의 지정을 받을 수 없다(법 제327조의2 제2항 및 제327조의3 제2항).

① "다음"(법 제175조 제2호부터 제5호까지)의 어느 하나에 해당하는 자
   ㉮ 피성년후견인과 피한정후견인
   ㉯ 파산선고를 받고 복권되지 아니한 자
   ㉰ 이 법을 위반하여 징역형의 실형을 선고받고 그 집행이 끝나거나(집행이 끝난 것으로 보는 경우 포함) 면제된 후 2년이 지나지 아니한 자
   ㉱ 이 법을 위반하여 징역형의 집행유예를 선고받고 그 유예기간 중에 있는 자
② "국가관세종합정보망 운영사업자" 또는 "전자문서중계사업자"의 지정이 취소된 날부터 2년이 지나지 아니한 자
③ 위의 ① 또는 ②에 해당하는 사람이 임원으로 재직하는 법인

(3) 국가관세종합정보망 운영사업자 또는 전자문서중계사업자의 지정절차

(가) 국가관세종합정보망 운영사업자 또는 전자문서중계사업자의 지정신청

"국가관세종합정보망 운영사업자" 또는 "전자문서중계사업자"의 지정을 받으려는 자는 관세청장이 정하는 서류를 갖추어 관세청장에게 신청하여야 한다. 지정을 받은 운영사업자가 지정받은 사항을 변경할 때에도 또한 같다(영 제285조의3 제2항 및 제285조의5 제1항).

(나) 국가관세종합정보망 운영사업자 또는 전자문서중계사업자의 지정

관세청장이 "국가관세종합정보망 운영사업자" 또는 "전자문서중계사업자"를 지정한 때에는 해당 신청인에게 지정증을 교부하고, 그 사실을 관계 행정기관의 장 및 관세업무 관련 기관의 장에게 통지하여야 한다(영 제285조의3 제3항 및 제285조의5 제2항).

(4) 국가관세종합정보망 운영사업자 또는 전자문서중계사업자의 지정취소 등

관세청장은 지정을 받은 "국가관세종합정보망 운영사업자" 또는 "전자문서중계사업자"가 다음의 어느 하나에 해당하는 경우에는 그 지정을 취소하거나 1년 이내의 기간을 정하여 "국가관세종합정보망 운영사업의 전부 또는 일부" 또는 "전자문서중계업무의 전부 또는 일부"의 정지를 명할 수 있다. 다만, 다음의 ① 및 ②에 해당하는 경우에는 그 지정을 취소하여야 한다(법 제327조의2 제4항 및 제327조의3 제3항).

① "국가관세종합정보망 운영사업자 또는 전자문서중계사업자의 결격사유"의 어느 하나에 해당한 경우(법 제327조의2 제2항 각 호)
② 거짓이나 그 밖의 부정한 방법으로 "국가관세종합정보망 운영사업자" 또는 "전자문서중계사업자"의 지정을 받은 경우(법 제327조의2 제1항)
③ "국가관세종합정보망 운영사업자 또는 전자문서중계사업자의 지정기준"에 미달하게 된 경우

④ "국가관세종합정보망 운영사업자" 또는 "전자문서중계사업자"에 대한 관세청장의 지도·감독을 위반한 경우

③ 국가관세종합정보망 운영사업자 또는 전자문서중계사업자의 임직원이거나, 임직원이었던 자가 업무상 알게 된 전자문서상의 비밀과 관련 정보에 관한 비밀을 누설하거나 도용한 경우(법 제327조의4 제3항)

또한, "국가관세종합정보망 운영사업자" 또는 "전자문서중계사업자"의 지정취소의 처분을 하려면 청문을 하여야 한다(법 제328조 제10호).

(5) 국가관세종합정보망 운영사업자 또는 전자문서중계사업자에 대한 과징금의 부과 및 납부

관세청장은 "국가관세종합정보망 운영사업자" 또는 "전자문서중계사업자"에 대한 업무정지가 그 이용자에게 심한 불편을 주거나 그 밖에 공익을 해칠 우려가 있는 경우에는 업무정지처분을 갈음하여 1억원 이하의 과징금을 부과할 수 있다. 이 경우 과징금을 부과하는 위반행위의 종류와 위반 정도 등에 따른 과징금의 금액 등에 관하여 필요한 사항은 대통령령으로 정한다(법 제327조의2 제5항 및 제327조의3 제4항).

(가) 과징금을 부과할 위반행위와 과징금의 금액

부과하는 과징금의 금액은 다음의 ①의 기간에 ②의 금액을 곱하여 산정한다. 이 경우 산정한 금액이 1억원을 넘을 때에는 1억원으로 한다. 또한 관세청장은 "국가관세종합정보망 운영사업자" 또는 "전자문서중계사업자"의 사업규모 · 위반행위의 정도 및 횟수 등을 참작하여 과징금의 금액의 1/4의 범위 안에서 이를 가중 또는 경감할 수 있다. 이 경우 가중하는 때에도 과징금의 총액이 1억원을 초과할 수 없다(영 제285조의6 제1항 및 제2항).

① 기간: 법 제327조의2제4항 또는 제327조의3제3항에 따라 산정된 업무정지 일수(1개월은 30일을 기준으로 한다)

② 1일당 과징금 금액: 30만원

(나) 과징금의 납부

과징금의 납부와 관련된 규정은 다음과 같다.

① 관세청장은 법 제327조의2 제5항 또는 법 제327조의3 제4항에 따라 위반행위를 한 자에게 과징금을 부과하려는 경우에는 그 위반행위의 종별과 해당 과징금의 금액을 명시하여 이를 납부할 것을 서면 또는 전자문서로 통지하여야 한다(영 제285조의7 제1항).

② 납부통지를 받은 자는 납부통지일부터 20일 이내에 과징금을 관세청장이 지정하는 수납기관에 납부하여야 한다. 다만, 천재 · 지변 그 밖의 부득이한 사유로 인하여 그 기간내에 과징금을 납부할 수 없는 때에는 그 사유가 소멸한 날부터 7일 이내에 이를 납부하여야 한다(영 제285조의7 제2항).

③ 과징금의 납부를 받은 수납기관은 영수증을 납부자에게 서면으로 교부하거나 전자문서로 송부하여야 한다(영 제285조의7 제3항).

④ 과징금의 수납기관은 과징금을 수납한 때에는 그 사실을 관세청장에게 서면 또는 전자문서로 지체 없이 통지하여야 한다(영 제285조의7 제4항).

⑤ 과징금은 이를 분할하여 납부할 수 없다(영 제285조의7 제5항).

(다) 과징금의 미납

과징금을 납부하여야 할 자가 납부기한까지 이를 납부하지 아니한 경우에는 제26조[1]의 규정을 준용한다(법 제327조의2 제6항 및 제327조의3 제5항).

(6) 국가관세종합정보망 운영사업자 또는 전자문서중계사업자의 지도 · 감독

관세청장은 "국가관세종합정보망 운영사업에 관하여 국가관세종합정보망 운영사업자" 또는 "전자문서중계사업에 관하여 전자문서중계사업자"를 각각 지도 · 감독하여야 한다(법 제327조의2 제7항 및 제327조의3 제7항).

(7) 국가관세종합정보망 운영사업자에 대한 재원 지원 및 전자문서중계사업자의 수수료 부과

(가) 국가관세종합정보망 운영사업자에게 재원 지원

관세청장은 국가관세종합정보망을 효율적으로 운영하기 위하여 필요한 경우 국가관세종합정보망 운영사업자에게 그 운영에 필요한 재원을 지원할 수 있다(법 제327조의2 제3항).

(나) 전자문서중계사업자의 수수료 부과

전자문서중계사업자는 전자문서중계업무를 제공받는 자에게 기획재정부령으로 정하는 바에 따라 수수료 등 필요한 요금을 부과할 수 있는 바, 전자문서중계사업자는 법 제327조의2제6항에 따라 수수료 등 필요한 요금을 부과하기 위하여 요금을 정하거나 변경하려는 경우에는 그 금액과 산출기초를 기재한 서류를 첨부하여 관세청장에게 신고하여야 한다. 이 경우 관세청장은 수수료 등의 금액이 관세청장이 정하는 산출기준에 맞지 아니하거나 그 밖에 적정하지 아니하여 보완이 필요하다고 인정되는 경우에는 그 수리전에 보완을 요구할 수 있다(법 제327조의3 제6항 및 규칙 제86조).

---

1) 법 제26조에서는 "담보 제공이 없거나 징수한 금액이 부족한 관세의 징수에 관하여는 이 법에 규정된 것을 제외하고는 「국세기본법」과 「국세징수법」의 예에 따르며, 세관장은 관세의 체납처분을 할 때에는 재산의 압류, 보관, 운반 및 공매에 드는 비용에 상당하는 체납처분비를 징수할 수 있다"고 규정하고 있다.

6. 전자문서 등 관련정보에 관한 보안

(1) 위조 또는 변조금지

누구든지 국가관세종합정보망 또는 전자문서중계사업자의 전산처리설비에 기록된 전자문서 등 관련 정보를 위조 또는 변조하거나 위조 또는 변조된 정보를 행사하여서는 아니 된다(법 제327조의4 제1항).

(2) 훼손 및 비밀침해의 금지

누구든지 국가관세종합정보망 또는 전자문서중계사업자의 전산처리설비에 기록된 전자문서 등 관련 정보를 훼손하거나 그 비밀을 침해하여서는 아니 된다(법 제327조의4 제2항).

(3) 비밀의 누설 및 도용금지

국가관세종합정보망 운영사업자 또는 전자문서중계사업자의 임직원이거나, 임직원이었던 자는 업무상 알게 된 전자문서상의 비밀과 관련 정보에 관한 비밀을 누설하거나 도용하여서는 아니 된다(법 제327조의4 제3항).

(4) 공무원의 의제

국가관세종합정보망 운영사업자 또는 전자문서중계사업자는 「형법」 제127조 및 제129조부터 제132조까지의 규정을 적용할 때에는 공무원으로 본다(법 제330조 제5호 및 제6호).

7. 전자문서의 표준

관세청장은 제240조의6에 따른 국가 간 세관정보의 원활한 상호 교환을 위하여 세계관세기구 등 국제기구에서 정하는 사항을 고려하여 전자신고등 및 전자송달에 관한 전자문서의 표준을 정할 수 있다(법 제327조의5).

Ⅱ. 기간의 계산 및 기한의 연장

1. 기간 및 기한의 계산(Calculation of Term and Time Limit)

(1) 기간의 계산(calculation of any term)

이 법에 따른 기간의 계산에 있어서(In the calculation of any term) 제252조에 따른 수입

신고수리전(prior to the acceptance of an import declaration) 반출승인을 받은 경우에는 그 승인일(the date of approval)을 수입신고의 수리일로 본다(법 제8조 제1항).

또한, 이 법에 따른 기간의 계산(calculation of any term)은 이 법에 특별한 규정이 있는 것을 제외하고는(except as especially provided for in this Act) 「민법」(Civil Act)에 따른다(법 제8조 제2항).

기간의 계산

기간의 계산(Calculation of Any Term) [법 제8조 제1항·제2항]

① 이 법에 따른 기간을 계산할 "수입신고수리전 반출승인"(법 제252조)을 받은 경우에는 그 승인일을 수입신고의 수리일로 본다.
② 이 법에 따른 기간의 계산은 이 법에 특별한 규정이 있는 것을 제외하고는 **「민법」**에 따른다.

※ 민법의 기간계산방법
- 기간을 시, 분, 초로 정한 때에는 즉시 기산
- 기간을 일, 주, 월 또는 년으로 정한 때에는 기간의 초일은 불산입 다만, 오전 영시부터 시작하는 때에는 초일 산입
- 기간을 일, 주, 월 또는 년으로 정한 때에는 역에 의하여 계산

(2) 기한의 계산

이 법에 따른 기한(time limit)이 공휴일(holiday)[「근로자의 날 제정에 관한 법률」에 따른 근로자의 날과 토요일을 포함한다] 또는 대통령령으로 정하는 날에 해당하는 경우에는 그 다음 날(next day)을 기한으로 한다. 이 경우, "대통령령으로 정하는 날"이란 금융기관(한국은행 국고대리점 및 국고수납대리점인 금융기관으로 한정한다. 이하 같다) 또는 체신관서의 휴무, 그 밖에 부득이한 사유로 인하여 정상적인 관세의 납부가 곤란하다고 관세청장이 정하는 날을 말한다(법 제8조 제3항 및 영 제1조의4 제1항).

또한, 제327조에 따른 국가관세종합정보망 또는 전산처리설비(data-processing facilities and equipment)가 대통령령으로 정하는 장애(breakdown)로 인하여 가동이 정지되어 이 법에 따른 신고(declaration), 신청(application), 승인(approval), 허가(permission), 수리(acceptance), 교부(delivery), 통지(notice), 통고(notification), 납부 등을 할 수 없게 되는 경우에는 그 장애가 복구된 날의 다음 날(the day following the day on which such breakdown is repaired)을 기한으로 한다(법 제8조 제4항).

따라서, 정전, 프로그램의 오류, 한국은행(그 대리점을 포함한다) 또는 체신관서의 정보처리장치의 비정상적인 가동, 그 밖에 관세청장이 정하는 사유로 인하여 법 제327조에 따른 국가관세종합정보망 또는 전산처리설비의 가동이 정지되어 법의 규정에 따른 신고·신청·승인·허가·수리·교부·통지·통고·납부 등을 기한 내에 할 수 없게 된 때에는 법 제8조제4항에 따라 해당 국가관세종합정보망 또는 전산처리설비의 장애가 복구된 날의 다음날을 기한으로 한다(영 제1조의4 제2항).

● 기한의 계산

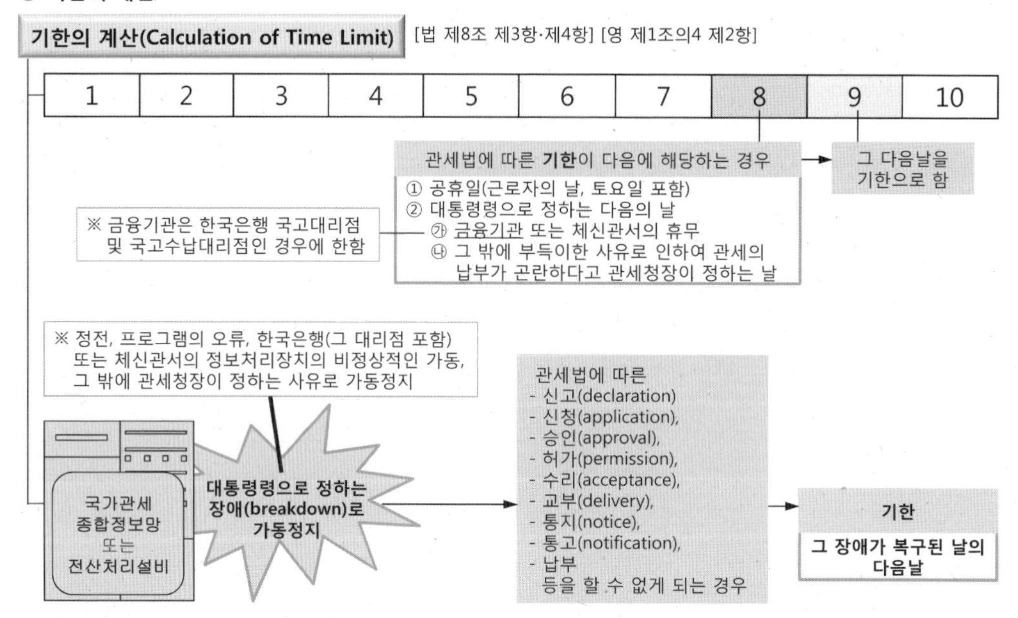

2. 관세의 납부기한(Duty Payment Time Limit) 등

(1) 관세의 납부기한의 구분방법

관세의 납부기한(duty payment time limit)은 이 법에서 달리 규정하는 경우를 제외하고는 다음의 구분에 따른다(법 제9조 제1항).

① "신고납부"(법 제38조 제1항)에 따른 납세신고(duty return)를 한 경우: 납세신고수리일부터 15일 이내

② "부과고지"(법 제39조 제3항)에 따른 납세고지(duty payment notice)를 한 경우: 납세고지를 받은 날부터 15일 이내

③ "수입신고전 즉시반출신고"(법 제253조 제1항)에 따른 수입신고전 즉시반출신고(report on immediate shipment)를 한 경우: 수입신고일부터 15일 이내

(2) 수입신고전 관세의 납부

납세의무자는 제1항에도 불구하고(notwithstanding the provisions of paragraph (1)) 수입신고가 수리되기 전에 해당 세액을 납부할 수 있다(법 제9조 제2항).

(3) 월별납부

세관장(Head of Customhouse)은 납세실적 등을 고려하여 관세청장이 정하는 요건을 갖

춘 성실납세자가 대통령령으로 정하는 바에 따라 신청을 할 때에는 위의 ① 및 ③에도 불구하고 납부기한이 동일한 달에 속하는 세액에 대하여는 그 기한이 속하는 달의 말일까지 한꺼번에 납부하게 할 수 있다(법 제9조 제3항).

월별납부의 승인, 취소 및 갱신절차 [영 제1조의5]

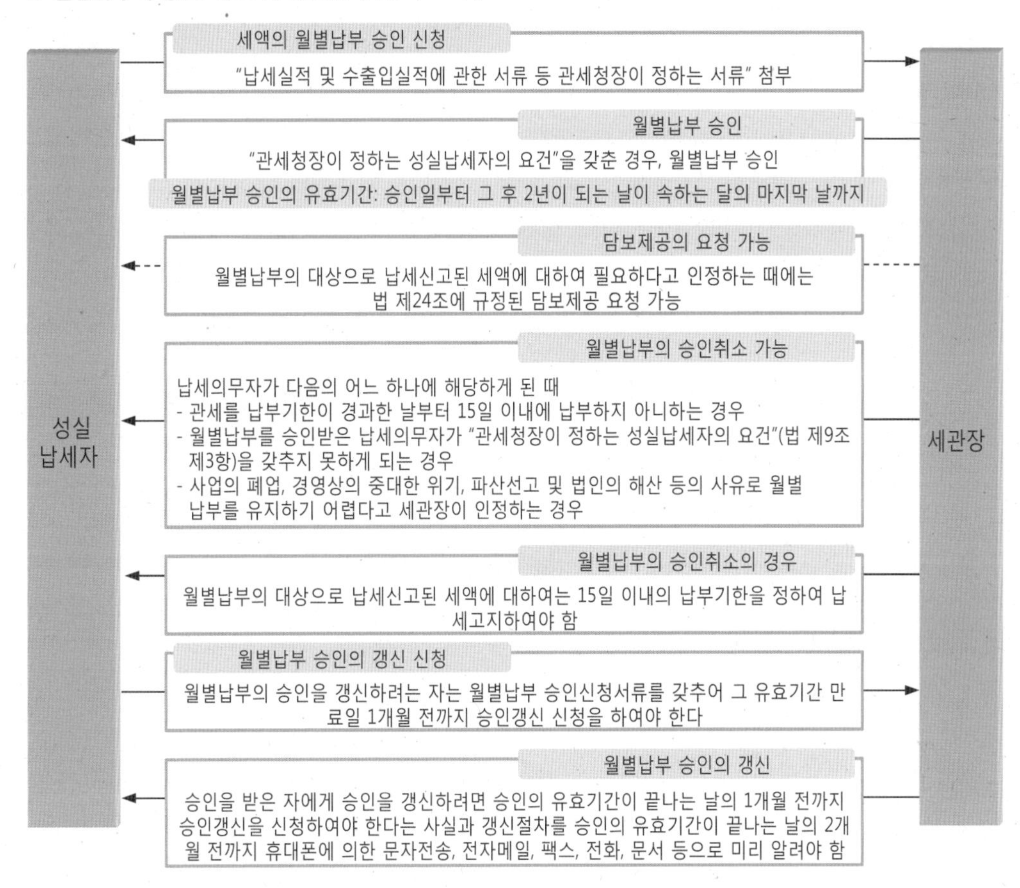

(가) 월별납부의 신청

"월별납부"(납부기한이 동일한 달에 속하는 세액을 월별로 일괄하여 납부)하려는 "관세청장이 정하는 요건을 갖춘 성실납세자"(법 제9조제3항)는 납세실적 및 수출입실적에 관한 서류 등 관세청장이 정하는 서류를 갖추어 세관장에게 월별납부의 승인을 신청하여야 한다(영 제1조의5 제1항).

(나) 월별납부의 승인

세관장(Head of Customhouse)은 월별납부의 승인을 신청한 자가 "관세청장이 정하는 요건을 갖춘 성실납세자"(법 제9조제3항)의 경우에는 세액의 월별납부를 승인하여야 한다.

이 경우 승인의 유효기간은 승인일부터 그 후 2년이 되는 날이 속하는 달의 마지막 날까지로 한다(영 제1조의5 제2항).

(다) 담보제공(Pledging of Security)

세관장(Head of Customhouse)은 월별납부의 대상으로 납세신고된 세액에 대하여 필요하다고 인정하는 때에는 법 제24조에 규정된 담보를 제공하게 할 수 있다(영 제1조의5 제3항).

(라) 월별납부의 승인취소

세관장(Head of Customhouse)은 납세의무자가 다음의 어느 하나에 해당하게 된 때에는 월별납부의 승인을 취소할 수 있다. 이 경우 세관장은 월별납부의 대상으로 납세신고된 세액에 대하여는 15일 이내의 납부기한을 정하여 납세고지하여야 한다(영 제1조의5 제4항).

① 관세를 납부기한이 경과한 날부터 15일 이내에 납부하지 아니하는 경우
② 월별납부를 승인받은 납세의무자가 "관세청장이 정한 성실납세자의 요건"(법 제9조 제3항)을 갖추지 못하게 되는 경우
③ 사업의 폐업, 경영상의 중대한 위기, 파산선고 및 법인의 해산 등의 사유로 월별납부를 유지하기 어렵다고 세관장이 인정하는 경우

(마) 월별납부 승인의 갱신 신청

월별납부의 승인을 갱신하려는 자는 "납세실적 및 수출입실적에 관한 서류 등 관세청장이 정하는 서류"(제1항)를 갖추어 그 유효기간 만료일 1개월 전까지 승인갱신 신청을 하여야 한다(영 제1조의5 제5항).

(바) 월별납부 승인의 갱신

세관장은 월별납부의 승인을 받은 자에게 승인을 갱신하려면 승인의 유효기간이 끝나는 날의 1개월 전까지 승인갱신을 신청하여야 한다는 사실과 갱신절차를 승인의 유효기간이 끝나는 날의 2개월 전까지 휴대폰에 의한 문자전송, 전자메일, 팩스, 전화, 문서 등으로 미리 알려야 한다(영 제1조의5 제6항).

3. 천재·지변 등으로 인한 기한의 연장(Extension of Time Limit due to Force Majeure)

(1) 천재·지변 등으로 인한 기한의 연장

세관장(head of any customhouse)은 천재지변(force majeure)이나 "그 밖에 대통령령으로 정하는 다음의 사유"로 이 법에 따른 신고(file a report), 신청(application), 청구(request), 그 밖의 서류의 제출(submit documents), 통지(serve a notice), 납부(make payment) 또는 징수(collection)를 정하여진 기한까지 할 수 없다고 인정되는 경우에는 1년을 넘지 아니하는

기간을 정하여(within a period not exceeding one year) 대통령령으로 정하는 바에 따라 그 기한을 연장할 수 있다. 이 경우 세관장은 필요하다고 인정하는 경우에는 납부할 관세에 상당하는 담보를 제공하게 할 수 있다(법 제10조 및 영 제2조 제1항).

① 전쟁·화재 등 재해나 도난으로 인하여 재산에 심한 손실을 입은 경우
② 사업에 현저한 손실을 입은 경우
③ 사업이 중대한 위기에 처한 경우
④ 그 밖에 세관장이 위의 ①부터 ③까지의 규정에 준하는 사유가 있다고 인정하는 경우

● 천재·지변 등으로 인한 기한의 연장

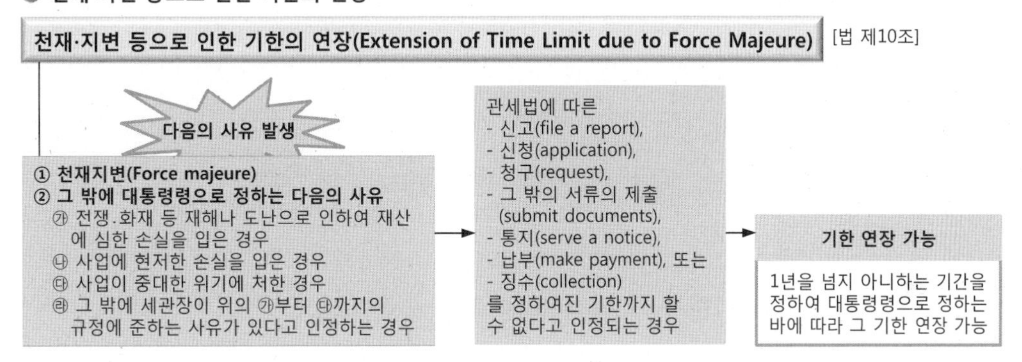

(2) 천재지변 등으로 인한 납부기한연장의 신청

(가) 천재지변 등으로 인한 납부기한연장의 기준

세관장(Head of Customhouse)이 천재·지변 그 밖에 대통령령으로 정하는 사유로 인하여 납부기한을 연장하는 때에는 관세청장이 정하는 기준에 따라야 한다(영 제2조 제2항).

(나) 천재지변 등으로 인한 납부기한연장의 신청

천재·지변 그 밖에 대통령령으로 정하는 사유로 인하여 납부기한을 연장받으려는 자는 다음의 사항을 기재한 신청서를 해당 납부기한이 종료되기 전에 세관장에게 제출하여야 한다(영 제2조 제3항).

① 납세의무자의 성명·주소 및 상호
② 납부기한을 연장받으려는 세액 및 해당 물품의 신고일자·신고번호·품명·규격·수량 및 가격
③ 납부기한을 연장받으려는 사유 및 기간

◐ **천재지변 등으로 인한 납부기한 연장신청절차** [영 제2조]

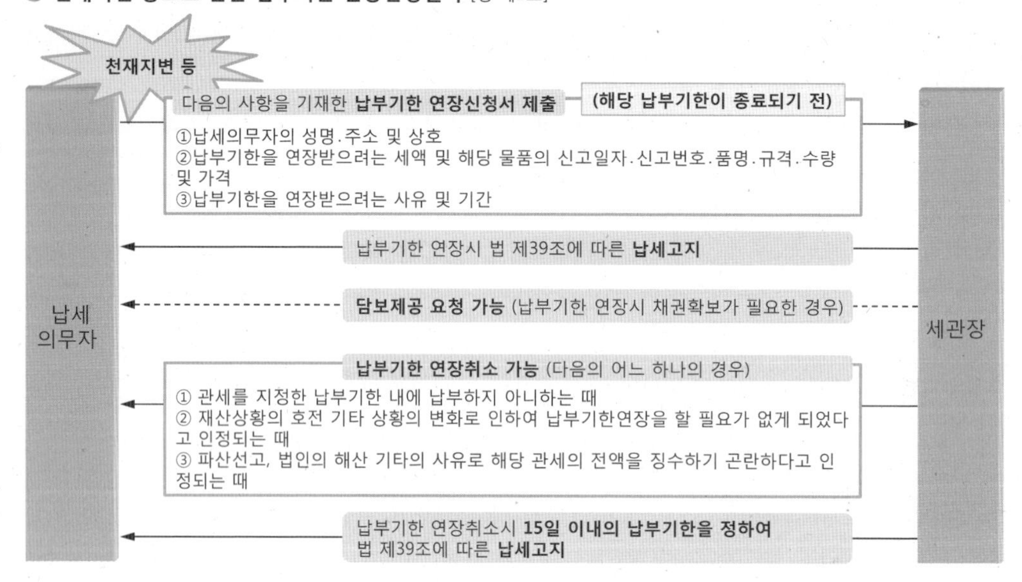

(3) 천재지변 등으로 인한 납부기한연장에 따른 납세고지

세관장(Head of Customhouse)은 천재·지변 그 밖에 대통령령으로 정하는 사유로 인하여 납부기한을 연장한 때에는 법 제39조에 따른 납세고지를 하여야 한다(영 제2조 제4항).

(4) 천재지변 등으로 인한 납부기한연장승인의 취소

세관장(Head of Customhouse)은 천재·지변 그 밖에 대통령령으로 정하는 사유로 인하여 납부기한연장을 받은 납세의무자가 다음의 어느 하나에 해당하게 된 때에는 납부기한연장을 취소할 수 있다(영 제2조 제6항).

① 관세를 지정한 납부기한 내에 납부하지 아니하는 때
② 재산상황의 호전 기타 상황의 변화로 인하여 납부기한연장을 할 필요가 없게 되었다고 인정되는 때
③ 파산선고, 법인의 해산 기타의 사유로 해당 관세의 전액을 징수하기 곤란하다고 인정되는 때

(5) 천재지변 등으로 인한 납부기간연장승인의 취소에 따른 납세고지

세관장은 납부기한연장을 취소한 때에는 15일 이내의 납부기한을 정하여 법 제39조에 따른 납세고지를 하여야 한다(영 제2조 제7항).

4. 납세고지서의 송달(Service of Duty Payment Notice)

(1) 인편 또는 우편에 의한 송달(Service by means of someone or mail)

관세의 납세고지서(Any duty payment notice)는 납세의무자(person liable for duty payment)에게 직접교부하는 경우를 제외하고는 인편 또는 우편으로(by means of someone or mail) 송달한다(shall be served)(법 제11조 제1항).

● 관세의 납세고지서의 송달(Service of Duty Payment Notice)

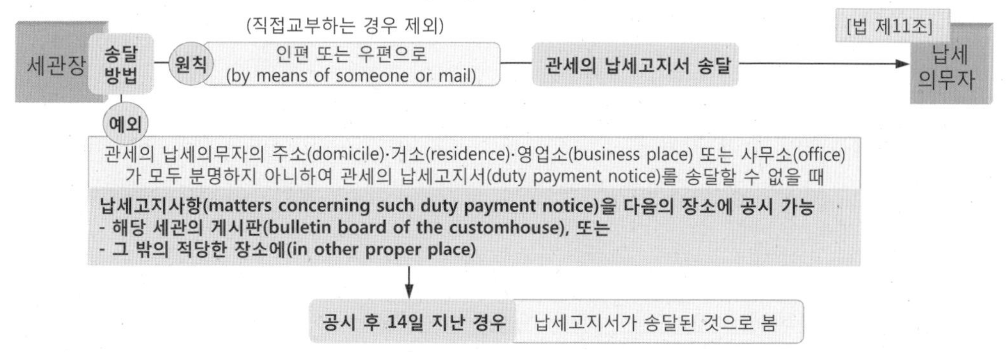

(2) 공시송달

세관장(head of any customhouse)은 관세의 납세의무자의 주소(domicile)·거소(residence)·영업소(business place) 또는 사무소(office)가 모두 분명하지 아니하여 관세의 납세고지서(duty payment notice)를 송달할 수 없을 때에는 해당 세관의 게시판(bulletin board of his customhouse)이나 그 밖의 적당한 장소에(in other proper place) 납세고지사항(matters concerning such duty payment notice)을 공시할 수 있으며, 납세고지사항을 공시하였을 때에는 공시일(date of publication)부터 14일이 지나면 관세의 납세의무자에게 납세고지서가 송달된 것으로 본다(shall be deemed to be served)(법 제11조 제2항 및 제3항).

5. 신고서류의 보관기간(Period for Keeping Reporting Documents)

이 법에 따라 가격신고(dutiable value return), 납세신고(duty return), 수출입신고(export and import declaration), 반송신고, 보세화물반출입신고, 보세운송신고(report on bonded transportation)를 하거나 적화목록(cargo manifest)을 제출한 자는 신고 또는 제출한 자료(신고필증을 포함)를 신고 또는 제출한 날부터 5년의 범위에서(within the limit of five years) "대통령령으로 정하는 다음의 기간" 동안 보관하여야 한다(법 제12조 및 영 제3조 제1항).

① 다음의 어느 하나에 해당하는 서류: 해당 신고에 대한 수리일부터 5년

㉮ 수입신고필증

㉯ 수입거래관련 계약서 또는 이에 갈음하는 서류

㉰ 지식재산권의 거래에 관련된 계약서 또는 이에 갈음하는 서류

㉱ 수입물품 가격결정에 관한 자료

② 다음의 어느 하나에 해당하는 서류: 해당 신고에 대한 수리일부터 3년

㉮ 수출신고필증

㉯ 반송신고필증

㉰ 수출물품 · 반송물품 가격결정에 관한 자료

㉱ 수출거래 · 반송거래 관련 계약서 또는 이에 갈음하는 서류

③ 다음의 어느 하나에 해당하는 서류: 해당 신고에 대한 수리일부터 2년

㉮ 보세화물반출입에 관한 자료

㉯ 적화목록에 관한 자료

㉰ 보세운송에 관한 자료

위의 자료는 관세청장이 정하는 바에 따라 마이크로필름·광디스크 등 자료전달 및 보관매체에 의해서 보관할 수 있다(영 제3조 제2항).

신고 또는 제출서류의 보관기간

신고서류의 보관기간(Period for Keeping Reporting Documents) [법 제12조] [영 제3조]

이 법에 따라

- 가격신고(dutiable value return), 납세신고(duty return), 수출입신고(export and import declaration), 반송신고, 보세화물반출입신고, 보세운송신고(report on bonded transportation)를 한 자
- 적화목록(cargo manifest)을 제출한 자

↓

신고 또는 제출한 자료(신고필증을 포함)를 신고 또는 제출한 날부터 5년의 범위에서
"대통령령으로 정하는 다음의 기간" 동안 보관 의무
[서류는 관세청장이 정하는 바에 따라 마이크로필름·광디스크 등 자료전달매체에 따라 보관 가능]

① 다음의 어느 하나에 해당하는 서류: 해당 신고에 대한 수리일부터 5년
㉮ 수입신고필증
㉯ 수입거래관련 계약서 또는 이에 갈음하는 서류
㉰ 지식재산권의 거래에 관련된 계약서 또는 이에 갈음하는 서류
㉱ 수입물품 가격결정에 관한 자료
② 다음의 어느 하나에 해당하는 서류: 해당 신고에 대한 수리일부터 3년
㉮ 수출신고필증
㉯ 반송신고필증
㉰ 수출물품·반송물품 가격결정에 관한 자료
㉱ 수출거래·반송거래 관련 계약서 또는 이에 갈음하는 서류
③ 다음의 어느 하나에 해당하는 서류: 해당 신고에 대한 수리일부터 2년
㉮ 보세화물반출입에 관한 자료
㉯ 적화목록에 관한 자료
㉰ 보세운송에 관한 자료

Ⅲ. 기타

1. 매각 및 폐기의 공고

(1) 매각의 공고

"담보물의 매각"(제14조)에 규정된 경우를 제외하고 법에 따라 물품을 일반경쟁입찰에 따라 매각하려는 때에는 다음의 사항을 공고하여야 한다(영 제284조 제1항).

① 해당 물품의 품명·규격 및 수량
② 포장의 종류 및 개수
③ 매각의 일시 및 장소
④ 매각사유
⑤ 그 밖에 필요한 사항

(2) 폐기의 공고

법에 따라 물품을 폐기하려는 때에는 다음의 사항을 공고하여야 한다(영 제284조 제2항).

① 해당 물품의 품명 및 수량
② 포장의 종류·기호·번호 및 개수
③ 폐기의 일시 및 장소
④ 폐기사유
⑤ 화주의 주소 및 성명
⑥ 그 밖에 필요한 사항

매각 및 폐기의 공고

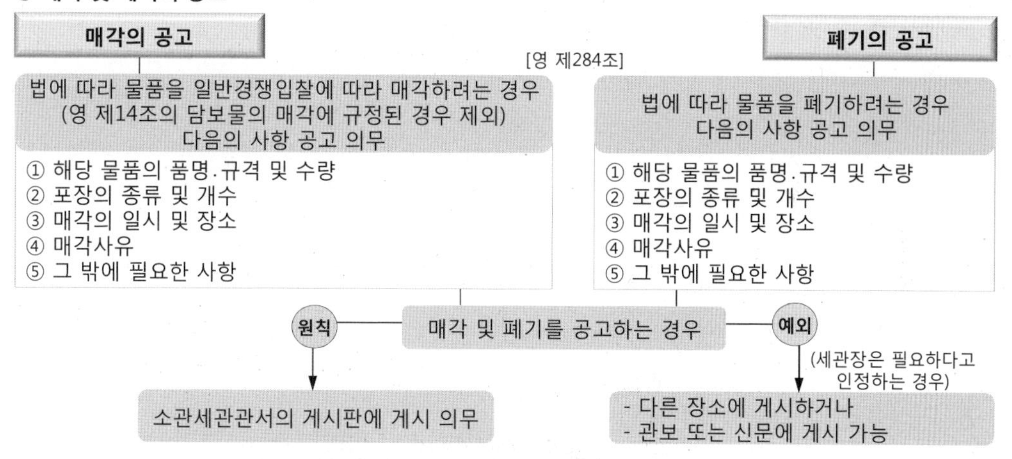

(3) 매각 및 폐기공고의 방법

매각 및 폐기를 공고하는 때에는 소관세관관서의 게시판에 게시하여야 한다. 다만, 세관장은 필요하다고 인정되는 때에는 다른 장소에 게시하거나 관보 또는 신문에 게재할 수 있다(영 제284조 제3항).

2. 교부잔금의 공탁

세관장(Head of Customhouse)은 법에 따라 물품 또는 증권을 매각하거나 그 밖의 방법으로 처분한 경우에 교부할 잔금을 교부할 수 없을 때에는 공탁할 수 있다(영 제285조).

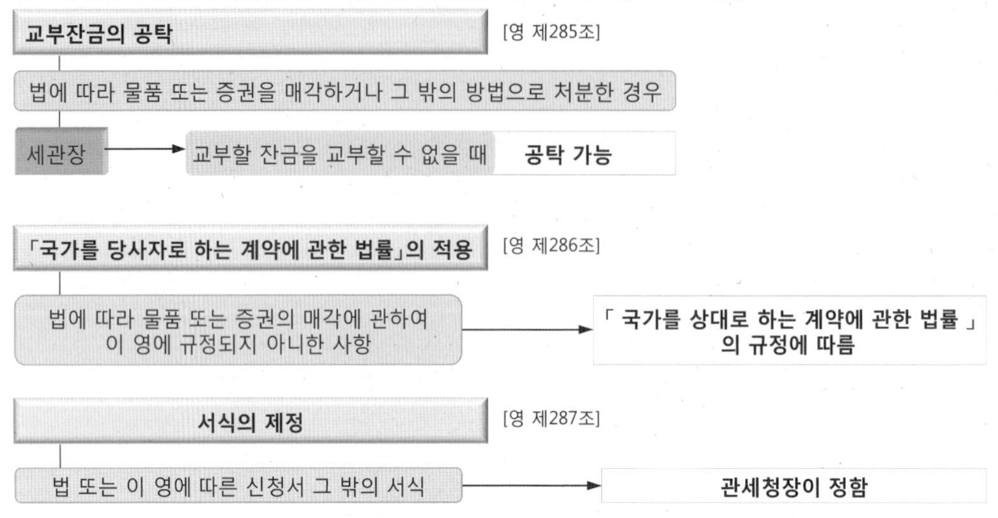

3. 국가를 당사자로 하는 계약에 관한 법률의 적용

법에 따른 물품 또는 증권의 매각에 관하여 이 영에 규정되지 아니한 사항은 「국가를 당사자로 하는 계약에 관한 법률」의 규정에 따른다(영 제286조).

4. 서식의 제정

법 또는 이 영에 따른 신청서 및 그 밖의 서식으로서 기획재정부령으로 정하는 것을 제외하고는 관세청장이 정하여 고시한다(영 제287조).

5. 민감정보 및 고유식별정보의 처리

관세청장, 세관장 또는 세관공무원은 법 및 이 영에 따른 관세의 부과·징수 및 수출입물품의 통관에 관한 사무를 처리하기 위하여 불가피한 경우 「개인정보 보호법 시행령」 제18조제2호에 따른 범죄경력자료에 해당하는 정보나 같은 영 제19조제1호, 제2호 또는 제4호에 따른 주민등록번호, 여권번호 또는 외국인등록번호가 포함된 자료를 처리할 수 있다(영 제289조 제1항).

◎ **민감정보 및 고유식별번호의 처리**

「법 및 이 영에 따른 관세의 부과·징수 및 수출입물품의 통관에 관한 사무를 처리하기 위하여 불가피한 경우

↓

관세청장, 세관장 또는 세관공무원 — **다음의 정보나 자료의 처리 가능**

- 개인정보 보호법 시행령」 제18조제2호에 따른 범죄경력자료에 해당하는 정보,
- 같은 영 제19조 제1호, 제2호 또는 제4호에 따른 주민등록번호, 여권번호 또는 외국인등록번호가 포함된 자료

6. 청문

세관장은 다음 각 호의 어느 하나에 해당하는 처분을 하려면 청문을 하여야 한다(법 제328조).

① 제164조제6항에 따른 자율관리보세구역 지정의 취소
② 제165조제4항에 따른 보세사 등록의 취소 및 업무정지
③ 제167조에 따른 지정보세구역 지정의 취소
④ 제172조제6항에 따른 화물관리인 지정의 취소
⑤ 제178조제1항 및 제2항에 따른 물품반입등의 정지 및 운영인 특허의 취소
⑥ 제204조제1항에 따른 종합보세구역 지정의 취소
⑦ 제204조제2항에 따른 종합보세기능의 수행 중지
⑧ 제224조제1항에 따른 보세운송업자등의 등록 취소 및 업무정지
⑨ 제255조의2제5항에 따른 수출입 안전관리 우수업체 공인의 취소
⑩ 제327조의2제4항 및 제327조의3제3항에 따른 국가관세종합정보망 운영사업자 및 전자문서중계사업자 지정의 취소 및 사업 · 업무의 전부 또는 일부의 정지

제4절 수출입, 반송 및 통관의 정의

Ⅰ. 대외무역법상의 물품의 수출입의 정의

1. 물품수출의 정의

수출(export)이란 통상 매매의 목적물인 물품등을 외국에 매각하는 것, 즉 국내거주자가 외국의 거래상대방에게 물품등을 공급하고 그에 상응하는 경제적 대가를 수취하는 것으로서, 대외무역법령에서는 수출의 정의를 다음의 어느 하나에 해당하는 것으로서 규정하고 있다(영 제2조 제3호 및 규정 제2조 제3호 · 제3조 제1항 · 제5조). 다만, 다음의 ③과 ④는 유형재인 물품이 아니라, 무형재

인 용역과 전자적형태의 무체물에 대한 수출의 정의에 해당된다.

① 매매[2], 교환[3], 임대차[4], 사용대차(使用貸借)[5], 증여[6] 등을 원인으로 국내에서 외국[7]으로 물품이 이동하는 것[우리나라의 선박으로 외국에서 채취한 광물(鑛物) 또는 포획한 수산물을 외국에 매도(賣渡)하는 것을 포함한다]

② 유상(有償)으로 외국에서 외국으로 물품을 인도(引渡)하는 것으로서 산업통상자원부장관이 정하여 고시하는 기준에 해당하는 것, 즉 중계무역에 의한 수출, 외국인도수출, 무환수출

③ "거주자"(「외국환거래법」 제3조 제1항 제14호에 따른 거주자)가 "비거주자"(「외국환거래법」 제3조 제1항 제15호에 따른 비거주자)에게 산업통상자원부장관이 정하여 고시하는 다음의 어느 하나의 방법으로 제3조에 따른 용역을 제공하는 것

㉮ 용역의 국경을 넘은 이동에 의한 제공

㉯ 비거주자의 국내에서의 소비에 의한 제공

㉰ 거주자의 상업적 해외주재에 의한 제공

㉱ 거주자의 외국으로의 이동에 의한 제공

④ 거주자가 비거주자에게 제4조에 따른 전자적 형태의 무체물(無體物)을 다음의 방법으로 인도하는 것

㉮ 정보통신망을 통한 전송

㉯ 그 밖에 산업통상자원부장관이 정하여 고시하는 방법으로 인도하는 것, 즉 컴퓨터 등 정보처리능력을 가진 장치에 저장한 상태로 반출한 후 인도하는 것

또한, "수탁가공무역"의 경우, 위탁자가 지정하는 자가 국내에 있음으로써 보세공장 및 자유무역지역에서 가공한 물품등을 외국으로 수출할 수 없는 경우 「관세법」에 따른 수탁자의 수출·반출은 이를 「대외무역법」에 따른 수출로 본다(규정 제2조 제7호).

---

2) 매매란 당사자 일방이 재산권을 상대방에 이전할 것을 약정하고, 상대방이 그 대금을 지급할 것을 약정함으로써 성립하는 계약을 말한다.

3) 교환이란 당사자 쌍방이 서로 금전이외의 재산권을 이전할 것을 약정함으로써 성립하는 계약을 말한다.

4) 임대차란 당사자 일방(임대인)이 상대방(임차인)에게 목적물(임차물)을 사용·수익하게 할 것을 약정하고, 상대방이 이에 대하여 차임을 지급할 것을 약정함으로써 성립하는 계약을 말한다.

5) 사용대차란 당사자 일방(貸主)이 상대방(借主)에게 무상으로 사용·수익하게 하기 위하여 목적물을 인도할 것을 약정하고, 상대방은 이를 사용·수익한 후 그 물건을 반환할 것을 약정함으로써 성립하는 계약을 말한다.

6) 증여란 당사자일방이 무상으로 재산을 상대방에게 수여하는 의사를 표시하고, 상대방이 이를 승낙함으로써 성립하는 계약을 말한다.

7) 여기서 국내란 대한민국의 주권이 미치는 지역을 말하고, 외국이란 국내 이외의 지역을 말한다(영 제2조 제1호 및 제2호).

대외무역법상의 유형재(물품)의 수출 및 수입의 정의 [원칙]

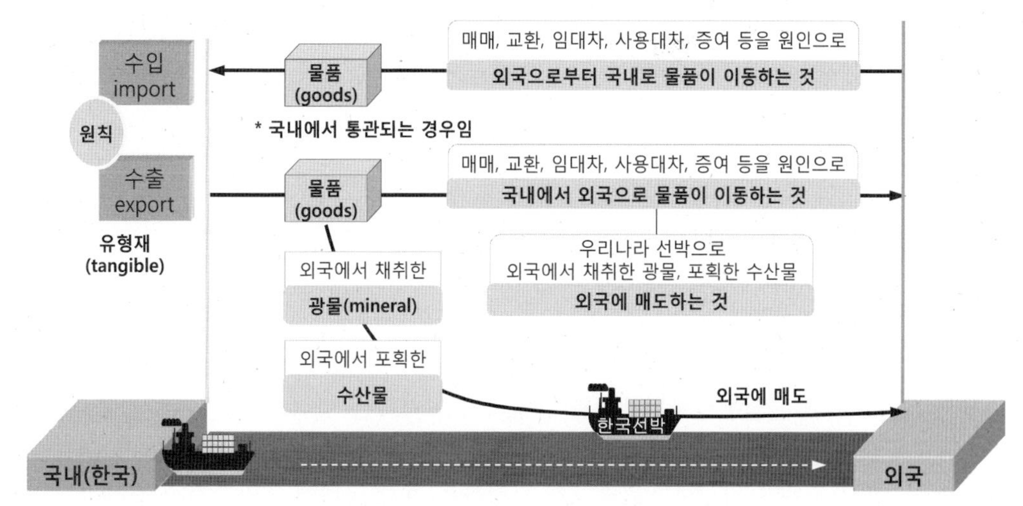

대외무역법상의 유형재(물품)의 수출 및 수입의 정의 [예외]

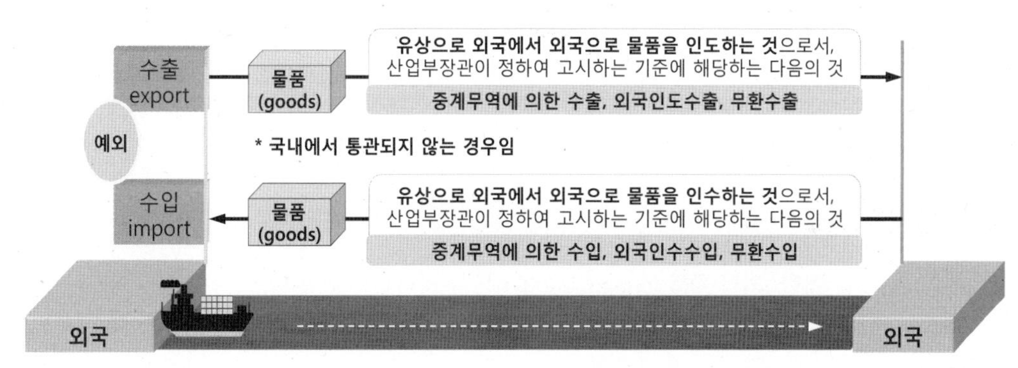

2. 물품수입의 정의

수입(import)이란 매매의 목적물인 물품등을 외국으로부터 구매하는 것, 즉 국내거주자가 외국으로부터 물품등을 수령하고 그에 상응하는 경제적 가치를 제공하는 것으로서 대외무역법령에서는 수입의 정의를 다음의 어느 하나에 해당하는 것으로서 규정하고 있다(영 제2조 제4호 및 규정 제2조 제3호 · 제3조 제1항 · 제5조). 다만, 다음의 ③과 ④는 유형재인 물품이 아니라, 무형재인 용역과 전자적형태의 무체물에 대한 수입의 정의에 해당된다.

① 매매, 교환, 임대차, 사용대차, 증여 등을 원인으로 외국으로부터 국내로 물품이 이동하는 것

② 유상으로 외국에서 외국으로 물품을 인수하는 것으로서 산업통상자원부장관이 정하

여 고시하는 기준에 해당하는 중계무역에 의한 수입, 외국인수수입, 무환수입

③ 비거주자가 거주자에게 산업통상자원부장관이 정하여 고시하는 다음의 어느 하나의 방법으로 제3조에 따른 용역을 제공하는 것

㉮ 용역의 국경을 넘은 이동에 의한 제공

㉯ 거주자의 외국에서의 소비에 의한 제공

㉰ 비거주자의 상업적 국내주재에 의한 제공

㉱ 비거주자의 국내로 이동에 의한 제공

④ 비거주자가 거주자에게 제4조에 따른 전자적 형태의 무체물(無體物)을 다음의 방법으로 인도하는 것

㉮ 정보통신망을 통한 전송

㉯ 그 밖에 산업통상자원부장관이 정하여 고시하는 방법으로 인도하는 것, 즉 컴퓨터 등 정보처리능력을 가진 장치에 저장한 상태로 반입한 후 인도하는 것

또한, "수탁가공무역"의 경우, 위탁자가 지정하는 자가 국내에 있음으로써 보세공장 및 자유무역지역에서 가공한 물품등을 외국으로 수출할 수 없는 경우 「관세법」에 따른 위탁자가 지정한 자의 수입·반입·사용은 이를 「대외무역법」에 따른 수입으로 본다(규정 제2조 제7호).

Ⅱ. 관세법상의 물품의 수출입 등의 정의

1. 수입

(1) 수입의 정의

"수입(import)"이란 외국물품(foreign goods)을 우리나라[8]에 반입[보세구역(bonded area)을 경유하는 것은 보세구역으로부터 반입하는 것]하거나 우리나라에서 소비 또는 사용(consumption and use)하는 것[우리나라의 운송수단 안에서의 소비 또는 사용을 포함하며, 제239조의 어느 하나에 해당하는(falling under each subparagraph of Article 239) 소비 또는 사용을 제외]을 말한다(법 제2조 제1호).

8) "우리나라"란 우리나라의 영토 및 우리나라가 행사할 수 있는 권리가 미치는 곳을 의미하므로, 우리나라의 영토 이외에 영해 3해리까지를 포함한다.

관세법상의 수입 및 외국물품의 정의

- 외국으로부터 우리나라에 도착한 물품으로서 수입신고가 수리되기 전의 것
- 외국의 선박 등이 공해(공해, 외국의 영해가 아닌 경제수역을 포함)에서 채집하거나 포획한 수산물 등으로서 수입신고가 수리되기 전의 것
- 수출신고가 수리된 물품

외국물품의 정의 [법 제2조 제4호]
(Foreign goods)

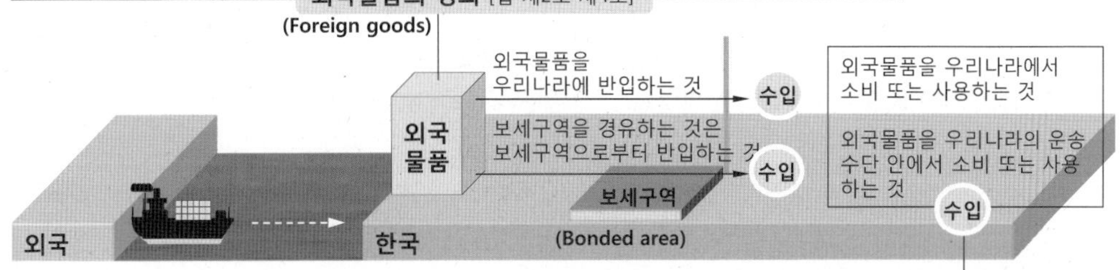

다음의 외국물품의 소비 또는 사용은 수입으로 보지 않음 [법 제239조]

① 선용품·기용품 또는 차량용품을 운송수단 안에서 그 용도에 따라 소비하거나 사용하는 경우
② 선용품·기용품 또는 차량용품을 관세청장이 정하는 지정보세구역에서 「출입국관리법」에 따라 출국심사를 마치거나 우리나라에 입국하지 아니하고 우리나라를 경유하여 제3국으로 출발하려는 자에게 제공하여 그 용도에 따라 소비하거나 사용하는 경우
③ 여행자가 휴대품을 운송수단 또는 관세통로에서 소비하거나 사용하는 경우
④ 이 법에서 인정하는 바에 따라 소비(consumption)하거나 사용(use)하는 경우

(2) 수입의 대상

수입의 대상이 되는 것은 외국물품이다. 여기에서 "외국물품(foreign goods)"이란 다음의 어느 하나에 해당하는 물품(falling under each of the following items)을 말한다(법 제2조 제4호).

① 외국(foreign nation)으로부터 우리나라에 도착한 물품[외국의 선박(foreign fishing boats) 등이 공해(high seas; 공해, 외국의 영해가 아닌 경제수역 포함)에서 채집하거나 포획한 수산물(marine products collected or caught) 등을 포함]으로서 "수입신고(import declaration)"[제241조 제1항에 따른 수입의 신고]가 수리되기 전의 것
② "수출신고(export declaration)"[제241조 제1항에 따른 수출의 신고]가 수리된 물품

참고로, 다음의 어느 하나에 해당되는 경우에도 관세법상 외국물품으로 간주된다.

① 보세구역내에서의 보수작업으로 외국물품에 부가된 내국물품
② 보세공장에서 외국물품과 내국물품을 원재료로 하여 만든 물품

2. 수출

(1) 수출의 정의

"수출(export)"이란 내국물품(domestic goods)을 외국으로(out of Korea into foreign nations) 반출(shipment)하는 것을 말한다(법 제2조 제2호).

관세법상의 수출 및 내국물품의 정의

- 우리나라에 있는 물품으로서 외국물품이 아닌 것
- 우리나라의 선박 등이 공해에서 채집하거나 포획한 수산물 등
- 입항전수입신고가 수리된 물품
- 해당 물품이 장치된 장소로부터 수입신고수리전 반출승인을 받아 반출된 물품
- 운송수단, 관세통로, 하역통로 또는 이 법에 따른 장치 장소로부터 수입신고전 즉시반출신고를 하고 반출된 물품

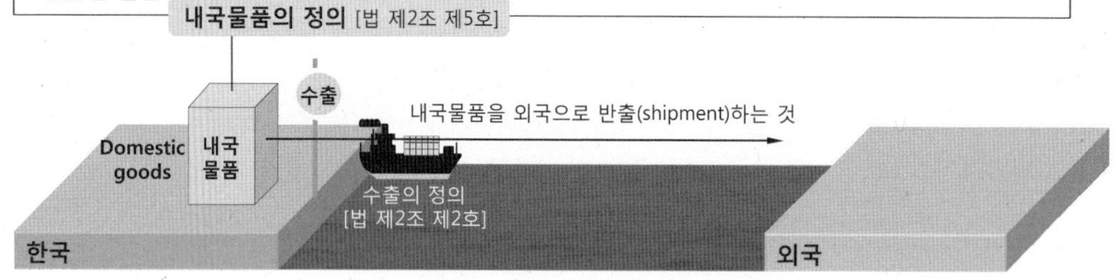

(2) 수출의 대상

수출의 대상이 되는 것은 내국물품이다. 여기서 "내국물품(domestic goods)"이란 다음의 어느 하나에 해당하는 물품(goods falling under each of the following items)을 말한다(법 제2조 제5호).

① 우리나라에 있는 물품(Goods which exist in Korea)으로서 외국물품이 아닌 것

② 우리나라의 선박(Korean fishing boats) 등이 공해에서(in the high seas) 채집하거나 포획한 수산물(marine products collected or caught) 등

③ "입항전수입신고(import declaration prior to port entry)"[제244조 제1항에 따른 입항전수입신고]가 수리된 물품

④ "수입신고수리전 반출승인(제252조에 따른 수입신고수리전 반출승인)"을 받아 반출된 물품

⑤ "수입신고전 즉시반출신고(제253조 제1항에 따른 "수입신고전 즉시반출신고)"를 하고 반출된 물품

3. 반송의 정의

"반송(returning goods)"이란 국내에 도착한 외국물품이 수입통관절차를 거치지 아니하고 다시 외국으로 반출되는 것을 말한다(법 제2조 제3호).

◉ 관세법상의 반송의 정의

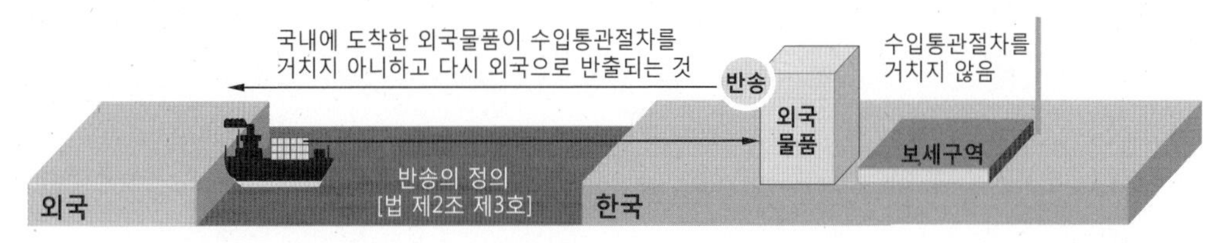

4. 통관의 정의

"통관(customs clearance)"이란 이 법에 따른 절차를 이행하여 물품을 수출·수입 또는 반송하는 것(exporting, importing or returning goods)을 말한다(법 제2조 제13호).

Chapter

2

과세요건

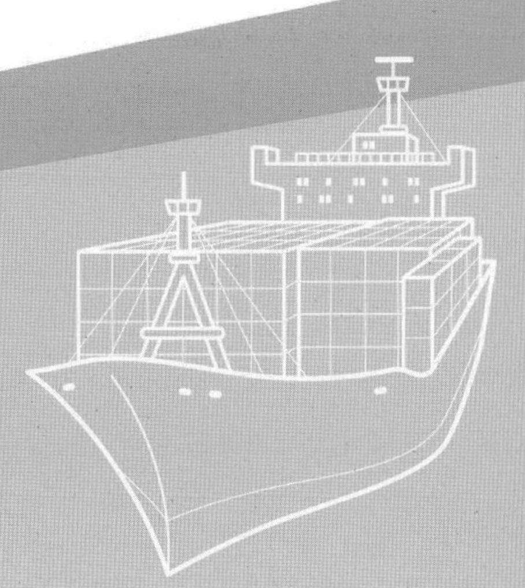

Chapter 2 과세요건

과세요건이란 세금을 부과하는데 갖추어야 할 몇 가지 조건으로서, 이러한 요건을 갖춘 경우에만 국가는 세금을 받을 수 있는 조세채권이 발생하고, 그 상대방은 세금을 내야 할 조세채무가 발생한다.

관세의 과세요건은 과세물건(과세객체, 과세대상), 납세의무자(과세주체), 세율 및 과세표준의 네 가지가 있다.

과세요건

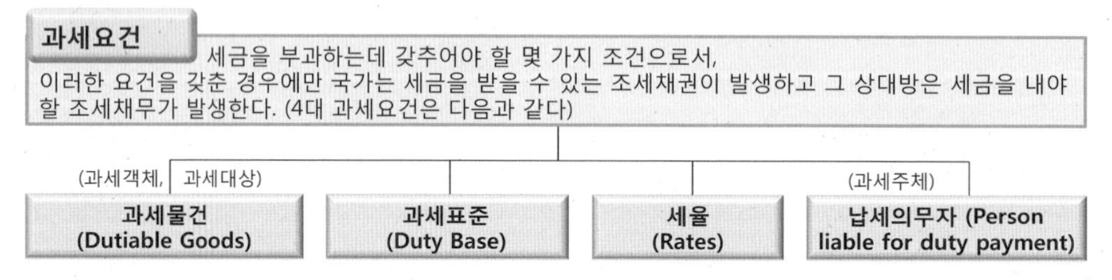

제1절 과세물건(Dutiable Goods)

Ⅰ. 과세물건의 개요

1. 의의

과세물건(Dutiable Goods)은 과세의 대상이 되는 것으로서, 과세의 객체라고도 한다. 관세법 제14조에서는 "수입물품에는 관세를 부과한다(Customs duties shall be imposed on imported goods)"고 규정함으로써, 관세의 과세물건은 수입물품이다. 즉, 우리나라는 수입물품을 과세대상으로 하기 때문에 수입물품에만 관세를 부과하고, 수출물품에는 관세를 부과하지 않는다.

● **과세물건의 정의**

과세물건(Dutiable Goods)

법 제14조의 "수입물품에는 관세를 부과한다"는 규정에 따라, 과세대상이 되는 과세물건은 **수입물품(imported goods)**이다.
[수출물품과 통과물품은 과세대상이 아니다]

과세대상이 되는 수입물품의 범위

- 유체물 : 과세대상임. 다만, 유체물 중 시체 등의 무가치물 제외됨
- 무체물 : 과세대상이 아님. 다만, 특허권, 실용신안권, 디자인권, 상표권 등의 지적재산권은 권리사용에 따른 권리사용료가 수입물품의 가격에 산입되어 있기 때문에 과세대상이 된다고 볼 수 있음

2. 수입물품의 범위

과세의 대상이 되는 수입물품은 유체물과 무체물로 구분된다.

「민법」상의 동산과 같이 이동할 수 있고 형태가 있는 유체물은 과세의 대상이 된다. 그러나 유체물이라 하더라도 시체 등 무가치물은 과세대상이 되지 않는다.

한편, 무체물은 원칙적으로 과세의 대상이 되지 않는다. 그러나 특허권, 실용신안권, 디자인권, 상표권 등의 지적재산권은 권리사용에 따른 권리사용료가 수입물품의 가격에 산입되어 있으므로 그러한 권리의 가격도 과세대상이 된다고 볼 수 있다.

Ⅱ. 과세물건확정의 시기(Time for Determining Dutiable Goods)

과세물건의 확정시기(Time for Determining Dutiable Goods)란 어느 시점에서의 물품의 성질과 수량을 가지고 과세할 것인가 하는 것이다.

1. 원칙적 시기

관세(Customs duties)는 "수입신고"[입항전수입신고(import declaration prior to port entry)를 포함]를 하는 때의 물품의 성질과 그 수량(quality and quantity)에 따라 부과한다(shall be levied)(법 제16조 본문).

2. 예외적 시기

다만, 다음의 어느 하나에 해당하는 물품에 대하여는 각 해당 호에 규정된 때의 물품의 성질과 그 수량에 따라 부과한다(shall be imposed)(법 제16조 단서).

① "다음의 규정"에 따라 관세를 징수하는 물품 : 하역을 허가받은 때

㉮ 외국물품인 선(기용품)과 외국무역선(기)에서 판매할 물품이 하역허가의 내용대로 운송수단에 적재되지 아니한 경우(법 제143조 제4항), 또는

㉯ 차량용품과 국경출입차량 안에서 판매할 물품이 하역신고의 내용대로 해당 차량에 하역되지 아니한 경우(제151조 제2항에 따라 준용되는 경우)

② "보세구역 밖에서 보수작업을 하는 경우로서 지정된 기간이 지났음에도 해당 작업장에 승인된 외국물품이나 그 제품이 있을 때"(법 제158조 제5항), 관세를 징수하는 물품인 경우: 보세구역 밖에서 하는 보수작업을 승인받은 때

③ "보세구역에 장치된 외국물품이 멸실되거나 폐기되었을 때"(법 제160조 제2항), 관세를 징수하는 물품: 해당 물품이 멸실되거나 폐기된 때

④ "보세공장 외 작업·보세건설장 외 작업의 허가를 받거나 또는 종합보세구역 외 작업신고를 한 후 지정된 기간이 지났음에도 해당 보세공장 외 작업장·보세건설장 외 작업장 또는 종합보세구역 외 작업장 허가 또는 신고된 외국물품이나 그 제품이 있을 때"(법 제187조 제6항 및 제195조 제2항 또는 제202조 제3항에 따라 준용되는 경우), 관세를 징수하는 물품인 경우: 보세공장 외 작업·보세건설장 외 작업 또는 종합보세구역 외 작업을 허가받거나 신고한 때

⑤ "신고를 하거나 승인을 받아 보세운송하는 외국물품이 지정된 기간 내에 목적지에 도착하지 아니한 때"(법 제217조), 관세를 징수하는 물품인 경우: 보세운송을 신고하거나 승인받은 때

⑥ 수입신고가 수리되기 전에 소비하거나 사용하는 물품(제239조에 따라 소비 또는 사용을 수입으로 보지 아니하는 물품은 제외)인 경우: 해당 물품을 소비하거나 사용한 때

⑦ "수입하려는 물품을 수입신고 전에 즉시반출신고를 한 후 운송수단, 관세통로, 하역통로 또는 관세법에 따른 장치 장소로부터 즉시 반출한 자가 즉시반출신고를 한 날부터 10일 이내에 수입신고를 하지 아니하는 때"(법 제253조 제4항), 관세를 징수하는 물품: 수입신고전 즉시반출신고를 한 때

⑧ 우편으로 수입되는 물품(제258조 제2항에 해당하는 우편물 제외): "통관우체국(제256조)"에 도착한 때

⑨ 도난물품이나 분실물품: 해당물품이 도난되거나 분실된 때

⑩ 관세법에 따라 매각되는 물품: 해당 물품이 매각된 때

⑪ 수입신고를 하지 아니하고 수입된 물품(위의 ①부터 ⑩까지에 규정된 것을 제외): 수입된 때

◎ 과세물건확정의 시기

과세물건확정의 시기 (법 제16조)	어느 시점에서 물품의 성질과 수량을 가지고 과세할 것인가 하는 것
원칙적 시기	**수입신고(입항전 수입신고 포함)를 하는 때**의 물품의 성질과 수량에 따라 관세부과
예외적 시기	다음의 경우에는 각각 **다음에 규정된 때**의 물품의 성질과 수량에 따라 관세부과 [즉, 수입신고를 할 수 없는 경우: 다음과 같이 그 특정사실이 발생한 때]

다음의 규정에 따라 관세를 징수하는 물품	
① 외국물품인 선(기용품)과 외국무역선(기)에서 판매할 물품이 하역허가의 내용대로 운송수단에 적재되지 아니한 경우(법 제143조 제4항), 또는 차량용품과 국경출입차량 안에서 판매할 물품이 하역신고의 내용대로 해당 차량에 하역되지 아니한 경우(제151조 제2항에 따라 준용되는 경우)	하역을 허가받은 때
② "보세구역 밖에서 보수작업을 하는 경우로서 지정된 기간이 지났음에도 해당 작업장에 승인된 외국물품이나 그 제품이 있을 때"(법 제158조 제5항)	보세구역 밖에서 하는 보수작업을 승인받은 때
③ "보세구역에 장치된 외국물품이 멸실되거나 폐기되었을 때"(법 제160조 제2항)	해당 물품이 멸실되거나 폐기된 때
④ "보세공장 외 작업·보세건설장 외 작업의 허가를 받거나 또는 종합보세구역 외 작업신고를 한 후 지정된 기간이 지났음에도 해당 보세공장 외 작업장·보세건설장 외 작업장 또는 종합보세구역 외 작업장 허가 또는 신고된 외국물품이나 그 제품이 있을 때"(법 제187조 제6항 및 제195조 제2항 또는 제202조 제3항에 따라 준용되는 경우)	보세공장 외 작업·보세건설장 외 작업 또는 종합보세구역 외 작업을 허가받거나 신고한 때
⑤ "신고를 하거나 승인을 받아 보세운송하는 외국물품이 지정된 기간 내에 목적지에 도착하지 아니한 때"(법 제217조)	보세운송을 신고하거나 승인받은 때
⑦ "수입하려는 물품을 수입신고 전에 즉시반출신고를 한 후 운송수단, 관세통로, 하역통로 또는 관세법에 따른 장치 장소로부터 즉시 반출한 자가 즉시반출신고를 한 날부터 10일 이내에 수입신고를 하지 아니하는 때"(법 제253조 제4항)	수입신고전 즉시반출신고를 한 때

다음의 물품인 경우	
⑥ 수입신고가 수리되기 전에 소비하거나 사용하는 물품(제239조에 따라 소비 또는 사용을 수입으로 보지 아니하는 물품은 제외)	해당 물품을 소비하거나 사용한 때
⑧ 우편으로 수입되는 물품(제258조 제2항에 해당하는 우편물 제외)	통관우체국(제256조)에 도착한 때
⑨ 도난물품이나 분실물품의 경우로서 다음의 물품	해당 물품이 도난되거나 분실된 때
⑩ 관세법에 따라 매각되는 물품	해당 물품이 매각된 때
⑪ 수입신고를 하지 아니하고 수입된 물품(위의 ①부터 ⑩까지에 규정된 것 제외)	수입된 때

Ⅲ. 적용법령(Application of Acts and Subordinate Statutes)

관세는 수입신고 당시의 법령에 따라 부과한다(shall be levied on imported goods). 다만(Provided), 다음의 어느 하나에 해당되는 물품에 대하여는 각 해당 호에 규정된 날에 시행되는 법령(Acts and subordinate statutes in force)에 따라 부과한다(법 제17조).

① 전술한 과세물건확정시기의 예외시기에 해당되는 물품(법 제16조 각호): 그 사실이 발생한 날(The day on which the fact accrues)

② 보세건설장에 반입된 외국물품(법 제192조): 사용 전(before such foreign goods are used) 수입신고가 수리된 날(The day on which an import declaration is accepted)

적용법령과 과세환율

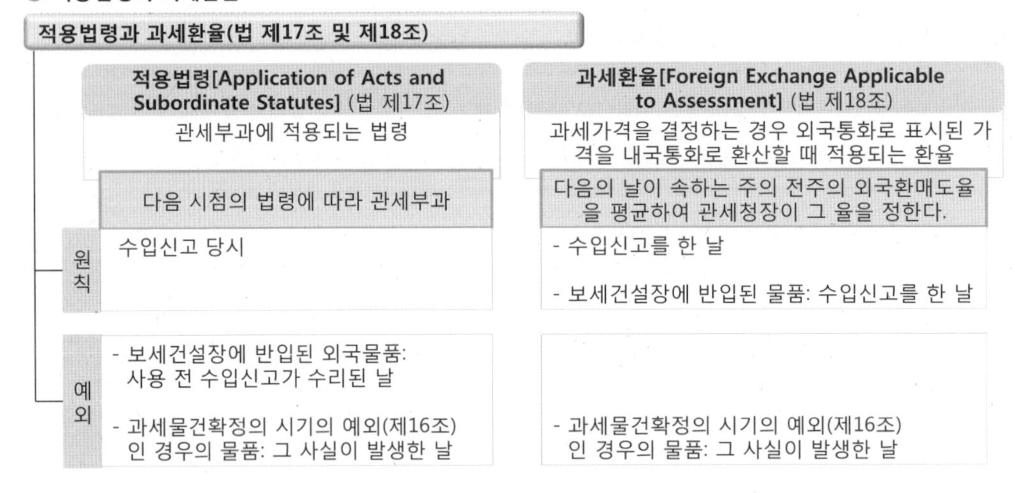

Ⅳ. 과세환율(Foreign Exchange Applicable to Assessment)

과세가격(dutiable value)을 결정하는 경우 외국통화(foreign currency)로 표시된 가격을 내국통화(domestic currency)로 환산할 때에는 제17조에 따른 날(보세건설장에 반입된 물품의 경우에는 수입신고를 한 날을 말한다)이 속하는 주의 전주의 외국환매도율을 평균하여 관세청장(Commissioner of the Korea Customs Service)이 그 율을 정한다(법 제18조).

제2절 납세의무자

Ⅰ. 납세의무자

관세납부의무자는 관세를 납부할 법률상의 의무를 부담하는 자로서, 수입물품에 대한 납세의무자로서는 원칙적 납세의무자, 수입화주와 연대한 연대납세의무자, 특별납세의무자, 기타 납세의무자, 기타 연대납세의무자가 있으며, 행위에 따른 납세의무자로서는 납세보증자, 납세승계자, 기타 연대납세의무자가 있으며, 제2차 납세의무자(관세의 담보로 제공된 것이 없고 납세의무자와 관세의 납부를 보증한 자가 납세의무를 이행하지 아니하는 경우의 납세의무자)로서는 청산인 등의 제2차 납세의무자, 무한책임사원 등의 제2차 납세의무자, 법인 등의 제2차 납세의무자, 사업양수인 등의 제2차 납세의무자가 있다.

● 납세의무자의 종류

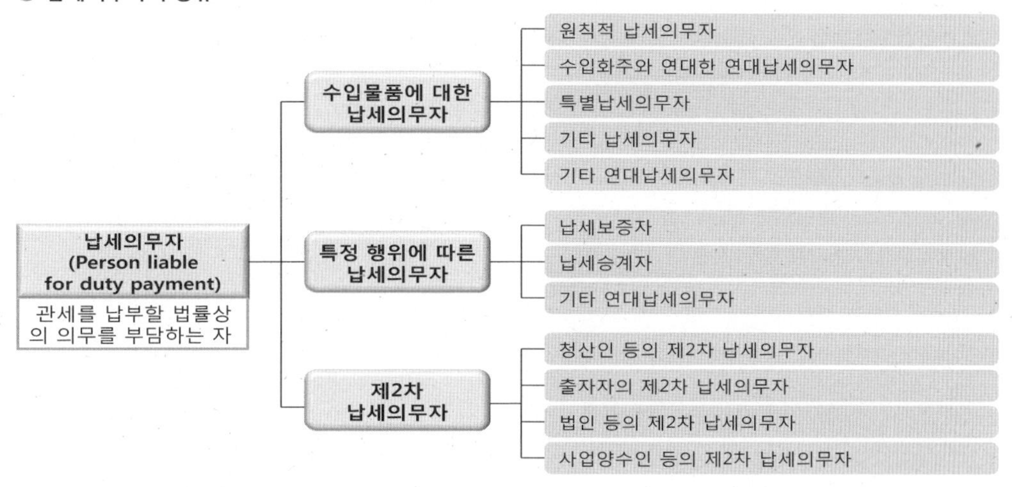

1. 수입물품에 대한 납세의무자

(1) 원칙적 납세의무자

수입신고를 한 물품인 경우에는 그 물품을 수입한 화주(화주가 불분명할 때에는 다음의 어느 하나에 해당하는 자를 말한다)는 관세의 납세의무자가 된다(법 제19조 제1항 제1호 본문 및 영 제5조).

① 수입을 위탁받아 수입업체가 대행수입한 물품인 경우: 그 물품의 수입을 위탁한 자

② 수입을 위탁받아 수입업체가 대행수입한 물품이 아닌 경우: 대통령령으로 정하는 다음의 상업서류에 적힌 수화인

㉮ 송품장

㉯ 선화증권 또는 항공화물운송장

③ 수입물품을 수입신고 전에 양도한 경우: 그 양수인

즉, 원칙적 납세의무자는 물품을 수입한 화주이다.

(2) 수입화주와 연대한 연대납세의무자

다만, 수입신고가 수리된 물품 또는 제252조에 따른 수입신고수리전 반출승인을 받아 반출된 물품에 대하여 납부하였거나 납부하여야 할 관세액이 부족한 경우 해당 물품을 수입신고하는 때의 화주의 주소 및 거소가 분명하지 아니하거나 수입신고인이 화주를 명백히 하지 못하는 경우에는 그 신고인이 해당 물품을 수입신고하는 때의 화주와 연대하여 해당 관세를 납부하여야 한다(법 제19조 제1항 제1호 단서).

즉, 연대납세의무자는 물품을 수입신고할 수 있는 관세사등(관세사 · 관세법인 또는 통관취급법인)이 된다. 그러나 화주가 직접 수입신고한 경우에는 수입신고인이 화주이므로 연대납세의무자는 존재할 수 없다.

수입물품에 대한 납세의무자 [법 제19조 제1항·제2항·제5항]

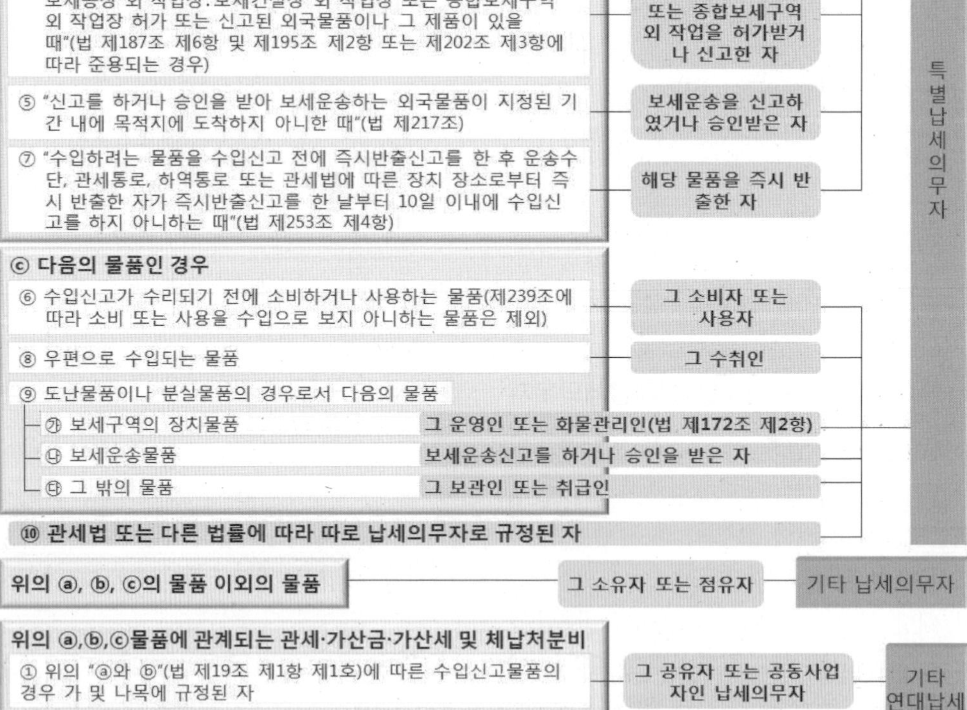

원칙적 납세의무자

- **ⓐ 수입신고한 물품** → **그 물품을 수입한 화주**
  - 화주가 불분명한 경우로서 다음의 경우
    - 수입을 위탁받아 수입업체가 대행수입한 물품이 아닌 경우 → **수입을 위탁한 자**
    - 수입을 위탁받아 수입업체가 대행수입한 물품이 아닌 경우 → **상업서류[송장 및 선화증권 또는 항공화물운송장]에 적힌 수화인**
    - 수입물품을 수입신고 전에 양도한 경우 → **그 양수인**

- **ⓑ 수입신고가 수리된 물품, 또는 수입신고수리전 반출승인을 받아 반출된 물품(법 제252조)** → **수입신고인** – 수입신고시의 화주와 연대한 연대납세의무자
  - 이 물품에 대하여 납부하였거나 납부하여야 할 관세액에 부족한 경우 해당 물품을 수입하는 때의 화주의 주소 및 거소가 분명하지 않거나 수입신고인이 화주를 명백히 하지 못하는 경우

서로 경합될 때 **특별납세의무자를 납세의무자로 함**

특별납세의무자

- **ⓒ 다음의 규정에 따라 관세를 징수하는 물품**
  - ① 외국물품인 선(기용품)과 외국무역선(기)에서 판매할 물품이 하역허가의 내용대로 운송수단에 적재되지 아니한 경우(법 제143조 제4항), 또는 차량용품과 국경출입차량 안에서 판매할 물품이 하역신고의 내용대로 해당 차량에 하역되지 아니한 경우(제151조 제2항에 따라 준용되는 경우) → **하역허가를 받은 자**
  - ② "보세구역 밖에서 보수작업을 하는 경우로서 지정된 기간이 지났음에도 해당 작업장에 승인된 외국물품이나 그 제품이 있을 때"(법 제158조 제5항) → **보세구역 밖에서 하는 보수작업을 승인받은 자**
  - ③ "보세구역에 장치된 외국물품이 멸실되거나 폐기되었을 때"(법 제160조 제2항) → **운영인 또는 보관인**
  - ④ "보세공장 외 작업. 보세건설장 외 작업의 허가를 받거나 또는 종합보세구역 외 작업신고를 한 후 지정된 기간이 지났음에도 해당 보세공장 외 작업장. 보세건설장 외 작업장 또는 종합보세구역 외 작업장 허가 또는 신고된 외국물품이나 그 제품이 있을 때"(법 제187조 제6항 및 제195조 제2항 또는 제202조 제3항에 따라 준용되는 경우) → **보세공장 외 작업. 보세건설장 외 작업 또는 종합보세구역 외 작업을 허가받거나 신고한 자**
  - ⑤ "신고를 하거나 승인을 받아 보세운송하는 외국물품이 지정된 기간 내에 목적지에 도착하지 아니한 때"(법 제217조) → **보세운송을 신고하였거나 승인받은 자**
  - ⑦ "수입하려는 물품을 수입신고 전에 즉시반출신고를 한 후 운송수단, 관세통로, 하역통로 또는 관세법에 따른 장치 장소로부터 즉시 반출한 자가 즉시반출신고를 한 날부터 10일 이내에 수입신고를 하지 아니하는 때"(법 제253조 제4항) → **해당 물품을 즉시 반출한 자**
- **ⓒ 다음의 물품인 경우**
  - ⑥ 수입신고가 수리되기 전에 소비하거나 사용하는 물품(제239조에 따라 소비 또는 사용을 수입으로 보지 아니하는 물품은 제외) → **그 소비자 또는 사용자**
  - ⑧ 우편으로 수입되는 물품 → **그 수취인**
  - ⑨ 도난물품이나 분실물품의 경우로서 다음의 물품
    - ㉮ 보세구역의 장치물품 → **그 운영인 또는 화물관리인(법 제172조 제2항)**
    - ㉯ 보세운송물품 → **보세운송신고를 하거나 승인을 받은 자**
    - ㉰ 그 밖의 물품 → **그 보관인 또는 취급인**
- **⑩ 관세법 또는 다른 법률에 따라 따로 납세의무자로 규정된 자**

기타 납세의무자

- **위의 ⓐ, ⓑ, ⓒ의 물품 이외의 물품** → **그 소유자 또는 점유자**

기타 연대납세의무자

- **위의 ⓐ,ⓑ,ⓒ물품에 관계되는 관세·가산금·가산세 및 체납처분비**
  - ① 위의 "ⓐ와 ⓑ"(법 제19조 제1항 제1호)에 따른 수입신고물품의 경우 가 및 나목에 규정된 자 → **그 공유자 또는 공동사업자인 납세의무자**
  - ② 위의 "ⓒ"(법 제19조 제1항 2호부터 제12호까지)에 따른 물품에 대한 납세의무자가 2인 이상인 경우 → **그 2인 이상의 납세의무자**

(3) 특별납세의무자

(가) 특별납세의무자

특별납세의무자는 다음과 같다(법 제19조 제1항 제2호~제11호).

① "다음의 규정"에 따라 관세를 징수하는 물품인 경우에는 하역허가를 받은 자

㉮ 외국물품인 선(기용품)과 외국무역선(기)에서 판매할 물품이 하역허가의 내용대로 운송수단에 적재되지 아니한 경우(법 제143조 제4항), 또는

㉯ 차량용품과 국경출입차량 안에서 판매할 물품이 하역신고의 내용대로 해당 차량에 하역되지 아니한 경우(제151조 제2항에 따라 준용되는 경우)

② "보세구역 밖에서 보수작업을 하는 경우로서 지정된 기간이 지났음에도 해당 작업장에 승인된 외국물품이나 그 제품이 있을 때"(법 제158조 제5항), 관세를 징수하는 물품인 경우에는 보세구역 밖에서 하는 보수작업을 승인받은 자

③ "보세구역에 장치된 외국물품이 멸실되거나 폐기되었을 때"(법 제160조 제2항), 관세를 징수하는 물품인 경우에는 운영인 또는 보관인

④ "보세공장 외 작업·보세건설장 외 작업의 허가를 받거나 또는 종합보세구역 외 작업신고를 한 후 지정된 기간이 지났음에도 해당 보세공장 외 작업장·보세건설장 외 작업장 또는 종합보세구역 외 작업장 허가 또는 신고된 외국물품이나 그 제품이 있을 때"(법 제187조 제6항 및 제195조 제2항 또는 제202조 제3항에 따라 준용되는 경우), 관세를 징수하는 물품인 경우에는 보세공장 외 작업·보세건설장 외 작업 또는 종합보세구역 외 작업을 허가받거나 신고한 자

⑤ "신고를 하거나 승인을 받아 보세운송하는 외국물품이 지정된 기간 내에 목적지에 도착하지 아니한 때"(법 제217조), 관세를 징수하는 물품인 경우에는 보세운송을 신고하였거나 승인받은 자

⑥ 수입신고가 수리되기 전에 소비하거나 사용하는 물품(제239조에 따라 소비 또는 사용을 수입으로 보지 아니하는 물품은 제외)인 경우에는 그 소비자 또는 사용자

⑦ "수입하려는 물품을 수입신고 전에 즉시반출신고를 한 후 운송수단, 관세통로, 하역통로 또는 관세법에 따른 장치 장소로부터 즉시 반출한 자가 즉시반출신고를 한 날부터 10일 이내에 수입신고를 하지 아니하는 때"(법 제253조 제4항), 관세를 징수하는 물품인 경우에는 해당 물품을 즉시 반출한 자

⑧ 우편으로 수입되는 물품인 경우에는 그 수취인

⑨ 도난물품이나 분실물품인 경우에는 다음에 규정된 자

㉮ 보세구역의 장치물품: 그 운영인 또는 "화물관리인"(제172조 제2항에 따른 화물관리인)

㉯ 보세운송물품: 보세운송을 신고하거나 승인을 받은 자

㉰ 그 밖의 물품: 그 보관인 또는 취급인

⑩ 관세법 또는 다른 법률에 따라 따로 납세의무자로 규정된 자

(나) 원칙적 또는 연대납세의무자와 특별납세의무자의 경합

원칙적 또는 연대납세의무자인 화주 또는 신고인(법 제19조 제1항 제1호)과 특별납세의무자(법 제19조 제1항 제2호부터 제11호까지 규정된 자)가 경합되는 경우에는 특별납세의무자를 납세의무자로 한다(법 제19조 제2항).

즉, 원칙적 납세의무자인 화주 또는 연대납세의무자인 신고인과 특별납세의무자가 경합할 경우에는 특별납세의무자가 납세의무자가 된다.

(4) 기타 납세의무자

법 제19조 제1항 제1호부터 제11호까지의 물품(수입신고한 물품, 수입신고가 수리된 물품 또는 수입신고수리전 반출승인을 받아 반출된 물품, 위의 ①부터 ⑩까지의 물품) 이외의 물품인 경우에는 그 소유자 또는 점유자가 관세의 납세의무자가 된다(법 제19조 제1항 제12호).

(5) 기타 연대납세의무자

제1항 각 호에 따른 물품에 관계되는 관세 · 가산금 · 가산세 및 체납처분비에 대해서는 다음 각 호에 규정된 자가 연대하여 납부할 의무를 진다(법 제19조 제5항).

① 제1항 제1호에 따른 수입신고물품의 경우 다음 각 목에 규정된 자
  ㉮ 수입신고물품이 공유물이거나 공동사업에 속하는 물품인 경우: 그 공유자 또는 공동사업자인 납세의무자
  ㉯ 수입신고인이 수입신고를 하면서 수입신고하는 때의 화주가 아닌 자를 납세의무자로 신고한 경우: 수입신고인 또는 납세의무자로 신고된 자가 제270조제1항 또는 제4항에 따른 관세포탈 또는 부정감면의 범죄를 범하거나 제271조제1항(제270조제1항 또는 제4항에 따른 행위를 교사하거나 방조한 경우에 한정한다)에 따른 범죄를 범하여 유죄의 확정판결을 받은 경우 그 수입신고인 및 납세의무자로 신고된 자와 해당 물품을 수입신고하는 때의 화주. 다만, 관세포탈 또는 부정감면으로 얻은 이득이 없는 수입신고인 또는 납세의무자로 신고된 자는 제외한다.이 공유물이거나 공동사업에 속하는 물품인 경우 그 공유자 또는 공동사업자인 납세의무자

② 제1항 제2호부터 제12호까지의 규정에 따른 물품에 대한 납세의무자가 2인 이상인 경우 그 2인 이상의 납세의무자

2. 특정 행위에 따른 납세의무자

(1) 납세보증자

관세법 또는 다른 법령, 조약, 협약 등에 따라 관세의 납부를 보증한 자는 보증액의 범위에서 납세의무를 진다(법 제19조 제3항).

(2) 납세승계자

법인이 합병하거나 상속이 개시된 경우에는 「국세기본법」 제23조 및 제24조를 준용하여 관세 · 가산금 · 가산세 및 체납처분비의 납세의무를 승계한다. 이 경우 같은 법 제24조 제2항 및 제4항의 "세무서장"은 "세관장"으로 본다(법 제19조 제4항).

● 특정 행위에 따른 납세의무자

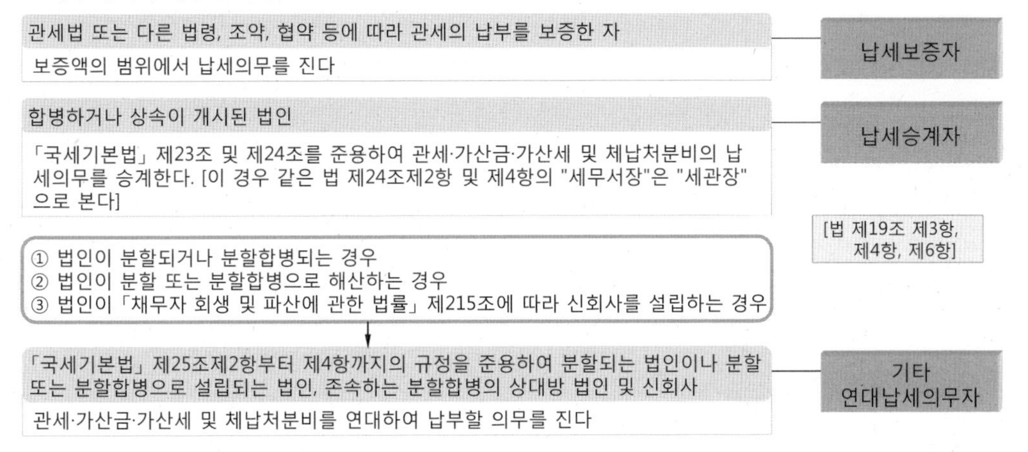

(3) 기타 연대납세의무자

다음의 어느 하나에 해당되는 경우 「국세기본법」 제25조 제2항부터 제4항까지의 규정을 준용하여 분할되는 법인이나 분할 또는 분할합병으로 설립되는 법인, 존속하는 분할합병의 상대방 법인 및 신회사가 관세 · 가산금 · 가산세 및 체납처분비를 연대하여 납부할 의무를 진다(법 제19조 제6항).

① 법인이 분할되거나 분할합병되는 경우

② 법인이 분할 또는 분할합병으로 해산하는 경우

③ 법인이 「채무자 회생 및 파산에 관한 법률」 제215조에 따라 신회사를 설립하는 경우

3. 제2차 납세의무자

관세의 징수에 관하여는 「국세기본법」 제38조부터 제41조까지의 규정을 준용하는 바, 이에 따라 준용되는 「국세기본법」 제38조부터 제41조까지의 규정에 따른 제2차 납세의무자는 관세의 담보로 제공된 것이 없고 납세의무자와 관세의 납부를 보증한 자가 납세의무를 이행하지 아니하는 경우에 납세의무를 진다(법 제19조 제8항 및 제9항).

즉, 관세담보로 제공된 물품이 없고 관세납부의무자와 관세의 납부를 보증한 자가 관세납부를 이행하지 아니할 때에 「국세기본법」 상의 제2차 납세의무자가 관세의 납세의무를 진다. 이 경우 「국세기본법」 상의 제2차 납세의무자는 청산인, 무한책임사원과 과점주주, 법인, 사업양수인이다.

(1) 청산인 등의 제2차 납세의무자

법인이 해산한 경우에 그 법인에 부과되거나 그 법인이 납부할 국세 · 가산금 또는 체납처분비를 납부하지 아니하고 청산 후 남은 재산을 분배하거나 인도하였을 때에 그 법인에 대하여 체납처분을 집행하여도 징수할 금액에 미치지 못하는 경우에는 청산인 또는 청산 후 남은 재산을 분배받거나 인도받은 자는 그 부족한 금액에 대하여 제2차 납세의무를 진다(국세기본법 제38조 제1항).

이 경우 제2차 납세의무는 청산인의 경우 분배하거나 인도한 재산의 가액을 한도로 하고, 그 분배 또는 인도를 받은 자의 경우에는 각자가 받은 재산의 가액을 한도로 한다(국세기본법 제38조 제2항).

(2) 출자자의 제2차 납세의무자

법인(주식을 대통령령으로 정하는 증권시장에 상장한 법인은 제외한다. 이하 이 조에서 같다)의 재산으로 그 법인에 부과되거나 그 법인이 납부할 관세 · 가산금과 체납처분비에 충당하여도 부족한 경우에는 그 관세의 납세의무 성립일 현재 다음의 어느 하나에 해당하는 자는 그 부족한 금액에 대하여 제2차 납세의무를 진다. 다만, 다음의 ②에 따른 과점주주의 경우에는 그 부족한 금액을 그 법인의 발행주식 총수(의결권이 없는 주식은 제외한다. 이하 이 조에서 같다) 또는 출자총액으로 나눈 금액에 해당 과점주주가 실질적으로 권리를 행사하는 주식 수(의결권이 없는 주식은 제외한다) 또는 출자액을 곱하여 산출한 금액을 한도로 한다(국세기본법 제39조).

① 무한책임사원

② "과점주주"(주주 또는 유한책임사원 1명과 그의 특수관계인 중 대통령령으로 정하는 자로서 그들의 소유주식 합계 또는 출자액 합계가 해당 법인의 발행주식 총수 또는 출자총액의 100분의 50을 초과하면서 그에 관한 권리를 실질적으로 행사하는 자들)

(3) 법인 등의 제2차 납세의무자

관세(둘 이상의 관세의 경우에는 납부기한이 뒤에 오는 관세)의 납부기간 만료일 현재 법인의 "출자자"(무한책임사원 또는 과점주주)의 재산(그 법인의 발행주식 또는 출자지분은 제외)으로 그 출자자가 납부할 관세 · 가산금과 체납처분비에 충당하여도 부족한 경우에는 그 법인은 다음 각 호의 어느 하나에 해당하는 경우에만 그 부족한 금액에 대하여 제2차 납세의무를 진다(국세기본법 제40조 제1항).

① 정부가 출자자의 소유주식 또는 출자지분을 재공매(再公賣)하거나 수의계약으로 매각하려 하여도 매수희망자가 없는 경우

② 법률 또는 그 법인의 정관에 의하여 출자자의 소유주식 또는 출자지분의 양도가 제한된 경우

제1항에 따른 법인의 제2차 납세의무는 그 법인의 자산총액에서 부채총액을 뺀 가액을 그 법인의 발행주식 총액 또는 출자총액으로 나눈 가액에 그 출자자의 소유주식 금액 또는 출자액을 곱하여 산출한 금액을 한도로 한다(국세기본법 제40조 제2항).

(4) 사업양수인 등의 제2차 납세의무자

사업이 양도 · 양수된 경우에 양도일 이전에 양도인의 납세의무가 확정된 그 사업에 관한 국세 · 가산금과 체납처분비를 양도인의 재산으로 충당하여도 부족할 때에는 대통령령으로 정하는 사업의 양수인은 그 부족한 금액에 대하여 양수한 재산의 가액을 한도로 제2차 납세의무를 진다(국세기본법 제41조 제1항).

이 경우, 양수한 재산의 가액은 대통령령으로 정한다(국세기본법 제41조 제2항).

특정 행위에 따른 납세의무자

관세의 징수에 관하여는 「국세기본법」 제38조부터 제41조까지의 규정을 준용하는 바, [법 제19조 제8항]

법 제19조 제8항에 따라 준용되는 「국세기본법」 제38조부터 제41조까지의 규정에 따른 제2차 납세의무자

관세의 담보로 제공된 것이 없고 납세의무자와 관세의 납부를 보증한 자가 납세의무를 이행하지 아니하는 경우에 납세의무를 진다 [법 제19조 제9항]

법인이 해산한 경우에 그 법인에 부과되거나 그 법인이 납부할 국세·가산금 또는 체납처분비를 납부하지 아니하고 청산 후 남은 재산을 분배하거나 인도하였을 때에 그 법인에 대하여 체납처분을 집행하여도 징수할 금액에 미치지 못하는 경우 [국세기본법 제38조 제1항, 제2항]

청산인 또는 청산 후 남은 재산을 분배받거나 인도받은 자 — **청산인 등의 2차 납세의무자**

그 부족한 금액에 대하여 제2차 납세의무를 진다

이 경우 제2차 납세의무는
- 청산인의 경우 분배하거나 인도한 재산의 가액을 한도로 하고,
- 그 분배 또는 인도를 받은 자의 경우에는 각자가 받은 재산의 가액을 한도로 한다

법인(주식을 대통령령으로 정하는 증권시장에 상장한 법인은 제외)의 재산으로 그 법인에 부과되거나 그 법인이 납부할 관세·가산금과 체납처분비에 충당하여도 부족한 경우

그 관세의 납세의무 성립일 현재 다음의 어느 하나에 해당하는 자 — **무한책임사원 2차 납세의무자**
① 무한책임사원
② "과점주주"(주주 또는 유한책임사원 1명과 그의 특수관계인 중 대통령령으로 정하는 자로서 그들의 소유주식 합계 또는 출자액 합계가 해당 법인의 발행주식 총수 또는 출자총액의 100분의 50을 초과하면서 그에 관한 권리를 실질적으로 행사하는 자들) [국세기본법 제39조]

그 부족한 금액에 대하여 제2차 납세의무를 진다.
다만, 다음의 ②에 따른 과점주주의 경우에는 그 부족한 금액을 그 법인의 발행주식 총수(의결권이 없는 주식은 제외) 또는 출자총액으로 나눈 금액에 해당 과점주주가 실질적으로 권리를 행사하는 주식 수(의결권이 없는 주식은 제외) 또는 출자액을 곱하여 산출한 금액을 한도로 한다.

관세(둘 이상의 관세의 경우에는 납부기한이 뒤에 오는 관세)의 납부기간 만료일 현재 법인의 "출자자"(무한책임사원 또는 과점주주)의 재산(그 법인의 발행주식 또는 출자지분은 제외)으로 그 출자자가 납부할 관세·가산금과 체납처분비에 충당하여도 부족한 경우 [국세기본법 제40조 제1항, 제2항]

그 법인 — **법인 등인 2차 납세의무자**

다음의 어느 하나에 해당하는 경우에만 그 부족한 금액에 대하여 제2차 납세의무를 짐.
① 정부가 출자자의 소유주식 또는 출자지분을 재공매(再公賣)하거나 수의계약으로 매각하려 하여도 매수희망자가 없는 경우
② 법률 또는 그 법인의 정관에 의하여 출자자의 소유주식 또는 출자지분의 양도가 제한된 경우

이 경우, 법인의 제2차 납세의무는 그 법인의 자산총액에서 부채총액을 뺀 가액을 그 법인의 발행주식 총액 또는 출자총액으로 나눈 가액에 그 출자자의 소유주식 금액 또는 출자액을 곱하여 산출한 금액을 한도로 한다

사업이 양도·양수된 경우에 양도일 이전에 양도인의 납세의무가 확정된 그 사업에 관한 국세·가산금과 체납처분비를 양도인의 재산으로 충당하여도 부족할 때

대통령령으로 정하는 사업의 양수인 — **출자자인 2차 납세의무자**

그 부족한 금액에 대하여 양수한 재산의 가액을 한도로 제2차 납세의무를 진다

이 경우, 양수한 재산의 가액은 대통령령으로 정한다. [국세기본법 제41조 제1항, 제2항]

Ⅱ. 양도담보재산으로부터의 체납세 징수

납세의무자(관세의 납부를 보증한 자와 제2차 납세의무자를 포함한다. 이하 이 조에서 같다)가 관세·가산금·가산세 및 체납처분비를 체납한 경우 그 납세의무자에게 「국세기본법」 제42조 제2항에 따른 양도담보재산이 있을 때에는 그 납세의무자의 다른 재산에 대하여 체납처분을 집행하여도 징수하여야 하는 금액에 미치지 못한 경우에만 「국세징수법」 제13조를 준용하여 그 양도담보재산으로써 납세의무자의 관세·가산금·가산세 및 체납처분비를 징수할 수 있다. 다만, 그 관세의 납세신고일(제39조에 따라 부과고지하는 경우에는 그 납세고지서의 발송일을 말한다) 전에 담보의 목적이 된 양도담보재산에 대하여는 그러하지 아니하다(법 제19조 제10항).

참고로, 「국세기본법」 제42조와 「국세징수법」 제13조를 살펴보면 다음과 같다.

◉ 양도담보재산으로부터의 체납세 징수

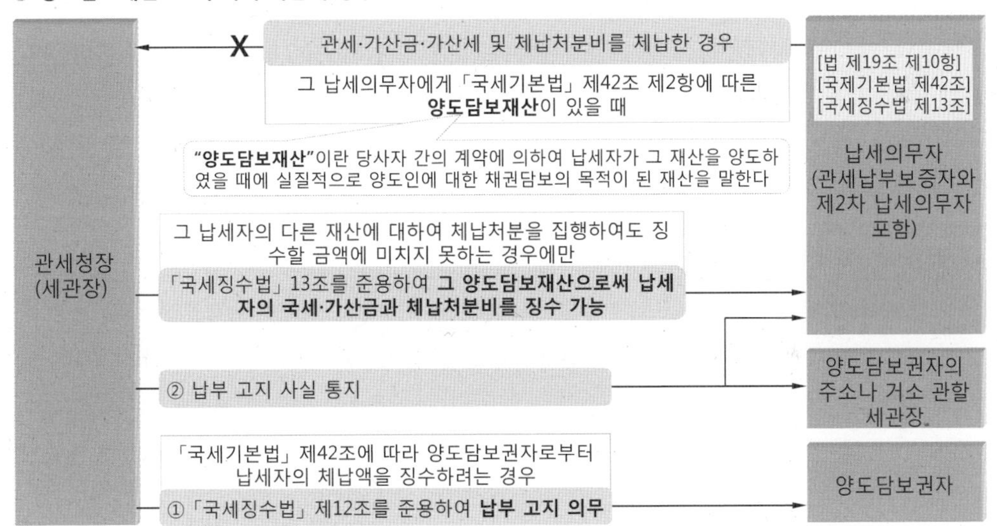

1. 양도담보권자의 물적납세의무

납세자가 국세·가산금 또는 체납처분비를 체납한 경우에 그 납세자에게 양도담보재산이 있을 때에는 그 납세자의 다른 재산에 대하여 체납처분을 집행하여도 징수할 금액에 미치지 못하는 경우에만 「국세징수법」에서 정하는 바에 따라 그 양도담보재산으로써 납세자의 국세·가산금과 체납처분비를 징수할 수 있다. 다만, 그 국세의 법정기일 전에 담보의 목적이 된 양도담보재산에 대해서는 그러하지 아니하다(국세기본법 제42조 제1항).

여기에서 "양도담보재산"이란 당사자 간의 계약에 의하여 납세자가 그 재산을 양도하였을 때에 실질적으로 양도인에 대한 채권담보의 목적이 된 재산을 말한다(국세기본법 제42조 제2항).

2. 양도담보권자로부터의 징수절차

세관장은 「국세기본법」 제42조에 따라 양도담보권자로부터 납세자의 체납액을 징수하려면 양도담보권자에게 제12조를 준용하여 납부 고지를 하여야 한다. 이 경우에는 양도담보권자의 주소 또는 거소(居所)를 관할하는 세관장과 납세자에게 그 사실을 통지하여야 한다(국세징수법 제13조 제1항).

제1항에 따른 고지가 있은 후 해당 재산의 양도에 의하여 담보된 채권이 채무불이행 등 변제 외의 이유로 소멸된 경우(양도담보재산의 환매, 재매매의 예약, 그 밖에 이와 유사한 계약을 체결한 경우에 기한의 경과 등 그 계약의 이행 외의 이유로 계약의 효력이 상실되었을 때를 포함한다)에도 양도담보재산으로서 존속하는 것으로 본다(국세징수법 제13조 제2항).

Ⅲ. 납세의무자의 확장경로

본래의 납세의무자는 정상적인 통관절차에 따른 수입의 경우에는 수입화주이며, 정상적인 통관절차가 아닌 수입의 경우에는 특별납세의무자가 된다. 이들 납세의무자가 관세를 납부하지 못한 경우에는 연대납세의무자, 납부보증자, 제2차 납세의무자에게 납세의무가 확장된다.

납세의무자의 확장 경로

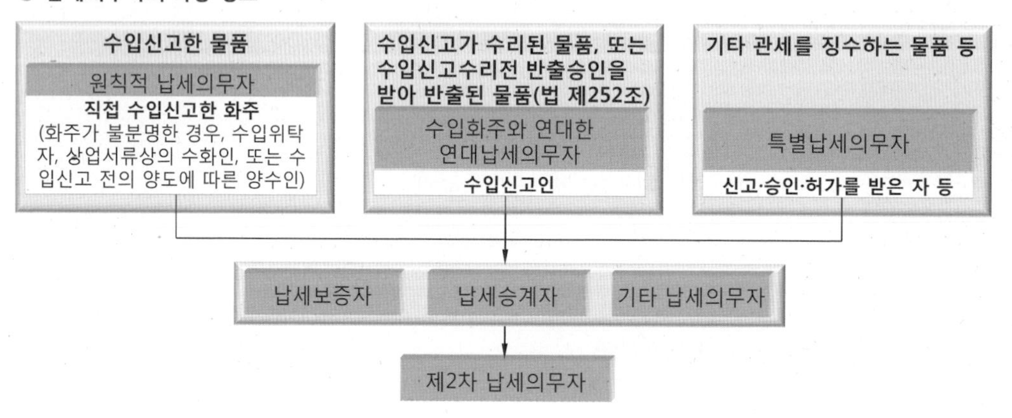

즉, 특별납세의무자 또는 직접 수입신고한 화주가 관세를 납부하지 못한 경우에는 납부보증자가 납부의무를 부담하고, 납부보증자도 관세를 납부하지 못하였다면 제2차 납세의무자가 최종적으로 납부의무를 부담하게 된다. 한편, 관세사등(관세사 · 관세법인 또는 통관취급법인)이 화주를 대신하여 수입신고한 경우에는 화주가 관세를 납부하지 못하였다면 연대납세의무자 또는 납부보증자가 납부의무를 부담하고, 제2차 납세의무자가 최종적으로 납부의무를 부담하여야 한다.

과세물건과 특별납세의무자 관련규정

과세물건	납세의무자	과세물건 확정시기
수입신고한 물품 (원칙)	그 물품을 수입한 화주	수입신고(입항전수입신고 포함)를 하는 때
다음의 규정에 따라 관세를 징수하는 물품 (예외)		
① 외국물품인 선(기용품)과 외국무역선(기)에서 판매할 물품이 하역허가의 내용대로 운송수단에 적재되지 아니한 경우(법 제143조 제4항), 또는 차량용품과 국경출입차량 안에서 판매할 물품이 하역신고의 내용대로 해당 차량에 하역되지 아니한 경우(제151조 제2항에 따라 준용되는 경우)	하역허가를 받은 자	하역을 허가받은 때
② "보세구역 밖에서 보수작업을 하는 경우로서 지정된 기간이 지났음에도 해당 작업장에 승인된 외국물품이나 그 제품이 있을 때" (법 제158조 제5항)	보세구역 밖에서 하는 보수작업을 승인받은 자	보세구역 밖에서 하는 보수작업을 승인받은 때
③ "보세구역에 장치된 외국물품이 멸실되거나 폐기되었을 때" (법 제160조 제2항)	운영인 또는 보관인	해당 물품이 멸실되거나 폐기된 때
④ "보세공장 외 작업·보세건설장 외 작업의 허가를 받거나 또는 종합보세구역 외 작업신고를 한 후 지정된 기간이 지났음에도 해당 보세공장 외 작업장·보세건설장 외 작업장 또는 종합보세구역 외 작업장 허가 또는 신고된 외국물품이나 그 제품이 있을 때"(법 제187조 제6항 및 제195조 제2항 또는 제202조 제3항에 따라 준용되는 경우)	보세공장 외 작업·보세건설장 외 작업 또는 종합보세구역 외 작업을 허가받거나 신고한 자	보세공장 외 작업·보세건설장 외 작업 또는 종합보세구역 외 작업을 허가받거나 신고한 때
⑤ "신고를 하거나 승인을 받아 보세운송하는 외국물품이 지정된 기간 내에 목적지에 도착하지 아니한 때"(법 제217조)	보세운송을 신고하였거나 승인받은 자	보세운송을 신고하거나 승인받은 때
⑦ "수입하려는 물품을 수입신고 전에 즉시반출신고를 한 후 운송수단, 관세통로, 하역통로 또는 관세법에 따른 장치 장소로부터 즉시 반출한 자가 즉시반출신고를 한 날부터 10일 이내에 수입신고를 하지 아니하는 때"(법 제253조 제4항)	해당 물품을 즉시 반출한 자	수입신고전 즉시반출신고를 한 때
다음의 물품인 경우 (예외)		
⑥ 수입신고가 수리되기 전에 소비하거나 사용하는 물품(제239조에 따라 소비 또는 사용을 수입으로 보지 아니하는 물품은 제외)	그 소비자 또는 사용자	해당 물품을 소비하거나 사용한 때
⑧ 우편으로 수입되는 물품(제258조 제2항에 해당되는 경우 제외)		통관우체국(제256조)에 도착한 때
⑧ 우편으로 수입되는 물품	그 수취인	
⑨ 도난물품이나 분실물품		해당 물품이 도난되거나 분실된 때
㉮ 보세구역의 장치물품	그 운영인 또는 화물관리인(법 제172조 제2항)	
㉯ 보세운송물품	보세운송신고를 하거나 승인을 받은 자	
㉰ 그 밖의 물품	그 보관인 또는 취급인	
⑩ 관세법에 따라 매각되는 물품		해당 물품이 매각된 때
⑪ 수입신고를 하지 아니하고 수입된 물품(위의 ①부터 ⑩까지에 규정된 것 제외)		수입된 때

⑩ 관세법 또는 다른 법률에 따라 따로 납세의무자로 규정된 자

제3절 과세표준(Duty Base)

Ⅰ. 과세표준의 개요

1. 과세표준(Duty Base)

관세의 과세표준(duty base for customs duties)은 수입물품의 가격 또는 수량(price or quantity of imported goods)으로 한다(법 제15조).

즉, 과세표준은 세액결정의 기준이 되는 과세물건의 가격 또는 수량으로서, 세액은 과세표준(가격 또는 수량) × 세율로 결정되기 때문에 과세표준은 세율과 함께 세액결정의 요인이 된다. 과세물건(수입물품)의 가격을 기준으로 하여 세액이 결정되는 것을 종가세, 과세물건(수입물품)의 수량을 기준으로 하여 세액이 결정되는 것을 종량세라 한다.

과세표준의 의의와 과세가격의 결정방법

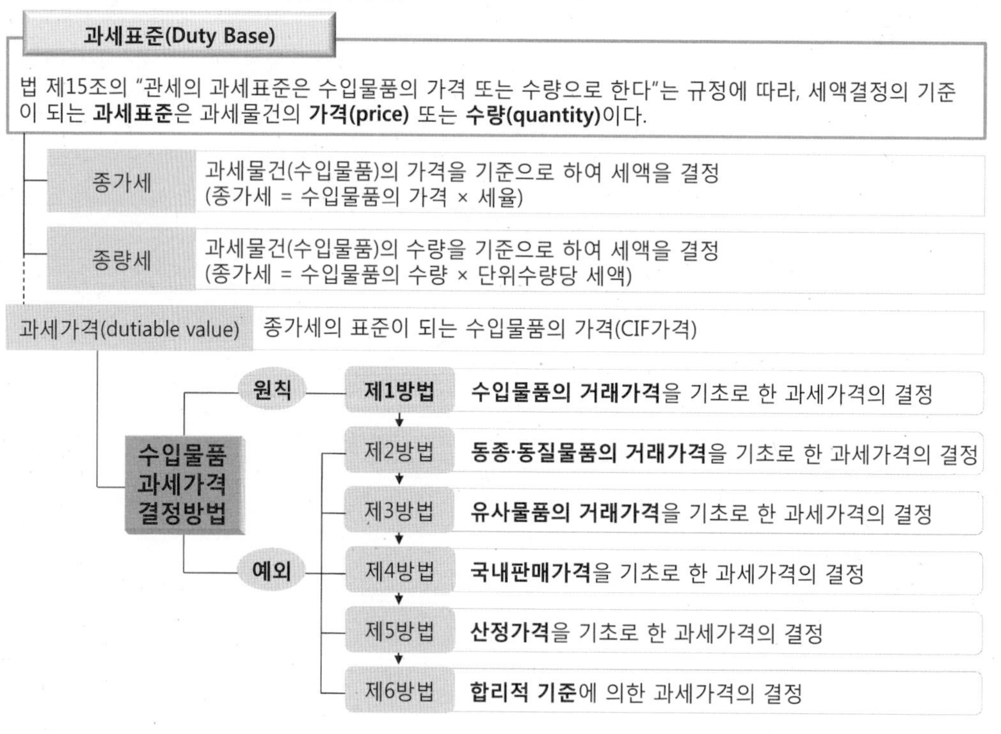

2. 과세가격의 의의와 형태

(1) 과세가격의 의의

과세가격이란 종가세의 표준이 되는 수입물품의 가격을 의미한다. 즉, 현행의 관세율표에는 대부분이 종가세 품목이므로, 관세의 과세표준이란 주로 종가세의 과세표준이 되는 과세가격을 의미한다고 볼 수 있다. 과세가격은 시간, 장소 및 거래수량에 따라 달라지며, 어떤 가격을 표준으로 할 것인가의 어려움이 있기 때문에 과세가격에 대하여는 관세법에서 상세하게 규정하고 있다.

(2) 과세가격의 형태

(가) 법정가격

법정가격은 실제의 거래가격과는 관계없이 법령으로 정해진 단일가격으로 과세하는 것을 말한다. 관세의 징수는 간편하지만 과세의 형평을 기할 수 없기 때문에 별로 채택되지 않고 있다.

(나) 발송가격(FOB가격)

FOB가격은 매도인이 본선에 선적하기 전까지의 모든 위험과 비용을 부담하고, 선적된 이후의 모든 위험과 비용은 매수인이 부담하는 조건으로서, 목적항까지의 해상운임과 보험료를 매도인이 부담하지 않는 조건의 가격을 말한다. 이는 근거리 수입품이나 원거리 수입품이 동일한 조건으로 과세되기 때문에 근거리 수입촉진의 효과가 없어진다. 또한 운임과 보험료에 대하여는 과세를 하지 않기 때문에 과세가격이 낮아 납세자의 관세부담은 적지만, 정부의 재정수입은 감소된다.

(다) 도착가격(CIF가격)

CIF가격은 FOB가격에 목적항까지의 해상운임과 보험료를 매도인이 부담하는 조건의 가격을 말한다. 이는 근거리 수입품이 원거리 수입품보다 적게 과세되기 때문에 근거리 수입이 조장될 수 있다. 또한 FOB가격과 달리 운임과 보험료에 대하여도 과세가 되기 때문에 FOB가격에 비하여 과세가격이 높아 납세자의 관세부담은 많지만, 정부의 재정수입은 증가한다.

(라) 국내가격

국내가격은 수입물품의 국내거래가격을 과세가격으로 하는 가격을 말한다.

이는 미국 등 일부 국가에서 화공약품에 대하여 판매가격(ASP; American's Selling Price)을 기준으로 과세하는 경우가 있으며, 우리나라의 경우에는 이를 과세가격으로 이용하지 않는다.

3. 과세가격의 결정방법(Determination of Dutiable Value)

수입물품의 과세가격(dutiable value of imported goods)은 ① 우리나라에 수출하기 위하여 판매되는 물품에 대하여 구매자가 실제로 지급하였거나 지급하여야 할 가격에 다음 각 호의 금액을 더하여 조정한 거래가격으로 한다. 다만, 다음 각 호의 금액을 더할 때에는 객관적이고 수량화할 수 있는 자료에 근거하여야 하며, 이러한 자료가 없는 경우에는 이 조에 규정된 방법으로 과세가격을 결정하지 아니하고, ② "동종·동질물품의 거래가격을 기초로 한 과세가격의 결정", ③ "유사물품의 거래가격을 기초로 한 과세가격의 결정", ④ "국내판매가격을 기초로 한 과세가격의 결정", ⑤ "산정가격을 기초로 한 과세가격의 결정", ⑥ "합리적 기준에 따른 과세가격의 결정"(법 제31조부터 제35조까지의 규정) 방법으로 과세가격을 결정한다(법 제30조 제1항).

즉, 수입물품의 과세가격은 다음을 기초로 하여 결정하되, 제1방법을 원칙으로 하며, 제1방법으로 과세가격을 결정할 수 없을 경우에는 제2방법으로, 제2방법으로 결정할 수 없을 경우에는 제3방법으로와 같이 제4방법, 제5방법, 제6방법을 적용한다.

Ⅱ. 제1방법: 과세가격의 결정원칙(수입물품의 거래가격을 기초로 한 과세가격의 결정)

1. 과세가격결정방법

수입물품의 과세가격은 우리나라에 수출하기 위하여 판매되는 물품에 대하여 구매자가 실제로 지급하였거나 지급하여야 할 가격에 다음의 금액을 더하여 조정한 거래가격으로 한다. 다만, 다음 각 호의 금액을 더할 때에는 객관적이고 수량화할 수 있는 자료에 근거하여야 한다(법 제30조 제1항).

(1) 구매자가 실제로 지급하였거나 지급하여야 할 가격

제1항 각 호 외의 부분 본문에서 "구매자가 실제로 지급하였거나 지급하여야 할 가격"이란 해당 수입물품의 대가로서 구매자가 지급하였거나 지급하여야 할 총금액을 말하며, 구매자가 해당 수입물품의 대가와 판매자의 채무를 상계(相計)하는 금액, 구매자가 판매자의 채무를 변제하는 금액, 그 밖의 간접적인 지급액을 포함한다. 다만, 구매자가 지급하였거나 지급하여야 할 총금액에서 다음의 어느 하나에 해당하는 금액을 명백히 구분할 수 있을 때에는 그 금액을 뺀 금액을 말한다(법 제30조 제2항).

① 수입 후에 하는 해당 수입물품의 건설, 설치, 조립, 정비, 유지 또는 해당 수입물품에 관한 기술지원에 필요한 비용
② 수입항에 도착한 후 해당 수입물품을 운송하는 데에 필요한 운임·보험료와 그 밖에 운송과 관련되는 비용
③ 우리나라에서 해당 수입물품에 부과된 관세 등의 세금과 그 밖의 공과금
④ 연불조건(延拂條件)의 수입인 경우에는 해당 수입물품에 대한 연불이자

(가) 그 밖의 간접적인 지급액의 범위

법 제30조 제2항 각호 외의 부분 본문에 따른 "그 밖의 간접적인 지급액"에는 다음의 금액이 포함되는 것으로 한다(영 제20조 제6항).

① 판매자의 요청에 따라 수입물품의 대가 중 전부 또는 일부를 제3자에게 지급하는 경우 그 지급금액
② 구매자가 해당 수입물품의 거래조건으로 판매자 또는 제3자가 수행하여야 하는 하자보증을 대신하고 그에 해당하는 금액을 할인받았거나 하자보증비 중 전부 또는 일부를 별도로 지급하는 경우 해당금액
③ 수입물품의 거래조건으로 구매자가 지급하는 외국훈련비 또는 외국교육비
④ 그 밖에 일반적으로 판매자가 부담하는 금융비용 등을 구매자가 지급하는 경우 그 지급금액

(나) 연불이자의 요건

법 제30조 제2항 제4호에 따라 구매자가 지급하였거나 지급하여야 할 총금액에서 수입물품에 대한 연불이자를 빼고자 할 때에는 해당 연불이자가 다음의 요건을 갖춘 것이어야 한다(영 제20조 제7항).

① 연불이자가 수입물품의 대가로 실제로 지급하였거나 지급하여야 할 금액과 구분될 것
② 서면에 따른 계약서로 확인될 것
③ 해당 물품이 수입신고된 가격으로 판매되고, 이자율이 금융이 제공된 국가에서 당시 그러한 거래에서 통용되는 수준을 초과하지 아니할 것

(2) 가산금액

우리나라에 수출하기 위하여 판매되는 물품에 대하여 구매자가 실제로 지급하였거나 지급하여야 할 가격에 더하여야 할 특정금액은 다음과 같다(법 제30조 제1항 본문 및 영 제17조의2 제1항 ~ 제3항, 제19조 제1항·제2항).

① 구매자가 부담하는 수수료와 중개료. 다만, 구매수수료는 제외한다.
이 단서 규정에 따른 "구매수수료"는 해당 수입물품의 구매와 관련하여 외국에서 구매자를 대리하여 행하는 용역의 대가로서 구매자가 구매대리인에게 지급하는 비용으로 하며, 구매자가 구매대리인에게 지급한 비용에 구매수수료 외의 비용이 포함된 경우에는 그 지급한 비용 중 구매수수료에 해당하는 금액이 따로 구분하여 산정될 수 있는 경우에만 해당 금액을 구매수수료로 한다. 이 경우, 세관장은 필요하다고 인정하는 경우 구매수수료에 관한 자료의 제출을 구매자에게 요청할 수 있다.
여기에서, 영 제17조의2제1항에 따른 구매자를 대리하여 행하는 용역은 구매자의 계산과 위험부담으로 공급자 물색, 구매 관련 사항 전달, 샘플수집, 물품검사, 보험 · 운송 · 보관 및 인도 등을 알선하는 용역으로 한다. 다만, 다음 각 호의 어느 하나에 해당하는 경우에는 그러하지 아니하다(규칙 제3조의2).

㉮ 구매대리인이 자기의 계산으로 용역을 수행하는 경우
㉯ 구매대리인이 해당 수입물품에 대하여 소유권 또는 그 밖의 이와 유사한 권리가 있는 경우
㉰ 구매대리인이 해당 거래나 가격을 통제하여 실질적인 결정권을 행사하는 경우

② 해당 수입물품과 동일체로 취급되는 용기의 비용과 해당 수입물품의 포장에 드는 노무비와 자재비로서 구매자가 부담하는 비용

③ 구매자가 해당 수입물품의 생산 및 수출거래를 위하여 대통령령으로 정하는 물품 및 용역을 무료 또는 인하된 가격으로 직접 또는 간접으로 공급한 경우에는 그 물품 및 용역의 가격 또는 인하차액을 해당 수입물품의 총생산량 등 대통령령으로 정하는 요소를 고려하여 적절히 배분한 금액

④ "권리사용료"[특허권, 실용신안권, 디자인권, 상표권 및 "다음의 어느 하나에 해당하는 이와 유사한 권리"를 사용하는 대가(특정한 고안이나 창안이 구현되어 있는 수입물품을 이용하여 우리나라에서 그 고안이나 창안을 다른 물품에 재현하는 권리를 사용하는 대가는 제외)]로 지급하는 것으로서 대통령령으로 정하는 바에 따라 산출된 금액(즉, 해당 물품에 관련되고 해당 물품의 거래조건으로 구매자가 직접 또는 간접으로 지급하는 금액으로 한다)

㉮ 저작권 등의 법적 권리
㉯ "영업비밀"(법적 권리에는 속하지 아니하지만 경제적 가치를 가지는 것으로서 상당한 노력에 의하여 비밀로 유지된 생산방법 · 판매방법 그 밖의 사업활동에 유용한 기술상 또는 경영상의 정보 등)

⑤ 해당 수입물품을 수입한 후 전매 · 처분 또는 사용하여 생긴 수익금액 중 판매자에게

직접 또는 간접으로 귀속되는 금액

⑥ 수입항(輸入港)까지의 운임·보험료와 그 밖에 운송과 관련되는 비용으로서 대통령령으로 정하는 바에 따라 결정된 금액. 다만, 기획재정부령으로 정하는 수입물품의 경우에는 이의 전부 또는 일부를 제외할 수 있다.

(가) 우리나라에 수출하기 위하여 판매되는 물품의 범위

법 제30조 제1항 본문에 따른 우리나라에 수출하기 위하여 판매되는 물품에는 다음의 물품은 포함되지 아니하는 것으로 한다(영 제17조).

① 무상으로 수입하는 물품
② 수입 후 경매 등을 통하여 판매가격이 결정되는 위탁판매수입물품
③ 수출자의 책임으로 국내에서 판매하기 위하여 수입하는 물품
④ 별개의 독립된 법적 사업체가 아닌 지점 등에서 수입하는 물품
⑤ 임대차계약에 따라 수입하는 물품
⑥ 무상으로 임차하는 수입물품
⑦ 산업쓰레기 등 수출자의 부담으로 국내에서 폐기하기 위하여 수입하는 물품

(나) 무료 또는 인하된 가격으로 공급하는 물품 및 용역의 정의

법 제30조 제1항 제3호에서 "대통령령으로 정하는 물품 및 용역"이란 구매자가 직접 또는 간접으로 공급하는 것으로서 다음의 어느 하나에 해당하는 것을 말한다(영 제18조 및 규칙 제4조 제1항·제2항).

① 수입물품에 결합되는 재료·구성요소·부분품 및 그 밖에 이와 비슷한 물품
② 수입물품의 생산에 사용되는 공구·금형·다이스 및 그 밖에 이와 비슷한 물품으로서 기획재정부령으로 정하는 것, 즉 해당 수입물품의 조립·가공·성형 등의 생산과정에 직접 사용되는 기계·기구 등
③ 수입물품의 생산과정에 소비되는 물품
④ 수입물품의 생산에 필요한 기술·설계·고안·공예 및 디자인(다만, 우리나라에서 개발된 것은 제외). 여기에서 수입물품의 생산에 필요한 기술은 특허기술·노하우 등 이미 개발되어 있는 기술과 새로이 수행하여 받은 기술로 한다.

위 각호(①~④)의 물품 및 용역의 가격은 다음의 구분에 따른 금액에 따라 결정한다(규칙 제4조 제3항).

① 해당 물품 및 용역을 영 제23조 제1항에 따른 특수관계가 없는 자로부터 구입 또는 임차하여 구매자가 공급하는 경우: 그 구입 또는 임차하는 데에 소요되는 비용과 이를 생산장소까지 운송하는 데에 소요되는 비용을 합한 금액
② 해당 물품 및 용역을 구매자가 직접 생산하여 공급하는 경우: 그 생산비용과 이를 수입물품의 생산장소까지 운송하는 데에 소요되는 비용을 합한 금액
③ 해당 물품 및 용역을 구매자와 영 제23조 제1항에 따른 특수관계에 있는 자로부터 구입 또는 임차하여 공급하는 경우: 관세청장이 정하는 바에 따라 산출된 비용과 이

를 수입물품의 생산장소까지 운송하는 데에 소요되는 비용을 합한 금액

④ 수입물품의 생산에 필요한 "기술등"(기술·설계·고안·공예 및 디자인)이 수입물품 및 국내생산물품에 함께 관련된 경우: 해당 기술 등이 제공되어 생산된 수입물품에 해당되는 기술 등의 금액

(다) 무료 또는 인하된 가격으로 공급하는 물품 및 용역금액의 배분 등

법 제30조 제1항 제3호에 따라 무료 또는 인하된 가격으로 공급하는 물품 및 용역의 금액(실제 거래가격을 기준으로 산정한 금액을 말하며 국내에서 생산된 물품 및 용역을 공급하는 경우에는 부가가치세를 제외하고 산정한다)을 더하는 경우 다음의 요소를 고려하여 배분한다(영 제18조의2).

① 해당 수입물품의 총생산량 대비 실제 수입된 물품의 비율

② 공급하는 물품 및 용역이 해당 수입물품 외의 물품 생산과 함께 관련되어 있는 경우 각 생산 물품별 거래가격(해당 수입물품 외의 물품이 국내에서 생산되는 경우에는 거래가격에서 부가가치세를 제외한다) 합계액 대비 해당 수입물품 거래가격의 비율

(라) 권리사용료의 의의 및 가산요건

법 제30조 제1항에 따라 해당 물품에 대하여 구매자가 실제로 지급하였거나 지급하여야 할 가격에 가산하여야 하는 "권리사용료"란 특허권·실용신안권·디자인권·상표권 및 '다음의 어느 하나에 해당하는 이와 유사한 권리(법 제30조 제1항 제4호)'를 사용하는 대가(특정한 고안이나 창안이 구현되어 있는 수입물품을 이용하여 우리나라에서 그 고안이나 창안을 다른 물품에 재현하는 권리를 사용하는 대가를 제외)를 말한다(영 제19조 제1항 및 제2항).

① 저작권 등의 법적 권리

② "영업비밀"(법적 권리에는 속하지 아니하지만 경제적 가치를 가지는 것으로서 상당한 노력에 의하여 비밀로 유지된 생산방법·판매방법 그 밖의 사업활동에 유용한 기술상 또는 경영상의 정보 등)

이와 같이, 해당 물품에 대하여 구매자가 실제로 지급하였거나 지급하여야 할 가격에 가산하여야 할 권리사용료가 다음의 어느 하나에 해당하는 경우에는 해당 물품과 관련되는 것으로 본다(영 제19조 제3항).

① 권리사용료가 특허권에 대하여 지급되는 때에는 수입물품이 다음의 어느 하나에 해당하는 물품인 경우

㉮ 특허발명품

㉯ 방법에 관한 특허에 따라 생산된 물품

㉰ 국내에서 해당 특허에 따라 생산될 물품의 부분품·원재료 또는 구성요소로서 그 자체에 해당 특허의 내용의 전부 또는 일부가 구현되어 있는 물품

㉱ 방법에 관한 특허를 실시하기에 적합하게 고안된 설비·기계 및 장치(그 주요 특성을 갖춘 부분품 등 포함)

② 권리사용료가 디자인권에 대하여 지급되는 때에는 수입물품이 해당 디자인을 표현하는 물품이거나 국내에서 해당 디자인권에 따라 생산되는 물품의 부분품 또는 구성요소로서 그 자체에 해당 다자인의 전부 또는 일부가 표현되어 있는 경우
③ 권리사용료가 상표권에 대하여 지급되는 때에는 수입물품에 상표가 부착되거나 희석·혼합·분류·단순조립·재포장 등의 경미한 가공후에 상표가 부착되는 경우
④ 권리사용료가 저작권에 대하여 지급되는 때에는 수입물품에 가사·선율·영상·컴퓨터소프트웨어 등이 수록되어 있는 경우
⑤ 권리사용료가 실용신안권 또는 영업비밀에 대하여 지급되는 때에는 해당 실용신안권 또는 영업비밀이 수입물품과 위의 ①(제1호)의 규정에 준하는 관련이 있는 경우
⑥ 권리사용료가 기타의 권리에 대하여 지급되는 때에는 해당 권리가 수입물품과 위의 ①부터 ⑤까지(제1호부터 제5호까지)의 규정 중 권리의 성격상 해당 권리와 가장 유사한 권리에 대한 규정에 준하는 관련이 있는 경우

또한, 이 규정을 적용함에 있어서 컴퓨터소프트웨어에 대하여 지급되는 권리사용료는 컴퓨터소프트웨어가 수록된 마그네틱테이프·마그네틱디스크·시디롬 및 이와 유사한 물품["관세율표번호"(법 별표 관세율표의 관세율표번호) 제8523에 속하는 것으로 한정한다]과 관련되지 아니하는 것으로 보며, 다음의 어느 하나에 해당하는 경우에는 권리사용료가 해당 물품의 거래조건으로 지급되는 것으로 본다(영 제19조 제4항 및 제5항).

① 구매자가 수입물품을 구매하기 위하여 판매자에게 권리사용료를 지급하는 경우
② 수입물품의 구매자와 판매자간의 약정에 따라 구매자가 수입물품을 구매하기 위하여 해당 판매자가 아닌 자에게 권리사용료를 지급하는 경우
③ 구매자가 수입물품을 구매하기 위하여 판매자가 아닌 자로부터 특허권 등의 사용에 대한 허락을 받아 판매자에게 그 특허권 등을 사용하게 하고 해당 판매자가 아닌 자에게 권리사용료를 지급하는 경우

한편, 위의 제1항부터 제4항까지의 규정외에 권리사용료의 산출에 필요한 세부사항은 관세청장이 정한다(영 제19조 제6항).

(라) 운임 등의 결정

법 제30조 제1항 제6호와 관련하여 "운임 등의 결정"에 관하여 대통령령은 다음과 같이 규정하고 있다.

① 법 제30조 제1항 제6호에 따른 운임 및 보험료는 해당 사업자가 발급한 운임명세서·보험료명세서 또는 이에 갈음할 수 있는 서류에 따라 산출한다(영 제20조 제1항).
② 위의 ①에 따라 운임 및 보험료를 산출할 수 없는 때에는 운송거리·운송방법 등을 참작하여 관세청장이 정하는 바에 따라 산출한다(영 제20조 제2항).
③ 관세청장이 정하는 물품이 항공기로 운송되는 경우에는 해당 물품이 항공기외의 일반적인 운송방법에 따라 운송된 것으로 보아 운임 및 보험료를 산출한다(영 제20조 제3항).

④ 다음의 어느 하나에 해당하는 물품의 운임이 통상의 운임과 현저하게 다른 때에는 운송거리·운송방법 등을 참작하여 관세청장이 정하는 통상의 운임을 해당 물품의 운임으로 할 수 있다(영 제20조 제4항).

㉮ 수입자의 선박 또는 항공기로 운송되는 물품

㉯ 운임과 적재수량을 특약한 항해용선계약에 따라 운송되는 물품(실제 적재수량이 특약수량에 미치지 아니하는 경우를 포함)

㉰ 그 밖의 특수조건에 따라 운송되는 물품

⑤ 법 제30조 제1항 제6호의 본문에 따른 금액은 해당 수입물품이 수입항에 도착하여 본선하역준비가 완료될 때까지 수입자가 부담하는 비용을 말한다(영 제20조 제5항).

2. 거래가격의 요건

다음의 어느 하나에 해당하는 경우에는 “위의 규정”(제1항)에 따른 거래가격을 해당 물품의 과세가격으로 하지 아니하고, 과세가격 결정예외(법 제31조부터 제35조까지)의 방법으로 과세가격을 결정한다. 이 경우 세관장은 다음 각 호의 어느 하나에 해당하는 것으로 판단하는 근거를 납세의무자에게 미리 서면으로 통보하여 의견을 제시할 기회를 주어야 한다(법 제30조 제3항 및 영 제21조·제22조).

① 해당 물품의 처분 또는 사용에 제한이 있는 경우. 다만, 세관장이 제1항에 따른 거래가격에 실질적으로 영향을 미치지 아니한다고 인정하는 제한이 있는 경우 등 대통령령으로 정하는 경우는 제외한다.
여기에서 “물품의 처분 또는 사용에 제한이 있는 경우”에는 다음의 경우가 포함되는 것으로 한다(영 제21조).

㉮ 전시용·자선용·교육용 등 해당 물품을 특정용도로 사용하도록 하는 제한

㉯ 해당 물품을 특정인에게만 판매 또는 임대하도록 하는 제한

㉰ 기타 해당 물품의 가격에 실질적으로 영향을 미치는 제한

한편, "거래가격에 실질적으로 영향을 미치지 아니한다고 인정하는 제한이 있는 경우 등 대통령령으로 정하는 경우"란 다음 각 호의 어느 하나에 해당하는 제한이 있는 경우를 말한다(영 제22조 제1항).

㉮ 우리나라의 법령이나 법령에 따른 처분에 따라 부과되거나 요구되는 제한

㉯ 수입물품이 판매될 수 있는 지역의 제한

㉰ 그 밖에 수입가격에 실질적으로 영향을 미치지 아니한다고 세관장이 인정하는 제한

② 해당 물품에 대한 거래의 성립 또는 가격의 결정이 금액으로 계산할 수 없는 조건 또는 사정에 따라 영향을 받은 경우. 여기에서 금액으로 계산할 수 없는 조건 또는 사정에 따라 영향을 받은 경우에는 다음의 경우가 포함되는 것으로 한다.

㉮ 구매자가 판매자로부터 특정수량의 다른 물품을 구매하는 조건으로 해당 물품의

가격이 결정되는 경우

㉯ 구매자가 판매자에게 판매하는 다른 물품의 가격에 따라 해당 물품의 가격이 결정되는 경우

㉰ 판매자가 반제품을 구매자에게 공급하고 그 대가로 그 완제품의 일정수량을 받는 조건으로 해당 물품의 가격이 결정되는 경우

③ 해당 물품을 수입한 후에 전매·처분 또는 사용하여 생긴 수익의 일부가 판매자에게 직접 또는 간접으로 귀속되는 경우. 다만, 제1항에 따라 적절히 조정할 수 있는 경우는 제외한다.

④ 구매자와 판매자 간에 "특수관계"(대통령령으로 정하는 다음의 어느 하나에 해당하는 특수관계)가 있어 그 특수관계가 해당 물품의 가격에 영향을 미친 경우. 다만, "해당 산업부문의 정상적인 가격결정 관행에 부합하는 방법으로 결정된 경우 등 대통령령으로 정하는 경우"는 제외한다.

㉮ 구매자와 판매자가 상호 사업상의 임원 또는 관리자인 경우

㉯ 구매자와 판매자가 상호 법률상의 동업자인 경우

㉰ 구매자와 판매자가 고용관계에 있는 경우

㉱ 특정인이 구매자 및 판매자의 의결권 있는 주식을 직접 또는 간접으로 5퍼센트 이상 소유하거나 관리하는 경우

㉲ 구매자 및 판매자중 일방이 상대방에 대하여 법적으로 또는 사실상으로 지시나 통제를 할 수 있는 위치에 있는 등 일방이 상대방을 직접 또는 간접으로 지배하는 경우

㉳ 구매자 및 판매자가 동일한 제3자에 의하여 직접 또는 간접으로 지배를 받는 경우

㉴ 구매자 및 판매자가 동일한 제3자를 직접 또는 간접으로 공동지배하는 경우

㉵ 구매자와 판매자가 "다음의 「국세기본법 시행령」 제1조의2 제1항의 어느 하나에 해당하는 친족관계"에 있는 경우

㉠ 6촌 이내의 혈족

㉡ 4촌 이내의 인척

㉢ 배우자(사실상의 혼인관계에 있는 자를 포함한다)

㉣ 친생자로서 다른 사람에게 친양자 입양된 자 및 그 배우자·직계비속

위의 "④의 단서"(법 제30조 제3항 제4호 단서)에서 "해당 산업부문의 정상적인 가격결정 관행에 부합하는 방법으로 결정된 경우 등 대통령령으로 정하는 경우"란 다음의 어느 하나에 해당하는 경우를 말한다. 이 규정을 적용받으려는 자는 관세청장이 정하는 바에 따라 가격신고를 하는 때에 그 증명에 필요한 자료를 제출하여야 한다(영 제23조 제2항 및 제4항).

① 특수관계가 없는 구매자와 판매자간에 통상적으로 이루어지는 가격결정방법으로 결정된 경우

② 해당 산업부문의 정상적인 가격결정 관행에 부합하는 방법으로 결정된 경우

③ 해당 물품의 가격이 다음 각 목의 어느 하나의 가격에 근접하는 가격으로서 기획재정부령으로 정하는 가격에 해당함을 구매자가 입증한 경우

㉮ 특수관계가 없는 우리나라의 구매자에게 수출되는 동종·동질물품 또는 유사물품의 거래가격

㉯ 국내판매가격을 기초로 한 과세가격의 결정방법(법 제33조) 및 산정가격을 기초로 한 과세가격의 결정방법(법 제34조)에 따라 결정되는 동종·동질물품 또는 유사물품의 과세가격

여기에서, "기획재정부령으로 정하는 가격"이란 수입가격과 "비교가격"(영 제23조 제2항 제3호 각목의 가격)과의 차이가 비교가격을 기준으로 하여 비교할 때 100분의 10 이하인 경우를 말한다. 다만, 세관장은 해당 물품의 특성·거래내용·거래관행 등으로 보아 그 수입가격이 합리적이라고 인정되는 때에는 비교가격의 100분의 110을 초과하더라도 비교가격에 근접한 것으로 볼 수 있으며, 수입가격이 불합리한 가격이라고 인정되는 때에는 비교가격의 100분의 110 이하인 경우라도 비교가격에 근접한 것으로 보지 아니할 수 있다. 비교가격은 비교의 목적으로만 사용되어야 하며, 비교가격을 과세가격으로 결정하여서는 아니된다(규칙 제5조 제1항 및 제2항).

그리고 해당 물품의 가격과 위의 ㉮와 ㉯의 가격을 비교함에 있어서는 해당 물품의 거래 단계 및 거래수량, 과세가격의 결정원칙에 규정된 사항의 차이 등을 참작하여야 한다(영 제23조 제3항).

3. 과세가격의 불인정

(1) 과세가격의 불인정의 범위

세관장(Head of Customhouse)은 납세의무자가 제1항에 따른 거래가격으로 가격신고를 한 경우 해당 신고가격이 동종·동질물품 또는 유사물품의 거래가격과 현저한 차이가 있는 등 이를 "과세가격으로 인정하기 곤란한 경우로서 대통령령으로 정하는 다음의 어느 하나에 해당하는 경우"에는 대통령령으로 정하는 바에 따라 납세의무자에게 신고가격이 사실과 같음을 증명할 수 있는 자료를 제출할 것을 요구할 수 있는 바, 세관장이 자료의 제출을 요구하는 때에는 그 사유와 자료제출에 필요한 기간을 서면으로 하여야 한다(법 제30조 제4항 및 영 제24조 제1항·제2항).

① 납세의무자가 신고한 가격이 동종·동질물품 또는 유사물품의 가격과 현저한 차이가 있는 경우

② 납세의무자가 동일한 공급자로부터 계속하여 수입하고 있음에도 불구하고 신고한 가격에 현저한 변동이 있는 경우

③ 신고한 물품이 원유·광석·곡물 등 국제거래시세가 공표되는 물품인 경우 신고한 가격이 그 국제거래시세와 현저한 차이가 있는 경우

④ 신고한 물품이 원유·광석·곡물 등으로서 국제거래시세가 공표되지 않는 물품인 경우 관세청장 또는 관세청장이 지정하는 자가 조사한 수입물품의 산지 조사가격이

있는 때에는 신고한 가격이 그 조사가격과 현저한 차이가 있는 경우

⑤ 납세의무자가 거래선을 변경한 경우로서 신고한 가격이 종전의 가격과 현저한 차이가 있는 경우

⑥ 위의 ①부터 ⑤까지의 사유에 준하는 사유로서 기획재정부령으로 정하는 경우

(2) 과세가격의 결정(Determination of Dutiable Value)

세관장(Head of Customhouse)은 납세의무자가 다음의 어느 하나에 해당하면 제1항과 제2항에 규정된 방법으로 과세가격을 결정하지 아니하고 제31조부터 제35조까지에 규정된 방법으로 과세가격을 결정한다. 이 경우 세관장은 빠른 시일 내에 과세가격 결정을 하기 위하여 납세의무자와 정보교환 등 적절한 협조가 이루어지도록 노력하여야 하고, 신고가격을 과세가격으로 인정하기 곤란한 사유와 과세가격 결정 내용을 해당 납세의무자에게 통보하여야 한다(법 제30조 제5항 및 영 제24조 제3항).

① 제4항에 따라 요구받은 자료를 제출하지 아니한 경우

② 제4항의 요구에 따라 제출한 자료가 일반적으로 인정된 회계원칙에 부합하지 아니하게 작성된 경우

③ "그 밖에 대통령령으로 정하는 다음의 사유에 해당하여 신고가격을 과세가격으로 인정하기 곤란한 경우"

㉮ 납세의무자가 제출한 자료가 수입물품의 거래관계를 구체적으로 나타내지 못하는 경우

㉯ 그 밖에 납세의무자가 제출한 자료에 대한 사실관계를 확인할 수 없는 등 신고가격의 정확성이나 진실성을 의심할만한 합리적인 사유가 있는 경우

Ⅲ. 제2방법: 동종·동질물품의 거래가격을 기초로 한 과세가격의 결정(Determination of Dutiable Value Based on Transaction Price of Goods of Same Kind and Quality)

1. 동종·동질물품의 정의

"동종·동질물품"이란 해당 수입물품의 생산국에서 생산된 것으로서 물리적 특성, 품질 및 소비자 등의 평판을 포함한 모든 면에서 동일한 물품(외양에 경미한 차이가 있을 뿐 그 밖의 모든 면에서 동일한 물품을 포함)을 말한다(영 제25조).

2. 과세가격의 결정

"수입물품의 거래가격을 기초로 한 과세가격 결정방법"(과세가격의 결정원칙; 제1방법)으로 과세가격을 결정할 수 없는 경우에는 과세가격으로 인정된 사실이 있는 동종 · 동질물품의 거래가격으로서 다음의 요건을 갖춘 가격을 기초로 하여 과세가격을 결정한다. 제1항에 따라 과세가격으로 인정된 사실이 있는 동종 · 동질물품의 거래가격이라 하더라도 그 가격의 정확성과 진실성을 의심할만한 합리적인 사유가 있는 경우 그 가격은 과세가격 결정의 기초자료에서 제외한다(법 제31조 제1항 및 제2항).

① 과세가격을 결정하려는 해당 물품의 생산국에서 생산된 것으로서 해당 물품의 선적일(船積日)에 선적되거나 해당 물품의 선적일을 전후하여 가격에 영향을 미치는 시장조건이나 상관행(商慣行)에 변동이 없는 기간 중에 선적되어 우리나라에 수입된 것일 것

② 거래 단계, 거래 수량, 운송 거리, 운송 형태 등이 해당 물품과 같아야 하며, 두 물품 간에 차이가 있는 경우에는 그에 따른 가격차이를 조정한 가격일 것

3. 동종·동질물품의 거래가격이 둘 이상인 경우

제1항을 적용할 때 동종·동질물품의 거래가격이 둘 이상 있는 경우에는 "거래내용등"(생산자, 거래 시기, 거래 단계 및 거래 수량 등)이 해당 물품과 가장 유사한 것에 해당하는 물품의 가격을 기초로 하고, 거래내용등이 같은 물품이 둘 이상이 있고 그 가격도 둘 이상이 있는 경우에는 가장 낮은 가격을 기초로 하여 과세가격을 결정한다(법 제31조 제3항).

Ⅳ. 제3방법: 유사물품의 거래가격을 기초로 한 과세가격의 결정 (Determination of Dutiable Value Based on Transaction Price of Similar Goods)

1. 유사물품의 정의

"유사물품"이란 해당 수입물품의 생산국에서 생산된 것으로서 모든 면에서 동일하지는 아니하지만 동일한 기능을 수행하고 대체사용이 가능할 수 있을 만큼 비슷한 특성과 비슷한 구성요소를 가지고 있는 물품을 말한다(영 제26조).

2. 과세가격의 결정

위의 "제1방법 및 제2방법"(수입물품의 거래가격을 기초로 한 과세가격 결정방법 및 동종·동질물품의 거래가격을 기초로 한 과세가격의 결정방법)으로 과세가격을 결정할 수 없을 때에는 과세가격으로 인정된 사실이 있는 유사물품의 거래가격으로서 "다음의 요건"(제31조 제1항 각 호의 요건)을 갖춘 가격을 기초로 하여 과세가격을 결정한다. 제1항에 따라 과세가격으로 인정된 사실이 있는 유사물품의 거래가격이라 하더라도 그 가격의 정확성과 진실성을 의심할만한 합리적인 사유가 있는 경우 그 가격은 과세가격 결정의 기초자료에서 제외한다(법 제32조 제1항 및 제2항).

① 과세가격을 결정하려는 해당 물품의 생산국에서 생산된 것으로서 해당 물품의 선적일(船積日)에 선적되거나 해당 물품의 선적일을 전후하여 가격에 영향을 미치는 시장조건이나 상관행(商慣行)에 변동이 없는 기간 중에 선적되어 우리나라에 수입된 것일 것

② 거래 단계, 거래 수량, 운송 거리, 운송 형태 등이 해당 물품과 같아야 하며, 두 물품 간에 차이가 있는 경우에는 그에 따른 가격차이를 조정한 가격일 것

3. 유사물품의 거래가격이 둘 이상인 경우

제1항을 적용할 때 유사물품의 거래가격이 둘 이상이 있는 경우에는 거래내용등이 해당 물품과 가장 유사한 것에 해당하는 물품의 가격을 기초로 하고, 거래내용등이 같은 물품이 둘 이상이 있고 그 가격도 둘 이상이 있는 경우에는 가장 낮은 가격을 기초로 하여 과세가격을 결정한다(법 제32조 제3항).

Ⅴ. 제4방법: 국내판매가격을 기초로 한 과세가격의 결정(Determination of Dutiable Value Based on Domestic Sale Price)

1. 용어의 정의

(1) 국내판매되는 단위가격

"국내판매되는 단위가격"이란 수입후 최초의 거래에서 판매되는 단위가격을 말한다. 다만, 다음의 어느 하나에 해당하는 경우의 가격은 이를 국내판매되는 단위가격으로 보지 아니한다(영 제27조 제1항).

① 최초거래의 구매자가 판매자 또는 수출자와 제23조 제1항에 따른 특수관계에 있는 경우

② 최초거래의 구매자가 판매자 또는 수출자에게 제18조 각호의 물품 및 용역을 수입

물품의 생산 또는 거래에 관련하여 사용하도록 무료 또는 인하된 가격으로 공급하는 경우

(2) 동종·동류의 수입물품

"동종 또는 동류의 수입물품"이란 해당 수입물품이 제조되는 특정산업 또는 산업부문에서 생산되고 해당 수입물품과 일반적으로 동일한 범주에 속하는 물품(동종·동질물품 또는 유사물품을 포함)을 말한다(영 제27조 제3항).

2. 과세가격의 결정

위의 "제1방법부터 제3방법까지의 방법"(수입물품의 거래가격을 기초로 한 과세가격 결정방법부터 유사물품의 거래가격을 기초로 한 과세가격의 결정방법까지의 방법)으로 과세가격을 결정할 수 없을 때에는 다음의 ①의 금액에서 ②부터 ④까지의 금액을 뺀 가격을 과세가격으로 한다. 다만, 납세자가 요청하면 "산정가격을 기초로 한 과세가격의 결정방법의 규정"(제34조)에 따라 과세가격을 결정하되 제34조에 따라 결정할 수 없는 경우에는 이 조, 제35조의 순서에 따라 과세가격을 결정한다(법 제33조 제1항 및 영 제27조 제2항·제4항).

① 해당 물품, 동종·동질물품 또는 유사물품이 수입된 것과 동일한 상태로 해당 물품의 수입신고일 또는 수입신고일과 거의 동시에 특수관계가 없는 자에게 가장 많은 수량으로 국내에서 판매되는 단위가격을 기초로 하여 산출한 금액
이 경우, 수입신고일과 거의 동시에 판매되는 단위가격은 해당 물품의 종류와 특성에 따라 수입신고일의 가격과 가격변동이 거의 없다고 인정되는 기간중의 판매가격으로 한다. 다만, 수입신고일부터 90일이 경과된 후에 판매되는 가격을 제외한다.
한편, 위의 ①(제1항 제1호)에 따른 국내에서 판매되는 단위가격이라 하더라도 그 가격의 정확성과 진실성을 의심할만한 합리적인 사유가 있는 경우에는 제1항을 적용하지 아니할 수 있다(법 제33조 제2항).

② 국내판매와 관련하여 통상적으로 지급하였거나 지급하여야 할 것으로 합의된 수수료 또는 동종·동류의 수입물품이 국내에서 판매되는 때에 통상적으로 부가되는 이윤 및 일반경비에 해당하는 금액
여기에서, 이윤 및 일반경비는 일체로서 취급하며, 일반적으로 인정된 회계원칙에 따라 작성된 회계보고서로서 납세의무자가 제출하는 회계보고서를 근거로 하여 다음의 구분에 따라 계산한다.

㉮ 납세의무자가 제출한 회계보고서를 근거로 계산한 이윤 및 일반경비의 비율이 제5항 또는 제7항에 따라 산출한 이윤 및 일반경비의 비율(이하 이 조에서 "동종·동류비율"이라 한다)의 100분의 110 이하인 경우: 납세의무자가 제출한 이윤 및 일반경비

㉯ 위의 ㉮ 외의 경우: 동종·동류비율을 적용하여 산출한 이윤 및 일반경비

③ 수입항에 도착한 후 국내에서 발생한 통상의 운임·보험료와 그 밖의 관련 비용

④ 해당 물품의 수입 및 국내판매와 관련하여 납부하였거나 납부하여야 하는 조세와 그 밖의 공과금

또한, 해당 물품, 동종·동질물품 또는 유사물품이 수입된 것과 동일한 상태로 국내에서 판매되는 사례가 없는 경우 납세의무자가 요청할 때에는 해당 물품이 국내에서 가공된 후 특수관계가 없는 자에게 가장 많은 수량으로 판매되는 단위가격을 기초로 하여 산출된 금액에서 다음의 금액을 뺀 가격을 과세가격으로 한다(법 제33조 제3항).

① 다음(제1항 제2호부터 제4호까지)의 금액

㉮ 국내판매와 관련하여 통상적으로 지급하였거나 지급하여야 할 것으로 합의된 수수료 또는 동종·동류의 수입물품이 국내에서 판매되는 때에 통상적으로 부가되는 이윤 및 일반경비에 해당하는 금액

㉯ 수입항에 도착한 후 국내에서 발생한 통상의 운임·보험료와 그 밖의 관련 비용

㉰ 해당 물품의 수입 및 국내판매와 관련하여 납부하였거나 납부하여야 하는 조세와 그 밖의 공과금

② 국내 가공에 따른 부가가치

3. 동종·동류비율의 산출

(1) 동종·동류비율의 산출

세관장은 관세청장이 정하는 바에 따라 해당 수입물품의 특성, 거래 규모 등을 고려하여 동종·동류의 수입물품을 선정하고 이 물품이 국내에서 판매되는 때에 부가되는 이윤 및 일반경비의 평균값을 기준으로 동종·동류비율을 산출하여야 한다(영 제27조 제5항).

(2) 동종·동류비율 및 그 산출근거의 통보

세관장은 동종·동류비율 및 그 산출근거를 납세의무자에게 서면으로 통보하여야 한다(영 제27조 제6항).

(3) 동종·동류비율의 산출에 대한 이의제기

납세의무자는 세관장이 산출한 동종·동류비율이 불합리하다고 판단될 때에는 제6항에 따른 통보를 받은 날부터 30일 이내에 해당 납세의무자의 수입물품을 통관하였거나 통관할 세관장을 거쳐 관세청장에게 이의를 제기할 수 있다. 이 경우 관세청장은 해당 납세의무자가 제출하는 자료와 관련 업계 또는 단체의 자료를 검토하여 동종·동류비율을 다시

산출할 수 있다(영 제27조 제7항).

Ⅵ. 제5방법: 산정가격을 기초로 한 과세가격의 결정

(Determination of Dutiable Value Based on Calculated Price)

위의 "제1방법부터 제4방법까지의 방법"(수입물품의 거래가격을 기초로 한 과세가격 결정방법부터 국내판매가격을 기초로 한 과세가격의 결정방법까지의 방법)으로 과세가격을 결정할 수 없을 때에는 다음의 금액을 합한 가격을 기초로 하여 과세가격을 결정한다. 다만, 납세의무자가 다음의 금액을 확인하는데 필요한 자료를 제출하지 않은 경우에는 "다음의 금액을 합한 가격을 기초로 하여 과세가격을 결정하는 방법(제1항)"을 적용하지 않을 수 있다(법 제34조 제1항·제2항 및 영 제28조).

① 해당 물품의 생산에 사용된 원자재 비용 및 조립이나 그 밖의 가공에 드는 비용 또는 그 가격
   이 경우, 조립이나 그 밖에 가공에 소요되는 비용 또는 그 가격에는 "해당 물품과 동일체로 취급되는 용기의 비용과 해당 물품의 포장에 소요되는 노무비 및 자재비로서 구매자가 부담하는 비용"(법 제30조 제1항 제2호에 따른 금액)이 포함되는 것으로 하며, 우리나라에서 개발된 기술·설계·고안·디자인 또는 공예에 소요되는 비용을 생산자가 부담하는 경우에는 해당 비용이 포함되는 것으로 한다.

② 수출국 내에서 해당 물품과 동종·동류의 물품의 생산자가 우리나라에 수출하기 위하여 판매할 때 통상적으로 반영하는 이윤 및 일반 경비에 해당하는 금액

③ 해당 물품의 수입항까지의 운임·보험료와 그 밖에 운송과 관련된 비용으로서 제30조 제1항 제6호에 따라 결정된 금액

Ⅶ. 제6방법: 합리적 기준에 따른 과세가격의 결정

(Determination of Dutiable Value Based on Reasonable Criteria)

1. 합리적 기준에 따른 과세가격의 결정

위의 "제1방법부터 제5방법까지의 방법"(수입물품의 거래가격을 기초로 한 과세가격 결정방법부터 산정가격을 기초로 한 과세가격의 결정방법까지의 방법)으로 과세가격을 결정할 수 없을 때에는 대통령령으로 정하는 바에 따라 제30조부터 제34조까지에 규정된

원칙과 부합되는 합리적인 기준에 따라 과세가격을 결정하지만, 이에 따른 방법으로 과세가격을 결정할 수 없을 때에는 국제거래시세 · 산지조사가격을 조정한 가격을 적용하는 방법 등 거래의 실질 및 관행에 비추어 합리적으로 인정되는 방법에 따라 과세가격을 결정한다(법 제35조 제1항 및 제2항).

즉, 합리적인 기준에 따라 과세가격을 결정함에 있어서는 다음의 방법에 의한다(영 제29조 제1항 및 규칙 제7조 제1항·제2항).

① 동종·동질물품의 거래가격을 기초로 한 과세가격의 결정(법 제31조) 또는 유사물품의 거래가격을 기초로 한 과세가격의 결정(법 제32조)의 규정을 적용함에 있어서 법 제31조 제1항 제1호의 요건을 신축적으로 해석·적용하는 방법. 이 경우의 방법이란 다음의 방법을 말한다.

㉮ 해당 물품의 생산국에서 생산된 것이라는 장소적 요건을 다른 생산국에서 생산된 것으로 확대하여 해석 · 적용하는 방법

㉯ 해당 물품의 선적일 또는 선적일 전후라는 시간적 요건을 선적일 전후 90일로 확대하여 해석 · 적용하는 방법. 다만, 가격에 영향을 미치는 시장조건이나 상관행(商慣行)이 유사한 경우에는 90일을 초과하는 기간으로 확대하여 해석 · 적용할 수 있다.

② 국내판매가격을 기초로 한 과세가격의 결정(법 제33조)의 규정을 적용함에 있어서 수입된 것과 동일한 상태로 판매되어야 한다는 요건을 신축적으로 해석·적용하는 방법. 이 경우의 방법이란 납세의무자의 요청이 없는 경우에도 법 제33조 제2항에 따라 과세가격을 결정하는 방법을 말한다.

③ 국내판매가격을 기초로 한 과세가격의 결정(법 제33조) 또는 산정가격을 기초로 한 과세가격의 결정(법 제34조)에 따라 과세가격으로 인정된 바 있는 동종·동질물품 또는 유사물품의 과세가격을 기초로 과세가격을 결정하는 방법

④ 수입물품의 국매판매가격 등(영 제27조 제2항 단서)의 규정을 적용하지 아니하는 방법. 이 경우의 방법이란 수입신고일부터 180일까지 판매되는 가격을 적용하는 방법을 말한다.

⑤ 그 밖에 거래의 실질 및 관행에 비추어 합리적이라고 인정되는 방법

다만, 합리적인 기준에 따라 과세가격을 결정함에 있어서는 다음의 어느 하나에 해당하는 가격을 기준으로 하여서는 아니된다(영 제29조 제2항).

① 우리나라에서 생산된 물품의 국내판매가격

② 선택가능한 가격중 반드시 높은 가격을 과세가격으로 하여야 한다는 기준에 따라 결정하는 가격

③ 수출국의 국내판매가격

④ 동종·동질물품 또는 유사물품에 대하여 "산정가격을 기초로 한 과세가격의 결정"(법 제34조)에 따른 방법외의 방법으로 생산비용을 기초로 하여 결정된 가격

⑤ 우리나라외의 국가에 수출하는 물품의 가격
⑥ 특정수입물품에 대하여 미리 설정하여 둔 최저과세기준가격
⑦ 자의적 또는 가공적인 가격

2. 특수물품의 과세가격 결정

관세청장은 다음의 어느 하나에 해당하는 물품에 대한 과세가격결정에 필요한 기초자료, 금액의 계산방법 등 과세가격결정에 필요한 세부사항을 정할 수 있다(영 제29조 제3항).

① 수입신고전에 변질·손상된 물품
② 여행자 또는 승무원의 휴대품, 우편물, 탁송품 및 별송품
③ 임차수입물품
④ 중고물품
⑤ 제품과세의 규정(법 제188조 단서)에 따라 외국물품으로 보는 물품
⑥ 범칙물품
⑦ 그 밖에 관세청장이 과세가격결정에 혼란이 발생할 우려가 있다고 인정하는 물품

Ⅷ. 제6방법: 합리적 기준에 따른 과세가격의 결정
(Determination of Dutiable Value Based on Reasonable Criteria)

1. 과세가격 결정방법 등의 통보(Notice of Method of Determining Dutiable Value)

세관장(Head of Customhouse)은 납세의무자가 서면으로 요청하면 과세가격을 결정하는 데에 사용한 방법과 과세가격 및 그 산출근거를 그 납세의무자에게 서면으로 통보하여야 한다(법 제36조).

2. 가산율 또는 공제율의 적용

관세청장 또는 세관장은 장기간 반복하여 수입되는 물품에 대하여 "과세가격의 결정원칙"(법 제30조 제1항)이나, "국내판매가격을 기초로 한 과세가격의 결정"(법 제33조 제1항 또는 제2항)의 규정을 적용함에 있어서 납세의무자의 편의와 신속한 통관업무를 위하여 필요하다고 인정하는 때에는 해당 물품에 대하여 통상적으로 인정되는 가산율 또는 공제율을 정하여 이를 적용할 수 있다. 이 경우, 가산율 또는 공제율의 적용은 납세의무자의 요청이 있는 경우로 한정한다(영 제30조).

3. 과세환율(Foreign Exchange Applicable to Assessment)

과세가격을 결정하는 경우 외국통화로 표시된 가격을 내국통화로 환산할 때에는 제17조에 따른 날(보세건설장에 반입된 물품의 경우에는 수입신고를 한 날을 말한다)이 속하는 주의 전주(前週)의 외국환매도율을 평균하여 관세청장이 그 율을 정한다(법 제18조).

4. 가격조사보고 등

(1) 가격조사보고(Report of Dutiable Value Examination)

기획재정부장관 또는 관세청장은 과세가격을 결정하기 위하여 필요하다고 인정되는 경우에는 수출입업자, 경제단체 또는 그 밖의 관계인에게 과세가격 결정에 필요한 자료를 제출할 것을 요청할 수 있다. 이 경우 그 요청을 받은 자는 정당한 사유가 없으면 이에 따라야 한다(법 제29조 제1항).

(2) 신고가격 또는 반입수량에 관한 자료의 집계·공표

관세청장은 다음 각 호의 어느 하나에 해당하는 경우 국민 생활에 긴요한 물품으로서 국내물품과 비교 가능한 수입물품의 평균 신고가격이나 반입 수량에 관한 자료를 대통령령으로 정하는 바에 따라 집계하여 공표할 수 있다(법 제29조 제2항).

① 원활한 물자수급을 위하여 특정물품의 수입을 촉진시킬 필요가 있는 경우
② 수입물품의 국내가격을 안정시킬 필요가 있는 경우

(가) 수입사고가격 등의 공표

관세청장은 법 제29조 제2항에 따라 수입물품의 평균 신고가격이나 반입 수량에 관한 자료의 집계결과를 공표할 때에는 관세청의 인터넷 홈페이지를 통하여 공표하여야 한다. 이 경우 공표대상 수입물품의 선정기준 및 수입물품의 평균 신고가격이나 반입 수량에 관한 자료의 집계방법 등을 함께 공표하여야 한다(영 제16조조의2 제1항).

(나) 수입사고가격 등의 공표

관세청장은 다음의 어느 하나에 해당하는 사항은 공표하여서는 아니 된다(영 제16조조의2 제2항).

① 수입물품의 상표 및 상호
② 수입자의 영업상 비밀에 관한 사항
③ 그 밖에 공개될 경우 수입자의 정당한 이익을 현저히 침해할 우려가 있는 사항

(다) 국내물품과 비교 가능한 수입물품의 요건

법 제29조 제2항에 따른 국내물품과 비교 가능한 수입물품은 다음 각 호의 요건을 모두

충족하는 것으로 한다(영 제16조조의2 제3항).

① 제98조에 따른 관세·통계통합품목분류표상 품목번호에 해당할 것

② 해당 수입물품의 수입자가 2인 이상일 것

Ⅸ. 과세가격 결정절차(Procedures for Decision)

1. 가격신고(Dutiable Value Return)의 의의

관세의 납세의무자는 수입신고를 할 때 대통령령으로 정하는 바에 따라 세관장에게 "가격신고"(해당 물품의 가격에 대한 신고)를 하여야 한다. 다만, 통관의 능률을 높이기 위하여 필요하다고 인정되는 경우에는 대통령령으로 정하는 바에 따라 물품의 수입신고를 하기 전에 가격신고를 할 수 있다(법 제27조 제1항).

이 경우, 가격신고를 할 때에는 대통령령으로 정하는 바에 따라 "과세가격결정자료"(과세가격의 결정에 관계되는 자료)를 제출하여야 하는 바, 가격신고를 할 때에 제출하여야 하는 과세자료는 다음과 같다. 다만, 해당 물품의 거래의 내용, 과세가격결정방법 등에 비추어 과세가격결정에 곤란이 없다고 세관장이 인정하는 경우에는 자료의 일부를 제출하지 아니할 수 있다(법 제27조 제2항 및 영 제15조 제5항).

① 송품장

② 계약서

③ 각종 비용의 금액 및 산출근거를 나타내는 증빙자료

④ 그 밖에 가격신고의 내용을 입증하는 데에 필요한 자료

즉, 가격신고는 납세의무자의 부실신고에 따른 관세누락의 방지와 정확하고 공정한 과세를 하기 위하여 관세액 결정의 기초인 과세가격을 납세자 스스로 신고하는 것으로서, 납세의무자는 원칙적으로 수입신고시에 세관장에게 수입물품의 가격을 신고하여야 한다. 그러나, 수입통관의 능률화를 위하여 필요하다고 인정하는 경우에는 수입신고일 이전에 사전가격신고를 할 수 있다.

2. 가격신고의 생략물품

과세가격을 결정하기가 곤란하지 아니하다고 인정하여 "기획재정부령으로 정하는 다음의 물품"에 대하여는 가격신고를 생략할 수 있다(a dutiable value return may be omitted) (법 제27조 제3항 및 규칙 제2조 제1항).

① 정부 또는 지방자치단체가 수입하는 물품

② 정부 조달물품

③ 「공공기관의 운영에 관한 법률」 제4조에 따른 공공기관이 수입하는 물품
④ 관세 및 내국세등이 부과되지 아니하는 물품
⑤ 방위산업용 기계와 그 부분품 및 원재료로 수입하는 물품. 다만, 해당 물품과 관련된 중앙행정기관의 장의 수입확인 또는 수입추천을 받은 물품으로 한정한다.
⑥ 수출용원재료
⑦ 「특정연구기관 육성법」에 따른 특정연구기관이 수입하는 물품
⑧ 과세가격이 미화 1만불 이하인 물품으로 관세청장이 정하는 물품
⑨ 그 밖에 과세가격의 결정에 문제가 없다고 관세청장이 인정하는 물품

다만, 상기 물품에 해당되더라도 다음의 경우에는 가격신고를 하여야 한다(규칙 제2조 제2항).

① 과세가격을 결정함에 있어 구매자가 실제로 지급하였거나 지급하여야 하는 금액을 가산하여야 하는 물품(법 제30조 제1항 제1호부터 제5호까지의 규정)
② 세관장이 관세를 부과·징수하는 물품(법 제39조의 규정)
③ 잠정가격신고 대상물품(영 제16조 제1항 각호의 규정)
④ 신고수리전 세액신고대상물품 중 다음의 물품(규칙 제8조 제1항 제3호부터 제5호까지의 규정)
   ㉮ 관세를 체납하고 있는 자가 신고하는 물품(체납액이 10만원 미만이거나 체납기간 7일 이내에 수입신고하는 경우를 제외한다)
   ㉯ 납세자의 성실성 등을 참작하여 관세청장이 정하는 기준에 해당하는 불성실신고인이 신고하는 물품
   ㉰ 물품의 가격변동이 큰 물품이나 그 밖에 수입신고수리 후에 세액을 심사하는 것이 적합하지 아니하다고 인정하여 관세청장이 정하는 물품

3. 가격신고의 방법

(1) 원칙적 가격신고

관세의 납세의무자는 수입신고를 할 때 대통령령으로 정하는 바에 따라 세관장에게 "가격신고"(해당 물품의 가격에 대한 신고)를 하여야 하는 바, 가격신고를 하려는 자는 다음의 사항을 적은 서류를 세관장에게 제출하여야 한다(법 제27조 제1항 본문 및 영 제15조 제1항).

① 수입관련거래에 관한 사항
② 과세가격산출내용에 관한 사항

다만, 세관장(Head of Customhouse)은 다음의 어느 하나에 해당하는 경우로서 관세청장이 정하여 고시하는 경우에는 제1항 각 호에 해당하는 서류의 전부 또는 일부를 제출하지 아니하게 할 수 있다(영 제15조 제2항).

① 같은 물품을 같은 조건으로 반복적으로 수입하는 경우
② 수입항까지의 운임 및 보험료 외에 우리나라에 수출하기 위하여 판매되는 물품에

대하여 구매자가 실제로 지급하였거나 지급하여야 할 가격에 가산할 금액이 없는 경우

③ 그 밖에 과세가격결정에 곤란이 없다고 인정하여 관세청장이 정하는 경우

또한, 세관장(Head of Customhouse)은 가격신고를 하려는 자가 상기의 ①(제2항 제1호)에 해당하는 경우에는 법 제27조 제1항 본문에 따른 가격신고를 일정기간 일괄하여 신고하게 할 수 있다(영 제15조 제3항).

(2) 수입신고전 가격신고

통관의 능률을 높이기 위하여 필요하다고 인정되는 경우에는 대통령령으로 정하는 바에 따라 물품의 수입신고를 하기 전에 가격신고를 할 수 있는 바, 물품의 수입신고일 이전에 가격신고를 하려는 자는 그 사유와 "수입관련거래 상· 과세가격산출내용에 관한 사항"(영 제15조 제1항 각 호)을 기재한 신고서를 세관장에게 제출하여야 한다(법 제27조 제1항 단서 및 영 제15조 제4항).

(3) 잠정가격신고(Return of Provisional Dutiable Value)

납세의무자는 가격신고를 할 때 신고하여야 할 가격이 확정되지 아니한 경우로서 대통령령으로 정하는 다음의 경우에는 잠정가격으로 가격신고를 할 수 있다. 이 경우 신고의 방법과 그 밖에 필요한 사항은 대통령령으로 정한다(법 제28조 제1항 및 영 제16조 제1항·규칙 제3조).

① 거래관행상 거래가 성립된 때부터 일정기간이 지난 후에 가격이 정하여지는 물품(기획재정부령으로 정하는 것, 즉 원유·곡물·광석 그 밖의 이와 비슷한 1차산품으로 한정한다)으로서 수입신고일 현재 그 가격이 정하여지지 아니한 경우

② 법 제30조 제1항 각 호에 따라 조정하여야 할 금액이 수입신고일부터 일정기간이 지난 후에 정하여 질 수 있음이 제2항에 따른 서류 등으로 확인되는 경우

③ 법 제37조 제1항 제3호에 따라 과세가격 결정방법의 사전심사를 신청한 경우

④ 영 제23조 제1항의 어느 하나에 해당하는 특수관계가 있는 구매자와 판매자 사이의 거래 중 법 제30조 제1항 본문에 따른 수입물품의 거래가격이 수입신고 수리 이후에 「국제조세조정에 관한 법률」 제5조에 따른 정상가격으로 조정될 것으로 예상되는 거래로서 "기획재정부령으로 정하는 요건을 갖춘 경우" 즉, 이는 판매자와 구매자가 수립하는 수입물품의 거래가격 조정계획에 따라 조정(「국제조세조정에 관한 법률」 제4조에 따른 조정은 제외한다)하는 금액이 실제로 지급 또는 영수되고 해당 거래의 수입물품에 객관적으로 배분 · 계산될 것으로 판단되는 거래로서 다음 각 호의 요건을 모두 갖춘 경우를 말한다.

㉮ 납세의무자가 다음 각 목의 어느 하나에 해당될 것

㉠ 법 제37조제1항제3호에 따라 과세가격 결정방법의 사전심사를 신청하여 과세가격 결정방법을 통보받아 영 제16조제1항제2호의2에 따른 잠정가격 신고의 자격이 없는 경우 중 해당 통보받은 과세가격 결정방법이 법 제30조제1항 본

문에 따른 방법인 경우

㉡ 「국제조세조정에 관한 법률」 제6조에 따른 정상가격 산출방법의 사전승인을 받은 경우

㉯ 납세의무자가 제1호가목에 따른 과세가격 결정방법을 통보받거나 같은 호 나목에 따른 정상가격 산출방법 사전승인을 받은 이후 해당 거래의 수입물품 수입신고 1개월 전까지 별지 제1호의5 서식의 수입물품 거래가격 조정 계획서에 다음 각 호의 서류를 첨부하여 세관장에게 제출하였을 것

㉠ 수입물품별 가격의 산출방법을 구체적으로 설명하는 다음의 자료

ⓐ 구매자와 판매자간 가격결정 및 조정에 관하여 합의한 계약서, 구매자의 내부지침 등 자료

ⓑ 「국제조세조정에 관한 법률」 제5조에 따른 정상가격을 산출하기 위하여 작성한 검토 보고서 및 관련 재무자료

㉡ 과세관청으로부터 과세가격 결정방법을 통보받은 내역 또는 「국제조세조정에 관한 법률」 제6조에 따른 정상가격 산출방법의 사전승인을 받은 내역

㉢ 「국제조세조정에 관한 법률」 제11조에 따른 국제거래정보통합보고서

㉣ 그 밖에 잠정가격 신고요건을 확인하기 위하여 필요한 서류로서 세관장이 요청하는 서류

⑤ 계약의 내용이나 거래의 특성상 잠정가격으로 가격신고를 하는 것이 불가피하다고 세관장이 인정하는 경우

따라서, 잠정가격으로 가격신고를 하려는 자는 다음의 사항을 적은 신고서에 "과세자료"(영 제15조 제5항 각호에 규정된 서류)를 첨부하여 세관장에게 제출하여야 한다(영 제16조 제2항).

① "다음"(제15조 제1항 각호)의 사항

㉮ 수입관련거래에 관한 사항

㉯ 과세가격산출내용에 관한 사항

② 거래내용

③ 가격을 확정할 수 없는 사유

④ 잠정가격 및 잠정가격의 결정방법

⑤ 가격확정예정시기

(4) 확정가격의 신고

납세의무자는 제1항에 따른 잠정가격으로 가격신고를 하였을 때에는 대통령령으로 정하는 기간 내에 해당 물품의 확정된 가격을 세관장에게 신고하여야 하는 바, 잠정가격으로 가격신고를 한 자는 2년의 범위에서 구매자와 판매자간의 거래계약의 내용 등을 고려하여 세관장이 지정하는 기간내에 확정된 가격(이하 이 조에서 "확정가격"이라 한다)을 신고하여야 한다. 또한 세관장은 구매자와 판매자간의 거래계약내용이 변경되는 등 잠정가

격을 확정할 수 없는 불가피한 사유가 있다고 인정되는 경우에는 납세의무자의 요청에 따라 제3항에 따라 지정한 신고기간을 연장할 수 있다. 이 경우 연장하는 기간은 제3항에 따라 지정한 신고기간의 만료일부터 2년을 초과할 수 없다(법 제28조 제2항 및 영 제16조 제3항·제4항).

그리고 확정가격을 신고하려는 자는 다음의 사항이 적힌 신고서에 제15조 제5항 제3호 및 제4호의 자료를 첨부하여 세관장에게 제출하여야 한다(영 제16조 제5항).

① 잠정가격신고번호 또는 수입신고번호와 신고일자

② 품명 및 수입신고수리일자

③ 잠정가격과 확정가격 및 그 차액

또한, 세관장(Head of Customhouse)은 납세의무자가 제2항에 따른 기간 내에 확정된 가격을 신고하지 아니하는 경우에는 해당 물품에 적용될 가격을 확정할 수 있다. 다만, 납세의무자가 폐업, 파산신고, 법인해산 등의 사유로 확정된 가격을 신고하지 못할 것으로 인정되는 경우에는 제2항에 따른 기간 중에도 해당 물품에 적용될 가격을 확정할 수 있다(법 제28조 제3항).

한편, 세관장(Head of Customhouse)은 제2항에 따라 확정된 가격을 신고받거나 제3항에 따라 가격을 확정하였을 때에는 대통령령으로 정하는 바에 따라 잠정가격을 기초로 신고납부한 세액과 확정된 가격에 따른 세액의 차액을 징수하거나 환급하여야 하며, 잠정가격을 기초로 신고납부한 세액과 확정가격에 따른 세액과의 차액을 징수하거나 환급하는 때에는 "신고납부세액의 수정신고 및 경정 관련규정"(영 제33조·제34조 제3항부터 제5항까지)·"과오납금의 환급 관련규정"(영 제50조부터 제55조까지)을 준용한다(법 제28조 제4항 및 영 제16조 제6항).

4. 과세가격 결정방법의 사전심사(Prior Examination of Method of Determining Dutiable Value)

(1) 사전심사의 신청

납세신고(관세의 납부에 관한 신고)를 하여야 하는 자는 과세가격 결정과 관련하여 다음의 사항에 관하여 의문이 있을 때에는 가격신고를 하기 전에 대통령령으로 정하는 바에 따라 관세청장에게 미리 심사하여 줄 것을 신청할 수 있다(법 제37조 제1항).

① 과세가격의 결정원칙 중 거래가격원칙의 규정(제30조 제1항) 각 호에 규정된 금액 또는 같은 조 제2항에 따라 해당 수입물품의 대가로서 구매자가 실제로 지급하였거나 지급하여야 할 가격을 산정할 때 더하거나 빼야 할 금액

② 과세가격의 결정원칙중 거래가격의 요건 규정(제30조 제3항) 각 호에 해당하는지 여부

③ 특수관계가 있는 자들 간에 거래되는 물품의 과세가격 결정방법

따라서, 과세가격 결정에 관한 사전심사를 신청하려는 자는 거래당사자·통관예정세관·신청내용 등을 적은 신청서에 다음 각 호의 서류를 첨부하여 관세청장에게 제출하여야 한다(영 제31조 제1항).

① 거래관계에 관한 기본계약서(투자계약서·대리점계약서·기술용역계약서·기술도입계약서 등)
② 수입물품과 관련된 사업계획서
③ 수입물품공급계약서
④ 수입물품가격결정의 근거자료
⑤ 그 밖에 과세가격결정에 필요한 참고자료

(2) 제출된 자료의 보정요구

관세청장은 과세가격 결정방법에 관한 사전심사를 위하여 제출된 신청서 및 서류가 과세가격의 심사에 충분하지 아니하다고 인정되는 때에는 일정기간을 정하여 보완을 요구할 수 있다(영 제31조 제2항).

(3) 사전심사서의 교부 및 통보

사전심사신청을 받은 관세청장은 대통령령으로 정하는 기간 이내에 과세가격의 결정방법을 심사한 후 그 결과를 신청인에게 통보하여야 한다. 여기에서 "대통령령으로 정하는 기간"이란 다음 각 호의 구분에 따른 기간을 말한다. 이 경우 관세청장이 제2항에 따라 제출된 신청서 및 서류의 보완을 요구한 경우에는 그 기간은 산입하지 아니한다(법 제37조 제2항 및 영 제31조 제3항).

① 법 제37조 제1항 제1호 및 제2호에 해당하는 경우 : 1개월
② 법 제37조 제1항 제3호에 해당하는 경우 : 1년

내 용		기간
법 제37조 제1항 제1호 및 제2호	① 과세가격의 결정원칙 중 거래가격원칙의 규정(제30조 제1항) 각 호에 규정된 금액 또는 동조 제2항에 따라 해당 수입물품의 대가로서 구매자가 실제로 지급하였거나 지급하여야 할 가격을 산정함에 있어서 더하거나 빼야 할 금액 ② 과세가격의 결정원칙중 거래가격의 요건 규정(제30조 제3항) 각호에 해당하는지 여부	1개월
법 제37조 제1항 제3호	③ 특수관계가 있는 자들 간에 거래되는 물품의 과세가격 결정 방법	1년

(4) 사전심사결과에 대한 재심사 신청

법 제37조 제1항 제1호 또는 제2호에 관하여 의문이 있어 사전심사를 신청하여 제2항에 따라 결과를 통보받은 자가 그 결과에 이의가 있는 경우에는 그 결과를 통보받은 날부터 30일 이내에 대통령령으로 정하는 바에 따라 관세청장에게 재심사를 신청할 수 있다. 이 경우 재심사의 기간 및 결과의 통보에 관하여는 제2항을 준용한다(법 제37조 제3항).

따라서, 사전심사의 결과에 대하여 재심사를 신청하려는 자는 재심사 신청의 요지와 내용

이 기재된 신청서에 다음 각 호의 서류 및 자료를 첨부하여 관세청장에게 제출하여야 한다(영 제31조 제4항).

① 법 제37조제2항에 따른 과세가격 결정방법 사전심사서 사본
② 재심사 신청의 요지와 내용을 입증할 수 있는 자료

(5) 사전심사서의 효력

세관장(Head of Customhouse)은 관세의 납세의무자가 제2항 또는 제3항에 따라 통보된 과세가격의 결정방법에 따라 납세신고를 한 경우 "대통령령으로 정하는 다음의 요건"을 갖추었을 때에는 그 결정방법에 따라 과세가격을 결정하여야 한다(법 제37조 제4항 및 영 제31조 제5항).

① 법 제37조 제1항에 따른 신청인과 납세의무자가 동일할 것
② 제1항에 따라 제출된 내용에 거짓이 없고 그 내용이 가격신고된 내용과 같을 것
③ 사전심사의 기초가 되는 법령이나 거래관계 등이 달라지지 아니하였을 것
④ 법 제37조 제2항에 따른 결과의 통보일로부터 3년 이내에 신고될 것

5. 관세의 과세가격 결정방법과 국세의 정상가격 산출방법의 사전조정

(1) 과세가격 결정방법 등의 사전조정 신청

"특수관계가 있는 자들 간에 거래되는 물품의 과세가격 결정 방법"(법 제37조 제1항 제3호)에 관하여 의문이 있어 같은 항에 따른 사전심사를 신청하는 자는 "사전조정"(관세의 과세가격과 국세의 정상가격을 사전에 조정)받기 위하여 「국제조세조정에 관한 법률」 제6조 제1항에 따른 정상가격 산출방법의 사전승인(같은 조 제2항 단서에 따른 일방적 사전승인의 대상인 경우에 한정한다)을 관세청장에게 동시에 신청할 수 있다(법 제37조의2 제1항).

한편, 법 제37조의2 제1항부터 제4항까지의 규정에 따른 사전조정 신청 방법 및 절차 등에 관하여 필요한 사항은 대통령령으로 정하며, 영 제31조의3 제1항부터 제3항까지에서 규정한 사항 외에 사전조정의 실시, 그 밖에 사전조정에 필요한 사항은 기획재정부령으로 정한다(법 제37조의2 제5항 및 영 제31조의3 제4항).

(2) 과세가격 결정방법 등의 사전조정 신청에 따른 협의 등

관세청장은 제1항에 따른 신청을 받은 경우에는 국세청장에게 정상가격 산출방법의 사전승인 신청서류를 첨부하여 신청을 받은 사실을 통보하고, 국세청장과 과세가격 결정방법, 정상가격 산출방법 및 사전조정 가격의 범위에 대하여 대통령령으로 정하는 바에 따라 협의하여야 한다(법 제37조의2 제2항).

(가) 과세가격 결정방법 등의 사전조정 절차의 개시 통지

관세청장은 법 제37조의2 제1항에 따른 신청을 받은 날부터 90일 이내에 같은 조 제2항에 따른 사전조정 절차를 시작하고, 그 사실을 신청자에게 통지하여야 한다. 다만, 관세청장은 제31조제1항 및 제2항에 따른 자료가 제출되지 아니하거나 거짓으로 작성되는 등의 사유로 사전조정 절차를 시작할 수 없으면 그 사유를 신청자에게 통지하여야 한다(영 제31조의3 제1항).

(나) 과세가격 결정방법 등의 사전조정 개시 불가에 따른 자료 보완 등

신청자는 제1항 단서에 따라 사전조정 절차를 시작할 수 없다는 통지를 받은 경우에는 그 통지를 받은 날부터 30일 이내에 자료를 보완하여 제출하거나 법 제37조제1항제3호의 사항에 관한 사전심사와 「국제조세조정에 관한 법률」 제6조제2항 단서에 따른 사전승인 절차를 따로 진행할 것인지를 관세청장에게 통지할 수 있다. 이 경우 관세청장은 그 통지받은 사항을 지체 없이 국세청장에게 알려야 한다(영 제31조의3 제2항).

(3) 과세가격 결정방법 등의 사전조정 및 처리결과의 통보

관세청장은 제2항에 따른 협의가 이루어진 경우에는 사전조정을 하여야 하며, 제1항에 따른 신청의 처리결과를 사전조정을 신청한 자와 기획재정부장관에게 통보하여야 한다(법 제37조의2 제3항 및 제4항).

(4) 과세가격 결정방법 등의 사전조정 신청 방법 및 절차의 준용

법 제37조의2 제5항에 따른 사전조정 신청 방법 및 절차 등에 관하여는 제31조 및 「국제조세조정에 관한 법률 시행령」 제9조, 제10조, 제11조의2, 제12조, 제13조 및 제14조의8 제3항을 준용한다(영 제31조의3 제3항).

6. 과세가격의 결정 · 조정 및 관세의 부과 등을 위한 정보제공

관세청장 또는 세관장은 과세가격의 결정 · 조정 및 관세의 부과 · 징수를 위하여 필요한 경우에는 국세청장, 지방국세청장 또는 관할 세무서장에게 대통령령으로 정하는 다음의 어느 하나에 해당하는 정보 또는 자료를 요청할 수 있다. 이 경우 요청을 받은 기관은 정당한 사유가 없으면 요청에 따라야 한다(법 제37조의3 및 영 제31조의4).

① 「국제조세조정에 관한 법률」 제4조에 따른 과세표준 및 세액의 결정 · 경정과 관련된 정보 또는 자료

② 그 밖에 과세가격의 결정 · 조정에 필요한 자료

7. 특수관계자 수입물품 과세가격 결정자료 제출

(1) 과세가격결정자료의 제출 요구

세관장은 제38조 제2항에 따른 세액심사시 특수관계에 있는 자가 수입하는 물품의 과세가격의 적정성을 심사하기 위하여 "해당 특수관계자에게 다음의 과세가격결정자료"를 제출할 것을 요구할 수 있다. 이 경우 자료의 제출범위, 제출방법 등은 대통령령으로 정한다(법 제37조의4 제1항 및 영 제31조의5 제1항).

① 특수관계자 간 상호출자현황
② 특수관계자 간 관련 조직도 및 사무분장표
③ 수입물품 가격산출 내역 등 내부가격 결정자료와 국제거래가격 정책자료
④ 수입물품 구매계약서 및 원가분담계약서
⑤ 권리사용료, 기술도입료 및 수수료 등에 관한 계약서
⑥ 광고 및 판매촉진 등 영업·경영지원에 관한 계약서
⑦ 감사보고서, 결산보고서 및 세무조정계산서
⑧ 해당 거래와 관련된 회계처리기준 및 방법
⑨ 해외 특수관계자의 감사보고서, 영업보고서 및 연간보고서
⑩ 해외 대금 지급·영수 내역 및 증빙자료
⑪ 「국제조세조정에 관한 법률 시행령」 제21조의2에 따른 통합기업보고서 및 개별기업보고서
⑫ 그 밖에 수입물품에 대한 과세가격 심사를 위하여 필요한 자료

위의 자료는 한글로 작성하여 제출하여야 한다. 다만, 세관장이 허용하는 경우에는 영문으로 작성된 자료를 제출할 수 있다(영 제31조의5 제2항).

(2) 객관적인 증명자료의 제출 요구

세관장은 제1항에 따라 제출받은 과세가격결정자료에서 제30조제1항 각 호의 어느 하나에 해당하는 금액이 이에 해당하지 아니하는 금액과 합산되어 있는지 불분명한 경우에는 이를 구분하여 계산할 수 있는 객관적인 증명자료의 제출을 요구할 수 있다(법 제37조의5 제2항)

(3) 과세가격결정자료의 제출

법 제37조의4 제1항 또는 제2항에 따라 자료제출을 요구받은 자는 자료제출을 요구받은 날부터 60일 이내에 해당 자료를 제출하여야 한다. 다만, "대통령령으로 정하는 다음의 어느 하나에 해당하는 부득이한 사유"로 제출기한의 연장을 신청하는 경우에는 세관장은 한 차례만 60일까지 연장할 수 있는 바, 제출기한의 연장을 신청하려는 자는 제출기한이 끝나기 15일 전까지 관세청장이 정하는 자료제출기한연장신청서를 세관장에게 제출

하여야 한다(법 제37조의4 제3항 및 영 제31조의5 제3항·제4항).

① 자료제출을 요구받은 자가 화재·도난 등의 사유로 자료를 제출할 수 없는 경우
② 자료제출을 요구받은 자가 사업이 중대한 위기에 처하여 자료를 제출하기 매우 곤란한 경우
③ 관련 장부·서류가 권한 있는 기관에 압수되거나 영치된 경우
④ 자료의 수집·작성에 상당한 기간이 걸려 기한까지 자료를 제출할 수 없는 경우
⑤ 위의 ①부터 ④까지에 준하는 사유가 있어 기한까지 자료를 제출할 수 없다고 판단되는 경우

또한, 세관장은 제4항의 자료제출기한 연장신청이 접수된 날부터 7일 이내에 연장 여부를 신청인에게 통지하여야 한다. 이 경우 7일 이내에 연장 여부를 신청인에게 통지를 하지 아니한 경우에는 연장신청한 기한까지 자료제출기한이 연장된 것으로 본다(영 제31조의5 제5항).

(4) 객관적인 증명자료의 미제출에 따른 과세가격의 결정

세관장은 특수관계에 있는 자가 제2항에 따른 증명자료를 제3항에 따른 기한까지 제출하지 아니하는 경우에는 해당 과세가격결정자료에 따른 금액을 제30조 제1항 각 호 외의 부분 본문에 따른 거래가격으로 하여 과세가격을 결정할 수 있다. 다만, 특수관계에 있는 자의 요청이 있는 경우에는 제31조부터 제35조까지에 규정된 방법으로 과세가격을 결정하여야 한다(법 제37조의4 제4항).

제4절 관세율

Ⅰ. 세율

1. 의의

세율이란 세액을 결정함에 있어서 과세표준에 대하여 적용되는 비율을 말한다. 즉, 세액은 과세표준에 일정한 비율을 곱함으로써 산출된다. 이 때 과세표준에 적용되는 비율을 세율이라고 한다.

2. 관세율표

납부세액결정의 기초가 되는 관세율표를 관세법의 별표로 정해서 운영하고 있다.

3. 관세율의 종류

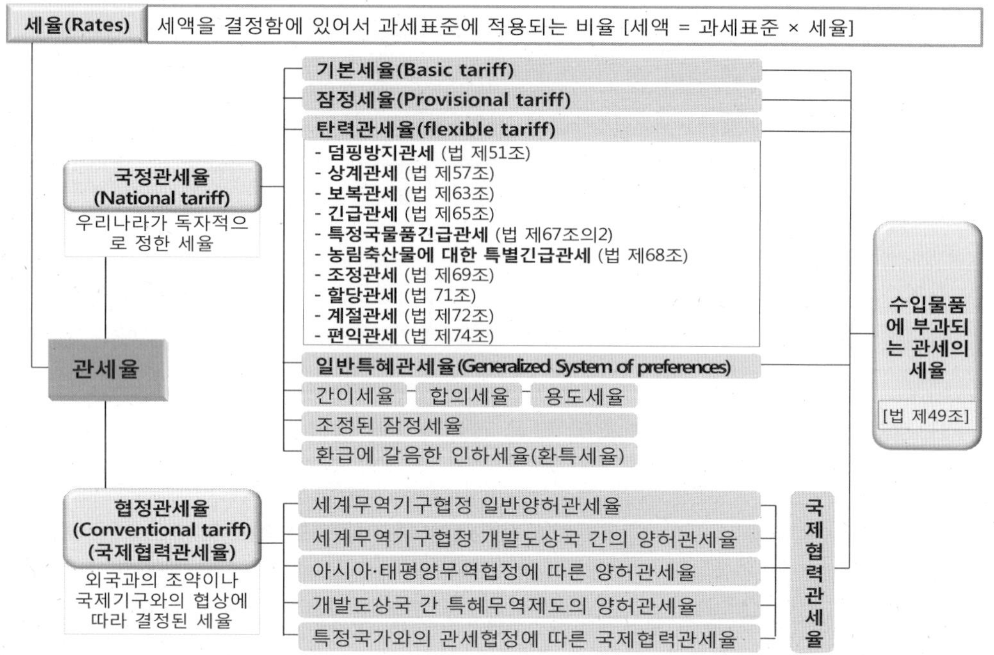

수입물품에 부과되는 관세의 세율(rates of customs duties levied on imported goods)은 다음과 같다(법 제49조).

① 기본세율(basic tariff rate)

② 잠정세율(provisional tariff rates)

③ 다음의 규정(법 제51조부터 제67조까지, 제67조의 2 및 제68조부터 제77조까지의 규정)에 따라 대통령령 또는 기획재정부령으로 정하는 세율

㉮ 덤핑방지관세

㉯ 상계관세

㉰ 보복관세

㉱ 긴급관세

㉲ 특정국물품긴급관세

㉳ 농림축산물에 대한 특별긴급관세

㉴ 조정관세

㉵ 할당관세

㉶ 계절관세

㉷ 국제협력관세

㉸ 편익관세

㉲ 일반특혜관세

(1) 국정관세율(National tariff rates)

우리나라가 독자적으로 정한 세율을 말한다.

국정관세율[National Tariff rates]

국정관세율 (National tariff)	우리나라가 독자적으로 정한 세율
기본세율 (Basic tariff rate)	관세법 별표 관세율표상의 기본세율 [국회 입법으로 제정]
잠정세율 (provisional tariff rates)	일시적으로 기본세율을 적용할 수 없는 경우에 적용되는 세율로서, 관세법 별표 관세율표상의 기본세율과 함께 표시됨 [국회의 승인을 받아 확정]
조정된 잠정세율 (Provisional tariff rates by adjustment)	잠정세율 적용물품에 대하여 대통령령으로 정하는 바에 따라 그 물품의 전부 또는 일부에 대하여 적용이 정지되거나 기본세율과의 세율차를 좁히기 위하여 인상하거나 인하한 잠정세율 [법 제50조 제4항]
탄력관세율 (flexible tariff rates)	급변하는 국내외 정치·경제 여건에 신속히 대처할 목적으로 국회의 심의·의결을 거쳐 관세율을 결정 또는 변경하는 것이 아니라 행정부가 세율을 탄력적으로 변경·운영할 수 있도록 하는 것 [기본세율을 변경하지 않고 정책목적에 따라 법률에서 정하여진 범위 내에서 세율을 임시적으로 적용하는 것] [법 제51조~제74조]
※ 덤핑방지관세, 상계관세, 보복관세, 긴급관세, 특정국물품긴급관세, 농림축산물에 대한 특별긴급관세, 조정관세, 할당관세, 계절관세, 편익관세	
간이세율 (Simplified tariff rates)	관세.임시수입부가세 및 내국세의 세율을 기초로 하여 정한 단일세율을 적용하여 과세의 간소화를 통해 국민의 편의를 도모하기 위하여 여행자 휴대품 또는 우편물 등에 대하여 적용되는 세율 [법 제81조]
합의세율(Tariff rates under agreement)	과세편의와 신속한 통관을 위하여 화주의 요청이 있는 경우 품목별 세율 중 가장 높은 세율을 모든 품목에 적용하는 것 [법 제82조 및 제83조]
용도세율(Usage tariff rates)	동일한 물품의 경우 해당 물품의 용도에 따라 다르게 정해진 세율 중에서 낮은 세율
환급에 갈음한 인하세율 (환특세율)	수출용 원재료 중에서 대부분 수출용으로만 사용될 것으로 예상되는 특정물품에 대하여 기본세율보다 낮은 세율을 적용하고, 추후 그 원재료를 가지고 수출을 이행한 후에는 환급을 하지 않도록 하고 있는데, 이러한 품목에 적용되는 세율

(가) 기본세율(Basic tariff rates)

기본세율은 관세법 별표 관세율표상의 기본세율로서, 국회의 입법을 통하여 제정된다.

(나) 잠정세율(provisional tariff rates)

잠정세율은 관세법 별표 관세율표상에 기본세율과 함께 표시되어 있는 것으로서, 일시적으로 기본세율을 적용할 수 없는 경우에 적용되며, 국회의 승인을 받아 확정된다.

(다) 조정된 잠정세율(provisional tariff rates by adjustment)

조정된 잠정세율은 잠정세율 적용물품에 대하여 대통령령으로 정하는 바에 따라 그 물품의 전부 또는 일부에 대하여 적용이 정지되거나 기본세율과의 세율차를 좁히기 위하여 인상하거나 인하한 잠정세율을 말한다.

즉, 별표 관세율표 중 잠정세율을 적용받는 물품에 대하여는 대통령령으로 정하는 바에 따라 그 물품의 전부 또는 일부에 대하여 잠정세율의 적용을 정지하거나 기본세율과의 세율차를 좁히도록 잠정세율을 올리거나 내릴 수 있다(법 제50조 제4항).

(다) 탄력관세율(flexible tariff rates)

탄력관세율은 급변하는 국내외 정치·경제적 여건에 신속하게 대처할 목적으로 국회의 심의·의결을 거쳐 관세율을 결정 또는 변경하는 것이 아니라 행정부가 세율을 탄력적으로 변경·운영할 수 있도록 하고 있는 것이다. 즉, 기본세율을 변경하지 않고 정책목적에 따라 법률에서 정하여진 범위에서 세율을 임시적으로 적용하는 것이다.

탄력관세율은 관세법 제51조에서 제77조까지에 따른 대통령령으로 정한 관세율로서, 현재 우리나라에서 시행되고 있는 탄력관세는 덤핑방지관세, 보복관세, 긴급관세, 특정국물품긴급관세, 조정관세, 농림축산물에 대한 특별긴급관세, 상계관세, 편익관세, 계절관세, 할당관세가 있다.

(라) 간이세율(Simplified Tariff Rates)

간이세율은 관세·임시수입부가세 및 내국세의 세율을 기초로 하여 정한 단일세율을 적용하여 과세의 간소화를 통해 국민의 편의를 도모하기 위하여 여행자 휴대품 또는 우편물 등에 대하여 적용되는 세율이다.

(마) 합의세율(Tariff Rates under agreement)

합의에 의한 세율은 과세편의와 신속한 통관을 위하여 화주의 요청이 있는 경우 품목별 세율 중 가장 높은 세율을 모든 품목에 적용하는 세율을 말한다.

(바) 용도세율(Usage Tariff Rates)

용도세율은 동일한 물품의 경우에 해당 물품의 용도에 따라 다르게 정해진 세율 중에서 낮은 세율을 말한다.

(사) 환급에 갈음하여 인하한 관세율(환특세율)

수출용 원재료 중에서 대부분 수출용으로만 사용될 것으로 예상되는 특정물품에 대하여 기본세율보다 낮은 세율을 적용하고, 추후 그 원재료를 가지고 수출을 이행한 후에는 환급을 하지 않도록 하고 있는데, 이러한 품목에 적용되는 세율을 말하며, 환특세율이라고도 한다.

(2) 협정세율(Conventional tariff rates)

정부는 우리나라의 대외무역 증진을 위하여 필요하다고 인정될 때에는 특정 국가 또는 국제기구와 관세에 관한 협상을 할 수 있으며, 협상을 수행할 때 필요하다고 인정되면 관세를 양허할 수 있다. 다만, 특정 국가와 협상할 때에는 기본 관세율의 100분의 50의 범위를 초과하여 관세를 양허할 수 없다(법 제73조 제1항 및 제2항).

● 협정관세율(Conventional tariff)

협정관세율(National tariff)/ 국제협력관세율	외국과의 조약이나 국제기구와의 협상에 따라 결정된 관세율

정부는 우리나라의 대외무역 증진을 위하여 필요하다고 인정될 때에는 특정 국가 또는 국제기구와 관세에 관한 협상을 할 수 있으며, 협상을 수행할 때 필요하다고 인정되면 관세를 양허할 수 있다. 다만, 특정 국가와 협상할 때에는 기본 관세율의 100분의 50의 범위를 초과하여 관세를 양허할 수 없다.
[법 제73조 제1항·제2항]

- 세계무역기구협정 일반양허관세율
- 세계무역기구협정 개발도상국 간의 양허관세율
- 아시아·태평양무역협정에 따른 양허관세율
- 개발도상국 간 특혜무역제도의 양허관세율
- 특정국가와의 관세협정에 따른 국제협력관세율

(위 1~4: 세계무역기구협정 등에 의한 양허관세 규정 제2조~제5조)

즉, 협정관세율은 외국과의 조약이나 국제기구와의 협상에 따라 결정된 관세율로서, 현행「세계무역기구협정 등에 의한 양허관세규정」제2조부터 제5조까지의 규정에서는 다음의 ①부터 ④까지의 양허관세율을 규정하고 있다.

을 말한다.

① 세계무역기구협정 일반양허관세율
② 세계무역기구협정 개발도상국 간의 양허관세율
③ 아시아·태평양무역협정에 따른 양허관세율
④ 개발도상국 간 특혜무역제도의 양허관세율
⑤ 특정국가와의 관세협상에 따른 국제협력관세율

Ⅱ. 관세율의 적용

1. 관세율의 적용순위(Priority Order of Tariff Rate Application)

(1) 관세율의 적용순위

기본세율과 잠정세율은 별표 관세율표에 따르되, 잠정세율을 기본세율에 우선하여 적용하며, 제51조부터 제67조까지, 제67조의2 및 제68조부터 제77조까지의 규정에 따라 대통령령 또는 기획재정부령으로 정하는 세율은 다음의 순서에 따라 별표 관세율표의 세율에 우선하여 적용한다(법 제50조 제1항 및 제2항).

① 덤핑방지관세·상계관세·보복관세·긴급관세·특정국물품긴급관세 및 농림축산물에 대한 특별긴급관세(법 제51조·제57조·제63조·제65조·제67조의 2 및 제68조)에 따른 세율

② 국제협력관세(법 제73조) 및 편익관세(제74조)에 따른 세율

③ 조정관세(제69조)·할당관세(제71조) 및 계절관세(제72조)에 따른 세율

④ 일반특혜관세(제76조)에 따른 세율

이 규정에도 불구하고, 위의 ②의 세율(국제협력관세 및 편익관세)은 기본세율, 잠정세율, 위의 ③ 및 ④의 세율(조정관세·할당관세·계절관세·일반특혜관세)보다 낮은 경우에만 우선하여 적용하고, ③의 세율(조정관세·할당관세·계절관세) 중 할당관세율은 일반특혜세율보다 낮은 경우에만 우선하여 적용한다(법 제50조 제3항 본문).

다만, "국제협력관세"(제73조)에 따라 국제기구와의 관세에 관한 협상에서 국내외의 가격차에 상당하는 율로 양허(讓許)하거나 국내시장 개방과 함께 기본세율보다 높은 세율로 양허한 농림축산물 중 대통령령으로 정하는 물품에 대하여 양허한 세율(시장접근물량에 대한 양허세율을 포함한다)은 기본세율 및 잠정세율에 우선하여 적용한다(법 제50조 제3항 단서).

관세율의 적용순위 [Priority Order of Tariff Rate Application]

1순위	덤핑방지관세율, 상계관세율, 보복관세율, 긴급관세율, 농림축산물에 대한 특별긴급관세율 **어떠한 경우에도, 1순위** / 특정국물품긴급관세율,
	FTA의 이행을 위한 관세법의 특례에 관한 법률 상의 협정관세율 (싱가폴, EU, 아세안, 인도, 칠레, 페루, 미국, 터키) 이 협정관세율은 「FTA의 이행을 위한 관세법의 특례에 관한 법률」 제5조에 따라, 「관세법」 상의 1순위에 해당되는 특정국물품긴급관세율과 2, 3, 4, 5, 6순위에 해당되는 관세율보다 낮은 경우에만 「관세법」 상의 1순위 다음으로 적용된다.
2순위	**국제협력관세율** 편익관세율 **국제협력관세율과 편익관세율**은 3, 4, 5, 6순위의 세율보다 낮은 경우에만 우선 적용함 (국제협력관세율: - 세계무역기구협정 일반양허관세율 - 세계무역기구협정 개발도상국간의 양허관세율 - 아시아·태평양무역협정에 따른 양허관세율 - 개발도상국 간 특혜무역제도의 양허관세율 - 특정 국가와의 관세협상에 따른 국제협력관세율)
3순위	조정관세율, **할당관세율**, 계절관세율 **할당관세율**은 일반특혜관세율보다 낮은 경우에만 우선하여 적용함
4순위	일반특혜관세율
	다음의 세율은 기본세율 및 잠정세율에 우선하여 적용 "국제협력관세(제73조)에 따라 국제기구와의 관세에 관한 협상에서 국내외의 가격차에 상당하는 율로 양허(讓許)하거나 국내시장 개방과 함께 기본세율보다 높은 세율로 양허한 농림축산물 중 대통령령으로 정하는 물품에 대하여 양허한 세율(시장접근물량에 대한 양허세율 포함)"
5순위	잠정관세율
6순위	기본관세율

[법 제50조 제1항~제3항]

참고로, 「자유무역협정의 이행을 위한 관세법의 특례에 관한 법률」 제5조에서는 "협정관세(협정에 따라 체약상대국을 원산지로 하는 수입물품에 대하여 관세를 철폐하거나 세율을 연차적으로 인하하여 부과하여야 할 관세)의 세율이 「관세법」 제50조에 따른 적용세율보다 높은 경우에는 「관세법」 제50조에 따른 적용세율을 우선하여 적용한다. 다만, 「관세법」 제51조(덤핑방지관세), 제57조(상계관세), 제63조(보복관세), 제65조(긴급관세)

및 제68조(농림축산물에 대한 특별긴급관세)에 따른 세율은 협정관세의 세율보다 우선하여 적용한다"고 규정하고 있다.

(2) 잠정세율의 적용정지

별표 관세율표 중 잠정세율을 적용받는 물품에 대하여는 대통령령으로 정하는 바에 따라 그 물품의 전부 또는 일부에 대하여 잠정세율의 적용을 정지하거나 기본세율과의 세율차를 좁히도록 잠정세율을 올리거나 내릴 수 있는 바, 잠정세율의 적용을 받는 물품과 관련이 있는 관계부처의 장 또는 이해관계인은 잠정세율의 적용정지나 잠정세율의 인상 또는 인하의 필요가 있다고 인정되는 때에는 이를 기획재정부장관에게 요청할 수 있으며, 관계부처의 장 또는 이해관계인은 그 요청을 하려면 해당 물품과 관련된 다음의 사항에 관한 자료를 기획재정부장관에게 제출하여야 한다(법 제50조 제4항 및 영 제57조 제1항·제2항).

① 해당 물품의 관세율표 번호 · 품명 · 규격 · 용도 및 대체물품
② 해당 물품의 제조용 투입원료 및 해당 물품을 원료로 하는 관련제품의 제조공정설명서 및 용도
③ 적용을 정지하여야 하는 이유 및 기간
④ 변경하여야 하는 세율 · 이유 및 그 적용기간
⑤ 최근 1년간의 월별 주요 수입국별 수입가격 및 수입실적
⑥ 최근 1년간의 월별 주요 국내제조업체별 공장도가격 및 출고실적
⑦ 그 밖의 참고사항

또한 기획재정부장관은 잠정세율의 적용정지 등에 관한 사항을 조사하기 위하여 필요하다고 인정되는 때에는 관계기관 · 수출자 · 수입자 기타 이해관계인에게 관련자료의 제출 기타 필요한 협조를 요청할 수 있다(영 제57조 제3항).

(3) 종량세율의 적용

"법 제49조제3호에 따른 세율" [덤핑방지관세(법 제51조) · 상계관세(법 제57조) · 보복관세(법 제63조) · 긴급관세(법 제65조) · 특정국물품긴급관세(법 제67조의 2) 및 농림축산물에 대한 특별긴급관세(법 제68조), 국제협력관세(법 제73조) 및 편익관세(제74조), 조정관세(제69조) · 할당관세(제71조) 및 계절관세(제72조), 일반특혜관세(제76조~제77조)에 따른 세율]을 적용할 때 별표 관세율표 중 종량세인 경우에는 해당 세율에 상당하는 금액을 적용한다(법 제50조 제5항).

2. 간이세율의 적용(Application of Simplified Tariff Rates)

(1) 간이세율 적용대상물품

다음의 어느 하나에 해당하는 물품 중 대통령령으로 정하는 물품에 대하여는 다른 법

령에도 불구하고 간이세율을 적용할 수 있다(법 제81조 제1항).

① 여행자 또는 외국을 오가는 운송수단의 승무원이 휴대하여 수입하는 물품
② 우편물(다만, 수입신고를 하여야 하는 것을 제외)
③ 외국에서 선박 또는 항공기의 일부를 수리하거나 개체(改替)하기 위하여 사용된 물품
④ 탁송품 또는 별송품[1)]

(2) 간이세율표

상기에 따라 간이세율을 적용하는 물품과 그 세율은 별표 2와 같다(영 제96조 제1항).

[별표 2] 간이세율(제96조 관련) 〈개정 2013.2.15〉

품 명	세율(%)
1. 다음 각 목의 어느 하나에 해당하는 물품 중 개별소비세가 과세되는 물품	
가. 투전기, 오락용 사행기구 그 밖의 오락용품, 수렵용 총포류	55
나. 보석·진주·별갑·산호·호박 및 상아와 이를 사용한 제품, 귀금속 제품, 고급 시계, 고급 사진기와 그 관련 제품	37만 400원 + 185만 2천원을 초과하는 금액의 50
다. 녹용	45
라. 방향용 화장품	35
마. 로얄제리	30
바. 전기냉장고, 전기냉방기, 전기 세탁기, 텔레비전수상기	27
2. 수리선박(관세가 무세인 것을 제외한다)	2.5
3. 다음 각 목의 어느 하나에 해당하는 물품 중 기본관세율이 10 퍼센트 이상인 것으로서 개별소비세가 과세되지 아니하는 물품	
가. 모피의류, 모피의류의 부속품 그 밖의 모피제품	30
나. 가죽제 또는 콤포지션레더제의 의류와 그 부속품, 방직용 섬유와 방직용 섬유의 제품, 신발류	25
4. 다음 각 목의 어느 하나에 해당하는 물품. 다만, 고급모피와 그 제품, 고급융단, 고급가구, 승용자동차, 주류 및 담배를 제외한다.	20
가. 제1호 내지 제3호에 해당하지 아니하는 물품	
나. 제1호 및 제3호에 불구하고 여행자가 휴대수입하는 물품으로 1인 당 과세대상 물품가격의 합산총액이 미화 1천불 이하인 물품(녹용 및 방향용 화장품을 제외한다)	

1) 탁송품이란 외국의 친지 등이 송부하여 주는 물품을 말하고, 별송품이란 여행자가 외국에서 취득한 물품을 휴대하여 반입하지 않고 별도로 송부하는 물품을 말한다.

(3) 간이세율 적용제외물품

간이세율 적용대상물품이라 할지라도 다음의 물품에 대하여는 간이세율을 적용하지 아니한다(영 제96조 제2항).

① 관세율이 무세인 물품과 관세가 감면되는 물품
② 수출용원재료
③ 관세법 벌칙(제11장)의 범칙행위에 관련된 물품
④ 종량세가 적용되는 물품
⑤ 다음의 어느 하나에 해당하는 물품으로서 관세청장이 정하는 물품
  ㉮ 상업용으로 인정되는 수량의 물품
  ㉯ 고가품
  ㉰ 해당 물품의 수입이 국내산업을 저해할 우려가 있는 물품
  ㉱ 법 제81조 제4항에 따른 단일한 간이세율의 적용이 과세형평을 현저히 저해할 우려가 있는 물품
⑥ 화주가 수입신고를 할 때에 과세대상물품의 전부에 대하여 간이세율의 적용을 받지 아니할 것을 요청한 경우의 해당 물품

(4) 간이세율 적용대상물품의 과세가격

간이세율의 적용대상물품에 대한 과세가격은 거래가격을 원칙으로 한다.

그러나, "외국에서 선박 또는 항공기의 일부를 수리하거나 개체(改替)하기 위하여 사용된 물품"(제1항 제3호)의 과세가격은 수리 또는 개체를 위하여 지급하는 외화가격으로 한다(법 제81조 제2항).

간이세율 적용대상물품	과세가격
여행자 및 승무원의 휴대품, 우편물, 탁송품·별송품	거래가격
외국에서 선박·항공기의 수리 또는 개체를 위해 사용된 물품	수리·개체를 위해 지급하는 외화가격

(5) 간이세율의 산정

간이세율은 수입물품(제1항 제3호, 즉 외국에서 선박 또는 항공기의 일부를 수리하거나 개체(改替)하기 위하여 사용된 물품의 경우에는 해당 선박 또는 해당 항공기를 말한다)에 대한 관세, 임시수입부가세 및 내국세의 세율을 기초로 하여 대통령령으로 정한다(법 제81조 제3항).

또한, "여행자 또는 외국을 오가는 운송수단의 승무원이 휴대하여 수입하는 물품"(제1항 제1호에 해당하는 물품)으로서 그 총액이 대통령령으로 정하는 금액 이하인 물품에 대

하여는 일반적으로 휴대하여 수입하는 물품의 관세, 임시수입부가세 및 내국세의 세율을 고려하여 제3항에 따른 세율을 단일한 세율로 할 수 있다(법 제81조 제4항).

3. 합의에 따른 세율적용(Application of Tariff Rates under Agreement)

(1) 의의

합의에 따른 세율은 과세편의와 신속한 통관을 위하여 화주의 요청이 있는 경우 품목별 세율중 가장 높은 세율을 모든 품목에 적용하는 것을 말한다. 일괄하여 수입신고된 물품이 물품별로 관세율이 다른 경우 물품별로 각 세액을 산출하는 것은 복잡하기 때문에 품목별 세율중 가장 높은 세율 모든 물품에 적용함으로써 통관절차를 간소화 할 수 있다.

(2) 세율적용

일괄하여 수입신고가 된 물품으로서 물품별 세율이 다른 물품에 대하여는 신고인의 신청에 따라 그 세율 중 가장 높은 세율을 적용할 수 있으며, 이 규정을 적용할 때에는 제5장 제2절(제119조부터 제132조까지)은 적용하지 아니한다(법 제82조 제1항 및 제2항).

즉, 세관이 사전에 납세자와 합의하여 과세한 것이므로 심사와 심판 등의 행정상 쟁송을 할 수 없다.

4. 용도세율의 적용(Application of Usage Tariff Rates)

(1) 의의

용도세율이란 동일한 물품의 경우에 해당 물품의 용도에 따라 다르게 정해진 세율중에서 낮은 세율을 말한다.

(2) 용도세율의 적용대상

대통령령 또는 기획재정부령으로 용도에 따라 세율을 다르게 정하는 물품, 즉 용도세율의 적용을 받는 물품은 다음의 "제50조 제4항, 제65조, 제67조의2, 제68조, 제70조부터 제73조까지 및 제76조에 따른 대통령령 또는 기획재정부령으로 용도에 따라 세율을 다르게 정하는 물품"이다(법 제83조 제1항).

① 별표 관세율표에 따른 물품

② 별표 관세율표중 잠정세율의 적용을 받는 물품

③ 긴급관세

④ 특정국물품긴급관세

⑤ 농림축산물에 대한 특별긴급관세

⑥ 조정관세
⑦ 할당관세
⑧ 계절관세
⑨ 국제협력관세
⑩ 일반특혜관세

(3) 용도세율 적용신청과 승인

용도세율의 적용을 받는 물품을 세율이 낮은 용도에 사용하려는 자는 대통령령으로 정하는 바에 따라 세관장의 승인을 받아야 한다. 다만, 물품의 성질과 형태가 그 용도 외의 다른 용도에 사용할 수 없는 경우에는 그러하지 아니하다(법 제83조 제1항).

따라서, 용도세율의 적용을 받으려는 자는 해당 물품의 수입신고를 하는 때부터 해당 수입신고가 수리되기 전까지 그 품명·규격·수량·가격·용도·사용방법 및 사용장소를 기재한 신청서를 세관장에게 제출하여야 한다(영 제97조).

(4) 용도외 사용 및 양도금지

"용도세율"이 적용된 물품은 그 수입신고의 수리일부터 3년의 범위에서 대통령령으로 정하는 기준에 따라 관세청장이 정하는 기간에는 해당 용도 외의 다른 용도에 사용하거나 양도할 수 없다. 다만, 다음의 어느 하나에 해당하는 경우에는 그러하지 아니하다(법 제83조 제2항).

① 대통령령으로 정하는 바에 따라 미리 세관장의 승인을 받은 경우
② "물품의 성질과 형태가 그 용도 외의 다른 용도에 사용할 수 없는 경우"(제1항 단서)

(5) 용도외 사용시의 관세징수

"용도세율의 적용을 받은 물품"을 "수입신고의 수리일부터 3년의 범위에서 대통령령으로 정하는 기준에 따라 관세청장이 정하는 기간 내"(제2항에 따른 기간)에 해당 용도 외의 다른 용도에 사용하거나 그 용도 외의 다른 용도에 사용하려는 자에게 양도한 경우에는 해당 물품을 특정용도 외에 사용한 자 또는 그 양도인으로부터 해당 물품을 특정용도에 사용할 것을 요건으로 하지 아니하는 세율에 따라 계산한 관세액과 해당 용도세율에 따라 계산한 관세액의 차액에 상당하는 관세를 즉시 징수하며, 양도인으로부터 해당 관세를 징수할 수 없을 때에는 그 양수인으로부터 즉시 징수한다. 다만, 재해나 그 밖의 부득이한 사유로 멸실되었거나 미리 세관장의 승인을 받아 폐기한 경우에는 그러하지 아니하다(법 제83조 제3항).

Ⅲ. 관세율적용에 대한 사전심사제도

1. 품목분류의 사전심사(Prior Examination of Tariff Classification)

(1) 의의

품목분류 사전심사제도란 수입하려는 물품의 품목분류가 어떤 품목번호(HS 번호)에 해당되는지 분명하지 않은 경우에 관세청장에게 질의하여 이에 관한 회답을 받는 제도를 말한다. 수입물품의 세액을 산출하기 위해서 필요한 과세가격과 세율을 알고 있어야 하고, 세율을 알기 위해서는 수입물품이 관세율표상의 어떤 품목번호에 해당하는지를 알고 있어야 하기 때문이다.

(2) 품목분류 사전심사(Prior Examination of Tariff Classification)

(가) 품목분류 사전심사의 신청

물품을 수출입하려는 자, 수출할 물품의 제조자 및 "관세사등"(「관세사법」에 따른 관세사·관세사법인 또는 통관취급법인)은 수출입신고를 하기 전에 대통령령으로 정하는 서류를 갖추어 관세청장에게 해당 물품에 적용될 별표 관세율표상의 품목분류를 미리 심사하여 줄 것을 신청할 수 있으며, 품목분류 사전심사 및 재심사의 절차, 방법과 그 밖에 필요한 사항은 대통령령으로 정한다(법 제86조 제1항 및 제8항).

따라서, 법 제86조제1항 · 제3항 및 법 제87조제3항에 따라 특정물품에 적용될 품목분류의 사전심사 또는 재심사(이하 이 조에서 "사전심사 또는 재심사"라 한다)를 신청하려는 자는 관세청장에게 다음 각 호의 서류 및 물품을 제출하여야 한다. 다만, 관세청장은 물품의 성질상 견본을 제출하기 곤란한 물품으로서 견본이 없어도 품목분류 심사에 지장이 없고, 해당 물품의 통관 시에 세관장이 이를 확인할 수 있다고 인정되는 때에는 "다음의 ②(제2호)에 따른 견본"의 제출을 생략하게 할 수 있다(영 제106조 제1항).

① 물품의 품명 · 규격 · 제조과정 · 원산지 · 용도 · 통관예정세관 및 신청사유 등을 기재한 신청서

② 신청대상물품의 견본

③ 그 밖의 설명자료

(나) 품목분류 사전심사의 신청기관

관세청장은 "특정물품에 적용될 품목분류의 사전심사권중 물리적·화학적 분석을 요하는 물품의 품목분류 사전심사 권한"(법 제86조)을 관세중앙분석소장에게 위임한다(영 제288조 제2항).

(3) 제출된 서류의 보정

품목분류의 사전심사의 신청을 받은 관세청장은 제출된 신청서와 견본 및 기타 설명자료가 미비하여 품목분류를 심사하기가 곤란한 때에는 20일 이내의 기간을 정하여 보정을 요구할 수 있다(영 제106조 제2항).

(4) 품목분류 품목의 통보

품목분류의 사전심사의 신청를 받은 관세청장은 해당 물품에 적용될 품목분류를 심사하여 대통령령으로 정하는 기간 이내에 이를 신청인에게 통지하여야 한다. 다만, 제출자료의 미비 등으로 품목분류를 심사하기 곤란한 경우에는 그 뜻을 통지하여야 한다(법 86조 제2항).

여기에서, "대통령령으로 정하는 기간"이란 사전심사 또는 재심사의 신청을 받은 날부터 30일(제2항에 따른 보정기간은 제외한다)을 말한다(영 제106조 제4항).

또한, 관세청장은 사전심사 또는 재심사의 신청이 다음의 어느 하나에 해당하는 경우에는 해당 신청을 반려할 수 있다(영 제106조 제3항).

① 제2항에 따른 보정기간 내에 보정하지 아니한 경우

② 신청인이 사전심사 또는 재심사를 신청한 물품과 동일한 물품을 이미 수출입신고한 경우.

그리고, 관세청장은 법 제86조 제2항에 따라 품목분류를 심사하여 신청인에게 통지하는 경우에는 통관예정세관장에게도 그 내용을 통지하여야 한다. 이 경우 설명자료를 함께 송부하여야 한다(영 제106조 제5항).

(5) 품목분류의 심사결과에 따른 재심사 신청

제2항에 따라 품목분류의 심사결과의 통지를 받은 자는 통지받은 날부터 30일 이내에 대통령령으로 정하는 서류를 갖추어 관세청장에게 재심사를 신청할 수 있다. 이 경우 재심사의 기간 및 결과의 통지에 관하여는 제2항을 준용한다(법 제86조 제3항).

(6) 품목분류 심사물품의 고시

관세청장은 제2항 본문에 따라 품목분류를 심사한 물품 및 제3항에 따른 재심사 결과 적용할 품목분류가 변경된 물품에 대하여는 해당 물품에 적용될 품목분류와 품명, 용도, 규격, 그 밖에 필요한 사항을 고시 또는 공표하여야 한다. 다만, 신청인의 영업 비밀을 포함하는 등 해당 물품에 적용될 품목분류를 고시 또는 공표하는 것이 적당하지 아니하다고 인정되는 물품에 대하여는 고시 또는 공표하지 아니할 수 있다. 이 경우, 품목분류의 고시 또는 공표를 하지 아니한 물품에 대한 품목분류의 유효기간은 1년으로 한다(법 제86조 제4항).

(7) 세관장의 품목분류

세관장(Head of Customhouse)은 제241조제1항에 따른 수출입신고가 된 물품이 제2항 본문 및 제3항에 따라 통지한 물품과 같을 때에는 그 통지 내용에 따라 품목분류를 적용하여야 한다. 이 경우 제3항에 따른 재심사 결과 적용할 품목분류가 변경되었을 때에는 신청인이 변경 내용을 통지받은 날과 제4항에 따른 고시 또는 공표일 중 빠른 날(이하 "변경일"이라 한다)부터 변경된 품목분류를 적용하되, 다음 각 호의 기준에 따라 달리 적용할 수 있다(법 제86조 제5항).

① 변경일부터 30일이 지나기 전에 우리나라에 수출하기 위하여 선적된 물품에 대하여 변경 전의 품목분류를 적용하는 것이 수입신고인에게 유리한 경우: 변경 전의 품목분류 적용

② 다음의 어느 하나에 해당하는 경우: 변경일 전에 수출입신고가 수리된 물품에 대해서도 소급하여 변경된 품목분류 적용

㉮ 거짓자료 제출 등 신청인에게 책임 있는 사유로 품목분류가 변경된 경우

㉯ 다음의 어느 하나에 해당하는 경우로서 수출입신고인에게 유리한 경우

㉠ 제1항 및 제3항에 따른 신청인에게 자료제출 미비 등의 책임 있는 사유가 없는 경우

㉡ 제1항 및 제3항에 따른 신청인이 아닌 자가 관세청장이 결정하여 고시하거나 공표한 품목분류에 따라 수출입신고를 한 경우

(8) 품목분류의 사전심사 및 재심사 신청물품에 대한 분석수수료

관세청장은 제2항 본문 및 제3항에 따라 품목분류를 심사 또는 재심사하기 위하여 해당 물품에 대한 구성재료의 물리적·화학적 분석이 필요한 경우에는 해당 품목분류를 심사 또는 재심사하여 줄 것을 신청한 자에게 기획재정부령으로 정하는 수수료를 납부하게 할 수 있는 바, 분석수수료는 분석이 필요한 물품에 대한 품목분류 사전심사 및 재심사 신청 품목당 3만원으로 한다(법 86조 제6항 및 규칙제33조).

(9) 품목분류의 사전심사 결과의 유효기간

제2항 본문에 따라 통지받은 사전심사 결과의 유효기간은 해당 통지를 받은 날부터 3년으로 한다. 다만, 제3항에 따른 재심사 결과 품목분류가 변경된 경우에는 해당 통지를 받은 날부터 유효기간을 다시 기산한다(법 제86조 제7항).

(10) 특정물품에 적용되는 품목분류의 변경(Modification of Tariff Classification) 및 적용

(가) 품목분류의 변경

관세청장은 제86조에 따라 사전심사 또는 재심사한 품목분류를 변경하여야 할 필요가 있거나 그 밖에 관세청장이 직권으로 한 품목분류를 변경하여야 할 부득이한 사유가 생겼을 때에는 해당 물품에 적용할 품목분류를 변경할 수 있다(법 제87조 제1항).

여기에서 품목분류를 변경할 수 있는 경우는 다음과 같다(영 제107조).

① 관계법령의 개정에 따라 해당 물품의 품목분류가 변경된 경우

② "품목분류체계의 수정"(법 제84조)에 따라 품목분류를 변경한 경우

③ 신청인의 허위자료의 제출등으로 품목분류에 중대한 착오가 생긴 경우

(나) 품목분류의 변경내용의 고시 및 통지

관세청장은 품목분류를 변경하였을 때에는 그 내용을 고시하고, 제86조 제2항 및 제3항에 따라 통지한 신청인에게는 그 내용을 통지하여야 한다. 다만, 신청인의 영업 비밀을 포함하는 등 해당 물품에 적용될 품목분류를 고시하는 것이 적당하지 아니하다고 인정되는 물품에 대해서는 고시하지 아니할 수 있다(법 제87조 제2항).

(다) 품목분류의 변경에 따른 재심사 신청

제2항에 따라 통지를 받은 자는 통지받은 날부터 30일 이내에 대통령령으로 정하는 서류를 갖추어 관세청장에게 재심사를 신청할 수 있다. 이 경우 재심사의 기간, 재심사 결과의 통지 및 고시 · 공표, 수수료 및 재심사의 절차 · 방법 등에 관하여는 제86조제3항, 제4항, 제6항 및 제8항을 준용한다(법 제87조 제3항).

(라) 품목분류의 변경내용의 적용

제1항 및 제3항에 따라 품목분류가 변경된 경우 품목분류의 적용에 관하여는 제86조제5항을 준용한다. 다만, 관계법령의 개정이나 제84조에 따라 품목분류를 변경한 경우에는 제86조제5항제2호나목을 준용하지 아니한다(법 제87조 제4항).

(마) 품목분류의 변경내용의 유효기간

제86조에 따라 사전심사 또는 재심사한 품목분류가 제1항에 따라 변경되거나 제3항에 따른 재심사 결과 품목분류가 변경된 경우 품목분류의 유효기간은 해당 통지를 받은 날부터 3년으로 한다(법 제87조 제5항).

2. 관세품목분류위원회

(1) 위원회의 설치

다음의 사항을 심의하기 위하여 관세청에 관세품목분류위원회("분류위원회"라 한다)를 두며, 분류위원회의 구성, 기능, 운영 등에 필요한 사항은 대통령령으로 정한다(법 제85조 제2항 및 제4항).

① 품목분류의 적용기준의 신설 또는 변경과 관련하여 관세청장이 기획재정부장관에게 요청할 사항

② 특정물품에 적용될 품목분류의 사전심사

③ 특정물품에 적용될 품목분류의 변경 및 재심사

④ 그 밖에 품목분류에 관하여 관세청장이 분류위원회에 부치는 사항

(2) 위원회의 구성 및

(가) 위원회의 자격

위원회는 위원장 1인과 20인 이상 30인이하의 위원으로 구성하며, 위원장은 관세청의 3급 이상 공무원 또는 고위공무원단에 속하는 일반직공무원으로서 관세청장이 지정하는 자가 되고, 위원은 다음의 어느 하나에 해당하는 자중에서 관세청장이 임명 또는 위촉한다. 또한, 위원장은 위원회의 회무를 통할하고 위원회를 대표한다. 위원장이 직무를 수행하지 못하는 부득이한 사정이 있는 때에는 위원장이 지명하는 위원이 그 직무를 대행하고, 위원중 공무원인 위원이 회의에 출석하지 못할 부득이한 사정이 있는 때에는 그가 소속된 기관의 다른 공무원으로 하여금 회의에 출석하여 그 직무를 대행하게 할 수 있다(영 제100조 제1항 제2항, 제5항~제7항).

① 관세청소속 공무원

② 관계중앙행정기관의 공무원

③ 시민단체(비영리민간단체지원법 제2조에 따른 비영리민간단체를 말한다. 이하 같다)에서 추천한 자

④ 그 밖에 상품학에 관한 지식이 풍부한 자

위의 ③ 및 ④(제2항 제4호 및 제5호)에 해당하는 위원의 임기는 2년으로 하되, 한번만 연임할 수 있다. 다만, 보궐위원의 임기는 전임위원 임기의 남은 기간으로 한다(영 제100조 제3항)

(나) 위원의 해임 또는 해촉

관세청장은 관세품목분류위원회의 위원이 다음 각 호의 어느 하나에 해당하는 경우에는 해당 위원을 해임 또는 해촉할 수 있다(영 제100조 제4항).

① 심신장애로 인하여 직무를 수행할 수 없게 된 경우

② 직무와 관련된 비위사실이 있는 경우

③ 직무태만, 품위손상이나 그 밖의 사유로 인하여 위원으로 적합하지 아니하다고 인정되는 경우
④ 위원 스스로 직무를 수행하는 것이 곤란하다고 의사를 밝히는 경우
⑤ 제101조의2 제1항 각 호의 어느 하나에 해당함에도 불구하고 회피하지 아니한 경우

(다) 자문위원의 위촉 및 간사의 임명

관세청장은 회의의 원활한 운영을 위하여 품목분류와 관련된 기술적인 사항 등에 대한 의견을 듣기 위하여 관련 학계 · 연구기관 또는 협회 등에서 활동하는 자를 기술자문위원으로 위촉할 수 있다(영 제100조 제8항).

그리고, 위원회의 서무를 처리하기 위하여 간사 1인을 두고, 간사는 관세청장이 소속 공무원 중에서 임명한다(영 제102조 제1항 및 제2항).

(3) 위원회의 운영

(가) 위원회의 회의

위원장은 위원회의 회의를 소집하고 그 의장이 된다. 위원회의 회의는 위원장과 위원장이 매 회의마다 지정하는 14인으로 구성하되, "다음의 자"(영 제100조제2항 제2호 · 제4호 또는 제5호)가 8인 이상 포함되어야 하며, 이들의 과반수의 출석과 출석위원 과반수의 찬성으로 의결한다(영 제101조 제1항~제3항).

① 관계중앙행정기관의 공무원
② 시민단체(「비영리민간단체지원법」 제2조에 따른 비영리민간단체를 말한다. 이하 같다)에서 추천한 자
③ 그 밖에 상품학에 관한 지식이 풍부한 자

(나) 위원의 수당 및 공무원 의제

위원회의 회의에 출석한 공무원이 아닌 위원에 대하여는 예산의 범위에서 수당을 지급할 수 있다(영 제103조).

또한, 위원회(관세품목분류위원회, 관세체납정리위원회, 관세정보공개심의위원회, 관세심사위원회, 보세판매장 특허심사위원회, 원산지확인위원회)의 위원 중 공무원이 아닌 사람은 「형법」 제127조 및 제129조부터 제132조까지의 규정을 적용할 때에는 공무원으로 본다(법 제330조 제8호).

(다) 위원회의 운영세칙

관세법 시행령에서 규정한 것외에 위원회의 운영에 관하여 필요한 사항은 위원회의 의결을 거쳐 위원장이 정한다(영 제104조).

(4) 위원의 제척 · 회피

관세품목분류위원회의 위원은 다음 각 호의 어느 하나에 해당하는 경우에는 심의 · 의결에서 제척된다(영 제101조의2 제1항).

① 위원이 해당 안건의 당사자(당사자가 법인 · 단체 등인 경우에는 그 임원을 포함한다. 이하 이 항에서 같다)이거나 해당 안건에 관하여 직접적인 이해관계가 있는 경우
② 위원의 배우자, 4촌 이내의 혈족 및 2촌 이내의 인척의 관계에 있는 사람이 해당 안건의 당사자이거나 해당 안건에 관하여 직접적인 이해관계가 있는 경우
③ 위원이 해당 안건 당사자의 대리인이거나 최근 5년 이내에 대리인이었던 경우
④ 위원이 해당 안건 당사자의 대리인이거나 최근 5년 이내에 대리인이었던 법인 · 단체 등에 현재 속하고 있거나 속하였던 경우
⑤ 위원이 최근 5년 이내에 해당 안건 당사자의 자문 · 고문에 응하였거나 해당 안건 당사자와 연구 · 용역 등의 업무 수행에 동업 또는 그 밖의 형태로 직접 해당 안건 당사자의 업무에 관여를 하였던 경우
⑥ 위원이 최근 5년 이내에 해당 안건 당사자의 자문 · 고문에 응하였거나 해당 안건 당사자와 연구 · 용역 등의 업무 수행에 동업 또는 그 밖의 형태로 직접 해당 안건 당사자의 업무에 관여를 하였던 법인 · 단체 등에 현재 속하고 있거나 속하였던 경우

또한, 관세품목분류위원회의 위원은 제1항 각 호의 어느 하나에 해당하는 경우에는 스스로 해당 안건의 심의 · 의결에서 회피하여야 한다(영 제101조의2 제2항).

3. 품목분류의 적용기준(Standards for Applying Tariff Classification)

기획재정부장관은 대통령령으로 정하는 바에 따라 품목분류를 적용하는 데에 필요한 기준을 정할 수 있는 바, 품목분류의 적용기준은 기획재정부령으로 정한다(법 제85조 제1항 및 영 제99조 제1항).

또한, 기획재정부장관은 관세협력이사회가 협약에 따라 권고한 통일상품명 및 부호체계의 품목분류에 관한 사항을 관세청장으로 하여금 고시하게 할 수 있다. 이 경우 관세청장은 고시할 때 기획재정부장관의 승인을 받아야 한다(영 제99조 제2항).

4. 품목분류표

(1) 품목분류표의 고시

기획재정부장관은 「통일상품명 및 부호체계에 관한 국제협약」(이하 이 조 및 제99조에서 "협약"이라 한다) 제3조제3항에 따라 수출입물품의 신속한 통관, 통계파악 등을 위하여 협약 및 법 별표 관세율표를 기초로 하여 품목을 세분한 관세 · 통계통합품목분류표(이하 이 조에서 "품목분류표"라 한다)를 고시할 수 있다(영 제98조 제1항).

(2) 품목분류체계의 수정(Modification of Tariff Classification System)

기획재정부장관은 「통일상품명 및 부호체계에 관한 국제협약」에 따른 관세협력이사회의 권고 또는 결정이나 새로운 상품의 개발 등으로 별표 관세율표 또는 제73조 및 제76조에 따라 대통령령으로 정한 품목분류를 변경할 필요가 있는 경우 그 세율이 변경되지 아니하는 경우에는 대통령령으로 정하는 바에 따라 새로 품목분류를 하거나 다시 품목분류를 할 수 있다(법 제84조).

따라서, 기획재정부장관은 관세협력이사회로부터 협약의 품목분류에 관한 권고 또는 결정이 있거나 새로운 상품이 개발되는 등 법 별표 관세율표와 「세계무역기구협정 등에 따른 양허관세규정 및 특정국가와의 관세협상에 따른 국제협력관세의 적용에 관한 규정 및 최빈개발도상국에 대한 특혜관세공여규정」에 따른 품목분류 및 품목분류표를 변경할 필요가 있는 때에는 그 세율을 변경함이 없이 관세법 별표 관세율표와 양허관세규정등에 따른 품목분류 및 품목분류표를 변경고시할 수 있다(영 제98조 제2항).

또한, 기획재정부장관은 관세협력이사회로부터 협약의 품목분류에 관한 권고 또는 결정이 있어서 품목분류를 변경하는 때에는 협약 제16조 제4항에 따른 기한내에 관세법 별표 관세율표상의 품목분류 및 품목분류표에 이를 반영하여야 한다(영 제98조 제3항).

제5절 탄력관세제도

Ⅰ. 개요

1. 의의

탄력관세제도는 급변하는 국내외 정치·경제적 여건에 신속하게 대처할 목적으로 국회의 심의·의결을 거쳐 관세율을 결정 또는 변경하는 것이 아니라 행정부가 세율을 탄력적으로 변경·운영할 수 있도록 하고 있는 것이다. 즉, 기본세율을 변경하지 않고 정책목적에 따라 법률에서 정하여진 범위에서 세율을 임시적으로 적용하는 것이다.

2. 기능

(1) 국내산업의 보호

탄력관세제도는 수입물품의 가격하락에 따른 수입증대로 인하여 야기되는 국제수지의 악화 및 외국상품의 국내시장확대를 방지함으로써 국내산업을 보호할 수 있다. 덤핑방지관세, 상계관세, 보복관세 등이 국내산업을 보호하기 위한 탄력관세제도라고 할 수 있다.

(2) 국내물가의 안정

탄력관세제도는 국내공급이 부족하여 국내가격이 폭등하는 경우에 수입을 증가시켜 국내물가를 안정시킬 수 있다. 할당관세, 계절관세 등이 국내물가의 안정을 도모하기 위한 탄력관세제도라고 할 수 있다.

(3) 주요자원의 안정적 확보

탄력관세제도는 수입물품에 기본세율보다 낮은 세율을 부과함으로써 필요한 주요자원을 안정적으로 확보할 수 있다. 할당관세 등이 주요자원의 안정적 확보를 위한 탄력관세제도라고 할 수 있다.

(4) 세율의 불균형 시정

탄력관세제도는 산업구조의 급격한 변동으로 품목간의 세율을 조정할 필요가 있을 때 세율의 불균형을 시정할 수 있다. 조정관세, 할당관세 등이 세율의 불균형을 시정하기 위한 탄력관세제도라고 할 수 있다.

Ⅱ. 탄력관세의 종류

현재 우리나라 관세법하에서 시행되고 있는 탄력관세는 다음과 같다.

탄력관세
- 덤핑방지관세(Anti-Dumping Duties)(법 제51조)
- 상계관세(Countervailing Duties)(법 제57조)
- 보복관세(Retaliatory Duties)(법 제63조)
- 긴급관세(Emergency Tariff)(법 제65조)
- 특정국물품긴급관세(법 제67조의 2)
- 농림축산물에 대한 특별긴급관세(Special Emergency Tariff on Agricultural, Forest and Live- stock Products)(법 제68조)
- 조정관세(Adjusted Duties)(법 제69조)
- 할당관세(Quota Tariff)(법 제71조)
- 계절관세(Seasonal Duties)(법 제72조)
- 편익관세(Beneficial Tariff)(법 제74조)

1. 덤핑방지관세(Anti-Dumping Duties)

(1) 의의

(가) 덤핑방지관세의 정의

덤핑방지관세(Anti-Dumping Duties)란 국내산업에 이해관계가 있는 자로서 대통령령으로 정하는 자 또는 주무부장관이 부과요청을 한 경우로서 외국의 물품이 대통령령으로 정하는 정상가격이하로 수입("덤핑")되어 ① 국내산업이 실질적인 피해를 받거나 받을 우려가 있는 경우, ② 국내산업의 발전이 실질적으로 지연된 경우의 하나에 해당하는 것(이 관에서 "실질적 피해등"이라 한다)으로 조사를 통하여 확인되고 해당 국내산업을 보호할 필요가 있다고 인정되는 경우에 기획재정부령으로 그 물품과 공급자 또는 공급국을 지정하여 해당 물품에 대하여 "덤핑차액"(정상가격과 덤핑가격과의 차액)에 상당하는 금액이하의 관세를 추가하여 부과하는 관세를 말한다(법 제51조).

즉, 덤핑방지관세(Anti-dumping duties)란 외국의 물품이 정상가격이하로 수입되어 국내산업에 피해를 야기시킨 경우에 정상가격과 덤핑가격과의 차액에 상당하는 금액이하의 관세를 추가로 부과함으로써 국내산업을 보호하기 위한 것이다.

(나) 정상가격의 정의

"정상가격"이란 다음의 경우를 말한다(영 제58조 제1항~제3항).

① 해당 물품의 공급국에서 소비되는 동종물품의 통상거래가격을 말한다. 다만, 동종물품이 거래되지 아니하거나 특수한 시장상황 등으로 인하여 통상거래가격을 적용할 수 없는 때에는 해당 국가에서 제3국으로 수출되는 수출가격 중 대표적인 가격으로서 비교가능한 가격 또는 원산지국에서의 제조원가에 합리적인 수준의 관리비

및 판매비와 이윤을 합한 가격(이하 "구성가격"이라 한다)을 정상가격으로 본다. 여기에서, 통상거래가격 및 제3국으로 수출되는 수출가격을 결정함에 있어서 동종물품의 판매가 다음의 어느 하나에 해당하는 경우에는 그 판매가격을 근거로 하지 아니할 수 있다(규칙 제10조 제1항).

㉮ 조사대상기간 동안 정상가격을 결정하기 위하여 고려되고 있는 거래중 해당 물품의 제조원가에 합리적인 수준의 판매비 및 일반관리비를 가산한 가격(이하 이 조에서 "원가"라 한다) 이하로 판매한 양이 100분의 20 이상이거나 정상가격을 결정하기 위하여 고려되고 있는 거래의 가중평균 판매가격이 해당 거래의 가중평균 원가 이하이고, 해당 원가 이하의 판매에 따라 적절한 기간내에 그 물품의 원가수준에 상당하는 비용을 회수할 수 없는 경우(판매시 원가 이하인 가격이 조사대상기간동안의 가중평균 원가보다 높은 때에는 그 물품의 원가수준에 상당하는 비용을 회수할 수 있는 것으로 본다)

㉯ 영 제23조 제1항에 따른 특수관계가 있는 당사자간의 판매가격으로서 해당 가격이 당사자간의 관계에 따라 영향을 받은 경우

또한, 특수한 시장상황 등에는 공급국안에서의 판매량이 그 공급국으로부터의 수입량의 100분의 5 미만으로서 정상가격결정의 기초로 사용하기에 부적당한 경우를 포함한다. 다만, 공급국안에서의 판매량이 100분의 5 미만인 경우에도 덤핑가격과 비교할 수 있음이 입증되는 때에는 그러하지 아니하다(규칙 제10조 제2항).

그리고, 구성가격을 산정함에 있어 판매비·일반관리비 및 이윤의 금액은 조사대상 공급자에 따라 동종물품의 통상적인 거래에서 발생한 생산 및 판매와 관련된 실제자료에 기초하여야 한다. 이 경우 현재 또는 미래의 생산에 기여할 수 있는 일회성 비용이나 조사대상기간중의 생산개시비용 등으로 인하여 원가가 적절히 반영되지 아니한 때에는 이를 조정하여야 한다. 다만, 구성가격을 산정함에 있어서 실제자료에 기초할 수 없는 때에는 다음의 어느 하나에 기초하여 산정할 수 있다(규칙 제10조 제3항 및 제4항).

㉮ 조사대상 공급자에 의하여 원산지국가의 국내시장에서 동일부류의 물품의 생산·판매와 관련하여 발생되고 실현된 실제금액

㉯ 원산지국가의 국내시장에서 동종물품의 생산·판매와 관련하여 다른 조사대상 공급자에 의하여 발생되고 실현된 실제금액의 가중평균

㉰ 그 밖에 합리적이라고 인정되는 방법. 다만, 이러한 방법으로 산정된 이윤은 원산지국가안에서 동일부류의 물품을 다른 공급자가 판매하여 통상적으로 실현시킨 이윤을 초과하여서는 아니된다

② 해당 물품의 원산지국으로부터 직접 수입되지 아니하고 제3국을 거쳐 수입되는 경우에는 그 제3국의 통상거래가격을 정상가격으로 본다. 다만, 그 제3국내에서 해당 물품을 단순히 옮겨 싣거나 동종물품의 생산실적이 없는 때 또는 그 제3국내에 통상

거래가격으로 인정될 가격이 없는 때에는 원산지국의 통상거래가격을 정상가격으로 한다.

③ 해당 물품이 통제경제를 실시하는 시장경제체제가 확립되지 아니한 국가로부터 수입되는 때에는 제1항 및 제2항에도 불구하고 다음의 어느 하나에 해당하는 가격을 정상가격으로 본다. 다만, 시장경제체제가 확립되지 아니한 국가가 시장경제로의 전환체제에 있는 등 기획재정부령으로 정하는 경우[2]에는 제1항 및 제2항의 규정에 따른 통상거래가격 등을 정상가격으로 볼 수 있다.

㉮ 우리나라를 제외한 시장경제국가[3]에서 소비되는 동종물품의 통상거래가격

㉯ 우리나라를 제외한 시장경제국가에서 우리나라를 포함한 제3국으로의 수출가격 또는 구성가격

(다) 덤핑가격의 정의

"덤핑가격"이란 덤핑 및 실질적인 피해 등의 조사가 개시된 조사대상물품에 대하여 실제로 지급하였거나 지급하여야 하는 가격을 말한다. 다만, 공급자와 수입자 또는 제3자 사이에 제23조 제1항에 따른 특수관계 또는 보상약정이 있어 실제로 지급하였거나 지급하여야 할 가격에 의할 수 없는 때에는 다음의 어느 하나의 가격으로 할 수 있다(영 제58조 제4항 및 규칙 제10조 제7항).

① 수입물품이 그 특수관계 또는 보상약정이 없는 구매자에게 최초로 재판매된 경우에는 기획재정부령으로 정하는 바에 따라 그 재판매 가격을 기초로 산정한 가격
여기에서, 재판매가격을 기초로 산정한 가격은 수입과 재판매 사이에 발생하는 제세를 포함한 비용과 그로 인한 이윤을 공제한 가격으로 한다.

② 수입물품이 그 특수관계 또는 보상약정이 없는 구매자에게 재판매된 실적이 없거나 수입된 상태로 물품이 재판매되지 아니하는 때에는 기획재정부령으로 정하는 합리적인 기준에 따른 가격
여기에서, 합리적인 기준에 따른 가격은 해당 물품의 수입가격에 해당 수입과 관련하여 발생하거나 해당 수입과 재판매 사이에서 발생하는 비용과 적정한 이윤 등을 참작하여 산출한 가격으로 한다.

(라) 정상가격과 덤핑가격의 비교

정상가격과 덤핑가격의 비교는 가능한 한 동일한 시기 및 동일한 거래단계(통상적으로 공장도 거래단계를 말한다)에서 비교하여야 한다. 이 경우 해당 물품의 물리적 특성, 판매수량, 판매조건, 과세상의 차이, 거래단계의 차이, 환율변동 등이 가격비교에 영향을 미치는 경우에는 기획재정부령으로 정하는 바에 따라 정상가격 및 덤핑가격을 조정하여야 하

2) "기획재정부령으로 정하는 경우"란 해당 국가 안에서 해당 물품의 생산 또는 판매가 시장경제원리에 따르고 있는 경우를 말한다(규칙 제10조 제6항).

3) 시장경제국가는 원칙적으로 해당 물품을 공급한 국가와 경제발전정도, 해당 물품의 생산기술수준 등이 유사한 국가로 한다(규칙 제10조의 제5항).

며, 덤핑율 조사대상기간은 6개월 이상의 기간으로 한다(영 제58조 제5항).

위의 규정에 따른 비교 및 조정은 다음과 같다(규칙 제10조 제8항~제12항).

① 정상가격과 덤핑가격을 비교하는 때에는 원칙적으로 거래량을 가중치로 하여 가중산술평균한 가격으로 비교하여야 한다. 이 경우 개별 덤핑가격이 정상가격보다 높은 경우를 포함하여 모든 개별 덤핑가격을 가중산술평균한 가격을 덤핑가격으로 한다(규칙 제10조 제8항).

② 정상가격과 덤핑가격을 비교할 때 적용하는 환율은 원칙적으로 해당 물품 거래일의 환율로 한다. 다만, 해당 물품 거래가 선물환거래와 직접적으로 연계되어 있는 경우에는 그 약정환율을 적용할 수 있다(규칙 제10조 제9항).

③ 영 제58조 제5항 후단에 따라 물리적 특성의 차이로 가격조정을 하는 때에는 그 물리적 특성이 공급국의 시장가격에 미치는 영향을 기준으로 계산하여야 한다. 다만, 공급국의 시장가격에 관한 자료를 구할 수 없거나 그 자료가 가격비교에 사용하기에 부적합한 때에는 물리적 특성의 차이에 따른 제조원가의 차이를 기준으로 조정할 수 있다(규칙 제10조 제10항).

④ 영 제58조 제5항 후단에 따라 판매수량의 차이로 가격조정을 하는 경우는 대량생산에 따른 생산비의 절감에 의한 것이거나 통상적인 거래에서 모든 구매자에게 제공되는 대량판매에 의한 할인이 있는 경우로 한다(규칙 제10조 제11항).

⑤ 영 제58조 제5항 후단에 따라 판매조건의 차이로 가격조정을 하는 경우는 그 판매조건이 해당 판매가격에 영향을 미칠 정도의 직접적인 관계가 있는 경우에 한한다(규칙 제10조 제12항).

⑥ 영 제58조 제5항 후단에 따라 환율변동으로 가격을 조정하는 경우는 덤핑률 조사대상 기간 중 환율이 일정한 방향으로 변동하여 지속된 경우로 하며, 그 조정된 가격을 조사대상 공급자에게 환율변동 후 60일 동안 적용할 수 있게 하여야 한다(규칙 제10조 제8항).

그리고 이해관계인은 물리적 특성, 판매수량 및 판매조건의 차이로 인하여 제5항에 따른 가격조정을 요구하는 때에는 그러한 차이가 시장가격 또는 제조원가에 직접적으로 영향을 미친다는 사실을 입증하여야 한다(영 제58조 제6항).

(마) 국내산업의 정의

국내산업은 정상가격이하로 수입되는 물품과 동종물품의 국내생산사업(해당 수입물품의 공급자 또는 수입자와 제23조 제1항에 따른 특수관계에 있는 생산자에 따른 생산사업과 해당 수입물품의 수입자인 생산자로서 기획재정부령으로 정하는 자에 따른 생산사업을 제외할 수 있다. 이하 이 항에서 같다)의 전부 또는 국내총생산량의 상당부분을 점하는 국내생산사업으로 한다(영 제59조 제2항).

여기에서 "동종물품"이란 해당 수입물품과 물리적 특성, 품질 및 소비자의 평가 등 모든 면에서 동일한 물품(겉모양에 경미한 차이가 있는 물품을 포함)을 말하며, 그러한 물품이 없는 때에는 해당 수입물품과 매우 유사한 기능·특성 및 구성요소를 가지고 있는 물품을 말한다(규칙 제11조 제1항).

또한, "해당 수입물품의 수입자인 생산자로서 기획재정부령으로 정하는 자"란 해당 수입물품을 수입한 생산자 중 다음의 자를 제외한 자를 말한다(규칙 제11조 제2항).

① 덤핑방지관세의 부과에 필요한 조사의 신청서접수일로부터 6개월 이전에 덤핑물품을 수입한 생산자(영 제59조 제4항)

② 덤핑물품의 수입량이 근소한 생산자

그리고 특수관계에 있는 생산자의 범위를 판정함에 있어서 해당 수입물품과 동종물품의 생산자가 영 제23조 제1항에 따른 특수관계에 속하지 아니하는 자와 동일 또는 유사한 가격 및 조건 등으로 이를 판매하는 때에는 해당 생산자를 특수관계에 있는 생산자의 범위에서 제외할 수 있다(규칙 제11조 제3항).

(2) 부과요건

국내산업에 이해관계가 있는 자로서 대통령령으로 정하는 자 또는 주무부장관이 부과요청을 한 경우로서 외국의 물품이 대통령령으로 정하는 정상가격이하로 수입("덤핑")되어 ① 국내산업이 실질적인 피해를 받거나 받을 우려가 있는 경우, ② 국내산업의 발전이 실질적으로 지연된 경우의 하나에 해당하는 것(이 관에서 "실질적 피해등"이라 한다)으로 조사를 통하여 확인되고 해당 국내산업을 보호할 필요가 있다고 인정되는 경우에 기획재정부령으로 그 물품과 공급자 또는 공급국을 지정하여 해당 물품에 대하여 "덤핑차액"(정상가격과 덤핑가격과의 차액)에 상당하는 금액이하의 관세("덤핑방지관세")를 추가하여 부과할 수 있다(법 제51조).

위의 규정에 따라 덤핑방지관세의 부과요건은 다음과 같다.

① 국내산업에 이해관계가 있는 자로서 대통령령으로 정하는 자 또는 주무부장관의 부과요청이 있어야 한다.

② 외국의 물품이 정상가격이하로 수입되어야 한다.

③ 그 수입으로 인하여 국내산업이 실질적인 피해를 받거나 받을 우려가 있거나 또는 국내산업의 발전이 실질적으로 지연(이하 이 조에서 "실질적인 피해등"이라 한다) 되었음이 조사를 통하여 확인되어야 한다.

④ 해당 국내산업을 보호할 필요가 있다고 인정되어야 한다.

한편, 법 제56조 제1항 및 제2항과 제51조부터 제55조까지의 규정에 따른 덤핑방지관세의 부과 및 시행 등에 필요한 사항은 대통령령으로 정한다(법 제56조 제3항).

(3) 부과요청

실질적인 피해 등을 받은 국내산업에 이해관계가 있는 자 또는 해당 산업을 관장하는 주무부장관은 기획재정부령으로 정하는 바에 따라 기획재정부장관에게 덤핑방지관세의 부과를 요청할 수 있으며, 이 요청은 "무역위원회"(「불공정행위조사 및 산업피해구제에 관한 법률」 제27조의 규정)에 대한 덤핑방지관세의 부과에 필요한 조사신청으로 갈음한다(영 제59조 제1항).

위에 따라 조사를 신청하려는 자는 ① 다음의 사항을 기재한 신청서 3부와 ② 덤핑물품의 수입사실과 해당 물품의 수입으로 인한 실질적인 피해 등의 사실에 관한 충분한 증빙자료 각 3부를 무역위원회에 제출하여야 한다. 이 경우 무역위원회는 조사신청을 받은 사실을 기획재정부장관 및 관계행정기관의 장과 해당 물품의 공급국 정부에 통보하여야 한다(영 제59조 제4항).

① 해당 물품의 품명·규격·특성·용도·생산자 및 생산량
② 해당 물품의 공급국·공급자·수출실적 및 수출가능성과 우리나라의 수입자·수입실적 및 수입가능성
③ 해당 물품의 공급국에서의 공장도가격 및 시장가격과 우리나라에의 수출가격 및 제3국에의 수출가격
④ 국내의 동종물품의 품명·규격·특성·용도·생산자·생산량·공장도가격·시장가격 및 원가계산
⑤ 해당 물품의 수입으로 인한 국내산업의 실질적인 피해 등
⑥ 국내의 동종물품생산자들의 해당 조사신청에 대한 지지 정도
⑦ 신청서의 기재사항 및 첨부자료를 비밀로 취급할 필요가 있는 경우에는 그 사유
⑧ 그 밖에 기획재정부장관이 필요하다고 인정하는 사항

여기에서 "국내산업에 이해관계가 있는 자"란 실질적인 피해 등을 받은 국내산업에 속하는 국내생산자와 이들을 구성원으로 하거나 이익을 대변하는 법인·단체 및 개인으로서 "기획재정부령으로 정하는 자", 즉 국내생산자로 구성된 협회·조합 등을 말한다(영 제59조 제3항 및 규칙 제11조 제4항).

(4) 덤핑 및 실질적인 피해 등의 조사(Investigation of Dumping and Material Injury)

덤핑 사실과 실질적 피해등의 사실에 관한 조사는 대통령령으로 정하는 바에 따르며, 기획재정부장관은 덤핑방지관세를 부과할 때 관련 산업의 경쟁력 향상, 국내 시장구조, 물가안정, 통상협력 등을 고려할 필요가 있는 경우에는 이를 조사하여 반영할 수 있다(법 제52조 제1항 및 제2항).

이 영에서 규정한 사항 외에 조사의 절차에 관하여 필요한 사항은 무역위원회가 기획재정부장관과 협의하여 고시한다(법 제61조 제10항).

(가) 덤핑 및 실질적인 피해 등의 조사개시

무역위원회는 덤핑방지관세의 부과에 필요한 조사신청을 받은 경우 덤핑사실과 실질적인 피해 등의 사실에 관한 조사의 개시여부를 결정하여 조사신청을 받은 날부터 2개월 이

내에 그 결과와 다음의 사항을 기획재정부장관에게 통보하여야 하며, 무역위원회는 "다음의 ①"(영 제69조 제1항 제1호)에 따른 조사대상물품의 품목분류 등에 대해서는 관세청장과 협의하여 선정할 수 있다(영 제60조 제1항·제2항).

① 조사대상물품(조사대상물품이 많은 경우에는 기획재정부령으로 정하는 바에 따라 선정된 조사대상물품)

② 조사대상기간

③ 조사대상 공급자(조사대상 공급자가 많은 경우에는 기획재정부령으로 정하는 바에 따라 선정된 조사대상 공급자)

위에 따라 조사대상물품 또는 공급자를 선정함에 있어서는 이용가능한 자료를 기초로 통계적으로 유효한 표본추출방법(공급자의 수 또는 물품의 수를 수입량의 비율이 큰 순서대로 선정하는 방법 등을 포함)을 사용함을 원칙으로 한다(규칙 제12조 제1항).

(나) 조사신청의 기각

무역위원회는 덤핑 및 실질적인 피해 등의 조사의 개시 여부를 결정할 때에 조사신청이 다음의 어느 하나에 해당하면 그 조사신청을 기각하여야 한다(영 제60조 제2항 및 규칙 제12조 제2항·제3항).

① 신청서를 제출한 자가 덤핑방지관세의 부과요청을 할 수 있는 자가 아닌 경우

② 덤핑사실과 실질적인 피해 등의 사실에 관한 충분한 증빙자료를 제출하지 아니한 경우

③ 덤핑차액 또는 덤핑물품의 수입량이 "기획재정부령으로 정하는 다음의 기준(다음의 각 요건을 모두 갖추는 것을 말한다)"에 미달되거나 실질적인 피해등이 경미하다고 인정되는 경우

㉮ 덤핑차액 : 덤핑가격의 100분의 2 이상인 경우

㉯ 덤핑물품 수입량 : 동종물품의 국내수입량의 100분의 3 미만의 점유율을 보이는 공급국들로부터의 수입량의 합계가 국내수입량의 100분의 7을 초과하는 경우

④ 해당 조사신청에 찬성의사를 표시한 국내생산자들의 생산량합계가 기획재정부령으로 정하는 기준에 미달된다고 인정되는 다음의 어느 하나에 해당되는 경우

㉮ 덤핑방지관세의 부과요청에 대하여 찬성 또는 반대의사를 표시한 국내생산자들의 동종물품 국내생산량합계중 찬성의사를 표시한 국내생산자들의 생산량합계가 100분의 50 이하인 경우

㉯ 덤핑방지관세의 부과요청에 대하여 찬성의사를 표시한 국내생산자들의 생산량합계가 동종물품 국내총생산량의 100분의 25 미만인 경우

⑤ 조사개시전에 국내산업에 미치는 나쁜 영향을 제거하기 위한 조치가 취하여지는 등 조사개시가 필요없게 된 경우

(다) 조사개시결정의 통지 및 관보게재

무역위원회는 덤핑사실과 실질적인 피해 등의 사실에 관한 조사개시결정을 한 때에는

그 결정일부터 10일이내에 조사개시의 결정에 관한 사항을 조사신청자, 해당 물품의 공급국 정부 및 공급자 그 밖의 이해관계인에게 통지하고, 관보에 게재하여야 한다(영 제60조 제3항).

(라) 조사기관

덤핑사실 및 실질적인 피해 등의 사실에 관한 조사는 무역위원회가 담당한다. 이 경우 무역위원회는 필요하다고 인정하는 때에는 관계행정기관의 공무원 또는 관계전문가로 하여금 조사활동에 참여하도록 할 수 있다(영 제61조 제1항).

(마) 예비조사

무역위원회는 덤핑사실과 실질적인 피해등의 사실에 관한 조사개시의 결정에 관한 사항이 관보에 게재된 날부터 3개월 이내에 덤핑사실 및 그로 인한 실질적인 피해 등의 사실이 있다고 추정되는 충분한 증거가 있는지에 관한 예비조사를 하여 그 결과를 기획재정부장관에게 제출하여야 한다(영 제61조 제2항).

기획재정부장관은 제2항에 따른 예비조사결과가 제출된 날부터 1개월 이내에 잠정조치의 필요여부 및 내용에 관한 사항을 결정하여야 한다. 다만, 필요하다고 인정되는 경우에는 20일의 범위에서 그 결정기간을 연장할 수 있다(영 제61조 제3항).

무역위원회는 예비조사 및 본조사와 관련하여 조사기간을 연장할 필요가 있거나 이해관계인이 정당한 사유를 제시하여 조사기간의 연장을 요청하는 때에는 2개월의 범위에서 그 조사기간을 연장할 수 있다(영 제61조 제6항).

(바) 본조사

무역위원회는 기획재정부령으로 정하는 특별한 사유가 없는 한 예비조사결과를 제출한 날의 다음날부터 본조사를 개시하여야 하며, 본조사개시일부터 3개월 이내에 본 조사결과를 기획재정부장관에게 제출하여야 한다(영 제61조 제5항).

기획재정부장관은 제5항에 따른 본조사 결과가 접수되면 영 제60조 제3항에 따른 관보게재일부터 12개월 이내에 덤핑방지관세의 부과여부 및 내용을 결정하여 법 제51조에 따른 덤핑방지관세의 부과조치를 하여야 한다. 다만, 특별한 사유가 있다고 인정되는 경우에는 관보게재일부터 18개월 이내에 덤핑방지관세의 부과조치를 할 수 있다(영 제61조 제7항).

무역위원회는 예비조사에 따른 덤핑차액 또는 덤핑물품의 수입량이 "기획재정부령으로 정하는 다음의 기준"에 미달하거나 실질적인 피해등이 경미한 것으로 인정되는 때에는 본조사를 종결하여야 한다. 이 경우 기획재정부장관은 본조사 종결에 관한 사항을 관보에 게재하여야 한다(영 제61조 제4항 및 규칙 제13조).

① 덤핑차액: 덤핑가격의 2/100 이상인 경우
② 덤핑물품 수입량: 동종물품 국내 수입량의 2/100 미만의 점유율을 보이는 공급국들로부터의 수입량의 합계가 국내수입량의 7/100을 초과하는 경우

(사) 관세부과조치 등에 관한 약속제의의 건의

무역위원회는 예비조사 및 본조사결과를 제출하는 경우 필요하다고 인정되는 때에는 기획재정부장관에게 ① 덤핑방지관세부과(법 제51조), ② 잠정조치(법 제53조 제1항), ③ 가격수정이나 덤핑수출의 중지에 관한 약속의 제의 또는 수락(법 제54조 제1항)을 건의할 수 있다(영 제61조 제9항).

(5) 부과요청의 철회

덤핑방지관세의 부과에 필요한 조사를 신청한 자가 해당 신청을 철회하려면 서면으로 그 뜻을 무역위원회에 제출하여야 하는 바, 조사신청을 철회하려는 자는 철회사유를 기재한 철회서 및 관련자료를 무역위원회에 제출하여야 한다(영 제62조 제1항 전단 및 규칙 제14조 제1항).

이 경우 무역위원회는 예비조사결과를 제출하기 전에 해당 철회서를 접수한 때에는 기획재정부장관 및 관계행정기관의 장과 협의하여 덤핑사실과 실질적인 피해 등의 사실에 관한 조사개시여부의 결정을 중지하거나 예비조사를 종결할 수 있으며, 예비조사결과를 제출한 후에 해당 철회서를 접수한 때에는 기획재정부장관에게 이를 통보하여야 한다(영 제62조 제2항 후단).

또한, 기획재정부장관 또는 무역위원회는 예비조사 또는 본조사(영 제61조 제2항 또는 제5항)의 기간중에 철회서가 접수된 경우로서 해당 철회의 사유가 부당하다고 인정되는 경우에는 해당 예비조사 또는 본조사가 종료될 때까지 철회에 따른 조사종결여부에 대한 결정을 유보할 수 있다(규칙 제14조 제2항).

그리고, 기획재정부장관은 예비조사결과를 제출한 이후에 해당 철회서를 접수한 사실의 통보를 받은 때에는 무역위원회 및 관계행정기관의 장과 협의하여 덤핑사실 및 실질적인 피해 등의 사실에 관한 조사를 종결하도록 할 수 있으며, 잠정조치가 취하여진 경우에는 이를 철회할 수 있고, 잠정조치를 철회하는 때에는 해당 잠정조치에 따라 납부된 잠정덤핑방지관세를 환급하거나 제공된 담보를 해제하여야 한다(영 제62조 제2항 및 제3항).

(6) 실질적인 피해등의 판정

(가) 조사사항

무역위원회는 실질적 피해등의 사실을 조사·판정하는 때에는 다음의 사항을 포함한 실질적 증거에 근거하여야 한다(영 제63조 제1항).

① 덤핑물품의 수입물량(해당 물품의 수입이 절대적으로 또는 국내생산이나 국내소비에 대하여 상대적으로 뚜렷하게 증가되었는지의 여부를 포함)

② 덤핑물품의 가격(국내 동종물품의 가격과 비교하여 뚜렷하게 하락되었는지의 여부를 포함)

③ 덤핑차액의 정도(덤핑물품의 수입가격이 수출국내 정상가격과 비교하여 뚜렷하게 하락되었는지의 여부를 포함)

④ 국내산업의 생산량·가동률·재고·판매량·시장점유율·가격(가격하락 또는 인상억제의 효과를 포함)·이윤·생산성·투자수익·현금수지·고용·임금·성장·자본조달·투자능력·기술개발

⑤ 덤핑물품의 수입물량 및 덤핑물품의 가격이 국내산업에 미치는 실재적 또는 잠재적 영향

(나) 실질적인 피해의 기준

실질적인 피해 등을 조사·판정하는 경우 실질적 피해등을 받을 우려가 있는지에 관한 판정은 위의 조사사항외에 다음의 사항을 포함한 사실에 근거를 두어야 하며 덤핑물품으로 인한 피해는 명백히 예견되고 급박한 것이어야 한다(영 제63조 제2항).

① 실질적인 수입증가의 가능성을 나타내는 덤핑물품의 현저한 증가율

② 우리나라에 덤핑수출을 증가시킬 수 있는 생산능력의 실질적 증가(다른 나라에의 수출가능성을 감안한 것이어야 한다)

③ 덤핑물품의 가격이 동종물품의 가격을 하락 또는 억제시킬 수 있는지 여부 및 추가적인 수입수요의 증대 가능성

④ 덤핑물품의 재고 및 동종물품의 재고상태

또한, 무역위원회는 실질적 피해등의 사실을 조사·판정함에 있어 2이상의 국가로부터 수입된 물품이 동시에 조사대상물품이 되고 다음에 해당하는 경우에는 그 수입으로부터의 피해를 누적적으로 평가할 수 있다(영 제63조 제3항).

① 덤핑차액 및 덤핑물품의 수입량이 기획재정부령으로 정하는 기준[4]에 해당하는 경우

② 덤핑물품이 상호경쟁적이고 국내 동종물품과 경쟁적인 경우

그리고 무역위원회는 덤핑외의 다른 요인으로서 국내산업에 피해를 미치는 요인들을 조사하여야 하며, 이러한 요인들에 따른 산업피해 등을 덤핑에 따른 것으로 간주하여서는 아니된다(영 제63조 제4항).

(7) 이해관계인에 대한 자료협조 요청

(가) 자료협조 요청

기획재정부장관 또는 무역위원회는 실질적인 피해 등의 조사 및 덤핑방지관세의 부과여부 등을 결정하기 위하여 필요하다고 인정하는 때에는 관계행정기관·국내생산자·공급자·

4) "기획재정부령으로 정하는 기준"이란 ①덤핑차액 : 덤핑가격의 100분의 2 이상인 경우, ② 덤핑물품 수입량 : 동종물품의 국내수입량의 100분의 3 미만의 점유율을 보이는 공급국들로부터의 수입량의 합계가 국내수입량의 100분의 7을 초과하는 경우의 요건(제12조 제2항의 요건)을 모두 갖추는 것을 말한다(규칙 제13조).

수입자 및 이해관계인에게 관계자료의 제출 등 필요한 협조를 요청할 수 있다. 다만, 공급자에게 덤핑사실여부를 조사하기 위한 질의를 하는 때에는 회신을 위하여 질의서발송일부터 40일 이상의 회신기간을 주어야 하며 공급자가 사유를 제시하여 동 기한의 연장을 요청할 경우 이에 대하여 적절히 고려하여야 한다(영 제64조 제1항).

그러나 기획재정부장관 또는 무역위원회는 실질적인 피해 등의 조사 및 덤핑방지관세의 부과여부 등을 결정함에 있어서 이해관계인이 관계자료를 제출하지 아니하거나 무역위원회의 조사를 거부·방해하는 경우 등의 사유로 조사 또는 자료의 검증이 곤란한 경우에는 이용가능한 자료 등을 사용하여 덤핑방지를 위한 조치를 할 것인지 여부를 결정할 수 있다(영 제64조 제5항).

(나) 제출자료의 비밀취급

실질적인 피해 등의 조사·덤핑방지관세의 부과여부 등의 결정 및 덤핑방지관세의 부과에 필요한 조사신청을 위하여 제출된 자료중 성질상 비밀로 취급하는 것이 타당하다고 인정되거나 조사신청자나 이해관계인이 정당한 사유를 제시하여 비밀로 취급하여 줄 것을 요청한 자료에 대하여는 해당 자료를 제출한 자의 명시적인 동의없이 이를 공개하여서는 아니된다(영 제64조 제2항).

여기에서, 비밀로 취급하는 자료는 다음의 사항에 관한 자료로서 이들이 공개되는 경우 그 제출자나 이해관계인의 이익이 침해될 우려가 있는 것으로 한다(규칙 제15조).

① 제조원가
② 공표되지 아니한 회계자료
③ 거래처의 성명·주소 및 거래량
④ 비밀정보의 제공자에 관한 사항
⑤ 그 밖에 비밀로 취급하는 것이 타당하다고 인정되는 자료

또한 기획재정부장관 또는 무역위원회는 비밀로 취급하여 줄 것을 요청한 자료를 제출한 자에게 해당 자료의 비밀이 아닌 요약서의 제출을 요구할 수 있다. 이 경우 해당 자료를 제출한 자가 그 요약서를 제출할 수 없는 때에는 그 사유를 기재한 서류를 제출하여야 한다(영 제64조 제3항).

한편, 기획재정부장관 또는 무역위원회는 비밀취급요청이 정당하지 아니하다고 인정됨에도 불구하고 자료의 제출자가 정당한 사유없이 자료의 공개를 거부하는 때 또는 해당 자료의 비밀이 아닌 요약서의 제출을 거부한 때에는 해당 자료의 정확성이 충분히 입증되지 아니하는 한 해당 자료를 참고하지 아니할 수 있다(영 제64조 제4항).

(다) 자료의 목적외 사용금지

기획재정부장관 및 무역위원회는 덤핑방지관세의 부과절차와 관련하여 이해관계인으로부터 취득한 정보·자료 및 인지한 사실을 다른 목적으로 사용할 수 없다(영 제64조 제6항).

(라) 자료열람요청

기획재정부장관 및 무역위원회는 이해관계인이 덤핑방지관세의 부과에 필요한 조사신청을 위하여 제출한 관계증빙자료와 실질적인 피해 등의 조사·덤핑방지관세의 부과여부 등의 결정, 덤핑사실, 가격수정·수출중지 등의 약속을 위하여 제출 또는 통보된 자료중 비밀로 취급되는 것외의 자료의 열람을 요청하는 경우에는 특별한 사유가 없는 한 이에 응하여야 한다. 이 경우 이해관계인의 자료열람요청은 그 사유 및 자료목록을 기재한 서면으로 하여야 한다(영 제64조 제7항).

(마) 이해관계인의 의견진술

기획재정부장관 또는 무역위원회는 필요하다고 인정하거나 이해관계인의 요청이 있는 때에는 이해관계인으로 하여금 공청회 등을 통하여 의견을 진술할 기회를 주거나 상반된 이해관계인과 협의할 수 있는 기회를 줄 수 있다(영 제64조 제8항).

기타 공청회와 관련된 규정은 다음과 같다(규칙 제16조 제1항~제7항).

① 무역위원회는 영 제64조제8항에 따라 공청회를 개최하는 때에는 그 계획 및 결과를 기획재정부장관에게 통보하여야 한다.
② 기획재정부장관 및 무역위원회는 공청회를 개최하려면 신청인 및 이해관계인에게 공청회의 일시 및 장소를 개별통지하고, 관보 등 적절한 방법으로 공청회개최일 30일 이전에 공고하여야 한다. 다만, 사안이 시급하거나 조사일정상 불가피한 때에는 7일 이전에 알려줄 수 있다.
③ 공청회에 참가하려는 자는 공청회개최예정일 7일전까지 신청인 또는 이해관계인이라는 소명자료와 진술할 발언의 요지, 관련근거자료, 자신을 위하여 진술할 자의 인적사항 등을 첨부하여 기획재정부장관 및 무역위원회에 신청하여야 한다.
④ 신청인 또는 이해관계인은 공청회에 대리인과 공동으로 참가하여 진술하거나 필요한 때에는 대리인으로 하여금 진술하게 할 수 있다.
⑤ 공청회에 참가하는 자는 공청회에서 진술한 내용과 관련되는 보완자료를 공청회 종료후 7일 이내에 기획재정부장관 및 무역위원회에 서면으로 제출할 수 있다.
⑥ 신청인 또는 이해관계인은 공청회에서 진술하는 때에는 한국어를 사용하여야 한다.
⑦ 외국인이 공청회에 직접 참가하는 때에는 통역사를 대동할 수 있다. 이 경우 통역사가 통역한 내용을 해당 외국인이 진술한 것으로 본다.

(8) 덤핑방지관세의 부과

(가) 부과방법

덤핑방지관세는 질적 피해등을 구제하기 위하여 필요한 범위에서 공급자 또는 공급국별로 덤핑방지관세율 또는 기준수입가격을 정하여 부과한다. 다만, 정당한 사유없이 제64조의 규정에 의한 자료를 제출하지 아니하거나 해당 자료의 공개를 거부하는 경우 및 기타의 사유로 조사 또는 자료의 검증이 곤란한 공급자에 대하여는 단일 덤핑방지관세율 또는 단일 기준수입가격을 정하여 부과할 수 있다(영 제65조 제1항).

따라서, 덤핑방지관세를 부과하는 때에는 다음의 방법에 따른다(규칙 제17조 제1항).

① 덤핑방지관세를 정률세의 방법으로 부과하는 경우: 다음의 산식에 따라 산정된 덤핑률의 범위에서 결정한 율을 과세가격에 곱하여 산출한 금액

$$\text{덤핑률} = \frac{\text{조정된 정상가격} - \text{조정된덤핑가격}}{\text{과세가격}} \times 100$$

② 덤핑방지관세를 기준수입가격의 방법으로 부과하는 경우: 영 제65조 제7항에 따른 기준수입가격에서 과세가격을 차감하여 산출한 금액

(나) 조사대상으로 선정되지 않은 공급자에 대한 부과

덤핑사실과 실질적인 피해 등의 사실에 관한 조사대상으로 선정되지 아니한 공급자에 대하여는 조사대상으로 선정된 공급자의 덤핑방지관세율 또는 기준수입가격을 기획재정부령으로 정하는 바에 따라 가중평균한 덤핑방지관세율 또는 기준수입가격에 따라 덤핑방지관세를 부과한다. 다만, 조사대상기간중에 수출을 한 자로서 조사대상으로 선정되지 아니한 자중 이해관계인에 대한 자료협조 요청의 규정(영 제64조)에 따른 자료를 제출한 자에 대하여는 제1항에 따른다(영 제65조 제2항).

위에 따라 가중평균 덤핑방지관세율 또는 기준수입가격을 산정함에 있어서 공급자가 다수인 때에는 공급자별 수출량에 따라 가중치를 둘 수 있다. 이 경우 다음의 어느 하나에 해당하는 공급자는 산정대상에서 제외한다(규칙 제17조 제2항).

① 덤핑차액이 없거나 덤핑가격대비 덤핑차액이 100분의 2 미만인 공급자
② 영 제64조 제5항에 따라 이용가능한 자료 등을 사용하여 덤핑차액 등을 산정한 공급자

(다) 공급국을 지정한 경우의 부과

공급국을 지정하여 덤핑방지관세를 부과하는 경우 덤핑사실과 실질적인 피해 등의 사실에 관한 조사대상기간이후에 수출하는 해당 공급국의 신규공급자가 덤핑방지관세가 부과되는 공급자와 기획재정부령으로 정하는 특수관계에 있는 때에는 그 공급자에 대한 덤핑방지관세율 또는 기준수입가격을 적용하여 덤핑방지관세를 부과한다. 다만, 신규공급자가 특수관계에 있지 아니하다고 증명하는 경우에는 조사를 통하여 별도의 덤핑방지관세율 또는 기준수입가격을 정하여 부과할 수 있다. 이 경우 기획재정부령으로 정하는 바에 따라 기존 조사대상자에 대한 조사방법 및 조사절차 등과 달리할 수 있다(영 제65조 제3항).

제3항 단서에 따라 신규공급자에 대한 조사가 개시된 경우 세관장은 그 신규공급자가 공급하는 물품에 대하여 이를 수입하는 자로부터 담보를 제공받고 조사 완료일까지 덤핑

방지관세의 부과를 유예할 수 있다(영 제65조 제4항).

제3항 단서에 따라 정한 덤핑방지관세율 또는 기준수입가격은 해당 조사의 개시일부터 적용한다(영 제65조 제5항).

제3항 단서에 따라 조사가 개시된 신규공급자의 가격수정·수출중지 등의 약속에 관하여는 제68조제1항부터 제3항까지, 제5항 및 제6항을 준용한다. 이 경우 제68조제1항 전단 중 "제61조제5항의 규정에 의한 본조사의 결과에 따른 최종판정"은 "제65조제3항 단서에 따른 조사의 종결"로 본다(영 제65조 제6항).

기획재정부장관은 위의 단서(영 제65조 제3항 단서)에 따른 신규공급자에 대하여 영 제61조에 따른 조사를 조속히 행하여야 한다. 이 경우 실질적 피해등의 조사는 영 제65조제3항에 따른 공급국에 대한 실질적 피해등의 조사로 갈음할 수 있다(규칙 제17조 제3항).

한편, 제1항부터 제3항까지의 규정에 규정된 기준수입가격은 정상가격과 덤핑가격의 비교에 관한 규정(영 제58조 제5항)에 따라 조정된 공급국의 정상가격에 수입관련비용을 가산한 범위에서 결정한다(영 제65조 제7항).

(9) 잠정조치(Provisional Measure)

(가) 잠정조치의 정의

기획재정부장관은 덤핑방지관세의 부과 여부를 결정하기 위하여 조사가 시작된 경우로서 다음 각 호의 어느 하나에 해당하는 경우에는 조사기간 중에 발생하는 피해를 방지하기 위하여 해당 조사가 종결되기 전이라도 대통령령으로 정하는 바에 따라 그 물품과 공급자 또는 공급국 및 기간을 정하여 잠정적으로 추계(推計)된 덤핑차액에 상당하는 금액 이하의 잠정덤핑방지관세를 추가하여 부과하도록 명하거나 담보를 제공하도록 명하는 조치(이하 이 관에서 "잠정조치"라 한다)를 할 수 있다(법 제53조 제1항).

① 해당 물품에 대한 덤핑 사실 및 그로 인한 실질적 피해등의 사실이 있다고 추정되는 충분한 증거가 있는 경우

② 제54조에 따른 약속을 위반하거나 약속의 이행에 관한 자료제출 요구 및 제출자료의 검증 허용 요구에 응하지 아니한 경우로서 이용할 수 있는 최선의 정보가 있는 경우

즉, 잠정조치란 조사기간중에 발생하는 국내산업의 실질적인 피해 등을 방지하기 위하여 해당 조사가 끝나기 전이라도 덤핑방지관세의 부과에 상응하는 잠정덤핑관세를 부과하거나 담보의 제공을 명하는 조치 등 잠정적으로 하는 덤핑방지조치를 말한다.

(나) 잠정조치의 적용시기

잠정조치는 예비조사결과 덤핑사실과 그로 인한 실질적 피해등의 사실이 있다고 추정되는 충분한 증거가 있다고 판정된 경우로서 해당 조사의 개시후 최소한 60일이 경과된 날 이후부터 적용할 수 있다(영 제66조 제1항).

(다) 잠정조치의 적용기간

잠정조치의 적용기간은 4개월 이내로 하여야 한다. 다만, 해당 물품의 무역에 있어서 중요한 비중을 차지하는 공급자가 요청하는 경우에는 그 적용기간을 6개월까지 연장할 수 있으며, 잠정조치 적용기간의 연장을 요청하려는 자는 그 잠정조치의 유효기간 종료일 10일전까지 이를 요청하여야 한다(영 제66조 제2항 및 규칙 제18조).

(라) 잠정조치 적용기간의 연장

잠정조치의 적용기간에도 불구하고 덤핑차액에 상당하는 금액 이하의 관세 부과로도 국내산업 피해를 충분히 제거할 수 있는지 여부를 조사하는 경우 등 기획재정부장관이 필요하다고 인정하는 때에는 국제협약에 따라 잠정조치의 적용기간을 9개월까지 연장할 수 있다(영 제66조 제3항).

(마) 담보의 제공

"잠정조치"(법 제53조 제1항)에 따라 제공되는 담보는 다음(법 제24조 제1항 제1호부터 제4호까지 및 제7호)에 해당하는 것으로서 잠정덤핑방지관세액에 상당하는 금액이어야 한다(영 제66조 제4항).

① 금전
② 국채 또는 지방채
③ 세관장이 인정하는 유가증권
④ 납세보증보험증권
⑤ 세관장이 인정하는 보증인의 납세보증서

(바) 잠정조치의 종결

다음의 어느 하나에 해당하는 경우에는 대통령령으로 정하는 바에 따라 납부된 잠정덤핑방지관세를 환급하거나 제공된 담보를 해제하여야 한다(법 제53조 제2항).

① 잠정조치를 한 물품에 대한 덤핑방지관세의 부과요청이 철회되어 조사가 종결된 경우
② 잠정조치를 한 물품에 대한 덤핑방지관세의 부과여부가 결정된 경우
③ 가격수정이나 덤핑수출의 중지에 관한 약속이 수락(법 제54조)

이 규정에도 불구하고, 다음의 어느 하나에 해당하는 경우 덤핑방지관세액이 잠정덤핑방지관세액을 초과할 때에는 그 차액을 징수하지 아니하며, 덤핑방지관세액이 잠정덤핑방지관세액에 미달될 때에는 그 차액을 환급하여야 한다(법 제53조 제3항).

① 덤핑과 그로 인한 산업피해를 조사한 결과 해당 물품에 대한 덤핑 사실 및 그로 인한 실질적 피해등의 사실이 있는 것으로 판정된 이후에 "가격수정이나 덤핑수출의 중지에 관한 약속"(제54조에 따른 약속)이 수락된 경우

② 덤핑방지관세를 소급하여 부과하는 경우(법 제55조 단서)

(10) 가격수정·수출중지 등의 약속

(가) 약속의 제의(Proposal of Promise)

덤핑방지관세의 부과 여부를 결정하기 위하여 예비조사를 한 결과 해당 물품에 대한 덤핑 사실 및 그로 인한 실질적 피해등의 사실이 있는 것으로 판정된 경우 해당 물품의 수출자 또는 기획재정부장관은 대통령령으로 정하는 바에 따라 덤핑으로 인한 피해가 제거될 정도의 가격수정이나 덤핑수출의 중지에 관한 약속을 제의할 수 있다(법 제54조 제1항).

(나) 조사중지·종결 및 신속조치

가격수정이나 덤핑수출의 중지에 관한 약속이 수락된 경우 기획재정부장관은 잠정조치 또는 덤핑방지관세의 부과 없이 조사가 중지 또는 종결되도록 하여야 한다(법 제54조 제2항 본문).

그러나, 기획재정부장관은 수출자가 법 제54조제2항에 따라 수락된 약속을 이행하지 아니한 경우 덤핑방지를 위하여 다음 각 호의 구분에 따른 신속한 조치를 취할 수 있다. 이 경우 제2호에 따른 조치의 적용기간에 관하여는 제66조 제2항 및 제3항을 준용한다(영 제68조 제5항).

① 법 제54조 제2항 단서에 따라 조사를 계속하여 덤핑방지관세율 등 부과내용을 정한 경우: 덤핑방지관세의 부과

② 위의 ①(제1호) 외의 경우: 법 제53조 제1항 제2호에 따른 잠정조치

(다) 조사의 계속

가격수정이나 덤핑수출의 중지에 관한 약속이 수락되어 조사가 중지 또는 종결되는 경우라 하더라도, 기획재정부장관이 필요하다고 인정하거나 수출자가 조사를 계속하여 줄 것을 요청한 때에는 그 조사를 계속할 수 있다(법 제54조 제2항 단서).

기획재정부장관은 조사를 계속한 결과 실질적인 피해 등의 사실이 없거나 덤핑차액이 없는 것으로 확인한 때에는 해당 약속의 효력은 소멸된 것으로 본다. 다만, 실질적 피해 등의 사실이 없거나 덤핑차액이 없는 원인이 약속으로 인한 것으로 판단되는 때에는 기획재정부장관은 적정한 기간을 정하여 약속을 계속 이행하게 할 수 있으며, 수출자가 그 약속의 이행을 거부하는 때에는 이용가능한 최선의 정보에 따라 잠정조치를 실시하는 등 덤핑방지를 위한 신속한 조치를 취할 수 있다(영 제68조 제6항).

(라) 약속제의 및 조사계속의 요청

덤핑방지관세의 부과여부를 결정하기 위한 조사가 개시된 물품의 수출자가 가격수정·

덤핑수출중지 등의 약속을 제의하거나 피해조사를 계속하여 줄 것을 요청하려면 본조사의 결과에 따른 최종판정이 있기 전에 서면으로 그 뜻을 무역위원회에 제출하여야 하는바, 수출자가 기획재정부장관에게 약속을 제의하는 경우에는 그 약속에는 다음의 사항이 포함되어야 한다. 이 경우 무역위원회는 제출된 서류의 원본을 지체 없이 기획재정부장관에게 송부하여야 한다(영 제68조 제1항 및 규칙 제19조 제1항).

① 수출자가 수출가격을 실질적 피해등이 제거될 수 있는 수준으로 인상한다는 내용 또는 기획재정부장관과 협의하여 정하는 기간내에 덤핑수출을 중지한다는 내용
② 약속수락전까지 계약되거나 선적되는 물품에 관한 내용
③ 형식·모양·명칭 등의 변경이나 저급품의 판매 등의 방법으로 약속의 이행을 회피하는 행위를 하지 아니하겠다는 내용
④ 제3국이나 제3자를 통한 판매 등의 방법으로 사실상 약속을 위반하지 아니하겠다는 내용
⑤ 수출국안에서의 판매물량 및 판매가격과 우리나라로의 수출물량 및 수출가격에 대하여 기획재정부장관에게 정기적으로 보고하겠다는 내용
⑥ 관련자료에 대한 검증을 허용하겠다는 내용
⑦ 그 밖의 상황변동의 경우에 기획재정부장관의 요구에 대하여 재협의할 수 있다는 내용

(마) 약속의 수락

제의한 가격수정·덤핑수출중지 등의 약속의 내용이 즉시로 가격을 수정하거나 약속일부터 6개월 이내에 덤핑수출을 중지하는 것인 때에는 기획재정부장관은 그 약속을 수락할 수 있으며, 약속을 수락하기 전에 무역위원회, 관계행정기관의 장 및 이해관계인의 의견을 물을 수 있다(영 제68조 제2항 본문 및 규칙 제19조 제2항).

그러나, 기획재정부장관은 예비조사결과덤핑 및 그로 인한 실질적 피해 등의 사실이 있다고 추정되는 충분한 증거가 있다고 판정하기 전에는 약속의 수락이나 약속의 제의를 할 수 없다(영 제68조 제4항).

(바) 약속의 수락거절

기획재정부장관은 가격수정·덤핑수출중지 등의 약속의 이행을 확보하는 것이 곤란하다 인정되는 경우로서 다음의 어느 하나에 해당하는 경우에는 약속을 수락하지 아니할 수 있다(영 제68조 제2항 단서 및 규칙 제19조 제3항).

① 다수의 수출자를 대리하여 약속을 제의한 자가 그 다수의 수출자간에 완전한 합의가 이루어졌음을 입증하지 못하는 경우
② 약속의 이행여부에 대한 적절한 확인 또는 조사를 곤란하게 하는 조건이 있는 경우
③ 과거에 약속을 위반하였던 사실이 있는 등 약속을 수락할 수 없다고 인정되는 합리

적인 사유가 있는 경우

(사) 수출자를 지정한 약속제의

기획재정부장관은 필요하다고 인정되는 때에는 가격수정·덤핑수출중지 등의 약속을 수출자를 지정하여 제의할 수 있으며, 기획재정부장관으로부터 약속을 제의받은 수출자는 1개월 이내에 수락여부를 통보하여야 한다(영 제68조 제3항 및 규칙 제19조 제4항).

그러나, 기획재정부장관은 예비조사결과덤핑 및 그로 인한 실질적 피해 등의 사실이 있다고 추정되는 충분한 증거가 있다고 판정하기 전에는 약속의 수락이나 약속의 제의를 할 수 없다(영 제68조 제4항).

(11) 덤핑방지관세의 소급부과

덤핑방지관세의 부과와 잠정조치는 각각의 조치일 이후 수입되는 물품에 대하여 적용된다. 다만, 잠정조치가 적용된 물품에 대하여 국제협약에서 달리 정하는 경우와 그 밖에 대통령령으로 정하는 경우에는 그 물품에 대하여도 덤핑방지관세를 부과할 수 있는 바, 법 제55조 단서에 따라 잠정조치가 적용된 물품으로서 덤핑방지관세가 부과되는 물품은 다음과 같다(법 제55조 및 영 제69조 제1항).

① 실질적 피해등이 있다고 최종판정이 내려진 경우 또는 실질적인 피해등의 우려가 있다는 최종판정이 내려졌으나 잠정조치가 없었다면 실질적인 피해등이 있다는 최종판정이 내려졌을 것으로 인정되는 경우에는 잠정조치가 적용된 기간동안 수입된 물품

② 비교적 단기간내에 대량 수입되어 발생되는 실질적 피해등의 재발을 방지하기 위하여 덤핑방지관세를 소급하여 부과할 필요가 있는 경우로서 해당 물품이 과거에 덤핑되어 실질적 피해등을 입힌 사실이 있었던 경우 또는 수입자가 덤핑사실과 그로 인한 실질적 피해등의 사실을 알았거나 알 수 있었을 경우에는 잠정조치를 적용한 날부터 90일전 이후에 수입된 물품

③ 법 제54조 제1항에 따른 약속(이하 이 호에서 "약속"이라 한다)을 위반하여 잠정조치가 적용된 물품의 수입으로 인한 실질적 피해등의 사실이 인정되는 경우에는 잠정조치를 적용한 날부터 90일전 이후에 수입된 물품(기획재정부장관이 필요하다고 인정한 경우 약속을 위반한 물품으로 한정할 수 있다). 이 경우 약속위반일 이전에 수입된 물품을 제외한다.

④ 기타 국제협약에서 정하는 바에 따라 기획재정부장관이 정하는 기간에 수입된 물품

또한, 국내산업에 이해관계가 있는 자는 본조사의 결과에 따라 최종판정의 통지를 받은 날부터 7일 이내에 해당 물품이 위의 덤핑방지관세가 부과되는 물품의 하나에 해당된다는 증거를 제출하여 덤핑방지관세의 부과를 요청할 수 있다(영 제69조 제2항).

(12) 잠정덤핑방지관세액등의 정산

잠정조치가 적용된 물품으로서 덤핑방지관세가 부과되는 물품의 경우(영 제69조 제1항)로서 법 제53조 제3항에 따라 잠정조치가 적용된 기간중에 수입된 물품에 대하여 부과하는 덤핑방지관세액이 잠정덤핑방지관세액과 같거나 많은 때에는 그 잠정덤핑방지관세액을 덤핑방지관세액으로 하여 그 차액을 징수하지 아니하며, 적은 때에는 그 차액에 상당하는 잠정덤핑방지관세액을 환급하여야 한다(영 제67조 제1항).

또한, 담보가 제공된 경우(법 제53조 제1항)로서, 잠정조치가 적용된 물품으로서 덤핑방지관세가 부과되는 물품의 경우(영 제69조 제1항)에는 해당 잠정조치가 적용된 기간중에 소급부과될 덤핑방지관세액은 잠정덤핑방지관세액 상당액을 초과할 수 없다(영 제67조 제2항).

그리고, 가격수정·덤핑수출중지 등의 약속이 본조사의 결과에 따라 해당 물품에 대한 덤핑사실 및 그로 인한 실질적 피해등의 사실이 있는 것으로 판정된 후에 수락된 경우로서 조사된 최종덤핑률이 잠정덤핑방지관세율과 같거나 큰 경우에는 그 차액을 징수하지 아니하며, 작은 경우에는 그 차액에 상당하는 잠정덤핑방지관세액을 환급하여야 한다(영 제67조 제3항).

(13) 덤핑방지관세의 부과 및 약속의 재심사

(가) 재심사(Review)

기획재정부장관은 필요하다고 인정될 때에는 대통령령으로 정하는 바에 따라 덤핑방지관세의 부과와 제54조에 따른 약속에 대하여 재심사를 할 수 있으며, 재심사의 결과에 따라 덤핑방지관세의 부과, 약속 내용의 변경, 환급 등 필요한 조치를 할 수 있다(법 제56조 제1항).

(나) 재심사의 요건

기획재정부장관은 필요하다고 인정되거나 이해관계인이나 해당 산업을 관장하는 주무부장관이 다음의 어느 하나에 해당하는 경우에 관한 증빙자료를 첨부하여 요청하는 때에는 덤핑방지관세가 부과되고 있거나 약속이 시행되고 있는 물품에 대하여 법 제56조 제1항(덤핑방지관세에 대한 재심사 등)에 따른 재심사여부를 결정하여야 한다(영 제70조 제1항).

① 덤핑방지관세 또는 약속의 시행이후 그 조치의 내용변경이 필요하다고 인정할 만한 충분한 상황변동이 발생한 경우
② 덤핑방지관세 또는 약속의 종료로 인하여 덤핑 및 국내산업피해가 지속되거나 재발될 우려가 있는 경우
③ 실제 덤핑차액보다 덤핑방지관세액이 과다하게 납부된 경우

(다) 재심사의 요청 및 필요여부 결정

덤핑방지관세의 부과 및 가격수정·덤핑수출의 중지에 관한 약속에 대한 재심사의 요청은 덤핑방지관세의 부과일 또는 약속의 시행일부터 1년이 경과된 날 이후에 할 수 있으

며, 덤핑방지관세 또는 약속의 효력이 상실되는 날 6월 이전에 요청하여야 한다. 이 경우 기획재정부장관은 재심사를 요청받은 날부터 2월 이내에 재심사의 필요여부를 결정하여야 하며, 그 결정일부터 10일 이내에 재심사개시의 결정에 관한 사항을 재심사 요청자, 해당 물품의 공급국 정부 및 공급자, 그 밖의 이해관계인에게 통지하고, 관보에 게재하여야 한다(영 제70조 제2항).

여기에서 덤핑방지관세 및 약속의 재심사를 요청할 수 있는 이해관계인은 다음과 같다(규칙 제20조 제1항).

① 동종물품의 국내생산자 또는 그 단체

② 해당 덤핑방지조치대상 물품의 공급자·수입자 또는 그 단체

③ 그 밖에 이해관계가 있다고 기획재정부장관이 인정하는 자

(라) 덤핑가격에 대한 재검토

기획재정부장관은 덤핑방지관세의 부과 및 가격수정·덤핑수출의 중지에 관한 약속에 대한 재심사를 하는 경우외에 부과중인 덤핑방지관세율 및 시행중인 약속의 적정성 여부에 관한 재심사를 할 수 있으며, 이를 위하여 덤핑방지관세 또는 약속의 내용(재심사에 따라 변경된 내용을 포함한다)에 관하여 매년 그 시행일이 속하는 달에 덤핑가격에 대한 재검토를 하여야 한다(영 제70조 제3항).

(마) 재심사의 개시

기획재정부장관은 재심사의 필요 여부를 결정하는 때에는 관계행정기관의 장 및 무역위원회와 협의할 수 있으며, 재심사가 필요한 것으로 결정된 때에는 무역위원회는 이를 조사하여야 한다. 이 경우 무역위원회는 재심사의 사유가 되는 부분에 한정하여 조사할 수 있다(영 제70조 제4항).

(바) 재심사의 조사종결 및 연장

무역위원회는 재심사개시일부터 6개월 이내에 재심사를 위한 조사를 종결하여 그 결과를 기획재정부장관에게 제출하여야 한다. 다만, 무역위원회는 조사기간을 연장할 필요가 있거나 이해관계인이 정당한 사유를 제시하여 조사기간의 연장을 요청하는 때에는 4개월의 범위에서 그 조사기간을 연장할 수 있다(영 제70조 제5항).

(사) 재심사결과에 대한 조치

기획재정부장관은 제5항에 따른 조사결과가 제출되면 제2항 후단에 따른 관보게재일부터 12개월 이내에 “법 제56조 제1항”(재심사의 결과에 따라 덤핑방지관세의 부과, 약속의 내용변경 또는 환급 등에 관한 필요한 조치)에 따른 조치여부 및 내용을 결정하여 필요한 조치를 하여야 한다(영 제70조 제6항).

덤핑방지관세 또는 약속의 종료로 인하여 국내산업이 피해를 입을 우려가 있는 경우(제1항 제2호)의 사유로 재심사를 하는 경우 재심사기간중에 해당 덤핑방지조치의 적용시한이 종료되는 때에도 그 재심사기간중 해당 조치의 효력은 계속된다(영 제70조 제7항).

제7항에 따라 재심사기간 중 덤핑방지관세가 계속 부과된 물품에 대하여 법 제56조 제1항에 따라 기획재정부장관이 새로운 덤핑방지관세의 부과 또는 가격수정·수출중지 등의 약속을 시행하는 때에는 제67조 제1항 및 제3항의 예에 따라 정산할 수 있다(영 제70조 제8항).

기획재정부장관은 덤핑방지관세 및 약속의 재심사 또는 덤핑방지관세율 및 시행중인 약속의 적정성 여부에 관한 재심사 결과 약속의 실효성이 상실되거나 상실될 우려가 있다고 판단되는 때에는 해당 약속을 이행하고 있는 수출자에게 약속의 수정을 요구할 수 있으며, 해당 수출자가 약속의 수정을 거부하는 때에는 이용가능한 정보에 따라 덤핑방지조치를 할 수 있다(영 제70조 제9항).

기획재정부장관은 덤핑방지관세 및 약속의 재심사 또는 덤핑방지관세율 및 시행중인 약속의 적정성 여부에 관한 재심사를 위하여 관세청장으로 하여금 기획재정부령으로 정하는 사항을 조사하여 보고하게 할 수 있다(영 제70조 제10항).

여기에서, "기획재정부령으로 정하는 사항"이란 다음의 사항을 말한다(규칙 제20조 제2항).

① 덤핑방지조치물품의 수입 및 징수 실적

② 약속업체의 약속준수 여부

③ 그 밖에 덤핑방지조치의 재심사에 필요한 사항

제1항에 따라 재심사를 요청한 자가 해당 요청을 철회하려는 경우에는 서면으로 그 뜻을 기획재정부장관에게 제출하여야 한다. 이 경우 기획재정부장관은 무역위원회 및 관계행정기관의 장과 협의하여 제2항에 따른 재심사 개시 여부의 결정을 중지하거나 제4항에 따른 조사를 종결하도록 할 수 있다(영 제70조 제11항).

제4항에 따른 조사를 위한 자료협조 요청에 관하여는 제64조를 준용하고, 법 제56조 제1항의 재심사 결과에 따른 기획재정부장관의 조치 중 덤핑방지관세의 부과에 관하여는 제65조를, 가격수정 · 수출중지 등의 약속에 관하여는 제68조 제1항 전단, 제2항, 제3항, 제5항 및 제6항을 준용한다. 이 경우 제68조 제1항 전단 중 "제61조 제5항의 규정에 의한 본조사의 결과에 따른 최종판정"은 "제70조 제5항에 따른 조사의 종결"로, "무역위원회"는 "기획재정부장관"으로 본다(영 제70조 제12항)

(아) 덤핑방지관세의 부과 및 약속의 효력

덤핑방지관세의 부과나 "가격수정이나 덤핑수출의 중지에 관하여 수락된 약속"(법 제54조)은 기획재정부령으로 그 적용시한을 따로 정하는 경우를 제외하고는 해당 덤핑방지관세 또는 약속의 시행일부터 5년이 지나면 그 효력을 잃으며, 제1항에 따라 덤핑과 산업피해를 재심사하고 그 결과에 따라 내용을 변경할 때에는 기획재정부령으로 그 적용시한을 따로 정하는 경우를 제외하고는 변경된 내용의 시행일부터 5년이 지나면 그 효력을 잃는다(법 제56조 제2항).

(14) 이해관계인등에 대한 통지·공고

기획재정부장관은 다음의 어느 하나에 해당하는 때에는 그 내용을 관보에 게재하고, 이해관계인에게 서면으로 통지하여야 한다(영 제71조 제1항).

① 덤핑방지관세의 부과 및 잠정조치를 결정하거나 해당 조치를 하지 아니하기로 결정한 때(법 제51조 및 법 제53조 제1항)

② 덤핑으로 인한 피해가 제거될 정도의 가격수정이나 덤핑수출의 중지에 관한 약속을 수락하여 조사를 중지 또는 종결하거나 조사를 계속하는 때(법 제54조 제1항)

③ 덤핑방지관세의 부과 및 덤핑으로 인한 피해가 제거될 정도의 가격수정이나 덤핑수출의 중지에 관한 약속에 따른 재심사를 개시하거나 재심사결과 덤핑방지조치의 내용을 변경한 때(법 제56조 제1항)

④ 덤핑방지조치의 효력이 연장되는 때(제70조 제7항)

기획재정부장관 또는 무역위원회는 다음의 어느 하나에 해당되는 때에는 그 내용을 이해관계인에게 통지하여야 한다(영 제71조 제2항).

① 덤핑사실과 실질적인 피해등의 사실에 관한 조사신청이 기각되거나, 예비조사에 따른 덤핑차액 또는 덤핑물품의 수입량이 기획재정부장관이 정하는 기준에 미달하거나 실질적인 피해등이 경미한 것으로 인정되어 조사가 종결된 때(영 제60조 제2항, 제61조 제4항)

② 덤핑사실 및 그로 인한 실질적인 피해등의 사실이 있다고 추정되는 충분한 증거가 있는지에 관한 예비조사의 결과에 따라 예비판정을 한 때(영 제61조 제2항)

③ 본조사의 결과에 따라 최종판정을 한 때(영 제61조 제5항)

④ 조사기간을 연장할 필요가 있거나 또는 이해관계인이 정당한 사유를 제시하여 조사기간의 연장을 요청받은 경우, 무역위원회가 조사기간을 연장한 때(영 제61조 제6항 및 제70조 제5항 단서)

⑤ 특별한 사유가 있다고 인정되는 경우 관보게재일부터 18개월 이내의 덤핑방지관세의 부과조치기간을 연장한 때(영 제61조 제7항 단서)

⑥ 덤핑방지관세의 부과 요청 또는 재심사 요청이 철회되어 조사의 개시 여부 또는 재심사의 개시 여부에 관한 결정이 중지되거나 조사가 종결된 때(영 제62조 및 제70조 제11항)

⑦ 잠정조치의 적용기간을 연장한 때(영 제66조의 제2항 또는 제3항)

⑧ 기획재정부장관이 가격수정 또는 수출중지등의 약속을 제의한 때(영 제68조 제3항)

기획재정부장관 또는 무역위원회는 조사과정에서 덤핑 및 실질적 피해등의 조사와 관련된 이해관계인의 서면요청이 있는 때에는 조사의 진행상황을 통지하여야 한다(영 제71조 제3항).

2. 상계관세

(1) 의의

(가) 상계관세의 정의

상계관세(Countervailing Duties)란 국내산업에 이해관계가 있는 자로서 대통령령으로 정하는 자 또는 주무부장관이 부과요청을 한 경우로서, 외국에서 제조·생산 또는 수출에 관하여 직접 또는 간접으로 "보조금등"(보조금이나 장려금)을 받은 물품의 수입으로 인하여 "실질적인 피해등"(① 국내산업이 실질적인 피해를 받거나 받을 우려가 있는 경우 또는 ② 국내산업의 발전이 실질적으로 지연된 경우의 하나에 해당하는 것)으로 조사를 통하여 확인되고, 해당 국내산업을 보호할 필요가 있다고 인정되는 경우 기획재정부령으로 그 물품과 수출자 또는 수출국을 지정하여 그 물품에 대하여 해당 보조금등의 금액 이하의 관세를 추가하여 부과하는 것을 말한다(법 제57조).

(나) 보조금의 정의

"보조금등"이란 외국에서 제조·생산 또는 수출에 관하여 직접·간접으로 받은 보조금 또는 장려금으로서, 정부·공공기관 등의 재정지원 등에 따른 혜택 중 특정성이 있는 것을 말한다. 다만, 특정성은 있으나 연구·지역개발 및 환경관련 보조금 또는 장려금(이하 "보조금등"이라 한다)으로서 국제협약에서 인정하고 있는 것은 제외한다(법 제57조·영 제72조 제1항 및 규칙 제21조 제1항).

이 경우 "특정성"이란 보조금등이 특정기업이나 산업 또는 특정기업군이나 산업군에 지급되는 경우를 말하며, 구체적인 판별기준은 기획재정부령으로 정하는 바, 다음의 하나에 해당하는 경우에는 특정성이 있는 것으로 본다(영 제72조 제2항 및 규칙 제21조 제2항).

① 보조금등이 일부기업 등에 대하여 제한적으로 지급되는 경우
② 보조금등이 제한된 수의 기업 등에 따라 사용되어지는 경우
③ 보조금등이 특정한 지역에 한정되어 지급되는 경우
④ 그 밖에 국제협약에서 인정하고 있는 특정성의 기준에 부합되는 경우

(다) 보조금의 금액 산정기준

"보조금등의 금액"은 수혜자가 실제로 받는 혜택을 기준으로 하여 다음의 기준에 따라 산정한다(영 제72조 제3항 및 규칙 제21조 제3항).

① 지분참여의 경우 : 해당 지분참여와 통상적인 투자와의 차이에 따라 발생하는 금액 상당액
② 대출의 경우: 해당 대출금리에 따라 지불하는 금액과 시장금리에 따라 지불하는 금액과의 차액 상당액
③ 대출보증의 경우: 해당 대출에 대하여 지불하는 금액과 대출보증이 없을 경우 비교가능한 상업적 차입에 대하여 지불하여야 하는 금액과의 차액 상당액
④ 재화·용역의 공급 또는 구매의 경우: 해당 가격과 시장가격과의 차이에 따라 발생

하는 금액 상당액

⑤ 그 밖에 국제협약에서 인정하고 있는 기준에 따른 금액

(라) 국내산업의 정의

국내산업은 보조금등을 받은 물품과 동종물품의 국내생산사업(해당 수입물품의 수출국 정부 또는 수출자 또는 수입자와 기획재정부령으로 정하는 특수관계에 있는 생산자에 따른 생산사업과 해당 수입물품의 수입자인 생산자로서 기획재정부령으로 정하는 자에 따른 생산사업을 제외할 수 있다. 이하 이 항에서 같다)의 전부 또는 국내총생산량의 상당 부분을 점하는 국내생산사업으로 한다(영 제73조 제2항).

여기에서 "동종물품"이란 해당 수입물품과 물리적 특성, 품질 및 소비자의 평가 등 모든 면에서 동일한 물품(겉모양에 경미한 차이가 있는 물품을 포함한다)을 말하며, 그러한 물품이 없는 경우 해당 수입물품과 매우 유사한 기능·특성 및 구성요소를 가지고 있는 물품을 말한다(규칙 제22조 제1항).

또한, "해당 수입물품의 수입자인 생산자로서 기획재정부령으로 정하는 자"란 해당 수입물품을 수입한 생산자 중 다음의 자를 제외한 자를 말한다(규칙 제22조 제2항).

① 상계관세의 부과에 필요한 조사(영 제73조제4항)의 신청서접수일부터 6개월 이전에 보조금등을 받은 물품을 수입한 생산자

② 보조금등을 받은 물품의 수입량이 매우 적은 생산자

그리고, 특수관계에 있는 생산자를 판정함에 있어서 해당 수입물품과 동종물품의 생산자가 영 제23조 제1항에 따른 특수관계가 없는 자와 동일 또는 유사한 가격 및 조건 등으로 이를 판매하는 경우에는 해당 생산자를 특수관계에 있는 생산자의 범위에서 제외할 수 있다(규칙 제22조 제3항).

(2) 상계관세의 부과요건

국내산업에 이해관계가 있는 자로서 대통령령으로 정하는 자 또는 주무부장관이 부과요청을 한 경우로서, 외국에서 제조·생산 또는 수출에 관하여 직접 또는 간접으로 "보조금등"(보조금이나 장려금)을 받은 물품의 수입으로 인하여 "실질적인 피해등"(다음의 어느 하나에 해당하는 것)으로 조사를 통하여 확인되고 해당 국내산업을 보호할 필요가 있다고 인정되는 경우에는 기획재정부령으로 그 물품과 수출자 또는 수출국을 지정하여 그 물품에 대하여 "상계관세"(해당 보조금등의 금액 이하의 관세)를 추가하여 부과할 수 있다(법 제57조).

① 국내산업이 실질적인 피해를 받거나 받을 우려가 있는 경우

② 국내산업의 발전이 실질적으로 지연된 경우

위에 따라, 상계관세의 부과요건은 구체적으로 살펴보면 다음과 같다.

① 외국에서 제조·생산 또는 수출에 관하여 직접 또는 간접으로 보조금 또는 장려금을 받은 물품의 수입이 있어야 한다.

② 국내산업이 실질적인 피해를 받거나 받을 우려가 있거나 또는 국내산업의 발전이 실질적으로 지연된 경우로 조사를 통하여 확인되어야 한다.

③ 해당 국내산업을 보호할 필요가 있다고 인정되어야 한다.

한편, 보조금등의 지급과 실질적 피해등의 사실에 관한 조사, 상계관세의 부과 및 시행 등에 관하여 필요한 사항은 대통령령으로 정한다(법 제58조 제1항 및 제62조 제3항).

기획재정부장관은 상계관세를 부과할 때 관련 산업의 경쟁력 향상, 국내 시장구조, 물가안정, 통상협력 등을 고려할 필요가 있는 경우에는 이를 조사하여 반영할 수 있다(법 제58조 제2항).

(가) 수출자·수출국별 부과

법 제57조에 따른 상계관세는 수출자 또는 수출국별로 상계관세율을 정하여 부과할 수 있다. 다만, 정당한 사유없이 제78조에 따른 자료를 제출하지 아니하거나 해당 자료의 공개를 거부하는 경우 및 기타의 사유로 조사 또는 자료의 검증이 곤란한 수출자에 대하여는 단일 상계관세율을 정하여 부과할 수 있다(영 제79조 제1항).

법 제57조에 따라 상계관세를 부과하는 경우 상계관세는 다음의 산식에 따라 산정된 보조금률의 범위에서 결정한 율을 과세가격에 곱하여 산출한다(규칙 제29조 제1항).

$$\text{보조금률} = \frac{\text{보조금등의금액}}{\text{과세가격}} \times 100$$

(나) 수출국을 지정한 부과

제79조 제1항에 따라 수출국을 지정하여 상계관세를 부과하는 경우 제74조 제1항에 따른 조사대상기간이후에 수출하는 해당 수출국의 신규수출자가 제1항에 따라 상계관세가 부과되는 수출자와 제23조 제1항에 따른 특수관계가 있는 때에는 그 수출자에 대한 상계관세율을 적용하여 상계관세를 부과한다. 다만, 신규수출자가 특수관계가 없다고 증명하는 때에는 조사를 통하여 별도의 상계관세율을 정하여 부과할 수 있다. 이 경우 기획재정부령으로 정하는 바에 따라 기존 조사대상자에 대한 조사방법·조사절차 등을 달리할 수 있다(영 제79조 제3항).

기획재정부장관은 영 제79조 제3항 단서에 따른 신규수출자에 대하여 영 제75조에 따른 조사를 조속히 행하여야 한다. 이 경우 실질적 피해등의 조사는 영 제79조 제3항 본문에 따른 수출국에 대한 실질적 피해등의 조사로 갈음할 수 있다(규칙 제29조 제3항).

(다) 조사대상이 아닌 수출자에 대한 부과

제74조 제1항에 따라 조사대상으로 선정되지 아니한 수출자에 대하여는 조사대상으로 선정된 수출자의 상계관세율을 기획재정부령으로 정하는 바에 따라 가중평균한 상계관세율

에 따라 상계관세를 부과한다. 다만, 조사대상기간중에 수출을 한 자로서 조사대상으로 선정되지 아니한 자중 제78조에 따른 자료를 제출한 자에 대하여는 제1항에 따른다(영 제79조 제2항).

영 제79조 제2항에 따라 가중평균 상계관세율을 산정함에 있어서 보조금등을 받는 수출자가 다수인 때에는 수출자별 수출량에 따라 가중치를 둘 수 있다. 이 경우 보조금등의 금액이 과세가격의 100분의 1 미만인 수출자를 상계관세율 산정대상에서 제외할 수 있다(규칙 제29조 제2항).

(3) 부과요청

실질적 피해등을 받은 국내산업에 이해관계가 있는 자 또는 해당 산업을 관장하는 주무부장관은 기획재정부령으로 정하는 바에 따라 기획재정부장관에게 상계관세의 부과를 요청할 수 있으며, 이 요청은 무역위원회에 대한 상계관세의 부과에 필요한 조사신청으로 갈음한다(영 제73조 제1항).

따라서, 보조금등을 받은 물품의 수입으로 실질적 피해등을 받은 국내산업에 이해관계가 있는 자가 상계관세의 부과에 필요한 조사를 신청하려면 다음의 사항을 기재한 신청서에 관계증빙자료를 첨부하여 무역위원회에 제출하여야 한다(영 제73조 제4항).

① 해당 물품의 품명·규격·특성·용도·생산자 및 생산량
② 해당 물품의 수출국·수출자·수출실적 및 수출가능성과 우리나라의 수입자·수입실적 및 수입가능성
③ 해당 물품의 수출국에서의 공장도가격 및 시장가격과 우리나라로의 수출가격 및 제3국에의 수출가격
④ 국내의 동종·동질물품 또는 유사물품의 품명·규격·특성·용도·생산자·생산량·공장도가격·시장가격 및 원가계산
⑤ 보조금등을 받은 물품의 수입으로 인한 관련국내산업의 실질적 피해등에 관한 사항
⑥ 수출국에서 해당 물품의 제조·생산 또는 수출에 관하여 지급한 보조금등의 내용과 이로 인한 해당 물품의 수출가격 인하효과
⑦ 국내의 동종·동질물품 또는 유사물품 생산자들의 해당 조사신청에 대한 지지 정도
⑧ 첨부한 자료를 비밀로 취급할 필요가 있는 때에는 그 사유
⑨ 기타 기획재정부장관이 필요하다고 인정하는 사항

여기에서 "국내산업에 이해관계가 있는 자"란 실질적 피해등을 받은 국내산업에 속하는 국내생산자와 이들을 구성원으로 하거나 이익을 대변하는 법인·단체 및 개인으로서 "기획재정부령으로 정하는 자", 즉 국내생산자로 구성된 협회·조합 등을 말한다(영 제73조 제3항 및 규칙 제22조 제4항).

(4) 실질적인 피해 등의 조사

(가) 조사개시

무역위원회는 상계관세의 부과에 필요한 조사신청을 받은 경우 보조금등을 받은 물품의 수입사실과 실질적 피해등의 사실에 관한 조사의 개시여부를 결정하여 조사신청을 받은 날부터 2개월 이내에 그 결과와 다음의 사항을 기획재정부장관에게 통보하여야 한다(영 제74조 제1항).

① 조사대상물품(조사대상물품이 많은 경우에는 기획재정부령으로 정하는 바에 따라 선정된 조사대상물품)

② 조사대상기간

③ 조사대상 수출국정부 또는 수출자(조사대상 수출국정부 또는 수출자가 많은 경우에는 기획재정부령으로 정하는 바에 따라 선정된 조사대상 수출국정부 또는 수출자)

위에 따라 조사대상물품 또는 수출국정부 또는 수출자를 선정함에 있어서는 이용가능한 자료를 기초로 통계적으로 유효한 표본추출방법(수출국정부 또는 수출자의 수 또는 물품의 수를 수입량비율이 큰 순서대로 선정하는 방법 등을 포함한다)을 사용함을 원칙으로 한다(규칙 제23조 제1항).

(나) 조사신청의 기각

무역위원회는 보조금등을 받은 물품의 수입 및 실질적인 피해 등의 조사의 개시여부를 결정함에 있어서 조사신청이 다음의 어느 하나에 해당하는 경우에는 해당 조사신청을 기각할 수 있다(영 제74조 제2항 및 규칙 제23조 제2항·제3항).

① 신청서를 제출한 자가 상계관세의 부과요청을 할 수 있는 자가 아닌 경우

② 보조금등을 받은 물품의 수입사실과 실질적 피해등의 사실에 관한 충분한 증빙자료를 제출하지 아니한 경우

③ 보조금등의 금액 또는 보조금등을 받은 물품의 수입량이 "기획재정부령으로 정하는 기준"에 미달되거나 실질적 피해등이 경미하다고 인정되는 경우(여기에서, "기획재정부령으로 정하는 기준"이란 국제협약에서 달리 정하지 아니하는 한 보조금등의 금액이 해당 물품가격대비 100분의 1 이상인 경우를 말한다)

④ 해당 조사신청에 찬성의사를 표시한 국내생산자들의 생산량합계가 기획재정부령으로 정하는 기준에 미달된다고 인정되는 다음의 어느 하나에 해당되는 경우

㉮ 상계관세의 부과요청에 대하여 찬성 또는 반대의사를 표시한 국내생산자들의 동종물품 국내생산량합계중 찬성의사를 표시한 국내생산자들의 생산량 합계가 50/100 이하인 경우

㉯ 상계관세의 부과요청에 대하여 찬성의사를 표시한 국내생산자들의 생산량 합계가 동종물품 국내총생산량의 25/100 미만인 경우

⑤ 조사개시전에 국내산업에 미치는 나쁜 영향을 제거하기 위한 조치가 취하여지는 등 조사개시가 필요없게 된 경우

(다) 조사개시결정의 통지 및 관보게재

무역위원회는 보조금등을 받은 물품의 수입사실과 실질적 피해등의 사실에 관한 조사개시결정을 한 때에는 그 결정일부터 10일 이내에 조사개시의 결정에 관한 사항을 조사신청자, 해당 물품의 수출국 정부 및 수출자 기타 이해관계인에게 통지하고, 관보에 게재하여야 한다(영 제74조 제3항).

(라) 조사기관

보조금등을 받은 물품의 수입사실 및 실질적 피해등의 사실에 관한 조사는 무역위원회가 담당한다. 이 경우 무역위원회는 필요하다고 인정하는 때에는 관계행정기관의 공무원 또는 관계전문가로 하여금 조사활동에 참여하도록 할 수 있다(영 제75조 제1항).

(마) 예비조사

무역위원회는 상계관세의 부과에 관한 사항과 조사개시의 결정에 관한 사항이 관보에 게재된 날부터 3개월 이내에 보조금등을 받은 물품의 수입사실 및 그로 인한 실질적 피해등의 사실이 있다고 추정되는 충분한 증거가 있는지에 관한 예비조사를 하여 그 결과를 기획재정부장관에게 제출하여야 한다(영 제75조 제2항).

기획재정부장관은 제2항에 따른 예비조사결과가 제출된 날부터 1개월 이내에 잠정조치의 필요여부 및 내용에 관한 사항을 결정하여야 한다. 다만, 필요하다고 인정되는 경우에는 20일의 범위에서 그 결정기간을 연장할 수 있다(영 제75조 제3항).

무역위원회는 예비조사 및 본조사와 관련하여 조사기간을 연장할 필요가 있거나 이해관계인이 정당한 사유를 제시하여 조사기간의 연장을 요청하는 경우에는 2개월의 범위에서 그 조사기간을 연장할 수 있다(영 제75조 제6항).

(바) 본조사

무역위원회는 기획재정부령으로 정하는 특별한 사유가 없는 한 예비조사결과를 제출한 날의 다음날부터 본조사를 개시하여야 하며, 본조사개시일부터 3개월 이내에 본조사결과를 기획재정부장관에게 제출하여야 한다(영 제75조 제5항).

기획재정부장관은 본조사결과가 접수된 날부터 1개월 이내에 상계관세의 부과여부 및 내용을 결정하여 상계관세의 부과조치를 하여야 한다. 다만, 필요하다고 인정되는 경우에는 20일의 범위에서 그 기간을 연장할 수 있다(영 제75조 제7항).

무역위원회는 예비조사에 따른 보조금등의 금액 또는 보조금등을 받은 물품의 수입량이 "기획재정부령으로 정하는 기준"에 미달하거나 실질적 피해등이 경미한 것으로 인정

되는 때에는 본조사를 종결하여야 한다(영 제75조 제4항).

여기에서, "기획재정부령으로 정하는 기준"이란 국제협약에서 달리 정하지 아니하는 한 보조금등의 금액이 해당 물품 가격대비 1/100 이상인 경우를 말한다(규칙 제24조).

(사) 조사개시결정의 관보게재 및 관세부과조치

기획재정부장관은 보조금등을 받은 물품의 수입사실과 실질적 피해등의 사실에 관한 조사개시의 결정에 관한 사항을 관보에 게재하고 관보게재일부터 1년이내에 상계관세의 부과조치를 하여야 한다. 다만, 특별한 사유가 있다고 인정되는 때에는 "조사와 관련된 기간의 규정"(제74조 제1항, 제75조 제2항 및 제5항 내지 제7항)에 불구하고 관보게재일부터 18월 이내에 상계관세의 부과조치를 할 수 있다(영 제75조 제8항).

무역위원회는 예비조사 및 본조사결과 제출시 필요하다고 인정하는 때에는 기획재정부장관에게 다음의 사항을 건의할 수 있다(영 제75조 제9항).

① 잠정조치

② 상계관세부과

③ 가격수정이나 보조금등을 받은 물품의 수출의 중지에 관한 약속의 제의

(5) 부과요청의 철회

상계관세의 부과에 필요한 조사를 신청한 자가 해당 신청을 철회하려면 서면으로 그 뜻을 무역위원회에 제출하여야 하는 바, 조사신청을 철회하려는 자는 철회사유를 기재한 철회서 및 관련자료를 무역위원회에 제출하여야 한다(영 제76조 제1항 전단 및 규칙 제25조 제1항).

이 경우 무역위원회는 예비조사결과를 제출하기 이전에 해당 철회서를 접수한 때에는 기획재정부장관 및 관계행정기관의 장과 협의하여 보조금등을 받은 물품의 수입사실과 실질적 피해등의 사실에 관한 조사개시여부의 결정을 중지하거나 보조금등을 받은 물품의 수입사실과 실질적 피해등의 사실에 관한 조사를 종결할 수 있으며, 예비조사결과를 제출한 이후에 해당 철회서를 접수한 때에는 기획재정부장관에게 이를 통보하여야 한다(영 제76조 제1항 후단).

또한, 기획재정부장관 또는 무역위원회는 예비조사 또는 본조사의 기간중에 철회서가 접수된 경우로서 해당 철회의 사유가 부당하다고 인정되는 경우에는 해당 예비조사 또는 본조사가 종료될 때까지 철회에 따른 조사종결여부에 대한 결정을 유보할 수 있다(규칙 제25조 제2항).

그리고, 기획재정부장관은 예비조사결과를 제출한 이후에 해당 철회서를 접수한 사실의 통보를 받은 때에는 무역위원회 및 관계행정기관의 장과 협의하여 보조금등을 받은 물품의 수입사실 및 실질적 피해등의 사실에 관한 조사를 종결하게 할 수 있으며, 잠정조치가 취하여진 경우에는 이를 철회할 수 있으며, 잠정조치를 철회하는 때에는 해당 잠정조치에 따라 납부된 잠정상계관세를 환급하거나 제공된 담보를 해제하여야 한다(영 제76조 제2항 및 제3항).

(6) 실질적인 피해등의 판정

(가) 조사사항

무역위원회는 실질적 피해 등의 사실을 조사·판정하는 때에는 다음의 사항을 포함한 실질적 증거에 근거하여야 한다(영 제77조 제1항).

① 보조금등을 받은 물품의 수입물량(해당 물품의 수입이 절대적으로 또는 국내생산이나 국내소비에 대하여 상대적으로 뚜렷하게 증가되었는지의 여부 포함)
② 보조금등을 받은 물품의 가격(국내 동종물품의 가격과 비교하여 뚜렷하게 하락되었는지의 여부 포함)
③ 보조금등의 금액의 정도(보조금등을 받은 물품의 수입가격이 수출국내 정상가격과 비교하여 뚜렷하게 하락되었는지의 여부 포함)
④ 국내산업의 생산량·가동률·재고·판매량·시장점유율·가격(가격하락 또는 인상억제의 효과 포함)·이윤·생산성·투자수익·현금수지·고용·임금·성장·자본조달·투자능력·기술개발
⑤ 보조금등을 받은 물품의 수입물량 및 보조금등을 받은 물품의 가격이 국내산업에 미치는 실재적 또는 잠재적 영향

(나) 실질적인 피해의 기준

실질적 피해등을 조사·판정하는 경우 실질적 피해등을 받을 우려가 있는지의 판정은 위의 조사사항외에 다음의 사항을 포함한 사실에 근거를 두어야 하며 보조금등을 받은 물품으로 인한 피해는 명백히 예견되고 급박한 것이어야 한다(영 제77조 제2항).

① 해당 보조금등의 성격 및 이로부터 발생할 수 있는 무역효과
② 실질적인 수입증가의 가능성을 나타내는 보조금등을 받은 물품의 현저한 증가율
③ 우리나라에 보조금등을 받은 물품의 수출을 증가시킬 수 있는 생산능력의 실질적 증가(다른 나라에의 수출가능성을 감안한 것이어야 한다)
④ 보조금등을 받은 물품의 가격이 동종물품의 가격을 하락 또는 억제시킬 수 있는지의 여부 및 추가적인 수입수요의 증대 가능성
⑤ 보조금등을 받은 물품의 재고 및 동종물품의 재고상태

또한 무역위원회는 실질적 피해등의 사실을 조사·판정함에 있어 2이상의 국가로부터 수입된 물품이 동시에 조사대상물품이 되고 다음에 해당하는 경우에는 그 수입에 따른 피해를 통산하여 평가할 수 있다(영 제77조 제3항 및 규칙 제26조).

① 보조금등의 금액 및 보조금등을 받은 물품의 수입량이 "기획재정부령으로 정하는 기준"에 해당하는 경우(여기에서, 기획재정부령으로 정하는 기준이란 국제협약에서 달리 정하지 아니하는 한 보조금등의 금액이 해당 물품 가격대비 1/100 이상인 경우를 말한다).

② 보조금등을 받은 물품이 상호 경쟁적이고 국내 동종물품과 경쟁적인 경우

그리고 무역위원회는 보조금등을 받은 물품의 수입외의 다른 요인으로서 국내산업에 피해를 미치는 요인들을 조사하여야 하며, 이러한 요인들에 따른 산업피해 등을 보조금등을 받은 물품의 수입에 따른 것으로 간주하여서는 아니된다(영 제77조 제4항).

(7) 이해관계인에 대한 자료협조 요청

(가) 자료협조 요청

기획재정부장관 또는 무역위원회는 실질적 피해등의 조사 및 상계관세의 부과여부 등을 결정하기 위하여 필요하다고 인정하는 경우에는 관계행정기관·국내생산자·수출국정부 또는 수출자·수입자 및 이해관계인에게 관계자료의 제출 등 필요한 협조를 요청할 수 있다. 다만, 수출국정부 또는 수출자에게 보조금등의 지급여부를 조사하기 위한 질의를 하는 경우에는 회신을 위하여 수출국정부 또는 수출자에게 40일 이상의 회신기간을 주어야 한다. 수출국정부 또는 수출자가 사유를 제시하여 동 기한의 연장을 요청할 경우 이에 대하여 적절히 고려하여야 한다(영 제78조 제1항).

그러나 기획재정부장관 또는 무역위원회는 조사 및 상계관세의 부과여부 등을 결정할 때 이해관계인이 관계자료를 제출하지 아니하거나 무역위원회의 조사를 거부·방해하는 경우 및 기타 사유로 조사 또는 자료의 검증이 곤란한 경우에는 이용 가능한 자료 등을 사용하여 상계관세조치를 할 것인지 여부를 결정할 수 있다(영 제78조 제5항).

(나) 제출자료의 비밀취급

실질적인 피해 등의 조사·상계관세의 부과여부 등의 결정 및 상계관세의 부과에 필요한 조사신청을 위하여 제출된 자료중 성질상 비밀로 취급하는 것이 타당하다고 인정되거나 조사신청자나 이해관계인이 정당한 사유를 제시하여 비밀로 취급하여 줄 것을 요청한 자료에 대하여는 해당 자료를 제출한 자의 명시적인 동의없이 이를 공개하여서는 아니된다(영 제78조 제2항).

여기에서, 비밀로 취급하는 자료는 다음 각 호의 사항에 관한 자료로서 이들이 공개되는 경우 그 제출자나 이해관계인의 이익이 침해될 우려가 있는 것으로 한다(규칙 제27조).

① 제조원가

② 공표되지 아니한 회계자료

③ 거래처의 성명·주소 및 거래량

④ 비밀정보의 제공자에 관한 사항

⑤ 그 밖에 비밀로 취급하는 것이 타당하다고 인정되는 자료

또한 기획재정부장관 또는 무역위원회는 비밀로 취급하여 줄 것을 요청한 자료를 제출한 자에게 해당 자료의 비밀이 아닌 요약서의 제출을 요구할 수 있다. 이 경우 해당 자료

를 제출한 자가 그 요약서를 제출할 수 없는 때에는 그 사유를 기재한 서류를 제출하여야 한다(영 제78조 제3항).

한편, 기획재정부장관 또는 무역위원회는 비밀취급요청이 정당하지 아니하다고 인정됨에도 불구하고 자료의 제출자가 정당한 사유없이 자료의 공개를 거부하는 때 또는 해당 자료의 비밀이 아닌 요약서의 제출을 거부한 때에는 해당 자료의 정확성이 충분히 입증되지 아니하는 한 해당 자료를 참고하지 아니할 수 있다(영 제78조 제4항).

(다) 자료의 목적외 사용금지

기획재정부장관 및 무역위원회는 상계관세의 부과절차와 관련하여 이해관계인으로부터 취득한 정보·자료 및 인지한 사실을 다른 목적으로 사용할 수 없다(영 제78조 제6항).

(라) 자료열람요청

기획재정부장관 및 무역위원회는 이해관계인이 상계관세의 부과에 필요한 조사신청을 위하여 제출한 관계증빙자료와 실질적 피해등의 조사·상계관세의 부과여부 등의 결정, 보조금등을 받은 물품의 수입사실, 가격수정·수출중지 등의 약속을 위하여 제출 또는 통보된 자료중 비밀로 취급되는 것외의 자료의 열람을 요청하는 경우에는 특별한 사유가 없는 한 이에 응하여야 한다. 이 경우 이해관계인의 자료열람요청은 그 사유 및 자료목록을 기재한 서면으로 하여야 한다(영 제78조 제7항).

(마) 이해관계인의 의견진술

기획재정부장관 또는 무역위원회는 필요하다고 인정하거나 이해관계인의 요청이 있는 때에는 이해관계인으로 하여금 공청회 등을 통하여 의견을 진술할 기회를 주거나 상반된 이해관계인과 협의할 수 있는 기회를 줄 수 있으며, 공청회에 관하여는 "덤핑방지관세의 부과를 위한 공청회"의 규정(규칙 제16조)을 준용한다(영 제78조 제8항 및 규칙 제28조).

(8) 잠정조치

(가) 잠정조치의 정의

기획재정부장관은 상계관세의 부과 여부를 결정하기 위하여 조사가 시작된 물품이 보조금등을 받아 수입되어 ① 국내산업에 실질적 피해등이 발생된 사실이 있다고 추정되는 충분한 증거가 있음이 확인되는 경우 또는 ② 제60조에 따른 약속을 철회하거나 위반한 경우와 그 약속의 이행에 관한 자료를 제출하지 아니한 경우로서 이용할 수 있는 최선의 정보가 있는 경우에는 대통령령으로 정하는 바에 따라 국내산업의 보호를 위하여 조사가 종결되기 전이라도 그 물품의 수출자 또는 수출국 및 기간을 정하여 보조금등의 추정액에 상당하는 금액 이하의 잠정상계관세를 부과하도록 명하거나 담보를 제공하도록 명하는 조치(이하 이 관에서 "잠정조치"라 한다)를 할 수 있다(법 제59조 제1항).

즉, 잠정조치란 조사기간중에 발생하는 국내산업의 실질적 피해 등을 방지하기 위하여 조사가 끝나기 전이라도 보조금등의 추정액에 상당하는 금액이하의 잠정상계관계의 부과를 명하거나 담보의 제공을 명하는 조치 등 잠정적으로 하는 구제조치를 말한다.

(나) 잠정조치의 적용시기

잠정조치는 예비조사결과 보조금등의 지급과 그로 인한 실질적 피해등의 사실이 있다고 추정되는 충분한 증거가 있다고 판단되는 경우로서 해당 조사의 개시후 최소한 60일이 경과된 후부터 적용할 수 있다(영 제80조 제1항).

(다) 잠정조치의 적용기간

잠정조치의 적용기간은 4개월 이내로 하여야 한다(영 제80조 제2항).

(라) 담보의 제공

"법 제59조 제1항"(담보의 제공을 명하는 잠정조치)에 따라 제공되는 담보는 다음(법 제24조 제1항 제1호부터 제4호까지 및 제7호)에 해당하는 것으로서 잠정상계관세액에 상당하는 금액이어야 한다(영 제80조 제3항).

① 금전
② 국채 또는 지방채
③ 세관장이 인정하는 유가증권
④ 납세보증보험증권
⑤ 세관장이 인정하는 보증인의 납세보증서

(마) 잠정조치의 종결

잠정조치가 취하여진 물품에 대하여 상계관세의 부과요청이 철회되어 조사가 종결되거나 상계관세의 부과 여부가 결정된 경우 또는 제60조에 따른 약속이 수락된 경우에는 대통령령으로 정하는 바에 따라 납부된 잠정상계관세를 환급하거나 제공된 담보를 해제하여야 한다. 다만, 다음 각 호의 어느 하나에 해당하는 경우 상계관세액이 잠정상계관세액을 초과할 때에는 그 차액을 징수하지 아니하며, 상계관세액이 잠정상계관세액에 미달될 때에는 그 차액을 환급하여야 한다(법 제59조 제2항).

① 보조금등의 지급과 그로 인한 산업피해를 조사한 결과 해당 물품에 대한 보조금등의 지급과 그로 인한 실질적 피해등의 사실이 있다고 판정된 이후에 제60조에 따른 약속이 수락된 경우
② 상계관세를 소급부과하는 경우(법 제61조 단서)

(9) 적절한 조치 및 가격수정등의 약속

(가) 약속의 제의

상계관세의 부과 여부를 결정하기 위하여 예비조사를 한 결과 보조금등의 지급과 그로 인한 실질적 피해등의 사실이 있는 것으로 판정된 경우 해당 물품의 수출국 정부 또는 기획재정부장관은 대통령령으로 정하는 바에 따라 해당 물품에 대한 보조금등을 철폐 또는 삭감하거나 보조금등의 국내산업에 대한 피해효과를 제거하기 위한 적절한 조치에 관한 약속을 제의할 수 있으며, 해당 물품의 수출자는 수출국 정부의 동의를 받아 보조금등의 국내산업에 대한 피해효과가 제거될 수 있을 정도로 가격을 수정하겠다는 약속을 제의할 수 있다(법 제60조 제1항).

(나) 신속조치

수출국정부 또는 수출자가 수락된 약속을 이행하지 아니한 경우 기획재정부장관은 이용 가능한 최선의 정보에 따라 잠정조치를 실시하는 등 상계관세부과를 위한 신속한 조치를 취할 수 있다(영 제81조 제5항).

(다) 조사의 계속

"보조금등의 철폐 또는 삭감, 보조금등의 국내산업에 대한 피해효과를 제거하기 위한 적절한 조치 및 가격수정에 관한 약속"(법 제60조 제1항에 따른 약속)이 수락된 경우, 기획재정부장관은 잠정조치 또는 상계관세의 부과 없이 조사가 중지 또는 종결되도록 하여야 한다. 다만, 기획재정부장관이 필요하다고 인정하거나 수출국 정부가 피해 조사를 계속하여 줄 것을 요청한 경우에는 그 조사를 계속할 수 있다(법 제60조 제2항).

기획재정부장관은 피해조사를 계속한 결과 실질적 피해등의 사실이 없거나 보조금등의 금액이 없는 것으로 확인된 경우에는 해당 약속의 효력은 실효된 것으로 본다. 다만, 실질적 피해등의 사실이 없거나 보조금등의 금액이 없는 원인이 약속으로 인한 것으로 판단되는 때에는 기획재정부장관은 적정한 기간을 정하여 약속을 계속 이행하게 할 수 있으며, 수출국정부 또는 수출자가 그 약속의 이행을 거부하는 때에는 이용가능한 최선의 정보에 따라 잠정조치를 실시하는 등 상계관세부과를 위한 신속한 조치를 취할 수 있다(영 제81조 제6항).

(라) 약속제의 및 조사계속의 요청

상계관세의 부과여부를 결정하기 위한 조사가 개시된 물품의 수출국정부 또는 수출자가 가격수정·수출중지 등의 약속을 제의하거나 피해조사를 계속하여 줄 것을 요청하려는 때에는 본조사의 결과에 따른 최종판정이 있기 전에 서면으로 그 뜻을 무역위원회에 제출하여야 하며, 이 경우 무역위원회는 제출된 서류의 원본을 지체 없이 기획재정부장관에게 송부하여야 한다. 따라서, 수출자가 기획재정부장관에게 약속을 제의하는 경우 그 약속에는 다음의 사항이 포함되어야 한다(영 제81조 제1항 및 규칙 제30조 제1항).

① 수출자가 수출가격을 실질적 피해등이 제거될 수 있는 수준으로 인상한다는 내용
② 약속수락전까지 계약되거나 선적되는 물품에 관한 내용
③ 형식·모양·명칭 등의 변경이나 저급품의 판매 등의 방법으로 약속의 이행을 회피하는 행위를 하지 아니하겠다는 내용
④ 제3국이나 제3자를 통한 판매 등의 방법으로 사실상 약속을 위반하지 아니하겠다는 내용
⑤ 수출국안에서의 판매물량 및 판매가격과 우리나라로의 수출물량 및 수출가격에 대하여 기획재정부장관에게 정기적으로 보고하겠다는 내용
⑥ 관련자료에 대한 검증을 허용하겠다는 내용
⑦ 그 밖의 상황변동의 경우 기획재정부장관의 요구에 대하여 재협의할 수 있다는 내용

(마) 약속의 수락

기획재정부장관은 보조금등의 철폐 또는 삭감, 보조금등의 국내산업에 대한 피해효과를 제거하기 위한 적절한 조치 및 가격수정에 관하여 제의한 약속이 다음의 어느 하나에 해당하는 것인 때에는 그 약속을 수락할 수 있으며, 약속을 수락하기 전에 무역위원회·관계행정기관의 장 및 이해관계인의 의견을 물을 수 있다(영 제81조 제2항 본문 및 규칙 제30조 제2항).

① 즉시로 가격을 수정하는 약속인 경우
② 약속일부터 6개월 이내에 보조금등을 철폐 또는 삭감하는 약속인 경우
③ 약속일부터 6개월 이내에 보조금등의 국내산업에 대한 피해효과를 제거하기 위한 적절한 조치에 관한 약속인 경우

그러나, 기획재정부장관은 예비조사결과 보조금등의 지급과 그로 인한 실질적 피해등의 사실이 있다고 추정되는 충분한 증거가 있다고 판정하기 전에는 보조금등의 철폐 또는 삭감, 보조금등의 국내산업에 대한 피해효과를 제거하기 위한 적절한 조치 및 가격수정에 관한 약속의 수락이나 약속의 제의를 할 수 없다(영 제81조 제4항).

(바) 약속의 수락거절

기획재정부장관은 보조금등의 철폐 또는 삭감, 보조금등의 국내산업에 대한 피해효과를 제거하기 위한 적절한 조치 및 가격수정에 관한 약속의 이행을 확보하는 것이 곤란하다 인정되는 경우로서 기획재정부령으로 정하는 다음의 어느 하나에 해당하는 경우에는 그 약속을 수락하지 아니할 수 있다(영 제81조 제2항 단서 및 규칙 제30조 제3항).

① 다수의 수출자를 대리하여 약속을 제의한 자가 그 다수의 수출자간에 완전한 합의가 이루어졌음을 입증하지 못하는 경우
② 약속의 이행여부에 대한 적절한 확인 또는 조사를 곤란하게 하는 조건이 있는 경우
③ 과거에 약속을 위반하였던 사실이 있는 등 약속을 수락할 수 없다고 인정되는 합리

적인 사유가 있는 경우

(사) 수출국 또는 수출자를 지정한 약속제의

기획재정부장관은 필요하다고 인정하는 경우에는 보조금등의 철폐 또는 삭감, 보조금등의 국내산업에 대한 피해효과를 제거하기 위한 적절한 조치 및 가격수정에 관한 약속을 수출국정부 또는 수출자를 지정하여 제의할 수 있으며, 기획재정부장관으로부터 약속을 제의받은 수출자는 1개월 이내에 수락여부를 통보하여야 한다(영 제81조 제3항 및 규칙 제30조 제4항).

그러나, 기획재정부장관은 예비조사결과 보조금등의 지급과 그로 인한 실질적 피해등의 사실이 있다고 추정되는 충분한 증거가 있다고 판정하기 전에는 보조금등의 철폐 또는 삭감, 보조금등의 국내산업에 대한 피해효과를 제거하기 위한 적절한 조치 및 가격수정에 관한 약속의 수락이나 약속의 제의를 할 수 없다(영 제81조 제4항).

(10) 상계관세의 소급부과

상계관세의 부과 및 잠정조치는 각각의 조치일 이후 수입되는 물품에 대하여 적용된다. 다만, 잠정조치가 적용된 물품에 대하여 국제협약에서 달리 정하고 있는 경우와 그 밖에 대통령령으로 정하는 경우에는 그 물품에 대하여도 상계관세를 부과할 수 있는 바, 잠정조치가 적용된 물품으로서 상계관세가 부과되는 물품은 다음과 같다(법 제61조 및 영 제82조 제1항).

① 실질적 피해등이 있다고 최종판정이 내려진 경우 또는 실질적 피해등의 우려가 있다는 최종판정이 내려졌으나 잠정조치가 없었다면 실질적 피해등이 있다는 최종판정이 내려졌을 것으로 인정되는 경우에는 잠정조치가 적용된 기간동안 수입된 물품

② 비교적 단기간내에 대량 수입되어 발생되는 실질적 피해등의 재발을 방지하기 위하여 상계관세를 소급하여 부과할 필요가 있는 경우로서 해당 물품이 과거에 보조금등을 받아 수입되어 실질적 피해등을 입힌 사실이 있었던 경우 또는 수입자가 보조금등을 받은 물품의 수입사실과 그로 인한 실질적인 피해등의 사실을 알았거나 알 수 있었을 경우에는 잠정조치를 적용한 날부터 90일전 이후에 수입된 물품

③ 보조금등의 철폐 또는 삭감, 보조금등의 국내산업에 대한 피해효과를 제거하기 위한 적절한 조치 및 가격수정에 관한 약속을 위반하여 잠정조치가 적용된 물품의 수입으로 인한 실질적 피해등의 사실이 인정되는 때에는 잠정조치를 적용한 날부터 90일전 이후에 수입된 물품. 이 경우 약속위반일 이전에 수입된 물품을 제외한다.

④ 기타 국제협약에서 정하는 바에 따라 기획재정부장관이 정하는 기간에 수입된 물품

또한, 국내산업에 이해관계가 있는 자는 본조사의 결과에 따라 최종판정의 통지를 받은 날부터 7일 이내에 해당 물품이 위의 상계관세가 부과되는 물품의 하나에 해당된다는 증거를 제출하여 상계관세의 부과를 요청할 수 있다(영 제82조 제2항).

(11) 잠정상계관세액등의 정산

잠정조치가 적용된 물품으로서 상계관세가 부과되는 물품의 경우(영 제82조 제1항)로서 법 제59조 제2항에 따라 잠정조치가 적용된 기간중에 수입된 물품에 대하여 부과하는 상계관세액이 잠정상계관세액과 같거나 많은 때에는 그 잠정상계관세액을 상계관세액으로 하여 그 차액을 징수하지 아니하며, 적은 때에는 그 차액에 상당하는 잠정상계관세액을 환급하여야 한다(영 제83조 제1항).

또한, 담보가 제공된 경우로서, 잠정조치가 적용된 물품으로서 상계관세가 부과되는 물품의 경우에는 해당 잠정조치가 적용된 기간중에 소급부과될 상계관세액은 잠정상계관세액 상당액을 초과할 수 없다(영 제83조 제2항).

그리고, 보조금등의 철폐 또는 삭감, 보조금등의 국내산업에 대한 피해효과를 제거하기 위한 적절한 조치 및 가격수정에 관한 약속이 본조사의 결과에 따라 보조금의 지급과 그로 인한 실질적 피해등의 사실이 있는 것으로 판정이 내려진 후에 수락된 경우로서 조사된 최종상계관세율이 잠정상계관세율과 같거나 큰 경우에는 그 차액을 징수하지 아니하며, 작은 경우에는 그 차액에 상당하는 잠정상계관세액을 환급하여야 한다(영 제83조 제3항).

(12) 상계관세의 부과 및 약속의 재심사

(가) 재심사

기획재정부장관은 필요하다고 인정될 때에는 대통령령으로 정하는 바에 따라 상계관세의 부과와 "제60조에 따른 약속"(보조금등의 철폐 또는 삭감, 보조금등의 국내산업에 대한 피해효과를 제거하기 위한 적절한 조치 및 가격수정에 관한 약속)에 대하여 재심사를 할 수 있으며, 재심사의 결과에 따라 상계관세의 부과, 약속 내용의 변경, 환급 등 필요한 조치를 할 수 있다(법 제62조 제1항).

(나) 재심사의 요건

기획재정부장관은 필요하다고 인정되거나 이해관계인이나 해당 산업을 관장하는 주무부장관이 다음의 어느 하나에 해당한다는 증빙자료를 첨부하여 요청하는 때에는 상계관세가 부과되고 있거나 약속이 시행되고 있는 물품에 대하여 상계관세의 부과 및 보조금등의 철폐 또는 삭감, 보조금등의 국내산업에 대한 피해효과를 제거하기 위한 적절한 조치 및 가격수정에 관한 약속에 대한 재심사여부를 결정하여야 한다(영 제84조 제1항).

① 상계관세 또는 약속의 시행이후 그 조치의 내용변경이 필요하다고 인정할만한 충분한 상황변동이 발생한 경우
② 상계관세 또는 약속의 종료로 인하여 국내산업이 피해를 입을 우려가 있는 경우
③ 실제 보조금등의 금액보다 상계관세액이 과다하게 납부된 경우

여기에서, 재심사를 요청할 수 있는 이해관계인은 다음과 같다(규칙 제31조 제1항).

① 동종물품의 국내생산자 또는 그 단체

② 해당 상계조치대상 물품의 수출국정부 또는 수출자와 수입자 또는 그 단체

③ 그 밖에 이해관계가 있다고 기획재정부장관이 인정하는 자

(다) 재심사의 요청 및 필요여부 결정

상계관세의 부과 및 보조금등의 철폐 또는 삭감, 보조금등의 국내산업에 대한 피해효과를 제거하기 위한 적절한 조치 및 가격수정에 관한 약속에 대한 재심사의 요청은 상계관세 또는 약속의 시행일부터 1년이 경과된 날 이후에 할 수 있으며, 상계관세 또는 약속의 효력이 상실되는 날 6개월 이전에 요청하여야 한다. 이 경우 기획재정부장관은 재심사를 요청받은 날부터 2개월 이내에 재심사의 필요 여부를 결정하여야 한다(영 제84조 제2항).

(라) 보조금등을 받은 물품의 수입가격에 대한 재검토

기획재정부장관은 상계관세의 부과 및 보조금등의 철폐 또는 삭감, 보조금등의 국내산업에 대한 피해효과를 제거하기 위한 적절한 조치 및 가격수정에 관한 약속에 대한 재심사를 하는 경우외에 부과중인 상계관세율 및 시행중인 약속의 적정성 여부에 관한 재심사를 할 수 있으며, 이를 위하여 상계관세 또는 약속의 내용(재심사에 따라 변경된 내용을 포함한다)에 관하여 매년 그 시행일이 속하는 달에 보조금등을 받은 물품의 수입가격에 대한 재검토를 하여야 한다(영 제84조 제3항).

(마) 재심사의 개시

기획재정부장관은 재심사의 필요 여부를 결정하는 때에는 관계 행정기관의 장 및 무역위원회와 협의할 수 있으며, 재심사가 필요한 것으로 결정된 때에는 무역위원회는 이를 조사하여야 한다. 이 경우 해당 재심사의 사유가 되는 부분에 한정하여 조사할 수 있다(영 제84조 제4항).

(바) 재심사의 조사종결 및 연장

무역위원회는 재심사개시일부터 6개월 이내에 제4항의 재심사를 위한 조사를 종결하여 그 결과를 기획재정부장관에게 제출하여야 한다. 다만, 무역위원회는 조사기간을 연장할 필요가 있거나 이해관계인이 정당한 사유를 제시하여 조사기간의 연장을 요청하는 경우에는 4개월의 범위에서 그 조사기간을 연장할 수 있다(영 제84조 제5항).

(사) 재심사결과에 대한 조치

기획재정부장관은 재심사의 결과에 따라 상계관세의 부과, 약속의 내용변경 또는 환급등에 관한 필요한 조치가 필요한 때에는 조사결과를 제출받은 날부터 1개월 이내에 해당 조치를 하여야 한다. 다만, 필요하다고 인정되는 때에는 20일의 범위에서 그 기간을 연장

할 수 있다(영 제84조 제6항).

상계관세 또는 약속의 종료로 인하여 국내산업이 피해를 입을 우려가 있는 경우(제1항 제2호)의 사유로 재심사를 하는 경우 재심사기간중에 해당 상계관세조치의 적용시한이 종료되는 때에도 그 재심사기간중 해당 조치의 효력은 계속된다(영 제84조 제7항).

기획재정부장관은 상계관세 및 약속의 재심사 또는 상계관세율 및 시행중인 약속의 적정성 여부에 관한 재심사결과 약속의 실효성이 상실되거나 상실될 우려가 있다고 판단되는 때에는 해당 약속을 이행하고 있는 수출국정부 또는 수출자에게 약속의 수정을 요구할 수 있으며, 해당 수출국정부 또는 수출자가 약속의 수정을 거부하는 때에는 이용가능한 정보에 따라 상계관세조치를 할 수 있다(영 제84조 제8항).

기획재정부장관은 상계관세 및 약속의 재심사 또는 상계관세율 및 시행중인 약속의 적정성 여부에 관한 재심사를 위하여 관세청장으로 하여금 기획재정부령으로 정하는 다음의 사항을 조사하여 보고하게 할 수 있다(영 제84조 제9항 및 규칙 제31조 제2항).

① 상계조치 물품의 수입 및 징수실적
② 약속업체의 약속 준수여부
③ 기타 상계조치의 재심사에 필요한 사항

(아) 상계관세의 부과 및 약속의 효력

상계관세의 부과나 "제60조에 따라 수락된 약속"(보조금등의 철폐 또는 삭감, 보조금등의 국내산업에 대한 피해효과를 제거하기 위한 적절한 조치 및 가격수정에 관하여 수락된 약속)은 기획재정부령으로 그 적용시한을 따로 정하는 경우를 제외하고는 해당 상계관세 또는 약속의 시행일부터 5년이 지나면 그 효력을 잃으며, 보조금등의 지급과 산업피해를 재심사하고 그 결과에 따라 내용을 변경할 때에는 기획재정부령으로 그 적용시한을 따로 정하는 경우를 제외하고는 변경된 내용의 시행일부터 5년이 지나면 그 효력을 잃는다(법 제62조 제2항).

(13) 이해관계인등에 대한 통지·공고

기획재정부장관은 다음의 어느 하나에 해당하는 때에는 그 내용을 관보에 게재하고, 이해관계인에게 서면으로 통지하여야 한다(영 제85조 제1항).

① 상계관세의 부과 및 잠정조치를 결정하거나 해당 조치를 하지 아니하기로 결정한 때
② 보조금등의 철폐 또는 삭감, 보조금등의 국내산업에 대한 피해효과를 제거하기 위한 적절한 조치 및 가격수정에 관한 약속을 수락하여 조사를 중지 또는 종결하거나 조사를 계속하는 때
③ 상계관세의 부과 및 보조금등의 철폐 또는 삭감, 보조금등의 국내산업에 대한 피해효과를 제거하기 위한 적절한 조치 및 가격수정에 관한 약속에 따른 재심사를 개시

하거나 재심사결과 상계관세조치의 내용을 변경한 때

④ 상계관세 또는 약속의 종료로 인하여 국내산업이 피해를 입을 우려가 있는 경우의 사유로 재심사를 하는 경우 상계관세조치의 효력이 연장되는 때

기획재정부장관 또는 무역위원회는 다음의 어느 하나에 해당되는 때에는 그 내용을 이해관계인에게 통지하여야 한다(영 제85조 제2항).

① 보조금등을 받은 물품의 수입사실과 실질적인 피해등의 사실에 관한 조사신청이 기각된 때(영 제74조 제2항)

② 보조금등을 받은 물품의 수입사실 및 그로 인한 실질적인 피해등의 사실이 있다고 추정되는 충분한 증거가 있는지에 관한 예비조사의 결과에 따라 예비판정을 한 때(영 제75조 제2항)

③ 본조사의 결과에 따라 최종판정을 한 때(영 제75조 제5항)

④ 조사기간을 연장할 필요가 있거나 또는 이해관계인이 정당한 사유를 제시하여 조사기간의 연장을 요청받은 경우, 무역위원회가 조사기간을 연장한 때(영 제75조 제6항 및 제84조 제5항 단서)

⑤ 특별한 사유가 있다고 인정되는 경우 상계관세의 부과조치기간을 연장한 때(영 제75조 제8항)

⑥ 상계관세의 부과요청이 철회되어 조사의 개시여부에 관한 결정이 중지되거나 조사가 종결된 때(영 제76조)

⑦ 기획재정부장관이 보조금등의 철폐 또는 삭감, 보조금등의 국내산업에 대한 피해효과를 제거하기 위한 적절한 조치 및 가격수정에 관한 약속을 제의한 때(영 제81조 제3항)

기획재정부장관 또는 무역위원회는 조사과정에서 보조금등을 받은 물품의 수입 및 실질적 피해등의 조사와 관련된 이해관계인의 서면요청이 있는 때에는 조사의 진행상황을 통지하여야 한다(영 제85조 제3항).

3. 보복관세

(1) 의의

보복관세(Retaliatory Duties)란 교역상대국이 우리나라의 수출물품 등에 대하여 관세 또는 무역에 관한 국제협정이나 양자간의 협정 등에 규정된 우리나라의 권익을 부인하거나 제한하는 경우, 기타 우리나라에 대하여 부당 또는 차별적인 조치를 취함으로써 우리나라의 무역이익이 침해되는 때에 그 나라로부터 수입되는 물품에 대하여 피해상당액의 범위에서 부과하는 관세를 말한다.

(2) 보복관세의 부과요건

교역상대국이 우리나라의 수출물품 등에 대하여 다음의 어느 하나에 해당하는 행위를 하여 우리나라의 무역이익이 침해되는 경우에는 그 나라로부터 수입되는 물품에 대하여 피해상당액의 범위에서 관세(이하 "복관세"라 한다)를 부과할 수 있다(법 제63조 제1항).

① 관세 또는 무역에 관한 국제협정이나 양자 간의 협정 등에 규정된 우리나라의 권익을 부인하거나 제한하는 경우
② 그 밖에 우리나라에 대하여 부당하거나 차별적인 조치를 하는 경우

(3) 관계국제기구 또는 당사국과의 사전협의

기획재정부장관은 보복관세를 부과할 때 필요하다고 인정되는 경우에는 관련 국제기구 또는 당사국과 미리 협의할 수 있으며, 보복관세를 부과하여야 하는 대상 국가, 물품, 수량, 세율, 적용시한, 그 밖에 필요한 사항은 대통령령으로 정한다(법 제64조 및 제63조 제2항).

(4) 보복관세의 부과요청

관계 부처의 장 또는 이해관계인이 보복관세의 부과조치를 요청하려면 해당 물품에 대한 다음의 사항에 관한 자료를 기획재정부장관에게 제출하여야 한다(영 제86조 제1항).

① 보복관세의 부과요건에 해당하는 행위를 한 나라 및 그 행위의 내용
② 우리나라에서 보복조치를 할 물품
③ 피해상당액의 금액과 그 산출내역 및 관세부과의 내용

(5) 협조요청

기획재정부장관은 보복관세의 적용에 관하여 필요한 사항을 조사하기 위하여 필요하다고 인정하는 때에는 관계기관·수출자·수입자 기타 이해 관계인에게 관계 자료의 제출 기타 필요한 협조를 요청할 수 있다(영 제86조 제2항).

4. 긴급관세

(1) 의의

긴급관세(Emergency Tariff)란 특정물품의 수입증가로 인하여 동종물품 또는 직접적인 경쟁관계에 있는 물품을 생산하는 국내산업이 심각한 피해를 받거나 받을 우려가 있음이 조사를 통하여 확인되고 해당 국내산업을 보호할 필요가 있다고 인정될 때에 해당 물품

에 대하여 심각한 피해등을 방지하거나 치유하고 조정을 촉진하기 위하여 필요한 범위에서 추가하여 부과하는 관세를 말한다.

(2) 긴급관세의 부과

(가) 긴급관세의 부과요건

특정물품의 수입증가로 인하여 "국내산업"(동종물품 또는 직접적인 경쟁관계에 있는 물품을 생산하는 국내산업)이 심각한 피해를 받거나 받을 우려(이하 이 조에서 "심각한 피해등"이라 한다)가 있음이 조사를 통하여 확인되고 해당 국내산업을 보호할 필요가 있다고 인정되는 경우에는 해당 물품에 대하여 심각한 피해등을 방지하거나 치유하고 조정을 촉진(이하 "피해의 구제등"이라 한다)하기 위하여 필요한 범위에서 관세(이하 "긴급관세"라 한다)를 추가하여 부과할 수 있다(법 제65조 제1항).

위에 따라 긴급관세의 부과요건은 다음과 같다.

① 특정물품의 수입이 증가되어야 한다.

② 국내산업이 심각한 피해를 받거나 받을 우려가 있어야 한다.

③ 국내산업을 보호할 필요가 있다고 인정되어야 한다.

④ 무역위원회의 부과건의가 있어야 한다.

한편, 긴급관세 또는 잠정긴급관세를 부과하여야 하는 대상 물품, 세율, 적용기간, 수량, 수입관리방안, 그 밖에 필요한 사항은 기획재정부령으로 정한다(법 제65조 제6항).

(나) 부과여부 및 내용

긴급관세는 해당 국내산업의 보호 필요성, 국제통상관계, 긴급관세 부과에 따른 보상수준 및 국민경제 전반에 미치는 영향 등을 검토하여 부과 여부와 그 내용을 결정한다(법 제65조 제2항).

긴급관세의 부과여부 및 그 내용은 무역위원회의 부과건의가 접수된 날부터 1개월 이내에 결정하여야 한다. 다만, 주요 이해당사국과 긴급관세의 부과에 관한 협의 등을 하기 위하여 소요된 기간은 이에 포함되지 아니한다(영 제87조).

(다) 이해당사국과의 협의

기획재정부장관은 긴급관세를 부과하는 경우에는 이해당사국과 긴급관세부과의 부정적 효과에 대한 적절한 무역보상방법에 관하여 협의를 할 수 있다(법 제65조 제3항).

(라) 긴급관세의 부과대상물품

긴급관세의 부과는 각각의 부과조치 결정 시행일 이후 수입되는 물품에 한정하여 적용한다(법 제65조 제4항).

(마) 긴급관세의 재심사

기획재정부장관은 필요하다고 인정되는 때에는 긴급관세의 부과결정에 대하여 재심사를 할 수 있으며, 재심사결과에 따라 부과내용을 변경할 수 있다. 이 경우 변경된 내용은 최초의 조치내용보다 더 강화되어서는 아니된다(법 제67조).

기획재정부장관은 부과중인 긴급관세에 대하여 무역위원회가 그 내용의 완화·해제 또는 연장 등을 건의하는 때에는 그 건의가 접수된 날 부터 1개월 이내에 재심사를 하여 긴급관세부과의 완화·해제 또는 연장 등의 조치여부를 결정하여야 한다. 다만, 기획재정부장관은 필요하다고 인정되는 때에는 20일의 범위에서 그 결정기간을 연장할 수 있다(영 제89조).

(바) 긴급관세의 적용기간

긴급관세의 부과기간은 4년을 초과할 수 없으며, 제66조제1항에 따른 잠정긴급관세는 200일을 초과하여 부과할 수 없다. 다만, 제67조에 따른 재심사의 결과에 따라 부과기간을 연장하는 경우에는 잠정긴급관세의 부과기간, 긴급관세의 부과기간, 「대외무역법」 제39조제1항에 따른 수입수량제한 등(이하 이 조와 제66조에서 "수입수량제한등"이라 한다)의 적용기간 및 그 연장기간을 포함한 총 적용기간은 8년을 초과할 수 없다(법 제65조 제5항).

(3) 잠정긴급관세의 부과

(가) 잠정긴급관세의 부과요건

긴급관세의 부과 여부를 결정하기 위하여 조사가 시작된 물품 또는 「불공정무역행위 조사 및 산업피해구제에 관한 법률」 제7조 제1항에 따라 잠정조치가 건의된 물품에 대하여 조사기간 중에 발생하는 심각한 피해등을 방지하지 아니하는 경우 회복하기 어려운 피해가 초래되거나 초래될 우려가 있다고 판단될 때에는 조사가 종결되기 전에 피해의 구제등을 위하여 필요한 범위에서 잠정긴급관세를 추가하여 부과할 수 있다(법 제66조 제1항).

(나) 부과여부 및 내용

잠정긴급관세의 부과여부 및 그 내용은 무역위원회의 부과건의가 접수된 날부터 1개월 이내에 해당 국내산업의 보호 필요성·국제통상관계·긴급관세부과에 따른 보상수준 및 국민경제 전반에 미치는 영향 등의 검토사항을 고려하여 결정하여야 한다. 다만, 기획재정부장관은 필요하다고 인정하는 경우에는 20일의 범위에서 그 결정기간을 연장할 수 있다(영 제88조 제1항).

잠정긴급관세가 적용중인 특정수입물품에 긴급관세를 부과하기로 결정한 경우로서 긴급관세액이 잠정긴급관세액과 같거나 많은 경우에는 그 잠정긴급관세액을 긴급관세액으로 하여 그 차액을 징수하지 아니하고, 적은 경우에는 그 차액에 상당하는 잠정긴급관세액을 환급하는 조치를 하여야 한다(영 제88조 제2항).

무역위원회가 국내산업의 피해가 없다고 판정하고 이를 기획재정부장관에게 통보한 때에는 동 피해와 관련하여 납부된 잠정긴급관세를 환급하는 조치를 하여야 한다(영 제88조 제3항).

(다) 잠정긴급관세의 부과대상물품

잠정긴급관세의 부과는 각각의 부과조치 결정 시행일 이후 수입되는 물품에 한정하여 적용한다(법 제65조 제4항).

(라) 잠정긴급관세의 부과중단

긴급관세의 부과 또는 수입수량제한등의 조치 여부를 결정한 때에는 잠정긴급관세의 부과를 중단한다(법 제66조 제2항).

(마) 잠정긴급관세의 환급

긴급관세의 부과 또는 수입수량제한등의 조치 여부를 결정하기 위하여 조사한 결과 수입증가가 국내산업에 심각한 피해를 초래하거나 초래할 우려가 있다고 판단되지 아니하는 경우에는 제1항에 따라 납부된 잠정긴급관세를 환급하여야 한다(법 제66조 제3항).

(바) 잠정긴급관세의 적용기간

잠정긴급관세는 200일을 초과하여 부과할 수 없다. 다만, 제67조에 따른 재심사의 결과에 따라 부과기간을 연장하는 경우에는 잠정긴급관세의 부과기간, 긴급관세의 부과기간, 「대외무역법」 제39조제1항에 따른 수입수량제한 등(이하 이 조와 제66조에서 “수입수량제한등”이라 한다)의 적용기간 및 그 연장기간을 포함한 총 적용기간은 8년을 초과할 수 없다(법 제65조 제5항).

(4) 이해관계인에 대한 자료협조 요청

기획재정부장관은 긴급관세 또는 잠정긴급관세의 부과 여부를 결정하기 위하여 필요하다고 인정되는 경우에는 관계 행정기관의 장 및 이해관계인 등에게 관련 자료의 제출 등 필요한 협조를 요청할 수 있으며, 제출된 자료 중 자료를 제출하는 자가 정당한 사유를 제시하여 비밀로 취급하여 줄 것을 요청한 자료에 대하여는 해당 자료를 제출한 자의 명시적인 동의없이 이를 공개하여서는 아니된다(법 제65조 제7항 및 규칙 제32조 제1항).

또한, 비밀로 취급하는 자료에 대하여는 이해관계인의 비밀취급요청등(제15조)의 규정을 준용한다(규칙 제32조 제2항).

5. 특정국물품긴급관세

(1) 특정국물품긴급관세의 의의

"특정국물품긴급관세"란 국제조약 또는 일반적인 국제법규에 따라 허용되는 한도내에서 "특정국물품"이 ① 해당 물품의 수입증가가 국내시장의 교란 또는 교란우려의 중대한 원인이 되는 경우, ② 세계무역기구 회원국이 해당 물품의 수입증가에 대하여 자국의 피해를 구제하거나 방지하기 위하여 취한 조치로 인하여 중대한 무역전환이 발생하여 해당 물품이 우리나라로 수입되거나 수입될 우려가 있는 경우에 해당하는 것으로 조사를 통하여 확인된 때에 피해를 구제하거나 방지하기 위하여 필요한 범위에서 추가하여 부과하는 관세를 말한다.

즉, 특정국물품에 대한 긴급관세는 2001년 12월에 중국의 세계무역기구(WTO)에 가입으로 회원국에게 12년간 한시적으로 긴급 수입제한조치를 허용함에 따라 도입된 제도로서, 중국의 WTO 가입 12년째인 2013년 12월 10일까지만 중국에 대한 특정국물품에 대한 긴급관세가 시행되었다. 따라서, 국내산업이 "심각한 피해"를 입은 경우 부과할 수 있는 긴급관세와 달리, 이 제도는 WTO에 가입한 회원국으로부터 수입된 물품으로 인하여 "실질적 피해"를 입은 경우, 또는 주변국이 그 회원국에 긴급관세를 부과해 그 회원국이 수출선을 우리나로 전환, 국내산업의 피해가 우려되는 경우에도 긴급관세를 부과할 수 있다.

(2) 특정국물품긴급관세의 부과

(가) 특정국물품긴급관세의 부과요건

국제조약 또는 일반적인 국제법규에 따라 허용되는 한도에서 "특정국물품"(대통령령으로 정하는 국가를 원산지로 하는 물품)이 다음의 어느 하나에 해당하는 것으로 조사를 통하여 확인된 경우에는 피해를 구제하거나 방지하기 위하여 필요한 범위에서 관세(이하 "특정국물품 긴급관세"라 한다)를 추가하여 부과할 수 있다(법 제67조의 2 제1항 및 영 제89조의 2 제1항).

① 해당 물품의 수입증가가 국내시장의 교란 또는 교란우려의 중대한 원인이 되는 경우
② 세계무역기구 회원국이 해당 물품의 수입증가에 대하여 자국의 피해를 구제하거나 방지하기 위하여 취한 조치로 인하여 중대한 무역전환이 발생하여 해당 물품이 우리나라로 수입되거나 수입될 우려가 있는 경우

한편, 위의 ①에서 "국내시장의 교란 또는 교란우려"란 특정국물품의 수입증가로 인하여 동종물품 또는 직접적인 경쟁관계에 있는 물품을 생산하는 국내산업이 실질적 피해를 받거나 받을 우려가 있는 경우를 말한다(법 제67조의 2 제2항).

(나) 부과여부 및 내용

특정국물품긴급관세는 해당 국내산업의 보호 필요성, 국제통상관계, 긴급관세 부과에 따른 보상 수준 및 국민경제 전반에 미치는 영향 등을 검토하여 부과 여부와 그 내용을 결정한다(법 제67조의 2 제8항 : 제65조 제2항 준용).

특정국물품긴급관세의 부과여부 및 그 내용은 무역위원회의 부과건의가 접수된 날부터 1개월 이내에 결정하여야 한다. 다만, 주요 이해당사국과 긴급관세의 부과에 관한 협의 등을 하기 위하여 소요된 기간은 이에 포함되지 아니한다(영 제89조의 2 제3항 : 제87조 준용).

(다) 특정국물품긴급관세부과시의 사전협의

기획재정부장관은 특정국물품긴급관세를 부과할 때에는 이해당사국과 해결책을 모색하기 위하여 사전협의를 할 수 있다(법 제67조의 2 제4항).

(라) 특정국물품긴급관세의 부과대상물품

특정국물품긴급관세의 부과는 부과조치 결정 시행일 이후 수입되는 물품에 한정하여 적용한다(법 제67조의 2 제8항 : 제65조 제4항 준용).

(마) 특정국물품긴급관세의 부과대상

특정국물품긴급관세를 부과하여야 하는 대상물품, 세율, 적용기간, 수량, 수입관리방안 등에 관하여 필요한 사항은 기획재정부령으로 정한다(법 제67조의 2 제3항).

(바) 특정국물품긴급관세의 재심사

기획재정부장관은 필요하다고 인정되는 때에는 특정국물품긴급관세의 부과결정에 대하여 재심사를 할 수 있으며, 재심사결과에 따라 부과내용을 변경할 수 있다. 이 경우 변경된 내용은 최초의 조치내용보다 더 강화되어서는 아니된다(법 제67조의 2 제8항 : 제67조 준용).

기획재정부장관은 부과중인 특정국물품긴급관세에 대하여 무역위원회가 그 내용의 완화·해제 또는 연장 등을 건의하는 때에는 그 건의가 접수된 날 부터 1개월 이내에 재심사를 하여 특정국물품긴급관세부과의 완화·해제 또는 연장 등의 조치여부를 결정하여야 한다. 다만, 기획재정부장관은 필요하다고 인정되는 때에는 20일의 범위에서 그 결정기간을 연장할 수 있다(영 제89조의 2 제3항 : 제89조 준용).

(사) 특정국물품긴급관세의 부과중지

"법 제67조의2 제1항 제2호"(세계무역기구 회원국이 해당 물품의 수입증가에 대하여 자국의 피해를 구제하거나 방지하기 위하여 한 조치로 인하여 중대한 무역전환이 발생하여 해당 물품이 우리나라로 수입되거나 수입될 우려가 있는 경우)에 따른 특정국물품 긴급관세 부과의 원인이 된 세계무역기구 회원국의 조치가 종료된 때에는 그 종료일부터 30일 이내에 특정국물품 긴급관세 부과를 중지하여야 한다(법 제67조의 2 제7항).

(3) 특정국물품잠정긴급관세의 부과

(가) 특정국물품잠정긴급관세의 부과요건

"법 제67조의2 제1항 제1호"(해당 물품의 수입증가가 국내시장의 교란 또는 교란우려의 중대한 원인이 되는 경우)에 따라, 특정국물품 긴급관세의 부과 여부를 결정하기 위한 조사가 시작된 물품에 대하여 조사기간 중에 발생하는 국내시장의 교란을 방지하지 아니하는 경우 회복하기 어려운 피해가 초래되거나 초래될 우려가 있다고 판단될 때에는 "특정국물품 잠정긴급관세"(조사가 종결되기 전에 피해를 구제하거나 방지하기 위하여 필요한 범위에서 특정국물품에 대한 잠정긴급관세)를 200일의 범위에서 부과할 수 있다(법 제67조의 2 제5항).

따라서, 특정국물품잠정긴급관세의 부과여부 및 그 내용은 무역위원회의 부과건의가 접수된 날부터 1개월 이내에 "법 제65조 제2항"(해당 국내산업의 보호 필요성, 국제통상관계, 긴급관세 부과에 따른 보상 수준 및 국민경제 전반에 미치는 영향 등의 검토사항)을 고려하여 결정하여야 한다. 다만, 기획재정부장관은 필요하다고 인정하는 경우에는 20일의 범위에서 그 결정기간을 연장할 수 있다(영 제89조의 2 제3항 : 영 제88조 제1항 준용).

(나) 특정국물품잠정긴급관세의 환급

특정국물품 긴급관세의 부과 여부를 결정하기 위하여 조사한 결과 국내시장의 교란 또는 교란우려가 있다고 판단되지 아니하는 경우에는 제5항에 따라 납부된 특정국물품 잠정긴급관세를 환급하여야 한다(법 제67조의 2 제6항).

특정국물품잠정긴급관세가 적용중인 특정수입물품에 긴급관세를 부과하기로 결정한 경우로서 긴급관세액이 특정국물품잠정긴급관세액과 같거나 많은 경우에는 그 특정국물품잠정긴급관세액을 특정국물품긴급관세액으로 하여 그 차액을 징수하지 아니하고, 적은 경우에는 그 차액에 상당하는 특정국물품잠정긴급관세액을 환급하는 조치를 하여야 한다(영 제89조의 2 제3항 : 영 제88조 제2항 준용).

무역위원회가 국내산업의 피해가 없다고 판정하고 이를 기획재정부장관에게 통보한 때에는 동 피해와 관련하여 납부된 특정국물품잠정긴급관세를 환급하는 조치를 하여야 한다(영 제89조의 2 제3항 : 영 제88조 제3항 준용).

(다) 특정국물품잠정긴급관세의 부과대상물품

특정국물품잠정긴급관세의 부과는 부과조치 결정 시행일 이후 수입되는 물품에 한정하여 적용한다(법 제67조의 2 제8항 : 제65조 제4항 준용).

(라) 특정국물품잠정긴급관세의 부과대상

특정국물품잠정긴급관세를 부과하여야 하는 대상물품, 세율, 적용기간, 수량, 수입관리방안 등에 관하여 필요한 사항은 기획재정부령으로 정한다(법 제67조의 2 제3항).

(마) 특정국물품잠정긴급관세의 부과중단

특정국물품긴급관세의 부과 또는 수입수량제한등의 조치여부를 결정한 때에는 특정국물품잠정긴급관세의 부과를 중단한다(법 제67조의 2 제8항: 제66조 제2항 준용).

(4) 이해관계인에 대한 자료협조 요청

기획재정부장관은 특정국물품긴급관세 또는 특정국물품잠정긴급관세의 부과여부를 결정하기 위하여 필요하다고 인정하는 경우에는 관계행정기관의 장 및 이해관계인 등에게 관련자료의 제출 등 필요한 협조를 요청할 수 있으며, 제출된 자료중 자료를 제출하는 자가 정당한 사유를 제시하여 비밀로 취급하여 줄 것을 요청한 자료에 대하여는 해당 자료를 제출한 자의 명시적인 동의없이 이를 공개하여서는 아니된다(법 제67조의 2 제8항: 제65조 제7항 준용 및 규칙 제32조 제1항).

또한, 비밀로 취급하는 자료에 대하여는 이해관계인의 비밀취급요청등(제15조)의 규정을 준용한다(규칙 제32조 제2항).

6. 농림축산물에 대한 특별긴급관세

(1) 특별긴급관세의 의의

농림축산물에 대한 특별긴급관세(Special Emergency Tariff on Agricultural, Forest and Live-stock Products)란 국내외가격차에 상당한 율로 양허한 농림축산물의 수입물량이 급증하거나 수입가격이 하락하는 때에 양허한 세율을 초과하여 부과하는 관세를 말한다.

(2) 특별긴급관세의 부과요건

"법 제73조"(국제관세협력)에 따라 국내외 가격차에 상당한 율로 양허한 농림축산물의 수입물량이 급증하거나 수입가격이 하락하는 경우에는 대통령령으로 정하는 바에 따라 양허한 세율을 초과하여 관세(이하 "특별긴급관세"라 한다)를 부과할 수 있으며, 특별긴급관세를 부과하여야 하는 대상 물품, 세율, 적용시한, 수량 등은 기획재정부령으로 정한다(법 제68조 제1항·제2항).

위의 규정에 따라, "특별긴급관세"를 부과할 수 있는 경우는 다음 각 호의 어느 하나에 해당하는 경우로 한다. 다만, 다음 각 호 모두에 해당하는 경우에는 기획재정부령으로 정하는 바에 따라 그중 하나를 선택하여 적용할 수 있다(영 제90조 제1항).

① 해당 연도 수입량이 제2항의 규정에 의한 기준발동물량을 초과하는 경우

② "수입가격"(원화로 환산한 운임 및 보험료를 포함한 해당 물품의 수입가격)이 "기준

가격"[1988년부터 1990년까지의 평균수입가격(별표 1에 해당하는 물품의 경우에는 1986년부터 1988년까지의 평균수입가격으로 한다)]의 100분의 10을 초과하여 하락하는 경우

이 경우 부패하기 쉽거나 계절성이 있는 물품에 대하여는 기준발동물량을 산정함에 있어서는 3년보다 짧은 기간을 적용하거나 기준가격을 산정시 다른 기간동안의 가격을 적용하는 등 해당 물품의 특성을 고려할 수 있다(영 제90조 제5항).

(3) 특별긴급관세의 부과방법

(가) 물량기준 특별긴급관세

해당연도 수입량이 기준발동물량을 초과하는 경우의 특별긴급관세는 국내외가격차에 상당한 율인 해당 양허세율에 그 양허세율의 1/3까지를 추가한 세율로 부과할 수 있으며 해당연도 말까지 수입되는 분에 대하여서만 이를 적용한다(영 제90조 제3항).

한편, 해당연도 수입량이 기준발동물량을 초과하는 경우의 기준발동물량은 자료입수가 가능한 최근 3년간의 평균수입량에 다음의 구분에 따른 계수(이하 "기준발동계수"라 한다)를 곱한 것과 자료입수가 가능한 최근연도 해당 품목 국내소비량의 그 전년도대비 변화량을 합한 물량(이하 "기준발동물량"이라 한다)으로 한다. 다만, 기준발동물량이 최근 3년간 평균수입량의 105/100 미만인 경우에는 해당 기준발동물량은 최근 3년간 평균수입량의 105/100로 한다(영 제90조 제2항).

① 자료입수가 가능한 최근 3년동안의 해당 물품 국내소비량에 대한 수입량비율(이하 "시장점유율"이라 한다)의 100분의 10 이하인 때: 100분의 125

② 시장점유율이 100분의 10초과 100분의 30이하인 때: 100분의 110

③ 시장점유율이 100분의 30을 초과하는 때: 100분의 105

④ 시장점유율을 산정할 수 없는 때: 100분의 125

기준발동물량 = 최근 3년간 평균수입량 × 기준발동계수 + 최근연도 국내소비량의 전년도 대비변화량

기준발동계수

시장점유율[1]	기준발동계수
10% 이하	125%
10%~30% 이하	110%
30% 초과	105%
산정할 수 없는 경우	125%

주 : 1) 시장점유율 : 자료입수가 가능한 최근 3년동안의 해당 물품 국내소비량에 대한 수입량 비율

(나) 가격기준 특별긴급관세

"수입가격"이 "기준가격"의 100분의 10을 초과하여 하락하는 경우의 특별긴급관세는 국내외가격차에 상당한 율인 해당 양허세율에 따른 관세에 다음의 구분에 따른 금액을 추가하여 부과할 수 있다. 다만, 수입량이 감소하는 때에는 기획재정부령으로 정하는 바에 따라 동호에 따른 특별긴급관세는 이를 부과하지 아니할 수 있다(영 제90조 제4항).

① 기준가격과 대비한 수입가격 하락률이 10%초과 40%이하인 경우에는 기준가격의 10%를 초과한 금액의 30%

② 기준가격과 대비한 수입가격 하락률이 40%초과 60%이하인 경우에는 기준가격의 10%초과 40%까지 금액의 30%, 기준가격의 40%를 초과한 금액의 50%를 각각 더한 금액

③ 기준가격과 대비한 수입가격 하락률이 60%초과 75%이하인 경우에는 기준가격의 10%초과 40%까지 금액의 30%, 기준가격의 40%초과 60%까지 금액의 50%, 기준가격의 60%를 초과한 금액의 70%를 각각 더한 금액

④ 기준가격과 대비한 수입가격 하락률이 75%를 초과한 경우에는 기준가격의 10%초과 40%까지 금액의 30%, 기준가격의 40%초과 60%까지 금액의 50%, 기준가격의 60%초과 75%까지 금액의 70%, 기준가격의 75%를 초과한 금액의 90%를 각각 더한 금액

특별긴급관세의 추가 부과

기준가격 대비 수입가격 하락률	특별긴급관세의 추가분
10% 이하	부과 안함
10%~40% 이하	기준가격의 10% 초과금액의 30%
40%~60% 이하	기준가격의 10%~40%금액의 30% + 기준가격의 40% 초과금액의 50%
60%~75% 이하	기준가격의 10%~40%금액의 30% + 기준가격의 40%~60%금액의 50% + 기준가격의 60% 초과금액의 70%
75% 초과	기준가격의 10%~40%금액의 30% + 기준가격의 40%~60%금액의 50% + 기준가격의 60%~75%금액의 70% + 기준가격의 75% 초과금액의 90%

(4) 특별긴급관세의 적용

관계부처의 장 또는 이해관계인이 법 제68조에 따른 조치를 요청하려는 경우에는 해당 물품과 관련된 다음 각 호의 사항에 관한 자료를 기획재정부장관에게 제출하여야 한다(영 제90조 제8항).

① 해당 물품의 관세율표 번호 · 품명 · 규격 · 용도 및 대체물품
② 해당 물품의 최근 3년간 연도별 국내소비량 · 수입량 및 기준가격
③ 인상하여야 하는 세율, 인상이유, 적용기간 및 그 밖의 참고사항

기획재정부장관은 특별긴급관세의 적용에 관하여 필요한 사항을 조사하기 위하여 필요하다고 인정되는 때에는 관계기관·수출자·수입자나 그 밖의 이해관계인에게 관계자료의 제출 기타 필요한 협조를 요청할 수 있다(영 제90조 제9항).

(5) 특별긴급관세의 적용 배제

(가) 시장접근물량

"법 제73조"(국제관세협력)에 따라 국제기구와 관세에 관한 협상에서 양허된 시장접근물량으로 수입되는 물품은 특별긴급관세 부과대상에서 제외한다. 다만, 그 물품은 물량기준(해당연도 수입량이 기준발동물량을 초과하는 경우) 특별긴급관세 부과를 위하여 수입량을 산정하는 때에는 이를 산입한다(영 제90조 제6항).

(나) 물량기준의 경우

특별긴급관세가 부과되기 전에 계약이 체결되어 운송중에 있는 물품은 물량기준(해당연도 수입량이 기준발동물량을 초과하는 경우) 특별긴급관세 부과대상에서 제외한다. 다만, 동 물품은 다음해에 물량기준 특별긴급관세를 부과하기 위하여 필요한 수입량에는 산입할 수 있다(영 제90조 제7항).

7. 조정관세

(1) 조정관세의 의의

조정관세(Adjusted Duties)란 ① 산업구조의 변동 등으로 물품 간의 세율 불균형이 심하여 이를 시정할 필요가 있는 경우, ② 국민보건, 환경보전, 소비자보호 등을 위하여 필요한 경우, ③ 국내에서 개발된 물품을 일정 기간 보호할 필요가 있는 경우, ④ 농림축수산물 등 국제경쟁력이 취약한 물품의 수입증가로 인하여 국내시장이 교란되거나 산업기반이 붕괴될 우려가 있어 이를 시정하거나 방지할 필요가 있는 경우에 부과하는 관세를 말한다.

(2) 조정관세의 부과요건

다음의 어느 하나에 해당하는 경우에는 100분의 100에서 해당 물품의 기본세율을 뺀 율을 기본세율에 더한 율의 범위에서 관세를 부과할 수 있다. 다만, 농림축수산물 또는 이를 원재료로 하여 제조된 물품의 국내외 가격차가 해당 물품의 과세가격을 초과하는 경

우에는 국내외 가격차에 상당하는 율의 범위에서 관세를 부과할 수 있다(법 제69조).

① 산업구조의 변동 등으로 물품 간의 세율 불균형이 심하여 이를 시정할 필요가 있는 경우
② 국민보건, 환경보전, 소비자보호 등을 위하여 필요한 경우
③ 국내에서 개발된 물품을 일정 기간 보호할 필요가 있는 경우
④ 농림축수산물 등 국제경쟁력이 취약한 물품의 수입증가로 인하여 국내시장이 교란되거나 산업기반이 붕괴될 우려가 있어 이를 시정하거나 방지할 필요가 있는 경우

(3) 조정관세의 부과요청

관계부처의 장 또는 이해관계인이 조정관세의 부과조치를 요청하려는 경우에는 해당 물품과 관련된 다음 각 호의 사항에 관한 자료를 기획재정부장관에게 제출하여야 한다(영 제91조 제1항).

① 해당 물품의 관세율표 번호·품명·규격·용도 및 대체물품
② 해당 물품의 제조용 투입원료 및 해당 물품을 원료로 하는 관련제품의 제조공정설명서 및 용도
③ 해당 연도와 그 전후 1년간의 수급실적 및 계획
④ 최근 1년간의 월별 주요 수입국별 수입가격 및 수입실적
⑤ 최근 1년간의 월별 주요 국내제조업체별 공장도가격 및 출고실적
⑥ 인상하여야 하는 세율·인상이유 및 그 적용기간

(4) 조정관세의 적용세율

조정관세는 해당 국내산업의 보호 필요성, 국제통상관계, 국민경제 전반에 미치는 영향 등을 검토하여 부과 여부와 그 내용을 정하며, 조정관세를 부과하여야 하는 대상 물품, 세율 및 적용시한 등은 대통령령으로 정한다(법 제70조 제1항 및 제2항).

따라서, 기획재정부장관은 조정관세의 적용에 관하여 필요한 사항을 조사하기 위하여 필요하다고 인정하는 때에는 관계기관·수출자·수입자 기타 이해관계인에게 관계자료의 제출 기타 필요한 협조를 요청할 수 있다(영 제91조 제2항).

8. 할당관세

(1) 의의

할당관세(Quota Tariff)란 원활한 물자수급 또는 산업의 경쟁력 강화를 위하여 특정물품의 수입을 촉진시킬 필요가 있는 경우, 수입가격이 급등한 물품 또는 이를 원재료로 한 제품의 국내가격의 안정을 위하여 필요한 경우, 유사물품간의 세율이 현저히 불균형하여

이를 시정할 필요가 있는 경우에 100분의 40의 범위의 율을 기본세율에서 빼고 부과하거나, 또는 특정물품의 수입을 억제할 필요가 있는 경우에는 일정한 수량을 초과하여 수입되는 분에 대하여 100분의 40의 범위의 율을 기본세율에 더하여 부과하는 관세를 말한다.

(2) 할당관세의 부과요건

(가) 할인할당관세의 부과요건

다음 각 호의 어느 하나에 해당하는 경우에는 100분의 40의 범위의 율을 기본세율에서 빼고 관세를 부과할 수 있다. 이 경우 필요하다고 인정될 때에는 그 수량을 제한할 수 있다(법 제71조 제1항).

① 원활한 물자수급 또는 산업의 경쟁력 강화를 위하여 특정물품의 수입을 촉진시킬 필요가 있는 경우
② 수입가격이 급등한 물품 또는 이를 원재료로 한 제품의 국내가격의 안정을 위하여 필요한 경우
③ 유사물품간의 세율이 현저히 불균형하여 이를 시정할 필요가 있는 경우

(나) 할증할당관세의 부과요건

특정물품의 수입을 억제할 필요가 있는 경우에는 일정한 수량을 초과하여 수입되는 분에 대하여 100분의 40의 범위의 율을 기본세율에 더하여 관세를 부과할 수 있다. 다만, 농림축수산물인 경우에는 기본세율에 동종물품 · 유사물품 또는 대체물품의 국내외 가격차에 상당하는 율을 더한 율의 범위에서 관세를 부과할 수 있다(법 제71조 제2항).

한편, 할당관세를 부과하여야 하는 대상 물품, 수량, 세율, 적용 기간 등은 대통령령으로 정한다(법 제71조 제3항).

(3) 할당관세의 부과요청

(가) 할인할당관세의 부과요청

관계부처의 장 또는 이해관계인이 할당관세의 부과를 요청하려면 해당 물품에 관련된 다음의 사항에 관한 자료를 기획재정부장관에게 제출하여야 한다(영 제92조 제1항).

① 조정관세의 부과요건(제91조 제1항 제1호 내지 제5호)의 사항에 관한 자료
② 해당 할당관세를 적용하려는 세율 · 인하이유 및 그 적용기간
③ 법 제71조 제1항 후단에 따라 수량을 제한하여야 하는 때에는 그 수량 및 산출근거

(나) 할증할당관세의 부과요청

관계부처의 장 또는 이해관계인이 할당관세의 부과를 요청하고자 할 때에는 해당 물품

에 관련된 다음의 사항에 관한 자료를 기획재정부장관에게 제출하여야 한다(영 제92조 제2항).

① 조정관세의 부과요건(제91조의 제1항 제1호 내지 제5호)의 사항에 관한 자료
② 해당 할당관세를 적용하려는 세율·인상이유 및 그 적용기간
③ 기본관세율을 적용하여야 하는 수량 및 산출근거
④ 법 제71조 제2항 단서에 따른 농림축수산물의 경우에는 최근 2년간의 월별 또는 분기별 동종물품·유사물품 또는 대체물품별 국내외 가격동향

(4) 수량할당

일정수량의 할당은 해당 수량의 범위에서 주무부장관 또는 그 위임을 받은 자의 추천으로 행한다. 다만, 기획재정부장관이 정하는 물품에 있어서는 수입신고 순위에 따르되, 일정수량에 달하는 날의 할당은 그날에 수입신고되는 분을 해당 수량에 비례하여 할당한다(영 제92조 제3항).

이 경우, 주무부장관 또는 그 위임을 받은 자의 추천을 받은 자는 해당 추천서를 수입신고수리전까지 세관장에게 제출하여야 한다(영 제92조 제4항).

(5) 수입통관실적의 확인

일정수량까지의 수입통관실적의 확인은 관세청장이 이를 행한다(영 제92조 제5항).

(6) 자료제출 및 협조요청

관계부처의 장은 제1항 또는 제2항에 따라 할당관세의 부과를 요청하는 경우 다음 각 호의 사항을 해당 관계부처의 인터넷 홈페이지 등에 10일 이상 게시하여 의견을 수렴하고 그 결과를 기획재정부장관에게 제출하여야 한다. 다만, 자연재해 또는 가격급등 등으로 할당관세를 긴급히 부과할 필요가 있는 경우에는 기획재정부장관과 협의하여 의견 수렴을 생략할 수 있다(영 제92조 제6항).

① 해당 물품의 관세율표 번호, 품명, 규격, 용도 및 대체물품
② 제1항제2호 · 제3호 또는 제2항제2호 · 제3호의 사항

(7) 자료제출 및 협조요청

기획재정부장관은 할당관세의 적용에 관하여 필요한 사항을 조사하기 위하여 필요하다고 인정되는 때에는 관계기관·수출자·수입자나 그 밖의 이해관계인에게 관계자료의 제출이나 그 밖의 필요한 협조를 요청할 수 있다(영 제92조 제7항).

(8) 자료제출 및 협조요청

기획재정부장관은 매 회계연도 종료 후 5개월 이내에 제1항부터 제3항까지의 규정에 따른 관세의 전년도 부과 실적 및 그 결과(관세 부과의 효과 등을 조사·분석한 보고서를 포함한다)를 국회 소관 상임위원회에 보고하여야 한다(법 제71조 제4항).

따라서, 기획재정부장관은 법 제71조 제4항에 따른 관세의 전년도 부과 실적 등의 보고를 위하여 관계부처의 장에게 매 회계연도 종료 후 3개월 이내에 관세 부과 실적 및 효과 등에 관한 자료를 기획재정부장관에게 제출할 것을 요청할 수 있다. 이 경우 요청을 받은 관계부처의 장은 특별한 사유가 없으면 그 요청에 따라야 한다(영 제92조 제8항).

9. 계절관세

(1) 의의

계절관세(Seasonal Duties)란 계절에 따라 가격의 차이가 심한 물품으로서 동종물품·유사물품 또는 대체물품의 수입으로 인하여 국내시장이 교란되거나 생산 기반이 붕괴될 우려가 있을 때에는 계절에 따라 해당 물품의 국내외 가격차에 상당하는 율의 범위에서 기본세율보다 높게 관세를 부과하거나 100분의 40의 범위의 율을 기본세율에서 빼고 부과하는 관세를 말한다.

(2) 계절관세의 부과

계절에 따라 가격의 차이가 심한 물품으로서 동종물품·유사물품 또는 대체물품의 수입으로 인하여 국내시장이 교란되거나 생산 기반이 붕괴될 우려가 있을 때에는 계절에 따라 해당 물품의 국내외 가격차에 상당하는 율의 범위에서 기본세율보다 높게 관세를 부과하거나 100분의 40의 범위의 율을 기본세율에서 빼고 관세를 부과할 수 있는 바, 관세를 부과하여야 하는 대상 물품, 세율 및 적용시한 등은 기획재정부령으로 정한다(법 제72조 제1항·제2항).

(3) 계절관세의 부과요청

관계행정기관의 장 또는 이해관계인이 계절관세의 부과를 요청하려면 해당 물품에 관련한 다음의 사항에 관한 자료를 기획재정부장관에게 제출하여야 한다(영 제93조 제1항).

① 품명·규격·용도 및 대체물품

② 최근 1년간의 월별 수입가격 및 주요국제상품시장의 가격동향

③ 최근 1년간의 월별·주요국내제조업체별 공장도가격
④ 해당 물품 및 주요관련제품의 생산자물가지수·소비자물가지수 및 수입물가지수
⑤ 계절관세를 적용하려는 이유 및 그 적용기간
⑥ 계절별 수급실적 및 전망
⑦ 변경하려는 세율과 그 산출내역

(4) 자료제출 및 협조요청

기획재정부장관은 계절관세의 적용에 관하여 필요한 사항을 조사하기 위하여 필요하다고 인정하는 때에는 관계기관·수출자·수입자 기타 이해관계인에게 관계자료의 제출 기타 필요한 협조를 요청할 수 있다(영 제93조 제2항).

10. 편익관세

(1) 의의

편익관세(Beneficial Tariff)란 관세에 관한 조약에 따른 편익을 받지 아니하는 나라의 생산물로서 우리나라에 수입되는 물품에 대하여 이미 체결된 외국과의 조약에 따른 편익의 한도에서 관세에 관한 편익을 부여하는 것을 말한다.

(2) 편익관세의 적용기준

관세에 관한 조약에 따른 편익을 받지 아니하는 나라의 생산물로서 우리나라에 수입되는 물품에 대하여 이미 체결된 외국과의 조약에 따른 편익의 한도에서 관세에 관한 편익(이하 "편익관세"라 한다)을 부여할 수 있는 바, 편익관세를 부여할 수 있는 대상 국가, 대상 물품, 적용 세율, 적용방법, 그 밖에 필요한 사항은 대통령령으로 정한다(법 제74조 제1항 및 제2항).

(3) 편익관세 적용대상국가

관세에 관한 편익을 받을 수 있는 국가는 다음 표와 같다(영 제95조 제1항).

지 역	국 가
1. 아시아	부탄
2. 중근동	이란·이라크·레바논·시리아
3. 대양주	나우루
4. 아프리카	코모로·에디오피아·소말리아
5. 유럽	안도라·모나코·산마리노·바티칸·덴마크(그린란드 및 페로제도에 한정한다)

(4) 편익관세 대상물품

관세에 관한 편익을 받을 수 있는 물품은 제1항의 표에 따른 국가의 생산물 중 「세계무역기구협정 등에 의한 양허관세 규정」 별표 1(이하 이 조에서 "양허표"라 한다)의 가, 나 및 다에 따른 물품으로 한다. 이 경우 해당 물품에 대한 관세율표상의 품목분류가 세분되거나 통합된 때에도 동일한 편익을 받는다(영 제95조 제2항).

(5) 적용세율

편익관세 대상물품에 대하여는 해당 양허표에 규정된 세율을 적용한다. 다만, 다음의 경우에는 해당 양허표에 규정된 세율보다 다음에 규정된 세율을 우선하여 적용한다(영 제95조 제3항).

① 법에 따른 세율이 해당 양허표에 규정된 세율보다 낮은 경우에는 법에 따른 세율. 다만, 국내외 가격차에 상당하는 율로 양허하거나 국내시장개방과 함께 기본세율보다 높은 세율로 양허하는 농림축산물의 경우에는 해당 양허표에 규정된 세율을 기본세율 및 잠정세율에 우선하여 적용한다.
② 덤핑방지관세·상계관세·보복관세·긴급관세 또는 농림축산물에 대한 특별긴급관세에 따라 대통령령 또는 기획재정부령으로 세율을 정하는 경우에는 그 세율

(6) 적용정지 사유

기획재정부장관은 다음의 어느 하나에 해당하는 경우에는 국가, 물품 및 기간을 지정하여 편익관세의 적용을 정지시킬 수 있다(법 제75조).

① 편익관세의 적용으로 국민경제에 중대한 영향이 초래되거나 초래될 우려가 있는 경우
② 기타 편익관세의 적용을 정지시켜야 할 긴급한 사태가 있는 경우

(7) 자료제출 및 협조요청

기획재정부장관은 편익관세의 적용에 관하여 필요한 사항을 조사하기 위하여 필요하다고 인정되는 때에는 관계행정기관·수출자·수입자 기타 이해관계인에게 관계자료의 제출 기타 필요한 협조를 요청할 수 있다(영 제95조 제5항).

탄력관세제도

구 분	부과요건	세율변경범위
덤핑 방지 관세	- 외국의 물품이 정상가격이하로 수입된 경우 - 그 수입으로 인하여 국내산업이 "실질적인 피해등"을 입은 사실이 조사를 통하여 확인된 경우 - 해당 국내산업을 보호할 필요가 있다고 인정되는 경우	기본세율 + 덤핑차액에 상당하는 금액이하의 금액
상계 관세	- 외국에서 제조·생산 또는 수출에 관하여 직접 또는 간접으로 보조금 또는 장려금을 받은 물품이 수입된 경우 - 국내산업이 실질적인 피해등을 입은 사실이 조사를 통하여 확인된 경우 - 해당 국내산업을 보호할 필요가 있다고 인정되는 경우	기본세율+보조금 등에 상당하는 금액이하의 금액
보복 관세	교역상대국이 우리나라의 수출물품 등에 대하여, 다음의 행위를 함으로써 우리나라의 무역이익이 침해되는 경우에 그 나라로부터 수입되는 물품 - 관세 또는 무역에 관한 국제협정이나 양자간의 협정등에 규정된 우리나라의 권익을 부인하거나 제한하는 경우 - 기타 우리나라에 대하여 부당 또는 차별적인 조치를 취하는 경우	피해상당액의 범위내
긴급관세	- 특정물품의 수입증가로 인하여 국내산업이 심각한 피해 등 을 입은 사실이 조사를 통하여 확인된 경우 - 해당 국내산업을 보호할 필요가 있다고 인정될 때	피해의 방지·치유 및 조정의 촉진에 필요한 범위내
특정국 물품 긴급관세	국제조약 또는 일반적인 국제법규에 따라 허용되는 한도내에서 "특정국물품"(홍콩 및 마카오를 제외한 중화인민공화국을 원산지로 하는 물품)이 다음의 어느 하나에 해당하는 것으로 조사를 통하여 확인된 때 - 해당 물품의 수입증가가 국내시장의 교란 또는 교란우려의 중대한 원인이 되는 경우	피해를 구제하거나 방지하기 위하여 필요한 범위내
특정 국물품 긴급관세	▫ 세계무역기구 회원국이 해당 물품의 수입증가에 대하여 자국의 피해를 구제하거나 방지하기 위하여 취한 조치로 인하여 중대한 무역전환이 발생하여 해당 물품이 우리나라로 수입되거나 수입될 우려가 있는 경우	
농림축산물에 대한 특별긴급관세	국제관세협력에 따라 국내외가격차에 상당한 율로 양허한 농림축산물의 수입물량이 급증하거나 수입가격이 하락하는 경우	▫ 물량기준: 양허세율+(양허세율×1/3) ▫ 가격기준: 양허세율+대통령령이 정한 비율 에 따른 산출금액
조정관세	▫ 산업구조의 변동 등으로 물품간의 세율이 현저히 불균형하여 이를 시정할 필요가 있는 경우 ▫ 국민보건·환경보전·소비자보호 등을 위하여 필요한 경우 ▫ 국내에서 개발된 물품에 대하여 일정기간 보호가 필요한 경우 ▫ 농림축산물등 국제경쟁력이 취약한 물품의 수입증가로 국내시장이 교란되거나 산업기반을 붕괴시킬 우려가 있어 이를 시정 또는 방지할 필요가 있는 경우	▫ 원칙: 기본세율+(100/100 - 기본 세율) ▫ 예외: 농림축수산물은 국내의 가격 차에 상당하는 율의 범위내

<table>
<tr><th colspan="2">구 분</th><th>부과요건</th><th colspan="2">세율변경범위</th></tr>
<tr><td rowspan="2">할당관세</td><td>할인</td><td>▫ 원활환 물자수급 또는 산업의 경쟁력 강화를 위하여 특정물품의 수입을 촉진시킬 필요가 있는 경우
▫ 수입가격이 급등한 물품 또는 이를 원재료로 한 제품의 국내가격의 안정을 위하여 필요한 경우
▫ 유사물품간의 세율이 현저히 불균형하여 이를 시정할 필요가 있는 경우</td><td colspan="2">기본세율-40/100</td></tr>
<tr><td>할증</td><td>특정물품의 수입을 억제할 필요가 있을 경우
(일정한 수량을 초과하여 수입되는 분)</td><td colspan="2">▫ 기본세율+40/100
▫ 농림축수산물: 기본세율+동종물품 등의 국내외 가격차에 상당한 율의 범위 내</td></tr>
<tr><td colspan="2" rowspan="2">계절관세</td><td rowspan="2">가격이 계절에 따라 현저하게 차이가 있는 물품으로서 동종물품·유사물품 또는 대체물품의 수입으로 국내시장이 교란되거나 생산기반이 붕괴될 우려가 있는 경우</td><td>인상</td><td>국내외가격차에 상당한 율의 범위에서 기본관세율보다 높게</td></tr>
<tr><td>인하</td><td>기본세율-기본세율의 40/100의 범위내의 율</td></tr>
<tr><td colspan="2">편익관세</td><td>관세에 관한 조약에 따른 편익을 받지 아니하는 나라의 생산물로서 수입될 때 대통령령으로 그 나라와 물품을 지정(시행령 별표1)한 경우</td><td colspan="2">원칙 : 해당 양허표에 규정된 세율</td></tr>
</table>

제6절 기타의 관세

Ⅰ. 국제협력관세

1. 의의

국제협력관세는 정부가 우리나라의 대외무역의 증진을 위하여 필요하다고 인정될 때에 특정 국가 또는 국제기구와 관세에 관한 협상을 수행하여 기본관세율의 50/100의 범위에서 관세를 양허하는 것을 말한다.

2. 국제협력관세의 부과요건

정부는 우리나라의 대외무역 증진을 위하여 필요하다고 인정될 때에는 특정 국가 또는 국제기구와 관세에 관한 협상을 할 수 있으며, 그 협상을 수행할 때 필요하다고 인정되면 관세를 양허할 수 있다. 다만, 특정 국가와 협상할 때에는 기본 관세율의 100분의 50의 범위를 초과하여 관세를 양허할 수 없다(법 제73조 제1항 및 제2항).

3. 농림축산물에 대한 양허세율의 적용신청

국제협력관세를 부과하여야 하는 대상 물품, 세율 및 적용기간 등은 대통령령으로 정하는 바, 국제기구와 관세에 관한 협상에서 국내외가격차에 상당한 율로 양허하거나 시장접근개방과 함께 기본세율보다 높은 세율로 양허한 농림축산물중 시장접근물량 이내로서 관련기관의 추천을 받은 자는 해당 추천서를 수입신고수리전까지 세관장에게 제출하여야 한다(법 제73조 제3항 및 영 제94조).

Ⅱ. 일반특혜관세

1. 의의

일반특혜관세는 특혜대상물품[특혜대상국(대통령령으로 정하는 개발도상국가)을 원산지로 하는 물품 중 대통령령으로 정하는 물품)에 대하여 기본세율보다 낮은 세율의 관세를 부과하는 것을 말한다.

2. 일반특혜관세의 적용기준

대통령령으로 정하는 개발도상국가(이하 이 조에서 "특혜대상국"이라 한다)를 원산지로 하는 물품 중 대통령령으로 정하는 물품(이하 이 조에서 "특혜대상물품"이라 한다)에 대하여는 기본세율보다 낮은 세율의 관세(이하 이 관에서 "일반특혜관세"라 한다)를 부과할 수 있으며, 일반특혜관세를 부과할 때 해당 특혜대상물품의 수입이 국내산업에 미치는 영향 등을 고려하여 그 물품에 적용되는 세율에 차등을 두거나 특혜대상물품의 수입수량 등을 한정할 수 있다(법 제76조 제1항 및 제2항).

또한, 국제연합총회의 결의에 따른 최빈(最貧) 개발도상국 중 대통령령으로 정하는 국가를 원산지로 하는 물품에 대하여는 다른 특혜대상국보다 우대하여 일반특혜관세를 부과할 수 있으며, 특혜대상물품에 적용되는 세율 및 적용기간과 그 밖에 필요한 사항은 대통령령으로 정한다(법 제76조 제3항 및 제4항).

3. 일반특혜관세의 적용정지

(1) 일반특혜관세의 적용정지

기획재정부장관은 특정한 특혜대상 물품의 수입이 증가하여 이와 동종의 물품 또는 직접적인 경쟁관계에 있는 물품을 생산하는 국내산업에 중대한 피해를 주거나 줄 우려가 있는 등 일반특혜관세를 부과하는 것이 적당하지 아니하다고 판단될 때에는 대통령령으로 정하는 바에 따라 해당 물품과 그 물품의 원산지인 국가를 지정하여 일반특혜관세의 적용을 정지할 수 있다(법 제77조 제1항).

(2) 일반특혜관세의 적용배제

기획재정부장관은 특정한 특혜대상국의 소득수준, 우리나라의 총수입액 중 특정한 특혜대상국으로부터의 수입액이 차지하는 비중, 특정한 특혜대상국의 특정한 특혜대상물품이 지니는 국제경쟁력의 정도, 그 밖의 사정을 고려하여 일반특혜관세를 부과하는 것이 적당하지 아니하다고 판단될 때에는 대통령령으로 정하는 바에 따라 해당 국가를 지정하거나 해당 국가 및 물품을 지정하여 일반특혜관세의 적용을 배제할 수 있다(법 제77조 제2항).

Ⅲ. 관세양허에 대한 조치 등(Measures on Tariff Concession, etc.)

1. 양허의 철회 및 수정(Withdrawal and Modification of Tariff Concession)

정부는 외국에서의 가격 하락이나 그 밖에 예상하지 못하였던 사정의 변화 또는 조약상 의무의 이행으로 인하여 특정물품의 수입이 증가됨으로써 이와 동종의 물품 또는 직접 경쟁관계에 있는 물품을 생산하는 국내 생산자에게 중대한 피해를 가져오거나 가져올 우려가 있다고 인정되는 경우에는 다음 각 호의 구분에 따른 조치를 할 수 있으며, 조치의 시기 및 내용과 그 밖에 필요한 사항은 대통령령으로 정한다(법 제78조 제1항·제2항 및 제3항).

① 조약에 따라 관세를 양허하고 있는 경우: 해당 조약에 따라 이루어진 특정물품에 대한 양허를 철회하거나 수정하여 이 법에 따른 세율이나 수정 후의 세율에 따라 관세를 부과하는 조치

② 특정물품에 대하여 위의 ①의 조치를 하려고 하거나 그 조치를 한 경우: 해당 조약에 따른 협의에 따라 그 물품 외에 이미 양허한 물품의 관세율을 수정하거나 양허품목을 추가하여 새로 관세의 양허를 하고 수정 또는 양허한 후의 세율을 적용하는 조치(이 조치는 ①의 조치에 대한 보상으로서 필요한 범위에서만 할 수 있다)

2. 대항조치(Countermeasures)

정부는 외국이 특정물품에 관한 양허의 철회 · 수정 또는 그 밖의 조치를 하려고 하거나 그 조치를 한 경우 해당 조약에 따라 대항조치를 할 수 있다고 인정될 때에는 다음의 조치를 할 수 있다. 이러한 조치는 외국의 조치에 대한 대항조치로서 필요한 범위에서만 할 수 있으며, 그 조치의 대상 국가, 시기, 내용, 그 밖에 필요한 사항은 대통령령으로 정한다(법 제79조 제1항·제2항 및 제3항).

① 특정물품에 대하여 이 법에 따른 관세 외에 그 물품의 과세가격 상당액의 범위에서 관세를 부과하는 조치

② 특정물품에 대하여 관세의 양허를 하고 있는 경우에는 그 양허의 적용을 정지하고 이 법에 따른 세율의 범위에서 관세를 부과하는 조치

3. 양허 및 철회의 효력(Tariff Concession and Effect of Withdrawal)

조약에 따라 우리나라가 양허한 품목에 대하여 그 양허를 철회한 경우에는 해당 조약에 따라 철회의 효력이 발생한 날부터 이 법에 따른 세율을 적용한다(법 제80조 제1항).

또한, 양허의 철회에 대한 보상으로 우리나라가 새로 양허한 품목에 대하여는 그 양허의 효력이 발생한 날부터 이 법에 따른 세율을 적용하지 아니한다(법 제80조 제2항).

MEMO

Chapter 3

부과와 징수

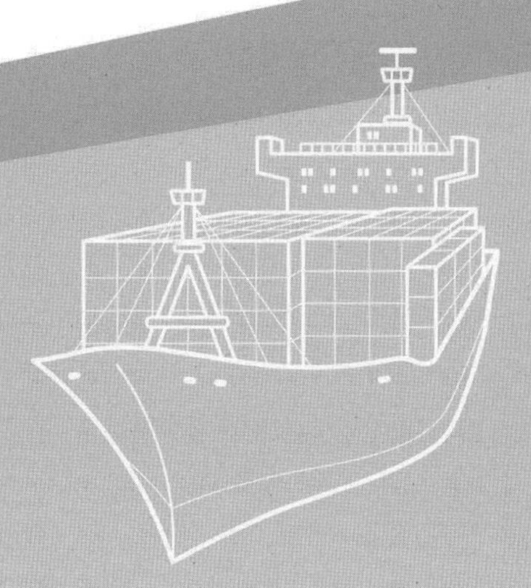

Chapter 3

부과와 징수

제1절 세액의 확정

Ⅰ. 신고납부방식

1. 개요

(1) 의의

신고납부(Payment of Customs Duties by Self-Return)란 관세의 납세의무자가 수입신고시에 스스로 과세표준 및 납부세액 등을 결정하여 세관장에게 신고하여 납부하는 제도로서, 자진신고납부제도라고도 한다.

(2) 신고납부대상

세관장(Head of Customhouse)이 고지하는 물품, 즉 부과고지 대상물품을 제외한 모든 수입물품이 신고납부의 대상물품이 된다.

2. 납세신고

물품(세관장이 부과고지하는 물품 제외)을 수입하려는 자는 수입신고를 할 때에 세관장에게 "납세신고"(관세의 납부에 관한 신고)를 하여야 하는 바, 납세신고를 하려는 자는 제246조에 따른 수입신고서에 동조 각호의 사항외에 다음의 사항을 기재하여 세관장에게 제출하여야 한다(법 제38조 제1항 및 영 제32조 제1항).

① 해당 물품의 관세율표상의 품목분류·세율과 품목분류마다 납부하여야 할 세액 및 그 합계액

② 법이나 그 밖의 관세에 관한 법률 또는 조약에 따라 관세의 감면을 받는 경우에는 그 감면액과 법적 근거

③ "영 제23조 제1항에 따른 특수관계"(구매자와 판매자간에 대통령령으로 정하는 다음의 특수관계)에 해당하는지의 여부와 그 내용

㉮ 구매자와 판매자가 상호 사업상의 임원 또는 관리자인 경우

㉯ 구매자와 판매자가 상호 법률상의 동업자인 경우

㉰ 구매자와 판매자가 고용관계에 있는 경우

㉱ 특정인이 구매자 및 판매자의 의결권 있는 주식을 직접 또는 간접으로 5퍼센트 이상 소유하거나 관리하는 경우

㉲ 구매자 및 판매자중 일방이 상대방에 대하여 법적으로 또는 사실상으로 지시나 통제를 할 수 있는 위치에 있는 등 일방이 상대방을 직접 또는 간접으로 지배하는 경우

㉳ 구매자 및 판매자가 동일한 제3자에 의하여 직접 또는 간접으로 지배를 받는 경우

㉴ 구매자 및 판매자가 동일한 제3자를 직접 또는 간접으로 공동지배하는 경우

㉵ 구매자와 판매자가 「국세기본법 시행령」 제1조의2제1항 각 호의 어느 하나에 해당하는 친족관계에 있는 경우

④ 그 밖에 과세가격 결정에 참고가 되는 사항

한편, 납세신고, 자율심사 및 제4항에 따른 세액의 정정과 관련하여 그 방법 및 절차 등 필요한 사항은 대통령령으로 정한다(법 제38조 제5항).

3. 세액심사(Final Decision on Amount of Customs Duties)

(1) 수입신고수리후 세액심사원칙

세관장(Head of Customhouse)은 납세신고를 받으면 수입신고서에 기재된 사항과 이 법에 따른 확인사항 등을 심사하되, 신고한 세액에 대하여는 수입신고를 수리한 후에 심사한다(법 제38조 제2항 본문).

이 경우, 관세청장은 세액심사의 원활을 기하기 위하여 필요한 때에는 심사방법 등에 관한 기준을 정할 수 있다(영 제32조 제2항).

(2) 수입신고수리전 세액심사 대상

신고한 세액에 대하여 관세채권을 확보하기가 곤란하거나, 수입신고를 수리한 후 세액심사를 하는 것이 적당하지 아니하다고 인정하여 "기획재정부령으로 정하는 다음의 물

품"의 경우에는 수입신고를 수리하기 전에 이를 심사한다. 다만, ①, ②에 규정된 물품의 감면 또는 분할납부의 적정 여부에 대한 심사는 수입신고수리전에 하고, 과세가격 및 세율 등에 대한 심사는 수입신고수리후에 한다(법 제38조 제2항 단서 및 규칙 제8조 제1항·제2항).

① 법률 또는 조약에 따라 관세 또는 내국세를 감면받으려는 물품
② 관세를 분할납부하려는 물품
③ 관세를 체납하고 있는 자가 신고하는 물품(체납액이 10만원 미만이거나 체납기간 7일 이내에 수입신고하는 경우를 제외한다)
④ 납세자의 성실성 등을 참작하여 관세청장이 정하는 기준에 해당하는 불성실신고인이 신고하는 물품
⑤ 물품의 가격변동이 큰 물품이나 그 밖에 수입신고수리후에 세액을 심사하는 것이 적합하지 아니하다고 인정하여 관세청장이 정하는 물품

4. 자율심사

세관장(Head of Customhouse)은 제2항 본문에도 불구하고 납세실적과 수입규모 등을 고려하여 관세청장이 정하는 요건을 갖춘 자가 신청할 때에는 납세신고한 세액을 자체적으로 심사(이하 "자율심사"라 한다)하게 할 수 있다. 이 경우 해당 납세의무자는 자율심사한 결과를 세관장에게 제출하여야 한다(법 제38조 제3항).

(1) 자율심사업체의 승인

세관장은 납세의무자가 법 제38조 제3항에 따라 납세신고세액을 자체적으로 심사하고자 신청하는 경우에는 "자율심사업체"(관세청장이 정하는 절차에 따라 자율심사를 하는 납세의무자)로 승인할 수 있다. 이 경우 세관장은 자율심사의 방법 및 일정 등에 대하여 자율심사업체와 사전협의할 수 있다(영 제32조의2 제1항).

(2) 자율심사업체에의 자료제공

세관장(Head of Customhouse)은 자율심사업체에게 수출입업무의 처리방법 및 체계 등에 관한 관세청장이 정한 자료를 제공하여야 한다(영 제32조의2 제2항).

(3) 자율심사결과의 제출

자율심사업체는 제2항에 따라 세관장이 제공한 자료에 따라 다음의 사항을 기재한 자율심사결과 및 조치내용을 세관장에게 제출하여야 한다. 이 경우 자율심사업체는 해당 결과를 제출하기 전에 납부세액의 과부족분에 대하여는 보정신청하거나 수정신고 또는 경정 청구하여야 하며, 과다환급금이 있는 경우에는 세관장에게 통지하여야 한다(영 제32조의2 제3항).

① 제2항에 따라 세관장이 제공한 자료에 따라 작성한 심사결과

② 자율심사를 통하여 업무처리방법·체계 및 세액 등에 대한 보완이 필요한 것으로 확인된 사항에 대하여 조치한 내용

(4) 자율심사결과의 평가통보

세관장(Head of Customhouse)은 제3항에 따라 제출된 결과를 평가하여 자율심사업체에 통지하여야 한다. 다만, 자율심사가 부적절하게 이루어진 것으로 판단되는 경우에는 추가적으로 필요한 자료의 제출을 요청하거나 방문하여 심사한 후에 통지할 수 있다(영 제32조의2 제4항).

(5) 자율심사의 유지조치

세관장은 제4항 단서에 따른 자료의 요청 또는 방문심사한 결과에 따라 해당 자율심사업체로 하여금 자율심사를 적정하게 할 수 있도록 보완사항을 고지하고, 개선방법 및 일정 등에 대한 의견을 제출하게 하는 등 자율심사의 유지에 필요한 조치를 할 수 있다(영 제32조의2 제5항).

(6) 자율심사승인의 취소

세관장(Head of Customhouse)은 자율심사업체가 다음의 어느 하나에 해당하는 때에는 자율심사의 승인을 취소할 수 있다(영 제32조의2 제6항).

① 법 제38조 제3항에 따른 관세청장이 정한 요건을 갖추지 못하게 되는 경우
② 자율심사를 하지 아니할 의사를 표시하는 경우
③ 자율심사 결과의 제출 등 자율심사의 유지를 위하여 필요한 의무 등을 이행하지 아니하는 경우

5. 세액정정

납세의무자는 납세신고한 세액을 납부하기 전에 그 세액이 과부족(過不足)하다는 것을 알게 되었을 때에는 납세신고한 세액을 정정할 수 있다. 이 경우 납부기한은 당초의 납부기한(제9조에 따른 납부기한을 말한다)으로 한다(법 제38조 제4항).

따라서, 세액을 정정하려는 자는 해당 납세신고와 관련된 서류를 세관장으로부터 교부받아 과세표준 및 세액 등을 정정하고, 그 정정한 부분에 서명 또는 날인하여 세관장에게 제출하여야 한다(영 제32조의3).

6. 세액납부

관세의 납부기한은 이 법에서 달리 규정하는 경우를 제외하고는 납세신고를 한 경우에는 납세신고 수리일부터 15일 이내임에도 불구하고, 납세의무자는 수입신고가 수리되기

전에 해당 세액을 납부할 수 있다(법 제9조 제1항·제2항).

7. 관세의 납부

관세의 납부에 관하여는 다음의 「국세기본법」 제46조의2를 준용한다(법 제38조 제6항). 또한 이와 관련된 관세법시행령 제32조의5를 살펴보면 다음과 같다.

(1) 신용카드등에 의한 관세 등의 납부

국세기본법에 제46조의2 제1항은 다음과 같이 규정하고 있다. 즉, 납세의무자가 세법에 따라 신고하거나 과세관청이 결정 또는 경정하여 고지한 세액 중 1천만원 이하는 대통령령으로 정하는 국세납부대행기관을 통하여 "신용카드등"(신용카드, 직불카드 등)으로 납부할 수 있는 바, 신용카드등으로 납부할 수 있는 국세의 종류, 국세납부대행기관의 지정 및 운영, 납부대행수수료 등에 관한 사항은 대통령령으로 정한다(국세기본법 제46조의2 제1항·제2항).

(가) 신용카드등에 의한 관세 등의 납부

법 제38조제6항에 따라 납세의무자가 신고하거나 세관장이 부과 또는 경정하여 고지한 세액(세관장이 관세와 함께 징수하는 내국세등의 세액을 포함한다)은 "신용카드"(신용카드, 직불카드 등)으로 납부할 수 있다(영 제32조의5 제1항).

(나) 관세납부대행기관

법 제38조제6항에 따라 준용되는 「국세기본법」 제46조의2 제1항에 따른 국세납부대행기관이란 "관세납부대행기관"(정보통신망을 이용하여 신용카드등에 의한 결제를 수행하는 기관으로서 '기획재정부령으로 정하는 바에 따라 관세납부를 대행하는 다음의 어느 하나에 해당하는 기관')을 말한다(영 제32조의5 제2항).

① 「민법」 제32조 및 「금융위원회의 소관에 속하는 비영리법인의 설립 및 감독에 관한 규칙」에 따라 설립된 금융결제원
② 시설, 업무수행능력, 자본금 규모 등을 고려하여 관세청장이 관세납부대행기관으로 지정하는 자

(2) 신용카드등에 따른 납부일

국세기본법 제46조의2 제1항에 따라 신용카드등으로 국세를 납부하는 경우에는 국세납부대행기관의 승인일을 납부일로 본다(국세기본법 제46조의2 제2항).

(3) 신용카드등에 따른 납부에 관한 기타 사항

관세청장은 납부에 사용되는 신용카드등의 종류, 그 밖에 관세납부에 필요한 사항을 정할 수 있으며, 관세납부대행기관은 납세자로부터 신용카드등에 의한 관세납부대행용역의 대가로 기획재정부령으로 정하는 바에 따라 납부대행수수료를 받을 수 있는 바. 납부대행수수료는 관세청장이 관세납부대행기관의 운영경비 등을 종합적으로 고려하여 승인하되, 해당 납부세액의 1천분의 10을 초과할 수 없다(영 제32조의5 제3항·제4항 및 규칙 제8조의2 제2항).

8. 세액보정

(1) 세액보정의 신청

납세의무자는 신고납부한 세액이 부족하다는 것을 알게 되거나 세액산출의 기초가 되는 과세가격 또는 품목분류 등에 오류가 있는 것을 알게 되었을 때에는 "보정기간"(신고납부한 날부터 6개월 이내에 대통령령으로 정하는 바에 따라 해당 세액을 보정(補正)하여 줄 것을 세관장에게 신청할 수 있다(법 제38조의2 제1항).

(2) 세액보정의 신청통지

세관장(Head of Customhouse)은 신고납부한 세액이 부족하다는 것을 알게 되거나 세액산출의 기초가 되는 과세가격 또는 품목분류 등에 오류가 있다는 것을 알게 되었을 때에는 대통령령으로 정하는 바에 따라 납세의무자에게 해당 보정기간에 보정신청을 하도록 통지할 수 있는 바, 세관장은 세액의 보정을 통지하는 경우에는 다음의 사항을 기재한 보정통지서를 교부하여야 한다(법 제38조의2 제2항 전단 및 영 제32조의4 제1항).

① 해당 물품의 수입신고번호와 품명·규격 및 수량
② 보정 전 해당 물품의 품목분류·과세표준·세율 및 세액
③ 보정 후 해당 물품의 품목분류·과세표준·세율 및 세액
④ 보정사유 및 보정기한
⑤ 그 밖의 참고사항

이 경우 세액보정을 신청하려는 납세의무자는 대통령령으로 정하는 바에 따라 세관장에게 신청하여야 한다(법 제38조의2 제2항 후단).

법 제38조의2 제1항 및 제2항 후단에 따라 신고납부한 세액을 보정하려는 자는 세관장에게 세액보정을 신청한 다음에 이미 제출한 수입신고서를 교부받아 수입신고서상의 품목분류·과세표준·세율 및 세액 그 밖의 관련사항을 보정하고, 그 보정한 부분에 서명 또는 날인하여 세관장에게 제출하여야 한다(영 제32조의4 제2항).

(3) 관세납부

납세의무자가 제1항 및 제2항 후단에 따라 부족한 세액에 대한 세액의 보정을 신청한 경우에는 해당 보정신청을 한 날의 다음날까지 해당 관세를 납부하여야 한다(법 제38조의2 제4항).

(4) 부족세액의 징수

(가) 부족세액의 징수

세관장(Head of Customhouse)은 제1항 및 제2항 후단에 따른 신청에 따라 세액을 보정한 결과 부족한 세액이 있을 때에는 납부기한(제9조에 따른 납부기한을 말한다) 다음 날부터 보정신청을 한 날까지의 기간과 금융회사의 정기예금에 대하여 적용하는 이자율을 고려하여 대통령령으로 정하는 이율에 따라 계산한 금액을 더하여 해당 부족세액을 징수하여야 한다. 이 경우, 부족세액에 가산하여야 할 이율의 계산에 관하여는 제56조 제2항의 규정을 준용한다(법 제38조의2 제5항 본문 및 영 제32조의4 제4항)

(나) 부족세액의 면제

다만, 다음의 어느 하나에 해당하는 경우에는 해당 부족세액을 징수하지 아니한다(법 제38조의2 제5항 단서).

① 제41조 제4항에 따라 가산금 및 중가산금을 징수하지 아니하는 경우

② 신고납부한 세액의 부족 등에 대하여 납세의무자에게 정당한 사유가 있는 경우

위의 "②"(법 제38조의2 제5항 제2호)에 따라 부족세액에 가산하여야 할 금액을 면제받으려는 자는 다음의 사항을 적은 신청서를 세관장에게 제출하여야 한다. 이 경우 "다음의 ② 및 ③"(제2호 및 제3호)와 관련한 증명자료가 있으면 이를 첨부할 수 있다(영 제32조의4 제5항).

① 납세의무자의 성명 또는 상호 및 주소

② 면제받으려는 금액

③ 정당한 사유

또한, 세관장은 제5항에 따른 신청서를 제출받은 경우에는 신청일부터 20일 이내에 면제 여부를 서면으로 통지하여야 한다(영 제32조의4 제6항).

9. 수정 및 경정

(1) 수정신고

납세의무자는 신고납부한 세액이 부족한 경우에는 대통령령으로 정하는 바에 따라 수정신고(보정기간이 지난 날부터 제21조제1항에 따른 기간이 끝나기 전까지로 한정한다)를 할 수 있다. 이 경우 납세의무자는 수정신고한 날의 다음 날까지 해당 관세를 납부하여야

한다(법 제38조의3 제1항).

따라서, 수정신고를 하려는 자는 다음의 사항을 기재한 수정신고서를 세관장에게 제출하여야 한다. 이 경우 납세의무자는 수정신고한 날의 다음 날까지 해당 관세를 납부하여야 한다(영 제33조).

① 해당 물품의 수입신고번호와 품명·규격 및 수량
② 수정신고 전의 해당 물품의 품목분류·과세표준·세율 및 세액
③ 수정신고 후의 해당 물품의 품목분류·과세표준·세율 및 세액
④ 가산세액
⑤ 그 밖의 참고사항

(2) 경정의 청구

납세의무자는 신고납부한 세액이 과다한 것을 알게 되었을 때에는 최초로 납세신고를 한 날부터 5년 이내에 대통령령으로 정하는 바에 따라 신고한 세액의 경정을 세관장에게 청구할 수 있다. 이 경우 경정의 청구를 받은 세관장은 그 청구를 받은 날부터 2개월 이내에 세액을 경정하거나 경정하여야 할 이유가 없다는 뜻을 청구한 자에게 통지하여야 한다(법 제38조의3 제2항).

따라서, 경정의 청구를 하려는 자는 다음의 사항을 기재한 경정청구서를 세관장에게 제출하여야 한다. 이 경우 경정의 청구를 받은 세관장은 그 청구를 받은 날부터 2개월 이내에 세액을 경정하거나 경정하여야 할 이유가 없다는 뜻을 그 청구한 자에게 통지하여야 한다(영 제34조 제1항).

① 해당 물품의 수입신고번호와 품명·규격 및 수량
② 경정 전의 해당 물품의 품목분류·과세표준·세율 및 세액
③ 경정 후의 해당 물품의 품목분류·과세표준·세율 및 세액
④ 경정사유
⑤ 그 밖의 참고사항

한편, 납세의무자는 "최초의 신고 또는 경정에서 과세표준 및 세액의 계산근거가 된 거래 또는 행위 등이 그에 관한 소송에 대한 판결(판결과 같은 효력을 가지는 화해나 그 밖의 행위를 포함한다)에 의하여 다른 것으로 확정되는 등 대통령령으로 정하는 다음의 어느 하나에 해당하는 사유"가 발생하여 납부한 세액이 과다한 것을 알게 되었을 때에는 제2항에 따른 기간에도 불구하고 그 사유가 발생한 것을 안 날부터 2개월 이내에 대통령령으로 정하는 바에 따라 납부한 세액의 경정을 세관장에게 청구할 수 있다(법 제38조의3 제3항 및 영 제34조 제2항).

① 최초의 신고 또는 경정에서 과세표준 및 세액의 계산근거가 된 거래 또는 행위 등이 그에 관한 소송에 대한 판결(판결과 같은 효력을 가지는 화해나 그 밖의 행위를 포함한다)에 의하여 다른 것으로 확정된 경우
② 최초의 신고 또는 경정을 할 때 장부 및 증거서류의 압수, 그 밖의 부득이한 사유로

과세표준 및 세액을 계산할 수 없었으나 그 후 해당 사유가 소멸한 경우

③ 법 제233조 제1항 후단에 따라 원산지증명서 등의 진위 여부 등을 회신받은 세관장으로부터 그 회신 내용을 통보받은 경우

(4) 경정 여부의 통지

세관장은 제2항 또는 제3항에 따른 경정의 청구를 받은 날부터 2개월 이내에 세액을 경정하거나 경정하여야 할 이유가 없다는 뜻을 그 청구를 한 자에게 통지하여야 한다(법 제38조의3 제4항).

(5) 이의신청, 심사청구 또는 심판청구의 가능

제2항 또는 제3항에 따라 경정을 청구한 자가 제4항에 따라 2개월 이내에 통지를 받지 못한 경우에는 그 2개월이 되는 날의 다음 날부터 제5장에 따른 이의신청, 심사청구, 심판청구 또는 「감사원법」에 따른 심사청구를 할 수 있다(법 제38조의3 제5항).

(6) 경정

세관장(Head of Customhouse)은 납세의무자가 신고납부한 세액, 납세신고한 세액 또는 법 제38조의3 제2항 및 제3항에 따라 경정청구한 세액을 심사한 결과 과부족하다는 것을 알게 되었을 때에는 대통령령으로 정하는 바에 따라 그 세액을 경정하여야 하는 바, 세액을 경정하려는 때에는 다음 각 호의 사항을 적은 경정통지서를 납세의무자에게 교부하여야 한다(법 제38조의3 제6항 및 영 제34조 제3항).

① 해당 물품의 수입신고번호와 품명·규격 및 수량
② 경정전의 해당 물품의 품목분류·과세표준·세율 및 세액
③ 경정후의 해당 물품의 품목분류·과세표준·세율 및 세액
④ 가산세액
⑤ 경정사유
⑥ 그 밖의 참고사항

세관장은 경정을 하는 경우 이미 납부한 세액에 부족이 있거나 납부할 세액에 부족이 있는 경우에는 그 부족세액에 대하여 제36조에 따른 납세고지를 하여야 한다. 이 경우 동일한 납세의무자에게 경정에 따른 납세고지를 여러 건 하여야 할 경우 통합하여 하나의 납세고지를 할 수 있다(영 제34조 제4항).

(7) 경정한 세액의 재경정

세관장은 경정을 한 후 그 세액에 과부족이 있는 것을 발견한 때에는 그 경정한 세액을

다시 경정한다(영 제34조 제5항).

10. 수입물품의 과세가격 조정에 따른 경정

(1) 수입물품의 과세가격 조정에 따른 경정청구

납세의무자는 「국제조세조정에 관한 법률」 제4조제1항에 따라 관할 지방국세청장 또는 세무서장이 해당 수입물품의 거래가격을 조정하여 과세표준 및 세액을 결정 · 경정 처분하거나 같은 법 제6조제3항 단서에 따라 국세청장이 해당 수입물품의 거래가격과 관련하여 소급하여 적용하도록 사전승인을 함에 따라 그 거래가격과 이 법에 따라 신고납부 · 경정한 세액의 산정기준이 된 과세가격 간 차이가 발생한 경우에는 그 결정 · 경정 처분 또는 사전승인이 있음을 안 날(처분 또는 사전승인의 통지를 받은 경우에는 그 받은 날)부터 3개월 또는 최초로 납세신고를 한 날부터 5년 내에 대통령령으로 정하는 바에 따라 세관장에게 세액의 경정을 청구할 수 있다(법 제38조의4 제1항).

(가) 수입물품의 과세가격 조정에 따른 경정청구

경정청구를 하려는 자는 다음 각 호의 사항을 적은 경정청구서를 세관장에게 제출하여야 한다(영 제35조 제1항).

① 해당 물품의 수입신고번호와 품명 · 규격 및 수량
② 경정 전의 해당 물품의 품목분류 · 과세표준 · 세율 및 세액
③ 경정 후의 해당 물품의 품목분류 · 과세표준 · 세율 및 세액
④ 수입물품 가격의 조정내역, 가격결정방법 및 계산근거 자료
⑤ 경정사유
⑥ 그 밖의 필요한 사항

(나) 수입물품의 과세가격 조정에 따른 경정청구의 보고

경정청구서를 제출받은 세관장은 경정청구의 대상이 되는 납세신고의 사실과 경정청구에 대한 의견을 첨부하여 관세청장에게 보고하여야 한다. 이 경우 관세청장은 세관장을 달리하는 동일한 내용의 경정청구가 있으면 경정처분의 기준을 정하거나, 경정청구를 통합 심사할 세관장을 지정할 수 있다(영 제35조 제2항).

(2) 수입물품의 과세가격 조정에 따른 경정

경정청구를 받은 세관장은 대통령령으로 정하는 바에 따라 해당 수입물품의 거래가격 조정방법과 계산근거 등이 제30조부터 제35조까지의 규정에 적합하다고 인정하는 경우에는 세액을 경정할 수 있다(법 제38조의4 제2항).

세관장은 법 제38조의4제2항에 따라 다음의 어느 하나에 해당하는 경우에는 세액을 경

정할 수 있으며, 세액경정을 하는 경우 경정통지서의 교부, 납세고지, 경정에 대한 재경정 등의 절차에 관하여는 영 제34조 제3항부터 제5항까지의 규정을 준용한다(영 제35조 제3항·제4항).

① 지방국세청장 또는 세무서장의 결정 · 경정 처분에 따라 조정된 사항이 수입물품의 지급가격, 권리사용료 등 법 제30조제1항의 과세가격으로 인정되는 경우
② 지방국세청장 또는 세무서장이 「국제조세조정에 관한 법률」 제5조에 따른 정상가격의 산출방법에 따라 조정하는 경우로서 그 비교대상거래, 통상이윤의 적용 등 조정방법과 계산근거가 법 제31조부터 제35조까지의 규정에 적합하다고 인정되는 경우

(3) 수입물품의 과세가격 조정에 따른 경정 등의 통지

세관장은 제1항에 따른 경정청구를 받은 날부터 2개월 내에 세액을 경정하거나 경정하여야 할 이유가 없다는 뜻을 청구인에게 통지하여야 한다(법 제38조의4 제3항).

(4) 수입물품의 과세가격 조정에 따른 경정청구

제3항에 따른 세관장의 통지에 이의가 있는 청구인은 그 통지를 받은 날(2개월 내에 통지를 받지 못한 경우에는 2개월이 경과한 날)부터 30일 내에 기획재정부장관에게 국세의 정상가격과 관세의 과세가격 간의 조정을 신청할 수 있다. 이 경우 「국제조세조정에 관한 법률」 제10조의3을 준용한다(법 제38조의4 제4항).

(5) 이의신청, 심사청구, 심판청구의 가능

청구인은 제3항에 따라 2개월 이내에 통지를 받지 못한 경우에는 그 2개월이 되는 날의 다음 날부터 제5장에 따른 이의신청, 심사청구, 심판청구 또는 「감사원법」에 따른 심사청구를 할 수 있다(법 제38조의4 제5항).

(6) 수입물품의 과세가격 조정에 따른 경정청구

세관장은 제2항에 따라 세액을 경정하기 위하여 필요한 경우에는 관할 지방국세청장 또는 세무서장과 협의할 수 있다(법 제38조의4 제6항).

11. 경정청구서 등 우편제출에 따른 특례

제38조의2제1항, 제38조의3제1항부터 제3항까지, 제38조의4제1항 및 제4항에 따른 각각의 기한까지 우편으로 발송(「국세기본법」 제5조의2에서 정한 날을 기준으로 한다)한 청구서 등이 세관장 또는 기획재정부장관에게 기간을 지나서 도달한 경우 그 기간의 만료

일에 신청 · 신고 또는 청구된 것으로 본다(법 제38조의5)

Ⅱ. 부과고지방식

1. 의의

부과고지(Duty Imposition Notice)란 납세의무자가 세액을 정확하게 결정할 수 없는 물품 등에 대하여 세관장이 세액을 결정하여 고지하고 납세의무자가 고지된 세액을 소정의 기일내에 납부하는 제도로서, 신고납부방식으로 예외로서 부과고지제도를 이용한다.

2. 부과고지대상물품

관세를 부과징수하는 경우에는 납세신고를 하는 것이 원칙이지만, 다음의 어느 하나에 해당하는 경우에는 세관장이 관세를 부과 · 징수한다(the head of any customhouse shall impose and collect customs duties)(법 제39조 제1항 및 규칙 제9조).

① "과세물건 확정시기의 예외적인 다음의 경우(법 제16조 제1호부터 제6호까지 및 제8호부터 제11호까지)"에 해당되어 관세를 징수하는 경우
 ㉮ 하역허가의 내용대로 운송수단에 적재되지 아니한 외국물품인 선(기)용품과 외국무역선(기)안에서 판매할 물품
 ㉯ 보세구역에서의 보수작업이 곤란하다고 세관장이 인정하는 때에 기간 및 장소를 지정받아 보세구역밖에서 보수작업을 하는 경우 해당 물품
 ㉰ 보세구역에 장치되어 멸실되거나 폐기된 외국물품
 ㉱ 보세공장외 작업, 보세건설장외 작업, 또는 종합보세구역외 보세작업의 허가를 받거나 신고한 물품
 ㉲ 보세운송의 신고를 하거나 승인을 받은 후 지정된 기간 내에 목적지에 도착하지 아니한 외국물품
 ㉳ 수입신고가 수리되기 전에 소비 또는 사용하는 물품
 ㉴ 우편에 따라 수입되는 물품
 ㉵ 도난물품이나 분실물품
 ㉶ 관세법에 따라 매각되는 물품
 ㉷ 수입신고를 하지 아니하고 수입된 물품(위의 ㉮ 내지 ㉶에 규정된 것 제외)

② 보세건설장에서 건설된 시설로서 법 제248조에 따라 수입신고가 수리되기 전에 가동된 경우

③ 보세구역(보세구역 외 장치허가를 받은 장소를 포함)에 반입된 물품이 수입신고가 수리되기 전에 반출된 경우

④ 납세의무자가 관세청장이 정하는 사유로 과세가격이나 관세율 등을 결정하기 곤란하여 부과고지를 요청하는 경우
⑤ "법 제253조"(수입신고전에 운송수단·관세통로·하역통로 또는 이 법에 따른 장치장소로부터 즉시 반출)에 따라 즉시 반출한 물품을 "같은 조 제3항의 기간 내"(반출 후 10일 이내)에 수입신고를 하지 아니하여 관세를 징수하는 경우
⑥ 그 밖에 납세신고가 부적당것으로서 기획재정부령으로 정하는 다음의 경우
㉮ 여행자 또는 승무원의 휴대품 및 별송품
㉯ 우편물(수출입승인을 받은 우편물 제외)
㉰ 법령에 따라 세관장이 관세를 부과·징수하는 물품
㉱ 그 밖에 납세신고가 부적당하다고 인정하여 관세청장이 지정하는 물품

3. 납세고지

세관장(Head of Customhouse)은 과세표준, 세율, 관세의 감면 등에 관한 규정의 적용 착오 또는 그 밖의 사유로 이미 징수한 금액이 부족한 것을 알게 되었을 때에는 그 부족액을 징수하며, 세관장이 관세를 징수하려는 경우에는 대통령령으로 정하는 바에 따라 납세의무자에게 납세고지를 하여야 한다(법 제39조 제2항 및 제3항).

(1) 서면고지

세관장은 "부과고지, 과다환급관세의 징수, 부정한 방법으로 환급받은 세액을 즉시 징수하는 경우"(법 제39조 제3항·법 제47조 제1항 또는 법 제270조 제5항 후단)에 따라 관세를 징수하려면 세목·세액·납부장소 등을 기재한 납세고지서를 납세의무자에게 교부하여야 한다(영 제36조 본문).

(2) 구두고지

부과고지 등의 경우에는 납세고지서를 교부하는 것이 원칙이지만, 물품을 검사한 공무원이 관세를 수납하는 경우에는 그 공무원으로 하여금 말로써 고지하게 할 수 있다(영 제36조 단서).

Ⅲ. 관세의 납부기한 등

관세의 납부기한은 이 법에서 달리 규정하는 경우를 제외하고는 다음의 구분에 따른다(법 제9조 제1항).
① "신고납부"(법 제38조 제1항)에 따른 납세신고를 한 경우: 납세신고수리일부터 15일 이내
② "부과고지"(법 제39조 제3항)에 따른 납세고지를 한 경우: 납세고지를 받은 날부터

15일 이내

③ "수입신고전의 물품반출"(법 제253조 제1항)에 따른 수입신고전 즉시반출신고를 한 경우: 수입신고일부터 15일 이내

또한, 납세의무자는 제1항에도 불구하고 수입신고가 수리되기 전에 해당 세액을 납부할 수 있다(법 제9조 제2항).

그리고, 세관장은 납세실적 등을 고려하여 관세청장이 정하는 요건을 갖춘 성실납세자가 대통령령으로 정하는 바에 따라 신청을 할 때에는 "위의 ① 및 ③"(제1항 제1호 및 제3호)에도 불구하고 납부기한이 동일한 달에 속하는 세액에 대하여는 그 기한이 속하는 달의 말일까지 한꺼번에 납부하게 할 수 있다. 이 경우 세관장은 필요하다고 인정하는 경우에는 납부할 관세에 상당하는 담보를 제공하게 할 수 있다(법 제9조 제3항).

Ⅳ. 과세전 적부심사(Examination of Legality Prior to Duty Imposition)

과세전적부심사제도는 납세자의 실질적인 권리구제를 위하여 세관장이 납세액의 부족을 이유로 세액을 경정하여 부족분을 징수하려는 때 사전에 그 사실을 납세자에게 통지하도록 하고, 그 통지를 받은 납세자가 세액경정에 대하여 이의가 있는 경우에는 과세의 적법성 여부를 심사청구할 수 있도록 2000년 1월 1일부터 도입된 제도이다.

1. 과세전통지

(1) 과세전통지

세관장(Head of Customhouse)은 법 제38조의3 제6항 또는 제39조제2항에 따라 납부세액이나 납부하여야 하는 세액에 미치지 못한 금액을 징수하려는 경우에는 미리 납세의무자에게 그 내용을 서면으로 통지하여야 하며, 과세전적부심사의 방법과 그 밖에 필요한 사항은 대통령령으로 정한다(법 제118조 제1항 단서 및 제8항).

(2) 과세전통지의 생략

다만, 다음의 어느 하나에 해당하는 경우에는 미리 납세의무자에게 그 내용을 통지하지 아니한다(법 제118조 제1항 단서 및 영 제142조).

① 통지하려는 날부터 3개월 이내에 제21조에 따른 관세부과의 제척기간이 만료되는 경우

② 법 제28조 제2항에 따라 납세의무자가 확정가격을 신고한 경우

③ 법 제38조 제2항 단서에 따라 수입신고 수리 전에 세액을 심사하는 경우로서 그 결과에 따라 부족세액을 징수하는 경우

④ 법 제97조 제3항 또는 제102조 제2항에 따라 감면된 관세를 징수하는 경우
⑤ 법 제270조에 따른 관세포탈죄로 고발되어 포탈세액을 징수하는 경우
⑥ 그 밖에 관세의 징수가 곤란하게 되는 등 사전통지가 적당하지 아니한 경우로서 "대통령령으로 정하는 다음의 경우"
㉮ 납부세액의 계산착오 등 명백한 오류에 의하여 부족하게 된 세액을 징수하는 경우
㉯ 「감사원법」 제33조에 따른 감사원의 시정요구에 따라 징수하는 경우
㉰ 납세의무자가 부도 · 휴업 · 폐업 또는 파산한 경우
㉱ 법 제85조에 따른 관세품목분류위원회의 의결에 따라 결정한 품목분류에 의하여 수출입물품에 적용할 세율이나 품목분류의 세번이 변경되어 부족한 세액을 징수하는 경우
㉲ 법 제118조 제4항 제2호 후단 및 제128조 제1항 제3호 후단(법 제132조 제4항에서 준용하는 경우를 포함한다)에 따른 재조사 결과에 따라 해당 처분의 취소 · 경정을 하거나 필요한 처분을 하는 경우

2. 과세전적부심사의 청구

(1) 과세전적부심사의 청구

납세의무자는 제1항에 따른 통지를 받았을 때에는 그 통지를 받은 날부터 30일 이내에 "기획재정부령으로 정하는 다음의 세관장"에게 "과세전적부심사"(통지 내용이 적법한지에 대한 심사)를 청구할 수 있다(법 제118조 제2항 본문 및 규칙 제61조).

① 인천세관장 · 평택세관장 · 김포공항세관장 · 인천공항국제우편세관장 · 수원세관장 및 안산세관장의 통지에 대한 과세전적부심사인 경우: 인천세관장
② 서울세관장 · 안양세관장 · 천안세관장 · 청주세관장 · 성남세관장 및 파주세관장의 통지에 대한 과세전적부심사인 경우: 서울세관장
③ 부산세관장 · 김해공항세관장 · 북부산세관장 · 양산세관장 · 창원세관장 · 마산세관장 · 경남남부세관장 및 경남서부세관장의 통지에 대한 과세전적부심사인 경우: 부산세관장
④ 대구세관장 · 울산세관장 · 구미세관장 · 포항세관장 · 속초세관장 및 동해세관장의 통지에 대한 과세전적부심사인 경우: 대구세관장
⑤ 광주세관장 · 광양세관장 · 목포세관장 · 대전세관장 · 여수세관장 · 군산세관장 · 제주세관장 및 전주세관장의 통지에 대한 과세전적부심사인 경우: 광주세관장

(2) 과세전적부심사의 범위

다만, 법령에 대한 관세청장의 유권해석을 변경하여야 하거나 새로운 해석이 필요한 경

우 등 "대통령령으로 정하는 다음의 어느 하나에 해당하는 경우"에는 관세청장에게 과세전적부심사를 청구할 수 있다(법 제118조 제2항 단서 및 영 제143조).

① 관세청장의 훈령 · 예규 · 고시 등과 관련하여 새로운 해석이 필요한 경우
② 관세청장의 업무감사결과 또는 업무지시에 따라 세액을 경정하거나 부족한 세액을 징수하는 경우
③ 관세평가분류원장의 품목분류 및 유권해석에 따라 수출입물품에 적용할 세율이나 물품분류의 관세율표 번호가 변경되어 세액을 경정하거나 부족한 세액을 징수하는 경우
④ 동일 납세의무자가 동일한 사안에 대하여 둘 이상의 세관장에게 과세전적부심사를 청구하여야 하는 경우
⑤ 위의 ①부터 ④까지의 규정에 해당하지 아니하는 경우로서 과세전적부심사 청구금액이 5억원 이상인 것

3. 과세전적부심사청구에 대한 결정

(1) 과세전적부심사청구에 대한 결정

과세전적부심사를 청구받은 세관장이나 관세청장은 그 청구를 받은 날부터 30일 이내에 제124조에 따른 관세심사위원회의 심사를 거쳐 결정을 하고, 그 결과를 청구인에게 통지하여야 한다. 다만, 과세전적부심사 청구기간이 지난 후 과세전적부심사청구가 제기된 경우 등 대통령령으로 정하는 사유에 해당하는 경우에는 관세심사위원회의 심사를 거치지 아니하고 결정할 수 있다. 이 경우 과세전적부심사청구에 대한 결정은 다음의 구분에 따른다(법 제118조 제3항 및 제4항).

① 청구가 이유 없다고 인정되는 경우: 채택하지 아니한다는 결정
② 청구가 이유 있다고 인정되는 경우: 청구의 전부 또는 일부를 채택하는 결정. 이 경우 구체적인 채택의 범위를 정하기 위하여 사실관계 확인 등 추가적으로 조사가 필요한 경우에는 제1항 본문에 따른 통지를 한 세관장으로 하여금 이를 재조사하여 그 결과에 따라 당초 통지 내용을 수정하여 통지하도록 하는 재조사 결정을 할 수 있다.
③ 청구기간이 지났거나 보정기간 내에 보정하지 아니하는 경우 또는 적법하지 아니한 청구를 하는 경우: 심사하지 아니한다는 결정

법 제118조 제3항 단서에서 "과세전적부심사 청구기간이 지난 후 과세전적부심사청구가 제기된 경우 등 대통령령으로 정하는 사유"란 다음 각 호의 어느 하나에 해당하는 사유를 말한다(영 제144조).

① 과세전적부심사 청구기간이 지난 후 과세전적부심사청구가 제기된 경우
② 법 제118조 제1항 각 호 외의 부분 본문에 따른 통지가 없는 경우
③ 법 제118조 제1항 각 호 외의 부분 본문에 따른 통지가 청구인에게 한 것이 아닌 경우

④ 법 제118조 제6항에 따라 준용되는 법 제123조 제1항 본문에 따른 보정기간 내에 보정을 하지 아니한 경우
⑤ 과세전적부심사청구의 대상이 되는 통지의 내용이나 쟁점 등이 이미 관세심사위원회의 심의를 거쳐 결정된 사항과 동일한 경우

(2) 재조사결과에 따른 처분의 통지

관세청장 또는 세관장은 위의 ②(법 제118조 제4항 제2호) 후단 및 제128조 제1항 제3호 후단(법 제132조제4항에서 준용하는 경우를 포함한다)에 따른 재조사 결과에 따라 대상이 된 처분의 취소·경정을 하거나 필요한 처분을 하였을 때에는 그 처분결과를 지체 없이 서면으로 과세전적부심사 청구인 또는 심사청구인(법 제132조제4항에서 준용하는 경우에는 이의신청인을 말한다)에게 통지하여야 한다(영 제142조의2).

4. 청구기간의 계산

과세전적부심사의 청구기간의 계산할 때에는 제1항에 따라 해당 심사청구서가 세관장에게 제출된 때에 심사청구가 된 것으로 본다. 해당 심사청구서가 제1항에 따른 세관장 외의 세관장이나 관세청장에게 제출된 경우에도 또한 같다(법 제118조 제6항 : 법 제122조 제2항 준용).

5. 청구서의 보정

관세청장은 심사청구의 내용이나 절차가 이 절에 적합하지 아니하지만 보정할 수 있다고 인정되는 경우에는 20일 이내의 기간을 정하여 해당 사항을 보정할 것을 요구할 수 있다. 다만, 보정할 사항이 경미한 경우에는 직권으로 보정할 수 있으며, 그 보정기간은 제121조에 따른 심사청구기간에 산입(算入)하지 아니한다(법 제118조 제6항 : 법 제123조 준용).

6. 경정

법 제118조 제1항 각 호 외의 부분 본문에 따른 통지를 받은 자는 과세전적부심사를 청구하지 아니하고 통지를 한 세관장에게 통지받은 내용의 전부 또는 일부에 대하여 조기에 경정해 줄 것을 신청할 수 있다. 이 경우 해당 세관장은 즉시 신청받은 대로 세액을 경정하여야 한다(법 제118조 제5항).

7. 대리인

심사청구인은 변호사나 관세사를 대리인으로 선임할 수 있으며, 대리인의 권한은 서면으로 증명하여야 한다. 또한, 대리인은 본인을 위하여 청구에 관한 모든 행위를 할 수 있다. 다만,

청구의 취하는 특별한 위임을 받은 경우이만 할 수 있다. 그리고 대리인을 해임하였을 때에는 그 뜻을 서면으로 해당 재결청에 신고하여야 한다(법 제118조 제6항 : 법 제126조 준용).

8. 재조사 결정에 따른 조사 및 처분

법 제128조 제1항 제3호 후단에 따른 재조사 결정이 있는 경우 처분청은 재조사 결정일부터 60일 이내에 결정서 주문에 기재된 범위에 한정하여 조사하고, 그 결과에 따라 취소 · 경정하거나 필요한 처분을 하여야 한다. 이 경우 처분청은 대통령령으로 정하는 바에 따라 조사를 연기 또는 중지하거나 조사기간을 연장할 수 있으며, 법 제128조 제1항 제3호 후단 및 제5항에서 규정한 사항 외에 재조사 결정에 필요한 사항은 대통령령으로 정한다(법 제118조 제6항 : 법 제128조 제5항 및 제6항 준용)

법 제128조 제5항 후단(법 제118조제 6항 및 제132조 제4항에서 준용하는 경우를 포함한다)에 따라 재조사를 연기 또는 중지하거나 조사기간을 연장하는 경우에는 제139조의2 제2항부터 제5항까지 및 제140조를 준용한다(영 제151조의2).

9. 서류의 열람 및 의견진술

심사청구인은 그 청구와 관계되는 서류를 열람할 수 있으며 대통령령으로 정하는 바에 따라 해당 재결청에 의견을 진술할 수 있다(법 제118조 제6항 : 법 제130조 준용).

10. 과세전적부심사에 대한 행정심판법 준용

과세전적부심사에 관하여는 「행정심판법」 제15조, 제16조, 제20조부터 제22조까지, 제29조, 제39조 및 제40조를 준용한다. 이 경우 "위원회"는 "관세심사위원회"로 본다(법 제118조 제7항).

(1) 선정대표자

(가) 선정대표자의 선정

여러 명의 청구인이 공동으로 과세전적부심사청구를 할 때에는 청구인들 중에서 3명 이하의 선정대표자를 선정할 수 있으며, 청구인들이 선정대표자를 선정하지 아니한 경우에 관세심사위원회는 필요하다고 인정하면 청구인들에게 선정대표자를 선정할 것을 권고할 수 있다(법 제118조 제7항 : 행정심판법 제15조 제1항·제2항 준용).

(나) 선정대표자의 지위

선정대표자는 다른 청구인들을 위하여 그 사건에 관한 모든 행위를 할 수 있다. 다만, 심판청구를 취하하려면 다른 청구인들의 동의를 받아야 하며, 이 경우 동의받은 사실을 서면으로 소명하여야 한다(법 제118조 제7항 : 행정심판법 제15조 제3항 준용).

한편, 선정대표자가 선정되면 다른 청구인들은 그 선정대표자를 통해서만 그 사건에 관한 행위를 할 수 있다(법 제118조 제7항: 행정심판법 제15조 제4항 준용).

(다) 선정대표자의 해임 또는 변경

선정대표자를 선정한 청구인들은 필요하다고 인정하면 선정대표자를 해임하거나 변경할 수 있다. 이 경우 청구인들은 그 사실을 지체 없이 위원회에 서면으로 알려야 한다(법 제118조 제7항: 행정심판법 제15조 제5항 준용).

(2) 청구인의 지위 승계

(가) 청구인의 지위 승계

청구인이 사망한 경우에는 상속인이나 그 밖에 법령에 따라 심판청구의 대상에 관계되는 권리나 이익을 승계한 자가 청구인의 지위를 승계하며, 법인인 청구인이 합병(合倂)에 따라 소멸하였을 때에는 합병 후 존속하는 법인이나 합병에 따라 설립된 법인이 청구인의 지위를 승계한다(법 제118조 제7항: 행정심판법 제16조 제1항·제2항 준용).

(나) 청구인의 지위 승계

제1항과 제2항에 따라 청구인의 지위를 승계한 자는 위원회에 서면으로 그 사유를 신고하여야 한다. 이 경우 신고서에는 사망 등에 의한 권리 · 이익의 승계 또는 합병 사실을 증명하는 서면을 함께 제출하여야 한다(법 제118조 제7항: 행정심판법 제16조 제3항 준용).

(다) 승계인의 효력

제1항 또는 제2항의 경우에 제3항에 따른 신고가 있을 때까지 사망자나 합병 전의 법인에 대하여 한 통지 또는 그 밖의 행위가 청구인의 지위를 승계한 자에게 도달하면 지위를 승계한 자에 대한 통지 또는 그 밖의 행위로서의 효력이 있다(법 제118조 제7항: 행정심판법 제16조 제4항 준용).

(라) 청구인의 지위 승계

심사청구의 대상과 관계되는 권리나 이익을 양수한 자는 관세심사위원회의 허가를 받아 청구인의 지위를 승계할 수 있다(법 제118조 제7항: 행정심판법 제16조 제5항 준용).

(마) 관세심사위원회에 대한 승계 신청

관세심사위원회는 제5항의 지위 승계 신청을 받으면 기간을 정하여 당사자와 참가인에게 의견을 제출하도록 할 수 있으며, 당사자와 참가인이 그 기간에 의견을 제출하지 아니하면 의견이 없는 것으로 본다(법 제118조 제7항: 행정심판법 제16조 제6항 준용).

(바) 관세심사위원회의 승계허가

관세심사위원회는 제5항의 지위 승계 신청에 대하여 허가 여부를 결정하고, 지체 없이 신청인에게는 결정서 정본을, 당사자와 참가인에게는 결정서 등본을 송달하여야 한다(법 제118조 제7항: 행정심판법 제16조 제7항 준용).

(사) 이의신청

신청인은 위원회가 제5항의 지위 승계를 허가하지 아니하면 결정서 정본을 받은 날부터 7일 이내에 위원회에 이의신청을 할 수 있다(법 제118조 제7항: 행정심판법 제16조 제8항 준용).

(3) 심사참가

(가) 심사참가의 신청

행정심판의 결과에 이해관계가 있는 제3자나 행정청은 해당 심사청구에 대한 제7조 제6항 또는 제8조 제7항에 따른 관세심사위원회나 소위원회의 의결이 있기 전까지 그 사건에 대하여 심사참가를 할 수 있는 바, 심사참가를 하려는 자는 참가의 취지와 이유를 적은 참가신청서를 위원회에 제출하여야 한다. 이 경우 당사자의 수만큼 참가신청서 부본을 함께 제출하여야 한다(법 제118조 제7항: 행정심판법 제20조 제1항·제2항 준용).

(나) 참가신청서 부분의 송달

관세심사위원회는 제2항에 따라 참가신청서를 받으면 참가신청서 부본을 당사자에게 송달하여야 한다. 이 경우, 위원회는 기간을 정하여 당사자와 다른 참가인에게 제3자의 참가신청에 대한 의견을 제출하도록 할 수 있으며, 당사자와 다른 참가인이 그 기간에 의견을 제출하지 아니하면 의견이 없는 것으로 본다(법 제118조 제7항: 행정심판법 제20조 제3항·제4항 준용).

(다) 참가신청서 부분의 송달

관세심사위원회는 제2항에 따라 참가신청을 받으면 허가 여부를 결정하고, 지체 없이 신청인에게는 결정서 정본을, 당사자와 다른 참가인에게는 결정서 등본을 송달하여야 한다(법 제118조 제7항: 행정심판법 제20조 제5항 준용).

(라) 이의신청

신청인은 제5항에 따라 송달을 받은 날부터 7일 이내에 관세심사위원회에 이의신청을 할 수 있다(법 제118조 제7항: 행정심판법 제20조 제6항 준용).

(4) 심사참가의 요구

관세심사위원회는 필요하다고 인정하면 그 행정심판 결과에 이해관계가 있는 제3자나 행정청에 그 사건 심판에 참가할 것을 요구할 수 있으며, 그 요구를 받은 제3자나 행정청은 지체 없이 그 사건 심판에 참가할 것인지 여부를 위원회에 통지하여야 한다(법 제118조 제7항 : 행정심판법 제21조 제1항·제2항 준용).

(5) 참가인의 지위

(가) 참가인의 지위

참가인은 행정심판 절차에서 당사자가 할 수 있는 심판절차상의 행위를 할 수 있다(법 제118조 제7항 : 행정심판법 제22조 제1항 준용).

(나) 서류의 제출 등

이 법에 따라 당사자가 관세심사위원회에 서류를 제출할 때에는 참가인의 수만큼 부본을 제출하여야 하고, 관세심사위원회가 당사자에게 통지를 하거나 서류를 송달할 때에는 참가인에게도 통지하거나 송달하여야 한다(법 제118조 제7항 : 행정심판법 제22조 제2항 준용).

(다) 참가인의 대리인의 선임 등

참가인의 대리인 선임과 대표자 자격 및 서류 제출에 관하여는 제18조, 제19조 및 이 조 제2항을 준용한다(법 제118조 제7항 : 행정심판법 제22조 제3항 준용).

(6) 청구의 변경

(가) 청구의 변경

청구인은 청구의 기초에 변경이 없는 범위에서 청구의 취지나 이유를 변경할 수 있으며, 행정심판이 청구된 후에 피청구인이 새로운 처분을 하거나 심판청구의 대상인 처분을 변경한 경우에는 청구인은 새로운 처분이나 변경된 처분에 맞추어 청구의 취지나 이유를 변경할 수 있다(법 제118조 제7항 : 행정심판법 제29조 제1항·제2항 준용).

(나) 청구의 변경신청

제1항 또는 제2항에 따른 청구의 변경은 서면으로 신청하여야 한다. 이 경우 피청구인과 참가인의 수만큼 청구변경신청서 부본을 함께 제출하여야 한다(법 제118조 제7항 : 행정심판법 제29조 제3항 준용).

(다) 청구변경신청의 송달

관세심사위원회는 제3항에 따른 청구변경신청서 부본을 피청구인과 참가인에게 송달하여야 한다(법 제118조 제7항 : 행정심판법 제29조 제4항 준용).

(라) 청구변경에 대한 의견제출

제4항의 경우 관세심사위원회는 기간을 정하여 피청구인과 참가인에게 청구변경 신청에 대한 의견을 제출하도록 할 수 있으며, 피청구인과 참가인이 그 기간에 의견을 제출하지 아니하면 의견이 없는 것으로 본다(법 제118조 제7항 : 행정심판법 제29조 제5항 준용).

(마) 청구변경신청에 대한 허가여부 결정

관세심사위원회는 제1항 또는 제2항의 청구변경 신청에 대하여 허가할 것인지 여부를 결정하고, 지체 없이 신청인에게는 결정서 정본을, 당사자 및 참가인에게는 결정서 등본을 송달하여야 한다(법 제118조 제7항 : 행정심판법 제29조 제6항 준용).

(바) 이의신청

신청인은 제6항에 따라 송달을 받은 날부터 7일 이내에 관세심사위원회에 이의신청을 할 수 있다(법 제118조 제7항 : 행정심판법 제29조 제7항 준용).

(사) 이의신청

청구의 변경결정이 있으면 처음 행정심판이 청구되었을 때부터 변경된 청구의 취지나 이유로 행정심판이 청구된 것으로 본다(법 제118조 제7항 : 행정심판법 제29조 제8항 준용).

(7) 직권심리

관세심사위원회는 필요하면 당사자가 주장하지 아니한 사실에 대하여도 심리할 수 있다(법 제118조 제7항 : 행정심판법 제39조 준용).

(8) 심리의 방식

(가) 심리의 방식

행정심판의 심리는 구술심리나 서면심리로 한다. 다만, 당사자가 구술심리를 신청한 경우에는 서면심리만으로 결정할 수 있다고 인정되는 경우 외에는 구술심리를 하여야 한다(법 제118조 제7항 : 행정심판법 제40조 제1항 준용).

(나) 구술심리신청에 대한 허가여부 결정

관세심사위원회는 제1항 단서에 따라 구술심리 신청을 받으면 그 허가 여부를 결정하여 신청인에게 알려야 한다. 이 경우의 통지는 간이통지방법으로 할 수 있다(법 제118조 제7항 : 행정심판법 제40조 제2항·제3항 준용).

Ⅴ. 징수금액의 면제 및 가산금·가산세

1. 징수금액의 면제

세관장은 납세의무자가 납부하여야 하는 세액이 대통령령으로 정하는 금액 미만인 때에는 이를 징수하지 아니하는 바, 세관장이 징수하지 아니하는 금액은 1만원으로 한다. 따라서, 관세를 징수하지 아니하게 된 경우에는 해당 물품의 수입신고수리일을 그 납부일로 본다(법 제40조 및 영 제37조 제1항·제2항).

2. 가산금(Surcharge)

(1) 의의

가산금은 관세의 체납을 방지하기 위하여 자금상의 압박을 가함으로써 관세를 소정의 기한내에 납부하도록 할증하여 부과하는 것을 말한다.

(2) 가산금의 부과

(가) 1차 가산금

관세를 납부기한까지 완납(完納)하지 아니하면 그 납부기한이 지난 날부터 체납된 관세에 대하여 100분의 3에 상당하는 가산금을 징수한다(법 제41조 제1항).

(나) 중가산금

체납된 관세를 납부하지 아니하면 그 납부기한이 지난 날부터 1개월이 지날 때마다 체납된 관세의 1천분의 12에 상당하는 가산금(이하 이 조에서 "중가산금"이라 한다)을 제1항에 따른 가산금에 다시 더하여 징수한다. 이 경우 중가산금을 더하여 징수하는 기간은 60개월을 초과하지 못한다. 또한, 체납된 관세(세관장이 징수하는 내국세가 있을 때에는 그 금액을 포함한다)가 100만원 미만인 경우에는 제2항을 적용하지 아니한다.(법 제41조 제2항 및 제3항).

(3) 가산금의 적용배제

국가나 지방자치단체가 직접 수입하는 물품 등 대통령령으로 정하는 다음의 어느 하나에 해당하는 물품에는 "가산금"(법 제41조 제1항부터 제3항까지)을 적용하지 아니한다(법 제41조 제4항 및 영 제38조).

① 국가 또는 지방자치단체(지방자치단체조합을 포함)가 직접 수입하는 물품과 국가 또는 지방자치단체에 기증되는 물품

② 우편물(수입신고를 하여야 하는 것 제외)

3. 가산세(Additional Duty)

(1) 의의

납세의무자가 신고납부한 세액이 납부하여야 할 세액에 부족한 경우 그 부족한 관세액을 징수하는 때에 추가하여 징수하는 것으로서, 불성실신고에 대한 과태료적 성격을 가진다.

(2) 가산세의 세목

관세법에 따른 가산세는 관세의 세목으로 한다(법 제320조).

(3) 부족한 관세액에 대한 가산세의 부과

세관장(Head of Customhouse)은 제38조의3 제1항 또는 제6항에 따라 부족한 관세액을 징수할 때에는 다음 각 호의 금액을 합한 금액을 가산세로 징수한다(법 제42조 제1항 본문 및 영 제93조 제1항).

① 해당 부족세액의 100분의 10

② 다음의 계산식을 적용하여 계산한 금액

> 해당 부족세액 × 당초 납부기한의 다음 날부터 수정신고일 또는 납세고지일까지의 기간 × 금융회사의 정기예금에 대하여 적용하는 이자율을 고려하여 "대통령령으로 정하는 이자율"(즉, 1일 1만분의 3의 율)

다만, "잠정가격신고를 기초로 납세신고를 하고 이에 해당하는 세액을 납부한 경우 등 대통령령으로 정하는 다음의 어느 하나에 해당하는 경우"에는 대통령령으로 정하는 바에 따라 그 전부 또는 일부를 징수하지 아니한다(법 제42조 제1항 단서 영 제39조 제2항 및 규칙 제9조의2).

① 법 제9조 제2항의 규정에 의하여 수입신고가 수리되기 전에 관세를 납부한 결과 부족세액이 발생한 경우로서 수입신고가 수리되기 전에 납세의무자가 해당 세액에 대하여 수정신고를 하거나 세관장이 경정하는 경우

② 법 제28조 제1항의 규정에 의한 잠정가격신고를 기초로 납세신고를 하고 이에 해당하는 세액을 납부한 경우. 다만, 납세의무자가 제출한 자료가 사실과 다름이 판명되어 추징의 사유가 발생한 경우에는 그러하지 아니하다.

③ 법 제37조 제1항 제3호에 관한 사전심사의 결과를 통보받은 경우 그 통보일부터 2개월 이내에 통보된 과세가격 결정방법에 따라 해당 사전심사 신청 이전에 신고납부한 세액을 수정신고하는 경우

④ 법 제38조 제2항 단서의 규정에 의하여 기획재정부령이 정하는 물품중 감면대상 및 감면율을 잘못 적용하여 부족세액이 발생한 경우

⑤ 법 제38조의3 제1항에 따라 수정신고(법 제38조의2 제1항에 따른 보정기간이 지난

날부터 1년 6개월이 지나기 전에 한 수정신고로 한정한다)를 한 경우. 다만, 해당 관세에 대하여 과세표준과 세액을 경정할 것을 미리 알고 수정신고서를 제출한 경우로서 "기획재정부령으로 정하는 다음의 어느 하나에 해당하는 경우"는 제외한다.

㉮ 납세자가 법 제114조제1항 본문에 따른 관세조사의 사전통지를 받은 후 수정신고서를 제출한 경우

㉯ 납세자가 법 제114조제1항 단서에 따라 사전통지 없이 법 제110조제2항 각 호의 조사가 개시된 사실을 알고 수정신고서를 제출한 경우

㉰ 납세자가 법 제118조제1항에 따른 서면통지를 받은 후 수정신고서를 제출한 경우

⑥ 법 제41조 제4항의 규정에 의하여 동조제1항 내지 제3항의 규정을 적용하지 아니하는 경우

⑦ "관세심사위원회"(법 제124조에 따른 관세심사위원회)가 법 제118조 제3항 본문에 따른 기간 내에 "결정 · 통지"(과세전적부심사의 결정 · 통지)를 하지 아니한 경우

⑧ 신고납부한 세액의 부족 등에 대하여 납세의무자에게 정당한 사유가 있는 경우

따라서, 세관장은 법 제42조 제1항 각 호 외의 부분 단서에 따라 다음의 구분에 따른 가산세를 징수하지 아니한다(영 제39조 제3항).

㉮ 위의 "①, ②, ⑥ 및 ⑧"(제2항 제1호 · 제2호 · 제4호 및 제5호)에 해당하는 경우: 법 제42조제1항제1호 및 제2호의 금액을 합한 금액에 해당하는 가산세

㉯ 위의 "③ 및 ④"(제2항 제2호의2 및 제3호)에 해당하는 경우: 법 제42조 제1항 제1호의 금액에 해당하는 가산세

㉰ 위의 "⑤"(제2항 제3호의2)에 해당하는 경우: 다음 각 목의 구분에 따른 금액에 해당하는 가산세

㉠ 법 제38조의2 제1항에 따른 보정기간이 지난 날부터 6개월 이내에 수정신고한 경우: 법 제42조제1항제1호의 금액의 100분의 20

㉡ 법 제38조의2 제1항에 따른 보정기간이 지난 날부터 6개월 초과 1년 6개월 이내에 수정신고한 경우: 법 제42조 제1항제1호의 금액의 100분의 10

㉱ 위의 "⑦"(제2항 제4호의2)에 해당하는 경우: 결정 · 통지가 지연된 기간에 대하여 부과되는 가산세(법 제42조제1항제2호에 따른 계산식에 결정 · 통지가 지연된 기간을 적용하여 계산한 금액에 해당하는 가산세를 말한다) 금액의 100분의 50에 해당하는 가산세

또한, 위의 "⑧"(영 제39조 제2항 제5호)에 따른 가산세 부과 면제 절차에 관하여는 영 제32조의4 제5항 및 제6항을 준용한다(영 제39조 제5항).

(4) 수정신고시의 가산세의 부과

제1항에도 불구하고 납세자가 부당한 방법(납세자가 관세의 과세표준 또는 세액계산의

기초가 되는 사실의 전부 또는 일부를 은폐하거나 가장하는 것에 기초하여 관세의 과세 표준 또는 세액의 신고의무를 위반하는 것으로서 대통령령으로 정하는 방법을 말한다)으로 과소신고한 경우에는 세관장은 해당 부족세액의 100분의 40에 상당하는 금액과 제1항 제2호의 금액을 합한 금액을 가산세로 징수한다(법 제42조 제2항).

여기에서, "대통령령으로 정하는 방법"이란 다음의 어느 하나에 해당하는 경우를 말한다(영 제39조 제3항).

① 이중송품장·이중계약서 등 허위증명 또는 허위문서의 작성이나 수취
② 세액심사에 필요한 자료의 파기
③ 관세부과의 근거가 되는 행위나 거래의 조작·은폐
④ 그 밖에 관세를 포탈하거나 환급 또는 감면을 받기 위한 부정한 행위

(5) 수입신고를 하지 않고 수입된 물품에 대한 가산세 부과

세관장은 "제16조 제11호에 따른 물품"[수입신고를 하지 아니하고 수입된 물품(제1호부터 제10호까지에 규정된 것은 제외한다)]에 대하여 관세를 부과·징수할 때에는 다음 각 호의 금액을 합한 금액을 가산세로 징수한다. 다만, 제241조제5항에 따라 가산세를 징수하는 경우와 천재지변 등 수입신고를 하지 아니하고 수입한 데에 정당한 사유가 있는 것으로 세관장이 인정하는 경우는 제외한다(법 제42조 제3항 및 영 제93조 제1항).

① 해당 관세액의 100분의 20(제269조의 죄에 해당하여 처벌받거나 통고처분을 받은 경우에는 100분의 40)
② 다음의 계산식을 적용하여 계산한 금액해당 부족세액의 100분의 10

해당 관세액 × 수입된 날부터 납세고지일까지의 기간 × 금융회사 등이 연체대출금에 대하여 적용하는 이자율 등을 고려하여 "대통령령으로 정하는 이자율"(즉, 1일 1만분의 3의 율)

제2절 관세의 징수절차

Ⅰ. 납세고지서의 송달(Service of Duty Payment Notice)

1. 인편 또는 우편에 의한 송달(Service by means of someone or mail)

관세 납세고지서(duty payment notice)의 송달은 납세의무자(person liable for duty payment)에게 직접 발급하는 경우를 제외하고는 인편(人便), 우편(by means of someone or mail) 또는 제327조에 따른 전자송달의 방법으로 한다(법 제11조 제1항).

2. 공시송달

세관장(head of any customhouse)은 관세의 납세의무자의 주소(domicile), 거소(居所; residence), 영업소(business place) 또는 사무소(office)가 모두 분명하지 아니하여 관세의 납세고지서(duty payment notice)를 송달할 수 없을 때에는 해당 세관의 게시판(bulletin board of his customhouse)이나 그 밖의 적당한 장소에(in other proper place) 납세고지사항(matters concerning such duty payment notice)을 공시(公示)할 수 있으며, 납세고지사항을 공시하였을 때에는 공시일(date of publication)부터 14일이 지나면 관세의 납세의무자에게 납세고지서가 송달된 것으로 본다(shall be deemed to be served)(법 제11조 제2항 및 제3항).

Ⅱ. 징수기관과 수납기관

징수기관은 신고납부서나 납세고지서를 발부하는 기관(예산회계법상으로는 세입징수관)을 말하고, 수납기관은 관세의 수납을 행하는 기관을 말한다.

● 징수기관과 수납기관

징수기관	수납기관
신고납부서나 납세고지서를 발급하는 기관 (예산회계법상으로는 "세입징수관")	관세의 수납을 행하는 기관
세관장 (세입징수관) / 세관출장소장 (분임세입징수관)	출납공무원 / 한국은행 또는 체신관서

Ⅲ. 징수방법

1. 임의징수

임의징수란 납세의무자가 신고납부방식의 경우에는 신고납부서, 부과고지방식의 경우에는 납세고지서에 의거 스스로 수납기관에 납부하는 것을 말한다.

2. 강제징수

강제징수란 납세의무자가 납부하여야 할 관세를 스스로 납부하지 않는 경우에 세관장이 강제적으로 관세채무를 이행하도록 하는 것을 말한다.

Ⅳ. 관세의 현장수납(Field Receipt of Customs Duties)

1. 의의

관세의 현장수납(Field Receipt of Customs Duties)이란 관세공무원이 물품을 검사한 후 납세고지서를 발부하지 않고 구두로써 고지하여 검사장소에서 직접 관세를 수납하는 것을 말한다.

2. 현장수납의 대상

다음의 어느 하나에 해당하는 물품에 대한 관세는 그 물품을 검사한 공무원이 검사 장소에서 수납할 수 있다(법 제43조 제1항).

① 여행자의 휴대품(Hand baggages carried by travelers)
② 조난선박에 적재된 물품(Goods loaded on a wrecked ship)으로서 보세구역이 아닌 장소에 장치된 물품

3. 납세고지

부과고지 등의 경우에는 납세고지서를 교부하는 것이 원칙이지만, 물품을 검사한 공무원이 관세를 수납하는 경우에는 그 공무원으로 하여금 말로써 고지하게 할 수 있다(영 제36조 단서).

4. 수납요령

물품을 검사한 공무원이 관세를 수납할 때에는 부득이한 사유가 있는 경우를 제외하고는 다른 공무원을 참여시켜야 하며, 출납공무원이 아닌 공무원이 제1항에 따라 관세를 수

납하였을 때에는 지체 없이 출납공무원에게 인계하여야 한다. 또한, 출납공무원이 아닌 공무원이 선량한 관리자로서의 주의를 게을리하여 제1항에 따라 수납한 현금을 잃어버린 경우에는 변상하여야 한다(법 제43조 제2항~제4항).

Ⅴ. 내국세 등의 부과·징수

1. 내국세등의 징수

수입물품에 대하여 세관장이 부과·징수하는 부가가치세, 지방소비세, 담배소비세, 지방교육세, 개별소비세, 주세, 교육세, 교통·에너지·환경세 및 농어촌특별세(이하 "내국세등"이라 하되, 내국세등의 가산금·가산세 및 체납처분비를 포함한다)의 부과·징수·환급 등에 관하여 「국세기본법」, 「국세징수법」, 「부가가치세법」, 「지방세법」, 「개별소비세법」, 「주세법」, 「교육세법」, 「교통·에너지·환경세법」 및 「농어촌특별세법」의 규정과 이 법의 규정이 상충되는 경우에는 이 법의 규정을 우선하여 적용한다(법 제4조 제1항).

2. 내국세등의 체납세액 징수

수입물품에 대하여 세관장이 부과·징수하는 내국세등의 체납이 발생하였을 때에는 징수의 효율성 등을 고려하여 필요하다고 인정되는 경우 대통령령으로 정하는 바에 따라 납세의무자의 주소지(법인의 경우 그 법인의 등기부에 따른 본점이나 주사무소의 소재지)를 관할하는 세무서장이 체납세액을 징수할 수 있다(법 제4조 제2항).

(1) 체납된 내국세등의 세무서장 징수

「관세법」(이하 "법"이라 한다) 제4조 제2항에 따라 납세의무자의 주소지(법인의 경우 그 법인의 등기부에 따른 본점이나 주사무소의 소재지)를 관할하는 세무서장이 체납된 부가가치세, 지방소비세, 개별소비세, 주세, 교육세, 교통·에너지·환경세 및 농어촌특별세(이하 "내국세등"이라 하되, 내국세등의 가산금·가산세 및 체납처분비를 포함한다)를 징수하기 위하여는 체납자가 다음 각 호의 모든 요건에 해당하여야 한다. 다만, 법에 따른 이의신청·심사청구·심판청구 또는 행정소송이 계류 중인 경우, 「채무자 회생 및 파산에 관한 법률」 제243조에 따라 회생계획인가 결정을 받은 경우 및 압류 등 체납처분이 진행 중이거나 체납처분을 유예받은 경우에는 세무서장이 징수하게 할 수 없다(영 제1조의2 제1항).

① 체납자의 체납액 중 관세의 체납은 없고 내국세등만이 체납되었을 것

② 체납된 내국세등의 합계가 1천만원을 초과했을 것

(2) 체납된 내국세등의 징수 요청

세관장은 제1항의 요건에 해당되는 체납자의 내국세등을 세무서장이 징수하게 하는 경우 법 제45조에 따른 관세체납정리위원회의 의결을 거쳐 관세청장이 정하는 바에 따라 체납자의 내국세등의 징수에 관한 사항을 기재하여 해당 세무서장에게 서면으로 요청하여야 하며, 그 사실을 해당 체납자에게도 통지하여야 한다(영 제1조의2 제2항).

(3) 체납된 내국세등의 징수 내역 통보

제2항에 따라 징수를 요청받은 세무서장이 체납된 내국세등을 징수한 경우에는 징수를 요청한 세관장에게 징수 내역을 통보하여야 하며, 체납된 내국세등에 대한 불복절차 또는 회생절차의 개시, 체납자의 행방불명 등의 사유로 더 이상의 체납처분절차의 진행이 불가능하게 된 경우에는 그 사실을 징수를 요청한 세관장 및 체납자에게 통보 및 통지하여야 한다(영 제1조의2 제3항).

3. 가산금·가산세 및 체납처분비의 징수

관세법에 따른 가산금·가산세 및 체납처분비의 부과·징수·환급 등에 관하여는 이 법 중 관세의 부과·징수·환급 등에 관한 규정을 적용한다(법 제4조 제3항).

4. 내국세등에 대한 담보제공 요구 등

수입물품에 대하여 세관장이 부과·징수하는 내국세등에 대한 담보제공 요구, 국세충당, 담보해제, 담보금액 등에 관하여는 이 법 중 관세에 대한 담보 관련 규정을 적용한다(법 제4조 제4항).

제3절 관세채권의 확보

관세를 납부하여야 할 물품이 보세구역에 장치되어 있는 경우에는 물품 그 자체가 관세의 담보물로서 관세채권을 확보할 필요가 없지만, 해당 물품이 보세구역에서 반출된 후에 관세를 징수하여야 할 사유가 발생할 때에는 관세채권을 확보할 필요성이 존재한다.

Ⅰ. 관세징수의 우선

1. 관세미납물품에 대한 징수의 우선

관세를 납부하여야 하는 물품에 대하여는 다른 조세, 그 밖의 공과금 및 채권에 우선하여 그 관세를 징수한다(법 제3조 제1항).

2. 납세의무자의 일반재산에 대한 징수의 우선

국세징수의 예에 따라 관세를 징수하는 경우 체납처분의 대상이 해당 관세를 납부하여야 하는 물품이 아닌 재산인 경우에는 관세의 우선순위는 「국세기본법」에 따른 국세와 동일하게 한다(법 제3조 제2항).

Ⅱ. 관세의 담보제도

1. 의의

(1) 관세담보의 정의

관세법상 담보제도는 국가가 특정물품에 대한 담보물권을 취득한 후 납세의무자가 관세를 납부하지 않을 경우에 그 취득한 담보물을 처분하여 관세채무를 변제하는 것을 말한다.

(2) 관세담보의 종류와 담보물의 평가(Kinds of Security)

(가) 담보의 종류

관세의 담보로서, 일반담보는 관세납부의 대상의 되는 물품 그 자체를 말하고, 특별담보는 세관장의 담보제공 요청에 따라 특별히 제공되는 담보물을 말한다.

관세법상 제공할 담보의 종류는 다음과 같다. 이 중 ④ 및 ⑦에 따른 납세보증보험증권 및 납세보증서는 세관장이 요청하면 특정인이 납부하여야 하는 금액을 일정 기일 이후에는 언제든지 세관장에게 지급한다는 내용의 것이어야 하며, 담보의 제공에 필요한 사항은 대통령령으로 정한다(법 제24조 제1항~제3항).

① 금전
② 국채 또는 지방채
③ 세관장이 인정하는 유가증권

④ 납세보증보험증권

⑤ 토지

⑥ 보험에 가입된 등기 또는 등록된 건물 · 공장재단 · 광업재단 · 선박 · 항공기 또는 건설기계

⑦ 세관장이 인정하는 보증인의 납세보증서

(나) 담보물의 평가

국채 또는 지방채 및 세관장이 인정하는 유가증권(법 제24조 제1항 제2호 및 제3호)의 담보물의 평가는 다음에 따른다(영 제9조 제1항).

① 「자본시장과 금융투자업에 관한 법률」에 따라 거래소가 개설한 증권시장에 상장된 유가증권 중 매매사실이 있는 것: 담보로 제공하는 날의 전날에 공표된 최종시세가액

② 위의 "①"(제1호) 외의 유가증권: 담보로 제공하는 날의 전날에 「상속세 및 증여세법 시행령」 제58조 제1항 제2호를 준용하여 계산한 가액

또한, 토지 및 보험에 든 등기 또는 등록된 건물·공장재단·광업재단·선박·항공기나 건설기계(법 제24조 제1항 제5호 및 제6호)에 따른 담보물에 대한 평가는 다음 각 호에 따른다(영 제9조 제2항).

① 토지 또는 건물의 평가: 「상속세 및 증여세법」 제61조를 준용하여 평가한 가액

② 공장재단 · 광업재단 · 선박 · 항공기 또는 건설기계: 「감정평가 및 감정평가사에 관한 법률」에 따른 감정평가업자의 평가액 또는 「지방세법」에 따른 시가표준액

2. 담보

(1) 담보의 제공(Pledging of Security)

(가) 담보의 제공에 따른 담보제공서와 첨부서류의 제출

관세의 담보를 제공하려는 자는 담보의 종류·수량·금액 및 담보사유를 기재한 담보제공서를 세관장에게 제출하여야 한다. 이 경우 제공하려는 담보의 금액은 납부하여야 하는 관세에 상당하는 금액이어야 한다. 다만, 그 관세가 확정되지 아니한 경우에는 관세청장이 정하는 금액으로 한다(영 제10조 제1항 및 제8항).

또한, 제공하려는 담보가 다음 그림의 담보물의 종류의 하나에 해당하는 경우에는 해당 각 서류를 담보제공서에 첨부하여야 한다(영 제10조 제2항 내지 제7항).

담보의 제공에 따른 담보제공서와 첨부서류의 제출

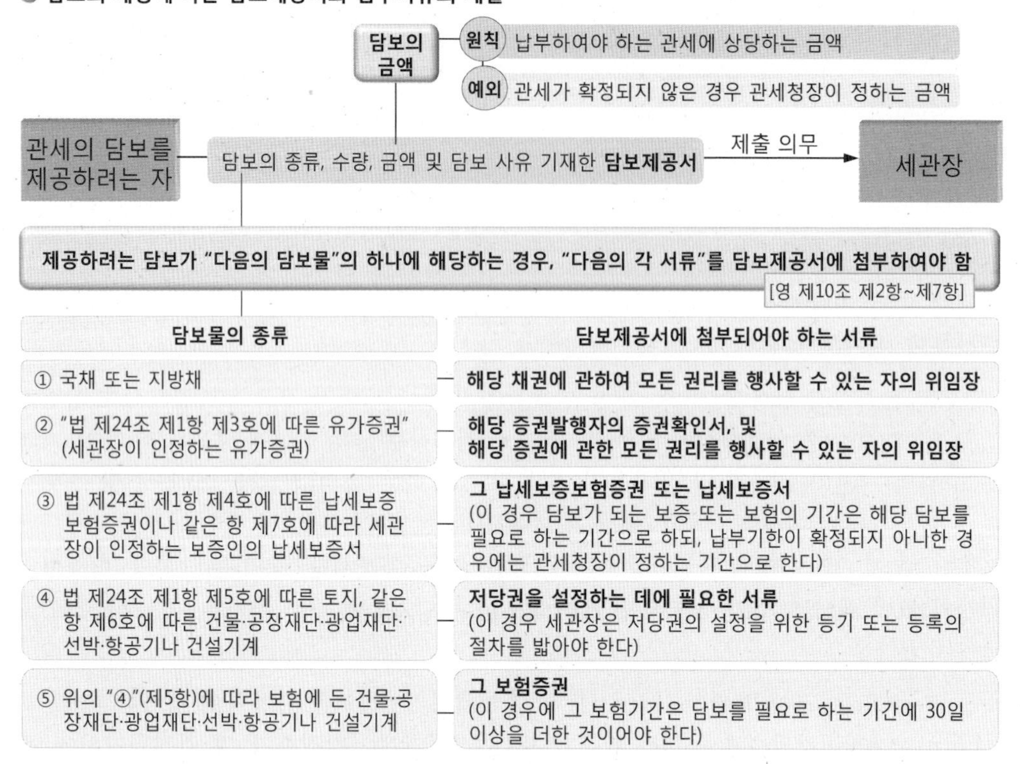

(나) 담보를 제공하지 아니한 경우의 납세고지

세관장은 다음의 어느 하나에 해당하는 경우에는 납세고지(법 제39조)를 할 수 있다(영 제10조 제9항).

① 관세의 담보를 제공하려는 자가 담보액의 확정일부터 10일 이내에 담보를 제공하지 아니하는 경우

② 납세의무자가 수입신고후 10일 이내에 담보(법 제248조 제2항)를 제공하지 아니하는 경우

(2) 담보의 변경

관세의 담보를 제공한 자는 해당 담보물의 가격 감소에 따라 세관장이 담보물의 증가 또는 변경을 통지한 때에는 지체 없이 이를 이행하여야 하며, 관세의 담보를 제공한 자는 담보물, 보증은행, 보증보험회사, 은행지급보증에 따른 지급기일 또는 납세보증보험기간을 변경하려면 세관장의 승인을 받아야 한다(영 제12조 제1항 및 제2항).

(3) 담보의 해제신청

제공된 담보를 해제받으려는 자는 담보의 종류 · 수량 및 금액, 담보제공연월일과 해제사유를 기재한 신청서에 해제사유를 증명하는 서류를 첨부하여 세관장에게 제출하여야 한다. 다만, 법 제327조에 따른 국가관세종합정보망의 전산처리설비를 이용하여 세관장이 관세의 사후납부사실 등 담보의 해제사유를 확인할 수 있는 경우에는 해당 사유를 증명하는 서류로서 관세청장이 정하여 고시하는 서류 등을 제출하지 아니할 수 있다(영 제13조).

(4) 포괄담보

납세의무자(관세의 납부를 보증한 자를 포함한다)는 이 법에 따라 계속하여 담보를 제공하여야 하는 사유가 있는 경우에는 관세청장이 정하는 바에 따라 일정 기간에 제공하여야 하는 담보를 포괄하여 미리 세관장에게 제공할 수 있다(법 제24조 제4항).

위에 따라 담보를 포괄하여 제공하려는 자는 그 기간 및 담보의 최고액과 담보제공자의 전년도 수출입실적 및 예상수출입물량을 기재한 신청서를 세관장에게 제출하여야 하며, 담보를 포괄하여 제공할 수 있는 요건, 그 담보의 종류 기타 필요한 사항은 관세청장이 정한다(영 제11조 제1항 및 제2항).

3. 담보의 관세충당(Appropriation of Security for Customs Duties)

(1) 담보의 충당

세관장(Head of Customhouse)은 담보를 제공한 납세의무자가 그 납부기한까지 해당 관세를 납부하지 아니하면 기획재정부령으로 정하는 바에 따라 그 담보를 해당 관세에 충당할 수 있다. 이 경우 담보로 제공된 금전을 해당 관세에 충당할 때에는 납부기한이 지난 후에 충당하더라도 제41조를 적용하지 아니한다(법 제25조 제1항).

(2) 담보의 관세충당방법

담보를 제공한 납세의무자가 그 납부기한내에 해당 관세를 납부하지 아니하여 그 담보를 관세에 충당하는 경우에는 다음의 구분에 따른 방법에 따른다(규칙 제1조).

① 담보물이 "다음"(법 제24조 제1항 제2호 · 제3호 · 제5호 및 제6호)에 해당하는 경우
: 이를 매각하는 방법

㉮ 국채 또는 지방채

㉯ 세관장이 인정하는 유가증권

㉰ 토지

㉱ 보험에 가입된 등기 또는 등록된 건물 · 공장재단 · 광업재단 · 선박 · 항공기 또는 건설기계

② 담보물이 "다음"(법 제24조 제1항 제4호 및 제7호)에 해당하는 경우 : 그 보증인에게 담보한 관세에 상당하는 금액을 납부할 것을 즉시 통보하는 방법

㉮ 납세보증보험증권

㉯ 세관장이 인정하는 보증인의 납세보증서

(3) 담보물의 매각

세관장(Head of Customhouse)은 제공된 담보물을 매각하려면 담보제공자의 주소·성명·담보물의 종류·수량, 매각사유, 매각장소, 매각일시 기타 필요한 사항을 공고하여야 하며, 세관장은 납세의무자가 매각예정일 1일전까지 관세와 비용을 납부하는 때에는 담보물의 매각을 중지하여야 한다(영 제14조 제1항 및 제2항).

(4) 잔금교부

세관장은 담보를 관세에 충당하고 남은 금액이 있을 때에는 담보를 제공한 자에게 이를 돌려주어야 하며, 돌려줄 수 없는 경우에는 이를 공탁할 수 있다. 또한, 세관장은 관세의 납세의무자가 아닌 자가 관세의 납부를 보증한 경우 그 담보로 관세에 충당하고 남은 금액이 있을 때에는 그 보증인에게 이를 직접 돌려주어야 한다(법 제25조 제2항 및 제3항).

(5) 관세담보 등이 없는 경우의 관세징수(Collection of Customs Duties in Case of Lack of Security)

담보제공이 없거나 징수한 금액이 부족한 관세의 징수(Collection of Customs Duties)에 관하여는 관세법에 규정된 것을 제외하고는 「국세기본법」과 「국세징수법」의 예에 따른다(법 제26조 제1항).

세관장은 관세의 체납처분을 할 때에는 재산(property)의 압류(seizure), 보관(custody), 운반(transportation) 및 공매(auction)에 드는 비용에 상당하는 체납처분비를 징수할 수 있다(법 제26조 제2항).

(6) 담보의 해제

세관장(Head of Customhouse)은 납세담보의 제공을 받은 관세 · 가산금 및 체납처분비가 납부되었을 때에는 지체 없이 담보해제의 절차를 밟아야 한다(법 제26조의2).

4. 담보제공의 사유

담보제공의 사유

담보제공의 사유	관세법 조항
① 덤핑방지관세의 잠정조치의 경우	법 제53조 제1항
② 상계관세의 잠정조치의 경우	법 제59조 제1항
③ 조건부감면세 또는 분할납부의 경우	법 제108조 제1항
④ 보세구역외 장치허가의 경우	법 제156조 제2항
⑤ 보세운송의 경우	법 제218조
⑥ 지적재산권보호를 위한 통관보류 요청의 경우	법 제235조 제3항·제4항 및 제5항
⑦ 수입신고수리시 담보의 제공	법 제248조 제2항
⑧ 수입신고수리전의 물품반출의 경우	법 제252조
⑨ 수입신고전의 물품반출의 경우	법 제253조
⑩ 월별납부대상으로 납세신고된 세액의 경우	영 제1조의5 제3항
⑪ 천재지변으로 인한 기한의 연장의 경우	영 제2조 제5항

(1) 덤핑방지관세의 잠정조치의 경우

기획재정부장관은 덤핑방지관세의 부과 여부를 결정하기 위하여 조사가 시작된 경우로서 다음 각 호의 어느 하나에 해당하는 경우에는 조사기간 중에 발생하는 피해를 방지하기 위하여 해당 조사가 종결되기 전이라도 대통령령으로 정하는 바에 따라 그 물품과 공급자 또는 공급국 및 기간을 정하여 잠정적으로 추계(推計)된 덤핑차액에 상당하는 금액 이하의 잠정덤핑방지관세를 추가하여 부과하도록 명하거나 담보를 제공하도록 명하는 조치(이하 이 관에서 “잠정조치”라 한다)를 할 수 있다(법 제53조 제1항).

(2) 상계관세의 잠정조치의 경우

기획재정부장관은 상계관세의 부과 여부를 결정하기 위하여 조사가 시작된 물품이 보조금등을 받아 수입되어 다음 각 호의 어느 하나에 해당한다고 인정되는 경우에는 대통령령으로 정하는 바에 따라 국내산업의 보호를 위하여 조사가 종결되기 전이라도 그 물품의 수출자 또는 수출국 및 기간을 정하여 보조금등의 추정액에 상당하는 금액 이하의 잠정상계관세를 부과하도록 명하거나 담보를 제공하도록 명하는 조치(이하 이 관에서 “잠정조치”라 한다)를 할 수 있다(법 제59조 제1항).

① 국내산업에 실질적 피해등이 발생한 사실이 있다고 추정되는 충분한 증거가 있음이 확인되는 경우

② 제60조에 따른 약속을 철회하거나 위반한 경우와 그 약속의 이행에 관한 자료를 제출하지 아니한 경우로서 이용할 수 있는 최선의 정보가 있는 경우

(3) 조건부감면세 또는 분할납부의 경우

세관장(Head of Customhouse)은 필요하다고 인정될 때에는 대통령령으로 정하는 범위에서 관세청장이 정하는 바에 따라 이 법이나 그 밖의 법령·조약·협정 등에 따라 관세를 감면받거나 분할납부를 승인받은 물품에 대하여 그 물품을 수입할 때에 감면받거나 분할납부하는 관세액(제97조제4항 및 제98조제2항에 따른 가산세는 제외한다)에 상당하는 담보를 제공하게 할 수 있다(법 제108조 제1항).

(4) 보세구역외 장치의 허가의 경우

세관장은 외국물품에 대하여 제1항의 허가를 하려는 때에는 그 물품의 관세에 상당하는 담보의 제공, 필요한 시설의 설치 등을 명할 수 있다(법 제156조 제2항).

(5) 보세운송의 경우

세관장은 제213조에 따른 보세운송의 신고를 하거나 승인을 받으려는 물품에 대하여 관세의 담보를 제공하게 할 수 있다(법 제218조).

(6) 지적재산권보호를 위한 통관보류 요청의 경우

세관장은 다음 각 호의 어느 하나에 해당하는 물품이 제2항에 따라 신고된 지식재산권을 침해하였다고 인정될 때에는 그 지식재산권을 신고한 자에게 해당 물품의 수출입, 환적, 복합환적, 보세구역 반입, 보세운송 또는 제141조제1호에 따른 일시양륙의 신고(이하 이 조에서 "수출입신고등"이라 한다) 사실을 통보하여야 한다. 이 경우 통보를 받은 자는 세관장에게 담보를 제공하고 해당 물품의 통관 보류나 유치를 요청할 수 있다(법 제235조 제3항).

① 수출입신고된 물품
② 환적 또는 복합환적 신고된 물품
③ 보세구역에 반입신고된 물품
④ 보세운송신고된 물품
⑤ 제141조 제1호에 따라 일시양륙이 신고된 물품

또한, 지식재산권을 보호받으려는 자는 세관장에게 담보를 제공하고 해당 물품의 통관 보류나 유치를 요청할 수 있으며, 제3항 또는 제4항에 따른 요청을 받은 세관장은 특별한 사유가 없으면 해당 물품의 통관을 보류하거나 유치하여야 한다. 다만, 수출입신고등을 한 자가 담보를 제공하고 통관 또는 유치 해제를 요청하는 경우에는 다음 각 호의 물품을 제외하고는 해당 물품의 통관을 허용하거나 유치를 해제할 수 있다(법 제235조 제4항·제5항).

(7) 수입신고수리시 담보의 제공

세관장(Head of Customhouse)은 세관장은 관세를 납부하여야 하는 물품에 대하여는 제241조 또는 제244조에 따른 신고를 수리할 때에 관세에 상당하는 담보의 제공을 요구할 수 있다(법 제248조 제2항 본문).

(8) 수입신고수리전의 물품반출의 경우

수입신고를 한 물품을 제248조에 따른 세관장의 수리 전에 해당 물품이 장치된 장소로부터 반출하려는 자는 납부하여야 할 관세에 상당하는 담보를 제공하고 세관장의 승인을 받아야 한다(법 제252조 본문).

(9) 수입신고전의 물품반출의 경우

수입하려는 물품을 수입신고 전에 운송수단, 관세통로, 하역통로 또는 이 법에 따른 장치 장소로부터 즉시 반출하려는 자는 대통령령으로 정하는 바에 따라 세관장에게 즉시반출신고를 하여야 한다. 이 경우 세관장은 납부하여야 하는 관세에 상당하는 담보를 제공하게 할 수 있다(법 제253조 제1항).

(10) 천재·지변으로 인한 기한의 연장의 경우

세관장은 천재·지변 기타 대통령령으로 정하는 사유로 인하여 1년의 범위에서 납부기한을 연장함에 있어서 채권확보를 위하여 필요하다고 인정하는 때에는 담보를 제공하게 할 수 있다(영 제2조 제5항).

5. 체납자료의 제공 등

(1) 체납자료의 제공

세관장은 관세징수 또는 공익목적을 위하여 필요한 경우로서 「신용정보의 이용 및 보호에 관한 법률」 제2조 제5호에 따른 신용정보회사 또는 같은 조 제6호에 따른 신용정보집중기관, 그 밖에 대통령령으로 정하는 자가 다음 각 호의 어느 하나에 해당하는 체납자의 인적사항 및 체납액에 관한 자료(이하 "체납자료"라 한다)를 요구한 경우에는 이를 제공할 수 있다. 다만, 체납된 관세 및 내국세등과 관련하여 이 법에 따른 이의신청·심사청구 또는 심판청구 및 행정소송이 계류 중인 경우나 그 밖에 대통령령으로 정하는 경우에는 체납자료를 제공하지 아니한다(법 제44조 제1항 및 영 제40조 제2항).

① 체납 발생일부터 1년이 지나고 체납액이 "대통령령으로 정하는 금액"(즉, 500만원)

이상인 자

② 1년에 3회 이상 체납하고 체납액이 "대통령령으로 정하는 금액"(즉, 500만원) 이상인 자

한편, 체납자료의 제공 절차 등에 필요한 사항은 대통령령으로 정한다(법 제44조 제2항).

(가) 체납자료의 미제공 사유

위의 법 제44조 제1항 각 호 외의 부분 단서에서 "대통령령으로 정하는 경우"란 다음 각 호의 어느 하나에 해당하는 경우를 말한다(영 제40조 제1항).

① "다음의 사유"(영 제2조 제1항 제1호부터 제3호까지의 사유)에 해당되는 경우
  ㉮ 전쟁·화재 등 재해나 도난으로 인하여 재산에 심한 손실을 입은 경우
  ㉯ 사업에 현저한 손실을 입은 경우
  ㉰ 사업이 중대한 위기에 처한 경우

② 체납처분이 유예된 경우

(나) 체납자료의 작성

세관장은 법 제44조 제1항 각 호 외의 부분 본문에 따른 체납자료(이하 이 조에서 "체납자료"라 한다)를 전산정보처리조직에 의하여 처리하는 경우에는 체납자료 파일(자기테이프, 자기디스크, 그 밖에 이와 유사한 매체에 체납자료가 기록·보관된 것을 말한다. 이하 같다)을 작성할 수 있다(영 제40조 제3항).

(다) 체납자료의 요구

"요구자"(법 제44조 제1항 각 호 외의 부분 본문에 따라 체납자료를 요구하려는 자)는 다음의 사항을 적은 문서를 세관장에게 제출하여야 한다(영 제40조 제4항).

① 요구자의 이름 및 주소

② 요구하는 자료의 내용 및 이용 목적

(라) 체납자료의 제공

제4항에 따라 체납자료를 요구받은 세관장은 제3항에 따른 체납자료 파일이나 문서로 제공할 수 있다(영 제40조 제5항).

(마) 체납자료에 해당되지 않는다는 사실의 통지

제5항에 따라 제공한 체납자료가 체납액의 납부 등으로 체납자료에 해당되지 아니하게 되는 경우에는 그 사실을 사유 발생일부터 15일 이내에 요구자에게 통지하여야 한다(영 제40조 제6항).

(바) 체납자료를 제공하지 않는 경우

제3항에 따른 체납자료 파일의 정리, 관리, 보관 등에 필요한 사항 또는 이 조에서 규정한 사항 외에 체납자료의 요구 및 제공 등에 필요한 사항은 관세청장이 정한다(영 제40조 제7항).

(2) 체납자료의 목적외 누설 또는 이용금지

체납자료를 제공받은 자는 이를 업무 목적 외의 목적으로 누설하거나 이용하여서는 아니 된다(법 제44조 제3항).

6. 관세체납정리위원회(Customs Duties Arrearages Adjustment Committee)

(1) 관세체납정리위원회의 설치

관세(세관장이 징수하는 내국세등을 포함한다)의 체납정리에 관한 사항을 심의하기 위하여 세관에 관세체납정리위원회를 둘 수 있으며, 관세체납정리위원회의 조직과 운영에 필요한 사항은 대통령령으로 정한다(법 제45조 제1항 및 제2항).

(2) 관세체납정리위원회의 구성

(가) 위원회의 구성

관세체납정리위원회는 위원장 1인을 포함한 5인 이상 7인 이내의 위원으로 구성한다. 관세체납정리위원회의 위원장은 세관장이 되며, 위원은 다음의 자중에서 세관장이 임명 또는 위촉한다(영 제42조 제2항 및 제3항).

① 세관공무원
② 변호사·관세사·공인회계사·세무사
③ 상공계의 대표
④ 재정경제에 관한 학식과 경험이 풍부한 자

위의 ②부터 ④(제3항 제2호부터 제4호)까지의 규정에 해당하는 위원의 임기는 2년으로 하되, 한번만 연임할 수 있다. 다만, 보궐위원의 임기는 전임위원 임기의 남은 기간으로 한다(영 제42조 제4항).

(나) 위원의 해촉

세관장은 관세체납정리위원회의 위원이 다음 각 호의 어느 하나에 해당하는 경우에는 해당 위원을 해임 또는 해촉(解囑)할 수 있다(영 제43조).

① 심신장애로 인하여 직무를 수행할 수 없게 된 경우
② 직무와 관련된 비위사실이 있는 경우
③ 직무태만, 품위손상이나 그 밖의 사유로 인하여 위원으로 적합하지 아니하다고 인정되는 경우
④ 위원 스스로 직무를 수행하는 것이 곤란하다고 의사를 밝히는 경우
⑤ 제42조제3항제1호 및 제2호에 따른 신분을 상실한 경우

⑥ 제45조의2제1항 각 호의 어느 하나에 해당함에도 불구하고 회피하지 아니한 경우
⑦ 관할 구역 내에 거주하지 아니하게 된 경우
⑧ 관세 및 국세를 체납한 경우

(다) 위원장의 직무

관세체납정리위원회의 위원장은 해당 위원회의 회무를 통리하고 해당 위원회를 대표하며, 위원장이 직무를 수행하지 못하는 부득이한 사정이 있는 때에는 위원장이 지명하는 위원이 그 직무를 대행한다(영 제44조 제1항 및 제2항).

(3) 위원회의 운영

(가) 위원회의 회의

관세체납정리위원회의 위원장은 체납세액이 관세청장이 정하는 금액 이상인 경우로서 다음의 어느 하나에 해당하는 경우 회의를 소집하고 그 의장이 된다(영 제45조 제1항).

① 「국세징수법」의 예에 따른 관세(세관장이 징수하는 내국세를 포함한다. 이하 같다)의 체납처분을 중지하려는 경우
② 법 제4조제2항에 따라 체납된 내국세등에 대해 세무서장이 징수하게 하는 경우

또한, 관세체납정리위원회의 회의의 의사는 위원장을 포함한 재적위원 과반수의 출석으로 개의하고 출석위원 과반수의 찬성으로 의결한다(영 제45조 제2항).

(나) 관세체납정리위원회 위원의 제척 · 회피

관세체납정리위원회의 위원이 다음 각 호의 어느 하나에 해당하는 경우에는 심의 · 의결에서 제척된다(영 제45조의2 제1항).

① 위원이 해당 안건의 당사자(당사자가 법인 · 단체 등인 경우에는 그 임원을 포함한다. 이하 이 항에서 같다)이거나 해당 안건에 관하여 직접적인 이해관계가 있는 경우
② 위원의 배우자, 4촌 이내의 혈족 및 2촌 이내의 인척의 관계에 있는 사람이 해당 안건의 당사자이거나 해당 안건에 관하여 직접적인 이해관계가 있는 경우
③ 위원이 해당 안건 당사자의 대리인이거나 최근 5년 이내에 대리인이었던 경우
④ 위원이 해당 안건 당사자의 대리인이거나 최근 5년 이내에 대리인이었던 법인 · 단체 등에 현재 속하고 있거나 속하였던 경우
⑤ 위원이 최근 5년 이내에 해당 안건 당사자의 자문 · 고문에 응하였거나 해당 안건 당사자와 연구 · 용역 등의 업무 수행에 동업 또는 그 밖의 형태로 직접 해당 안건 당사자의 업무에 관여를 하였던 경우
⑥ 위원이 최근 5년 이내에 해당 안건 당사자의 자문 · 고문에 응하였거나 해당 안건 당

사자와 연구·용역 등의 업무 수행에 동업 또는 그 밖의 형태로 직접 해당 안건 당사자의 업무에 관여를 하였던 법인·단체 등에 현재 속하고 있거나 속하였던 경우

또한, 관세체납정리위원회의 위원은 제1항 각 호의 어느 하나에 해당하는 경우에는 스스로 해당 안건의 심의·의결에서 회피하여야 한다(영 제45조의2 제2항).

(다) 의견청취

관세체납정리위원회는 의안에 관하여 필요하다고 인정되는 때에는 체납자 또는 이해관계인 등의 의견을 들을 수 있다(영 제46조).

(라) 회의록 작성

관세체납정리위원회의 위원장은 회의를 개최한 때에는 회의록을 작성하여 이를 비치하여야 한다(영 제47조).

(마) 의결사항의 통보

관세체납정리위원회의 위원장은 해당 위원회에서 의결된 사항을 관세청장에게 통보하여야 한다(영 제48조).

(바) 위원의 수당 및 공무원 의제

관세체납정리위원회의 회의에 출석한 공무원이 아닌 위원에 대하여는 예산의 범위에서 수당을 지급할 수 있다(영 제49조).

또한, 위원회(관세품목분류위원회, 관세체납정리위원회, 관세정보공개심의위원회, 관세심사위원회, 보세판매장 특허심사위원회, 원산지확인위원회)의 위원 중 공무원이 아닌 사람은 「형법」 제127조 및 제129조부터 제132조까지의 규정을 적용할 때에는 공무원으로 본다(법 제330조 제8호).

Ⅲ. 관세환급금의 환급

1. 관세환급금의 환급

세관장(Head of Customhouse)은 납세의무자가 관세·가산금·가산세 또는 체납처분비의 과오납금 또는 이 법에 따라 환급하여야 할 환급세액의 환급을 청구할 때에는 대통령령으로 정하는 바에 따라 지체 없이 이를 관세환급금으로 결정하고 30일 이내에 환급하여야 하며, 세관장이 확인한 관세환급금은 납세의무자가 환급을 청구하지 아니하더라도 환급하여야 한다(법 제46조 제1항).

(1) 관세환급의 통지

세관장은 관세환급 사유를 확인한 때에는 권리자에게 그 금액과 이유 등을 통지하여야 한다(영 제51조 제1항).

(2) 관세환급의 환급신청

법 제46조 제1항에 따른 관세환급금(이하 이 조부터 제56조까지에서 "관세환급금"이라 한다)의 환급을 받으려는 자는 해당 물품의 품명 · 규격 · 수량 · 수입신고수리연월일 · 신고번호 및 환급사유와 환급받으려는 금액을 기재한 신청서를 세관장에게 제출하여야 한다(영 제50조).

2. 관세환급금의 충당

세관장(Head of Customhouse)은 관세환급금을 환급하는 경우에 환급받을 자가 세관에 납부하여야 하는 관세와 그 밖의 세금, 가산금, 가산세 또는 체납처분비가 있을 때에는 환급하여야 하는 금액에서 이를 충당할 수 있으며, 관세환급금을 충당한 때에는 그 사실을 권리자에게 통보하여야 한다. 다만, 권리자의 신청에 의하여 충당한 경우에는 그 통지를 생략한다(법 제46조 제2항 및 영 제52조).

3. 관세환급금의 양도

납세의무자의 관세환급금에 관한 권리는 대통령령으로 정하는 바에 따라 제3자에게 양도할 수 있는 바, 관세환급금에 관한 권리를 제3자에게 양도하려는 자는 다음의 사항을 기재한 문서에 인감증명을 첨부하여 세관장에게 제출하여야 한다(법 제46조 제3항 및 영 제53조).

① 양도인의 주소와 성명
② 양수인의 주소와 성명
③ 환급사유
④ 환급금액

4. 관세환급금의 지급

관세환급금의 환급은 「국가재정법」 제17조에도 불구하고 대통령령으로 정하는 바에 따라 「한국은행법」에 따른 한국은행의 해당 세관장의 소관 세입금에서 지급한다(법 제46조 제4항).

(1) 지급지시와 환급통지

세관장은 관세환급금을 결정한 때에는 즉시 환급금 해당액을 환급받을 자에게 지급할 것을 내용으로 하는 지급지시서를 한국은행(국고대리점을 포함)에 송부하고, 그 환급받을 자에게 환급내용 및 방법 등을 기재한 환급통지서를 송부하여야 한다(영 제54조 제1항).

(2) 이체

한국은행은 세관장으로부터 지급지시서를 송부받은 때에는 즉시 세관장의 해당 연도 소관세입금 중에서 환급에 필요한 금액을 세관장의 환급금지급계정에 이체하고 그 내용을 세관장에게 통지하여야 한다(영 제54조 제2항).

(3) 환급금의 지급

한국은행은 환급통지서를 제시받은 때에는 이를 세관장으로부터 송부받은 지급지시서와 대조·확인한 후 환급금을 지급하고 지급내용을 세관장에게 통지하여야 한다(영 제54조 제3항).

한국은행은 환급금을 지급하는 때에는 환급받을 자로 하여금 주민등록증 기타 신분증을 제시하도록 하여 그가 정당한 권리자인지를 확인하여야 한다(영 제54조 제4항).

(4) 격지간 송금지급등

관세환급금을 환급받으려는 자는 "관세환급금"(영 제50조)의 신청을 하는 때에 다른 지역의 한국은행으로 지급받을 환급금을 송금할 것을 신청하거나, 금융기관에 계좌를 개설하고 세관장에게 계좌개설신고를 한 후 그 계좌에 이체입금하여 줄 것을 신청할 수 있다. 신청을 받은 세관장은 그 내용을 기재한 지급지시서를 한국은행에 송부하여야 한다. 이 경우 국고금송금요구서 또는 국고금입금의뢰서를 첨부하여야 한다. 또한, 한국은행은 세관장으로부터 지급지시서를 송부받은 때에는 즉시 그 금액을 해당 은행에 송금하거나 지정 금융기관의 계좌에 이체입금하고 그 내용을 세관장에게 통지하여야 한다. 그리고 환급금을 송금받은 다른 지역의 한국은행은 해당 환급금을 지급한다(영 제54조 제5항~제8항).

(5) 미지급자금의 정리

한국은행은 세관장이 환급금지급계정에 이체된 금액으로부터 해당 회계연도의 환급통지서 발행금액 중 다음 회계연도 1월 15일까지 지급하지 못한 환급금을 세관환급금지급미필이월계정에 이월하여 정리하여야 한다(영 제55조 제1항).

또한, 세관환급금지급미필이월계정에 이월한 금액 중 환급통지서발행일부터 1년 내에 지급하지 못한 금액은 그 기간이 만료한 날이 속하는 회계연도의 세입에 편입하여야 한다(영 제55조 제2항).

그리고 관세환급금을 환급받을 자가 환급통지서발행일부터 1년내에 환급금을 지급받지 못한 때에는 세관장에게 다시 환급절차를 밟을 것을 요구할 수 있으며, 세관장은 이를 조사·확인하여 그 지급에 필요한 조치를 하여야 한다(영 제55조 제3항).

(6) 관세환급금결정부 등의 비치 및 기록

세관장(Head of Customhouse)은 관세환급금결정부와 그 보조부를 비치하고, 이에 필요한 사항을 기록하여야 한다(영 제51조 제2항).

(7) 관세환급금결정액보고서 및 계산서

세관장은 매월 관세환급금결정액보고서를 작성하여 기획재정부장관에게 제출하여야 하며, 관세환급금결정액계산서와 그 증빙서류를 감사원장이 정하는 바에 따라 감사원에 제출하여야 한다(영 제51조 제3항 및 제4항).

5. 과다환급관세의 징수(Collection of Overly Refunded Customs Duties)

세관장은 법 제46조에 따른 관세환급금의 환급에 있어서 그 환급액이 과다한 것을 알게 되었을 때에는 해당 관세환급금을 지급받은 자로부터 과다지급된 금액을 징수하여야 한다(법 제47조 제1항).

또한, 세관장은 관세환급금의 과다환급액을 징수할 때에는 과다환급을 한 날의 다음 날부터 징수결정을 하는 날까지의 기간에 대하여 대통령령으로 정하는 이율에 따라 계산한 금액을 과다환급액에 더하여야 한다(법 제47조 제2항).

따라서, 세관장은 법 제46조에 따라 충당 또는 환급(법 제28조 제4항에 따라 잠정가격을 기초로 신고납부한 세액과 확정된 가격에 따른 세액을 충당 또는 환급하는 경우는 제외한다)하거나 법 제47조제1항에 따라 과다환급금을 징수하는 때에는 법 제47조 제2항 또는 법 제48조에 따른 가산금을 결정하여야 하며, 그 가산금의 이율은 「은행법」에 의한 은행업의 인가를 받은 은행으로서 서울특별시에 본점을 둔 은행의 1년 만기 정기예금 이자율의 평균을 감안하여 "기획재정부령으로 정하는 이자율"(즉, 연 1천분의 18)로 한다(영 제56조 제1항·제2항 및 규칙 제9조의3).

6. 관세환급가산금

세관장은 법 제46조에 따라 관세환급금을 환급하거나 충당할 때에는 "대통령령으로 정하는 다음의 관세환급가산금 기산일"부터 환급결정 또는 충당결정을 하는 날까지의 기간과 대통령령으로 정하는 이율에 따라 계산한 금액을 관세환급금에 더하여야 한다. 다만, 제41조 제4항에 따라 같은 조 제1항부터 제3항까지의 규정을 적용받지 아니하는 물품에 대하여는 그러하지 아니하다(법 제48조 및 영 제56조 제3항).

① 착오납부, 이중납부 또는 납부 후 그 납부의 기초가 된 신고 또는 부과를 경정하거나 취소함에 따라 발생한 관세환급금: 납부일. 다만, 2회 이상 분할납부된 것인 경우에는 그 최종 납부일로 하되, 관세환급금액이 최종 납부된 금액을 초과하는 경우에

는 관세환급금액이 될 때까지 납부일의 순서로 소급하여 계산한 관세환급금의 각 납부일로 한다.

② 적법하게 납부된 관세의 감면으로 발생한 관세환급금: 감면 결정일

③ 적법하게 납부된 후 법률이 개정되어 발생한 관세환급금: 개정된 법률의 시행일

④ 이 법에 따라 신청한 환급세액(잘못 신청한 경우 이를 경정한 금액을 말한다)을 환급하는 경우: 신청을 한 날부터 30일이 지난 날. 다만, 환급세액을 신청하지 아니하였으나 세관장이 직권으로 결정한 환급세액을 환급하는 경우에는 해당 결정일로부터 30일이 지난 날로 한다.

⑤ 「자유무역협정의 이행을 위한 관세법의 특례에 관한 법률」 제9조제4항에 따른 관세환급금: 같은 법 제9조제3항 후단에 따른 협정관세 적용 등의 통지일

Ⅳ. 납세의무의 소멸(Extinguishment of Duty Payment Liability)

1. 납세의무의 소멸(Extinguishment of Duty Payment Liability)

관세(customs duties), 가산금(surcharge) 또는 체납처분비(cost of a disposition taken for recovery of arrearages)를 납부하여야 하는 의무는 다음의 어느 하나에 해당되는 때에는 소멸한다(shall be extinguished)(법 제20조).

① 관세를 납부하거나 관세에 충당한 때

② 관세부과가 취소된 때

③ 관세를 부과할 수 있는 기간내에 관세가 부과되지 아니하고 그 기간이 만료된 때(법 제21조)

④ 관세징수권의 소멸시효(extinctive prescription for the authority to collect customs duties)가 완성된 때(법 제22조)

2. 관세부과의 제척기간(Limitation Period for Imposing Customs Duties)

(1) 제척기간

관세는 해당 관세를 부과할 수 있는 날부터 5년이 지나면 부과할 수 없다. 다만, 부정한 방법으로 관세를 포탈하였거나 환급 또는 감면받은 경우에는 관세를 부과할 수 있는 날부터 10년이 지나면 부과할 수 없다(법 제21조 제1항).

위의 규정에도 불구하고, 다음의 어느 하나에 해당하는 경우에는 "다음의 ①부터 ⑤가지"(제1호부터 제5호까지)의 결정 · 판결이 확정되거나 회신을 받은 날부터 1년, "다음의 ⑥"(제6호)에 따른 경정청구일 및 "⑦"(제7호)에 따른 결정통지일로부터 2개월이 지나기 전까지는 해당 결정 · 판결 · 회신 또는 경정청구에 따라 경정이나 그 밖에 필요한 처분을 할 수 있다(법 제21조 제2항).

① 법 제5장 제2절(제119조부터 제132조까지)에 따른 이의신청, 심사청구 또는 심판청구에 대한 결정이 있은 경우
② 「감사원법」에 따른 심사청구에 대한 결정이 있은 경우
③ 「행정소송법」에 따른 소송에 대한 판결이 있은 경우
④ 법 제313조에 따른 압수물품의 반환결정이 있은 경우
⑤ 관세법과 「자유무역협정의 이행을 위한 관세법의 특례에 관한 법률」 및 조약·협정 등이 정하는 바에 따라 양허세율의 적용여부 및 세액 등을 확정하기 위하여 원산지증명서를 발급한 국가의 세관이나 그 밖에 발급권한이 있는 기관에게 원산지증명서 및 원산지증명서확인자료의 진위 여부, 정확성 등의 확인을 요청하여 회신을 받은 경우
⑥ 법 제38조의3 제2항·제3항 또는 제38조의4 제1항에 따른 경정청구가 있는 경우
⑦ 법 제38조의4 제4항에 따른 조정 신청에 대한 결정통지가 있는 경우

(2) 제척기간의 기산일

관세를 부과할 수 있는 날은 대통령령으로 정하는 바, 관세부과의 제척기간을 산정함에 있어서는 수입신고한 날의 다음날을 관세를 부과할 수 있는 날로 한다. 다만, 다음의 경우에는 해당 호에 규정된 날을 관세를 부과할 수 있는 날로 한다(법 제21조 제3항 및 영 제6조).

① 과세물건 확정시기의 예외적인 경우(법 제16조 제1호부터 제11호까지)에 해당되는 경우에는 그 사실이 발생한 날의 다음날
② 의무불이행 등의 사유로 감면된 관세를 징수하는 경우에는 그 사유가 발생한 날의 다음날
③ 보세건설장에 반입된 외국물품의 경우에는 다음의 날중 먼저 도래한 날의 다음날
㉮ 제211조에 따라 건설공사완료보고를 한 날
㉯ 법 제176조에 따른 특허기간(특허기간을 연장한 경우에는 연장기간을 말한다)이 만료되는 날
④ 과다환급 또는 부정환급 등의 사유로 관세를 징수하는 경우에는 환급한 날의 다음날
⑤ 법 제28조에 따라 잠정가격을 신고한 후 확정된 가격을 신고한 경우에는 확정된 가격을 신고한 날의 다음 날(다만, 법 제28조 제2항에 따른 기간 내에 확정된 가격을 신고하지 아니하는 경우에는 해당 기간의 만료일의 다음날)

3. 관세징수권 및 관세환급청구권의 소멸시효

(1) 관세징수권의 소멸시효(Extinctive Prescription of Authority to Collect Customs Duties)

(가) 관세징수권의 소멸시효

관세의 징수권(authority to collect customs duties)은 이를 행사할 수 있는 날부터 다음 각 호의 구분에 따른 기간 동안 행사하지 아니하면 소멸시효가 완성된다(법 제22조 제1항).

① 5억원 이상의 관세(내국세를 포함한다): 10년

② 위의 ① 외의 관세: 5년

(나) 관세징수권의 소멸시효의 기산일

관세의 징수권을 행사할 수 있는 날은 다음의 날로 한다(법 제22조 제3항 및 영 제7조 제1항).

① 신고납부하는 관세에 있어서는 수입신고가 수리된 날부터 15일이 경과한 날의 다음날(법 제38조), 다만 영 제1조의5에 따른 월별납부의 경우에는 그 납부기한이 경과한 날의 다음날로 한다.

② 신고납부한 세액이 부족하여 납부하는 관세에 있어서는 부족세액에 대한 보정신청일의 다음날의 다음날(법 제38조의2 제4항)

③ 수정신고와 함께 납부하는 관세에 있어서는 수정신고일의 다음날의 다음날(법 제38조의3 제1항)

④ 부과고지하는 관세에 있어서는 납세고지를 받은 날부터 15일이 경과한 날의 다음날(법 제39조)

⑤ 납부하는 관세에 있어서는 수입신고한 날부터 15일이 경과한 날의 다음날(법 제253조 제3항)

⑥ 그 밖에 법령에 따라 납세고지하여 부과하는 관세에 있어서는 납부기한을 정한 때에는 그 납부기한이 만료된 날의 다음날

(다) 관세징수권의 소멸시효중단(Suspension of Prescription)의 사유

관세징수권의 소멸시효는 다음의 어느 하나에 해당하는 사유로 인하여 중단된다(법 제23조 제1항).

① 납세고지(duty payment notice)

② 경정처분(correction disposition)

③ 납세 독촉(demand notice on duty payment)[납부최고(peremptory duty payment notice)를 포함한다]

④ 통고처분(disposition taken for serving a notice)

⑤ 고발(complaint filed)

⑥ 「특정범죄가중처벌 등에 관한 법률」 제16조에 따른 공소제기(public prosecution instituted)

⑦ 교부청구(request filed for delivery)

⑧ 압류(seizure)

(라) 관세징수권의 소멸시효정지(Discontinuation of Prescription)

관세징수권의 소멸시효는 관세의 분할납부기간, 징수유예기간, 체납처분유예기간 또는 사해행위(詐害行爲) 취소소송기간 중에는 진행하지 아니하며, 사해행위 취소소송으로 인한 시효정지의 효력은 소송이 각하, 기각 또는 취하된 경우에는 효력이 없다(법 제23조 제3항 및 제4항).

(2) 관세환급청구권의 소멸시효

(가) 관세환급청구권의 소멸시효

납세자의 과오납금 또는 그 밖의 관세의 환급청구권은 그 권리를 행사할 수 있는 날부터 5년간 행사하지 아니하면 소멸시효가 완성된다(법 제22조 제2항).

(나) 관세환급청구권의 소멸시효의 기산일

납세자의 과오납금 또는 그 밖의 관세의 환급청구권을 행사할 수 있는 날은 다음의 날로 한다(법 제22조 제3항 및 영 제7조 제2항).

① 납부세액, 납세신고한 세액 또는 경정청구한 세액을 심사한 결과에 과부족이 있는 것을 안 때에 그 세액의 경정으로 인한 환급의 경우에는 경정결정일(법 제38조3의 제6항)

② 착오납부 또는 이중납부로 인한 환급의 경우에는 그 납부일

③ 수입신고가 수리된 물품이 계약내용과 상이하여 보세구역에 반입하여 수출하는 경우와 같이, 계약과 상이한 물품 등에 대한 환급의 경우에는 해당 물품의 수출신고수리일 또는 보세공장반입신고일(법 제106조 제1항)

④ "수입신고가 수리된 물품이 계약 내용과 다르고 수입신고 당시의 성질이나 형태가 변경되지 아니한 경우의 수입물품을 보세구역에 반입하여 미리 세관장의 승인을 받아 폐기하였을 때", 또는 "수입신고가 수리된 물품이 수입신고 수리 후에도 지정보세구역에 계속 장치되어 있는 중에 재해로 멸실되거나 변질 또는 손상되어 그 가치가 떨어졌을 때"와 같이, 그 폐기, 멸실, 변질, 또는 손상된 물품에 대한 환급의 경우에는 해당 물품이 폐기, 멸실, 변질 또는 손상된 날(법 제106조 제3항 및 제4항)

⑤ 종합보세구역에서 물품을 판매하는 자가 법 제199조의2 및 이 영 제216조의5 제2항에 따라 환급받으려는 경우에는 같은 규정에 따른 환급에 필요한 서류의 제출일

⑥ 수입신고 또는 입항전수입신고를 하고 관세를 납부한 후 법 제250조에 따라 신고가 취하 또는 각하된 경우에는 신고의 취하일 또는 각하일

⑦ 적법하게 납부한 후 법률의 개정으로 인하여 환급하는 경우에는 그 법률의 시행일

(다) 관세환급청구권의 소멸시효중단의 사유

환급청구권의 소멸시효는 환급청구권의 행사로 중단된다(법 제23조 제2항).

(3) 준용규정

관세징수권과 환급청구권의 소멸시효에 관하여 이 법에서 규정한 것을 제외하고는 「민법」의 규정을 준용한다(법 제23조 제5항).

	관세징수권 등	
	관세징수권	관세환급청구권
소멸시효의 완성	관세의 징수권은 이를 행사할 수 있는 날부터 ① 5억원 이상의 관세(내국세 포함)는 10년, ② 기타 관세는 5년 동안 행사하지 아니하면 소멸시효가 완성된다.	납세자의 과오납금 또는 그 밖의 관세의 환급청구권은 이를 행사할 수 있는 날부터 5년간 행사하지 아니하면 소멸시효가 완성된다.
소멸 시효의 기산일	관세의 징수권을 행사할 수 있는 날은 다음의 날로 한다. ① 신고납부하는 관세에 있어서는 수입신고가 수리된 날부터 15일이 경과한 날의 다음날(법 제38조), 다만 영 제1조의5에 따른 월별납부의 경우에는 그 납부기한이 경과한 날의 다음날로 한다. ② 신고납부한 세액이 부족하여 납부하는 관세에 있어서는 부족세액에 대한 보정신청일의 다음날의 다음날(법 제38조의2 제4항) ③ 수정신고와 함께 납부하는 관세에 있어서는 수정신고일의 다음날의 다음날(법 제38조의3 제1항) ④ 부과고지하는 관세에 있어서는 납세고지를 받은 날부터 15일이 경과한 날의 다음날(법 제39조) ⑤ 납부하는 관세에 있어서는 수입신고한 날부터 15일이 경과한 날의 다음날(법 제253조 제3항) ⑥ 그 밖에 법령에 따라 납세고지하여 부과하는 관세에 있어서는 납부기한을 정한 때에는 그 납부기한이 만료된 날의 다음날	납세자의 과오납금 또는 그 밖의 관세의 환급청구권을 행사할 수 있는 날은 다음의 날로 한다. ① 납부세액, 납세신고한 세액 또는 경정청구한 세액을 심사한 결과에 과부족이 있는 것을 안 때에 그 세액의 경정으로 인한 환급의 경우에는 경정결정일(법 제38조3의 제3항) ② 착오납부 또는 이중납부로 인한 환급의 경우에는 그 납부일 ③ 수입신고가 수리된 물품이 계약내용과 상이하여 보세구역에 반입하여 수출하는 경우와 같이, 계약과 상이한 물품 등에 대한 환급의 경우에는 해당 물품의 수출신고수리일 또는 보세공장반입신고일(법 제106조 제1항) ④ "수입신고가 수리된 물품이 계약 내용과 다르고 수입신고 당시의 성질이나 형태가 변경되지 아니한 경우의 수입물품을 보세구역에 반입하여 미리 세관장의 승인을 받아 폐기하였을 때", 또는 "수입신고가 수리된 물품이 수입신고 수리 후에도 지정보세구역에 계속 장치되어 있는 중에 재해로 멸실되거나 변질 또는 손상되어 그 가치가 떨어졌을 때"와 같이, 그 폐기, 멸실, 변질, 또는 손상된 물품에 대한 환급의 경우에는 해당 물품이 폐기, 멸실, 변질 또는 손상된 날(법 제106조 제3항 및 제4항) ⑤ 종합보세구역에서 물품을 판매하는 자가 법 제199조의2 및 이 영 제216조의5 제2항에 따라 환급받으려는 경우에는 같은 규정에 따른 환급에 필요한 서류의 제출일 ⑥ 수입신고 또는 입항전수입신고를 하고 관세를 납부한 후 법 제250조에 따라 신고가 취하 또는 각하된 경우에는 신고의 취하일 또는 각하일 ⑦ 적법하게 납부한 후 법률의 개정으로 인하여 환급하는 경우에는 그 법률의 시행일
소멸 시효의 중단 사유	관세징수권의 소멸시효는 ① 납세고지, ② 경정처분, ③ 납세 독촉(납부최고 포함), ④ 통고처분, ⑤ 고발, ⑥「특정범죄가중처벌 등에 관한 법률」제16조에 따른 공소제기, ⑦ 교부청구, ⑧ 압류 중 어느 하나에 해당하는 사유로 인하여 중단된다.	환급청구권의 소멸시효는 환급청구권의 행사로 중단된다.
소멸 시효의 정지	관세징수권의 소멸시효는 관세의 분할납부기간, 징수유예기간 또는 체납처분유예기간 또는 사해행위(詐害行爲) 취소소송의 기간 중에는 진행하지 아니하며, 사해행위 취소소송으로 인한 시효정지의 효력은 소송이 각하, 기각 또는 취하된 경우에는 효력이 없다	
준용규정	관세징수권과 환급청구권의 소멸시효에 관하여 이 법에서 규정한 것을 제외하고는「민법」의 규정을 준용	

Chapter 4

감면·환급 및 분할납부

제1절 감면세제도

제2절 관세환급제도

제3절 관세의 분할납부제도

Chapter 4

감면·환급 및 분할납부

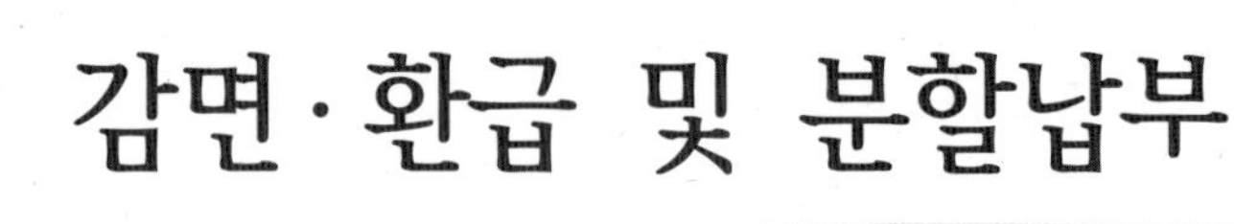

제1절 감면세제도

Ⅰ. 개요

1. 감면세(Reduction or Exemption of Customs Duties)의 정의

감면세제도란 관세의 납부의무를 특정한 경우에 무조건 또는 일정한 조건하에서 일부 또는 전부를 경감 또는 면제하는 제도를 말한다. 이 경우 감세란 납부의무를 일부 면제하여 납부하여야 할 세액을 경감하는 것을 말하고, 면세란 납부하여야 할 세액을 전부 면제하는 것을 말한다. 한편, 무세란 관세율표상의 세율이 영인 것을 말한다. 따라서, 감면세는 일반적으로 과세대상인 관세율표상의 유세품으로서, 특정한 경우에 신청에 따라 세액을 경감하거나 면제하는 것을 의미한다.

2. 감면세의 목적

감면세제도는 관세의 재정수입 목적으로 희생하는 것이지만, 경제정책적 목적, 문화정책적 목적, 사회정책적 목적 등을 실현하기 위한 수단으로 이용되고 있다. 즉, 감면세제도는 외교관례, 기간산업의 육성, 자원개발촉진, 특정산업의 보호, 학술연구의 촉진, 사회정책의 수행, 가공무역의 증진, 교역의 증대, 소비자보호, 물가의 안정 등 다양한 목적을 실현하기 위한 수단으로 이용되고 있다.

3. 감면세의 분류

(1) 무조건감면세

무조건감면세란 수입할 때의 특정사실에 따라 관세의 경감 또는 면제가 끝나고, 수입신고수리 후에는 예정된 용도가 아닌 다른 용도에 사용하였다 하더라도 원칙적으로 감면한 관세의 추징은 하지 않고, 사후관리도 하지 않는 것을 말한다.

(2) 조건부감면세

조건부감면세는 관세를 경감 또는 면제할 때 해제조건을 붙여서 특정행위를 금지하고, 그 해제조건이 성취되는 경우 관세의 경감 또는 면제를 취소하고 수입시에 감면한 관세를 징수하는 것을 말한다.

감면세의 종류

감면세의 종류	관련 규정
① 외교관용 물품 등의 면세	법 제88조
② 세율불균형물품의 감면세	법 제89조
③ 학술연구용품의 감면세	법 제90조
④ 종교용품·자선용품·장애인용품 등의 면세	법 제91조
⑤ 정부용품 등의 면세	법 제92조
⑥ 특정물품의 면세	법 제93조
⑦ 소액물품 등의 면세	법 제94조
⑧ 환경오염방지물품 등에 대한 감면세	법 제95조
⑨ 여행자휴대품·이사물품 등의 면세	법 제96조
⑩ 재수출면세	법 제97조
⑪ 재수출감면세	법 제98조
⑫ 재수입면세	법 제99조
⑬ 변질·손상감세	법 제100조
⑭ 해외임가공물품 등의 감세	법 제101조
⑮ 시설대여업자에 대한 감면	법 제105조
⑯ 다른 법령 등에 따른 감면	법 제109조

Ⅱ. 감면세의 종류

1. 외교관용 물품 등의 면세(Exemption from Customs Duties for Goods Used by Diplomats)

(1) 외교관용 물품 등의 면세의 의의

외교관용 물품 등의 면세(Exemption from Customs Duties for Goods Used by Diplomats)란 외교기관 및 외교사절의 업무용품과 자용품, 이들 가족이 사용하는 물품이 수입될 때 관세를 면제하는 것을 말한다.

(2) 외교관용 물품 등의 면세대상물품

(가) 외교관용 면세대상물품

다음의 어느 하나에 해당하는 물품이 수입될 때에는 그 관세를 면제한다(법 제88조 제1항·영 제108조 및 규칙 제34조 제2항).

① 우리나라에 있는 외국의 대사관 · 공사관 및 그 밖에 이에 준하는 기관의 업무용품

② 우리나라에 주재하는 외국의 대사 · 공사 및 그 밖에 이에 준하는 사절과 그 가족이 사용하는 물품

③ 우리나라에 있는 외국의 영사관 및 그 밖에 이에 준하는 기관의 업무용품

④ 우리나라에 있는 외국의 대사관 · 공사관 · 영사관 및 그 밖에 이에 준하는 기관의 직원 중 "대통령령으로 정하는 다음의 직원(다음의 어느 하나에 해당하는 직위 또는 이와 동등 이상이라고 인정되는 직위에 있는 서람을 말한다)"과 그 가족이 사용하는 물품

　㉮ 대사관 또는 공사관의 참사관· 1등서기관· 2등서기관· 3등서기관 및 외교관보

　㉯ 총영사관 또는 영사관의 총영사· 영사· 부영사 및 영사관보(명예총영사 및 명예영사를 제외)

　㉰ 대사관· 공사관· 총영사관 또는 영사관의 외무공무원으로서 ㉮와 ㉯에 해당하지 아니하는 사람

⑤ 정부와 체결한 사업계약을 수행하기 위하여 외국계약자가 계약조건에 따라 수입하는 업무용품

⑥ 국제기구 또는 외국 정부로부터 우리나라 정부에 파견된 고문관 · 기술단원 및 그 밖에 "기획재정부령으로 정하는 자"(즉, 면세업무와 관련된 조약 등에 의하여 외교관에 준하는 대우를 받는 자로서 해당 업무를 관장하는 중앙행정기관의 장이 확인한 자)가 사용하는 물품

(나) 외교관용 물품 등의 면세대상물품의 용도외의 다른 용도로 사용하기 위한 양수의 제한물품

외교관용 물품 등의 면세에 따라 관세를 면제받은 물품 중 "기획재정부령으로 정하는 다음의 물품"(즉, 양수가 제한되는 물품)은 수입신고 수리일부터 3년의 범위에서 대통령령으로 정하는 기준에 따라 관세청장이 정하는 기간에 제1항의 용도 외의 다른 용도로 사용하기 위하여 양수할 수 없다(법 제88조 제2항 본문 및 규칙 제34조 제4항).

① 자동차(삼륜자동차와 이륜자동차를 포함)
② 선박
③ 피아노
④ 전자오르간과 파이프오르간
⑤ 엽총

(3) 외교관용 물품 등의 면세신청

"정부와의 사업계약을 수행하기 위하여 외국계약자가 계약조건에 따라 수입하는 업무용품"(법 제88조 제1항 제5호의 규정)에 대하여 관세를 면제받으려는 자는 "다음의 사항"(영 제112조 제1항 각호의 사항)외에 계약의 종류, 사업장소재지와 사용목적 및 사용방법을 기재하여 해당 업무를 관장하는 중앙행정기관의 장의 확인을 받은 신청서에 계약서 사본을 첨부하여야 한다(규칙 제34조 제1항).

① 감면을 받으려는 자의 주소·성명 및 상호
② 사업의 종류(업종에 따라 감면하는 경우에는 구체적으로 기재하여야 한다)
③ 품명·규격·수량·가격·용도와 설치 및 사용장소
④ 감면의 법적 근거
⑤ 그 밖의 참고사항

또한, 위의 "⑥"(법 제88조 제1항 제6호)에 따라 관세를 면제받으려는 자는 해당 업무를 관장하는 중앙행정기관의 장이 국제기구 또는 외국정부로부터 정부에 파견된 자임을 증명하는 서류를 신청서에 첨부하여야 한다(규칙 제34조 제3항).

(4) 외교관용 물품 등의 면세대상물품의 용도외 사용

외교관용 면세물품 중 양수제한물품(자동차, 선박, 피아노, 전자오르간 및 파이프오르간, 엽총)을 수입신고 수리일부터 3년의 범위에서 대통령령으로 정하는 기준에 따라 관세청장이 정하는 기간에 외교관용 면세물품의 용도 외의 다른 용도로 사용하기 위하여 양수한 경우에는 그 양수자로부터 면제된 관세를 즉시 징수한다(법 제88조 제3항).

2. 세율불균형물품의 감면세(Reduction or Exemption of Customs Duties for Correction of Unbalanced Tariff Rates)

(1) 세율불균형물품 감면세의 의의

세율불균형물품의 감면세는 세율불균형을 시정하기 위하여 대통령령으로 정하는 바에 따라 세관장이 지정하는 공장에서 항공기(부분품을 포함)와 반도체 제조용 장비(부속기기를 포함)를 제조 또는 수리하기 위하여 사용되는 부분품 및 원재료(수출한 후 외국에서 수리·가공되어 수입되는 부분품 및 원재료의 가공수리분을 포함)중 기획재정부령으로 정하는 물품에 대하여 그 관세를 감면하여 주는 것을 말한다.

(2) 세율불균형물품의 감면대상물품

세율불균형을 시정하기 위하여 「조세특례제한법」 제5조제1항에 따른 중소기업이 대통령령으로 정하는 바에 따라 세관장이 지정하는 공장에서 다음의 어느 하나에 해당하는 물품을 제조 또는 수리하기 위하여 사용하는 부분품과 원재료(수출한 후 외국에서 수리·가공되어 수입되는 부분품과 원재료의 가공수리분을 포함한다) 중 기획재정부령으로 정하는 물품에 대하여는 그 관세를 면제할 수 있다(법 89조 제1항).

① 항공기(부분품을 포함)

② 반도체 제조용 장비(부속기기를 포함)

여기에서, "기획재정부령으로 정하는 관세가 감면되는 물품"(법 제89조 제1항 각 호 외의 부분에 따라 관세가 감면되는 물품)은 다음과 같다(규칙 제35조).

① 항공기 제조업자 또는 수리업자가 항공기와 그 부분품의 제조 또는 수리에 사용하기 위하여 수입하는 부분품 및 원재료

② 장비 제조업자 또는 수리업자가 반도체 제조용 장비의 제조 또는 수리에 사용하기 위하여 수입하는 부분품 및 원재료 중 산업통상자원부장관 또는 그가 지정하는 자가 추천하는 물품

(3) 세율불균형물품의 관세감면신청

(가) 세율불균형물품의 관세경감률산정의 기준

관세의 경감에 있어서 경감률의 산정은 실제로 적용되는 관세율(법 제50조 제2항 제1호의 세율을 제외한다)을 기준으로 한다(영 제111조 제1항).

관세법이나 그 밖의 법률 또는 조약에 따라 관세를 면제하는 경우 면제되는 관세의 범위에 대하여 특별한 규정이 없는 때에는 "법 제50조 제2항 제1호의 세율"(덤핑방지관세, 상계관세, 보복관세, 긴급관세, 특정국물품긴급관세, 농림축산물에 대한 특별긴급관세)은

면제되는 관세의 범위에 포함되지 아니한다(영 제111조 제2항).

(나) 세율불균형물품의 관세감면신청

법 제89조 제1항 각 호 외의 부분에 따라 관세를 감면받으려는 자는 영 제112조 제1항 각 호의 사항 외에 제조할 물품의 품명·규격·수량 및 가격, 제조개시 및 완료예정연월일과 지정제조공장의 명칭 및 소재지를 신청서에 기재하고, 원자재소요량증명서 또는 이에 갈음할 서류를 첨부하여 세관장에게 제출하여야 한다. 다만, 세관장이 필요없다고 인정하는 때에는 원자재소요량증명서 등의 첨부를 생략할 수 있다(규칙 제36조).

(4) 제조·수리공장제도

(가) 의의

제조·수리공장은 항공기의 수리가 일시적으로 행하여지는 공항내의 특정지역이 감시·단속에 지장이 없고, 세율불균형물품의 감면세 관리업무의 효율화를 위하여 필요하다고 인정하는 경우에 세관장에 따라 지정된 해당 특정지역을 말한다.

(나) 제조·수리공장제도와 내수용 보세공장제도의 차이점

제조·수리공장제도는 세관장이 지정한 공장에 원재료를 반입·제조한 후 국내에서 사용한다는 점에서는 내수용 보세공장제도와 유사하다. 그러나, 제조·수리공장제도의 경우에는 원재료를 감면세를 받고 수입통관한 후 공장내에 반입하여 제조하고 내수용으로 사용하는 반면, 보세공장의 경우에는 원재료를 수입통관하지 않은 상태로 공장내에 반입하여 세관의 관리하에 제조한 후 수입통관하여 내수용으로 사용한다는 점에서 차이가 있다. 즉, 제조·수리공장에 반입되는 원재료는 수입통관된 물품, 즉 내국물품이고, 보세공장에 반입되는 원재료는 수입통관되지 않은 물품, 즉 외국물품이라는 것이다.

(다) 제조·수리공장의 지정신청

세율불균형물품의 감면세 규정에 따른 제조·수리공장의 지정을 받으려는 자는 다음의 사항을 기재한 신청서에 사업계획서와 그 구역 및 부근의 도면을 첨부하여 세관장에게 제출하여야 한다(영 제113조 제1항).

① 해당 제조·수리공장의 명칭·소재지·구조·동수 및 평수
② 제조하는 제품의 품명과 그 원재료 및 부분품의 품명
③ 작업설비와 그 능력
④ 지정을 받으려는 기간

(라) 제조·수리공장의 지정기간

"제1항에 따른 지정기간"(세율불균형을 시정하기 위하여 대통령령으로 정하는 바에 따라

세관장이 제조·수리공장을 지정하는 기간)은 3년 이내로 하되, 지정을 받은 자의 신청에 따라 연장할 수 있는 바, 제조·수리공장의 지정신청을 받은 세관장은 그 감시·단속에 지장이 없다고 인정되는 때에는 3년의 범위에서 기간을 정하여 제조·수리공장의 지정을 하여야 한다. 이 경우 지정기간은 관세청장이 정하는 바에 따라 경신할 수 있다(법 제89조 제3항 및 영 제113조 제2항).

(마) 제조 · 수리공장의 지정

세관장은 법 제89조 제1항에 따라 항공기의 수리가 일시적으로 행하여지는 공항내의 특정지역이 감시·단속에 지장이 없고, 세율불균형물품의 감면세 관리업무의 효율화를 위하여 필요하다고 인정되는 경우에는 제1항 및 제2항에 따라 해당 특정지역을 제조·수리공장으로 지정할 수 있다(영 제113조 제3항).

(바) 지정신청인의 결격사유

다음의 어느 하나에 해당하는 자는 제1항에 따른 지정을 받을 수 없다(법 제89조 제2항).

① 다음(법 제175조 제1호부터 제5호까지 및 제7호)의 어느 하나에 해당하는 자
  ㉮ 미성년자
  ㉯ 피성년후견인과 피한정후견인
  ㉰ 파산선고를 받고 복권되지 아니한 자
  ㉱ 이 법을 위반하여 징역형의 실형을 선고받고 그 집행이 끝나거나(집행이 끝난 것으로 보는 경우를 포함한다) 면제된 후 2년이 지나지 아니한 자
  ㉲ 이 법을 위반하여 징역형의 집행유예를 선고받고 그 유예기간 중에 있는 자
  ㉳ "밀수출입죄·관세포탈죄·미수범·밀수품의 취득죄 · 체납처분면탈죄 · 타인에 대한 명의대여죄"(제269조부터 제271조까지, 제274조, 제275조의2 또는 제275조의3)에 따라 벌금형 또는 통고처분을 받은 자로서 그 벌금형을 선고받거나 통고처분을 이행한 후 2년이 지나지 아니한 자. 다만, "양벌규정"(제279조)에 따라 처벌된 개인 또는 법인은 제외한다.

② 법 제89조 제4항에 따라 지정이 취소[위의 ㉮부터 ㉰(제175조 제1호부터 제3호)까지의 어느 하나에 해당하여 취소된 경우는 제외한다]된 날부터 2년이 지나지 아니한 자

③ 위의 ① 또는 ②(제1호 또는 제2호)에 해당하는 사람이 임원(해당 공장의 운영업무를 직접 담당하거나 이를 감독하는 자로 한정한다)으로 재직하는 법인

(사) 제조 · 수리공장의 지정취소

세관장은 제1항에 따라 지정을 받은 자가 다음 각 호의 어느 하나에 해당하는 경우에는 그 지정을 취소할 수 있다. 다만, 제1호 또는 제2호에 해당하는 경우에는 지정을 취소하여야 한다(법 제89조 제4항).

① 제2항 각 호의 어느 하나에 해당하는 경우
② 거짓이나 그 밖의 부정한 방법으로 지정을 받은 경우
③ 1년 이상 휴업하여 세관장이 지정된 공장의 설치목적을 달성하기 곤란하다고 인정하는 경우

(아) 제조 · 수리공장의 효력상실 및 승계

제조·수리공장의 지정은 다음의 어느 하나에 해당하면 그 효력을 상실하며, 다음의 "① 및 ②"(제1항 제1호 및 제2호)의 경우에는 운영인, 그 상속인, 청산법인 또는 합병 · 분할 · 분할합병 후 존속하거나 합병 · 분할 · 분할합병으로 설립된 법인(이하 "승계법인"이라 한다)은 지체 없이 세관장에게 그 사실을 보고하여야 한다(법 제89조 제5항 : 법 제179조 제1항·제2항 준용).

① 운영인이 특허보세구역을 운영하지 아니하게 된 경우
② 운영인이 해산하거나 사망한 경우
③ 특허기간이 만료한 경우
④ 특허가 취소된 경우

또한, 제조·수리공장의 지정을 받은 자가 사망하거나 해산한 경우 상속인 또는 승계법인이 계속하여 그 제조·수리공장을 운영하려면 피상속인 또는 피승계법인이 사망하거나 해산한 날부터 30일 이내에 법 제174조 제3항에 따른 요건을 갖추어 대통령령으로 정하는 바에 따라 세관장에게 신고하여야 하며, 이에 따라 상속인 또는 승계법인이 신고를 하였을 때에는 피상속인 또는 피승계법인이 사망하거나 해산한 날부터 신고를 한 날까지의 기간에 있어서 피상속인 또는 피승계법인의 제조·수리공장의 지정은 상속인 또는 승계법인에 대한 특허로 본다(법 제89조 제5항 : 법 제179조 제3항·제4항 준용).

그리고, "다음"(제175조 각 호)의 어느 하나에 해당하는 자는 위의 제3항에 따른 신고를 할 수 없다(법 제89조 제5항 : 법 제179조 제5항 준용).

① 미성년자
② 피성년후견인과 피한정후견인
③ 파산선고를 받고 복권되지 아니한 자
④ 관세법을 위반하여 징역형의 실형을 선고받고 그 집행이 끝나거나(집행이 끝난 것으로 보는 경우를 포함한다) 면제된 후 2년이 지나지 아니한 자
⑤ 관세법을 위반하여 징역형의 집행유예를 선고받고 그 유예기간 중에 있는 자
⑥ 법 제178조 제2항에 따라 특허보세구역의 설치 · 운영에 관한 특허가 취소(이 조 제1호부터 제3호까지의 어느 하나에 해당하여 특허가 취소된 경우는 제외한다)된 후 2년이 지나지 아니한 자
⑦ 제269조부터 제271조까지, 제274조, 제275조의2 또는 제275조의3에 따라 벌금형 또는 통고처분을 받은 자로서 그 벌금형을 선고받거나 통고처분을 이행한 후 2년이 지나

지 아니한 자. 다만, 제279조에 따라 처벌된 개인 또는 법인은 제외한다.

⑧ 위의 "②부터 ⑦까지"(제2호부터 제7호까지)에 해당하는 자를 임원(해당 보세구역의 운영업무를 직접 담당하거나 이를 감독하는 자로 한정한다)으로 하는 법인

(자) 제조 · 수리공장의 검사 및 지정의제

세관장은 제조·수리공장의 지정을 받은 자에게 그 지정에 관한 보고를 명하거나 세관공무원에게 제조·수리공장의 지정상황을 검사하게 할 수 있다(법 제89조 제5항: 법 제180조 제2항 준용).

또한, 제조·수리공장의 지정의 효력이 상실되었을 때에는 지정을 받은 자 또는 그 상속인은 해당 제조·수리공장에 있는 외국물품을 지체 없이 다른 제조·수리공장으로 반출하여야 한다(법 제89조 제5항: 법 제182조 제1항 준용).

그리고 제조·수리공장의 지정의 효력이 상실되었을 때에는 해당 제조·수리공장에 있는 외국물품의 종류와 수량 등을 고려하여 6개월의 범위에서 세관장이 지정하는 기간 동안 그 공장은 제조·수리공장으로 보며, 지정을 받은 자나 그 상속인에 대하여는 해당 공장과 장치물품에 관하여 제조·수리공장의 지정이 있는 것으로 본다(법 제89조 제5항: 법 제182조 제2항 준용).

(차) 제조 · 수리공장외의 보수작업

제1항에 따라 지정된 제조·수리공장에 대하여는 다음의 규정(제187조)을 준용한다(법 제89조 제5항: 제187조 준용).

① 세관장은 가공무역이나 국내산업의 진흥을 위하여 필요한 경우에는 대통령령으로 정하는 바에 따라 기간, 장소, 물품 등을 정하여 해당 제조·수리공장외에서 제185조 제1항에 따른 작업을 허가할 수 있다.

② 해당 제조·수리공장외에서 제185조 제1항에 따른 작업의 허가를 한 경우 세관공무원은 해당 물품이 제조·수리공장에서 반출될 때에 이를 검사할 수 있다

③ 해당 제조·수리공장외에서 제185조 제1항에 따른 작업의 허가를 받아 지정된 장소(이하 "공장외작업장"이라 한다)에 반입된 외국물품은 지정된 기간이 만료될 때까지는 보세공장에 있는 것으로 본다

④ 세관장은 해당 제조·수리공장외에서 제185조 제1항에 따른 작업의 허가를 받은 보세작업에 사용될 물품을 관세청장이 정하는 바에 따라 공장외작업장에 직접 반입하게 할 수 있다

⑤ 제1항에 따라 지정된 기간이 지난 경우 해당 공장외작업장에 허가된 외국물품이나 그 제품이 있을 때에는 해당 물품의 허가를 받은 제조·수리공장의 운영인으로부터 그 관세를 즉시 징수한다.

3. 학술연구용품의 감면세(Reduction or Exemption of Customs Duties for Goods Used for Scientific Research)

(1) 학술연구용품의 감면세의 의의

학술연구용품감면세(Reduction or Exemption of Customs Duties for Goods Used for Scientific Research)는 교육 및 학술의 진흥, 과학기술 및 산업기술의 연구개발을 위한 국가정책상의 목적으로 학술연구용품, 교육용품, 실험실습용품, 표본, 참고품, 훈련용품 등에 대하여 관세를 경감 또는 면제하는 것을 말한다.

(2) 학술연구용물품의 감면대상물품

다음의 (가) 내지 (라)의 하나에 해당하는 물품이 수입될 때에는 그 관세를 감면할 수 있다(법 제90조 제1항).

(가) 국가기관, 지방자치단체 및 기획재정부령으로 정하는 기관에서 사용할 학술연구용품 · 교육용품 및 실험실습용품으로서 기획재정부령으로 정하는 물품

국가기관, 지방자치단체 및 기획재정부령으로 정하는 기관에서 사용할 학술연구용품 · 교육용품 및 실험실습용품으로서 "기획재정부령으로 정하는 물품"(법 제90조 제1항 제1호 및 제2호에 따라 관세가 감면되는 물품)은 다음과 같다(법 제90조 제1항 제1호 및 규칙 제37조 제1항).

① 표본, 참고품, 도서, 음반, 녹음된 테이프, 녹화된 슬라이드, 촬영된 필름, 시험지, 시약류, 그 밖에 이와 유사한 물품 및 자료

② 다음의 어느 하나에 해당하는 것으로서 국내에서 제작하기 곤란한 것 중 해당 물품의 생산에 관한 업무를 담당하는 중앙행정기관의 장 또는 그가 지정하는 자가 추천하는 물품

㉮ 개당 또는 셋트당 과세가격이 100만원 이상인 기기

㉯ 가목에 해당하는 기기의 부분품 및 부속품

③ 부분품(위의 ②에 따른 기기의 부분품을 제외하며, 법 제90조 제1항 제1호 및 제2호에 따라 학술연구용 등에 직접 사용되는 것에 한정한다) · 원재료 및 견품

(나) 학교 · 공공의료기관 등의 기관에서 사용할 학술연구용 · 교육용 · 훈련용 · 실험실습용 및 과학기술연구용으로 사용할 물품 중 기획재정부령으로 정하는 물품

학교, 공공의료기관, 공공직업훈련원, 박물관, 그 밖에 이에 준하는 "기획재정부령으로 정하는 다음의 기관"에서 학술연구용 · 교육용 · 훈련용 · 실험실습용 및 과학기술연구용으로 사용할 물품 중 "기획재정부령으로 정하는 물품"(법 제90조 제1항 제1호 및 제2호에 따라 관세가 감면되는 물품)은 "위의 ①부터 ③까지"와 같다(법 제90조 제1항 제2호 및 규칙 제37조 제2항).

① 「정부조직법」 제4조 또는 지방자치단체의 조례에 의하여 설치된 시험소 · 연구소 · 공공도서관 · 동물원 · 식물원 및 전시관(이들 기관에서 사용하기 위하여 중앙행정기관의 장이 수입하는 경우를 포함한다)
② 대한무역투자진흥공사 전시관
③ 「산업집적활성화 및 공장설립에 관한 법률」 제31조에 따라 설립된 산업단지관리공단의 전시관
④ 「정부출연연구기관 등의 설립 · 운영 및 육성에 관한 법률」 및 「과학기술분야 정부출연연구기관 등의 설립 · 운영 및 육성에 관한 법률」 에 의하여 설립된 연구기관
⑤ 수출조합전시관(산업통상자원부장관이 면세추천을 한 것에 한정한다)
⑥ 중소기업진흥공단(농가공산품개발사업을 위하여 개설한 전시관과 「중소기업진흥에 관한 법률」 제74조제1항제13호 및 제14호의 사업을 수행하기 위하여 수입하는 물품에 한한다)
⑦ 「산업디자인진흥법」 제11조의 규정에 의하여 설립된 한국디자인진흥원(「산업디자인진흥법」 제11조제4항제1호 · 제2호 및 제5호의 사업을 수행하기 위하여 수입하는 물품에 한한다)
⑧ 수입물품을 실험 · 분석하는 국가기관
⑨ 도로교통공단(「도로교통법」 제123조제1호 · 제2호 · 제4호 및 제5호의 사업을 수행하기 위하여 수입하는 물품에 한한다)
⑩ 「독립기념관법」에 의한 독립기념관
⑪ 한국소비자원(「소비자기본법」 제35조제1항제2호 · 제3호 및 제6호의 업무를 수행하기 위하여 수입하는 물품에 한한다)
⑫ 「한국산업안전보건공단법」에 따라 설립된 한국산업안전보건공단(같은 법 제6조의 사업을 수행하기 위하여 수입하는 물품으로 한정한다)
⑬ 「산업발전법」에 의하여 설립된 한국생산성본부
⑭ 「전쟁기념사업회법」에 의하여 설립된 전쟁기념사업회
⑮ 「한국교통안전공단법」에 따라 설립된 한국교통안전공단
⑯ 교육부장관이 인정하는 사내기술대학 및 사내기술대학원
⑰ 고용노동부장관의 인가를 받은 중소기업협동조합부설 직업훈련원
⑱ 「시설물의 안전관리에 관한 특별법」에 의하여 설립된 한국시설안전공단
⑲ 「과학관육성법」에 의한 과학관
⑳ 「한국교육방송공사법」에 의하여 설립된 한국교육방송공사
㉑ 「지방자치단체의 행정기구와 정원기준 등에 관한 규정」에 의하여 설치된 농업기술원
㉒ 「특정연구기관 육성법」 제2조의 규정에 의한 연구기관
㉓ 산업기술연구를 목적으로 「민법」 제32조 및 「협동조합 기본법」에 따라 설립된 비영리법인으로서 독립된 연구시설을 갖추고 있는 법인임을 산업통상자원부장관, 미래창조과학부장관 또는 기획재정부장관이 확인 · 추천하는 기관

㉔ 「산업기술혁신 촉진법」 제42조에 따라 산업통상자원부장관의 허가를 받아 설립된 연구소
㉕ 「국립암센터법」에 따라 설립된 국립암센터 및 「국립중앙의료원의 설립 및 운영에 관한 법률」에 따라 설립된 국립중앙의료원
㉖ 「방송통신발전 기본법」 제34조에 따라 설립된 한국정보통신기술협회(한국정보통신기술협회에 설치된 시험연구소에서 사용하기 위하여 수입하는 물품으로 한정한다)
㉗ 「산업교육진흥 및 산학협력촉진에 관한 법률」에 의하여 설립된 산학협력단
㉘ 「경제자유구역 및 제주국제자유도시의 외국교육기관 설립·운영에 관한 특별법」에 따라 설립된 외국교육기관
㉙ 「국가표준기본법」 제4장의2에 따라 설립된 한국화학융합시험연구원, 한국기계전기전자시험연구원 및 한국건설생활환경시험연구원
㉚ 「산업기술혁신 촉진법」 제21조제4항에 따라 산업통상자원부장관이 지정한 연구장비관리 전문기관(같은 법 제2조제7호에 따른 산업기술혁신사업을 수행하는 데에 필요한 물품을 제1호부터 제29호까지의 규정에 따른 감면대상기관에서 사용하도록 하기 위하여 수입하는 경우를 포함한다)
㉛ 「보건의료기술 진흥법」 제15조에 따라 보건복지부장관이 지정한 연구중심병원

(다) 학교·공공의료기관 등에서 사용할 학술연구용품·교육용품·훈련용품·실험실습용품 및 과학기술연구용품으로서 외국으로부터 기증되는 물품

위의 "①~㉛"(법 제90조 제1항 제2호)의 기관에서 사용할 학술연구용품·교육용품·훈련용품·실험실습용품 및 과학기술연구용품으로서 외국으로부터 기증되는 물품. 다만, 기획재정부령으로 정하는 물품은 제외한다(법 제90조 제1항 제3호 및 규칙 제37조 제3항).

(라) 기획재정부령으로 정하는 자가 산업기술의 연구개발에 사용하기 위하여 수입하는 물품으로서 기획재정부령으로 정하는 물품

기획재정부령으로 정하는 자가 산업기술의 연구개발에 사용하기 위하여 수입하는 물품으로서 기획재정부령으로 정하는 물품(법 제90조 제1항 제4호).

여기에서, 관세를 감면받을 수 있는 자는 다음과 같다(규칙 제37조 제3항).

① 기업부설 연구소 또는 연구개발 전담부서를 설치하고 있거나 설치를 위한 신고를 한 기업(「기초연구진흥 및 기술개발지원에 관한 법률」 제14조제1항제2호에 따른 것임을 과학기술정보통신부장관이 확인한 것으로 한정한다)
② 산업기술연구조합(「산업기술연구조합 육성법」에 의한 산업기술연구조합으로서 기술개발을 위한 공동연구시설을 갖추고 자연계분야의 학사 이상의 학위를 가진 연구전담요원 3인 이상을 상시 확보하고 있음을 과학기술정보통신부장관이 확인한 산업기술연구조합에 한정한다)

여기에서, 관세를 감면하는 물품은 다음 각 호와 같다(규칙 제37조 제4항).

① 산업기술의 연구 · 개발에 사용하기 위하여 수입하는 별표 1의 물품
② 시약 및 견품
③ 연구 · 개발 대상물품을 제조 또는 수리하기 위하여 사용하는 부분품 및 원재료
④ 제1호의 물품을 수리하기 위한 목적으로 수입하는 부분품

(3) 학술연구용품의 감면율

(가) 학술연구용품의 감면율

"제1항"(학술연구용품의 감면세)에 따라 관세를 감면하는 경우 그 감면율은 기획재정부령으로 정하는 바, 그 관세의 감면율은 80/100으로 한다. 다만, 공공의료기관(제2항 제25호에 따른 국립암센터 및 국립중앙의료원은 제외한다) 및 학교부설의료기관에서 사용할 물품에 대한 관세의 감면율은 100분의 50으로 한다(법 제90조 제2항 및 규칙 제37조 제5항).

(나) 학술연구용물품의 관세경감률산정의 기준

법 제89조 · 법 제90조 · 법 제95조 및 법 제98조에 따른 관세의 경감에 있어서 경감률의 산정은 실제로 적용되는 관세율(법 제50조 제2항 제1호의 세율을 제외한다)을 기준으로 한다(영 제111조 제1항).

관세법이나 그 밖의 법률 또는 조약에 따라 관세를 면제하는 경우 면제되는 관세의 범위에 대하여 특별한 규정이 없는 때에는 "법 제50조 제2항 제1호의 세율"(덤핑방지관세, 상계관세, 보복관세, 긴급관세, 특정국물품긴급관세, 농림축산물에 대한 특별긴급관세)은 면제되는 관세의 범위에 포함되지 아니한다(영 제111조 제2항).

(4) 학술연구용물품의 관세감면신청

(가) 학술연구용물품의 관세감면신청

법 제90조 제1항 제3호에 따라 관세를 감면받으려는 자는 해당 기증사실을 증명하는 서류를 신청서에 첨부하여 제출하여야 한다(규칙 제38조 제1항).

(나) 학술연구용물품의 관세감면물품으로 지정신청

법 제90조 제1항 제4호에 따른 물품을 관세감면대상물품으로 지정받으려는 자는 다음의 사항을 적은 신청서에 해당 물품의 상품목록 등 참고자료를 첨부하여 주무부처를 경유하여 기획재정부장관에게 제출하여야 한다. 이 경우 신청서는 매년 2월 말일까지 제출하여야 한다(규칙 제38조 제2항·제3항).

① 신청인의 주소·성명 및 상호

② 사업의 종류
③ 법 별표 관세율표 번호(이하 "관세율표 번호"라 한다) · 품명 · 규격 · 수량 · 가격 · 용도 및 구조

4. 종교용품 · 자선용품 · 장애인용품 등의 면세(Exemption from Customs Duties for Goods for Religion, Charity and Disabled)

(1) 종교용품 · 자선용품 · 장애인용품 등의 면세의 의의

종교용품 · 자선용품 · 장애인용품 등의 면세(Exemption from Customs Duties for Goods for Religion, Charity and Disabled)는 사회복지의 향상, 국민체육향상, 공공이익의 추구, 공익사업의 달성, 환경오염방지, 종교자선 등 사회정책 목적의 실현을 위하여 국가가 지원할 필요가 있다고 인정되는 품목에 대하여 관세를 면제하는 것을 말한다.

(2) 종교용품 · 자선용품 · 장애인용품 등의 면세대상물품

다음의 어느 하나에 해당하는 물품이 수입될 때에는 그 관세를 면제한다(법 제91조 및 규칙 제39조 제1항~제4항).

① 교회, 사원 등 종교단체의 예배용품과 식전용품(式典用品)으로서 외국으로부터 기증되는 물품. 다만, "기획재정부령으로 정하는 다음의 물품"은 관세를 부과한다.
   ㉮ 관세율표 번호 제8518호에 해당하는 물품
   ㉯ 관세율표 번호 제8531호에 해당하는 물품
   ㉰ 관세율표 번호 제8519호 · 제8521호 · 제8522호 · 제8523호 및 제92류에 해당하는 물품(파이프오르간은 제외한다)
② 자선 또는 구호의 목적으로 기증되는 물품 및 "기획재정부령으로 정하는 다음의 자선 · 구호시설 또는 사회복지시설"에 기증되는 물품으로서 해당 용도로 직접 사용하는 물품. 다만, "기획재정부령으로 정하는 물품"(즉, 관세율표 번호 제8702호 및 제8703호에 해당하는 자동차와 번호 제8711호에 해당하는 이륜자동차)은 관세를 부과한다.
   ㉮ 「국민기초생활 보장법」 제32조에 따른 시설
   ㉯ 「아동복지법」 제3조 제10호에 따른 아동복지시설
③ 국제적십자사 · 외국적십자사 및 기획재정부령으로 정하는 국제기구가 국제평화봉사활동 또는 국제친선활동을 위하여 기증하는 물품
④ 시각장애인, 청각장애인, 언어장애인, 지체장애인, 만성신부전증환자, 희귀난치성질환자 등을 위한 용도로 특수하게 제작되거나 제조된 물품 중 "기획재정부령으로 정하는 물품"(즉, 규칙 별표 2)

[별표 2] 〈개정 2012.12.31〉

법 제91조제4호에 따라 관세가 감면되는 장애인용품 등 (제39조제4항 관련)

1. 「장애인복지법」 제65조에 따른 장애인보조기구로서 다음에 정하는 물품과 그 수리용 부분품
   가. 개인 치료용구
      (1) 점자 체온계 및 혈압계
      (2) 음성 혈압계 및 체중계
   나. 개인 교육 및 훈련용구
      (1) 점자 문구류 및 점자 학습용구(점자용구, 용지, 계산자를 포함한다)
      (2) 청력 및 청력 적응력 훈련기
      (3) 청력 훈련용 전화기
      (4) 발성 · 발어 훈련기
      (5) 신체운동 훈련기구(팔, 척추, 다리 등 신체의 운동기능 회복을 도와주는 훈련기구)
      (6) 기립 훈련기(서 있는 것을 도와주거나 서 있는 자세를 유지시켜주는 기기)
      (7) 장애인용으로 특별히 제작되었거나 통상 장애인용으로 사용되는 운동용구
   다. 의지 · 보조기
      (1) 인공 후두
      (2) 다리 보조기
      (3) 척추 보조기
      (4) 전신 보조기
      (5) 특수 보조기
      (6) 인조 인체부분(의족기, 의수기, 심장병 수술 환자용의 것, 연결사용하는 외부보조장치를 포함한다)
      (7) 근육위축증 환자가 사용할 호흡보조기(산소통 없이 사용하는 것으로 한정한다)
   라. 생활 보조기구 등
      (1) 대화용 기기(휴대용 대화장치, 음성 증폭기로 한정한다)
      (2) 텔레비전용 보청 보조기
      (3) 전화용 보청 보조기
      (4) 강연청취용 보조기
      (5) 보청기용 전지
      (6) 청각장애인용 음향 표시장치
      (7) 저시력 확대기구(독서기, 확대경, 문자탐독기로 한정한다)
      (8) 지체장애인용 보행기
      (9) 전동 및 수동 휠체어
      (10) 장애인용 특수 차량(관세율표 번호 제8713호의 물품과 장애인을 수송하기 위하여 특수하게 설계 · 제작된 수송용의 자동차로 한정한다)
      (11) 점자, 음성 또는 진동 시계
      (12) 시각장애인용 나침반
      (13) 시각장애인용 타이머
      (14) 시각장애인용 4트랙 녹음기
      (15) 시각장애인용 문자인식 카메라
      (16) 시각장애인용 보행 보조기구
      (17) 선천성대사장애인용 특수조제식품
      (18) 장애인용 기저귀(실금환자용을 포함한다)
      (19) 욕창예방용구(방석, 매트리스, 침대)
      (20) 지체장애인용 목욕용품(목욕욕조, 목욕의자로 한정한다)

(21) 소변처리용구세트
(22) 맹인 안내견

마. 컴퓨터 등 보조기구
(1) 점자 타자기
(2) 점자 제판기
(3) 점자 인쇄기
(4) 점자 모니터
(5) 점자 키보드
(6) 점자 프린터
(7) 점자 라벨기
(8) 점자 또는 입체 복사기
(9) 음성 저울 및 음성 전자 계산기
(10) 시각장애인용 소프트웨어
(11) 컴퓨터 음성 보조기기

2. 질병치료와 관련한 물품 등

가. 만성신부전증환자가 사용할 물품
(1) 인공신장기
(2) 인공신장기용 투석여과기 및 혈액운송관
(3) 인공신장기용 투석액을 제조하기 위한 원자재 · 부자재
(4) 인공신장기용 투석여과기를 재사용하기 위한 의료용 화학소독기 및 멸균액
(5) 복막투석액을 제조하기 위한 원 · 부자재

나. 희귀병치료제
(1) 세레자임 등 고셔병환자가 사용할 치료제
(2) 로렌조오일 등 부신이영양증환자가 사용할 치료제
(3) 근육이양증환자의 치료에 사용할 근육모세포
(4) 윌슨병환자의 치료에 사용할 치료제
(5) 후천성면역결핍증으로 인한 심신 장애자가 사용할 치료제
(6) 혈우병으로 인한 심신장애자가 사용할 열처리된 혈액응고인자 농축제
(7) 장애인의 음식물섭취에 사용할 삼킴장애제거제
(8) 장기이식 후 면역억제제의 합병증으로 생긴 림파구증식증 환자의 치료에 사용할 치료제
(9) 니티시논 등 타이로신혈증환자가 사용할 치료제
(10) 뮤코다당증 Ⅱ형(헌터증후군) 환자의 치료에 사용할 치료제
(11) 삭제 〈2010.12.31〉

다. 「약사법」 제34조에 따른 임상시험용 의약품 중 시험약(시험약에 대한 위약을 포함하며, 2015년 12월 31일까지 수입신고된 것으로 한정한다)

3. 장애인 교육용 물품(사회복지법인이 수입하는 경우만 해당한다)
(1) 핸드벨 및 차입벨
(2) 프뢰벨
(3) 몬테소리교구
(4) 디 · 엠 · 엘교구

⑤ 「장애인복지법」 제58조에 따른 장애인복지시설 및 장애인의 재활의료를 목적으로 국가 · 지방자치단체 또는 사회복지법인이 운영하는 재활 병원 · 의원에서 장애인을 진단하고 치료하기 위하여 사용하는 의료용구

(3) 종교용품 · 자선용품 · 장애인용품 등의 관세면제신청

종교 · 자선 · 장애인용품에 대한 관세면제신청의 규정은 다음과 같다(영 제112조 제2항 및 규칙 제40조 제1항~제5항).

① 다음의 물품(법 제91조 제1호부터 제3호까지)에 대하여 관세를 면제받으려는 자는 해당 기증사실을 증명하는 서류를 신청서에 첨부하여야 한다(규칙 제40조 제1항).

㉮ 교회 · 사원 등 종교단체의 예배용품 및 식전용품으로서 외국으로부터 기증되는 물품(기획재정부령으로 정하는 물품 제외)

㉯ 자선 또는 구호의 목적으로 기증되는 물품 및 기획재정부령으로 정하는 자선 · 구호시설 또는 사회복지시설에 기증되는 물품으로서 해당 용도에 직접 사용하는 물품(기획재정부령으로 정하는 물품 제외)

㉰ 국제적십자사 · 외국적십자사 및 기획재정부령으로 정하는 국제기구가 국제평화봉사활동 또는 국제친선활동을 위하여 기증하는 물품

② 교회 · 사원등 종교단체의 예배용품 및 식전용품으로서 외국으로부터 기증되는 물품(기획재정부령으로 정하는 물품 제외)에 대하여 관세를 면제받으려는 자는 해당 기증목적에 관하여 문화체육관광부장관의 확인을 받아야 한다(규칙 제40조 제2항).

③ 자선 또는 구호의 목적으로 기증되는 물품 및 기획재정부령으로 정하는 자선 · 구호시설 또는 사회복지시설에 기증되는 물품으로서 해당 용도에 직접 사용하는 물품(기획재정부령으로 정하는 물품 제외)에 대하여 관세를 면제받으려는 자가 국가 또는 지방자치단체외의 자인 때에는 해당 시설 및 사업에 관하여 보건복지부장관이나 시장 또는 군수가 발급한 증명서 또는 그 사본을 신청서에 첨부하여야 한다(규칙 제40조 제3항).

④ "법 제91조 제3호의 물품"(국제적십자사 · 외국적십자사 및 기획재정부령으로 정하는 국제기구가 국제평화봉사활동 또는 국제친선활동을 위하여 기증하는 물품)에 대하여 관세를 면제받으려는 자가 국가 · 지방자치단체 또는 대한적십자사외의 자인 때에는 해당 기증목적에 관하여 외교부장관의 확인을 받아야 한다(규칙 제40조 제4항).

⑤ 세관장은 해당 물품의 수량 또는 가격을 참작하는 경우 위의 ① 내지 ④에 따른 확인 및 증명이 필요없다고 인정되는 때에는 이를 생략하게 할 수 있다(규칙 제40조 제5항).

5. 정부용품 등의 면세(Exemption from Customs Duties for Goods Used by Government)

(1) 정부용품 등의 면세의 의의

정부용품 등의 면세(Exemption from Customs Duties for Goods Used by Government)는 국가기관 또는 지방자치단체에의 기증품, 정부수입군수품, 국가원수의 경호용 물품, 외국에 주류하는 국군 또는 재외공관으로부터 반환된 공용품, 정부가 직접 수입하는 간행물, 음반 등과 같이 정책적 목적으로 관세를 무조건 면제해주는 것을 말한다.

(2) 정부용품 등의 면세대상물품

다음의 어느 하나에 해당하는 물품이 수입될 때에는 그 관세를 면제할 수 있다(법 제92조 및 규칙 제41조 제1항~제3항).

① 국가기관이나 지방자치단체에 기증된 물품으로서 공용으로 사용하는 물품. 다만, 기획재정부령으로 정하는 "관세율표 번호 제8703호에 해당하는 승용자동차"는 관세를 부과한다.

② 정부가 외국으로부터 수입하는 군수품(정부의 위탁을 받아 정부 외의 자가 수입하는 경우를 포함한다) 및 국가원수의 경호용으로 사용하는 물품. 다만, 기획재정부령으로 정하는 "「군수품관리법」 제3조에 따른 통상품"은 관세를 부과한다

③ 외국에 주둔하는 국군이나 재외공관으로부터 반환된 공용품

④ 과학기술정보통신부장관이 국가의 안전보장을 위하여 긴요하다고 인정하여 수입하는 비상통신용 물품 및 전파관리용 물품

⑤ 정부가 직접 수입하는 간행물, 음반, 녹음된 테이프, 녹화된 슬라이드, 촬영된 필름, 그 밖에 이와 유사한 물품 및 자료

⑥ 국가나 지방자치단체(이들이 설립하였거나 출연 또는 출자한 법인을 포함한다)가 환경오염(소음 및 진동을 포함한다)을 측정하거나 분석하기 위하여 수입하는 기계·기구 중 기획재정부령으로 정하는 물품

⑦ 상수도 수질을 측정하거나 이를 보전·향상하기 위하여 국가나 지방자치단체(이들이 설립하였거나 출연 또는 출자한 법인을 포함한다)가 수입하는 물품으로서 기획재정부령으로 정하는 물품

위의 ⑥, ⑦에 따라 관세가 면제되는 물품은 "다음의 물품" 중 개당 또는 셋트당 과세가격이 100만원 이상인 기기와 그 기기의 부분품 및 부속품(사후에 보수용으로 따로 수입하는 물품을 포함한다)중 국내에서 제작하기 곤란한 것으로서 해당 물품의 생산에 관한 사무를 관장하는 주무부처의 장 또는 그가 지정하는 자가 추천하는 물품으로 한다.

㉮ 대기질의 채취 및 측정용 기계·기구

㉯ 소음·진동의 측정 및 분석용 기계·기구

㉰ 환경오염의 측정 및 분석용 기계·기구

㉣ 수질의 채취 및 측정용 기계·기구

⑧ 국가정보원장 또는 그 위임을 받은 자가 국가의 안전보장 목적의 수행상 긴요하다고 인정하여 수입하는 물품

(3) 정부용품등에 대한 관세면제신청

정부용품 등에 대한 관세면제신청의 규정은 다음과 같다(규칙 제42조).

① "국가기관 또는 지방자치단체에 기증된 물품으로서 공용으로 사용할 물품(다만, 기획재정부령으로 정하는 물품 제외)"[법 제92조 제1호]에 대하여 관세를 면제받으려는 자는 해당 기증사실을 증명하는 서류를 신청서에 첨부하여야 한다(규칙 제42조 제1항).

② "정부가 수입하는 군수품(정부의 위탁을 받아 정부이외의 자가 수입하는 경우 포함) 및 국가원수의 경호용으로 사용할 물품(다만, 기획재정부령으로 정하는 물품을 제외)"[법 제92조 제2호]에 대하여 정부의 위탁을 받아 수입하는 자가 관세를 면제받으려면 정부의 위탁을 받아 수입한다는 것을 해당 수요기관이 확인한 서류를 신청서에 첨부하여야 한다(규칙 제42조 제2항).

③ "국가 또는 지방자치단체(이들이 설립하였거나 출연 또는 출자한 법인 포함)가 환경오염(소음·진동 포함)의 측정 또는 분석을 위하여 수입하는 기계·기구 중 기획재정부령으로 정하는 물품"[법 제92조 제6호] 또는 "상수도 수질의 측정 또는 그 보전·향상을 위하여 국가 또는 지방자치단체(이들이 설립하였거나 출연 또는 출자한 법인 포함)가 수입하는 물품으로서 기획재정부령으로 정하는 물품"[법 제92조 제7호]에 대하여 국가 또는 지방자치단체가 설립하였거나 출연 또는 출자한 법인이 관세를 면제받으려면 환경 또는 상수도 업무를 관장하는 주무부처의 장이 확인한 서류를 첨부하여야 한다(규칙 제42조 제3항).

6. 특정물품의 면세 등(Exemption from Customs Duties for Specific Goods)

(1) 특정물품의 면세의 의의

특정물품의 면세(Exemption from Customs Duties for Specific Goods)는 동식물의 번식·양식 및 종자개량용품, 박람회·국제경기대회용품, 핵사고 또는 방사능긴급사태시 외국으로부터 기증되는 복구지원 및 구호용품, 우리나라를 방문하는 외국의 국가원수와 그 가족 및 수행원의 물품 등 사회정책 및 문화정책상의 목적으로 관세를 면제하는 것을 말한다.

(2) 특정물품의 면세대상물품

다음의 어느 하나에 해당되는 물품이 수입될 때에는 그 관세를 면제할 수 있다(법 제93조 및 규칙 제43조 제1항~제10항).

① 동식물의 번식·양식 및 종자개량을 위한 물품 중 "기획재정부령으로 정하는 물품"

[즉, 사료작물 재배용 종자(호밀 · 귀리 및 수수에 한정한다)]

② 박람회, 국제경기대회, 그 밖에 이에 준하는 행사 중 기획재정부령으로 정하는 행사에 사용하기 위하여 그 행사에 참가하는 자가 수입하는 물품 중 "기획재정부령으로 정하는 다음의 물품"

㉮ 「포뮬러원 국제자동차경주대회 지원법」에 따른 포뮬러원 국제자동차경주대회에 참가하는 자가 해당 대회와 관련하여 사용할 목적으로 수입하는 물품으로서 같은 법 제4조에 따른 포뮬러원국제자동차경주대회조직위원회가 확인하는 물품

㉯ 「2018 평창 동계올림픽대회 및 동계패럴림픽대회 지원 등에 관한 특별법」에 따른 2018 평창 동계올림픽대회 및 동계패럴림픽대회 또는 이와 관련한 올림픽 사전 경기대회에 참가하는 국제올림픽위원회 · 국제패럴림픽위원회 · 국제경기연맹 · 국제장애인경기연맹 · 각국 올림픽위원회 · 각국 패럴림픽위원회가 그 소속 직원 · 선수 등 구성원, 다른 참가단체 소속 직원 · 선수 등 구성원 또는 같은 법 제5조에 따른 2018 평창 동계올림픽대회 및 동계패럴림픽대회 조직위원회에 제공하는 등 해당 대회와 관련하여 사용할 목적으로 수입하는 물품으로서 2018 평창 동계올림픽대회 및 동계패럴림픽대회 조직위원회가 확인하는 물품

㉰ 국제올림픽위원회 및 국제패럴림픽위원회에서 지정한 주관방송사가 「2018 평창 동계올림픽대회 및 동계패럴림픽대회 지원 등에 관한 특별법」에 따른 2018 평창 동계올림픽대회 및 동계패럴림픽대회에서 사용할 방송용 기자재로서 같은 법 제5조에 따른 2018 평창 동계올림픽대회 및 동계패럴림픽대회 조직위원회가 확인하는 물품

㉱ 국제올림픽위원회 및 국제패럴림픽위원회에서 지정한 후원업체가 「2018 평창 동계올림픽대회 및 동계패럴림픽대회지원 등에 관한 특별법」에 따른 2018 평창 동계올림픽대회 및 동계패럴림픽대회를 위하여 같은 법 제5조에 따른 2018 평창 동계올림픽대회 및 동계패럴림픽대회 조직위원회에 제공할 목적으로 수입하는 물품

㉲ 「국제경기대회 지원법」 제2조제1호라목에 따른 월드컵축구대회 중 2017년에 개최되는 20세 이하 선수들이 활동하는 대회(이하 이 호에서 "피파 유20 월드컵 코리아 2017"이라 한다)에 참가하는 국제축구연맹, 각국 축구협회 또는 각국 선수단이 그 소속 직원 · 선수 등 구성원이나 다른 참가단체 소속 직원 · 선수 등 구성원 또는 피파 유20 월드컵 코리아 2017 조직위원회에 제공하기 위한 것 등 해당 대회와 관련하여 사용할 목적으로 수입하는 것임을 피파 유20 월드컵 코리아 2017 조직위원회가 확인하는 물품

㉳ 국제수영연맹 주관으로 2019년에 대한민국에서 개최되는 세계수영선수권대회에 참가하는 국제수영연맹, 각국 수영연맹 또는 각국 선수단이 그 소속 직원 · 선수 등 구성원이나 다른 참가단체 소속 직원 · 선수 등 구성원 또는 해당 대회를 위하여 「국제경기대회 지원법」 제9조에 따라 설립된 조직위원회(이하 "2019광주세

계수영선수권대회 조직위원회"라 한다)에 제공하기 위한 것 등 해당 대회와 관련하여 사용할 목적으로 수입하는 것임을 2019광주세계수영선수권대회 조직위원회가 확인하는 물품

위의 "㉮~㉯의 물품"(제2항에 따라 관세가 면제되는 물품) 중 해당 행사 외의 다른 용도로 사용하거나 양도하는 물품에 대해서는 관세를 면제하지 아니한다. 다만, 해당 행사 종료 후 다음의 어느 하나에 해당하는 자에 무상으로 양도하는 물품은 관세를 면제한다

㉠ 국가

㉡ 지방자치단체

㉢ 「국민체육진흥법」 제2조제11호에 따른 경기단체

㉣ 해당 행사의 조직위원회(해당 행사의 조직위원회가 해산된 후 해당 행사와 관련된 사업 및 자산을 관리하기 위한 법인이 설립된 경우에는 그 법인을 말한다)

③ 핵사고 또는 방사능 긴급사태 시 그 복구지원과 구호를 목적으로 외국으로부터 기증되는 물품으로서 "기획재정부령으로 정하는 다음의 물품"

㉮ 방사선측정기

㉯ 시료채취 및 처리기

㉰ 시료분석장비

㉱ 방사능 방호장비

㉲ 제염용장비

④ 우리나라 선박이 외국 정부의 허가를 받아 외국의 영해에서 채집하거나 포획한 수산물(이를 원료로 하여 우리나라 선박에서 제조하거나 가공한 것을 포함한다. 이하 이 조에서 같다)

⑤ 우리나라 선박이 외국의 선박과 협력하여 "기획재정부령으로 정하는 방법"으로 채집하거나 포획한 수산물로서 해양수산부장관이 추천하는 것. 여기에서, "기획재정부령으로 정하는 방법"이란 「원양산업발전법」 제6조에 따라 해양수산부장관으로부터 원양모선식 어업허가를 받고 외국과의 협상 등에 의하여 해외수역에서 해당 외국의 국적을 가진 자선과 공동으로 수산물을 채집 또는 포획하는 원양어업방법을 말한다

⑥ 해양수산부장관의 허가를 받은 자가 "기획재정부령으로 정하는 요건"에 적합하게 외국인과 합작하여 채집하거나 포획한 수산물 중 해양수산부장관이 기획재정부장관과 협의하여 추천하는 것. 여기에서, "기획재정부령으로 정하는 요건"이란 「원양산업발전법」 제6조에 따라 해양수산부장관에게 외국인과 합작(총지분의 49퍼센트 이상을 확보한 경우를 말한다)하여 설립한 해외현지법인으로 원양어업을 하기 위하여 신고를 한 자가 「원양산업발전법」 제2조제10호에 따른 해외수역에서 해양수산부장관이 기획재정부장관과 협의하여 고시한 선박·어구 등의 생산수단을 투입하여 수산동식물을 채집 또는 포획(어획할당량 제한으로 불가피하게 해외현지법인이 직접 수산동식물을 채집 또는 포획하지 못하게 되었을 때에는 생산수단을 실질적으로

운영하고 소요경비를 전액 부담하는 등 해외현지법인의 계산과 책임으로 합작상대국 어업자를 통하여 수산동식물을 채집 또는 포획하는 경우를 포함한다)하고 직접 수출하는 경우를 말한다.

⑦ 우리나라 선박 등이 채집하거나 포획한 수산물과 제5호 및 제6호에 따른 수산물의 포장에 사용된 물품으로서 재사용이 불가능한 것 중 "기획재정부령으로 정하는 물품"(즉, 우리나라 선박 등에 의하여 채집 또는 포획된 수산물과 제5항 및 제6항에 따른 방법 또는 요건에 따라 채집 또는 포획된 수산물을 포장한 관세율표 번호 제4819호의 골판지 어상자)

⑧ 「중소기업기본법」 제2조에 따른 중소기업이 해외구매자의 주문에 따라 제작한 기계·기구가 해당 구매자가 요구한 규격 및 성능에 일치하는지를 확인하기 위하여 하는 시험생산에 필요한 원재료로서 기획재정부령으로 정하는 요건에 적합한 물품. 여기에서 "기획재정부령으로 정하는 요건에 적합한 물품"이란 "중소기업"(「중소기업기본법」 제2조에 따른 중소기업)에 외국인이 무상으로 공급하는 물품을 말한다

⑨ 우리나라를 방문하는 외국의 원수와 그 가족 및 수행원의 물품

⑩ 우리나라의 선박이나 그 밖의 운송수단이 조난으로 인하여 해체된 경우 그 해체재(解體材) 및 장비

⑪ 우리나라와 외국 간에 건설될 교량, 통신시설, 해저통로, 그 밖에 이에 준하는 시설의 건설 또는 수리에 필요한 물품

⑫ 우리나라 수출물품의 품질, 규격, 안전도 등이 수입국의 권한 있는 기관이 정하는 조건에 적합한 것임을 표시하는 수출물품에 부착하는 증표로서 기획재정부령으로 정하는 물품. 여기에서 관세가 면제되는 증표는 다음과 같다.

㉮ 카나다 공인검사기관에서 발행하는 시·에스·에이(C.S.A)증표
㉯ 호주 공인검사기관에서 발행하는 에스·에이·에이(S.A.A)증표
㉰ 독일 공인검사기관에서 발행하는 브이·디·이(V.D.E)증표
㉱ 영국 공인검사기관에서 발행하는 비·에스·아이(B.S.I)증표
㉲ 불란서 공인검사기관에서 발행하는 엘·시·아이·이(L.C.I.E)증표
㉳ 미국 공인검사기관에서 발행하는 유·엘(U.L)증표
㉴ 유럽경제위원회 공인검사기관에서 발행하는 이·시·이(E.C.E)증표
㉵ 유럽공동시장 공인검사기관에서 발행하는 이·이·시(E.E.C)증표
㉶ 유럽공동체 공인검사기관에서 발행하는 이·시(E.C)증표

⑬ 우리나라의 선박이나 항공기가 해외에서 사고로 발생한 피해를 복구하기 위하여 외국의 보험회사 또는 외국의 가해자의 부담으로 하는 수리 부분에 해당하는 물품

⑭ 우리나라의 선박이나 항공기가 매매계약상의 하자보수 보증기간 중에 외국에서 발생한 고장에 대하여 외국의 매도인의 부담으로 하는 수리 부분에 해당하는 물품

⑮ 국제올림픽·장애인올림픽·농아인올림픽 및 아시아운동경기·장애인아시아운동경기 종목에 해당하는 운동용구(부분품을 포함한다)로서 "기획재정부령으로 정하는

물품"(즉, 「국민체육진흥법」에 따라 설립된 대한체육회 또는 대한장애인체육회가 수입하는 물품)

⑯ 국립묘지의 건설 · 유지 또는 장식을 위한 자재와 국립묘지에 안장되는 자의 관 · 유골함 및 장례용 물품

⑰ 피상속인이 사망하여 국내에 주소를 둔 자에게 상속되는 피상속인의 신변용품

(3) 특정물품에 대한 관세의 면제신청시의 확인

특정물품에 대한 관세면제신청시에 확인을 받아야 하는 규정은 다음과 같다(규칙 제44조 제1항~제7항).

① 다음의 물품(법 제93조 제1호·제2호 및 제15호)에 대하여 관세를 면제받으려는 자는 신청서에 주무부처의 장 또는 그 위임을 받은 기관의 장의 확인을 받아야 한다. 다만, 다른 법령에 따라 반입승인 · 수입승인 등을 받은 물품의 경우 그 승인서에 의하여 해당 물품이 관세의 면제를 받은 용도에 사용될 것임을 확인할 수 있거나 관할지 세관장이 이를 확인한 경우에는 그러하지 아니하다(규칙 제44조 제1항).

㉮ 동식물의 번식·양식 및 종자개량을 위한 물품중 기획재정부령으로 정하는 물품, 즉 사료작물 재배용 종자(호밀·귀리 및 수수로 한정한다).

㉯ 박람회·국제경기대회 그 밖에 이에 준하는 행사중 기획재정부령으로 정하는 행사에 사용하기 위하여 그 행사에 참가하는 자가 수입하는 물품중 기획재정부령으로 정하는 물품

㉰ 국제올림픽 · 장애인올림픽 · 농아인올림픽 및 아시아운동경기 · 장애인아시아운동경기 종목에 해당하는 운동용구(부분품을 포함한다)로서 "기획재정부령으로 정하는 물품"(즉, 「국민체육진흥법」에 따라 설립된 대한체육회 또는 대한장애인체육회가 수입하는 물품)

② "핵사고 또는 방사능긴급사태시 그 복구지원 및 구호의 목적으로 외국으로부터 기증되는 물품으로서 기획재정부령으로 정하는 물품"(법 제93조 제3호의 규정)에 대하여 관세를 면제받으려는 자는 해당 기증사실을 증명하는 서류를 신청서에 첨부하여 제출하여야 하며, 해당 기증목적에 관하여 원자력안전위원회의 확인을 받아야 한다(규칙 제44조 제2항).

③ "우리나라의 선박이나 그 밖의 운송수단이 조난으로 인하여 해체된 경우 그 해체재 및 장비"(법 제93조 제10호의 규정)에 대하여 관세를 면제받으려는 자는 영 제112조 제1항 각 호의 사항 외에 운수기관명 · 조난장소 및 조난연월일을 신청서에 적고 주무부장관이 확인한 서류를 첨부하여 제출하여야 한다(규칙 제44조 제3항).

④ "우리나라와 외국간에 건설될 교량·통신시설·해저통로나 그 밖에 이에 준하는 시설의 건설 또는 수리에 소요되는 물품"(법 제93조 제11호의 규정)에 대하여 관세를 면제받으려는 자는 영 제112조 제1항 각 호의 사항 외에 사용계획 · 사용기간과 공사

장의 명칭 및 소재지를 신청서에 적어 제출하여야 한다(규칙 제44조 제4항).

⑤ "우리나라 수출물품의 품질·규격·안전도 등이 수입국의 권한있는 기관이 정하는 조건에 적합한 것임을 표시하는 수출물품첩부용증표로서 기획재정부령으로 정하는 물품"(법 제93조 제12호의 규정)에 대하여 관세를 면제받으려는 자는 해당 증표 공급국의 권한있는 기관과의 공급 및 관리에 관한 계약서 또는 이에 갈음할 서류를 신청서에 첨부하여 제출하여야 한다. 다만, 세관장이 필요 없다고 인정하는 경우에는 해당 계약서 등의 첨부를 생략할 수 있다(규칙 제44조 제5항).

⑥ 위의 "①부터 ⑤까지"(제1항부터 제5항까지)에 따른 확인 및 증명은 세관장이 해당 물품의 수량 또는 가격을 참작하여 필요없다고 인정하는 때에는 이를 생략할 수 있다(규칙 제44조 제7항).

⑦ 다음(법 제93조 제13호 및 제14호의 규정)의 물품에 대하여 관세를 면제받으려는 자는 영 제112조제1항 각 호의 사항 외에 수리선박명 또는 수리항공기명을 신청서에 적고, 해당 수리가 외국의 보험회사·가해자 또는 매도인의 부담으로 행하는 것임을 증명하는 서류와 수리인이 발급한 수리사실을 증명하는 서류를 첨부하여 제출하여야 한다(규칙 제44조 제6항).

㉮ 우리나라의 선박 또는 항공기가 해외에서 사고로 인하여 발생한 피해를 복구하기 위하여 외국의 보험회사 또는 외국의 가해자의 부담으로 행하는 수리부분에 해당하는 물품

㉯ 우리나라의 선박 또는 항공기가 매매계약상의 하자보수보증기간중에 외국에서 발생한 고장에 대하여 외국의 매도인의 부담으로 행하는 수리부분에 해당하는 물품

7. 소액물품 등의 면세(Exemption from Customs Duties for Small-Sum Goods)

(1) 소액물품 등의 면세의 의의

소액물품 등의 면세(Exemption from Customs Duties for Small-Sum Goods)는 우리나라의 거주자에게 수여된 훈장·기장 또는 이에 준하는 표창장 및 상패, 기록문서, 상용견품 또는 광고용품으로서 상품목록·가격표 및 교역안내서, 총과세가격이 15만원 상당액 이하인 자가사용 물품 등과 같이 소액물품에 대하여 관세를 면제해주는 것을 말한다.

(2) 소액물품 등의 면세대상물품

다음의 어느 하나에 해당되는 물품이 수입될 때에는 그 관세를 면제할 수 있다(법 제94조 및 규칙 제45조 제1항·제2항).

① 우리나라의 거주자에게 수여된 훈장·기장(紀章) 또는 이에 준하는 표창장 및 상패

② 기록문서 또는 그 밖의 서류

③ 상용견품(商用見品) 또는 광고용품으로서 “기획재정부령으로 정하는 다음의 물품”

㉮ 물품이 천공 또는 절단되었거나 통상적인 조건으로 판매할 수 없는 상태로 처리되어 견품으로 사용될 것으로 인정되는 물품

㉯ 판매 또는 임대를 위한 물품의 상품목록·가격표 및 교역안내서등

㉰ 과세가격이 미화 250달러 이하인 물품으로서 견품으로 사용될 것으로 인정되는 물품

㉱ 물품의 형상·성질 및 성능으로 보아 견품으로 사용될 것으로 인정되는 물품

④ 우리나라 거주자가 받는 소액물품으로서 “기획재정부령으로 정하는 다음의 물품”

㉮ 물품가격이 미화 150달러 이하의 물품으로서 자가사용 물품으로 인정되는 것. 다만, 반복 또는 분할하여 수입되는 물품으로서 관세청장이 정하는 기준에 해당하는 것을 제외한다.

㉯ 박람회 기타 이에 준하는 행사에 참가하는 자가 행사장안에서 관람자에게 무상으로 제공하기 위하여 수입하는 물품(전시할 기계의 성능을 보여주기 위한 원료를 포함한다). 다만, 관람자 1인당 제공량의 정상도착가격이 미화 5달러 상당액 이하의 것으로서 세관장이 타당하다고 인정하는 것에 한한다.

8. 환경오염방지물품 등에 대한 감면세(Reduction or Exemption of Customs Duties for Goods Used to Prevent Environmental Pollution)

(1) 환경오염방지물품 등에 대한 감면세의 의의

환경오염방지물품 등에 대한 감면세(Reduction or Exemption of Customs Duties for Goods Used to Prevent Environmental Pollution)는 환경문제의 중요성에 따라 오염물질의 배출방지 또는 처리용 물품, 폐기물처리 또는 재활용 물품, 산업재해 및 직업병 예방용 물품, 정보처리기술을 응용한 공장자동화기계·기구 및 설비, 방위산업에 소요되는 시설기계류 및 기초설비품 등에 대하여 관세를 경감 또는 면제하는 것을 말한다.

(2) 환경오염방지물품 등의 감면세대상물품

다음의 어느 하나에 해당하는 물품으로서 국내에서 제작하기 곤란한 물품이 수입될 때에는 그 관세를 감면할 수 있다(법 제95조 제1항 및 규칙 제46조 제1항·제2항).

① 오염물질(소음 및 진동 포함)의 배출 방지 또는 처리를 위하여 사용하는 기계·기구·시설·장비로서 기획재정부령으로 정하는 것, 즉 이 규정에 따라 관세를 감면하는 물품은 오염물질의 배출을 방지하거나 오염물질을 처리하기 위하여 사용하는 별표 2의2의 물품 중 실수요자 또는 시공자(공사수급인 및 하도급인을 포함한다)가 수입

하는 것으로 한다.

② 폐기물처리(재활용의 경우 포함)를 위하여 사용하는 기계·기구로서 기획재정부령으로 정하는 것

③ 기계 · 전자기술 또는 정보처리기술을 응용한 공장 자동화 기계 · 기구 · 설비(그 구성기기를 포함한다) 및 그 핵심부분품으로서 기획재정부령으로 정하는 것. 즉, 이 "규정"(법 제95조 제1항 제3호)에 따라 관세를 감면하는 물품은 별표 2의4와 같다.

(3) 환경오염방지물품 등의 감면세대상물품의 감면율

(가) 환경오염방지물품 등의 감면세대상물품의 감면율

환경오염방지물품 등의 감면세 규정에 따라 관세를 감면하는 경우 그 감면기간과 감면율은 "다음과 같이 기획재정부령"으로 정한다(법 제95조 제2항 및 규칙 제46조 제4항).

① 법 제95조제1항제1호에 따른 물품: 「중소기업기본법」 제2조제1항에 따른 중소기업이 2019년 12월 31일까지 수입신고하는 분으로 한정하여 100분의 30

② 법 제95조제1항제3호에 따른 물품: 다음 각 목의 구분에 따른 감면율

㉮ 제59조제3항에 따른 중소제조업체가 수입신고하는 경우: 100분의 30(2018년 12월 31일까지 수입신고하는 경우에는 100분의 50)

㉯ 「조세특례제한법 시행령」 제10조제1항에 따른 중견기업으로서 「통계법」 제22조에 따라 통계청장이 고시하는 산업에 관한 표준분류(이하 "한국표준산업분류표"라 한다)상 제조업으로 분류되는 업체가 2018년 12월 31일까지 수입신고하는 경우: 100분의 50

(나) 환경오염방지물품 등의 감면세대상물품의 관세경감률산정의 기준

법 제89조 · 법 제90조 · 법 제95조 및 법 제98조에 따른 관세의 경감에 있어서 경감률의 산정은 실제로 적용되는 관세율(법 제50조 제2항 제1호의 세율을 제외한다)을 기준으로 한다(영 제111조 제1항).

관세법이나 그 밖의 법률 또는 조약에 따라 관세를 면제하는 경우 면제되는 관세의 범위에 대하여 특별한 규정이 없는 때에는 "법 제50조 제2항 제1호의 세율"(덤핑방지관세, 상계관세, 보복관세, 긴급관세, 특정국물품긴급관세, 농림축산물에 대한 특별긴급관세)은 면제되는 관세의 범위에 포함되지 아니한다(영 제111조 제2항).

(4) 환경오염방지물품 등에 대한 관세의 감면신청

위의 "①~③의 물품"(법 제95조 제1항 제1호부터 제3호까지의 규정에 따른 물품)을 관세감면대상물품으로 지정받으려는 자는 다음의 사항을 적은 신청서에 해당 물품의 상품목록 등 참고자료를 첨부하여 주무부장관을 거쳐 기획재정부장관에게 제출하여야 한다

(규칙 제47조 제1항).

① 신청인의 주소 · 성명 및 상호

② 사업의 종류

③ 관세율표 번호 · 품명 · 규격 · 수량 · 가격 · 용도 및 구조

이 경우, 신청서의 제출기한(기획재정부장관에게 신청서를 제출하는 기한을 말한다)은 다음의 구분에 따른다(규칙 제47조 제2항).

① 법 제95조 제1항 제1호 및 제2호의 물품에 대한 것인 경우: 매년 4월말까지

② 법 제95조 제1항 제3호의 물품에 대한 것인 경우: 매년 7월 31일까지

9. 여행자휴대품 · 이사물품 등의 감면세(Reduction or Exemption from Customs Duties for Travelers' Personal Effects, etc.)

(1) 여행자휴대품 · 이사물품 등의 감면세 의의

여행자휴대품 · 이사물품 등의 감면세(Reduction or Exemption from Customs Duties for Travelers' Personal Effects, etc.)는 여행자의 휴대품 또는 별송품, 이사물품, 승무원의 휴대품 등에 대하여 관세를 경감 또는 면제하는 것을 말한다.

(2) 여행자휴대품 · 이사물품 등의 면세대상물품

다음의 어느 하나에 해당되는 물품이 수입될 때에는 그 관세를 면제할 수 있다(법 제96조 제1항 및 규칙 제48조 제1항~제7항).

① 여행자의 휴대품 또는 별송품으로서 여행자의 입국 사유, 체재기간, 직업, 그 밖의 사정을 고려하여 "기획재정부령으로 정하는 기준에 따라 세관장이 타당하다고 인정하는 다음의 물품"

㉮ 여행자가 휴대하는 것이 통상적으로 필요하다고 인정하는 신변용품 및 신변장식품일 것

㉯ 비거주자인 여행자가 반입하는 물품으로서 본인의 직업상 필요하다고 인정되는 직업용구일 것

㉰ 세관장이 반출 확인한 물품으로서 재반입되는 물품일 것

㉱ 물품의 성질 · 수량 · 가격 · 용도 등으로 보아 통상적으로 여행자의 휴대품 또는 별송품인 것으로 인정되는 물품일 것

"위의 ㉮~㉱의 물품"에 대한 관세의 면제 한도는 여행자 1명의 휴대품 또는 별송품으로서 각 물품(제1항제3호에 따른 물품은 제외한다)의 과세가격 합계 기준으로 미화 600달러 이하(이하 이 항 및 제3항에서 "기본면세 범위"라 한다)로 한다. 다만, 농림축산물 등 관세청장이 정하는 물품이 휴대품 또는 별송품에 포함되어 있는 경우에는 기

본면세 범위에서 해당 농림축산물 등에 대하여 관세청장이 따로 정한 면세한도를 적용할 수 있다. 이 규정에도 불구하고 술 · 담배 · 향수에 대해서는 기본면세 범위와 관계없이 "다음 표"에 따라 관세를 면제하되, 19세 미만인 사람이 반입하는 술 · 담배는 관세를 면제하지 아니한다. 이 경우 해당 물품이 다음 표의 면세한도를 초과하여 관세를 부과하는 경우에는 해당 물품의 가격을 과세가격으로 한다.

구분	면세한도	비고
술	1병	1리터(ℓ) 이하이고, 미화 400달러 이하인 것으로 한정한다.
담배	궐련 200개비, 엽궐련 50개비, 전자담배 니코틴용액 20밀리리터(ml), 그 밖의 담배는 250그램	2 이상의 담배 종류를 반입하는 경우에는 한 종류로 한정한다.
향수	60밀리리터(㎖)	

② 우리나라로 거주를 이전하기 위하여 입국하는 자가 입국할 때 수입하는 이사물품으로서 거주 이전의 사유, 거주기간, 직업, 가족 수, 그 밖의 사정을 고려하여 "기획재정부령으로 정하는 기준에 따라 세관장이 타당하다고 인정하는 물품"

즉, 이에 따라 관세가 면제되는 물품은 우리나라 국민(재외영주권자를 제외한다. 이하 이 항에서 같다)으로서 외국에 주거를 설정하여 1년(가족을 동반한 경우에는 6개월) 이상 거주하였거나 외국인 또는 재외영주권자로서 우리나라에 주거를 설정하여 1년(가족을 동반한 경우에는 6개월) 이상 거주하려는 사람이 반입하는 다음 각 호의 어느 하나에 해당하는 것으로 한다. 다만, 자동차(제3호에 해당하는 것은 제외한다), 선박, 항공기와 개당 과세가격이 500만원 이상인 보석 · 진주 · 별갑 · 산호 · 호박 · 상아 및 이를 사용한 제품은 제외한다. "다음의 ㉮~㉱" 외의 부분 "위의 본문"에도 불구하고 사망이나 질병 등 관세청장이 정하는 사유가 발생하여 반입하는 이사물품에 대해서는 거주기간과 관계없이 관세를 면제할 수 있다.

㉮ 해당 물품의 성질 · 수량 · 용도 등으로 보아 통상적으로 가정용으로 인정되는 것으로서 우리나라에 입국하기 전에 3개월 이상 사용하였고 입국한 후에도 계속하여 사용할 것으로 인정되는 것

㉯ 우리나라에 상주하여 취재하기 위하여 입국하는 외국국적의 기자가 최초로 입국할 때에 반입하는 취재용품으로서 문화체육관광부장관이 취재용임을 확인하는 물품일 것

㉰ 우리나라에서 수출된 물품(조립되지 아니한 물품으로서 법 별표 관세율표상의 완성품에 해당하는 번호로 분류되어 수출된 것을 포함한다)이 반입된 경우로서 관세청장이 정하는 사용기준에 적합한 물품일 것

㉱ 외국에 거주하던 우리나라 국민이 다른 외국으로 주거를 이전하면서 우리나라로

반입(송부를 포함한다)하는 것으로서 통상 가정용으로 3개월 이상 사용하던 것으로 인정되는 물품일 것

위의 "①과 ②"(법 제96조 제1항 제1호에 따른 별송품과 법 제96조 제1항 제2호에 따른 이사물품 중 별도로 수입하는 물품은 천재지변 등 부득이한 사유가 있는 때를 제외하고는 여행자 또는 입국자가 입국한 날부터 6월 이내에 도착한 것이어야 한다.

③ 외국무역선 또는 외국무역기의 승무원이 휴대하여 수입하는 물품으로서 항행일수, 체재기간, 그 밖의 사정을 고려하여 세관장이 타당하다고 인정하는 물품. 다만, "기획재정부령으로 정하는 물품"은 관세를 부과하는 바, 이에 따라 관세를 부과하는 물품은 "자동차(이륜자동차와 삼륜자동차를 포함한다) · 선박 · 항공기 및 개당 과세가격 50만원 이상의 보석 · 진주 · 별갑 · 산호 · 호박 및 상아와 이를 사용한 제품"으로 한다.

(3) 여행자휴대품 · 이사물품 등의 관세면세신청

위의 "①의 별송품"(법 제96조 제1항 제1호에 따른 별송품) 및 "②의 이사물품"(법 제96조 제1항 제2호에 따른 이사물품) 중 별도로 수입하는 물품에 대하여 관세를 면제받으려는 자는 휴대반입한 주요 물품의 통관명세서를 입국지 관할 세관장으로부터 발급받아 세관장에게 제출하여야 한다. 다만, 세관장은 관세를 면제받고자 하는 자가 통관명세서를 제출하지 아니한 경우로서 그 주요 물품의 통관명세를 입국지 관할 세관장으로부터 확인할 수 있는 경우에는 통관명세서를 제출하지 아니하게 할 수 있다(규칙 제49조).

(4) 여행자휴대품 등에 대한 자진신고 방법

여행자가 휴대품 또는 별송품(제1항 제1호에 해당하는 물품은 제외한다)을 기획재정부령으로 정하는 방법으로 자진신고하는 경우에는 15만원을 넘지 아니하는 범위에서 해당 물품에 부과될 관세의 100분의 30에 상당하는 금액을 경감할 수 있다(법 제96조 제2항).

여기에서, "기획재정부령으로 정하는 방법"이란 여행자가 다음 각 호의 구분에 따른 여행자 휴대품 신고서를 작성하여 세관공무원에게 제출하는 것을 말한다(규칙 제49조의2).

① 항공기를 통하여 입국하는 경우: 별지 제42호서식의 여행자 휴대품 신고서

② 선박을 통하여 입국하는 경우: 별지 제43호서식의 여행자 휴대품 신고서

10. 재수출면세와 재수출감면세(Exemption from and Reduction or Exemption of Customs Duties for Reexport)

(1) 재수출면세와 재수출감면세의 의의

(가) 재수출면세의 의의(Exemption from Customs Duties for Reexport)

재수출면세(Exemption from Customs Duties for Reexport)는 수입된 물품이 1년 이내의 단기간내에 재수출될 물품으로서 포장용품, 국제회의용품, 과학장비용품, 제작용 견품, 컨테이너수리용 부분품 등과 1년을 초과하는 물품으로서 수송기기의 하자보수용 부분품 등에 대하여 교역의 증진, 외화의 절약, 기술의 도입, 관광객의 유치 등의 목적으로 관세를 면제해주는 것을 말한다.

(나) 재수출감면세의 의의

재수출감면세(Reduction or Exemption of Customs Duties for Reexport)는 장기간에 걸쳐 사용할 수 있는 물품으로서 그 수입이 임대차계약 또는 도급계약의 이행과 관련하여 국내에서 일시적으로 사용하기 위하여 수입하는 물품에 대하여 그 수입신고수리일부터 2년 이내에 재수출되는 물품에 대하여는 관세를 경감해주고, 외국과의 조약·협정 등에 따라 수입되는 재수출감세물품에 대하여는 관세를 면제해주는 것을 말한다.

(2) 재수출 면세대상물품과 재수출 감면세대상물품

(가) 재수출 면세대상물품

수입신고수리일부터 다음의 어느 하나의 기간내에 다시 수출하는 물품에 대하여는 그 관세를 면제할 수 있다(법 제97조 제1항·제4항 및 규칙 제50조 제1항·제2항).

① "기획재정부령으로 정하는 다음의 물품" : 1년의 범위에서 대통령령으로 정하는 기준에 따라 세관장이 정하는 기간. 다만, 세관장은 부득이한 사유가 있다고 인정될 때에는 1년의 범위에서 그 기간을 연장할 수 있다.

ⓐ 1. 수입물품의 포장용품. 다만, 관세청장이 지정하는 물품을 제외한다.

ⓑ 수출물품의 포장용품. 다만, 관세청장이 지정하는 물품을 제외한다.

ⓒ 우리나라에 일시입국하는 자가 본인이 사용하고 재수출할 목적으로 직접 휴대하여 반입하거나 별도로 반입하는 신변용품. 다만, 관세청장이 지정하는 물품을 제외한다.

ⓓ 우리나라에 일시입국하는 자가 본인이 사용하고 재수출할 목적으로 직접 휴대하여 반입하거나 별도로 반입하는 직업용품 및 「신문 등의 진흥에 관한 법률」 제28조에 따라 지사 또는 지국의 설치등록을 한 자가 취재용으로 반입하는 방송

용의 녹화되지 아니한 비디오테이프

ⓔ 관세청장이 정하는 시설에서 국제해운에 종사하는 외국선박의 승무원의 후생을 위하여 반입하는 물품과 그 승무원이 숙박기간중 해당 시설에서 사용하기 위하여 선박에서 하역된 물품

ⓕ 박람회 · 전시회 · 공진회 · 품평회 기타 이에 준하는 행사에 출품 또는 사용하기 위하여 그 주최자 또는 행사에 참가하는 자가 수입하는 물품중 해당 행사의 성격 · 규모 등을 감안하여 세관장이 타당하다고 인정하는 물품

ⓖ 국제적인 회의 · 회합 등에서 사용하기 위한 물품

ⓗ 법 제90조제1항제2호에 따른 기관 및 「국방과학연구소법」에 따른 국방과학연구소에서 학술연구 및 교육훈련을 목적으로 사용하기 위한 학술연구용품

ⓘ 법 제90조제1항제2호에 따른 기관 및 「국방과학연구소법」에 따른 국방과학연구소에서 과학기술연구 및 교육훈련을 위한 과학장비용품

ⓙ 주문수집을 위한 물품, 시험용 물품 및 제작용 견품

ⓚ 수리를 위한 물품[수리를 위하여 수입되는 물품과 수리 후 수출하는 물품이 영 제98조제1항에 따른 관세 · 통계통합품목분류표(이하 "품목분류표"라 한다)상 10단위의 품목번호가 일치할 것으로 인정되는 물품만 해당한다]

ⓛ 수출물품 및 수입물품의 검사 또는 시험을 위한 기계 · 기구

ⓜ 일시입국자가 입국할 때에 수송하여 온 본인이 사용할 승용자동차 · 이륜자동차 · 캠핑카 · 캬라반 · 트레일러 · 선박 및 항공기와 관세청장이 정하는 그 부분품 및 예비품

ⓝ 관세청장이 정하는 수출입물품 · 반송물품 및 환적물품을 운송하기 위한 차량

ⓞ 이미 수입된 국제운송을 위한 컨테이너의 수리를 위한 부분품

ⓟ 수출인쇄물 제작원고용 필름(빛에 노출되어 현상된 것에 한한다)

ⓠ 광메모리매체 제조용으로 정보가 수록된 마스터테이프 및 니켈판(생산제품을 수출할 목적으로 수입되는 것임을 해당 업무를 관장하는 중앙행정기관의 장이 확인한 것에 한한다)

ⓡ 항공기 및 그 부분품의 수리 · 검사 또는 시험을 위한 기계 · 기구

ⓢ 항공 및 해상화물운송용 파렛트

ⓣ 수출물품 사양확인용 물품

ⓤ 항공기의 수리를 위하여 일시 사용되는 엔진 및 부분품

ⓥ 산업기계의 수리용 또는 정비용의 것으로서 무상으로 수입되는 기계 또는 장비

ⓦ 외국인투자기업이 자체상표제품을 생산하기 위하여 일시적으로 수입하는 금형 및 그 부분품

"위의 ⓐ부터 ⓦ까지의 물품"(제1항에 따라 관세의 면세를 받은 물품 중 기획재정부령으로 정하는 물품)이 같은 항에 규정된 기간 내에 수출되지 아니한 경우에는 500만원을 넘지 아니하는 범위에서 해당 물품에 부과될 관세의 100분의 20에 상당하는

금액을 가산세로 징수한다

② 1년을 초과하여 수출하여야 할 부득이한 사유가 있는 물품으로서 기획재정부령으로 정하는 물품: 세관장이 정하는 기간

즉, 위의 "②"(법 제97조 제1항 제2호)에 따라 관세가 면제되는 물품과 "위의 ①의 ⓐ부터 ⓦ까지의 물품"(법 제97조 제4항)에 따라 가산세가 징수되는 물품은 다음 각 호와 같다

㉮ 수송기기의 하자를 보수하거나 이를 유지하기 위한 부분품

㉯ 외국인 여행자가 연 1회 이상 항해조건으로 반입한 후 지방자치단체에서 보관·관리하는 요트(모터보트를 포함한다)

(나) 재수출 감세물품

장기간에 걸쳐 사용할 수 있는 물품으로서 그 수입이 임대차계약에 의하거나 도급계약의 이행과 관련하여 국내에서 일시적으로 사용하기 위하여 수입하는 물품 중 기획재정부령으로 정하는 물품이 그 수입신고 수리일부터 2년(장기간의 사용이 부득이한 물품으로서 기획재정부령으로 정하는 것 중 수입하기 전에 세관장의 승인을 받은 것은 4년의 범위에서 대통령령으로 정하는 기준에 따라 세관장이 정하는 기간을 말한다) 이내에 재수출되는 것에 대하여는 다음 각 호의 구분에 따라 그 관세를 경감할 수 있다. 다만, 외국과 체결한 조약·협정 등에 따라 수입되는 것에 대하여는 상호 조건에 따라 그 관세를 면제한다. 이와 같이 관세를 감면받은 물품 중 기획재정부령으로 정하는 물품이 "다음에 규정된 기간 내"에 수출되지 아니한 경우에는 500만원을 넘지 아니하는 범위에서 해당 물품에 부과될 관세의 100분의 20에 상당하는 금액을 가산세로 징수한다(법 제98조 제1항 및 제2항 : 제97조 제4항 준용).

① 재수출기간이 6개월 이내인 경우: 해당 물품에 대한 관세액의 100분의 85

② 재수출기간이 6개월 초과 1년 이내인 경우: 해당 물품에 대한 관세액의 100분의 70

③ 재수출기간이 1년 초과 2년 이내인 경우: 해당 물품에 대한 관세액의 100분의 55

④ 재수출기간이 2년 초과 3년 이내인 경우: 해당 물품에 대한 관세액의 100분의 40

⑤ 재수출기간이 3년 초과 4년 이내인 경우: 해당 물품에 대한 관세액의 100분의 30

위의 "규정"에 따라 관세가 감면되거나 가산세가 징수되는 물품 (법 제98조제1항에 따라 관세가 감면되거나 같은 조 제2항에 따라 가산세가 징수되는 물품)은 다음의 요건을 갖춘 물품으로서 국내제작이 곤란함을 해당 물품의 생산에 관한 업무를 관장하는 중앙행정기관의 장 또는 그 위임을 받은 자가 확인하고 추천하는 기관 또는 기업이 수입하는 물품으로 한정한다(규칙 제52조).

① 「법인세법 시행규칙」 제15조의 규정에 의한 내용연수가 5년(금형의 경우에는 2년) 이상인 물품

② 개당 또는 셋트당 관세액이 500만원 이상인 물품

(3) 재수출 면세대상물품과 재수출 감면세대상물품의 재수출기간 및 재수출면세기간

(가) 재수출 면세대상물품의 재수출기간의 연장

"법 제97조 제1항 제1호 단서"(재수출면세대상물품에 대하여는 관세를 면제할 수 있지만, 세관장은 부득이한 사유가 있다고 인정되는 때에는 1년의 범위에서 그 수출기간을 연장할 수 있다)에 따라, 수출기간을 연장받으려는 자는 해당 물품의 수입신고수리 연월일·신고번호·품명·규격 및 수량, 연장기간과 연장사유를 기재한 신청서를 해당 물품의 수입지세관장에게 제출하여야 한다. 다만, 관세청장이 정한 물품에 대하여는 수입지세관외의 세관에서도 재수출기간의 연장승인을 할 수 있다(영 제114조).

(나) 재수출 면세대상물품의 재수출면세기간

세관장(Head of Customhouse)은 법 제97조 제1항에 따라 재수출면세기간을 정하려면 다음의 기간을 재수출면세기간으로 한다. 이 경우 재수출면세물품이 행정당국에 따라 압류된 경우에는 해당 압류기간은 재수출면세기간에 산입하지 아니한다(영 제115조 제1항).

① 일시 입국하는 자가 본인이 사용하고 재수출할 목적으로 직접 휴대하여 수입하거나 별도로 수입하는 신변용품·취재용품 및 이와 유사한 물품의 경우에는 입국후 처음 출국하는 날까지의 기간

② 박람회·전시회·품평회나 그 밖에 이에 준하는 행사에 출품 또는 사용하기 위하여 수입하는 물품은 박람회 등의 행사기간종료일에 해당 물품을 재수출하는데 필요한 기일을 더한 기간

③ 가공 또는 수리를 위한 물품 및 그 재료는 가공 또는 수리에 소요되는 것으로 인정되는 기간

④ 그 밖의 물품은 해당 물품의 반입계약에 관한 증빙서류에 따라 확인되는 기간으로 하되, 반입계약에 관한 증빙서류에 따라 확인할 수 없는 때에는 해당 물품의 성질·용도·수입자·내용연수 등을 고려하여 세관장이 정하는 기간

(다) 재수출 감면세대상물품의 재수출면세기간

세관장은 법 제98조 제1항에 따라 4년의 범위에서 재수출 기간을 정하려면 해당 물품의 반입계약에 관한 증빙서류에 따라 확인되는 기간을 기준으로 하여야 한다. 다만, 그 증빙서류에 따라 확인되는 기간을 기준으로 하기가 적당하지 아니하거나 증빙서류에 따라 확인할 수 없는 때에는 해당 감면물품의 성질·용도·임대차기간 또는 도급기간 등을 고려하여 타당하다고 인정되는 기간을 기준으로 할 수 있다(영 제115조 제2항).

(4) 재수출 면세대상물품과 재수출 감면세대상물품의 수출신고시 참고서류의 제출

"법 제97조제1항 또는 법 제98조제1항"(재수출 면세 또는 재수출 감면)에 따라 관세의

감면을 받은 물품을 해당 기간 내에 수출하려는 자는 수출신고시에 해당 물품의 수입신고필증 또는 이에 대신할 세관의 증명서와 그 밖의 참고서류를 제출하여야 한다(영 제116조 제1항).

세관장은 재수출면세물품이 수출된 때에는 세관에 제출된 수입신고필증 또는 이에 대신할 세관의 증명서에 수출된 사실을 기재하여 수출신고인에게 교부하여야 한다(영 제116조 제2항).

(5) 재수출 면세대상물품에 대한 관세의 감면산청과 재수출 감면세대상물품의 관세경감률산정의 기준

(가) 재수출 면세대상물품과 재수출 감면대상물품에 대한 관세의 감면신청

"법 제97조 제1항과 법 제98조 제1항"(재수출 면세대상물품과 재수출 감면세대상물품)에 따라 관세를 감면받으려는 자는 "영 제112조 제1항 각호의 사항" 외에 해당 물품의 수출예정시기·수출지 및 수출예정세관명을 신청서에 기재하여야 한다(규칙 제51조 및 제53조).

(나) 재수출 감면세대상물품의 관세경감률산정의 기준

관세의 경감에 있어서 경감률의 산정은 실제로 적용되는 관세율(법 제50조 제2항 제1호의 세율을 제외한다)을 기준으로 한다(영 제111조 제1항).

관세법이나 그 밖의 법률 또는 조약에 따라 관세를 면제하는 경우 면제되는 관세의 범위에 대하여 특별한 규정이 없는 때에는 "법 제50조 제2항 제1호의 세율"(덤핑방지관세, 상계관세, 보복관세, 긴급관세, 특정국물품긴급관세, 농림축산물에 대한 특별긴급관세)은 면제되는 관세의 범위에 포함되지 아니한다(영 제111조 제2항).

(6) 재수출 면세대상물품과 재수출 감면세대상물품의 용도외 사용

(가) 재수출 면세대상물품과 재수출 감면세대상물품의 용도외 사용 금지

"제1항"(재수출 면세대상물품)에 따라 관세를 면제받은 물품은 같은 항의 기간에 같은 항에서 정한 용도 외의 다른 용도로 사용되거나 양도될 수 없다. 다만, 대통령령으로 정하는 바에 따라 미리 세관장의 승인을 받았을 때에는 그러하지 아니하다(법 제97조 제2항)(법 제98조 제2항 : 제97조 제3항 준용).

(나) 재수출 면세대상물품과 재수출 감면세대상물품의 용도외 사용에 대한 관세징수

다음의 어느 하나에 해당하는 경우에는, 수출하지 아니한 자, 용도 외로 사용한 자 또는 양도를 한 자로부터 면제된 관세를 즉시 징수하며, 양도인으로부터 해당 관세를 징수할 수 없을 때에는 양수인으로부터 면제된 관세를 즉시 징수한다. 다만, 재해나 그 밖의 부득이한 사유로 멸실되었거나 미리 세관장의 승인을 받아 폐기하였을 때에는 그러하지 아니하다(법 제97조 제3항)(법 제98조 제2항 : 제97조 제3항 준용).

① 관세를 면제받은 재수출 면세대상물품을 같은 항에 규정된 기간 내에 수출하지 아

니한 경우

② 재수출 면세대상물품을 그 용도 외의 다른 용도로 사용하거나 해당 용도 외의 다른 용도로 사용하려는 자에게 양도한 경우

11. 재수입면세(Exemption from Customs Duties for Reimport)

(1) 재수입면세의 의의

재수입면세는 우리나라에서 수출된 물품으로서 수출신고수리일부터 2년내에 다시 수입되는 물품, 수출물품의 용기로서 다시 수입하는 물품, 해외시험 및 연구목적으로 수출된 후 다시 수입되는 물품에 대하여 관세를 면제해주는 것을 말한다.

(2) 재수입 면세대상물품

다음의 어느 하나에 해당하는 물품이 수입될 때에는 대통령령으로 정하는 바에 따라 그 관세를 면제할 수 있다(법 제99조 및 규칙 제54조 제1항).

① 우리나라에서 수출(보세가공수출을 포함한다)된 물품으로서 해외에서 제조·가공·수리 또는 사용(장기간에 걸쳐 사용할 수 있는 물품으로서 임대차계약 또는 도급계약 등에 따라 해외에서 일시적으로 사용하기 위하여 수출된 물품 중 "기획재정부령으로 정하는 물품"(「법인세법 시행규칙」 제15조에 따른 내용연수가 3년(금형의 경우에는 2년) 이상인 물품)이 사용된 경우와 박람회, 전시회, 품평회, 그 밖에 이에 준하는 행사에 출품 또는 사용된 경우는 제외한다)되지 아니하고 수출신고 수리일부터 2년 내에 다시 수입(이하 이 조에서 "재수입"이라 한다)되는 물품. 다만, 다음의 어느 하나에 해당하는 경우에는 관세를 면제하지 아니한다.

㉮ 해당 물품 또는 원자재에 대하여 관세를 감면받은 경우

㉯ 관세법 또는 「수출용원재료에 대한 관세 등 환급에 관한 특례법」에 따른 환급을 받은 경우

㉰ 관세법 또는 「수출용 원재료에 대한 관세 등 환급에 관한 특례법」에 따른 환급을 받을 수 있는 자 외의 자가 해당 물품을 재수입하는 경우. 다만, 재수입하는 물품에 대하여 환급을 받을 수 있는 자가 환급받을 권리를 포기하였음을 증명하는 서류를 재수입하는 자가 세관장에게 제출하는 경우는 제외한다.

㉱ 보세가공 또는 장치기간경과물품을 재수출조건으로 매각함에 따라 관세가 부과되지 아니한 경우

② 수출물품의 용기로서 다시 수입하는 물품

③ 해외시험 및 연구목적으로 수출된 후 다시 수입되는 물품

(3) 재수입 면세대상물품에 대한 관세의 면제신청시의 제출서류

위의 ①~③("법 제99조제1호부터 제3호까지의 규정")에 따라 관세를 감면받으려는 자는 그 물품의 수출신고필증 · 반송신고필증 또는 이를 갈음할 서류를 세관장에게 제출하여야 한다. 다만, 세관장이 다른 자료에 의하여 그 물품이 감면대상에 해당한다는 사실을 인정할 수 있는 경우에는 그러하지 아니하다(규칙 제54조 제2항).

12. 변질 · 손상감세(Reduction of Customs Duties for Damage)

(1) 변질 · 손상감세의 의의

변질 · 손상감세(Reduction of Customs Duties for Damage)는 수입신고한 물품이 수입신고가 수리되기 전에 변질 또는 손상된 경우에 그 관세를 경감해주거나, 또는 관세법이나 그 밖의 법률 또는 조약 · 협정 등에 따라 관세의 감면을 받은 물품에 대하여 관세를 추징하는 때에 그 물품이 변질 또는 손상되거나 사용으로 인하여 해당 물품의 가치가 감소된 경우에 그 관세를 경감해주는 것을 말한다.

(2) 변질 · 손상 감세대상물품

다음의 어느 하나에 해당하는 때에는 대통령령으로 정하는 바에 따라 그 관세를 경감할 수 있다(법 제100조 제1항·제2항).

① 수입신고한 물품이 수입신고가 수리되기 전에 변질 또는 손상된 때
② 관세법이나 그 밖의 법률 또는 조약 · 협정 등에 따라 관세를 감면받은 물품에 대하여 관세를 추징하는 경우 그 물품이 변질 또는 손상되거나 사용되어 그 가치가 떨어졌을 때

(3) 변질 · 손상 감세대상물품의 관세경감액

"법 제100조"(변질·손상감세)에 따라 경감하는 관세액은 다음의 관세액 중 많은 금액으로 한다. 이 경우 변질 · 손상 또는 사용으로 인한 가치감소의 산정기준은 관세청장이 정할 수 있다(영 제118조 제1항 및 제2항).

① 수입물품의 변질 · 손상 또는 사용으로 인한 가치의 감소에 따르는 가격의 저하분에 상응하는 관세액
② 수입물품의 관세액에서 그 변질 · 손상 또는 사용으로 인한 가치의 감소후의 성질 및 수량에 따라 산출한 관세액을 공제한 차액

(4) 변질·손상감세의 신청

"법 제100조 제1항"(변질·손상감세)에 따라 관세를 경감받으려는 자는 영 제112조 제1항 각호의 사항외에 다음의 사항을 신청서에 기재하여야 한다(영 제112조 제2항 및 규칙 제55조).

① 해당 물품의 수입신고번호와 멸실 또는 손상의 원인 및 그 정도

② 해당 물품에 대하여 관세의 경감을 받으려는 금액과 그 산출기초

13. 해외임가공물품 등의 감세(Reduction of Customs Duties for Overseas Wage-Processed Goods)

(1) 해외임가공물품 등의 감세의 의의

해외임가공물품감세(Reduction of Customs Duties for Overseas Wage-Processed Goods)는 원재료 또는 부분품을 수출하여 법 별표 관세율표 제85류 및 제90류중 제9006호에 해당하는 물품으로 제조·가공한 후 수입할 때 관세를 경감해주는 것을 말한다.

(2) 해외임가공물품 등의 감세대상물품

다음의 어느 하나에 해당하는 물품이 수입될 때에는 대통령령으로 정하는 바에 따라 그 관세를 경감할 수 있다(법 제101조 제1항 및 규칙 제56조 제1항·제2항).

① 원재료 또는 부분품을 수출하여 "기획재정부령으로 정하는 물품으로 제조하거나 가공한 물품", 즉 이 물품은 법 별표 관세율표 제85류 및 제90류중 제9006호에 해당하는 것을 말한다.

② 가공 또는 수리할 목적으로 수출한 물품으로서 "기획재정부령으로 정하는 기준에 적합한 물품", 즉 이 물품은 가공 또는 수리하기 위하여 수출된 물품과 가공 또는 수리 후 수입된 물품의 품목분류표상 10단위의 품목번호가 일치하는 물품을 말한다. 다만, 수율·성능 등이 저하되어 폐기된 물품을 수출하여 용융과정 등을 거쳐 재생한 후 다시 수입하는 경우와 제품의 제작일련번호 또는 제품의 특성으로 보아 수입물품이 우리나라에서 수출된 물품임을 세관장이 확인할 수 있는 물품인 경우에는 품목분류표상 10단위의 품목번호가 일치하지 아니하더라도 법 제101조제1항제2호에 따라 관세를 경감할 수 있다.

위의 "①과 ②의 물품"(법 제101조 제1항의 물품)이 다음의 어느 하나에 해당하는 경우에는 그 관세를 경감하지 아니한다(법 제101조 제2항).

① 해당 물품 또는 원자재에 대하여 관세를 감면받은 경우. 다만, 제1항제2호의 경우는 제외한다.

② 관세법 또는 「수출용원재료에 대한 관세 등 환급에 관한 특례법」에 따른 환급을 받은 경우

③ 보세가공 또는 장치기간경과물품을 재수출조건으로 매각함에 따라 관세가 부과되지 아니한 경우

(3) 해외임가공물품에 대한 관세경감액

해외임가공물품에 대하여 경감하는 관세액은 다음과 같다(영 제119조).

① 위의 "①의 물품"(법 제101조 제1항 제1호): 수입물품의 제조·가공에 사용된 원재료 또는 부분품의 수출신고가격에 해당 수입물품에 적용되는 관세율을 곱한 금액.

② 위의 "②의 물품"(법 제101조 제1항 제2호): 가공·수리물품의 수출신고가격에 해당 수입물품에 적용되는 관세율을 곱한 금액. 다만, 수입물품이 매매계약상의 하자보수 보증 기간(수입신고수리 후 1년으로 한정한다) 중에 하자가 발견되거나 고장이 발생하여 외국의 매도인 부담으로 가공 또는 수리하기 위하여 수출된 물품에 대하여는 다음 각 목의 금액을 합한 금액에 해당 수입물품에 적용되는 관세율을 곱한 금액으로 한다.
   ㉮ 수출물품의 수출신고가격
   ㉯ 수출물품의 양륙항까지의 운임·보험료
   ㉰ 가공 또는 수리 후 물품의 선적항에서 국내 수입항까지의 운임·보험료
   ㉱ 가공 또는 수리의 비용에 상당하는 금액

(4) 해외임가공물품 등의 감세대상물품에 대한 관세감면신청

"법 제101조 제1항"(해외임가공물품)에 따라 관세를 감면받으려는 자는 "해외임가공"(해외에서 제조·가공·수리)할 물품을 수출신고할 때 미리 해외임가공 후 수입될 예정임을 신고하고, 감면신청을 할 때 영 제112조 제1항 각호의 사항외에 수출국 및 적출지와 감면받으려는 관세액을 기재한 신청서에 제조인·가공인 또는 수리인이 발급한 "다음의 사항이 기재된 제조·가공 또는 수리사실을 증명하는 서류"와 해당 물품의 수출신고필증 또는 이에 갈음할 서류를 첨부하여 세관장에게 제출하여야 한다. 다만, 세관장이 다른 자료에 의하여 그 물품이 감면대상에 해당한다는 사실을 인정할 수 있는 경우에는 수출신고필증 또는 이를 갈음할 서류를 첨부하지 아니할 수 있다(규칙 제57조 제1항·제2항).

① 원물품의 품명·규격·수량 및 가격
② 제조·가공 또는 수리에 의하여 부가 또는 환치된 물품의 품명·규격·수량 및 가격
③ 제조·가공 또는 수리에 의하여 소요된 비용
④ 제조·가공 또는 수리의 명세
⑤ 감면받으려는 금액과 그 산출기초
⑥ 그 밖에 수입물품이 국내에서 수출한 물품으로 제조·가공 또는 수리된 것임을 확인할 수 있는 자료

14. 시설대여업자에 대한 관세감면 등(Reduction or Exemption of Customs Duties for Facility Lease Operator)

(1) 의의

시설대여업자에 대한 관세감면(Reduction or Exemption of Customs Duties for Facility Lease Operator)은 시설대여업자가 이 법에 따른 관세감면물품 또는 분할납부물품을 수입하는 경우에 관세를 경감 또는 면제해주는 것을 말한다.

(2) 감면물품

"시설대여업자"(「여신전문금융업법」에 따른 시설대여업자)가 관세법에 따라 관세가 감면되거나 분할납부되는 물품을 수입할 때에는 제19조에도 불구하고 대여시설 이용자를 납세의무자로 하여 수입신고를 할 수 있다. 이 경우 납세의무자는 대여시설 이용자가 된다(법 제105조 제1항).

제1항에 따라 관세를 감면받거나 분할납부를 승인받은 물품에 대하여 관세를 징수하는 경우 납세의무자인 대여시설 이용자로부터 관세를 징수할 수 없을 때에는 시설대여업자로부터 징수한다(법 제105조 제2항).

Ⅲ. 감면세대상물품의 감면절차

1. 감면세대상물품의 감면신청

(1) 감면세대상물품의 감면신청방법 및 신청기한

관세법이나 그 밖의 관세에 관한 법률 또는 조약에 따라 관세를 감면받으려는 자는 해당 물품의 수입신고 수리 전에 다음의 사항을 적은 신청서를 세관장에게 제출하여야 한다. 다만, 관세청장이 정하는 경우에는 감면신청을 간이한 방법으로 하게 할 수 있다(영 제112조 제1항).

① 감면을 받으려는 자의 주소·성명 및 상호
② 사업의 종류(업종에 따라 감면하는 경우에는 구체적으로 기재하여야 한다)
③ 품명·규격·수량·가격·용도와 설치 및 사용장소
④ 감면의 법적 근거
⑤ 그 밖의 참고사항

해당 물품의 수입신고 수리 전에 감면신청서를 제출하는 것이 원칙이지만(영 제112조

제1항 각 호 외의 부분 본문에도 불구하고), 다음의 사유가 있는 경우에는 다음의 구분에 따른 기한까지 감면신청서를 제출할 수 있다(영 제112조 제2항).

① "과세표준, 세율, 관세의 감면 등에 관한 규정의 적용 착오 또는 그 밖의 사유로 이미 징수한 금액이 부족한 것을 알게 되어 그 부족액을 징수하는 경우"(법 제39조 제2항에 따라 관세를 징수하는 경우): 해당 납부고지를 받은 날부터 5일 이내

② 그 밖에 수입신고 수리 전까지 감면신청서를 제출하지 못한 경우: 해당 수입신고 수리일부터 15일 이내(해당 물품이 보세구역에서 반출되지 아니한 경우로 한정한다)

(2) 감면신청서류에 첨부하여야 하는 서류

위의 "감면신청서"(영 제112조 제1항 및 제2항에 따른 신청서)에 첨부하여야 하는 서류와 그 기재사항은 기획재정부령으로 정한다(영 제112조 제2항).

(가) 외교관용 물품 등의 면세신청시 첨부서류

"정부와의 사업계약을 수행하기 위하여 외국계약자가 계약조건에 따라 수입하는 업무용품"(법 제88조 제1항 제5호의 규정)에 대하여 관세를 면제받으려는 자는 "영 제112조 제1항 각호의 사항" 외에 계약의 종류, 사업장소재지와 사용목적 및 사용방법을 기재하여 해당 업무를 관장하는 중앙행정기관의 장의 확인을 받은 신청서에 계약서 사본을 첨부하여야 한다(규칙 제34조 제1항).

또한, "국제기구 또는 외국 정부로부터 우리나라 정부에 파견된 고문관 · 기술단원 및 그 밖에 기획재정부령으로 정하는 자가 사용하는 물품"(법 제88조 제1항 제6호)에 대하여 관세를 면제받으려는 자는 해당 업무를 관장하는 중앙행정기관의 장이 국제기구 또는 외국정부로부터 정부에 파견된 자임을 증명하는 서류를 신청서에 첨부하여야 한다(규칙 제34조 제3항).

(나) 세율불균형물품에 대한 관세의 감면신청시 첨부서류

"세율불균형물품"(법 제89조 제1항 각 호 외의 부분)에 대하여 관세를 감면받으려는 자는 "영 제112조 제1항 각 호의 사항" 외에 제조할 물품의 품명 · 규격 · 수량 및 가격, 제조개시 및 완료예정연월일과 지정제조공장의 명칭 및 소재지를 신청서에 기재하고, 원자재소요량증명서 또는 이에 갈음할 서류를 첨부하여 세관장에게 제출하여야 한다. 다만, 세관장이 필요없다고 인정하는 때에는 원자재소요량증명서 등의 첨부를 생략할 수 있다(규칙 제36조).

(다) 학술연구용품의 감면신청시 첨부서류

법 제90조 제1항 제3호에 따라 관세를 감면받으려는 자, 즉 "학교·공공의료기관 등"(법 제90조 제1항 제2호의 기관)에서 사용할 학술연구용품 · 교육용품 · 훈련용품 · 실험실습용품 및 과학기술연구용품으로서 외국으로부터 기증되는 물품(다만, 기획재정부령으로 정하는 물품은 제외)에 대하여 관세를 감면받으려는 자는 해당 기증사실을 증명하는 서류를

신청서에 첨부하여 제출하여야 한다(규칙 제38조 제1항).

한편, "법 제90조 제1항 제4호에 따른 물품"(기획재정부령으로 정하는 자가 산업기술의 연구개발에 사용하기 위하여 수입하는 물품으로서 기획재정부령으로 정하는 물품)을 관세감면대상물품으로 지정받으려는 자는 다음의 사항을 적은 신청서에 해당 물품의 상품목록 등 참고자료를 첨부하여 주무부처를 경유하여 기획재정부장관에게 제출하여야 한다. 이 경우 신청서는 매년 2월 말일까지 제출하여야 한다(규칙 제38조 제2항·제3항).

① 신청인의 주소·성명 및 상호
② 사업의 종류
③ 법 별표 관세율표 번호(이하 "관세율표 번호"라 한다)·품명·규격·수량·가격·용도 및 구조

(라) 종교·자선·장애인용품의 면세신청시 첨부서류 및 확인

종교·자선·장애인용품의 면세신청시 첨부하여야 하는 서류와 확인에 관한 규정은 다음과 같다(규칙 제40조 제1항~제5항).

① "다음의 물품"(법 제91조 제1호부터 제3호까지)에 대하여 관세를 면제받으려는 자는 해당 기증사실을 증명하는 서류를 신청서에 첨부하여야 한다(규칙 제40조 제1항).
   ㉮ 교회·사원 등 종교단체의 예배용품 및 식전용품으로서 외국으로부터 기증되는 물품(기획재정부령으로 정하는 물품 제외)
   ㉯ 자선 또는 구호의 목적으로 기증되는 물품 및 기획재정부령으로 정하는 자선·구호시설 또는 사회복지시설에 기증되는 물품으로서 해당 용도에 직접 사용하는 물품(기획재정부령으로 정하는 물품 제외)
   ㉰ 국제적십자사·외국적십자사 및 기획재정부령으로 정하는 국제기구가 국제평화봉사활동 또는 국제친선활동을 위하여 기증하는 물품
② 교회·사원등 종교단체의 예배용품 및 식전용품으로서 외국으로부터 기증되는 물품(기획재정부령으로 정하는 물품 제외)에 대하여 관세를 면제받으려는 자는 해당 기증목적에 관하여 문화체육관광부장관의 확인을 받아야 한다(규칙 제40조 제2항).
③ 자선 또는 구호의 목적으로 기증되는 물품 및 기획재정부령으로 정하는 자선·구호시설 또는 사회복지시설에 기증되는 물품으로서 해당 용도에 직접 사용하는 물품(기획재정부령으로 정하는 물품 제외)에 대하여 관세를 면제받으려는 자가 국가 또는 지방자치단체외의 자인 때에는 해당 시설 및 사업에 관하여 보건복지가족부장관이나 시장 또는 군수가 발급한 증명서 또는 그 사본을 신청서에 첨부하여야 한다(규칙 제40조 제3항).
④ "법 제91조 제3호의 물품"(국제적십자사·외국적십자사 및 기획재정부령으로 정하는 국제기구가 국제평화봉사활동 또는 국제친선활동을 위하여 기증하는 물품)에 대하여 관세를 면제받으려는 자가 국가·지방자치단체 또는 대한적십자사외의 자인

때에는 해당 기증목적에 관하여 외교부장관의 확인을 받아야 한다(규칙 제40조 제4항).

⑤ 세관장은 해당 물품의 수량 또는 가격을 참작하는 경우 위의 ① 내지 ④에 따른 확인 및 증명이 필요없다고 인정되는 때에는 이를 생략하게 할 수 있다(규칙 제40조 제5항).

(마) 정부용품의 면세신청시 첨부서류

정부용품 등의 면세신청시 첨부하여야 하는 서류에 관한 규정은 다음과 같다(규칙 제42조).

① "국가기관 또는 지방자치단체에 기증된 물품으로서 공용으로 사용할 물품(다만, 기획재정부령으로 정하는 물품 제외)"[법 제92조 제1호]에 대하여 관세를 면제받으려는 자는 해당 기증사실을 증명하는 서류를 신청서에 첨부하여야 한다(규칙 제42조 제1항).

② "정부가 수입하는 군수품(정부의 위탁을 받아 정부이외의 자가 수입하는 경우 포함) 및 국가원수의 경호용으로 사용할 물품(다만, 기획재정부령으로 정하는 물품을 제외)"[법 제92조 제2호]에 대하여 정부의 위탁을 받아 수입하는 자가 관세를 면제받으려면 정부의 위탁을 받아 수입한다는 것을 해당 수요기관이 확인한 서류를 신청서에 첨부하여야 한다(규칙 제42조 제2항).

③ "국가 또는 지방자치단체(이들이 설립하였거나 출연 또는 출자한 법인 포함)가 환경오염(소음·진동 포함)의 측정 또는 분석을 위하여 수입하는 기계·기구 중 기획재정부령으로 정하는 물품"[법 제92조 제6호] 또는 "상수도 수질의 측정 또는 그 보전·향상을 위하여 국가 또는 지방자치단체(이들이 설립하였거나 출연 또는 출자한 법인 포함)가 수입하는 물품으로서 기획재정부령으로 정하는 물품"[법 제92조 제7호]에 대하여 국가 또는 지방자치단체가 설립하였거나 출연 또는 출자한 법인이 관세를 면제받으려면 환경 또는 상수도 업무를 관장하는 주무부처의 장이 확인한 서류를 첨부하여야 한다(규칙 제42조 제3항).

(바) 특정물품의 면세신청시 첨부서류 및 확인

특정물품의 면세신청시 첨부하여야 하는 서류와 확인에 관한 규정은 다음과 같다(규칙 제44조 제1항~제7항).

① "다음의 물품"(법 제93조 제1호·제2호 및 제15호)에 대하여 관세를 면제받으려는 자는 신청서에 주무부처의 장 또는 그 위임을 받은 기관의 장의 확인을 받아야 한다. 다만, 다른 법령에 따라 반입승인·수입승인 등을 받은 물품의 경우 그 승인서에 의하여 해당 물품이 관세의 면제를 받은 용도에 사용될 것임을 확인할 수 있거나 관할지 세관장이 이를 확인한 경우에는 그러하지 아니하다(규칙 제44조 제1항).

㉮ 동식물의 번식·양식 및 종자개량을 위한 물품중 기획재정부령으로 정하는 물품, 즉 사료작물 재배용 종자(호밀·귀리 및 수수로 한정한다).

㉯ 박람회·국제경기대회 그 밖에 이에 준하는 행사중 기획재정부령으로 정하는 행사에 사용하기 위하여 그 행사에 참가하는 자가 수입하는 물품중 기획재정부령으로 정하는 물품

㉰ 국제올림픽 · 장애인올림픽 · 농아인올림픽 및 아시아운동경기 · 장애인아시아운동경기 종목에 해당하는 운동용구(부분품을 포함한다)로서 "기획재정부령으로 정하는 물품"(즉, 「국민체육진흥법」에 따라 설립된 대한체육회 또는 대한장애인체육회가 수입하는 물품)

② "핵사고 또는 방사능긴급사태시 그 복구지원 및 구호의 목적으로 외국으로부터 기증되는 물품으로서 기획재정부령으로 정하는 물품"(법 제93조 제3호의 규정)에 대하여 관세를 면제받으려는 자는 해당 기증사실을 증명하는 서류를 신청서에 첨부하여 제출하여야 하며, 해당 기증목적에 관하여 원자력안전위원회의 확인을 받아야 한다(규칙 제44조 제2항).

③ "우리나라의 선박이나 그 밖의 운송수단이 조난으로 인하여 해체된 경우 그 해체재 및 장비"(법 제93조 제10호의 규정)에 대하여 관세를 면제받으려는 자는 영 제112조 제1항 각 호의 사항 외에 운수기관명 · 조난장소 및 조난연월일을 신청서에 적고 주무부장관이 확인한 서류를 첨부하여 제출하여야 한다(규칙 제44조 제3항).

④ "우리나라와 외국간에 건설될 교량·통신시설·해저통로나 그 밖에 이에 준하는 시설의 건설 또는 수리에 소요되는 물품"(법 제93조 제11호의 규정)에 대하여 관세를 면제받으려는 자는 영 제112조 제1항 각 호의 사항 외에 사용계획 · 사용기간과 공사장의 명칭 및 소재지를 신청서에 적어 제출하여야 한다(규칙 제44조 제4항).

⑤ "우리나라 수출물품의 품질·규격·안전도 등이 수입국의 권한있는 기관이 정하는 조건에 적합한 것임을 표시하는 수출물품첩부용증표로서 기획재정부령으로 정하는 물품"(법 제93조 제12호의 규정)에 대하여 관세를 면제받으려는 자는 해당 증표 공급국의 권한있는 기관과의 공급 및 관리에 관한 계약서 또는 이에 갈음할 서류를 신청서에 첨부하여 제출하여야 한다. 다만, 세관장이 필요 없다고 인정하는 경우에는 해당 계약서 등의 첨부를 생략할 수 있다(규칙 제44조 제5항).

⑥ 위의 "①부터 ⑤까지"(제1항부터 제5항까지)에 따른 확인 및 증명은 세관장이 해당 물품의 수량 또는 가격을 참작하여 필요없다고 인정하는 때에는 이를 생략할 수 있다(규칙 제44조 제7항).

⑦ 다음(법 제93조 제13호 및 제14호의 규정)의 물품에 대하여 관세를 면제받으려는 자는 영 제112조제1항 각 호의 사항 외에 수리선박명 또는 수리항공기명을 신청서에 적고, 해당 수리가 외국의 보험회사 · 가해자 또는 매도인의 부담으로 행하는 것임을 증명하는 서류와 수리인이 발급한 수리사실을 증명하는 서류를 첨부하여 제출하여야 한다(규칙 제44조 제6항).

㉮ 우리나라의 선박 또는 항공기가 해외에서 사고로 인하여 발생한 피해를 복구하기 위하여 외국의 보험회사 또는 외국의 가해자의 부담으로 행하는 수리부분에 해당하는 물품

㉯ 우리나라의 선박 또는 항공기가 매매계약상의 하자보수보증기간중에 외국에서

발생한 고장에 대하여 외국의 매도인의 부담으로 행하는 수리부분에 해당하는 물품

(사) 환경오염방지물품 등의 감면신청시 첨부서류

위의 "환경오염방지물품"(법 제95조 제1항 제1호부터 제3호까지의 규정에 따른 물품)을 관세감면대상물품으로 지정받으려는 자는 다음의 사항을 적은 신청서에 해당 물품의 상품목록 등 참고자료를 첨부하여 주무부장관을 거쳐 기획재정부장관에게 제출하여야 한다(규칙 제47조 제1항).

① 신청인의 주소 · 성명 및 상호

② 사업의 종류

③ 관세율표 번호 · 품명 · 규격 · 수량 · 가격 · 용도 및 구조

이 경우, 신청서의 제출기한은 다음의 구분에 따른다(규칙 제47조 제2항).

① 법 제95조 제1항 제1호 및 제2호의 물품에 대한 것인 경우: 매년 4월말까지

② 법 제95조 제1항 제3호의 물품에 대한 것인 경우: 매년 7월말까지

(아) 여행자휴대품 · 이사물품 등의 면세신청시 첨부서류

"별송품"(법 제96조 제1호에 따른 별송품) 및 "이사물품"(법 제96조 제2호에 따른 이사물품) 중 별도로 수입하는 물품에 대하여 관세를 면제받으려는 자는 휴대반입한 주요물품의 통관내역서를 입국지 관할세관장으로부터 발급받아 세관장에게 제출하여야 한다. 다만, 세관장은 관세를 면제받고자 하는 자가 통관내역서를 제출하지 아니한 경우로서 그 주요물품의 통관내역을 입국지 관할세관장으로부터 확인할 수 있는 경우에는 통관내역서를 제출하지 아니하게 할 수 있다(규칙 제49조).

(자) 재수출 면세대상물품과 재수출 감면세대상물품의 면세신청시 기재사항

"재수출 면세대상물품과 재수출 감면세대상물품"(법 제97조 제1항과 법 제98조 제1항)에 따라 관세를 감면받으려는 자는 "영 제112조 제1항 각호의 사항" 외에 해당 물품의 수출예정시기 · 수출지 및 수출예정세관명을 신청서에 기재하여야 한다(규칙 제51조 및 제53조).

(차) 변질·손상감세 대상물품의 감세신청시 기재사항

"변질 · 손상감세 대상물품"(법 제100조 제1항)에 대하여 관세를 경감받으려는 자는 "영 제112조 제1항 각호의 사항" 외에 다음의 사항을 신청서에 기재하여야 한다(영 제112조 제2항 및 규칙 제55조).

① 해당 물품의 수입신고번호와 멸실 또는 손상의 원인 및 그 정도

② 해당 물품에 대하여 관세의 경감을 받으려는 금액과 그 산출기초

(카) 해외임가공물품의 감면세신청시 첨부서류

"해외임가공물품"(법 제101조 제1항)에 대하여 관세를 감면받으려는 자는 "해외임가공"(해외에서 제조 · 가공 · 수리)할 물품을 수출신고할 때 미리 해외임가공 후 수입될 예정임을 신고하고, 감면신청을 할 때 "영 제112조 제1항 각호의 사항" 외에 수출국 및 적출지와 감면받으려는 관세액을 기재한 신청서에 제조인 · 가공인 또는 수리인이 발급한 "다음의 사항이 기재된 제조 · 가공 또는 수리사실을 증명하는 서류"와 해당 물품의 수출신고필증 또는 이에 갈음할 서류를 첨부하여 세관장에게 제출하여야 한다. 다만, 세관장이 다른 자료에 의하여 그 물품이 감면대상에 해당한다는 사실을 인정할 수 있는 경우에는 수출신고필증 또는 이를 갈음할 서류를 첨부하지 아니할 수 있다(규칙 제57조 제1항·제2항).

① 원물품의 품명 · 규격 · 수량 및 가격
② 제조 · 가공 또는 수리에 의하여 부가 또는 환치된 물품의 품명 · 규격 · 수량 및 가격
③ 제조 · 가공 또는 수리에 의하여 소요된 비용
④ 제조 · 가공 또는 수리의 명세
⑤ 감면받으려는 금액과 그 산출기초
⑥ 그 밖에 수입물품이 국내에서 수출한 물품으로 제조 · 가공 또는 수리된 것임을 확인할 수 있는 자료

2. 관세법상 관세감면물품의 용도외 사용이나 양도

(1) 관세법상 관세감면물품의 용도외 사용이나 양도 금지

"다음의 규정"(제89조부터 제91조까지와 제93조 및 제95조)에 따라 관세를 감면받은 물품은 수입신고 수리일부터 3년의 범위에서 대통령령으로 정하는 기준에 따라 관세청장이 정하는 기간에는 그 감면받은 용도 외의 다른 용도로 사용하거나 양도(임대를 포함)할 수 없다. 다만, 기획재정부령으로 정하는 물품과 대통령령으로 정하는 바에 따라 미리 세관장의 승인을 받은 물품의 경우에는 그 감면받은 용도 외의 다른 용로도 사용하거나 양도(임대를 포함)할 수 있다(법 제102조 제1항)

① 세율불균형물품의 감면세(법 제89조)
② 학술연구용품의 감면세(법 제90조)
③ 종교용품·자선용품·장애인용품 등의 면세(법 제91조)
④ 특정물품의 면세(법 제93조)
⑤ 환경오염방지물품 등에 대한 감면세(법 제95조)

법 제102조 제1항 단서에서 "기획재정부령으로 정하는 물품"이란 다음의 어느 하나에 해당하는 물품을 말한다(규칙 제58조).

① "법 제89조 제1항 제1호의 물품"[즉, 항공기(부분품을 포함)]
② "법 제95조 제1항 제1호의 물품 중 자동차의 부분품"[즉, 오염물질(소음 및 진동을 포함한다)의 배출 방지 또는 처리를 위하여 사용하는 기계 · 기구 · 시설 · 장비로서 기획재정부령으로 정하는 것 중 자동차의 부분품]

(가) 감면물품의 용도외 사용이나 양도에 대한 승인신청

"다음의 규정"[법 제83조제2항 단서 · 법 제88조제2항 단서 · 법 제97조제2항 단서(법 제98조 제2항에서 준용하는 경우를 포함) 또는 법 제102조 제1항 단서)에 따라 세관장의 승인을 받으려는 자는 신청서를 "관할지세관장"(해당 물품의 소재지를 관할하는 세관장)에게 제출하여야 한다. 다만, 법 제97조 제2항 단서(법 제98조제2항에서 준용하는 경우를 포함)에 해당하는 경우에는 해당 물품을 최초에 수입신고한 세관에서도 할 수 있다(영 제109조 제1항 본문).

① 용도외 사용이나 양도가 금지되는 "용도세율 적용물품"을 용도외로 사용하거나 양도하기 위하여 미리 세관장의 승인을 받을 필요가 있는 경우(법 제83조 제2항 단서)
② 용도외 사용이나 양도가 금지되는 "외교관용 면세대상물품"을 용도외로 사용하거나 양도하기 위하여 미리 세관장의 승인을 받을 필요가 있는 경우(법 제88조 제2항 단서)
③ 용도외 사용이나 양도가 금지되는 "재수출 면세대상물품"을 용도외로 사용하거나 양도하기 위하여 미리 세관장의 승인을 받을 필요가 있는 경우(법 제97조 제2항 단서)
④ 용도외 사용이나 양도가 금지되는 "재수출 감면세대상물품"을 용도외로 사용하거나 양도하기 위하여 미리 세관장의 승인을 받을 필요가 있는 경우(법 제98조 제2항: 법 제97조 제2항 단서를 준용)
⑤ 용도외 사용이나 양도가 금지되는 "다음의 물품"을 용도외로 사용하거나 양도하기 위하여 미리 세관장의 승인을 받을 필요가 있는 경우(법 제102조 제1항 단서)
   ㉮ 감면세대상 세율불균형물품(법 제89조)
   ㉯ 감면세대상 학술연구용품(법 제90조)
   ㉰ 면세대상 종교용품·자선용품·장애인용품 등(법 제91조)
   ㉱ 면세대상 특정물품(법 제93조)
   ㉲ 감면세대상 환경오염방지물품(법 제95조)

(나) 감면물품의 용도외 사용이나 양도에 대한 승인신청서의 기재사항

감면물품의 용도외 사용 또는 양도에 대한 승인신청서에는 다음의 사항이 기재되어야 한다(영 제109조 제1항 각 호).

① 해당 물품의 품명 · 규격 · 수량 · 관세감면액 또는 적용된 용도세율 · 수입신고수리 연월일 및 수입신고번호
② 해당 물품의 통관세관명
③ 승인신청이유
④ 해당 물품의 양수인의 사업의 종류, 주소 · 상호 및 성명(법인인 경우에는 대표자의 성명)

(2) 관세법상 관세감면대상물품의 용도외 사용이나 양도시 관세징수

법 제102조 제1항에 따라 관세를 감면받은 물품을 수입신고 수리일부터 3년의 범위에서 대통령령으로 정하는 기준에 따라 관세청장이 정하는 기간에 감면받은 용도 외의 다른 용도로 사용하거나 또는 감면받은 용도 외의 다른 용도로 사용하려는 자에게 양도한 경우에는 그 용도 외의 다른 용도로 사용한 자나 그 양도인(임대인을 포함)으로부터 감면된 관세를 즉시 징수하며, 양도인으로부터 해당 관세를 징수할 수 없을 때에는 양수인(임차인을 포함)으로부터 감면된 관세를 징수한다. 다만, 재해나 그 밖의 부득이한 사유로 멸실되었거나 미리 세관장의 승인을 받아 폐기하였을 때에는 그 감면된 관세를 징수하지 아니한다(법 제102조 제2항).

(가) 감면물품의 용도외 사용이나 양도에 따른 관세미징수 승인신청

재해나 그 밖의 부득이한 사유로 인하여 멸실된 물품에 대하여 "다음의 규정"[법 제83조 제3항 · 법 제97조 제3항 단서(법 제98조제2항에서 준용하는 경우를 포함) · 법 제102조 제2항 단서 또는 법 제109조 제2항 단서)을 적용받으려는 자는 멸실 후 지체없이 신청서에 그 사실을 증빙할 수 있는 서류를 첨부하여 세관장에게 제출하여야 한다(영 제109조 제2항 본문).

① 용도외로 사용하거나 양도하여 관세의 징수대상이 된 "용도세율 적용물품"에 대하여 관세의 징수면제대상이 되는 재해나 그 밖의 부득이한 사유로 멸실되었거나 미리 세관장의 폐기승인을 받을 필요가 있는 경우(법 제83조 제3항 단서)

② 수출하지 아니하거나 용도외로 사용하거나 양도하여 관세의 징수대상이 된 "재수출면세대상물품"에 대하여 관세의 징수면제의 대상이 되는 재해나 그 밖의 부득이한 사유로 멸실되었거나 미리 세관장의 폐기승인을 받을 필요가 있는 경우(법 제97조 제3항 단서)

④ 수출하지 아니하거나 용도외로 사용하거나 양도하여 관세의 징수대상이 된 "재수출감면세대상물품"에 대하여 관세의 징수면제의 대상이 되는 재해나 그 밖의 부득이한 사유로 멸실되었거나 미리 세관장의 폐기승인을 받을 필요가 있는 경우(법 제98조 제2항: 법 제97조 제3항 단서를 준용)

⑤ 용도외로 사용하거나 양도하여 관세의 징수대상이 된 "다음의 물품"을 에 대하여 관세의 징수면제의 대상이 되는 재해나 그 밖의 부득이한 사유로 멸실되었거나 미리 세관장의 폐기승인을 받을 필요가 있는 경우(법 제102조 제2항 단서)

㉮ 감면세대상 세율불균형물품(법 제89조)

㉯ 감면세대상 학술연구용품(법 제90조)

㉰ 면세대상 종교용품 · 자선용품 · 장애인용품 등(법 제91조)

㉱ 면세대상 특정물품(법 제93조)

㉲ 감면세대상 환경오염방지물품(법 제95조)

⑤ 세관장의 확인없이 용도외로 사용하거나 양도하여 관세의 징수대상이 된 "관세법 외

의 법령이나 조약·협정 등에 따라 관세가 감면된 물품"에 대하여 관세의 징수면제의 대상이 되는 재해나 그 밖의 부득이한 사유로 멸실되었거나 미리 세관장의 폐기 승인을 받을 필요가 있는 경우(법 제109조 제2항 단서)

(나) 감면물품의 용도외 사용이나 양도에 따른 관세미징수 승인신청서의 기재사항

재해나 그 밖의 부득이한 사유로 인하여 멸실된 물품에 대하여 위의 규정을 적용받기 위하여 제출하여야 하는 승인신청서에는 다음의 사항이 기재되어야 한다(영 제109조 제2항 각 호).

① 멸실된 물품의 품명·규격·수량·수입신고수리 연월일 및 수입신고번호
② 멸실연월일 및 멸실장소
③ 멸실된 물품의 통관세관명

(다) 감면물품의 물품폐기 승인신청

법 제83조 제3항 단서·법 제97조 제3항 단서(법 제98조 제2항에서 준용하는 경우를 포함)·법 제102조 제2항 단서 또는 법 제109조 제2항 단서에 따라 물품폐기에 대한 세관장의 승인을 받으려는 자는 다음의 사항을 기재한 신청서를 세관장에게 제출하여야 한다(영 제109조 제3항).

① 해당 물품의 품명·규격·수량·수입신고수리 연월일 및 수입신고번호
② 해당 물품의 통관세관명
③ 폐기의 사유·방법 및 장소와 폐기예정연월일

(3) 관세법상 관세감면대상물품의 용도외 사용이나 양도의 금지기간

관세청장은 법 제83조 제2항·법 제88조 제2항 또는 법 제102조 제1항에 따라 관세감면물품의 용도외 사용의 금지기간 및 양수·양도의 금지기간(이하 "사후관리기간"이라 한다)을 정하고자 하는 때에는 다음 각 호의 기준에 의하되, 각 호의 기준을 적용한 결과 동일물품에 대한 사후관리기간이 다르게 되는 때에는 그 중 짧은 기간으로 할 수 있다(영 제110조).

① 물품의 내용연수(「법인세법 시행령」 제28조에 따른 기준내용연수를 말한다)를 기준으로 하는 사후관리기간 : 다음 각 목의 구분에 의한 기간
  ㉮ 내용연수가 5년 이상인 물품 : 3년. 다만, 법 제90조의 규정에 의하여 관세의 감면을 받는 물품의 경우는 2년으로 한다.
  ㉯ 내용연수가 4년인 물품 : 2년
  ㉰ 내용연수가 3년 이하인 물품 : 1년 이내의 기간에서 관세청장이 정하여 고시하는 기간
② 관세감면물품이 다른 용도로 사용될 가능성이 적은 경우의 사후관리기간 : 1년 이내

의 기간에서 관세청장이 정하여 고시하는 기간. 다만, 장애인 등 특정인만이 사용하거나 금형과 같이 성격상 다른 용도로 사용될 수 없는 물품의 경우에는 수입신고수리일까지로 하며, 박람회 · 전시회 등 특정행사에 사용되는 물품의 경우에는 해당 용도 또는 행사가 소멸 또는 종료되는 때까지로 한다.

③ 관세감면물품이 원재료 · 부분품 또는 견품인 경우의 사후관리기간 : 1년 이내의 기간에서 관세청장이 정하여 고시하는 기간. 다만, 원재료 · 부분품 또는 견품 등이 특정용도에 사용된 후 사실상 소모되는 물품인 경우에는 감면용도에 사용하기 위하여 사용장소에 반입된 사실이 확인된 날까지로 하며, 해당 기간이 경과될 때까지 감면받은 용도에 사용되지 아니하고 보관되는 경우에는 해당 물품이 모두 사용된 날까지로 한다.

④ 관세감면물품에 대한 법 제50조의 규정에 의한 세율에 감면율을 곱한 율을 기준으로 하는 사후관리기간 : 3퍼센트 이하인 경우에는 1년 이내의 기간에서 관세청장이 정하여 고시하는 기간, 3퍼센트 초과 7퍼센트 이하인 경우에는 2년 이내의 기간에서 관세청장이 정하여 고시하는 기간

3. 다른 법령 등에 따른 관세감면물품의 용도외 사용이나 양도

(1) 다른 법령 등에 규정된 용도외 사용이나 양도에 대한 확인

관세법 외의 법령이나 조약 · 협정 등에 따라 관세가 감면된 물품을 그 수입신고 수리일부터 3년 내에 해당 법령이나 조약 · 협정 등에 규정된 용도 외의 다른 용도로 사용하거나 양도하려는 경우에는 세관장의 확인을 받아야 한다. 다만, 해당 법령이나 조약 · 협정 등에 다른 용도로 사용하거나 양도한 경우에 해당 관세의 징수를 면제하는 규정이 있을 때에는 그러하지 아니하다(법 제109조 제1항).

이 경우, 세관장의 확인을 받으려는 자는 "제120조 제1항에 정하는 다음의 사항"과 해당 물품의 관세감면의 근거가 되는 법령·조약 또는 협정 및 그 조항을 기재한 확인신청서에 동 법령·조약 또는 협정에 따라 해당 물품의 용도외 사용 또는 양도에 필요한 요건을 갖춘 것임을 증빙하는 서류를 첨부하여 관할지 세관장에게 제출하여야 한다(영 제134조).

① 해당 물품의 품명·규격·수량 및 가격

② 해당 물품의 수입신고번호·수입신고수리 연월일 및 통관세관명

③ 해당 물품의 당초의 용도, 사업의 종류, 설치 또는 사용장소 및 관세감면의 법적 근거

④ 해당 물품의 새로운 용도, 사업의 종류, 설치 또는 사용장소 및 관세감면의 법적 근거

(2) 다른 법령 등에 규정된 용도외 사용이나 양도에 따른 관세징수

제1항에 따라 세관장의 확인을 받아야 하는 물품에 대하여는 해당 용도 외의 다른 용도로 사용한 자 또는 그 양도를 한 자로부터 감면된 관세를 즉시 징수하여야 하며, 양도인으로부터 해당 관세를 징수할 수 없을 때에는 그 양수인으로부터 감면된 관세를 즉시 징수한다. 다만, 그 물품이 재해나 그 밖의 부득이한 사유로 멸실되었거나 미리 세관장의 승인을 받아 그 물품을 폐기하였을 때에는 예외로 한다(법 제109조 제2항).

4. 법령이나 조약·협정 등에 따른 관세감면물품의 용도외 사용이나 양도

(1) 법령이나 조약 · 협정 등에 따른 관세감면물품의 용도외 사용이나 양도에 대한 징수관세의 감면

법령, 조약, 협정 등에 따라 관세를 감면받은 물품을 감면받은 용도 외의 다른 용도로 사용하거나 감면받은 용도 외의 다른 용도로 사용하려는 자에게 양도하는 경우(해당 물품을 다른 용도로 사용하는 자나 해당 물품을 다른 용도로 사용하기 위하여 양수하는 자가 그 물품을 다른 용도로 사용하기 위하여 수입하는 경우에는 그 물품에 대하여 법령 또는 조약, 협정 등에 따라 관세를 감면받을 수 있는 경우로 한정)에는 대통령령으로 정하는 바에 따라 제83조제3항, 제88조제3항, 제97조제3항, 제98조제2항, 제102조제2항 또는 제109조제2항에 따라 징수하여야 하는 관세를 감면할 수 있다. 다만, 이 법 외의 법령, 조약, 협정 등에 따라 그 감면된 관세를 징수할 때에는 그러하지 아니하다(법 제103조 제1항).

(2) 법령이나 조약 · 협정 등에 따른 관세감면물품의 용도외 사용이나 양도에 대한 징수관세의 감면

법 제98조 제2항과 제102조 제1항에도 불구하고 제90조, 제93조, 제95조 또는 제98조에 따라 관세를 감면받은 물품은 「대 · 중소기업 상생협력 촉진에 관한 법률」 제2조 제4호에 따른 수탁 · 위탁거래의 관계에 있는 기업에 양도할 수 있으며, 이 경우 제98조 제2항과 제102조 제2항에 따라 징수할 관세를 감면할 수 있다. 다만, 관세법 외의 법령, 조약, 협정 등에 따라 그 감면된 관세를 징수할 때에는 그러하지 아니하다(법 제103조 제2항).

(가) 법령이나 조약 · 협정 등에 규정된 용도외 사용의 감면세신청

법 제103조에 따라 관세의 감면을 받으려는 자는 "감면물품의 용도외 사용 등에 대한 승인신청"(제109조 제1항) 또는 "다른 법령 등에 따른 감면물품의 용도외 사용 등의 확인신청"(제134조)에 따른 승인 또는 확인신청시에 다음의 사항을 기재한 신청서에 그 새로운 용도에 사용하기 위하여 수입하는 때에 관세의 감면을 받기 위하여 필요한 서류를 첨부하여 세관장에게 제출하여야 한다(영 제120조 제1항).

① 해당 물품의 품명·규격·수량 및 가격
② 해당 물품의 수입신고번호·수입신고수리 연월일 및 통관세관명
③ 해당 물품의 당초의 용도, 사업의 종류, 설치 또는 사용장소 및 관세감면의 법적 근거
④ 해당 물품의 새로운 용도, 사업의 종류, 설치 또는 사용장소 및 관세감면의 법적 근거

(나) 법령이나 조약 · 협정 등에 따른 관세감면물품의 관세징수

법 제103조에 따라 관세를 감면하는 경우에 새로운 용도에 따라 감면되는 관세의 금액이 당초에 감면된 관세의 금액보다 적은 경우에는 그 차액에 해당하는 관세를 징수한다(영 제120조 제2항).

(3) 법령이나 조약 · 협정 등에 규정된 용도외 사용의 사후관리기간

법 103조 제1항과 제2항에 따라 관세를 감면받은 경우 그 사후관리기간은 당초의 수입신고 수리일부터 계산한다(법 제103조 제3항).

5. 관세감면물품의 반입 및 변경신고

(1) 관세감면물품의 반입

법 제83조 · 법 제89조제1항제2호 · 법 제90조 · 법 제91조 · 법 제93조 · 법 제95조, 법 제98조 및 법 제107조에 따라 용도세율의 적용, 관세의 감면 또는 분할납부의 승인을 받은 자는 해당 물품을 수입신고 수리일부터 1개월 이내에 설치 또는 사용할 장소에 반입하여야 한다(영 제129조 제1항).

위의 규정(제1항)에 따른 용도세율의 적용, 관세의 감면 또는 분할납부의 승인을 받은 자는 설치장소 부족 등 부득이한 반입 지연사유가 있는 경우에는 관세청장이 정하는 바에 따라 세관장에게 반입 기한의 연장을 신청할 수 있다(영 제129조 제2항).

또한, 위의 규정(제2항)에 따른 신청을 받은 세관장은 수입신고 수리일부터 3개월의 범위에서 해당 기한을 연장할 수 있다(영 제129조 제3항).

그리고, 위의 제1항에 따라 설치 또는 사용할 장소에 물품을 반입한 자는 해당 장소에 다음의 사항을 기재한 장부를 비치하여야 한다(영 제129조 제4항).

① 해당 물품의 품명 · 규격 및 수량
② 해당 물품의 가격과 용도세율의 적용, 관세의 감면 또는 분할납부에 관한 사항
③ 해당 물품의 수입신고번호 · 수입신고수리 연월일과 통관지세관명
④ 설치 또는 사용장소에 반입한 연월일과 사용개시 연월일
⑤ 설치 또는 사용장소와 사용상황

(2) 관세감면물품의 설치 또는 사용장소의 변경신고

법 제83조 · 법 제89조제1항제2호 · 법 제90조 · 법 제91조 · 법 제93조 · 법 제95조 및 법 제98조의 규정에 의하여 용도세율의 적용을 승인받은 물품이나 관세의 감면을 받은 물품을 해당 조항에 규정하는 기간 내에, 법 제107조의 규정에 의하여 관세의 분할납부의 승인을 얻은 물품을 그 분할납부기간 만료 전에 그 설치 또는 사용장소를 변경하고자 하는 때에는 변경전의 관할지 세관장에게 다음 각호의 사항을 기재한 설치 또는 사용장소변경신고서를 제출하고, 제출일부터 1월내에 변경된 설치 또는 사용장소에 이를 반입하여야 한다. 다만, 재해 · 노사분규 등의 긴급한 사유로 자기소유의 국내의 다른 장소로 해당 물품의 설치 또는 사용장소를 변경하고자 하는 경우에는 관할지 세관장에게 신고하고, 변경된 설치 또는 사용장소에 반입한 후 1월 이내에 설치 또는 사용장소변경신고서를 제출하여야 한다(영 제129조 제3항).

① 해당 물품의 품명·규격 및 수량
② 해당 물품의 가격 및 적용된 용도세율, 면세액 또는 분할납부승인액과 그 법적 근거
③ 해당 물품의 수입신고번호 및 통관지 세관명
④ 설치 또는 사용장소에 반입한 연월일과 사용개시 연월일
⑤ 설치 또는 사용장소와 신고자의 성명·주소

6. 사후관리대상물품의 이관 및 관세의 징수

법 제83조, 제89조제1항제2호, 제90조, 제91조, 제93조, 제95조 제1항 제1호부터 제3호까지, 제98조 및 제107조에 따라 용도세율의 적용, 관세의 감면 또는 분할납부의 승인을 받은 물품의 통관세관과 관할지세관이 서로 다른 경우에는 통관세관장은 관세청장이 정하는 바에 따라 관할지세관장에게 해당 물품에 대한 관계서류를 인계하여야 한다(영 제130조 제1항).

제1항에 따라 통관세관장이 관할지세관장에게 관계서류를 인계한 물품에 대하여 법 제97조 제3항(법 제98조 제2항에서 준용하는 경우를 포함한다) 및 법 제102조 제2항에 따라 징수하는 관세는 관할지세관장이 이를 징수한다(영 제130조 제2항).

7. 담보제공 및 사후관리(Pledging of Security and Post Management)

(1) 담보제공의 신고

세관장(Head of Customhouse)은 필요하다고 인정될 때에는 대통령령으로 정하는 범위에서 관세청장이 정하는 바에 따라 이 법이나 그 밖의 법령 · 조약 · 협정 등에 따라 관세를 감면받거나 분할납부를 승인받은 물품에 대하여 그 물품을 수입할 때에 감면받거나 분할납부하는 관세액(제97조 제4항 및 제98조 제2항에 따른 가산세는 제외한다)에 상당하

는 담보를 제공하게 할 수 있다(법 제108조 제1항).

따라서, 세관장은 수입신고를 수리하는 때까지 담보를 제공하게 할 수 있다. 다만, 긴급한 사유로 공휴일(「근로자의 날 제정에 관한 법률」에 따른 근로자의 날 및 토요일을 포함한다) 등 금융기관이 업무를 수행할 수 없는 날에 수입하는 물품으로서 긴급성의 정도 등을 고려하여 관세청장이 정하여 고시하는 물품에 대하여는 수입신고를 수리하는 때 이후 최초로 금융기관이 업무를 수행하는 날까지 담보를 제공하게 할 수 있다(영 제131조 제2항).

이 경우, 담보의 제공여부는 물품의 성질 및 종류, 관세채권의 확보가능성 등을 기준으로 하여 정하되, 다음의 어느 하나에 해당하는 경우로 한정하여야 한다(영 제131조 제1항).

① 법 제97조 또는 법 제98조에 따라 관세를 감면받은 경우

② 법 제107조에 따라 분할납부승인을 받은 경우

(2) 감면등의 조건이행의 확인

관세법이나 그 밖의 법률·조약·협정 등에 따라 용도세율을 적용받거나 관세의 감면 또는 분할납부를 승인받은 자는 대통령령으로 정하는 바에 따라 해당 조건의 이행 여부를 확인하는 데에 필요한 서류를 세관장에게 제출하여야 하는 바, 이 서류는 관세청장이 정하는 바에 따라 통관세관장 또는 관할지세관장에게 제출하여야 한다(법 제108조 제2항 및 영 제132조 제2항).

이 경우, 세관장은 용도세율의 적용, 관세의 감면 또는 분할납부의 승인을 받은 물품에 대하여 관세청장이 정하는 바에 따라 해당 조건의 이행을 확인하기 위하여 필요한 조치를 할 수 있다(영 제132조 제1항).

(3) 사후관리의 위탁

관세청장은 제2항에 따른 조건의 이행 여부를 확인하기 위하여 필요할 때에는 대통령령으로 정하는 바에 따라 해당 물품의 사후관리에 관한 사항을 주무부장관에게 위탁할 수 있는 바, 관세청장은 용도세율의 적용, 관세의 감면 또는 분할납부의 승인을 받은 물품에 대한 해당 조건의 이행을 확인하기 위하여 필요한 경우에는 법 제108조 제3항에 따라 다음의 구분에 따라 그 사후관리에 관한 사항을 위탁하며, 그 위탁된 물품에 대한 사후관리에 관한 사항은 위탁받은 부처의 장이 관세청장과 협의하여 정한다(법 제108조 제3항 및 영 제133조 제1항·제3항).

① 법 제109조 제1항의 경우: 해당 법률·조약 등의 집행을 주관하는 부처의 장

② 법 제83조 제1항·법 제90조·법 제91조·법 제93조·법 제95조 제1항 제1호부터 제3호까지 또는 법 제107조의 경우: 해당 업무를 주관하는 부처의 장

이 경우, 사후관리를 위탁받은 부처의 장은 용도세율의 적용, 관세의 감면 또는 분할납부의 승인을 받은 물품에 대한 관세의 징수사유가 발생한 것을 확인한 때에는 지체 없이 해당 물품의 관할지세관장에게 다음의 사항을 기재한 통보서를 송부하여야 한다(영 제133조 제2항).

① 수입신고번호
② 품명 및 수량
③ 감면 또는 분할납부의 승인을 받은 관세의 징수사유
④ 화주의 주소·성명

(4) 사후관리의 종결

용도세율을 적용받거나 관세를 감면받은 물품을 세관장의 승인을 받아 수출한 경우에는 이 법을 적용할 때 용도 외의 사용으로 보지 아니하고 사후관리를 종결한다. 다만, 용도세율을 적용받거나 관세를 감면받은 물품을 가공하거나 수리할 목적으로 수출한 후 다시 수입하거나 해외시험 및 연구를 목적으로 수출한 후 다시 수입하여 법 제99조 제3호 또는 제101조 제1항 제2호에 따른 감면을 받은 경우에는 사후관리를 계속한다(법 제108조 제4항).

제2절 관세환급제도

Ⅰ. 개요

1. 의의

관세환급이란 세관에서 일단 징수한 관세 등을 특정한 요건에 해당하는 경우에 그 전부 또는 일부를 되돌려 주는 것을 말한다.

관세법상의 관세환급의 목적은 납세의무의 형평과 징수행정의 공정성을 확보하기 위한 것이며, 관세환급특례법에 따른 수출용 원재료 등의 관세환급의 목적은 수출입물품에 대한 관세부담 경감을 통하여 효과적으로 수출을 지원하기 위한 것이다.

2. 종류

관세환급은 관세법에 따른 관세환급과 관세환급특례법에 따른 수출용 원재료 등의 관세환급[1]이 있으며, 관세법에 따른 관세환급에는 관세환급금의 환급, 계약상이물품(위약

---

1) 수출용 원재료 등의 관세환급은 수출물품의 제조에 소요되는 원재료의 수입시에 납부한 관세 등을 그 원재료를 사용하여 제조한 물품의 수출시에 수출업자에게 되돌려 주는 것을 말한다. 이는 많은 인구와 빈약한 부존자원의

물품)의 관세환급, 멸실·변질·손상물품의 관세환급이 있다.

근거법령	종 류
관세법	관세환급금의 환급 계약상이물품(위약물품)의 관세환급 멸실·변질·손상물품의 관세환급
관세환급특례법	수출용 원재료 등의 관세환급

Ⅱ. 관세환급금의 환급

1. 의의

관세환급금의 환급은 세율적용의 착오, 과세가격 결정 착오 및 그 밖에 계산착오 등의 사유로 관세·가산금·가산세 또는 체납처분비를 실제 납부해야 할 세액보다 더 많은 세액을 납부하였음(과오납)을 사후에 발견한 경우 세관장이 납세의무자에게 더 많이 납부된 세액만큼 되돌려주거나, 또는 세관장이 관세법에 따라 환급하여야 할 환급세액을 환급하는 것을 말한다.

2. 관세환급금의 환급

세관장(Head of Customhouse)은 납세의무자가 관세 · 가산금 · 가산세 또는 체납처분비의 과오납금 또는 관세법에 따라 환급하여야 할 환급세액의 환급을 청구할 때에는 대통령령으로 정하는 바에 따라 지체 없이 이를 관세환급금으로 결정하고 30일 이내에 환급하여야 하며, 세관장이 확인한 관세환급금은 납세의무자가 환급을 청구하지 아니하더라도 환급하여야 한다(법 제46조 제1항).

(1) 관세환급의 통지

세관장은 관세환급 사유를 확인한 때에는 권리자에게 그 금액과 이유 등을 통지하여야 한다(영 제51조 제1항).

천연적 한계를 극복하고, 외국에서 원자재를 도입하여 자국의 기술과 노동력으로 부가가치를 창조하여 수출하는 것이다. 이 제도는 재정정책적인 지원으로서 수출용 원자재를 수입할 때 관세를 면제하였으나 사후관리가 불가능하다는 이유로 무역업자는 수입할 때 관세를 납부하고 그 원자재를 사용하여 제조한 물품을 수출한 후에 관세를 되돌려 받도록 하였다.

(2) 관세환급금의 환급신청

"관세환급금"(법 제46조제1항에 따른 관세환급금으로서, 영 제50조부터 제56조까지에서 "관세환급금"이라 한다)의 환급을 받으려는 자는 해당 물품의 품명 · 규격 · 수량 · 수입신고수리연월일 · 신고번호 및 환급사유와 환급받으려는 금액을 기재한 신청서를 세관장에게 제출하여야 한다(영 제50조).

3. 관세환급금의 충당통지

세관장은 관세환급금을 환급하는 경우에 환급받을 자가 세관에 납부하여야 하는 관세와 그 밖의 세금, 가산금, 가산세 또는 체납처분비가 있을 때에는 환급하여야 하는 금액에서 이를 충당할 수 있으며, 이에 따라 관세환급금을 충당한 때에는 그 사실을 권리자에게 통보하여야 한다. 다만, 권리자의 신청에 의하여 충당한 경우에는 그 통지를 생략한다(법 제46조 제2항 및 영 제52조).

4. 관세환급금의 양도

납세의무자의 관세환급금에 관한 권리는 대통령령으로 정하는 바에 따라 제3자에게 양도할 수 있는 바, 관세환급금에 관한 권리를 제3자에게 양도하려는 자는 다음의 사항을 기재한 문서에 인감증명을 첨부하여 세관장에게 제출하여야 한다(법 제46조 제3항 및 영 제53조).

① 양도인의 주소와 성명
② 양수인의 주소와 성명
③ 환급사유
④ 환급금액

5. 관세환급금의 환급절차

관세환급금의 환급은 「국가재정법」 제17조[2]에도 불구하고 대통령령으로 정하는 바에 따라 「한국은행법」에 따른 한국은행의 해당 세관장의 소관 세입금에서 지급한다(법 제46조 제4항).

(1) 지급지시서의 송부 및 환급통지서의 송부

세관장(Head of Customhouse)은 관세환급금을 결정한 때에는 즉시 환급금 해당액을 환급받을 자에게 지급할 것을 내용으로 하는 지급지시서를 한국은행(국고대리점을 포함한다)에 송부하고, 그 환급받을 자에게 환급내용 및 방법 등을 기재한 환급통지서를 송부하여야 한다(영 제54조 제1항).

---

2) 예산총계주의: 모든 재정수입은 국고에 일단 세입조치되고, 모든 지출은 세출예산에 의거 국고에서 지출된다는 원칙

(2) 관세환급금의 이체 및 이체통지

한국은행은 세관장으로부터 "지급지시서"를 송부받은 때에는 즉시 세관장의 해당 연도 소관세입금 중에서 환급에 필요한 금액을 세관장의 환급금지급계정에 이체하고 그 내용을 세관장에게 통지하여야 한다(영 제54조 제2항).

(3) 관세환급금의 지급 및 지급내용의 통지

한국은행은 환급통지서를 제시받은 때에는 이를 세관장으로부터 송부받은 지급지시서와 대조·확인한 후 환급금을 지급하고 지급내용을 세관장에게 통지하여야 한다(영 제54조 제3항).

(4) 정당한 권리자인지 여부의 확인

한국은행은 환급금을 지급하는 때에는 환급받을 자로 하여금 주민등록증이나 그 밖의 신분증을 제시하도록 하여 그가 정당한 권리자인지를 확인하여야 한다(영 제54조 제4항).

(5) 관세환급금의 환급신청

관세환급금을 환급받으려는 자는 제50조의 규정에 의한 신청을 하는 때에 다른 지역의 한국은행으로 지급받을 환급금을 송금할 것을 신청하거나, 금융기관에 계좌를 개설하고 세관장에게 계좌개설신고를 한 후 그 계좌에 이체입금하여 줄 것을 신청할 수 있다(영 제54조 제5항).

(6) 지급지시서의 송부

관세환급금의 환급신청을 받은 세관장은 제1항에 따라 그 내용을 기재한 지급지시서를 한국은행에 송부하여야 한다. 이 경우 국고금송금요구서 또는 국고금입금의뢰서를 첨부하여야 한다(영 제54조 제6항).

(7) 관세환급금의 계좌이체 및 통지

한국은행은 세관장으로부터 제6항에 따른 지급지시서를 송부받은 때에는 즉시 그 금액을 해당 은행에 송금하거나 지정 금융기관의 계좌에 이체입금하고 그 내용을 세관장에게 통지하여야 한다(영 제54조 제7항).

(8) 관세환급금의 환급신청

제7항에 따라 환급금을 송금받은 다른 지역의 한국은행은 제3항 및 제4항에 따라 해당 환급금을 지급한다(영 제54조 제8항).

(9) 미지급자금의 정리

한국은행은 세관장이 환급금지급계정에 이체된 금액으로부터 해당 회계연도의 환급통지서 발행금액 중 다음 회계연도 1월 15일까지 지급하지 못한 환급금을 세관환급금지급미필이월계정에 이월하여 정리하여야 한다(영 제55조 제1항).

이에 따라 세관환급금지급미필이월계정에 이월한 금액 중 환급통지서발행일부터 1년내에 지급하지 못한 금액은 그 기간이 만료한 날이 속하는 회계연도의 세입에 편입하여야 한다(영 제55조 제2항).

또한, 관세환급금을 환급받을 자가 환급통지서발행일부터 1년 내에 환급금을 지급받지 못한 때에는 세관장에게 다시 환급절차를 밟을 것을 요구할 수 있으며, 세관장은 이를 조사·확인하여 그 지급에 필요한 조치를 하여야 한다(영 제55조 제3항).

(6) 관세환급금결정부와 그 보조부의 비치 및 기록

세관장은 관세환급금결정부와 그 보조부를 비치하고, 이에 필요한 사항을 기록하여야 한다(영 제51조 제2항).

(7) 관세환급금결정액의 보고서와 계산서의 제출

세관장은 매월 관세환급금결정액보고서를 작성하여 기획재정부장관에게 제출하여야 하며, 관세환급금결정액계산서와 그 증빙서류를 감사원장이 정하는 바에 따라 감사원에 제출하여야 한다(영 제51조 제3항 및 제4항).

6. 과다환급관세의 징수

세관장(Head of Customhouse)은 세관장은 제46조에 따른 관세환급금의 환급에 있어서 그 환급액이 과다한 것을 알게 되었을 때에는 해당 관세환급금을 지급받은 자로부터 과다지급된 금액을 징수하여야 한다(법 제47조 제1항).

또한, 세관장은 제1항에 따라 관세환급금의 과다환급액을 징수할 때에는 과다환급을 한 날의 다음 날부터 징수결정을 하는 날까지의 기간에 대하여 대통령령으로 정하는 이율에 따라 계산한 금액을 과다환급액에 더하여야 한다(법 제47조 제2항).

따라서, 법 제47조제1항에 따라 과다환급금을 징수하는 때에는 법 제47조제2항 또는 법 제48조에 따른 가산금을 결정하여야 하며, 이에 따른 가산금의 이율은 「은행법」에 의한 은행업의 인가를 받은 은행으로서 서울특별시에 본점을 둔 은행의 1년 만기 정기예금 이자율의 평균을 감안하여 기획재정부령으로 정하는 이자율로 한다(영 제56조 제1항·제2항)

7. 관세환급가산금

세관장은 제46조에 따라 관세환급금을 환급하거나 충당할 때에는 "대통령령으로 정하는 관세환급가산금 기산일"부터 환급결정 또는 충당결정을 하는 날까지의 기간과 대통령령으로 정하는 이율에 따라 계산한 금액을 관세환급금에 더하여야 한다. 다만, 제41조제4항에 따라 같은 조 제1항부터 제3항까지의 규정을 적용받지 아니하는 물품에 대하여는 그러하지 아니하다(법 제48조).

여기에서, "대통령령으로 정하는 관세환급가산금 기산일"이란 다음의 구분에 따른 날의 다음 날로 한다(영 제56조 제3항).

① 착오납부, 이중납부 또는 납부 후 그 납부의 기초가 된 신고 또는 부과를 경정하거나 취소함에 따라 발생한 관세환급금: 납부일. 다만, 2회 이상 분할납부된 것인 경우에는 그 최종 납부일로 하되, 관세환급금액이 최종 납부된 금액을 초과하는 경우에는 관세환급금액이 될 때까지 납부일의 순서로 소급하여 계산한 관세환급금의 각 납부일로 한다.

② 적법하게 납부된 관세의 감면으로 발생한 관세환급금: 감면 결정일

③ 적법하게 납부된 후 법률이 개정되어 발생한 관세환급금: 개정된 법률의 시행일

④ 관세법에 따라 신청한 환급세액(잘못 신청한 경우 이를 경정한 금액을 말한다)을 환급하는 경우: 신청을 한 날부터 30일이 지난 날. 다만, 환급세액을 신청하지 아니하였으나 세관장이 직권으로 결정한 환급세액을 환급하는 경우에는 해당 결정일로부터 30일이 지난 날로 한다.

Ⅲ. 계약상이물품의 관세환급(Refund of Customs Duties for Goods, etc. Different from Contract Contents)

1. 의의

계약상이물품(위약물품)의 관세환급(Refund of Customs Duties for Goods, etc. Different from Contract Contents)이란 수입신고가 수리된 물품이 계약조건과 상이하여 수출업자에게 다시 수출(반환)하거나 세관장의 승인을 받아 폐기하는 경우에 이미 납부한 관세의 전부 또는 일부를 되돌려 받는 것을 말한다.

2. 환급요건

수입신고가 수리된 물품이 계약 내용과 다르고 수입신고 당시의 성질이나 형태가 변경되지 아니한 경우 해당 물품이 수입신고 수리일부터 1년 이내에 다음의 어느 하나에 해당

하면 그 관세를 환급한다(법 제106조 제1항).

① 외국으로부터 수입된 물품: 보세구역(제156조제1항에 따라 세관장의 허가를 받았을 때에는 그 허가받은 장소를 포함한다. 이하 이 조에서 같다)에 이를 반입하였다가 다시 수출하였을 것. 이 경우 수출은 수입신고 수리일부터 1년이 지난 후에도 할 수 있다.
② 보세공장에서 생산된 물품: 보세공장에 이를 다시 반입하였을 것

이에 따른 수입물품으로서 세관장이 환급세액을 산출하는 데에 지장이 없다고 인정하여 승인한 경우에는 그 수입물품의 일부를 수출하였을 때에도 제1항에 따라 그 관세를 환급할 수 있다. 또한, 제1항과 제2항에 따른 수입물품의 수출을 갈음하여 이를 폐기하는 것이 부득이하다고 인정하여 그 물품을 수입신고 수리일부터 1년 내에 보세구역에 반입하여 미리 세관장의 승인을 받아 폐기하였을 때에는 그 관세를 환급한다(법 제106조 제2항 및 제3항).

관세환급의 요건

① 수입신고가 수리되고 관세가 납부된 물품이어야 한다.
② 수입신고가 수리된 물품이 계약내용과 상이한 물품이어야 한다.
③ 수입신고 당시의 성질 또는 형태가 변경되지 아니한 물품이어야 한다.
④ 수입신고 수리일로부터 1년 이내에 그 물품을 보세구역에 반입하여 수출하여야 한다.
⑤ 수입물품의 전부 또는 일부를 수출하거나 수출에 갈음하여 폐기하여야 한다.
⑥ 해당 물품이 보세공장에서 생산된 경우에는 최초 수입신고된 보세공장에 다시 반입하여야 한다.

3. 환급절차

(1) 계약상이물품의 수출 등으로 인한 관세환급

(가) 계약상이물품의 수출신고

수입신고가 수리된 물품이 계약내용과 상이하고 수입신고 당시의 성질 또는 형태가 변경되지 아니한 경우 법 제106조 제1항 또는 제2항에 따라 해당 물품을 수출하거나 보세공장에 반입하려는 자는 수출신고서 또는 보세공장물품반입신고서에 해당 물품의 품명·규격·수량·가격과 수출 또는 반입 사유를 적은 사유서, 해당 물품 수입에 관한 계약내용의 증빙서류와 수입신고필증 또는 이에 대신하는 세관의 증빙서류를 첨부하여 세관장에게 제출하여야 한다(영 제121조 제1항).

(나) 계약상이물품의 환급신청

기획재정부를 수출하거나 보세공장에 반입하고 관세의 환급을 받으려는 자는 해당 물품의 품명·규격·수량·수입신고수리 연월일·수입신고번호와 환급받으려는 관세액을 기재한 신청서에 수출신고필증·보세공장반입승인서 또는 이에 대신하는 세관의 증명서를 첨부하여 세관장에게 제출하여야 한다(영 제121조 제2항).

(다) 계약상이물품의 환급액

기획재정부의 수출에 따라 환급하는 관세액은 그 물품에 대하여 이미 납부한 관세의 전액으로 하며, 그 물품의 일부를 수출하거나 보세공장에 반입한 경우에는 그 일부물품에 해당하는 관세액으로 한다(영 제121조 제3항).

(2) 폐기물품의 관세환급

(가) 폐기의 승인신청

법 제106조 제1항과 제2항에 따른 수입물품의 수출을 갈음하여 이를 폐기하는 것이 부득이하다고 인정하여 그 물품을 수입신고 수리일부터 1년 내에 보세구역에 반입하여 미리 세관장의 승인을 받아 폐기하였을 때에는 그 관세를 환급하는 바, 이에 따른 물품의 폐기의 승인을 받으려는 자는 다음의 사항을 기재한 신청서에 해당 물품의 수입신고필증 또는 이에 갈음하는 세관의 증명서와 해당 물품의 폐기가 부득이한 것을 증빙하는 서류를 첨부하여 세관장에게 제출하여야 한다(법 제106조 제3항 및 영 제122조 제1항).

① 해당 물품의 품명·규격·수량·수입신고수리연월일·수입신고번호 및 장치장소
② 폐기방법·폐기예정연월일 및 폐기예정장소
③ 폐기사유

(나) 폐기물품의 환급신청

위에 따라 물품의 폐기의 승인을 받아 폐기한 물품에 대하여 관세를 환급받으려는 자는 다음의 사항을 기재한 신청서에 폐기승인서를 첨부하여 세관장에게 제출하여야 한다(영 제122조 제2항).

① 해당 물품의 품명·규격·수량·수입신고수리 연월일·수입신고번호 및 장치장소
② 폐기연월일
③ 그 폐기에 따라 생긴 잔존물의 품명·규격 및 수량

(다) 폐기물품의 환급액

폐기물품에 대하여 환급하는 관세액은 그 물품에 대하여 이미 납부한 그 관세액으로 한다. 다만, 그 폐기에 따라 생긴 잔존물에 대하여는 그 폐기한 때의 해당 잔존물의 성질·수량 및 가격에 따라 부과될 관세액을 공제한 금액으로 한다(영 제122조 제3항).

Ⅳ. 멸실·변질·손상물품의 관세환급

1. 의의

멸실·변질·손상물품의 관세환급은 수입신고가 수리된 물품이 수입신고 수리 후에도 지정보세구역에 계속 장치되어 있는 중에 재해로 멸실되거나 변질 또는 손상되어 그 가치가 떨어졌을 때에 이미 납부한 관세의 전부 또는 일부를 되돌려 받는 것을 말한다.

2. 환급요건

수입신고가 수리된 물품이 수입신고 수리 후에도 지정보세구역에 계속 장치되어 있는 중에 재해로 멸실되거나 변질 또는 손상되어 그 가치가 떨어졌을 때에는 대통령령으로 정하는 바에 따라 그 관세의 전부 또는 일부를 환급할 수 있다(법 제106조 제4항).

3. 환급절차

(1) 환급신청

멸실·변질·손상물품에 대하여 관세를 환급받으려는 자는 다음의 사항을 기재한 신청서에 해당 물품의 수입신고필증 또는 이에 갈음할 세관의 증명서를 첨부하여 세관장에게 제출하여야 한다(영 제123조 제1항).

① 해당 물품의 품명·규격·수량·수입신고수리 연월일·수입신고번호 및 장치장소
② 피해상황 및 그 밖의 참고사항
③ 환급받으려는 관세액과 그 산출기초

(2) 환급액

멸실·변질·손상물품에 대하여 환급하는 관세액은 다음의 구분에 따른 금액으로 한다(영 제123조 제2항).

① 멸실된 물품: 이미 납부한 관세의 전액
② 변질 또는 손상된 물품: 다음의 "변질·손상의 등의 관세경감액"(영 제40조의 2)의 규정을 준용하여 산출한 금액
㉮ 수입물품의 변질·손상 또는 사용으로 인한 가치의 감소에 따르는 가격의 저하분에 상응하는 관세액
㉯ 수입물품의 관세액에서 그 변질·손상 또는 사용으로 인한 가치의 감소후의 성질 및 수량에 따라 산출한 관세액을 공제한 차액

Ⅴ. 관세환급 관련규정

1. 관세미납계약상이물품의 부과취소

위의 "계약상이물품의 관세환급, 폐기물품의 관세환급 및 멸실·변질·손상물품의 관세환급의 규정"(법 제106조 제1항부터 제4항까지의 규정)을 적용할 때 해당 수입물품에 대한 관세의 납부기한이 종료되기 전이거나 징수유예 중 또는 분할납부기간이 끝나지 아니하여 해당 물품에 대한 관세가 징수되지 아니한 경우에는 세관장은 해당 관세의 부과를 취소할 수 있다(법 제106조 제5항).

따라서, 관세의 부과를 취소받으려는 자는 해당 수입물품에 대한 관세의 납부기한(징수유예 또는 분할납부의 경우에는 징수유예기간 또는 분할납부기간의 종료일을 말한다) 전에 신청서를 세관장에게 제출하여야 한다(영 제124조).

2. 준용규정

위의 "계약상이물품의 관세환급, 폐기물품의 관세환급 및 멸실·변질·손상물품의 관세환급"(법 제106조 제1항부터 제4항까지에서 규정한 관세의 환급)에 관하여는 "관세환급금 환급 관련규정"(법 제46조와 제47조)을 준용한다(법 제106조 제6항).

Ⅵ. 수입한 상태 그대로 수출되는 자가사용물품에 대한 관세 환급

수입신고가 수리된 개인의 자가사용물품이 수입한 상태 그대로 수출되는 경우로서 다음 각 호의 어느 하나에 해당하는 경우에는 수입할 때 납부한 관세를 환급한다. 이 경우 수입한 상태 그대로 수출되는 경우의 기준은 대통령령으로 정한다(법 제106조의2 제1항).

① 수입신고 수리일부터 6개월 이내에 보세구역에 반입하였다가 다시 수출하는 경우
② 수입신고 수리일부터 6개월 이내에 관세청장이 정하는 바에 따라 세관장의 확인을 받고 다시 수출하는 경우

또한, 제1항에 따른 관세 환급에 관하여는 제46조, 제47조 및 제106조제2항 · 제5항을 준용한다(법 제106조의2 제2항).

1. 수입한 상태 그대로 수출되는 자가사용물품의 요건

법 제106조의2 제1항 전단에 따른 수입한 상태 그대로 수출되는 자가사용물품은 다음의 요건을 모두 갖춘 물품으로 한다(영 제124조의2 제1항).

① 해당 물품이 수입신고 당시의 성질 또는 형태가 변경되지 아니한 상태로 수출될 것
② 해당 물품이 국내에서 사용된 사실이 없다고 세관장이 인정할 것

2. 수입한 상태 그대로 수출되는 자가사용물품에 대한 관세환급 신청

법 제106조의2 제1항에 따라 관세의 환급을 받으려는 자는 해당 물품의 품명 · 규격 · 수량 · 수입신고연월일 · 수입신고번호와 환급받으려는 관세액을 적은 신청서에 다음 각 호의 서류를 첨부하여 세관장에게 제출하여야 한다(영 제124조의2 제2항).

① 해당 물품의 수입신고필증
② 해당 물품의 수출신고필증 또는 이를 갈음하는 세관의 증명서

3. 수입한 상태 그대로 수출되는 자가사용물품에 대한 관세환급액

법 제106조의2제1항에 따라 환급하는 관세액은 다음 각 호의 구분에 따른 금액으로 한다(영 제124조의2 제3항).

① 물품을 전부 수출하는 경우: 이미 납부한 관세의 전액
② 물품의 일부를 수출하는 경우: 그 일부 물품에 해당하는 관세액

제3절 관세의 분할납부제도 (Customs Duties Payment in Installments)

Ⅰ. 의의

관세의 분할납부제도는 수입할 때(수입신고 수리후 15일 이내) 관세의 전액을 납부하는 것이 아니라, 수입일로부터 5년 이내의 기간을 정하여 분할하여 납부할 수 있도록 한 것이다. 이 제도의 목적은 관세의 납부를 위한 일시적 자금부담을 완화시키기 위한 것, 즉 중소제조업체의 지원, 정부 또는 지방자치단체의 사업, 학교·훈련원·연구소·비영리법인의 공익사업 등에 쓰이는 물품의 수입을 지원하기 위한 것이다.

Ⅱ. 내용

1. 천재·지변 등으로 인한 관세의 분할납부

세관장(Head of Customhouse)은 천재지변이나 그 밖에 대통령령으로 정하는 사유로 이 법에 따른 신고, 신청, 청구, 그 밖의 서류의 제출, 통지, 납부 또는 징수를 정하여진 기한까지 할 수 없다고 인정될 때에는 1년을 넘지 아니하는 기간을 정하여 대통령령으로 정하는 바에 따라 관세를 분할하여 납부하게 할 수 있는 바, 관세를 분할납부하려는 자는 다음의 사항을 기재한 신청서를 납부기한내에 세관장에게 제출하여야 한다(법 제107조 제2항 및 영 제125조 제1항).

① 납세의무자의 성명·주소 및 상호

② 분할납부를 하려는 세액 및 해당 물품의 신고일자·신고번호·품명·규격·수량·가격

③ 분할납부하려는 사유 및 기간

④ 분할납부금액 및 회수

세관장은 제1항에 따라 분할납부를 하게 하는 경우에는 "천재·지변 등으로 인한 기한의 연장"(제2조)을 준용한다(영 제125조 제2항).

2. 분할납부 대상물품·요건 및 기관

(1) 분할납부 대상물품

다음의 어느 하나에 해당하는 물품이 수입될 때에는 세관장은 기획재정부령으로 정하는 바에 따라 5년을 넘지 아니하는 기간을 정하여 관세의 분할납부를 승인할 수 있다(법 제107조 제2항).

① 시설기계류, 기초설비품, 건설용 재료 및 그 구조물과 공사용 장비로서 기획재정부장관이 고시하는 물품. 다만, 기획재정부령으로 정하는 업종에 소요되는 물품은 제외한다.

② 정부나 지방자치단체가 수입하는 물품으로서 기획재정부령으로 정하는 물품

③ 학교나 직업훈련원에서 수입하는 물품과 비영리법인이 공익사업을 위하여 수입하는 물품으로서 기획재정부령으로 정하는 물품

④ 의료기관 등 기획재정부령으로 정하는 사회복지기관 및 사회복지시설에서 수입하는 물품으로서 기획재정부장관이 고시하는 물품

⑤ 기획재정부령으로 정하는 기업부설연구소, 산업기술연구조합 및 비영리법인인 연구기관, 그 밖에 이와 유사한 연구기관에서 수입하는 기술개발연구용품 및 실험실습용품으로서 기획재정부장관이 고시하는 물품

⑥ 기획재정부령으로 정하는 중소제조업체가 직접 사용하려고 수입하는 물품. 다만, 기획재정부령으로 정하는 기준에 적합한 물품이어야 한다.

⑦ 기획재정부령으로 정하는 기업부설 직업훈련원에서 직업훈련에 직접 사용하려고 수

입하는 교육용품 및 실험실습용품 중 국내에서 제작하기가 곤란한 물품으로서 기획재정부장관이 고시하는 물품

(2) 분할납부대상물품의 요건

분할납부대상물품중 위의 ①에 해당하는 물품인 경우에는 다음의 요건을 갖추어야 한다(규칙 제59조 제1항).

① 관세법 별표 관세율표에서 부분품으로 분류되지 아니할 것

② 관세법이나 그 밖에 관세에 관한 법률 또는 조약에 따라 관세를 감면받지 아니할 것

③ 해당 관세액이 500만원 이상일 것(다만, 「중소기업기본법」 제2조 제1항에 따른 중소기업이 수입하는 경우에는 100만원 이상일 것)

④ 법 제51조 내지 제72조의 규정(탄력관세 관련규정)을 적용받는 물품이 아닐 것

또한, 위의 분할납부대상물품중 ⑥에 해당하는 물품인 경우에는 관세법 별표 관세율표 제84류·제85류 및 제90류에 해당하는 물품으로서 다음의 요건을 갖추어야 한다(규칙 제59조 제4항).

① 관세법이나 그 밖에 관세에 관한 법률 또는 조약에 따라 관세의 감면을 받지 아니할 것

② 해당 관세액이 100만원 이상일 것

③ 법 제51조 내지 제72조의 규정(탄력관세 관련규정)을 적용받는 물품이 아닐 것

④ 국내에서 제작이 곤란한 물품으로서 해당 물품의 생산에 관한 사무를 관장하는 주무부처의 장 또는 그 위임을 받은 기관의 장이 확인한 것일 것

그리고, 위의 분할납부대상물품중 ② 내지 ⑤ 및 ⑦에 해당하는 물품인 경우에는 관세법이나 그 밖에 관세에 관한 법률 또는 조약에 따라 관세를 감면받지 아니한 것이어야 한다(규칙 제59조 제5항).

(3) 분할납부기관

위의 분할납부대상물품중 ② 내지 ⑤에 따라 관세를 분할납부하는 물품 및 기관은 다음의 별표 4와 같다(규칙 제59조 제2항).

규칙 [별표 4] 〈개정 2013.3.23〉

관세의 분할납부대상 물품 및 기관(제59조제2항관련)

1. 법 제107조제2항제2호의 규정에 의하여 관세를 분할납부할 물품
   가. 정부 또는 지방자치단체에서 수입하는 소방차
   나. 교육부에서 국제개발협회 및 국제부흥개발은행의 차관 및 그 밖에 교육차관의 자금으로 수입하는 교육용 기자재
   다. 정부 또는 지방자치단체에서 수입하는 상수도확장시설용 물품과 종합하수처리장 및 동 구역안에 병설되는 위생처리시설건설용 물품
   라. 서울특별시에서 수입하는 종합운동경기장 건설용품
   마. 정부에서 수입하는 경찰용장비와 그 장비의 제조용 부분품 및 부속품
2. 법 제107조제2항제3호의 규정에 의하여 관세를 분할납부할 물품
   한국방송공사 또는 한국교육방송공사가 수입하는 방송용의 송수신기기 · 중계기기 · 조정기기 및 이동방송차
3. 법 제107조제2항제4호의 규정에 의하여 관세를 분할납부할 기관
   가. 국립 또는 공립의료기관(특수법인병원 및 공사형태의 의료기관을 포함한다)
   나. 의료법인(비영리의료재단법인을 포함한다)으로서 보건복지가족부장관이 확인하여 추천하는 기관
   다. 의료취약지구에 설립된 의료기관으로서 보건복지부장관이 확인하여 추천하는 기관
   라. 「사회복지사업법」, 「노인복지법」, 「장애인복지법」 또는 「아동복지법」의 규정에 의하여 복지사업을 목적으로 설립된 것으로서 보건복지가족부장관이 확인하여 추천하는 시설 및 단체
4. 법 제107조제2항제5호의 규정에 의하여 관세를 분할납부할 기관
   가. 「기술개발촉진법」 제7조제1항제2호 및 같은 법 시행령 제15조에 따른 기업부설연구소임을 과학기술정보통신부장관이 인정한 기업부설연구소
   나. 「산업기술연구조합 육성법」에 의한 산업기술연구조합임을 과학기술정보통신부장관이 인정하는 산업기술연구조합
   다. 「산업기술혁신 촉진법」 제38조에 따른 한국산업기술평가원
   라. 「산업기술혁신 촉진법」 제42조에 따른 전문생산기술연구소임을 산업통상자원부장관이 인정한 전문생산기술연구소

또한, 위의 분할납부대상물품중 ⑥에 해당하는 물품인 경우 관세분할납부의 승인을 얻을 수 있는 중소제조업체는 「중소기업기본법」 제2조에 따른 중소기업자로서 한국표준산업분류표상 제조업으로 분류되는 업체로 한정한다(규칙 제59조 제3항).

(4) 분할납부기간 및 방법

법 제107조 제2항에 따라 관세의 분할납부승인을 하는 경우의 납부기간과 납부방법은 별표 5와 같다. 다만, 수입 신고 건당 관세액이 30만원 미만인 물품을 제외한다(규칙 제60조).

[별표 5] 〈개정 2009.3.26〉

관세분할납부 기간 및 방법(제60조관련)

물품	기간	방법
1. 법 제107조제2항제1호의물품(제59조제3항에 따른 중소제조업체가 직접사용하기 위하여 수입하는 물품을 제외한다)		분할납부승인액을 수입신고수리일부터 6월마다 균등하게 분할하여 납부하여야 한다. 다만, 제1차분은 수입신고수리일부터 15일 이내에 납부하여야 한다.
가. 분할납부승인액이 1억원미만인 물품	분할납부승인일부터2년6개월	
나. 분할납부승인액이 1억원 이상 5억원 미만인 물품	분할납부승인일부터3년6개월	
다. 분할납부승인액이 5억원이상인 물품	분할납부승인일부터4년6개월	
라. 임차선박	가목 내지 다목의 기간내에서 임차기간내	
2. 법 제107조제2항제2호및 제3호의 물품	분할납부승인일부터2년	분할납부승인액을 2등분하여 제1차분은 승인일부터 1년 이내에, 제2차분은 2년이내에 납부하여야 한다.
3. 법 제107조제2항제4호의물품(별표4제3호다목의 규정에 의한 의료취약지구에 설립한 의료기관이 수입하는 물품을 제외한다)	분할납부승인일부터1년6개월	분할납부승인액을 수입신고수리일부터 6월마다 균등하게 분할하여 납부하여야 한다. 다만, 제1차분은 수입신고수리일부터 15일 이내에 납부하여야 한다.
4. 별표4제3호다목의 규정에 의한 의료취약지구에 설립한 의료기관이 수입하는물품	분할납부승인일부터4년6개월	분할납부승인액을 수입신고수리일부터 6월마다 균등하게 분할하여 납부하여야 한다. 다만, 제1차분은 수입신고수리일부터 15일 이내에 납부하여야 한다.
5. 법 제107조제2항제6호의 물품 및 법 제107조제2항제1호의 물품중 제59조제3항에 따른 중소제조업체가 직접 사용하기 위하여 수입하는 물품		분할납부승인액을 수입신고수리일부터 6월마다 균등하게 분할하여 납부하여야 한다. 다만, 제1차분은 수입신고수리일부터 15일 이내에 납부하여야 한다.
가. 분할납부승인액이 2천만원 미만인 물품	분할납부승인일부터2년6개월	
나. 분할납부승인액이 2천만원 이상 5천만원 미만인 물품	분할납부승인일부터3년6개월	
다. 분할납부승인액이 5천만원 이상인 물품	분할납부승인일부터4년6개월	

(5) 분할납부승인

(가) 승인신청

관세의 분할납부대상물품에 대하여 관세의 분할납부 승인을 받으려는 자는 해당 물품의 수입신고시부터 수입신고수리전까지 그 물품의 품명·규격·수량·가격·용도·사용장소와 사업의 종류를 기재한 신청서를 세관장에게 제출하여야 한다(영 제126조).

(나) 분할납부고지

세관장은 영 제126조에 따라 관세의 분할납부를 승인한 때에는 납부기한 별로 법 제39조에 따른 납세고지를 하여야 한다(영 제127조 제1항).

또한, 세관장은 법 제107조 제9항에 따라 관세를 징수하는 때에는 15일 이내의 납부기한을 정하여 법 제39조에 따른 납세고지를 하여야 한다(영 제127조 제2항).

그리고 제1항에 따라 고지한 관세로서 그 납부기한이 제2항에 따른 납부기한 이후인 것의 납세고지는 이를 취소하여야 한다(영 제127조 제3항).

(6) 용도외 사용 등의 승인

관세의 분할납부승인대상물품에 대하여 관세의 분할납부를 승인받은 자가 해당 물품의 용도를 변경하거나 그 물품을 양도하려는 경우에는 미리 세관장의 승인을 받아야 하는 바, 세관장의 승인을 받으려는 자는 다음의 사항을 기재한 신청서에 해당 물품의 양도·양수에 관한 계약서의 사본을 첨부하여 그 물품의 관할지 세관장에게 제출하여야 한다(법 제107조 제3항 및 영 제128조).

① 해당 물품의 품명·규격·수량·가격·통관지세관명·수입신고수리 연월일·수입신고번호
② 분할납부하려는 관세액과 이미 납부한 관세액
③ 양수인
④ 승인을 받으려는 사유

(7) 납세의무자의 승계

(가) 승계사유의 신고

관세의 분할납부를 승인받은 법인이 합병·분할·분할합병 또는 해산을 하거나 파산선고를 받은 경우 또는 관세의 분할납부를 승인받은 자가 파산선고를 받은 경우에는 제6항부터 제8항까지의 규정에 따라 그 관세를 납부하여야 하는 자는 지체 없이 그 사유를 세관장에게 신고하여야 한다(법 제107조 제4항).

(나) 승계에 따른 관세납부

관세의 분할납부를 승인받은 물품을 동일한 용도로 사용하려는 자에게 양도한 경우에는 그 양수인이 관세를 납부하여야 하며, 해당 용도 외의 다른 용도로 사용하려는 자에게 양도한 경우에는 그 양도인이 관세를 납부하여야 한다. 이 경우 양도인으로부터 해당 관세를 징수할 수 없을 때에는 그 양수인으로부터 징수한다(법 제107조 제5항).

관세의 분할납부를 승인받은 법인이 합병 · 분할 또는 분할합병된 경우에는 합병 · 분할 또는 분할합병 후에 존속하거나 합병 · 분할 또는 분할합병으로 설립된 법인이 연대하여 관세를 납부하여야 하며, 관세의 분할납부를 승인받은 자가 파산선고를 받은 경우에는 그 파산관재인이 관세를 납부하여야 하고, 관세의 분할납부를 승인받은 법인이 해산한 경우에는 그 청산인이 관세를 납부하여야 한다(법 제107조 제6항~제8항).

(8) 미납잔여관세의 즉시 징수

다음의 어느 하나에 해당하는 경우에는 납부하지 아니한 관세의 전액을 즉시 징수한다. 이 경우 세관장은 15일 이내의 납부기한을 정하여 "납세고지"(법 제39조)를 하여야 한다(법 제107조 제9항 및 영 제127조 제2항).

① 관세의 분할납부를 승인받은 물품을 제2항에서 정한 기간에 해당 용도 외의 다른 용도로 사용하거나 해당 용도 외의 다른 용도로 사용하려는 자에게 양도한 경우
② 관세를 지정된 기한까지 납부하지 아니한 경우. 다만, 관세청장이 부득이한 사유가 있다고 인정하는 경우는 제외한다.
③ 파산선고를 받은 경우
④ 법인이 해산한 경우

(9) 담보제공(Pledging of Security)

세관장(Head of Customhouse)은 필요하다고 인정될 때에는 대통령령으로 정하는 범위에서 관세청장이 정하는 바에 따라 이 법이나 그 밖의 법령 · 조약 · 협정 등에 따라 관세를 감면받거나 분할납부를 승인받은 물품에 대하여 그 물품을 수입할 때에 감면받거나 분할납부하는 관세액(제97조제4항 및 제98조제2항에 따른 가산세는 제외한다)에 상당하는 담보를 제공하게 할 수 있다(법 제108조 제1항).

이 경우, 담보의 제공여부는 물품의 성질 및 종류, 관세채권의 확보가능성 등을 기준으로 하여 정하되, 다음의 어느 하나에 해당하는 경우로 한정하여야 한다(영 제131조 제1항).

① 법 제97조 또는 법 제98조에 따라 관세를 감면받은 경우
② 법 제107조에 따라 분할납부승인을 받은 경우

또한, 법 제108조 제1항에 따라 세관장은 수입신고를 수리하는 때까지 담보를 제공하게

할 수 있다. 다만, 긴급한 사유로 공휴일(「근로자의 날 제정에 관한 법률」에 따른 근로자의 날 및 토요일을 포함한다) 등 금융기관이 업무를 수행할 수 없는 날에 수입하는 물품으로서 긴급성의 정도 등을 고려하여 관세청장이 정하여 고시하는 물품에 대하여는 수입신고를 수리하는 때 이후 최초로 금융기관이 업무를 수행하는 날까지 담보를 제공하게 할 수 있다(영 제131조 제2항)

(10) 분할납부승인물품의 반입 및 변경신고

(가) 승인물품의 반입

관세의 분할납부의 승인을 받은 자는 해당 물품의 수입신고수리일부터 1개월 이내에 설치 또는 사용할 장소에 반입하여야 하며, 설치 또는 사용할 장소에 물품을 반입한 자는 해당 장소에 다음의 사항을 기재한 장부를 비치하여야 한다(영 제129조 제1항 및 제2항).

① 해당 물품의 품명·규격 및 수량
② 해당 물품의 가격과 용도세율의 적용, 관세감면 또는 분할납부에 관한 사항
③ 해당 물품의 수입신고번호·수입신고수리 연월일과 통관지세관명
④ 설치 또는 사용장소에 반입한 연월일과 사용개시 연월일
⑤ 설치 또는 사용장소와 사용상황

(나) 변경신고

관세의 분할납부의 승인을 받은 물품을 그 분할납부기간 만료 전에 그 설치 또는 사용장소를 변경하려면 변경전의 관할지 세관장에게 다음의 사항을 기재한 설치 또는 사용장소변경신고서를 제출하고, 제출일부터 1개월 이내에 변경된 설치 또는 사용장소에 이를 반입하여야 한다. 다만, 재해·노사분규 등의 긴급한 사유로 자기소유의 국내의 다른 장소로 해당 물품의 설치 또는 사용장소를 변경하려면 관할지 세관장에게 신고하고, 변경된 설치 또는 사용장소에 반입한 후 1개월 이내에 설치 또는 사용장소변경신고서를 제출하여야 한다(영 제129조 제3항).

① 해당 물품의 품명·규격 및 수량
② 해당 물품의 가격 및 적용된 용도세율, 면세액 또는 분할납부승인액과 그 법적 근거
③ 해당 물품의 수입신고번호 및 통관지 세관명
④ 설치 또는 사용장소에 반입한 연월일과 사용개시 연월일
⑤ 설치 또는 사용장소와 신고자의 성명·주소

(11) 사후관리

(가) 분할납부 조건이행의 확인

관세법이나 그 밖의 법률·조약·협정 등에 따라 용도세율을 적용받거나 관세의 감면

또는 분할납부를 승인받은 자는 대통령령으로 정하는 바에 따라 해당 조건의 이행 여부를 확인하는 데에 필요한 서류를 세관장에게 제출하여야 하는 바, 이 서류는 관세청장이 정하는 바에 따라 통관세관장 또는 관할지세관장에게 제출하여야 한다(법 제108조 제2항 및 영 제132조 제2항).

이 경우, 세관장은 용도세율의 적용, 관세의 감면 또는 분할납부의 승인을 받은 물품에 대하여 관세청장이 정하는 바에 따라 해당 조건의 이행을 확인하기 위하여 필요한 조치를 할 수 있다(영 제132조 제1항).

(나) 사후관리의 위탁

관세청장은 제2항에 따른 조건의 이행 여부를 확인하기 위하여 필요할 때에는 대통령령으로 정하는 바에 따라 해당 물품의 사후관리에 관한 사항을 주무부장관에게 위탁할 수 있는 바, 관세청장은 용도세율의 적용, 관세의 감면 또는 분할납부의 승인을 받은 물품에 대한 해당 조건의 이행을 확인하기 위하여 필요한 경우에는 다음의 구분에 따라 그 사후관리에 관한 사항을 위탁하며, 그 위탁된 물품에 대한 사후관리에 관한 사항은 위탁받은 부처의 장이 관세청장과 협의하여 정한다(법 제108조 제3항 및 영 제133조 제1항·제3항).

① 법 제109조 제1항의 경우: 해당 법률·조약 등의 집행을 주관하는 부처의 장
② 법 제83조 제1항·법 제90조·법 제91조·법 제93조·법 제95조 제1항 제1호부터 제3호까지 또는 법 제107조의 경우: 해당 업무를 주관하는 부처의 장

이 경우, 사후관리를 위탁받은 부처의 장은 용도세율의 적용, 관세의 감면 또는 분할납부의 승인을 받은 물품에 대한 관세의 징수사유가 발생한 것을 확인한 때에는 지체없이 해당 물품의 관할지세관장에게 다음의 사항을 기재한 통보서를 송부하여야 한다(영 제133조 제2항).

① 수입신고번호
② 품명 및 수량
③ 감면 또는 분할납부의 승인을 받은 관세의 징수사유
④ 화주의 주소·성명

(다) 사후관리대상물품의 이관

관세의 분할납부의 승인을 받은 물품의 통관세관과 관할지세관이 서로 다른 때에는 통관세관장은 관세청장이 정하는 바에 따라 관할지세관장에게 해당 물품에 대한 관계서류를 인계하여야 한다(영 제130조 제1항).

Chapter 5

운송수단

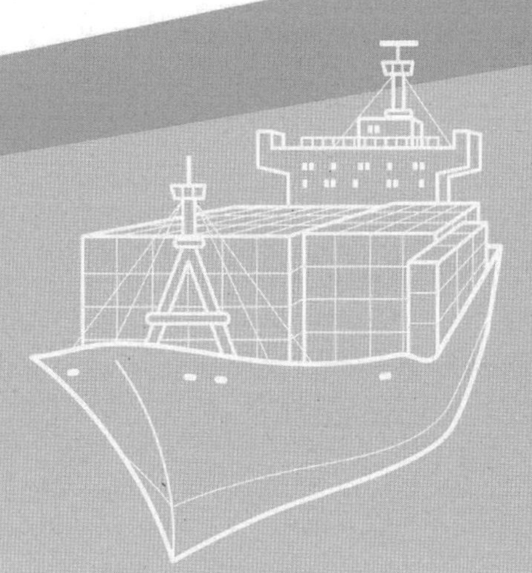

Chapter 5 운송수단

제1절 개 요

Ⅰ. 의의

관세법상 운송수단(Means of Transport)이란 선박·항공기 및 차량을 말한다. 관세법에 따라 규제대상이 되는 운송수단은 주로 무역을 위하여 외국을 왕래하는 외국무역선과 외국무역기이며, 국내에서만 항행하는 내항선과 내항기는 원칙적으로 관세법의 규제대상이 되지 않는다.

◐ **운송수단의 의의**

운송수단(means of transport) : 선박, 항공기 및 차량

관세법의 규제대상이 되는 운송수단

- **외국무역선 (Foreign Trade Vessel)**: 무역을 위하여 우리나라와 외국 간을 운항하는 선박 (vessel sailing between Korea and foreign nations for international trade) [법 제2조 제6호]
- **외국무역기 (Foreign Trade Aircraft)**: 무역을 위하여 우리나라와 외국 간을 운항하는 항공기 (aircraft flying between Korea and foreign nations for international trade) [법 제2조 제7호]
- **국경출입차량 (철도차량, 도로차량)**: 국경을 출입하는 차량 (vehicles driving across the national border) [법 제148조 제1항]

외국 / 한국

예외적으로만 관세법의 규제대상이 되는 운송수단

- **내항선 (Domestic Vessel)** [법 제2조 제8호]: 국내에서만 운항하는 선박(vessel sailing exclusively within the territorial waters of Korea)
- **내항기 (Domestic Aircraft)** [법 제2조 제9호]: 국내에서만 운항하는 항공기(aircraft flying exclusively in the territorial sky of Korea)

Ⅱ. 외국무역선(기) 등의 정의

1. 외국무역선 및 외국무역기

"외국무역선(foreign trade vessel)"이란 무역을 위하여(for international trade) 우리나라와 외국 간을 운항하는 선박(vessel sailing between Korea and foreign nations)을 말하고, "외국무역기(foreign trade aircraft)"란 무역을 위하여 우리나라와 외국 간을 운항하는 항공기(aircraft flying between Korea and foreign nations)를 말한다(법 제2조 제6호 및 제7호).

즉, 무역을 위하여 우리나라와 외국 간을 왕래하는 선박 또는 항공기는 그 국적 여하를 막론하고 외국무역선 또는 외국무역기이며, 군용이나 경찰용 선박 또는 항공기는 여기에 포함되지 않는다.

2. 내항선 및 내항기

"내항선(domestic vessel)"이란 국내에서만 운항하는 선박(vessel sailing exclusively within the territorial waters of Korea)을 말하고, "내항기(domestic aircraft)"란 국내에서만 운항하는 항공기(aircraft flying exclusively in the territorial sky of Korea)를 말한다(법 제2조 제8호 및 제9호).

3. 차량

관세법에 따라 규제되는 차량은 국경을 출입하는 차량에 한정된다. 또한, 국경을 출입하는 차량은 철도차량과 도로차량으로 구분되며, 법 제149조 제1항에서는 "도로차량"은 선박, 철도차량 또는 항공기가 아닌 운송수단을 말한다고 규정하고 있다.

Ⅲ. 운송수단의 물품취급시간

1. 세관의 업무시간 및 운송수단의 물품취급시간

세관의 업무시간, 보세구역과 운송수단에 있어서의 물품의 취급시간은 대통령령으로 정하는 바에 따르는 바, 세관의 업무시간과 보세구역 및 운송수단의 물품의 취급시간은 다음의 구분에 따른다(법 제321조 제1항 및 영 제274조).

① 세관의 업무(개청)시간 및 운송수단의 물품취급시간 : 「국가공무원 복무규정」에 따른 공무원의 근무시간. 다만, 항공기 · 선박 등이 상시 입 · 출항하는 등 세관의 업무 특성상 필요한 경우에 세관장(Head of Customhouse)은 관세청장의 승인을 받아 부서별로 근무시간을 달리 정할 수 있다.

② 보세구역의 물품취급시간 : 24시간. 다만, 감시 · 단속을 위하여 필요한 경우 세관장(Head of Customhouse)은 그 시간을 제한할 수 있다.

2. 세관의 업무시간외 및 운송수단의 물품취급시간외 물품취급에 대한 통보

임시업무(물품취급시간외 물품취급)는 선적 및 양륙이 긴급하게 요청되는 긴급물품인 경우에 세관의 정상적인 근무시간 외에 세관직원을 근무하게 하여 수출입통관절차 등의 세관업무를 신속하게 처리하도록 하는 것을 말한다.

즉, 다음의 어느 하나에 해당하는 자는 대통령령으로 정하는 바에 따라 세관장에게 미리 통보하여야 하는 바, 이에 따른 사전통보는 부득이한 경우를 제외하고는 「국가공무원 복무규정」에 의한 공무원의 근무시간내에 하여야 한다(법 제321조 제2항 및 영 제275조 제4항).

① 세관의 업무시간이 아닌 때에 통관절차 · 보세운송절차 또는 입출항절차를 밟으려는 자

② 운송수단의 물품취급시간이 아닌 때에 물품을 취급하려는 자

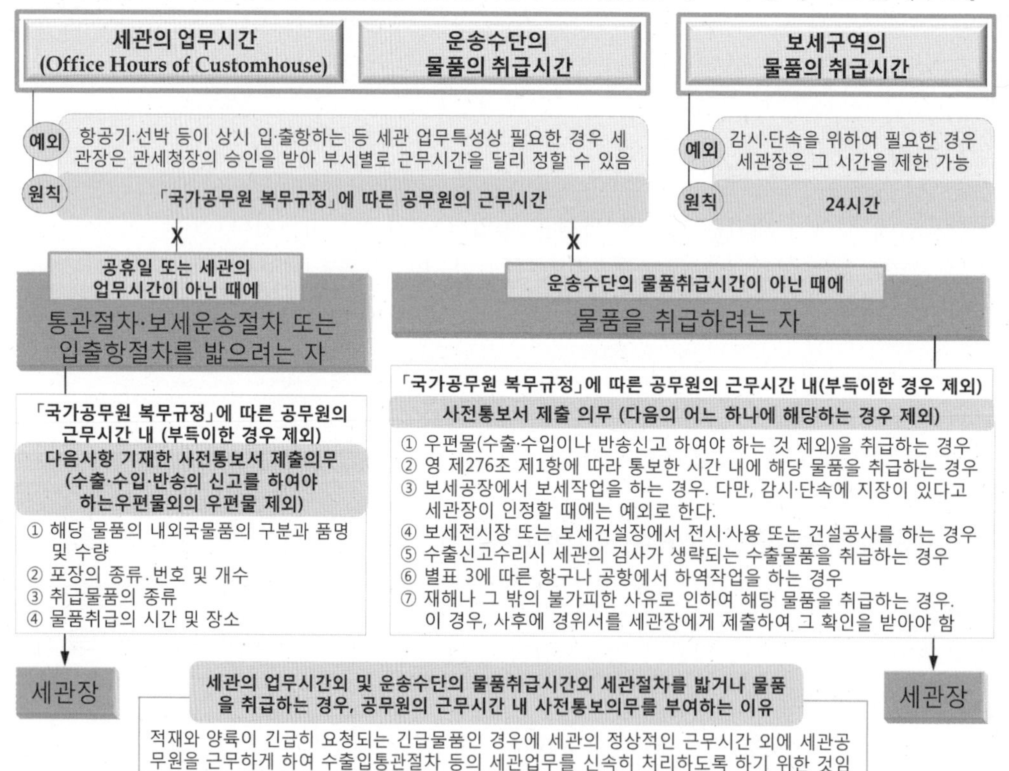

(1) 세관의 업무시간외 및 운송수단의 물품취급시간외 물품취급에 대한 통보

(가) 세관의 업무시간외 물품취급에 대한 통보

상기의 "세관의 업무시간이 아닌 때에 통관절차·보세운송절차 또는 입출항절차를 밟으려는 자"는 대통령령으로 정하는 바에 따라 세관장(Head of Customhouse)에게 미리 통보하여야 하는 바, 공휴일 또는 세관의 업무시간이 아닌 때에 통관절차·보세운송절차 또는 입출항절차를 밟으려는 자는 사무의 종류 및 시간과 사유 등 "다음의 사항"을 기재한 통보서를 세관장(Head of Customhouse)에게 제출하여야 한다. 다만, 수출·수입·반송의 신고를 하여야 하는 우편물외의 우편물에 대하여는 그러하지 아니하다(법 제321조 제2항 및 영 제275조 제1항·제3항).

① 해당 물품의 내외국물품의 구분과 품명 및 수량
② 포장의 종류·번호 및 개수
③ 취급물품의 종류
④ 물품취급의 시간 및 장소

(나) 운송수단의 물품취급시간외 물품취급에 대한 통보

상기의 "운송수단의 물품취급시간이 아닌 때에 물품을 취급하려는 자"는 대통령령으로 정하는 바에 따라 세관장(Head of Customhouse)에게 미리 통보하여야 하는 바, 물품취급시간이 아닌 때에 물품의 취급을 하려는 자는 다음의 어느 하나에 해당하는 경우를 제외하고는 통보서를 세관장에게 제출하여야 한다(법 제321조 제2항 및 영 제275조 제2항).

① 우편물(수출·수입 또는 반송신고를 하여야 하는 것은 제외)을 취급하는 경우
② 영 제276조 제1항에 따라 통보한 시간 내에 해당 물품을 취급하는 경우
③ 보세공장에서 보세작업을 하는 경우. 다만, 감시·단속에 지장이 있다고 세관장이 인정할 때에는 예외로 한다.
④ 보세전시장 또는 보세건설장에서 전시·사용 또는 건설공사를 하는 경우
⑤ 수출신고수리시 세관의 검사가 생략되는 수출물품을 취급하는 경우
⑥ "~~별표 3~~"(영 제155조 제1항의 표)[1]에 따른 항구나 공항에서 하역작업을 하는 경우
⑦ 재해나 그 밖의 불가피한 사유로 인하여 해당 물품을 취급하는 경우. 이 경우에는 사후에 경위서를 세관장에게 제출하여 그 확인을 받아야 한다.

(2) 세관의 업무시간외 및 운송수단의 물품취급시간외 물품취급에 따른 수수료

(가) 세관의 업무시간외 물품취급에 따른 수수료

위의 ① 세관의 업무시간이 아닌 때에 통관절차·보세운송절차 또는 입출항절차를 밟으

---

1) 2012년 2월 2일 관세법시행령 개정시에 별표 3이 삭제되었기 때문에, "별표 3"은 "영 제155조 제1항의 표"로 변경되어야 한다.

려고 하거나 또는 ② 운송수단의 물품취급시간이 아닌 때에 물품을 취급하려고 하여 세관장(Head of Customhouse)에게 사전통보를 한 자는 기획재정부령으로 정하는 바에 따라 수수료를 납부하여야 하는 바, 납부하여야 하는 "세관의 업무시간외 통관절차·보세운송절차 또는 입출항절차에 관한 수수료(구호용 물품의 경우 해당 수수료를 면제한다)"는 기본수수료 4천원(휴일은 1만2천원)에 다음의 구분에 따른 금액을 합한 금액으로 한다. 다만, 수출물품의 통관절차 또는 출항절차에 관한 수수료는 수입물품의 통관절차 또는 출항절차에 관한 수수료의 1/4에 상당하는 금액으로 한다(법 제321조 제3항 및 규칙 제81조 제1항).

① 오전 6시부터 오후 6시까지: 1시간당 3천원
② 오후 6시부터 오후 10시까지: 1시간당 4천8백원
③ 오후 10시부터 그 다음날 오전 6시까지: 1시간당 7천원

위의 수수료를 계산함에 있어서 관세청장이 정하는 물품의 경우 여러 건의 수출입물품을 1건으로 하여 통관절차·보세운송절차 또는 입출항절차를 신청하는 때에는 이를 1건으로 한다(규칙 제81조 제2항).

세관의 업무시간외 및 운송수단의 물품취급시간외 물품취급수수료 [법 제321조 제3항, 규칙 제81조]

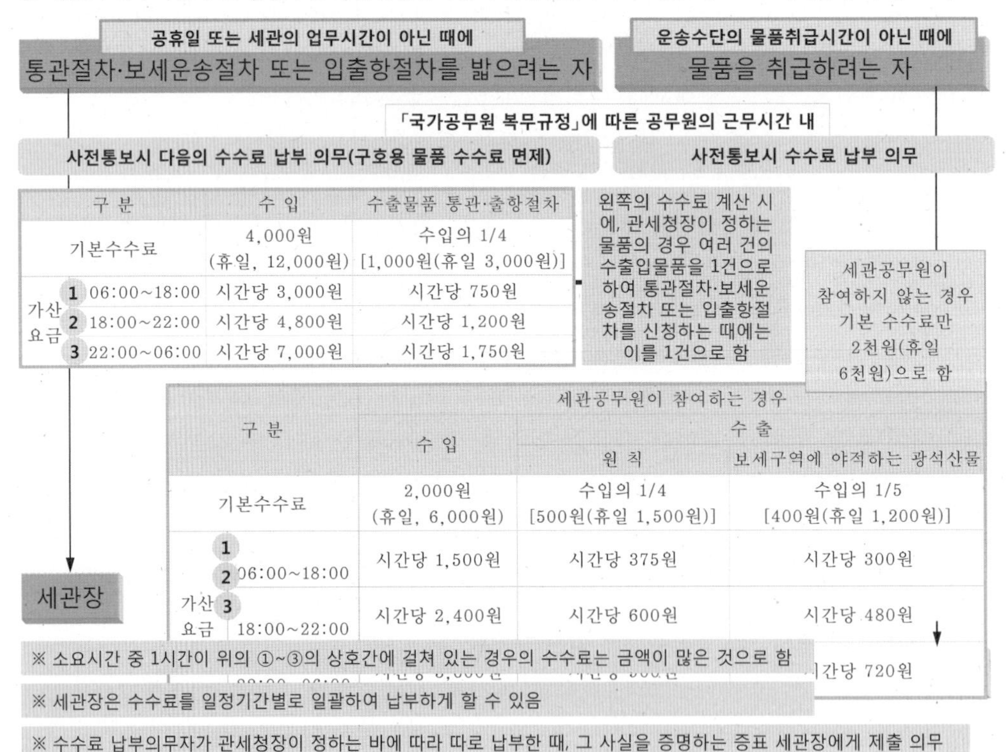

구 분		수 입	수출물품 통관·출항절차
기본수수료		4,000원 (휴일, 12,000원)	수입의 1/4 [1,000원(휴일 3,000원)]
가산 요금	1 06:00~18:00	시간당 3,000원	시간당 750원
	2 18:00~22:00	시간당 4,800원	시간당 1,200원
	3 22:00~06:00	시간당 7,000원	시간당 1,750원

구 분		수 입	수출 (세관공무원이 참여하는 경우)	
			원 칙	보세구역에 야적하는 광석산물
기본수수료		2,000원 (휴일, 6,000원)	수입의 1/4 [500원(휴일 1,500원)]	수입의 1/5 [400원(휴일 1,200원)]
가산 요금	1 2 06:00~18:00	시간당 1,500원	시간당 375원	시간당 300원
	3 18:00~22:00	시간당 2,400원	시간당 600원	시간당 480원
	[illegible]	[illegible]	[illegible]	시간당 720원

(나) 운송수단의 물품시간외 물품취급에 따른 수수료

위의 ① 세관의 업무시간이 아닌 때에 통관절차·보세운송절차 또는 입출항절차를 밟으려고 하거나 또는 ② 운송수단의 물품취급시간이 아닌 때에 물품을 취급하려고 하여 세관장(Head of Customhouse)에게 사전통보를 한 자는 기획재정부령으로 정하는 바에 따라 수수료를 납부하여야 하는 바, 납부하여야 하는 "물품취급시간외의 물품취급에 관한 수수료"는 해당 물품을 취급하는 때에 세관공무원이 참여하는 경우에는 기본수수료 2천원(휴일은 6천원)에 다음의 어느 하나에 해당하는 금액을 합한 금액으로 하며, 세관공무원이 참여하지 아니하는 경우에는 기본수수료 2천원(휴일은 6천원)으로 한다. 다만, 수출물품을 취급하는 때에는 그 금액의 1/4에 상당하는 금액(보세구역에 야적하는 산물인 광석류의 경우에는 그 금액의 1/5에 상당하는 금액)으로 한다(법 제321조 제3항 및 규칙 제81조 제3항).

① 오전 6시부터 오후 6시까지 : 1시간당 1천5백원
② 오후 6시부터 오후 10시까지 : 1시간당 2천4백원
③ 오후 10시부터 그 다음날 오전 6시까지 : 1시간당 3천6백원

(3) 세관의 업무시간외 및 운송수단의 물품취급시간외 물품취급에 따른 수수료의 금액

수수료금액을 계산함에 있어서 소요시간 중 1시간이 위의 ①~③의 상호간에 걸쳐 있는 경우의 수수료는 금액이 많은 것으로 한다(규칙 제81조 제4항).

또한, 세관장(Head of Customhouse)은 수수료를 일정기간별로 일괄하여 납부하게 할 수 있으며, 수수료를 납부하여야 하는 자가 관세청장이 정하는 바에 따라 이를 따로 납부한 때에는 그 사실을 증명하는 증표를 세관장(Head of Customhouse)에게 제출하여야 한다(규칙 제81조 제5항 및 제6항).

제2절 선박과 항공기

Ⅰ. 개항과 불개항의 출입

1. 개항과 불개항

(1) 개항(open port)

개항(open port)이란 국내의 항구 또는 공항 중 외국무역선(기)이 자유롭게 입출항할 수 있는 항구 또는 공항으로서, 여기에는 세관 및 무역유관기관 등이 있어 물품의 하선(기)

· 적재 · 운송 및 수출입통관절차 등을 신속 · 용이하게 할 수 있다.

즉, 개항(開港)은 대통령령으로 지정하는 바, 개항은 다음의 표와 같으며, 개항의 항계는 「항만법 시행령」 별표 1에 따른 항만의 수상구역 또는 「공항시설법」에 의한 범위로 한다(법 제133조 제1항 / 영 제155조 제1항 및 제2항).

구분	개항명
항구	인천항, 부산항, 마산항, 여수항, 목포항, 군산항, 제주항, 동해 · 묵호항, 울산항, 통영항, 삼천포항, 장승포항, 포항항, 장항항, 옥포항, 광양항, 평택 · 당진항, 대산항, 삼척항, 진해항, 완도항, 속초항, 고현항, 경인항, 보령항
공항	인천공항 · 김포공항 · 김해공항 · 제주공항 · 청주공항 · 대구공항 · 무안공항, 양양공항

● 개항의 지정 및 항계

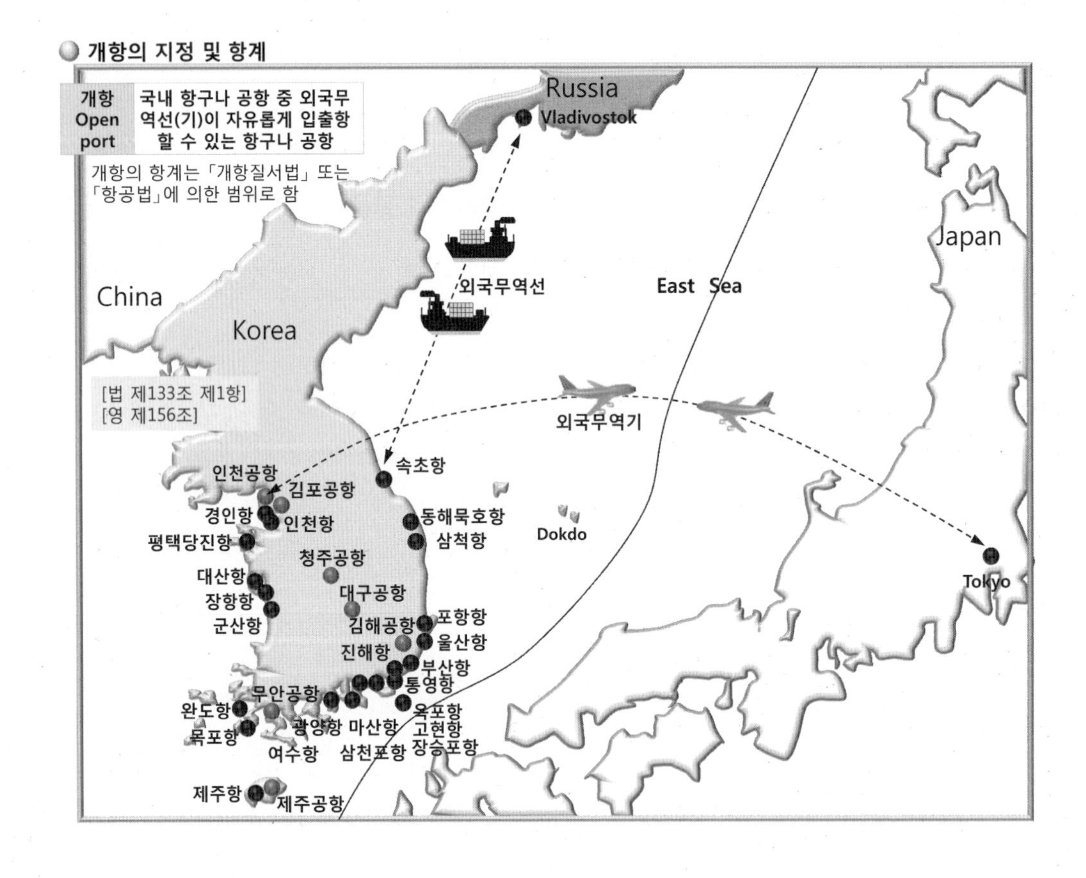

◉ 개항의 지정요건

개항의 지정요건(Designation of Open Ports) [법 제133조 제2항] [영 제155조의2]

① 「개항질서법」 또는 「항공법」에 따라 외국무역선(기)이 상시 입출항할 수 있을 것
② 국내선과 구분되는 국제선 전용통로 및 그 밖에 출입국업무를 처리하는 행정기관의 업무수행에 필요한 시설·장비를 확보할 수 있을 것
③ 공항의 경우에는 중형기급 정기여객기가 주 6회 이상 입항하고, 항만의 경우에는 5천톤급 이상의 선박이 연간 50회 이상 입항할 것으로 예상되는 등 외국무역선(기)의 편수·화물량·여객수가 관세청장이 정하는 기준에 적합할 것

(2) 불개항

불개항이란 국내의 항구 또는 공항중 관세법상 개항으로 지정되지 아니한 항구 또는 공항으로서, 세관장의 허가를 받은 경우에 한정하여 출입할 수 있다. 즉, 세관장은 외국무역선(기)을 이용하여 출입하는 사람과 물품을 관리하기 위하여 특별한 사유가 있어 세관장의 허가를 받은 경우를 제외하고는 개항 이외의 항구 또는 공항으로 왕래할 수 없도록 하고 있다.

2. 개항의 지정요건(Designation of Open Ports)

개항의 시설기준 등에 관하여 필요한 사항은 대통령령으로 정하는 바, 개항의 지정요건은 다음과 같다(법 제133조 제2항 및 영 제155조의2).

① 「선박의 입항 및 출항 등에 관한 법률」 또는 「공항시설법」에 의하여 외국무역선(기)이 상시 입출항할 수 있을 것
② 국내선과 구분되는 국제선 전용통로 및 그 밖에 출입국업무를 처리하는 행정기관의 업무수행에 필요한 인력 · 시설 · 장비를 확보할 수 있을 것
③ 공항 및 항구의 여객수 또는 화물량 등에 관한 다음 각 목의 구분에 따른 기준을 갖출 것
　㉮ 공항의 경우: 다음의 어느 하나의 요건을 갖출 것
　　㉠ 정기여객기가 주 6회 이상 입항하거나 입항할 것으로 예상될 것
　　㉡ 여객기로 입국하는 여객수가 연간 4만명 이상일 것
　㉯ 항구의 경우: 외국무역선인 5천톤급 이상의 선박이 연간 50회 이상 입항하거나 입항할 것으로 예상될 것

3. 개항과 불개항의 출입

외국무역선이나 외국무역기는 개항에 한정하여 운항할 수 있다. 다만, 대통령령으로 정하는 바에 따라 개항이 아닌 지역에 대한 출입의 허가를 받은 경우에는 그러하지 아니하

다(법 제134조 제1항).

다만, 법 제134조는 재해나 그 밖의 부득이한 사유에 의한 경우에는 적용하지 아니한다(법 제138조 제1항).

● 개항과 불개항의 출입

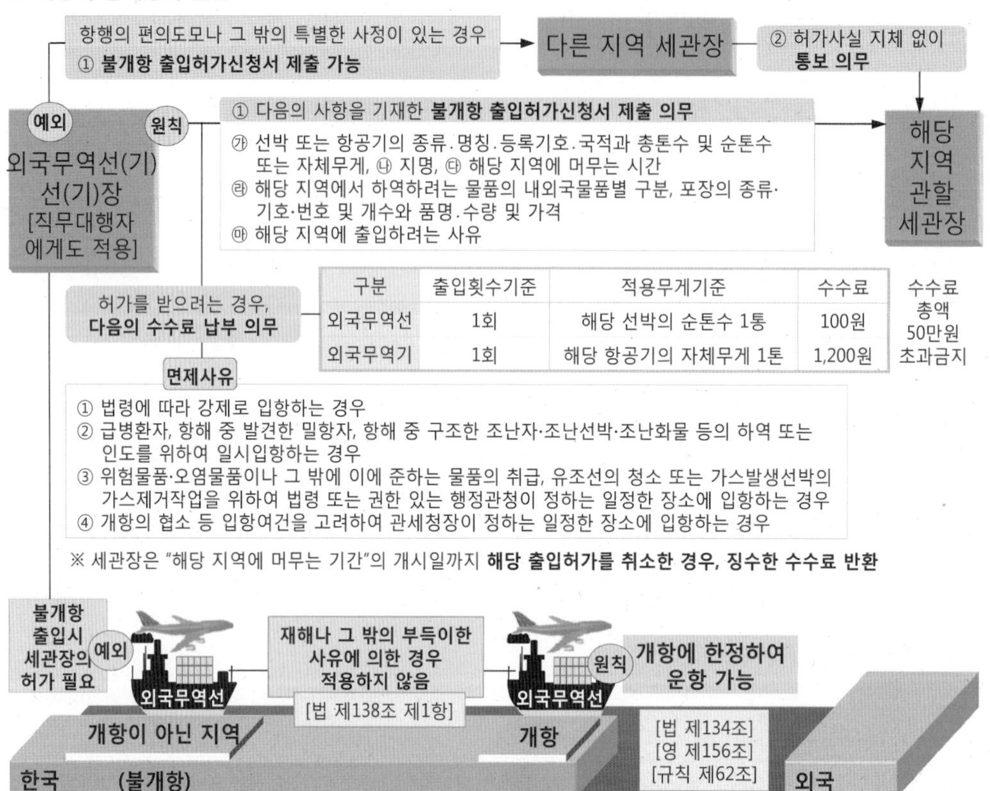

구분	출입횟수기준	적용무게기준	수수료
외국무역선	1회	해당 선박의 순톤수 1톤	100원
외국무역기	1회	해당 항공기의 자체무게 1톤	1,200원

(1) 불개항의 출입허가

법 제134조 제1항 단서에 따라 개항이 아닌 지역에 대한 출입의 허가를 받으려는 자는 다음의 사항을 기재한 신청서를 해당 지역을 관할하는 세관장에게 제출하여야 한다(영 제156조 제1항 본문).

① 선박 또는 항공기의 종류·명칭·등록기호·국적과 총톤수 및 순톤수 또는 자체무게

② 지명

③ 해당 지역에 머무는 기간

④ 해당 지역에서 하역하려는 물품의 내외국물품별 구분, 포장의 종류·기호·번호 및 개수와 품명·수량 및 가격

⑤ 해당 지역에 출입하려는 사유

그러나, 외국무역선 또는 외국무역기의 항행의 편의도모나 그 밖의 특별한 사정이 있는 때에는 다른 세관장에게 제출할 수 있다. 이 경우 불개항의 출입허가를 한 세관장은 지체 없이 이를 해당 지역을 관할하는 세관장에게 통보하여야 한다(영 제156조 제1항 단서 및 제2항).

(2) 불개항출입허가수수료

(가) 허가수수료의 납부

외국무역선의 선장이나 외국무역기의 기장(선장이나 기장이 할 직무를 대행하는 자에게도 적용)은 개항이 아닌 지역에 대한 출입의 허가를 받으려면 기획재정부령으로 정하는 바에 따라 허가수수료를 납부하여야 하는 바, 개항이 아닌 지역에 출입하기 위하여 내야 하는 수수료는 다음 표에 따라 계산하되, 산정된 금액이 1만원에 미달하는 경우에는 1만원으로 한다. 이 경우 수수료의 총액은 50만원을 초과하지 못한다(법 제134조 제2항, 제145조 및 규칙 제62조 제1항).

구분	출입 횟수 기준	적용무게기준	수수료
외국무역선	1회	해당 선박의 순톤수 1톤	100원
외국무역기	1회	해당 항공기의 자체무게 1톤	1,200원

(나) 허가수수료의 면제

세관장(Head of Customhouse)은 다음의 어느 하나에 해당하는 사유가 있는 때에는 개항이 아닌 지역에 대한 출입허가수수료를 징수하지 아니한다(규칙 제62조 제2항).

① 법령에 따라 강제로 입항하는 경우
② 급병환자, 항해 중 발견한 밀항자, 항해 중 구조한 조난자·조난선박·조난화물 등의 하역 또는 인도를 위하여 일시입항하는 경우
③ 위험물품·오염물품이나 그 밖에 이에 준하는 물품의 취급, 유조선의 청소 또는 가스발생선박의 가스제거작업을 위하여 법령 또는 권한 있는 행정관청이 정하는 일정한 장소에 입항하는 경우
④ 개항의 협소 등 입항여건을 고려하여 관세청장이 정하는 일정한 장소에 입항하는 경우

(다) 허가수수료의 반환

세관장은 "해당 지역에 머무는 기간"(영 제156조 제1항 제3호의 기간)의 개시일까지 해당 출입허가를 취소한 경우에는 제1항에 따라 징수한 수수료를 반환한다(규칙 제62조 제3항).

Ⅱ. 선박과 항공기의 입출항절차(Procedures for Entry and Departure of Vessels and Aircraft)

1. 입항절차(Procedures for Entry into Open Ports)

(1) 입항보고

외국무역선이나 외국무역기가 개항(개항이 아닌 지역에 대한 출입허가를 받은 지역을 포함)에 입항하였을 때에는 선장이나 기장(선장이나 기장이 할 직무를 대행하는 자에게도 적용)은 대통령령으로 정하는 사항이 적힌 선용품 또는 기용품의 목록, 여객명부, 승무원명부, 승무원 휴대품목록과 적화목록을 첨부하여 지체 없이 세관장에게 입항보고를 하여야 하며, 외국무역선은 선박국적증서와 최종 출발항의 출항면장(出港免狀)이나 이를 갈음할 서류를 제시하여야 한다. 다만, 세관장은 감시 · 단속에 지장이 없다고 인정될 때에는 선용품 또는 기용품의 목록이나 승무원 휴대품목록의 첨부를 생략하게 할 수 있다(법 제135조 제1항 및 제145조).

다만, 법 제135조는 재해나 그 밖의 부득이한 사유에 의한 경우에는 적용하지 아니한다(법 제138조 제1항)

◉ 외국무역선(기)의 입항에 따른 입항보고

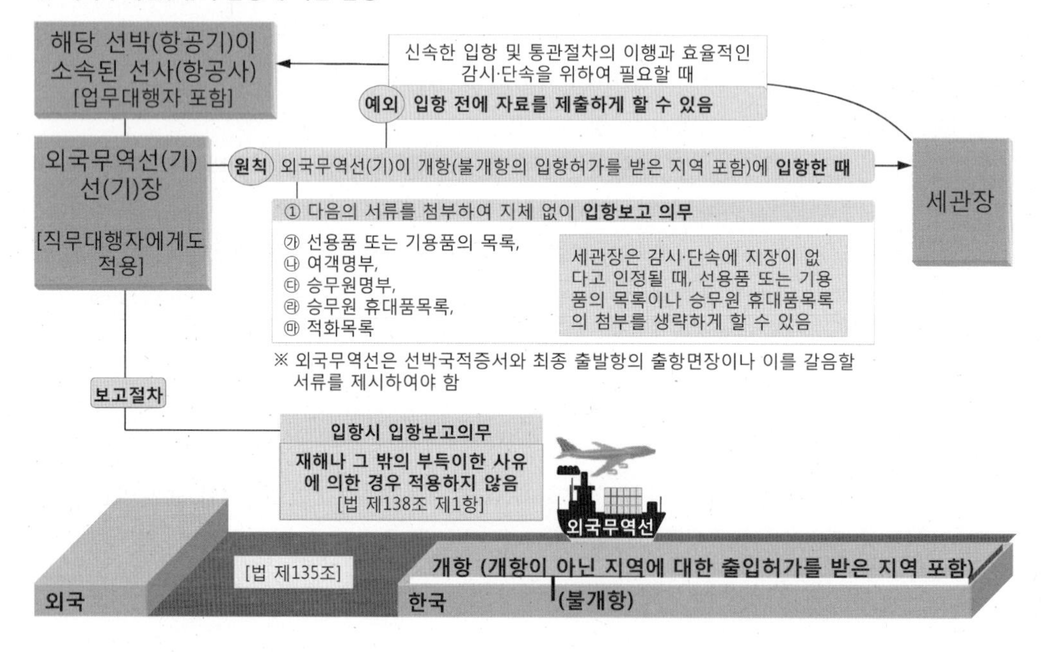

(2) 입항전 자료제출

세관장은 신속한 입항 및 통관절차의 이행과 효율적인 감시 · 단속을 위하여 필요할 때에는 관세청장이 정하는 바에 따라 입항하는 해당 선박 또는 항공기가 소속된 선박회사 또는 항공사(그 업무를 대행하는 자를 포함한다. 이하 같다)로 하여금 제1항에 따른 여객명부 · 적화목록 등을 입항하기 전에 제출하게 할 수 있다. 다만, 제222조 제1항 제2호에 따른 화물운송주선업자(제254조의2 제1항에 따른 탁송품 운송업자로 한정한다. 이하 이 항에서 같다)로서 "대통령령으로 정하는 다음의 어느 하나에 해당하는 요건을 갖춘 자"가 작성한 적화목록은 관세청장이 정하는 바에 따라 해당 화물운송주선업자로 하여금 제출하게 할 수 있다(법 제135조 제2항 및 영 제157조의2 및 규칙 제62조의2).

① 법 제255조의2에 따라 수출입 안전관리 우수업체로 공인된 업체
② 제259조의4 제1항에 따른 준수도 측정 · 평가의 결과가 우수한 자
③ "기획재정부령으로 정하는 화물운송 주선 실적이 있는 자", 즉 화물운송 주선 실적(선화증권 또는 항공화물운송장을 기준으로 한다)이 직전 연도 총 60만 건 이상인 자

(3) 입항보고서 등의 기재사항

법 제135조에 따라 외국무역선(기)이 개항(개항이 아닌 지역에 대한 출입허가를 받은 지역을 포함)에 입항하였을 때, "대통령령으로 정하는 사항이 적힌 선용품 또는 기용품의 목록, 여객명부, 승무원명부, 승무원 휴대품목록과 적화목록"을 첨부하여 입항보고를 하여야 하는 바, 첨부되어야 하는 이들 서류들의 기재사항은 다음과 같다.

외국무역선(기)의 입항보고에 따른 제출서류의 기재사항

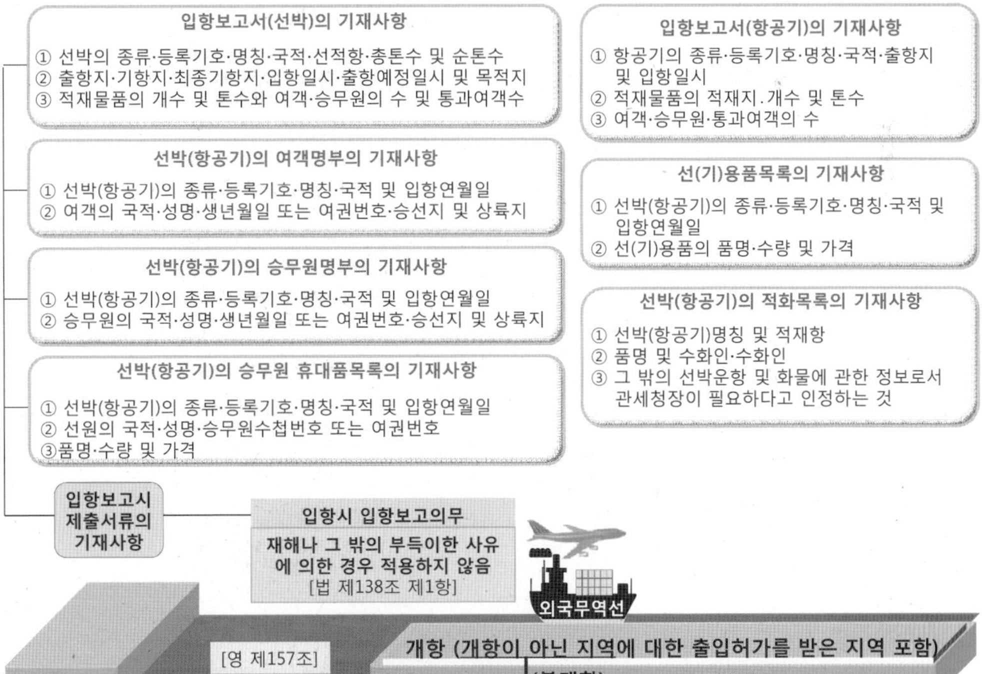

입항보고서(선박)의 기재사항
① 선박의 종류·등록기호·명칭·국적·선적항·총톤수 및 순톤수
② 출항지·기항지·최종기항지·입항일시·출항예정일시 및 목적지
③ 적재물품의 개수 및 톤수와 여객·승무원의 수 및 통과여객수

선박(항공기)의 여객명부의 기재사항
① 선박(항공기)의 종류·등록기호·명칭·국적 및 입항연월일
② 여객의 국적·성명·생년월일 또는 여권번호·승선지 및 상륙지

선박(항공기)의 승무원명부의 기재사항
① 선박(항공기)의 종류·등록기호·명칭·국적 및 입항연월일
② 승무원의 국적·성명·생년월일 또는 여권번호·승선지 및 상륙지

선박(항공기)의 승무원 휴대품목록의 기재사항
① 선박(항공기)의 종류·등록기호·명칭·국적 및 입항연월일
② 선원의 국적·성명·승무원수첩번호 또는 여권번호
③품명·수량 및 가격

입항보고서(항공기)의 기재사항
① 항공기의 종류·등록기호·명칭·국적·출항지 및 입항일시
② 적재물품의 적재지.개수 및 톤수
③ 여객·승무원·통과여객의 수

선(기)용품목록의 기재사항
① 선박(항공기)의 종류·등록기호·명칭·국적 및 입항연월일
② 선(기)용품의 품명·수량 및 가격

선박(항공기)의 적화목록의 기재사항
① 선박(항공기)명칭 및 적재항
② 품명 및 수화인·수화인
③ 그 밖의 선박운항 및 화물에 관한 정보로서 관세청장이 필요하다고 인정하는 것

입항보고시 제출서류의 기재사항

입항시 입항보고의무
재해나 그 밖의 부득이한 사유에 의한 경우 적용하지 않음
[법 제138조 제1항]

외국무역선

외국
[영 제157조]
한국
개항 (개항이 아닌 지역에 대한 출입허가를 받은 지역 포함)
(불개항)

(가) 선박(항공기)의 입항보고서

선박의 입항보고서에는 다음의 사항을 기재하여야 한다(영 제157조 제1항).

① 선박의 종류·등록기호·명칭·국적·선적항·총톤수 및 순톤수
② 출항지·기항지·최종기항지·입항일시·출항예정일시 및 목적지
③ 적재물품의 개수 및 톤수와 여객·승무원의 수 및 통과여객수

또한, 항공기의 입항보고서에는 다음의 사항을 기재하여야 한다(영 제157조 제7항).

① 항공기의 종류·등록기호·명칭·국적·출항지 및 입항일시
② 적재물품의 적재지·개수 및 톤수
③ 여객·승무원·통과여객의 수

(나) 선(기)용품목록의 기재사항

선(기)용품목록에는 다음의 사항을 기재하여야 한다(영 제157조 제2항 및 제8항).

① 선박(항공기)의 종류·등록기호·명칭·국적 및 입항연월일
② 선(기)용품의 품명·수량 및 가격

(다) 선박(항공기)의 여객명부의 기재사항

선박(항공기)의 여객명부에는 다음의 사항을 기재하여야 한다(영 제157조 제3항 및 제8항).

① 선박(항공기)의 종류·등록기호·명칭·국적 및 입항연월일
② 여객의 국적·성명·생년월일 또는 여권번호·승선지 및 상륙지

(라) 선박(항공기)의 승무원명부의 기재사항

선박(항공기)의 승무원명부에는 다음의 사항을 기재하여야 한다(영 제157조 제4항 및 제8항).

① 선박(항공기)의 종류·등록기호·명칭·국적 및 입항연월일
② 승무원의 국적·성명·승무원수첩번호 또는 여권번호·승선지 및 상륙지

(마) 선박(항공기)의 승무원 휴대품목록의 기재사항

선박(항공기)의 승무원 휴대품목록에는 다음의 사항을 기재하여야 한다(영 제157조 제5항 및 제8항).

① 선박(항공기)의 종류·등록기호·명칭·국적 및 입항연월일
② 선원의 국적·성명·승무원수첩번호 또는 여권번호
③ 품명·수량 및 가격

(바) 선박(항공기)의 적화목록의 기재사항

선박(항공기)의 적화목록에는 다음의 사항을 기재하여야 한다(영 제157조 제6항 및 제8항).

① 선박(항공기)명 및 적재항
② 품명 및 수화인·송화인
③ 그 밖의 선박운항 및 화물에 관한 정보로서 관세청장이 필요하다고 인정하는 것

2. 출항절차(Procedures for Departing from Open Port)

(1) 출항보고

외국무역선이나 외국무역기가 개항을 출항하려면 선장 또는 기장(선장이나 기장이 할 직무를 대행하는 자에게도 적용)은 출항하기 전에 세관장에게 출항허가를 받아야 한다(법 제136조 제1항 및 제145조). 다만, 법 제136조는 재해나 그 밖의 부득이한 사유에 의한 경우에는 적용하지 아니한다(법 제138조 제1항)

(가) 선박의 출항허가의 신청

선박이 출항하려는 때에는 다음의 사항을 기재한 신청서를 세관장에게 제출하여야 한다(영 제158조 제1항).

① 선박의 종류·등록기호·명칭·국적·총톤수 및 순톤수
② 여객·승무원·통과여객의 수
③ 적재물품의 개수 및 톤수
④ 선적지·목적지 및 출항일시

(나) 항공기의 출항허가의 신청

항공기가 출항하려는 경우에는 다음의 사항을 기재한 신청서를 세관장에게 제출하여야 한다(영 제158조 제2항).

① 항공기의 종류·등록기호·명칭 및 국적
② 여객·승무원·통과여객의 수
③ 적재물품의 개수 및 톤수
④ 선적지·목적지 및 출항일시

외국무역선(기)의 개항의 출항에 따른 출항보고

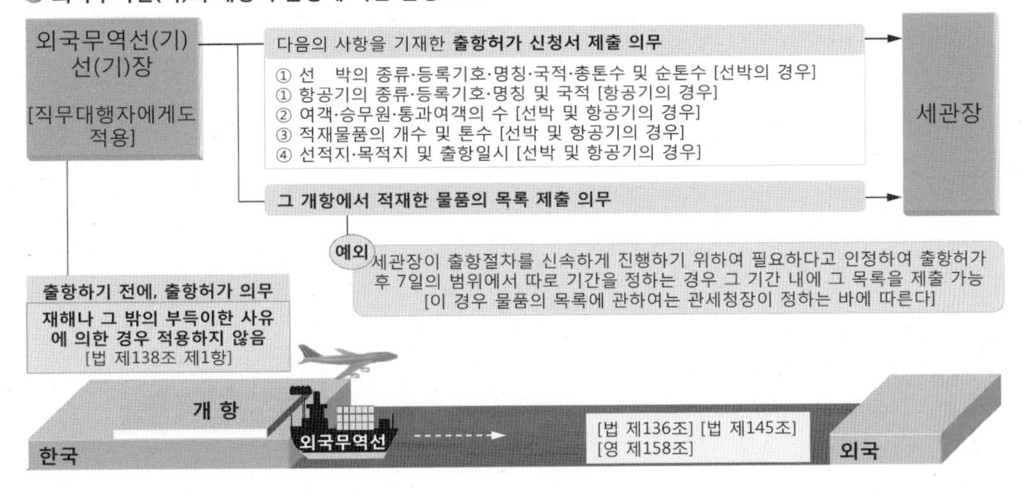

(2) 물품목록의 제출

선장이나 기장(선장이나 기장이 할 직무를 대행하는 자에게도 적용)은 개항의 출항허가를 받으려면 그 개항에서 적재한 물품의 목록을 제출하여야 한다. 다만, 세관장이 출항절차를 신속하게 진행하기 위하여 필요하다고 인정하여 출항허가 후 7일의 범위에서 따로 기간을 정하는 경우에는 그 기간 내에 그 목록을 제출할 수 있다. 이 경우 물품의 목록에 관하여는 관세청장이 정하는 바에 따른다(법 제136조 제2항, 제145조 및 영 제158조 제3항).

3. 입출항에 따른 승객예약자료의 제공

(1) 승객예약자료의 열람 또는 자료제출의 요청

세관장은 다음의 어느 하나에 해당하는 업무를 수행하기 위하여 필요한 경우 "승객예약자료"(135조에 따라 입항하거나 제136조에 따라 출항하는 선박 또는 항공기가 소속된 선박회사 또는 항공사가 운영하는 예약정보시스템의 승객예약자료)를 정보통신망을 통하여 열람하거나 "기획재정부령으로 정하는 시한 내"에 제출하여 줄 것을 선박회사 또는 항공사에 요청할 수 있다. 이 경우 해당 선박회사 또는 항공사는 이에 따라야 한다(법 제137조의2 제1항).

① 제234조에 따른 수출입금지물품을 수출입한 자 또는 수출입하려는 자에 대한 검사업무

② 제241조제1항·제2항을 위반한 자 또는 제241조제1항·제2항을 위반하여 다음의 어느 하나의 물품을 수출입하거나 반송하려는 자에 대한 검사업무

㉮ 「마약류관리에 관한 법률」에 따른 마약류

㉯ 「총포·도검·화약류 등 단속법」에 따른 총포·도검·화약류·분사기·전자충격기 및 석궁

위의 규정(법 제137조의2제1항)에 따른 승객예약자료의 제출시한은 다음의 구분에 따른다(규칙 제62조의3).

① 출항하는 선박 또는 항공기의 경우: 출항 후 3시간 이내

② 입항하는 선박 또는 항공기의 경우: 입항 1시간 전까지. 다만, 운항예정시간이 3시간 이내인 경우에는 입항 30분 전까지 할 수 있다.

외국무역선(기)의 입출항에 따른 승객예약자료의 열람 또는 자료제출의 요청

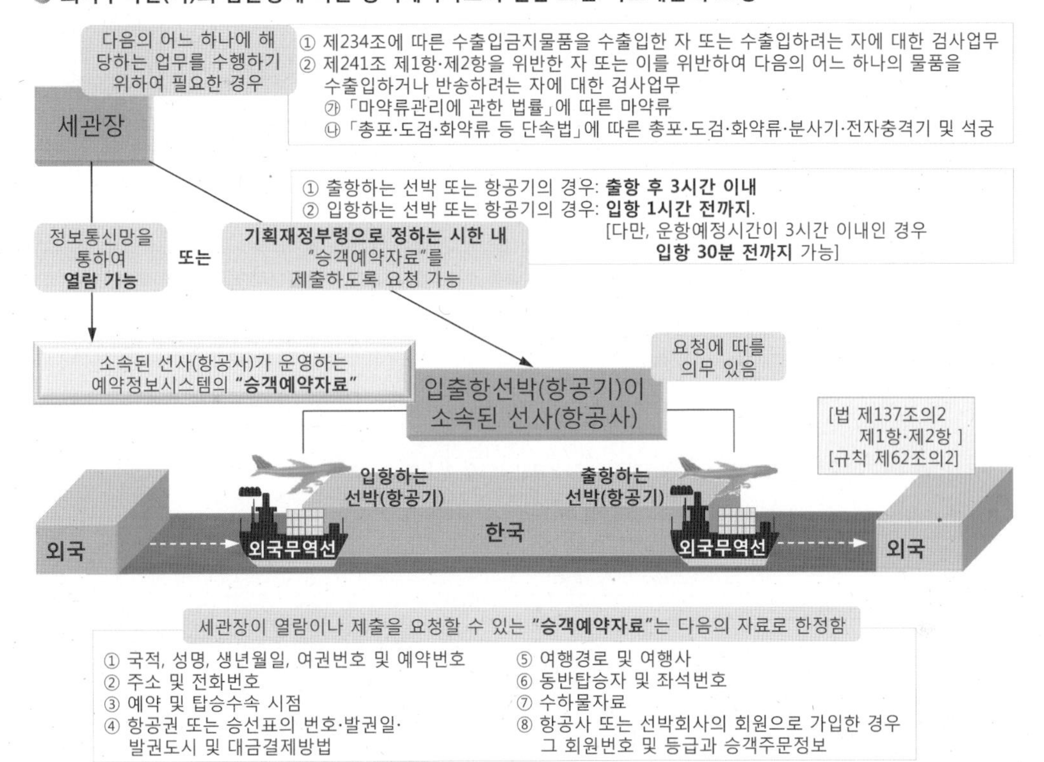

(2) 열람 또는 제출의 요청이 가능한 승객예약자료

세관장(Head of Customhouse)이 열람이나 제출을 요청할 수 있는 승객예약자료는 다음의 자료로 한정한다(법 제137조의2 제2항).

① 국적, 성명, 생년월일, 여권번호 및 예약번호

② 주소 및 전화번호

③ 예약 및 탑승수속 시점

④ 항공권 또는 승선표의 번호·발권일·발권도시 및 대금결제방법

⑤ 여행경로 및 여행사

⑥ 동반탑승자 및 좌석번호

⑦ 수하물자료

⑧ 항공사 또는 선박회사의 회원으로 가입한 경우 그 회원번호 및 등급과 승객주문정보

(3) 제공받은 승객예약자료의 열람, 관리 및 보존

제공받은 승객예약자료의 열람방법, 보존기한 등에 관하여 필요한 사항은 대통령령으로 정한다(법 제137조의2 제5항).

◉ 제공받은 승객예약자료의 보존 및 열람

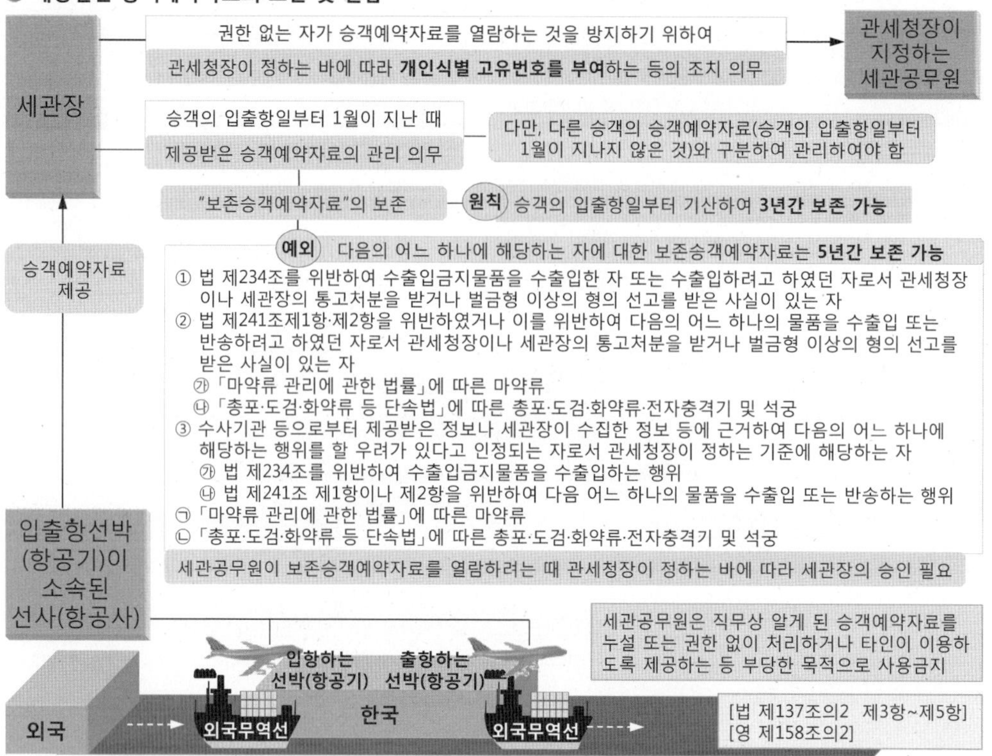

(가) 제공받은 승객예약자료의 열람

제공받은 승객예약자료를 열람할 수 있는 사람은 관세청장이 지정하는 세관공무원으로 한정하는 바, 세관장은 이러한 세관공무원에게 관세청장이 정하는 바에 따라 개인식별 고유번호를 부여하는 등의 조치를 하여 권한 없는 자가 승객예약자료를 열람하는 것을 방지하여야 한다(법 제137조의2 제3항 및 영 제158조의2 제1항).

(나) 제공받은 승객예약자료의 관리 · 보존

세관장은 "입·출항일"(승객이 입항 또는 출항한 날)부터 1개월이 경과한 때에는 해당 승객의 승객예약자료를 다른 승객의 승객예약자료(승객의 입·출항일부터 1개월이 경과하지 아니한 승객예약자료를 말한다)와 구분하여 관리하여야 하며, 이에 따라 구분·관리하는 승객예약자료("보존승객예약자료")를 해당 승객의 입·출항일부터 기산하여 3년간 보존할 수 있다. 다만, 다음의 어느 하나에 해당하는 자에 대한 보존승객예약자료는 5년간 보존할 수 있다(영 제158조의2 제2항 및 제3항).

① 법 제234조를 위반하여 수출입금지물품을 수출입한 자 또는 수출입하려고 하였던 자로서 관세청장이나 세관장의 통고처분을 받거나 벌금형 이상의 형의 선고를 받은

사실이 있는 자

② 법 제241조제1항 · 제2항을 위반하였거나 법 제241조제1항 · 제2항을 위반하여 다음 각 목의 어느 하나의 물품을 수출입 또는 반송하려고 하였던 자로서 관세청장이나 세관장의 통고처분을 받거나 벌금형 이상의 형의 선고를 받은 사실이 있는 자

㉮ 「마약류 관리에 관한 법률」에 따른 마약류

㉯ 「총포 · 도검 · 화약류 등의 안전관리에 관한 법률」에 따른 총포 · 도검 · 화약류 · 전자충격기 및 석궁

③ 수사기관 등으로부터 제공받은 정보나 세관장이 수집한 정보 등에 근거하여 다음 각 목의 어느 하나에 해당하는 행위를 할 우려가 있다고 인정되는 자로서 관세청장이 정하는 기준에 해당하는 자

㉮ 법 제234조를 위반하여 수출입금지물품을 수출입하는 행위

㉯ 법 제241조제1항 또는 제2항을 위반하여 다음의 어느 하나의 물품을 수출입 또는 반송하는 행위

㉠ 「마약류 관리에 관한 법률」에 따른 마약류

㉡ 「총포 · 도검 · 화약류 등의 안전관리에 관한 법률」에 따른 총포 · 도검 · 화약류 · 전자충격기 및 석궁

(다) 보존승객예약자료의 열람 승인

세관공무원은 보존승객예약자료를 열람하려는 때에는 관세청장이 정하는 바에 따라 미리 세관장의 승인을 받아야 한다(영 제158조의2 제4항).

(3) 승객예약자료의 누설 또는 제공 금지

세관공무원은 직무상 알게 된 승객예약자료를 누설 또는 권한 없이 처리하거나 타인이 이용하도록 제공하는 등 부당한 목적을 위하여 사용하여서는 아니 된다(법 제137조의2 제4항).

4. 간이입출항절차(Simplified Procedures for Entry into and Departure from Open Port)

(1) 입항후 24시간내 출항하는 경우

외국무역선이나 외국무역기가 개항에 입항하여 물품(선용품 또는 기용품과 승무원의 휴대품은 제외)을 하역하지 아니하고 입항한 때부터 24시간 이내에 출항하는 경우 세관장은 제135조에 따른 적화목록, 선용품 또는 기용품의 목록, 여객명부, 승무원명부, 승무원 휴대품목록 또는 제136조에 따른 적재물품의 목록의 제출을 생략하게 할 수 있다(법 제137조 제1항).

다만, 법 제137조는 재해나 그 밖의 부득이한 사유에 의한 경우에는 적용하지 아니한다(법 제138조 제1항).

● 간이입출항절차

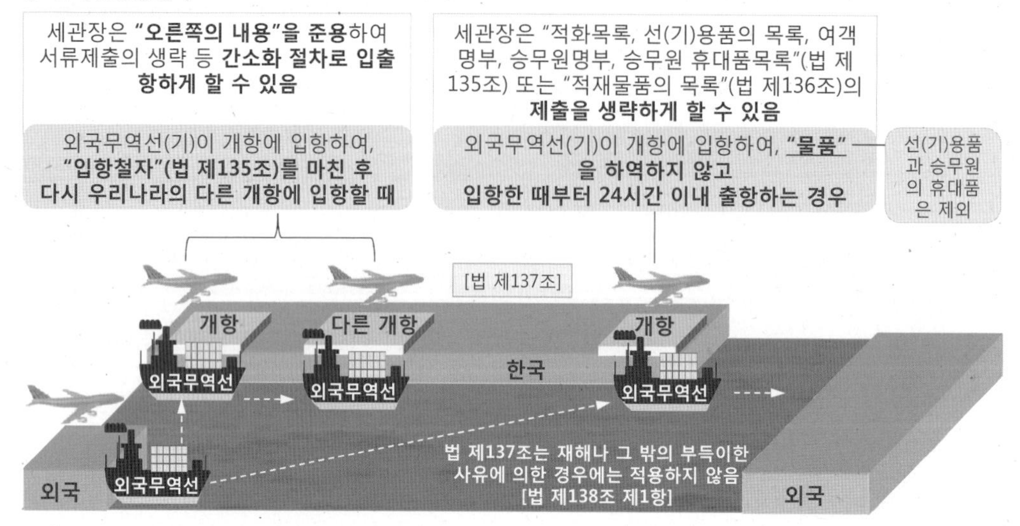

(2) 다른 개항으로 재입항하는 경우

세관장은 외국무역선이나 외국무역기가 개항에 입항하여 제135조에 따른 입항절차를 마친 후 다시 우리나라의 다른 개항에 입항할 때에는 제1항을 준용하여 서류제출의 생략 등 간소한 절차로 입출항하게 할 수 있다(법 제137조 제2항).

Ⅲ. 물품의 하역(Loading and Unloading of Goods)

1. 물품의 하역 등의 정의

(1) 하역의 정의(Definition of Loading and Unloading of Goods)

"하역"이란 ① 화물을 본선(기)에서 양륙하여 하선(기)장소에 반입하는 하선(기) 작업, 또는 ② 화물을 본선(기)에 옮겨놓는 적재 작업을 말한다(보세화물 입출항 하선 하기 및 적재에 관한 고시 제1-0-2-조 제4호).

◎ 하역, 환적, 복합환적의 정의

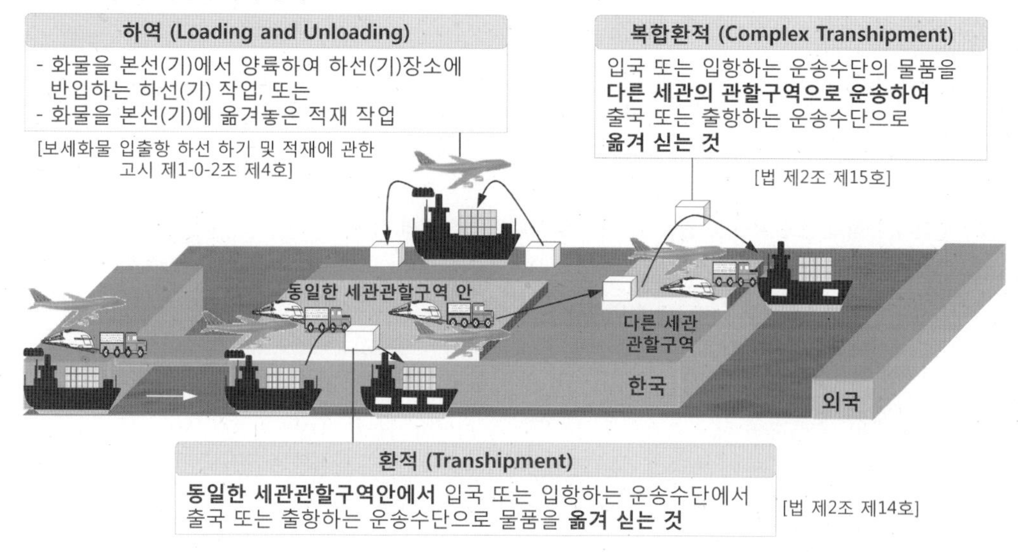

(2) 환적의 정의(Definition of Transhipment)

"환적(transhipment)"이란 동일한 세관관할구역안에서(in the jurisdictional area of the same customhouse) 입국 또는 입항하는 운송수단에서(from any entering or incoming transportation means) 출국 또는 출항하는 운송수단으로(onto any departing or outgoing transportation means) 물품을 옮겨 싣는 것(act of transshipping goods)을 말한다(법 제2조 제14호).

(3) 복합환적의 정의(Definition of Complex Transhipment)

"복합환적"(複合換積)이란 입국 또는 입항하는 운송수단의 물품을 다른 세관의 관할구역으로 운송하여 출국 또는 출항하는 운송수단으로 옮겨 싣는 것을 말한다(법 제2조 제15호).

2. 물품의 하역(Loading and Unloading of Goods)

(1) 입항절차종료전 하역 또는 환적의 허가

외국무역선이나 외국무역기는 제135조에 따른 입항절차를 마친 후가 아니면 물품을 하역하거나 환적할 수 없다. 다만, 세관장의 허가를 받은 경우에는 입항절차를 마치기 전에도 물품을 하역하거나 환적할 수 있는 바, 물품을 하역 또는 환적하기 위하여 허가를 받으려는 자는 다음의 사항을 기재한 신청서를 세관장에게 제출하여야 한다(법 제140조 제1항 및 영 제161조 제1항).

① 선박 또는 항공기의 종류·명칭·국적 및 입항연월일

② 물품의 내외국물품별 구분과 품명·수량 및 가격

③ 포장의 종류·기호·번호 및 개수

④ 신청사유

다만, 법 제140조는 재해나 그 밖의 부득이한 사유에 의한 경우에는 적용하지 아니한다 (법 제138조 제1항).

◉ 하역이나 환적의 신고·확인 및 입항절차종료전 하역이나 환적의 허가

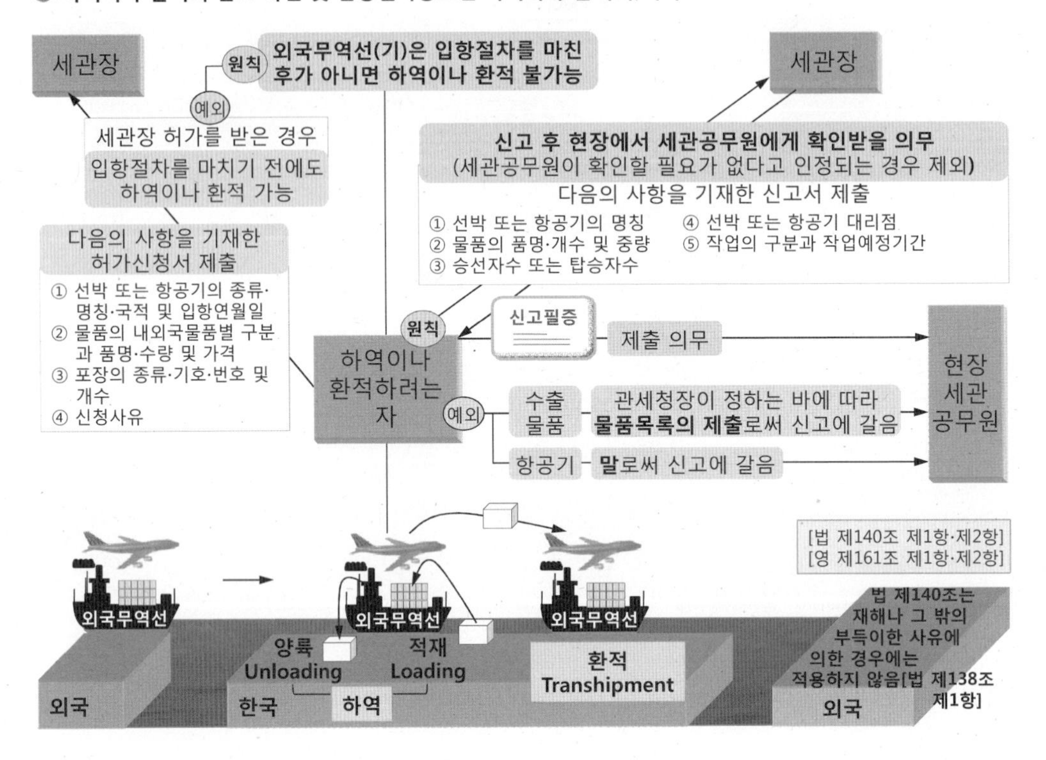

(2) 하역 또는 환적의 신고 및 확인

세관공무원이 확인할 필요가 없다고 인정하는 경우를 제외하고는, 외국무역선이나 외국무역기에 물품을 하역하거나 환적하려면 세관장에게 신고하고 현장에서 세관공무원의 확인을 받아야 하는 바, 물품을 하역 또는 환적하려는 자는 다음의 사항을 기재한 신고서를 세관장에게 제출하고 그 신고필증을 현장세관공무원에게 제시하여야 한다. 다만, 수출물품의 경우에는 관세청장이 정하는 바에 따라 물품목록의 제출로써 이에 갈음할 수 있으며, 항공기인 경우에는 현장세관공무원에 대한 말로써 신고하여 이에 갈음할 수 있다 (법 제140조 제2항 및 영 제161조 제2항).

① 선박 또는 항공기의 명칭

② 물품의 품명·개수 및 중량

③ 승선자수 또는 탑승자수
④ 선박 또는 항공기 대리점
⑤ 작업의 구분과 작업예정기간

(3) 하역통로의 지정 및 공고

세관장(Head of Customhouse)은 감시 · 단속을 위하여 필요할 때에는 "하역통로"(제2항에 따라 물품을 하역하는 장소 및 통로)와 기간을 제한할 수 있는 바, 하역통로는 세관장이 지정하고 이를 공고하여야 한다(법 제140조 제3항 및 영 제161조 제3항).

하역통로의 지정 및 공고

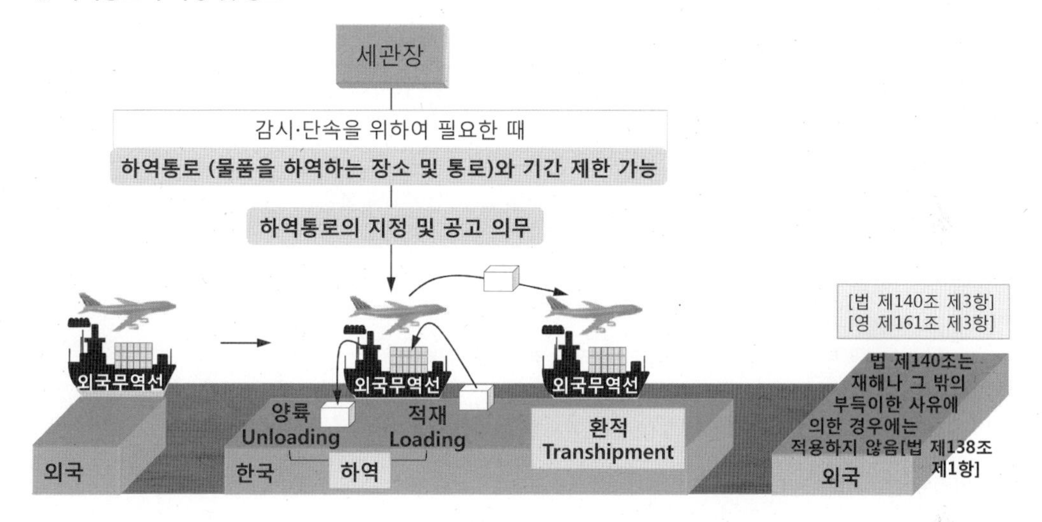

(4) 내외국물품의 적재허가

외국무역선이나 외국무역기에는 내국물품을 적재할 수 없으며, 내항선이나 내항기에는 외국물품을 적재할 수 없다. 다만, 세관장의 허가를 받았을 때에는 그 물품을 적재할 수 있다(법 제140조 제4항).

(가) 내외국물품의 적재허가 신청

외국무역선(기)에 내국물품을, 내항선(기)에 외국물품을 적재하기 위하여 허가를 받으려는 자는 다음의 사항을 기재한 신청서를 세관장에게 제출하여야 한다(영 제161조 제4항).

① 물품의 내외국물품별 구분과 품명 및 수량
② 포장의 종류 및 개수
③ 적재선박 또는 항공기의 명칭, 적재기간
④ 화주의 주소 및 성명

⑤ 신청사유

(나) 내외국물품의 적재허가

세관장은 다음의 어느 하나에 해당하는 허가를 하거나 신고를 한 때에는 외국무역선 또는 외국무역기에 내국물품을 적재하거나 내항선 또는 내항기에 외국물품을 적재하게 할 수 있다(영 제161조 제5항).

① 선용품 및 기용품의 하역허가를 받은 경우(법 제143조)

② 보세운송신고를 하거나 보세운송승인을 받은 경우(법 제213조)

③ 내국운송신고를 하는 경우(법 제221조)

④ 수출신고가 수리된 경우(법 제248조)

외국무역선(기) 또는 내항선(기)에 내국 또는 외국물품의 적재허가

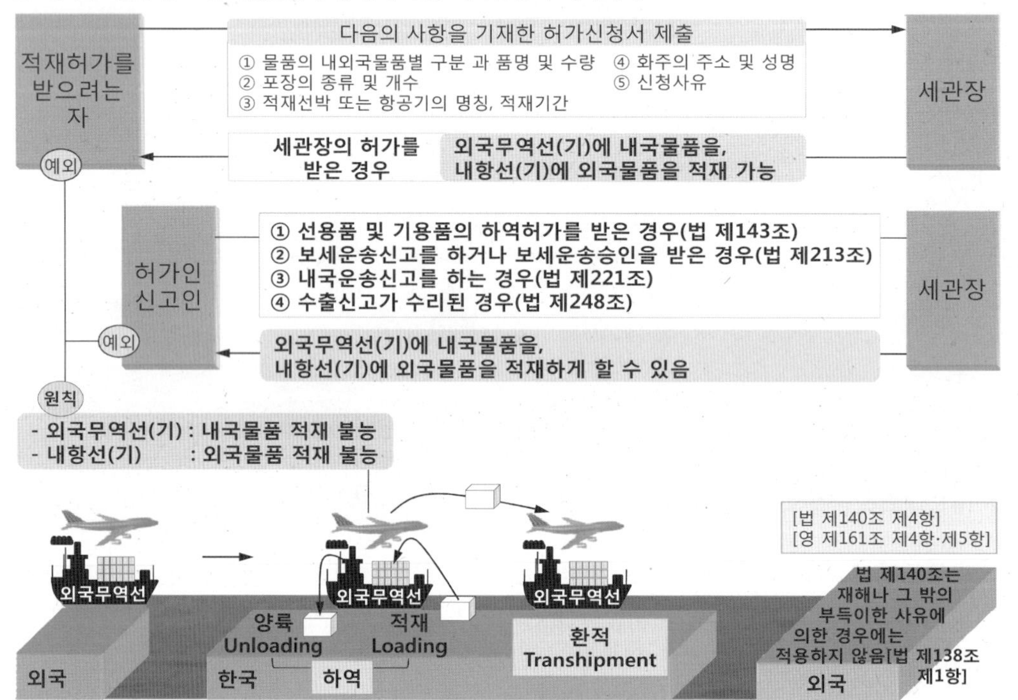

3. 외국물품의 일시양륙 등(Temporary Landing of Foreign Goods)

다음의 어느 하나에 해당하는 행위를 하려면 세관장에게 신고를 하고, 현장에서 세관공무원의 확인을 받아야 한다. 다만, 관세청장이 감시·단속에 지장이 없다고 인정하여 따로 정하는 경우에는 간소한 방법으로 신고 또는 확인하거나 이를 생략하게 할 수 있다(법 제141조).

① 외국물품을 운송수단으로부터 일시적으로 육지에 내려 놓으려는 경우

② 해당 운송수단의 여객·승무원 또는 운전자가 아닌 자가 타려는 경우

③ 외국물품을 적재한 운송수단에서 다른 운송수단으로 물품을 환적 또는 복합환적하거나 사람을 이동시키는 경우

다만, 법 제141조는 재해나 그 밖의 부득이한 사유에 의한 경우에는 적용하지 아니한다(법 제138조 제1항).

외국물품의 일시양륙 등

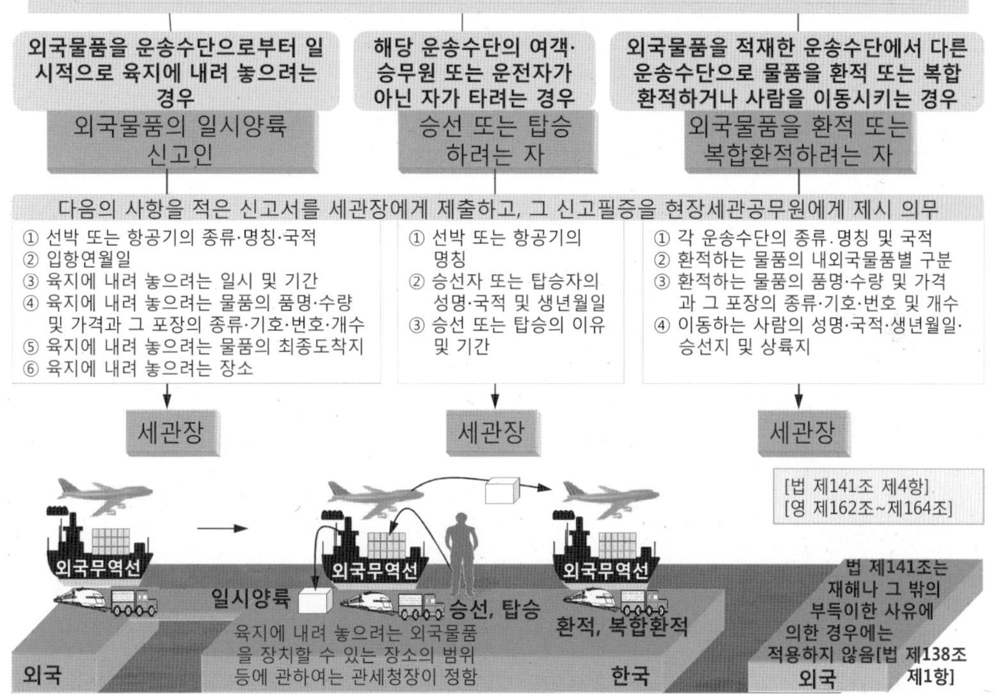

(1) 외국물품의 일시양륙의 신고

법 제141조 제1호에 따라 외국물품을 운송수단으로부터 일시적으로 육지에 내려 놓으려는 경우에는 다음의 사항을 적은 신고서를 세관장에게 제출하고 그 신고필증을 현장세관공무원에게 제시하여야 한다(영 제162조 제1항).

① 선박 또는 항공기의 종류·명칭·국적

② 입항연월일

③ 육지에 내려 놓으려는 일시 및 기간

④ 육지에 내려 놓으려는 물품의 품명·수량 및 가격과 그 포장의 종류·기호·번호·개수

⑤ 육지에 내려 놓으려는 물품의 최종도착지

⑥ 육지에 내려 놓으려는 장소

또한, 육지에 내려 놓으려는 외국물품을 장치할 수 있는 장소의 범위 등에 관하여는 관세청장이 정한다(영 제162조 제2항).

(2) 승선 또는 탑승신고

법 제141조 제2호에 따라 승선 또는 탑승하려는 자는 다음의 사항을 적은 신고서를 세관장에게 제출하고 그 신고필증을 현장 세관공무원에게 제시하여야 한다(영 제163조).

① 선박 또는 항공기의 명칭
② 승선자 또는 탑승자의 성명·국적 및 생년월일
③ 승선 또는 탑승의 이유 및 기간

(3) 외국물품의 환적 또는 복합환적과 사람이동의 신고

법 제141조 제3호에 따라 물품을 환적 또는 복합환적하거나 사람을 이동시키려는 자는 다음의 사항을 적은 신고서를 세관장에게 제출하고 그 신고필증을 현장 세관공무원에게 제시하여야 한다(영 제164조).

① 각 운송수단의 종류·명칭 및 국적
② 환적하는 물품의 내외국물품별 구분
③ 환적하는 물품의 품명·수량 및 가격과 그 포장의 종류·기호·번호 및 개수
④ 이동하는 사람의 성명·국적·생년월일·승선지 및 상륙지
⑤ 신고사유

4. 항외하역(Loading and Unloading of Goods Outside Open Port)의 허가

(1) 허가신청

외국무역선이 개항의 바깥에서 물품을 하역하거나 환적하려는 경우에는 선장(선장이 하여야 할 직무를 대행하는 자에게도 적용)은 세관장의 허가를 받아야 하는 바, 개항의 바깥에서 하역 또는 환적하기 위하여 허가를 받으려는 자는 다음의 사항을 기재한 신청서를 세관장에게 제출하여야 한다(법 제142조 제1항, 제145조 및 영 제165조).

① 개항의 바깥에서 하역 또는 환적하려는 장소 및 일시
② 선박의 종류·명칭·국적·총톤수 및 순톤수
③ 해당 물품의 내외국물품별 구분과 품명·수량 및 가격
④ 해당 물품의 포장의 종류·기호·번호 및 개수
⑤ 신청사유

다만, 법 제142조는 재해나 그 밖의 부득이한 사유에 의한 경우에는 적용하지 아니한다(법 제138조 제1항).

외국무역선의 개항외 하역(Loading and Unloading of Goods outside Open Port)

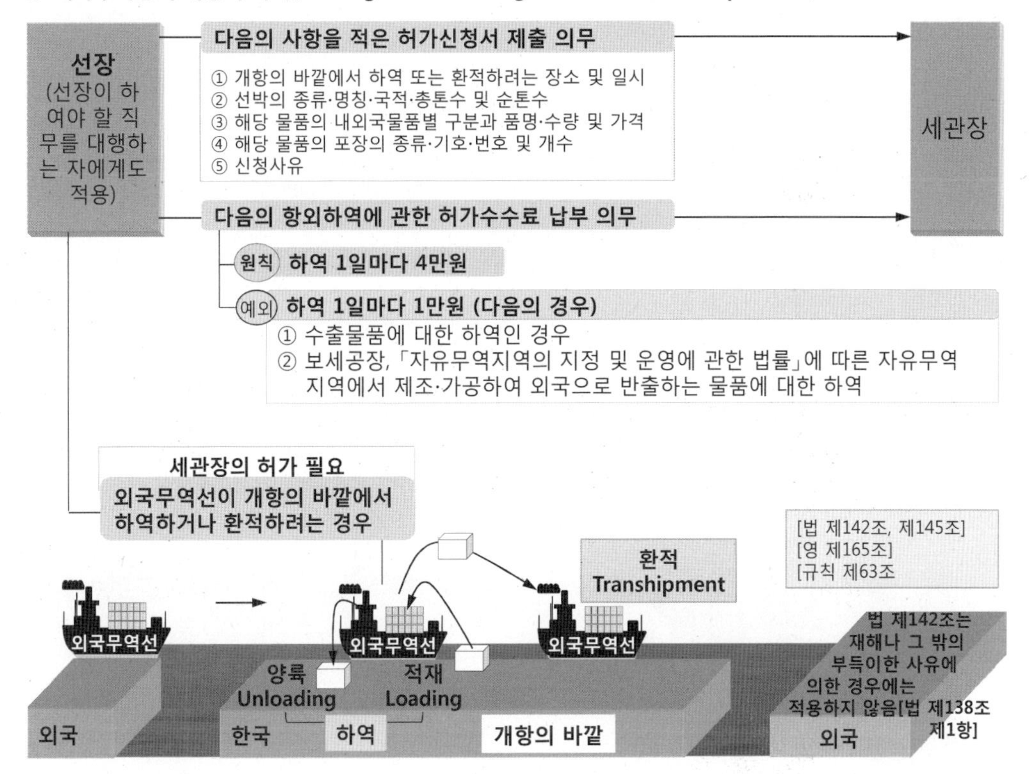

(2) 허가수수료

선장(선장이 하여야 할 직무를 대항하는 자에게도 적용)은 개항의 바깥에서 물품의 하역이나 환적의 허가를 받으려면 기획재정부령으로 정하는 바에 따라 허가수수료를 납부하여야 하는 바, 납부하여야 하는 항외하역에 관한 허가수수료는 하역 1일마다 4만원으로 한다. 다만, 수출물품(보세판매장에서 판매하는 물품과 보세공장, 「자유무역지역의 지정 및 운영에 관한 법률」에 따른 자유무역지역에서 제조·가공하여 외국으로 반출하는 물품을 포함)에 대한 하역인 경우에는 하역 1일마다 1만원으로 한다(법 제142조 제2항, 제145조 및 규칙 제63조).

5. 선용품과 기용품의 하역등(Loading and Unloading of Vessel and Aircraft Supplies)

(1) 선용품과 기용품의 정의

(가) 선용품

"선용품(vessel supplies)"이란 음료(beverages), 식품(foodstuff), 연료(fuel), 소모품(consumables), 밧줄(ropes), 수리용 예비부분품 및 부속품(spare parts used for repairs and components), 집

기(office fixtures), 그 밖에 이와 유사한 물품(other similar goods)으로서 해당 선박(relevant vessels)에서만 사용되는 것을 말한다(법 제2조 제10호).

선용품과 기용품, 차량용품의 정의

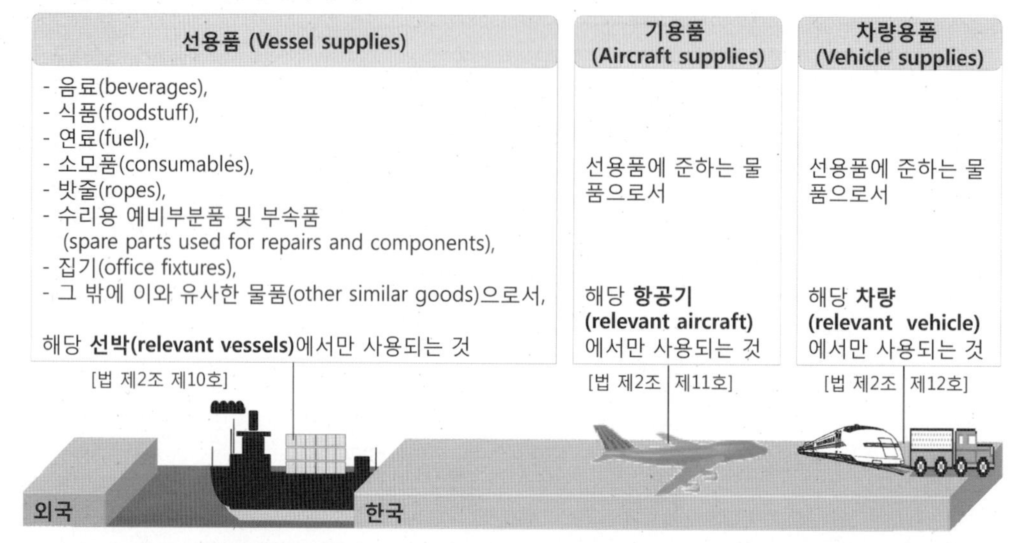

(나) 기용품

"기용품(aircraft supplies)"이란 선용품에 준하는 물품(supplies which are corresponding to the vessel supplies)으로서 해당 항공기(relevant aircraft)에서만 사용되는 것을 말한다(법 제2조 제11호).

(다) 차량용품

"차량용품(vehicle supplies)"이란 선용품에 준하는 물품(supplies which are corresponding to the vessel supplies)으로서 해당 차량(relevant vehicle)에서만 사용되는 것을 말한다(법 제2조 제12호).

차량용품과 국경출입차량내 판매물품의 하역 또는 환적절차

("차량용품"과 "국경출입차량 안에서 판매할 물품"을 하역 또는 환적할 때)

하역인 또는 환적인 → 세관장

① 다음의 사항을 기재한 **하역 또는 환적허가신청서 제출**
- ㉮ 차량의 종류·등록기호·명칭·국적과 여객 및 승무원의 수
- ㉯ 해당 물품의 내외국물품별 구분과 품명·규격·수량 및 가격
- ㉰ 해당 물품의 포장의 종류·기호·번호 및 개수
- ㉱ 해당 물품의 하역 또는 환적예정연월일과 방법 및 장소

세관장 → 하역인 또는 환적인: **② 허가** (허가 받은 대로 하역 또는 환적할 의무)

세관장 → 소속공무원: (허가시 세관장의 필요에 따라) **② 해당 물품을 검사하도록 지시 가능**

하역 환적 허가 받은 자 → 세관장

(허가 받은 사항을 변경하려는 경우)
③ 변경허가신청서 (변경하려는 사항과 변경사유 기재) **제출**

(허가내용에 따라 하역 또는 환적을 완료한 때)
④ 해당 **허가서에 "그 사실과 하역 또는 환적일자"를 기재**하여 해당 차량의 운전자의 서명을 받아 보관하여야 함

세관장 → 하역 환적 허가 받은 자

세관장이 필요하다고 인정하는 물품에 대하여는
⑤ 세관공무원의 확인을 받도록 지시 가능

⑥ 해당 차량의 운전자가 적재한 사실을 확인하여 서명한 허가서 등을 체출하도록 요청 가능

이러한 물품을 하역 또는 환적할 때
하역 또는 환적허가 필요

이러한 물품의 종류와 수량
차량의 종류, 톤수 또는 무게, 운행일수, 여객과 승무원의 수 등을 고려하여 세관장이 타당하다고 인정하는 범위이어야 함

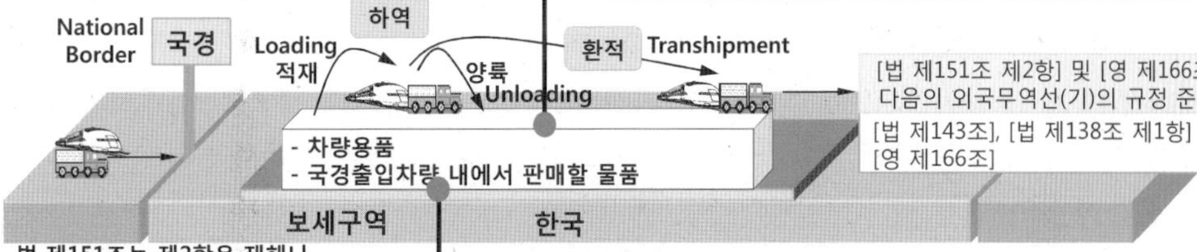

National Border 국경 / Loading 적재 / 하역 / 양륙 Unloading / 환적 Transhipment

- 차량용품
- 국경출입차량 내에서 판매할 물품

보세구역 / 한국

[법 제151조 제2항] 및 [영 제166조] 다음의 외국무역선(기)의 규정 준용
[법 제143조], [법 제138조 제1항] [영 제166조]

법 제151조는 제2항은 재해나 그 밖의 부득이한 사유에 의한 경우에는적용하지 않음

외국으로부터 우리나라에 도착한 외국물품인 경우 — 보세구역으로부터 국경출입차량에 적재하는 경우에만 그 외국물품을 그대로 적재 가능

위의 ㉮~㉱의 사항외에 해당 물품의 "도로 또는 철도화물운송장번호"와 "장치된 장소(보세구역인 경우 그 명칭)와 반입연월일"을 함께 쓰고 그 물품에 대한 송품장 또는 과세가격결정에 필요한 서류를 첨부하여야 함

해당 허가 세관장 → 허가 받은 하역인

(원칙) **즉시 관세징수** — 하역허가의 내용대로 운송수단에 적재되지 않은 경우

(예외) **다음의 경우, 관세 징수하지 않음**

① 세관장이 지정한 기간 내에 그 물품이 다시 보세구역에 반입된 경우
(반입된 때) 지체없이 해당 허가서에 "그 사실과 반입연월일"을 기재하여 이를 확인한 세관공무원의 서명을 받아 제출

② 재해나 그 밖의 부득이한 사유로 멸실된 경우
(멸실된 때) 지체없이 해당 물품에 관하여 "물품의 내외국물품별 구분과 품명·규격·수량 및 가격"(제1항 제2호의 사항)과 "멸실연월일·장소 및 사유"를 기재한 신고서에 허가서를 첨부하여 제출

③ __미리 세관장의 승인__을 받고 폐기한 경우

사전승인을 위해서는, 폐기하려는 물품에 관하여 **"다음의 사항"**을 기재한 신청서 제출
① 해당 물품의 내외국물품별 구분과 품명·규격·수량 및 가격(제1항 제2호의 사항)
② 해당 물품이 있는 장소
③ 폐기예정연월일·폐기방법 및 폐기이유

(2) 선(기)용품과 외국무역선(기)내 판매물품의 하역 또는 환적의 허가

(가) 하역 또는 환적허가의 신청

㉮ "선용품 또는 기용품"과 ㉯ "외국무역선이나 외국무역기 안에서 판매할 물품"의 종류와 수량은 선박이나 항공기의 종류, 톤수 또는 무게, 항행일수 또는 운행일수, 여객과 승무원의 수 등을 고려하여 세관장이 타당하다고 인정하는 범위이어야 하며, "이러한 물품"(㉮ 또는 ㉯의 물품)을 외국무역선 또는 외국무역기에 하역하거나 환적하려면 세관장의 허가를 받아야 하며, 하역 또는 환적허가의 내용대로 하역하거나 환적하여야 하는 바, 그 허가를 받으려는 자는 다음의 사항을 기재한 신청서를 세관장에게 제출하여야 한다. 이 경우, 허가를 받아야 하는 물품의 종류와 수량, 사용 또는 판매내역관리, 하역 또는 환적절차 등에 관하여 필요한 사항은 관세청장이 정하여 고시한다(법 제143조 제1항·제3항·제5항 및 영 제166조 제1항).

① 선박 또는 항공기의 종류·등록기호·명칭·국적과 여객 및 승무원의 수
② 해당 물품의 내외국물품별 구분과 품명·규격·수량 및 가격
③ 해당 물품의 포장의 종류·기호·번호 및 개수
④ 해당 물품의 하역 또는 환적예정연월일과 방법 및 장소

다만, 법 제143조는 재해나 그 밖의 부득이한 사유에 의한 경우에는 적용하지 아니한다(법 제138조 제1항).

(나) 하역 또는 환적허가시의 물품검사

세관장(Head of Customhouse)은 외국무역선 또는 외국무역기에 물품을 하역하거나 환적하기 위하여 허가를 함에 있어서 필요하다고 인정되는 때에는 소속공무원으로 하여금 해당 물품을 검사하게 할 수 있다(영 제166조 제3항).

(다) 하역 또는 환적허가사항의 변경

"선용품 또는 기용품, 또는 외국무역선이나 외국무역기안에서 판매할 물품을 외국무역선 또는 외국무역기에 하역하거나 환적하기 위하여 허가를 받은 자"(법 제143조 제1항)가 허가를 받은 사항을 변경하려는 때에는 변경하려는 사항과 변경사유를 기재한 신청서를 세관장에게 제출하여 허가를 받아야 한다(영 제166조 제4항).

(라) 하역 또는 환적허가사항의 이행완료

"외국무역선 또는 외국무역기에 물품을 하역하거나 환적하기 위하여 허가를 받은 자"(제1항)는 허가내용에 따라 하역 또는 환적을 완료한 때에는 해당 허가서에 그 사실과 하역 또는 환적일자를 기재하여 해당 선박 또는 항공기의 장의 서명을 받아 보관하여야 한다. 이 경우 세관장은 필요하다고 인정하는 물품에 대하여는 세관공무원의 확인을 받게 할 수 있으며, 해당 선박 또는 항공기의 장이 적재한 사실을 확인하여 서명한 허가서 등을 제출하게 할 수 있다(영 제166조 제5항).

(3) 외국으로부터 우리나라에 도착한 외국물품인 선(기)용품과 외국무역선(기)내 판매물품의 적재

선용품 또는 기용품과 외국무역선 또는 외국무역기안에서 판매할 물품이 외국으로부터 우리나라에 도착한 외국물품일 때에는, 보세구역으로부터 외국무역선 또는 외국무역기에 적재하는 경우에만 그 외국물품을 그대로 적재할 수 있으며, 다음의 ①~④의 사항(법 제143조 제1항 각 호)외에 ⑤와 ⑥의 사항을 함께 쓰고 그 물품에 대한 송품장 또는 과세가격결정에 필요한 서류를 첨부하여야 한다(법 제143조 제2항 및 영 제166조 제2항).

① 선박 또는 항공기의 종류·등록기호·명칭·국적과 여객 및 승무원의 수
② 해당 물품의 내외국물품별 구분과 품명·규격·수량 및 가격
③ 해당 물품의 포장의 종류·기호·번호 및 개수
④ 해당 물품의 하역 또는 환적예정연월일과 방법 및 장소
⑤ 해당 물품의 선화증권번호 또는 항공화물운송장번호
⑥ 해당 물품의 장치된 장소(보세구역인 경우에는 그 명칭)와 반입연월일

(4) 외국으로부터 우리나라에 도착한 외국물품인 선(기)용품과 외국무역선(기)내 판매물품을 하역 또는 환적허가의 내용대로 적재하지 아니한 경우의 징수

외국으로부터 우리나라에 도착한 외국물품인 선용품 또는 기용품과 외국무역선 또는 외국무역기 안에서 판매할 물품이 하역 또는 환적허가의 내용대로 운송수단에 적재되지 아니한 경우에는 다음의 어느 하나에 해당하는 경우를 제외하고는 해당 허가를 받은 자로부터 즉시 그 관세를 징수한다(법 제143조 제4항).

① 세관장이 지정한 기간 내에 그 물품이 다시 보세구역에 반입된 경우
② 재해나 그 밖의 부득이한 사유로 멸실된 경우
③ 미리 세관장의 승인을 받고 폐기한 경우

(가) 하역 또는 환적허가물품을 적재하지 않고 보세구역에 재반입시의 허가

"외국무역선 또는 외국무역기에 물품을 하역하거나 환적하기 위하여 허가를 받은 자"(제1항)는 위의 ①(법 제143조 제4항 제1호)의 세관장이 지정한 기간 내에 허가받은 물품을 적재하지 아니하고 다시 보세구역에 반입한 때에는 지체 없이 해당 허가서에 그 사실과 반입연월일을 기재하여 이를 확인한 세관공무원의 서명을 받아 해당 허가를 한 세관장에게 제출하여야 한다(영 제166조 제6항).

(나) 하역 또는 환적허가물품이 재해 등으로 멸실된 경우의 허가

"외국무역선 또는 외국무역기에 물품을 하역하거나 환적하기 위하여 허가를 받은 자"(제1항))는 해당 물품이 위의 ②(법 제143조 제4항 제2호)에 따른 재해 기타 부득이한 사유

로 멸실된 때에는 지체 없이 해당 물품에 관하여 "해당 물품의 내외국물품별 구분과 품명·규격·수량 및 가격"(제1항 제2호의 사항)과 멸실연월일·장소 및 사유를 기재한 신고서에 허가서를 첨부하여 해당 허가를 한 세관장에게 제출하여야 한다(영 제166조 제7항).

(다) 하역 또는 환적허가물품의 폐기시 사전승인

"미리 세관장의 승인을 받고 폐기한 경우에는 관세를 징수하지 아니하는 바"(법 제143조 제4항 제3호), 미리 세관장의 승인을 받으려는 자는 폐기하려는 물품에 관하여 다음의 사항을 기재한 신청서를 해당 허가를 한 세관장에게 제출하여야 한다(영 제166조 제8항).

① 해당 물품의 내외국물품별 구분과 품명·규격·수량 및 가격(제1항 제2호의 사항)
② 해당 물품이 있는 장소
③ 폐기예정연월일·폐기방법 및 폐기이유

Ⅳ. 재해나 그 밖의 부득이한 사유로 인한 면책 등 (Exemption from Obligation due to Calamity and Force Majeure)

1. 재해 기타 불가항력으로 인한 면책(Exemption from Obligation due to Calamity or Force Majeure)

(1) 면책

다음의 규정(법 제134조부터 제137조까지 및 제140조부터 제143조까지의 규정)은 재해나 그 밖의 부득이한 사유에 의한 경우에는 적용하지 아니한다(법 제138조 제1항).

① 개항 등에의 출입(법 제134조)
② 입항절차(법 제135조)
③ 출항절차(법 제136조)
④ 간이입출항절차(법 제137조)
⑤ 물품의 하역(법 제140조)
⑥ 외국물품의 일시양륙 등(법 제141조)
⑦ 항외하역(법 제142조)
⑧ 선용품 및 기용품의 하역 등(법 제143조)

(2) 면책사유의 신고 및 통보

재해나 그 밖의 부득이한 사유의 경우 선장이나 기장(선장이나 기장이 하여야 할 직무를 대항하는 자에게도 적용)은 지체 없이 그 이유를 세관공무원이나 국가경찰공무원(세관공무원이 없는 경우로 한정)에게 신고하여야 하며, 신고를 받은 국가경찰공무원은 지체 없이 그 내용을 세관공무원에게 통보하여야 한다(법 제138조 제2항·제3항 및 제145조).

(3) 재해등으로 인한 행위의 보고

선장이나 기장(선장이나 기장이 하여야 할 직무를 대항하는 자에게도 적용)은 재해나 그 밖의 부득이한 사유가 종료되었을 때에는 지체 없이 세관장에게 그 경과를 보고하여야 하는 바, 경과보고는 다음의 사항을 기재한 보고서에 따라야 한다(법 제138조 제4항, 제145조 및 영 제159조).

① 재해 등의 내용·발생일시·종료일시

② 재해 등으로 인하여 행한 행위

③ 다음(제166조 제1항 제2호 및 제3호)의 사항

㉮ 해당 물품의 내외국물품별 구분과 품명·규격·수량 및 가격

㉯ 해당 물품의 포장의 종류·기호·번호 및 개수

● **재해나 그 밖의 부득이한 사유로 인한 면책 등**

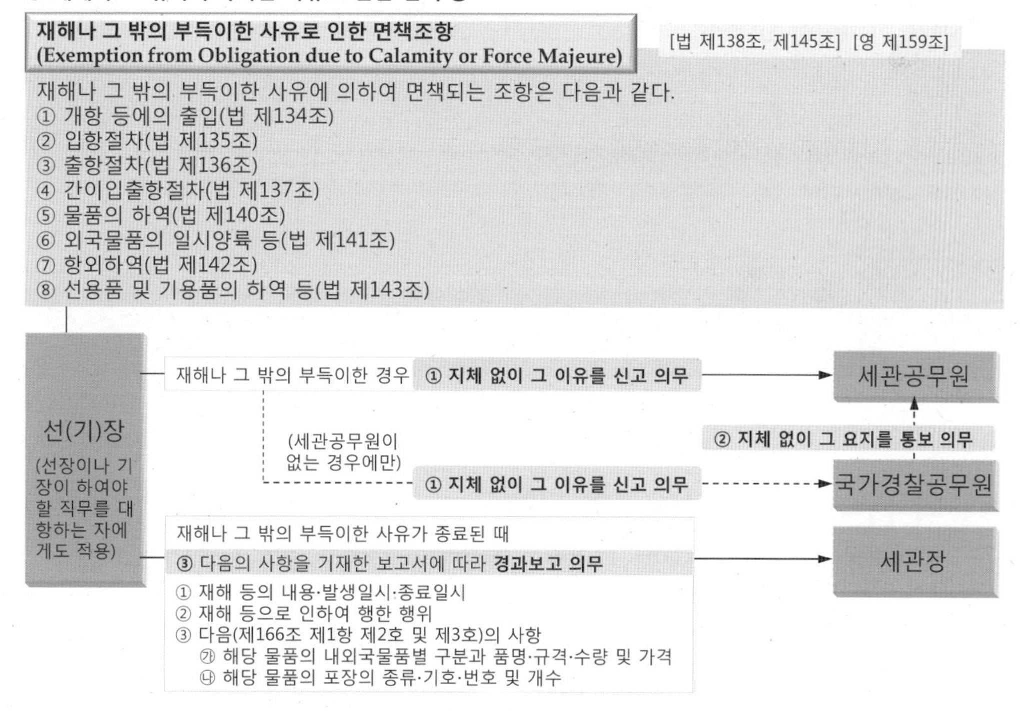

2. 외국기착의 보고(Report on Entry into Foreign Open Port)

재해나 그 밖의 부득이한 사유로 내항선이나 내항기가 외국에 기착(寄着)하고 우리나라로 되돌아왔을 때에는 선장이나 기장(선장이나 기장이 하여야 할 직무를 대항하는 자에게도 적용)은 지체 없이 그 사실을 세관장에게 보고하여야 하며, 외국에서 적재한 물품

이 있을 때에는 그 목록을 제출하여야 하는 바, 그 경과보고는 다음의 사항을 기재한 보고서에 따라야 한다(법 제139조, 제145조 및 영 제160조 제1항).

① 선박이나 항공기의 종류·명칭 또는 등록기호·국적·총톤수 및 순톤수 또는 자체무게
② 기착항명
③ 기착항에 머무른 기간
④ 기착사유
⑤ 기착항에서의 적재물품 유무

여기에서 적재물품목록에 관하여는 관세청장이 정하는 바에 따른다(영 제160조 제2항: 제158조 제3항 준용).

재해나 그 밖의 부득이한 사유로 인한 외국기착의 보고

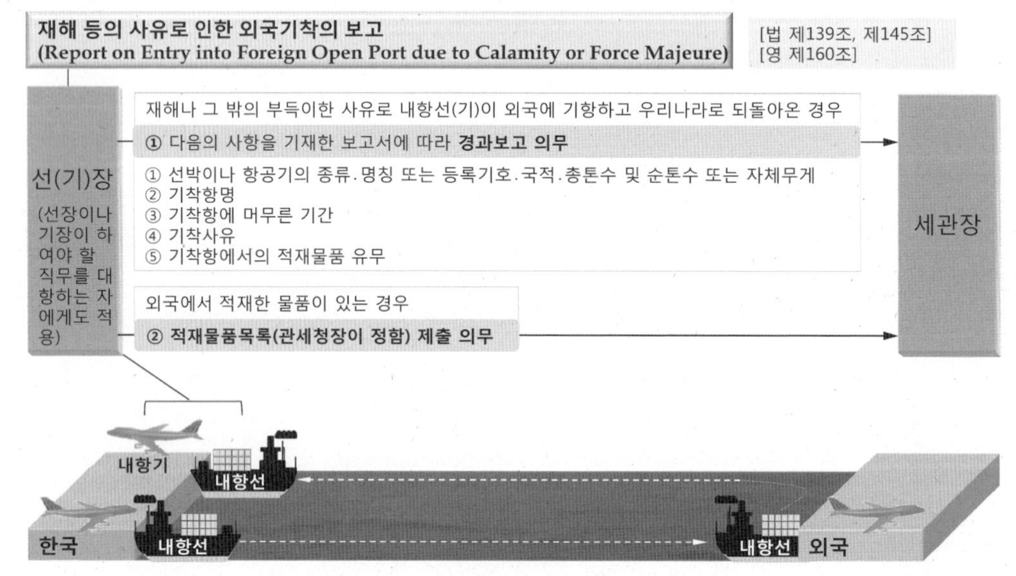

V. 외국무역선의 내항선으로의 전환 등
(Conversion of Foreign Trade Vessel into Domestic Vessel, Etc.)

1. 선박 또는 항공기의 전환(Conversion of Foreign Trade Vessel into Domestic Vessel)

외국무역선 또는 외국무역기를 내항선 또는 내항기로 전환하거나, 내항선 또는 내항기를 외국무역선 또는 외국무역기로 전환하려면 선장이나 기장(선장이나 기장이 하여야 할 직무를 대항하는 자에게도 적용)은 세관장의 승인을 받아야 하는 바, 승인을 받으려는 자는 다음의 사항을 기재한 신청서를 세관장에게 제출하여야 한다(법 제144조, 제145조 및 영 제167조 제1항).

① 선박이나 항공기의 명칭·종류·등록기호·국적·총톤수 및 순톤수·자체무게·선적항
② 선박이나 항공기의 소유자의 주소·성명

③ 내항선·내항기·외국무역선 또는 외국무역기에의 해당 여부

④ 전환하려는 내용 및 사유

또한, 세관장은 승인신청이 있는 때에는 해당 선박 또는 항공기에 적재되어 있는 물품을 검사할 수 있다(영 제167조 제2항).

● 선박이나 항공기의 전환

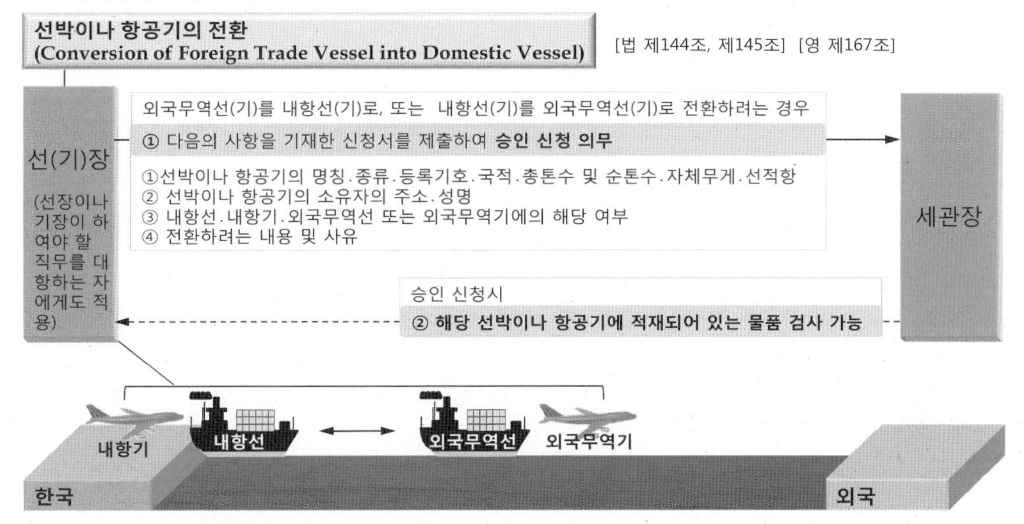

2. 선장 등의 직무대행자(Person Acting for Captain)

다음의 규정(제134조 제2항·제135조 제1항·제136조·제138조 제2항 및 제4항·제139조·제142조 및 제144조)은 선장이나 기장이 하여야 할 직무를 대행하는 자에게도 적용한다(법 제145조).

① 외국무역선(기)의 개항 등에의 출입(제134조 제2항)·

② 외국무역선(기)의 입항보고(법 제135조 제1항)

③ 외국무역선(기)의 출항절차(법 제136조)

④ 재해나 그 밖의 부득이한 사유로 인한 면책(제138조 제2항 및 제4항)

⑤ 외국 기착의 보고(제139조)

⑥ 항외 하역(제142조)

⑦ 외국무역선의 내항선으로의 전환 등(제144조)

● 선장 등의 직무대행자

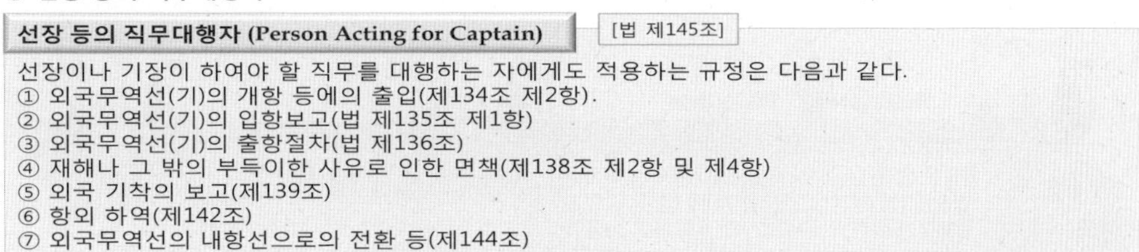

3. 그 밖의 선박 또는 항공기(Other Vessel and Aircraft)

(1) 그 밖의 선박 또는 항공기

(가) 외국무역선(기)의 규정을 준용하는 그 밖의 선박 또는 항공기

다음의 어느 하나에 해당하는 선박이나 항공기는 외국무역선이나 외국무역기에 관한 규정을 준용한다(법 제146조 제1항).

① 외국무역선 또는 외국무역기 외의 선박이나 항공기로서 외국에 운항하는 선박 또는 항공기

② "환승전용내항기" [외국을 왕래하는 여행자와 "휴대품 · 탁송품 또는 별송품"(법 제241조 제2항 제1호)을 전용으로 운송하기 위하여 국내에서만 운항하는 항공기]

(나) 외국무역선(기)의 규정을 준용하지 않는 그 밖의 선박 또는 항공기

다만, 대통령령으로 정하는 다음의 선박 및 항공기(특수선박)에 관하여는 그러하지 아니하다(영 제168조).

① 군함 및 군용기

② 국가원수나 정부를 대표하는 외교사절이 전용하는 선박이나 항공기

● 그 밖의 선박 또는 항공기(Other Vessel and Aircraft)

환승전용내항기에 대해서는
"선(기)용품 또는 외국무역선(기) 안에서 판매하는 물품이 외국으로부터 우리나라에 도착한 외국물품일 때에는 보세구역으로부터 외국무역선 또는 외국무역기에 적재하는 경우에만 그 외국물품을 그대로 적재할 수 있다"는 법 제143조 제2항은 적용하지 않음

환승전용내항기에 대해서는
효율적인 통관 및 감시·단속을 위하여 필요한 사항은 대통령령으로 따로 정할 수 있는 바, 세관장은 다음의 어느 하나에 해당하는 사항에 대하여 관세청장이 정하는 바에 따라 그 절차를 간소화하거나 그 밖에 필요한 조치 가능

① 외국무역선(기)의 입항보고(법 제135조 제1항)
② 외국무역선(기)의 출항허가 신청(법 제136조 제1항)
③ 그 밖에 환승전용내항기 및 해당 항공기에 탑승하는 외국을 왕래하는 여행자와 "휴대품·탁송품 또는 별송품"(법 제241조 제2항 제1호)의 통관 및 감시에 필요한 사항

외국무역선(기)에 관한 규정 준용

외국무역선(기)에 관한 규정 준용 안함

외국무역선(기)이 아닌 선박(항공기)

환승전용내항기

군함 및 군용기

국가원수나 정부를 대표하는 외교사절이 전용하는 선박(항공기)

내항선

군용기

군함

전용기

전용선

특수선박

외국을 왕래하는 여행자와 "휴대품·탁송품 또는 별송품"(법 제241조 제2항 제1호)을 전용으로 운송하기 위하여 국내에서만 운항하는 항공기

한국

[법 제146조, 영 제168조와 제168조의2]

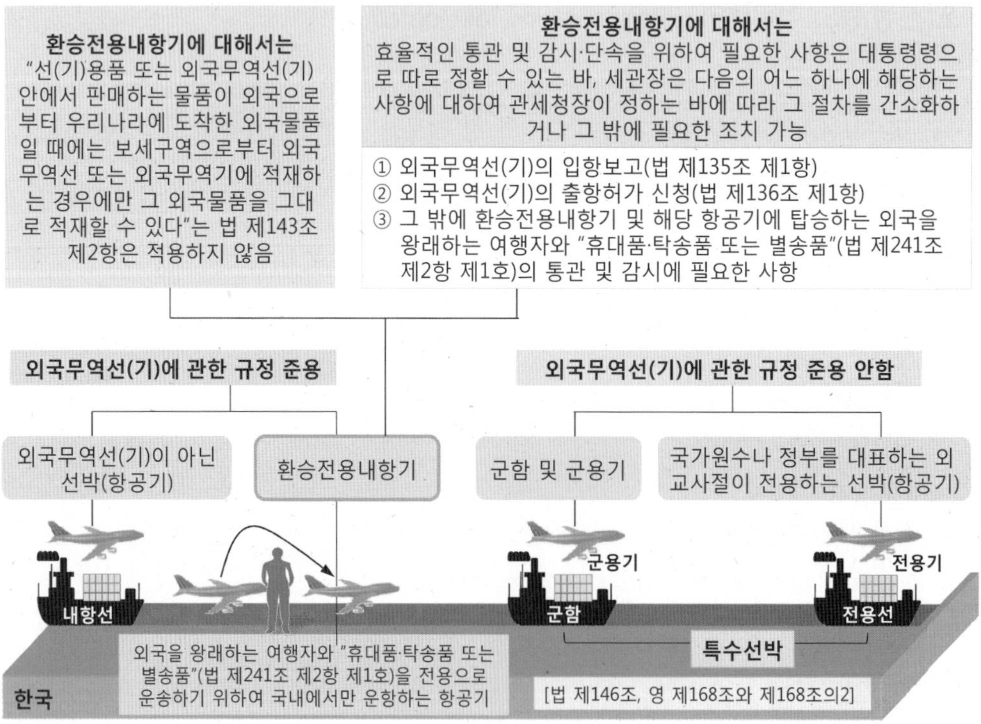

(2) 환승전용내항기의 관리

제1항에도 불구하고 환승전용내항기에 대해서는 "선(기)용품 또는 외국무역선(기) 안에서 판매하는 물품이 외국으로부터 우리나라에 도착한 외국물품일 때에는 보세구역으로부터 외국무역선 또는 외국무역기에 적재하는 경우에만 그 외국물품을 그대로 적재할 수 있다"는 법 제143조 제2항은 적용하지 아니하며, 효율적인 통관 및 감시·단속을 위하여 필요한 사항은 대통령령으로 따로 정할 수 있는 바, 세관장은 다음의 어느 하나에 해당하는 사항에 대하여 관세청장이 정하는 바에 따라 그 절차를 간소화하거나 그 밖에 필요한 조치를 할 수 있다(법 제146조 제2항 및 영 제168조의2).

① 외국무역선(기)의 입항보고(법 제135조 제1항)
② 외국무역선(기)의 출항허가 신청(법 제136조 제1항)
③ 그 밖에 환승전용내항기 및 해당 항공기에 탑승하는 외국을 왕래하는 여행자와 "휴대품·탁송품 또는 별송품"(법 제241조 제2항 제1호)의 통관 및 감시에 필요한 사항

4. 국경하천만을 운항하는 선박(Vessel Sailing Border River)

국경하천만을 운항하는 내국선박에 대하여는 외국무역선에 관한 규정을 적용하지 아니한다(법 제147조).

◉ 국경하천만을 운항하는 선박(Vessel Sailing Border River)

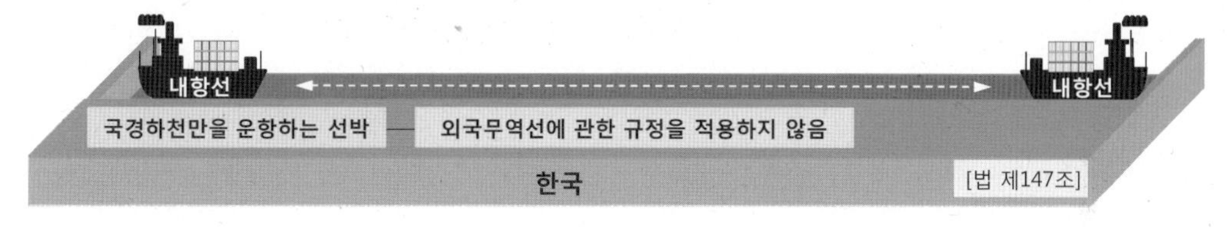

제3절 차 량(Vehicles)

Ⅰ. 개요

관세법에 따라 규제되는 차량은 국경을 출입하는 차량에 한정된다. 또한, 국경을 출입하는 차량은 철도차량과 도로차량으로 구분되는데, 철도차량은 철도를 통해 왕래하는 궤도차량으로서 동력차·화차·객차 및 특수차 등을 말하고, 도로차량은 선박, 철도차량 또는 항공기가 아닌 운송수단을 말한다.

Ⅱ. 주요 내용

1. 관세통로(Customs Route)

"국경출입차량(vehicles driving across the national border)"[국경을 출입하는 차량]은 관세통로를 경유하여야 하며, 통관역(customs clearance station)이나 통관장(customs clearance point)에 정차하여야 한다(법 제148조 제1항).

◉ 국경출입차량의 도착 및 출발절차

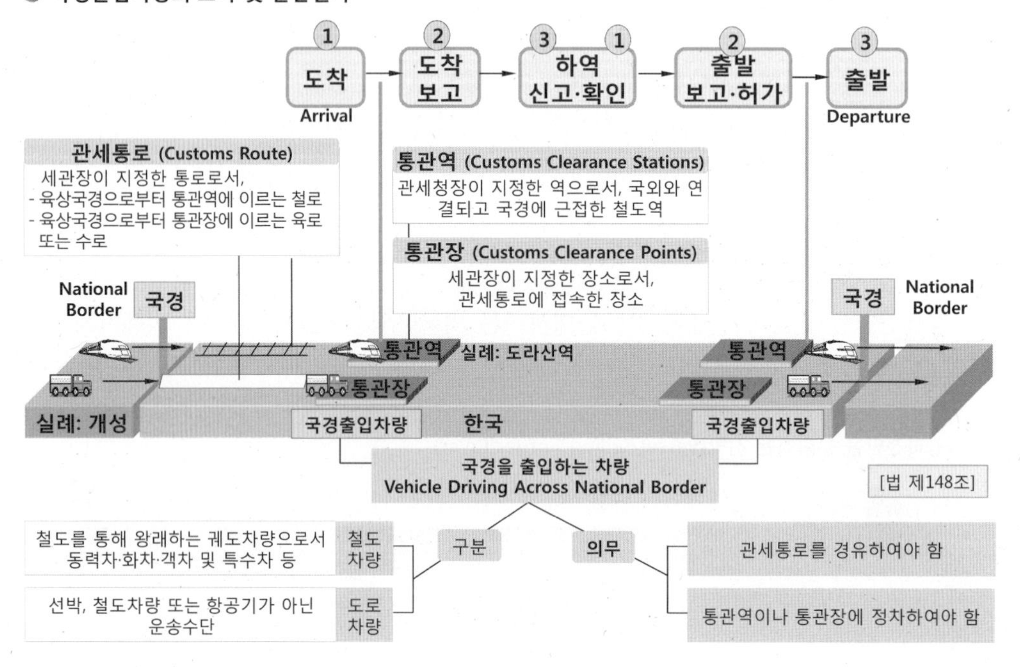

(1) 관세통로

관세통로(customs route)는 육상국경으로부터 통관역에 이르는 철도와 육상국경으로부터 통관장에 이르는 육로 또는 수로 중에서 세관장이 지정한다(법 제148조 제2항).

(2) 통관역

통관역(Customs clearance stations)은 국외와 연결되고 국경에 근접한 철도역 중에서 관세청장이 지정한다(법 제148조 제3항).

(3) 통관장

통관장(Customs clearance points)은 관세통로에 접속한 장소 중에서 세관장이 지정한다(법 제148조 제4항).

2. 국경출입차량의 도착절차(Procedures for Arrival of Vehicles Running Across National Border)

(1) 도착보고

국경출입차량이 통관역이나 통관장에 도착하면 통관역장이나 "도로차량"(선박 · 철도차량 또는 항공기가 아닌 운송수단)의 운전자(통관역장이나 운전자가 하여야 할 직무를 대행하는 자에게도 적용)는 차량용품목록 · 여객명부 · 승무원명부 및 승무원 휴대품목록과 관세청장이 정하는 적화목록을 첨부하여 지체 없이 세관장에게 도착보고를 하여야 하며, 최종 출발지의 출발허가서 또는 이를 갈음하는 서류를 제시하여야 한다. 다만, 세관장은 감시 · 단속에 지장이 없다고 인정될 때에는 차량용품목록이나 승무원 휴대품목록의 첨부를 생략하게 할 수 있다(법 제149조 제1항 및 제151조의3).

(가) 도착보고서의 기재사항

국경출입차량이 통관역이나 통관장에 도착한 때에 제출하여야 하는 도착보고서에는 다음의 사항을 기재하여야 한다(영 제169조 제1항).

① 차량의 회사명 · 국적 · 종류 · 등록기호 · 번호 · 총화차수 · 총객차수
② 차량의 최초출발지 · 경유지 · 최종출발지 · 도착일시 · 출발예정일시 및 목적지
③ 적재물품의 내용 · 개수 및 중량
④ 여객 및 승무원수와 통과여객의 수

(나) 차량용품목록 등의 기재사항

차량용품목록 · 여객명부 · 승무원명부 및 승무원휴대품목록에 관하여는 "다음의 규정"(제157조 제2항부터 제5항까지의 규정)을 준용한다(영 제169조 제2항).

첫째, 차량용품목록에는 다음의 사항을 기재하여야 한다(영 제169조 제2항 : 제157조 제2항 준용).

① 차량의 종류 · 등록기호 · 명칭 · 국적 및 도착연월일
② 차량용품의 품명 · 수량 및 가격

둘째, 차량의 여객명부에는 다음의 사항을 기재하여야 한다(영 제169조 제2항 : 제157조 제3항 준용).

① 차량의 종류 · 등록기호 · 명칭 · 국적 및 도착연월일
② 여객의 국적 · 성명 · 생년월일 · 여권번호 · 승차지 및 상륙지

셋째, 차량의 승무원명부에는 다음의 사항을 기재하여야 한다(영 제169조 제2항 : 제157조 제4항 준용).

① 차량의 종류 · 등록기호 · 명칭 · 국적 및 도착연월일
② 승무원의 국적 · 성명 · 승무원수첩번호 또는 여권번호 · 승차지 및 상륙지

넷째, 차량의 승무원 휴대품목록에는 다음의 사항을 기재하여야 한다(영 제169조 제2항 : 제157조 제5항 준용).

① 차량의 종류 · 등록기호 · 명칭 · 국적 및 도착연월일

② 승무원의 국적·성명·승무원수첩번호 또는 여권번호
③ 품명·수량 및 가격

(2) 도착전의 여객명부 등의 제출 가능

세관장은 신속한 입국 및 통관절차의 이행과 효율적인 감시·단속을 위하여 필요한 경우에는 관세청장이 정하는 바에 따라 도착하는 해당 차량이 소속된 회사(그 업무를 대행하는 자를 포함한다. 이하 같다)로 하여금 제1항에 따른 여객명부·적화목록 등을 도착하기 전에 제출하게 할 수 있다(법 제149조 제2항).

● 국경출입차량의 도착절차

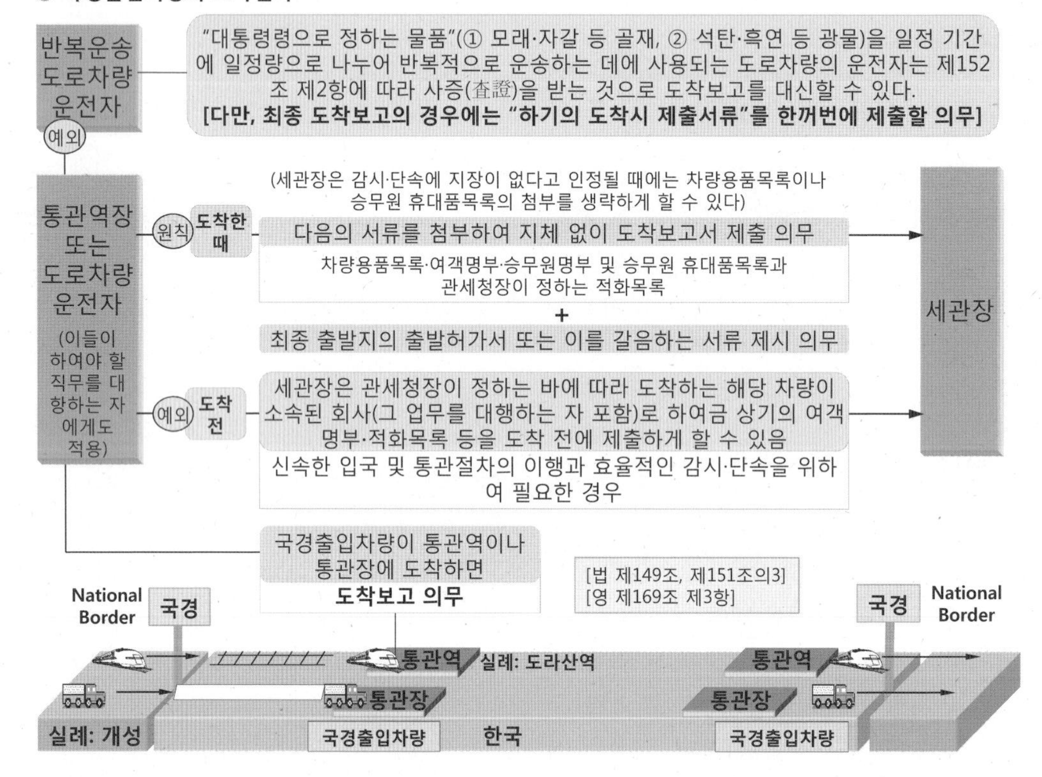

(3) 반복운송도로차량의 도착보고

제1항에도 불구하고 "대통령령으로 정하는 다음의 물품"을 일정 기간에 일정량으로 나누어 반복적으로 운송하는 데에 사용되는 도로차량의 운전자는 제152조 제2항에 따라 사증(査證)을 받는 것으로 도착보고를 대신할 수 있다. 다만, 최종 도착보고의 경우는 제외한다(법 제149조 제3항 및 영 제169조 제3항).

① 모래·자갈 등 골재

② 석탄·흑연 등 광물

또한, 제3항에 따라 사증을 받는 것으로 도착보고를 대신하는 도로차량의 운전자는 최종 도착보고를 할 때에 제1항에 따른 서류를 한꺼번에 제출하여야 한다(법 제149조 제4항).

국경출입차량의 도착절차에 따른 도착보고서 등의 기재사항

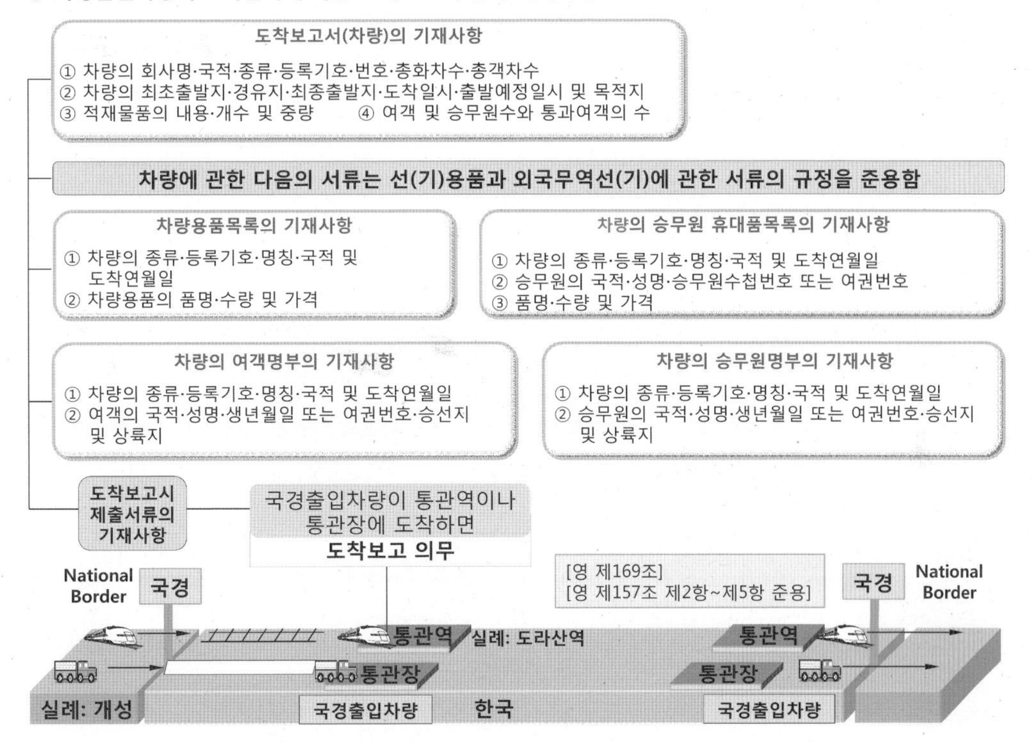

3. 국경출입차량의 출발절차(Procedures for Departure of Vehicle Driving Across National Border)

(1) 국경출입차량의 출발보고 및 허가

국경출입차량이 통관역(Customs clearance station)이나 통관장(Customs clearance point)을 출발하려면 통관역장이나 도로차량의 운전자(통관역장이나 운전자가 하여야 할 직무를 대행하는 자에게도 적용)는 출발하기 전에 세관장에게 출발보고를 하고 출발허가를 받아야 한다(법 제150조 제1항 및 제151조의3).

(가) 국경출입차량의 출발보고서의 기재사항

국경출입차량이 통관역이나 통관장을 출발하기 전에 제출하여야 하는 출발보고서에는 다음의 사항을 기재하여야 한다(영 제170조 제1항).

① 차량의 회사명·종류·등록기호·번호·총화차수·총객차수
② 차량의 출발지·경유지·최종목적지·출발일시 및 도착일시
③ 적재물품의 내용·개수 및 중량
④ 여객 및 승무원의 수와 통과여객의 수

(나) 국경출입차량의 출발허가

통관역장이나 도로차량의 운전자(통관역장이나 운전자가 하여야 할 직무를 대행하는 자에게도 적용)는 국경출입차량의 출발허가를 받으려면 그 통관역 또는 통관장에서 적재한 물품의 목록을 제출하여야 하는 바, 제출하는 물품의 목록은 관세청장이 정하는 바에 따라 세관장에게 제출하여야 한다(법 제150조 제2항·제151조의3 및 영 제170조 제2항).

● 국경출입차량의 출발절차

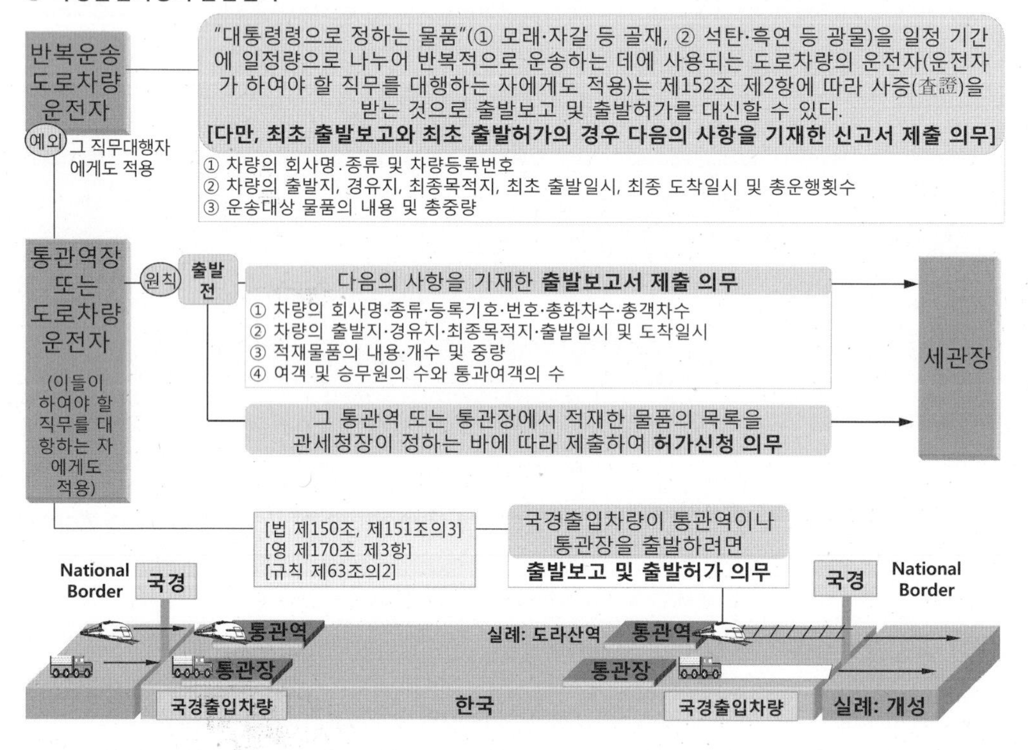

(2) 반복운송도로차량의 출발보고 및 허가

(가) 반복운송도로차량의 출발보고 및 허가

제1항에도 불구하고 "대통령령으로 정하는 다음의 물품"을 일정 기간에 일정량으로 나누어 반복적으로 운송하는 데에 사용되는 도로차량의 운전자(운전자가 하여야 할 직무를 대행하는 자에게도 적용)는 제152조제2항에 따라 사증을 받는 것으로 출발보고 및 출발허가를 대

신할 수 있다. 다만, 최초 출발보고와 최초 출발허가의 경우는 제외한다(법 제150조 제3항·제151조의3 및 영 제170조 제3항).

① 모래·자갈 등 골재

② 석탄·흑연 등 광물

(나) 반복운송도로차량의 신고

또한, 제3항에 따른 도로차량을 운행하려는 자는 기획재정부령으로 정하는 바에 따라 미리 세관장에게 신고하여야 하는 바, 도로차량을 운행하려는 운전자(운전자가 하여야 할 직무를 대행하는 자에게도 적용)는 다음의 사항을 기재한 신고서를 세관장에게 제출하여야 한다(법 제150조 제4항·제151조의3 및 규칙 제63조의2).

① 차량의 회사명·종류 및 차량등록번호

② 차량의 출발지, 경유지, 최종목적지, 최초 출발일시, 최종 도착일시 및 총운행횟수

③ 운송대상 물품의 내용 및 총중량

4. 통관역(장)에서 외국물품의 차량하역

통관역이나 통관장에서 외국물품을 차량에 하역하려는 자는 세관장에게 신고를 하고, 현장에서 세관공무원의 확인을 받아야 하는 바, 물품을 하역하려는 자는 다음의 사항을 기재한 신고서를 세관장에게 제출하고 그 신고필증을 현장 세관공무원에게 제시하여야 한다. 다만, 세관공무원이 확인할 필요가 없다고 인정할 때에는 그러하지 아니하다(법 제151조 제1항 및 영 제171조).

① 차량번호

② 물품의 품명·개수 및 중량

③ 작업의 구분과 작업예정기간

● 통관역(장)에서 국경출입차량의 외국물품의 하역절차

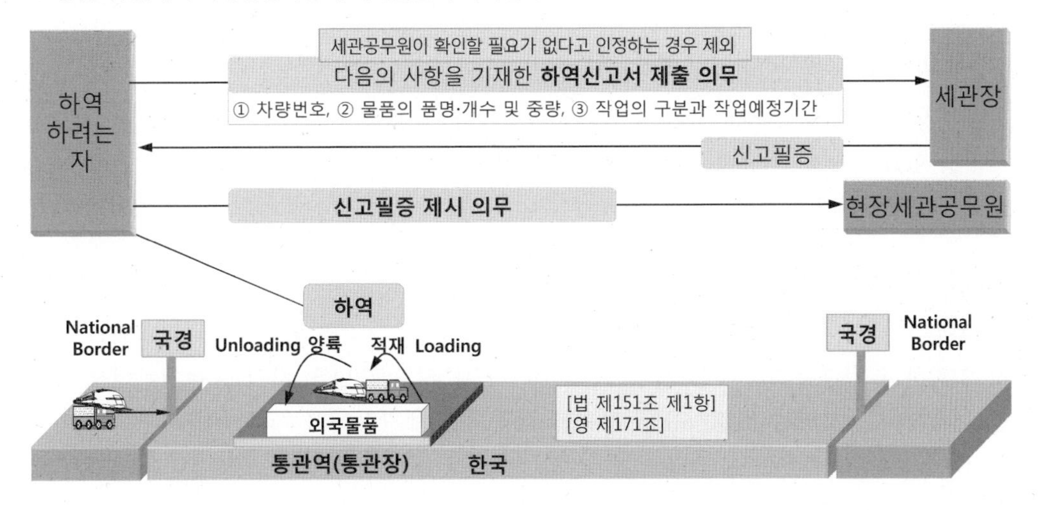

5. 차량용품 또는 국경출입차량 내 판매물품의 하역 또는 환적

차량용품과 국경출입차량 안에서 판매할 물품을 해당 차량에 하역하거나 환적하는 경우에는 "선용품 및 기용품의 하역 등"(법 제143조 및 영 제166조)의 규정을 준용한다(법 제151조 제2항 및 영 제172조).

(1) 차량용품의 정의

차량용품(vehicle supplies)이란 선용품에 준하는 물품(supplies which are corresponding to the vessel supplies)으로서 해당 차량(relevant vehicle)에서만 사용되는 것을 말한다(법 제2조 제12호).

(2) 차량용품과 국경출입차량내 판매물품의 하역 또는 환적의 허가

(가) 하역 또는 환적허가의 신청

㉮ "차량용품"과 ㉯ "국경출입차량 안에서 판매할 물품"의 종류와 수량은 차량의 종류, 톤수 또는 무게, 운행일수, 여객과 승무원의 수 등을 고려하여 세관장이 타당하다고 인정하는 범위이어야 하며, "이러한 물품"(㉮ 또는 ㉯의 물품)을 국경출입차량에 하역하거나 환적하려면 세관장의 허가를 받아야 하는 바, 그 허가를 받으려는 자는 다음의 사항을 기재한 신청서를 세관장에게 제출하여야 한다. 이 경우, 허가를 받아야 하는 물품의 종류와 수량 등에 관하여 필요한 사항은 관세청장이 정하여 고시한다(법 제143조 제1항·제3항·제5항 및 영 제166조 제1항).

① 차량의 종류·등록기호·명칭·국적과 여객 및 승무원의 수

② 해당 물품의 내외국물품별 구분과 품명·규격·수량 및 가격

③ 해당 물품의 포장의 종류·기호·번호 및 개수

④ 해당 물품의 하역 또는 환적예정연월일과 방법 및 장소

다만, 법 제143조는 재해나 그 밖의 부득이한 사유에 의한 경우에는 적용하지 아니한다(법 제138조 제1항).

(나) 하역 또는 환적허가시의 물품검사

세관장(Head of Customhouse)은 국경출입차량에 물품을 하역하거나 환적하기 위하여 허가를 함에 있어서 필요하다고 인정되는 때에는 소속공무원으로 하여금 해당 물품을 검사하게 할 수 있다(영 제166조 제3항).

(다) 하역 또는 환적허가사항의 변경

"차량용품, 또는 국경출입차량 안에서 판매할 물품을 국경출입차량에 하역하거나 환적하기 위하여 허가를 받은 자"(법 제143조 제1항)가 허가를 받은 사항을 변경하려는 때에는 변경하려는 사항과 변경사유를 기재한 신청서를 세관장에게 제출하여 허가를 받아야 한다(영 제166조 제4항).

차량용품과 국경출입차량내 판매물품의 하역 또는 환적절차

("차량용품"과 "국경출입차량 안에서 판매할 물품"을 하역 또는 환적할 때)

하역인 또는 환적인 → **세관장**

① 다음의 사항을 기재한 **하역 또는 환적허가신청서 제출**
- ㉮ 차량의 종류·등록기호·명칭·국적과 여객 및 승무원의 수
- ㉯ 해당 물품의 내외국물품별 구분과 품명·규격·수량 및 가격
- ㉰ 해당 물품의 포장의 종류·기호·번호 및 개수
- ㉱ 해당 물품의 하역 또는 환적예정연월일과 방법 및 장소

세관장 → **하역인 또는 환적인**: **② 허가** (허가 받은 대로 하역 또는 환적할 의무)

세관장 → **소속공무원**: (허가시 세관장의 필요에 따라) **② 해당 물품을 검사하도록 지시 가능**

하역 환적 허가 받은 자 → **세관장**

(허가 받은 사항을 변경하려는 경우)
③ 변경허가신청서 (변경하려는 사항과 변경사유 기재) **제출**

(허가내용에 따라 하역 또는 환적을 완료한 때)
④ 해당 **허가서에 "그 사실과 하역 또는 환적일자"를 기재**하여 해당 차량의 운전자의 서명을 받아 보관하여야 함

세관장 → **하역 환적 허가 받은 자**

세관장이 필요하다고 인정하는 물품에 대하여는
⑤ 세관공무원의 확인을 받도록 지시 가능

⑥ 해당 차량의 운전자가 적재한 사실을 확인하여 서명한 허가서 등을 체출하도록 요청 가능

이러한 물품을 하역 또는 환적할 때
하역 또는 환적허가 필요

이러한 물품의 종류와 수량
차량의 종류, 톤수 또는 무게, 운행일수, 여객과 승무원의 수 등을 고려하여 세관장이 타당하다고 인정하는 범위이어야 함

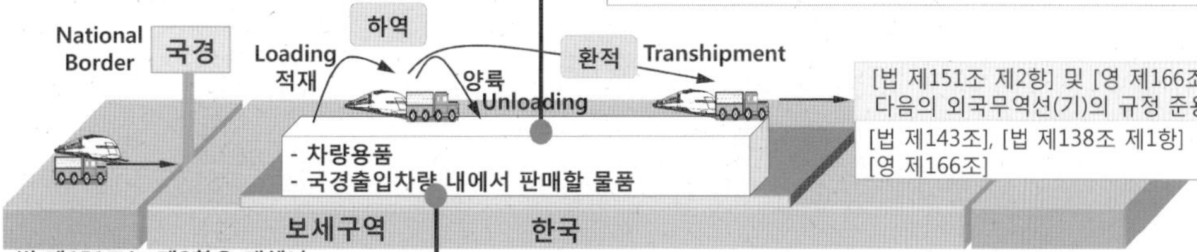

National Border 국경 / Loading 적재 / 하역 / 양륙 Unloading / 환적 Transhipment

- 차량용품
- 국경출입차량 내에서 판매할 물품

보세구역 / 한국

[법 제151조 제2항] 및 [영 제166조]
다음의 외국무역선(기)의 규정 준용
[법 제143조], [법 제138조 제1항]
[영 제166조]

법 제151조는 제2항은 재해나 그 밖의 부득이한 사유에 의한 경우에는적용하지 않음

외국으로부터 우리나라에 도착한 외국물품인 경우 — 보세구역으로부터 국경출입차량에 적재하는 경우에만 그 외국물품을 그대로 적재 가능

위의 ㉮~㉱의 사항외에 해당 물품의 "도로 또는 철도화물운송장번호"와 "장치된 장소(보세구역인 경우 그 명칭)와 반입연월일"을 함께 쓰고 그 물품에 대한 송품장 또는 과세가격결정에 필요한 서류를 첨부하여야 함

허가 받은 하역인 / **해당 허가 세관장**

(원칙) **즉시 관세징수** — 하역허가의 내용대로 운송수단에 적재되지 않은 경우

(예외) **다음의 경우, 관세 징수하지 않음**

① 세관장이 지정한 기간 내에 그 물품이 다시 보세구역에 반입된 경우
→ (반입된 때) 지체없이 해당 허가서에 "그 사실과 반입연월일"을 기재하여 이를 확인한 세관공무원의 서명을 받아 제출

② 재해나 그 밖의 부득이한 사유로 멸실된 경우
→ (멸실된 때) 지체없이 해당 물품에 관하여 "물품의 내외국물품별 구분과 품명·규격·수량 및 가격"(제1항 제2호의 사항)과 "멸실연월일·장소 및 사유"를 기재한 신고서에 허가서를 첨부하여 제출

③ **미리 세관장의 승인**을 받고 폐기한 경우
→ **사전승인을 위해서는**, 폐기하려는 물품에 관하여 **"다음의 사항"**을 기재한 신청서 제출
① 해당 물품의 내외국물품별 구분과 품명·규격·수량 및 가격(제1항 제2호의 사항)
② 해당 물품이 있는 장소
③ 폐기예정연월일·폐기방법 및 폐기이유

(라) 하역 또는 환적허가사항의 이행완료

"국경출입차량에 물품을 하역하거나 환적하기 위하여 허가를 받은 자"(제1항)는 허가내용에 따라 하역 또는 환적을 완료한 때에는 해당 허가서에 그 사실과 하역 또는 환적일자를 기재하여 해당 선박 또는 항공기의 장의 서명을 받아 보관하여야 한다. 이 경우 세관장은 필요하다고 인정하는 물품에 대하여는 세관공무원의 확인을 받게 할 수 있으며, 해당 차량의 운전자가 적재한 사실을 확인하여 서명한 허가서 등을 제출하게 할 수 있다(영 제166조 제5항).

(3) 외국으로부터 우리나라에 도착한 외국물품인 차량용품과 국경출입차량내 판매물품의 적재

차량용품과 국경출입차량 안에서 판매할 물품이 외국으로부터 우리나라에 도착한 외국물품일 때에는, 보세구역으로부터 국경출입차량에 적재하는 경우에만 그 외국물품을 그대로 적재할 수 있으며, 다음의 ①~④의 사항(법 제143조 제1항 각 호)외에 ⑤와 ⑥의 사항을 함께 쓰고 그 물품에 대한 송품장 또는 과세가격결정에 필요한 서류를 첨부하여야 한다(법 제143조 제2항 및 영 제166조 제2항).

① 차량의 종류·등록기호·명칭·국적과 여객 및 승무원의 수
② 해당 물품의 내외국물품별 구분과 품명·규격·수량 및 가격
③ 해당 물품의 포장의 종류·기호·번호 및 개수
④ 해당 물품의 하역 또는 환적예정연월일과 방법 및 장소
⑤ 해당 물품의 도로 또는 철도화물운송장번호
⑥ 해당 물품의 장치된 장소(보세구역인 경우에는 그 명칭)와 반입연월일

(4) 외국으로부터 우리나라에 도착한 외국물품인 차량용품과 국경출입차량내 판매물품을 하역허가의 내용대로 적재하지 아니한 경우의 징수

외국으로부터 우리나라에 도착한 외국물품인 차량용품과 국경출입차량 안에서 판매할 물품이 하역허가의 내용대로 운송수단에 적재되지 아니한 경우에는 다음의 어느 하나에 해당하는 경우를 제외하고는 해당 허가를 받은 자로부터 즉시 그 관세를 징수한다(법 제143조 제4항).

① 세관장이 지정한 기간 내에 그 물품이 다시 보세구역에 반입된 경우
② 재해나 그 밖의 부득이한 사유로 멸실된 경우
③ 미리 세관장의 승인을 받고 폐기한 경우

(가) 하역 또는 환적허가물품을 적재하지 않고 보세구역에 재반입시의 허가

"국경출입차량에 물품을 하역하거나 환적하기 위하여 허가를 받은 자"(제1항)는 위의 ①(법 제143조 제4항 제1호)의 세관장이 지정한 기간 내에 허가받은 물품을 적재하지 아니하고 다시 보세구역에 반입한 때에는 지체 없이 해당 허가서에 그 사실과 반입연월일

을 기재하여 이를 확인한 세관공무원의 서명을 받아 해당 허가를 한 세관장에게 제출하여야 한다(영 제166조 제6항).

(나) 하역 또는 환적허가물품이 재해 등으로 멸실된 경우의 허가

"국경출입차량에 물품을 하역하거나 환적하기 위하여 허가를 받은 자"(제1항)는 해당 물품이 위의 ②(법 제143조 제4항 제2호)에 따른 재해 기타 부득이한 사유로 멸실된 때에는 지체 없이 해당 물품에 관하여 "해당 물품의 내외국물품별 구분과 품명·규격·수량 및 가격"(제1항 제2호의 사항)과 멸실연월일·장소 및 사유를 기재한 신고서에 허가서를 첨부하여 해당 허가를 한 세관장에게 제출하여야 한다(영 제166조 제7항).

(다) 하역 또는 환적허가물품의 폐기시 사전승인

"미리 세관장의 승인을 받고 폐기한 경우에는 관세를 징수하지 아니하는 바"(법 제143조 제4항 제3호), 미리 세관장의 승인을 받으려는 자는 폐기하려는 물품에 관하여 다음의 사항을 기재한 신청서를 해당 허가를 한 세관장에게 제출하여야 한다(영 제166조 제8항).

① 해당 물품의 내외국물품별 구분과 품명·규격·수량 및 가격(제1항 제2호의 사항)
② 해당 물품이 있는 장소
③ 폐기예정연월일·폐기방법 및 폐기이유

6. 국경출입차량과 국내운행차량의 전환

국경출입차량을 국내에서만 운행하는 차량(이하 "국내운행차량"이라 한다)으로 전환하거나 국내운행차량을 국경출입차량으로 전환하려는 경우에는 통관역장 또는 도로차량의 운전자(통관역장이나 운전자가 하여야 할 직무를 대행하는 자에게도 적용)는 세관장의 승인을 받아야 한다. 다만, 기획재정부령으로 정하는 차량의 경우에는 그러하지 아니하다(법 제151조의2 및 제151조의3).

국경출입차량과 국내운행차량의 전환

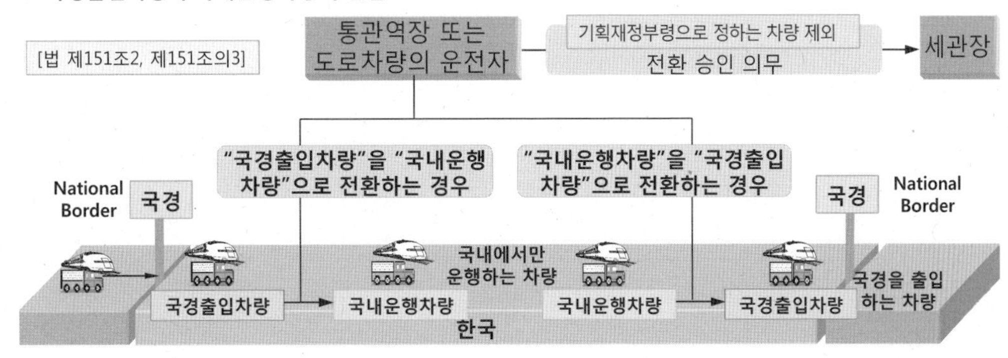

7. 통관역장 또는 도로차량 운전자의 직무대행자

"다음의 규정"은 통관역장이나 도로차량의 운전자가 하여야 할 직무를 대행하는 자에게도 적용한다(법 제151조의3).

① 국경출입차량의 도착보고(법 제149조 제1항)
② 국경출입차량의 출발보고 및 허가(법 제150조)
③ 국경출입차량과 국내운행차량의 전환(법 제151조의2)
④ 국경출입도로차량의 증명 및 사증 수령(법 제152조)

통관역장 또는 도로차량 운전자의 직무대행자

통관역장 또는 도로차량 운전자의 직무대행자 [법 제151조의3]

통관역장이나 도로차량의 운전자가 하여야 할 직무를 대행하는 자에게도 적용하는 규정은 다음과 같다.
① 국경출입차량의 도착보고(법 제149조 제1항)
② 국경출입차량의 출발보고 및 허가(법제150조)
③ 국경출입차량과 국내운행차량의 전환(법 제151조의2)
④ 국경출입도로차량의 증명 및 사증 수령(법 제152조)

8. 도로차량의 국경출입

(1) 국경출입 도로차량의 출입증서의 교부신청

국경을 출입하려는 도로차량의 운전자(운전자가 하여야 할 직무를 대행하는 자에게도 적용)는 해당 도로차량이 국경을 출입할 수 있음을 증명하는 서류를 세관장으로부터 발급받아야 하는 바, 국경을 출입할 수 있는 도로차량임을 증명하는 서류를 교부받으려는 자는 다음의 사항을 기재한 신청서를 세관장에게 제출하여야 한다(법 제152조 제1항·제151조의3 및 영 제173조).

① 차량의 종류 및 차량등록번호
② 적재량 또는 승차정원
③ 운행목적·운행기간 및 운행경로

국경출입도로차량의 국경출입증서의 교부 및 사증발급절차

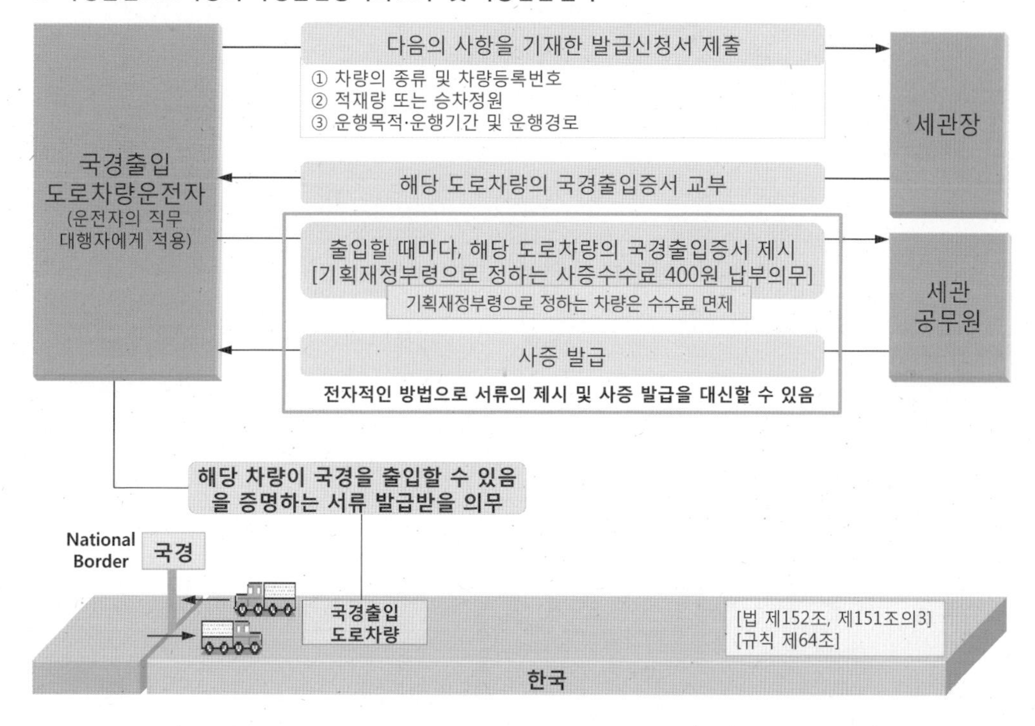

(2) 국경출입 도로차량의 국경출입증서의 제시 및 사증수령

국경을 출입하는 도로차량의 운전자(운전자가 하여야 할 직무를 대행하는 자에게도 적용)는 출입할 때마다 제1항에 따른 서류를 세관공무원에게 제시하고 사증을 받아야 한다. 이 경우 전자적인 방법으로 서류의 제시 및 사증 발급을 대신할 수 있다(법 제152조 제2항 및 제151조의3).

(3) 사증수수료

위에 따라 사증을 받으려는 자는 기획재정부령으로 정하는 바에 따라 수수료를 납부하여야 하는 바, 납부하여야 하는 사증수수료는 400원으로 한다. 다만, 기획재정부령으로 정하는 차량은 수수료를 면제한다(법 제152조 제3항 및 규칙 제64조).

Chapter

6

보세구역

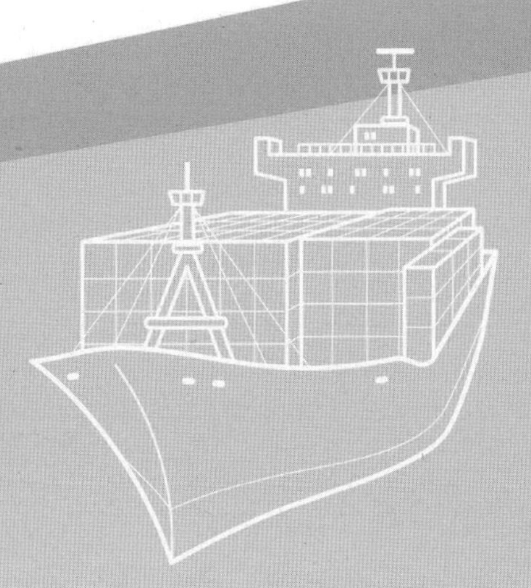

보세구역

제1절 개 요

Ⅰ. 보세제도의 개요

1. 보세의 의의

보세란 외국물품의 수입신고수리전 상태를 말하는 것을 말한다. 보세는 일반적으로 "관세유보" 또는 "관세미납"의 의미로도 인식되고 있으나, 정확한 의미는 아니다. 왜냐하면, 이러한 용어는 관세의 부과대상이 되는 유세품의 경우에는 적절할 수 있지만, 관세의 부과대상이 아닌 무세품인 경우에는 적절하지 않기 때문이다.

2. 보세제도의 종류

보세제도는 보세구역제도와 보세운송제도로 구분할 수 있다.

◉ 보세제도의 정의 및 종류

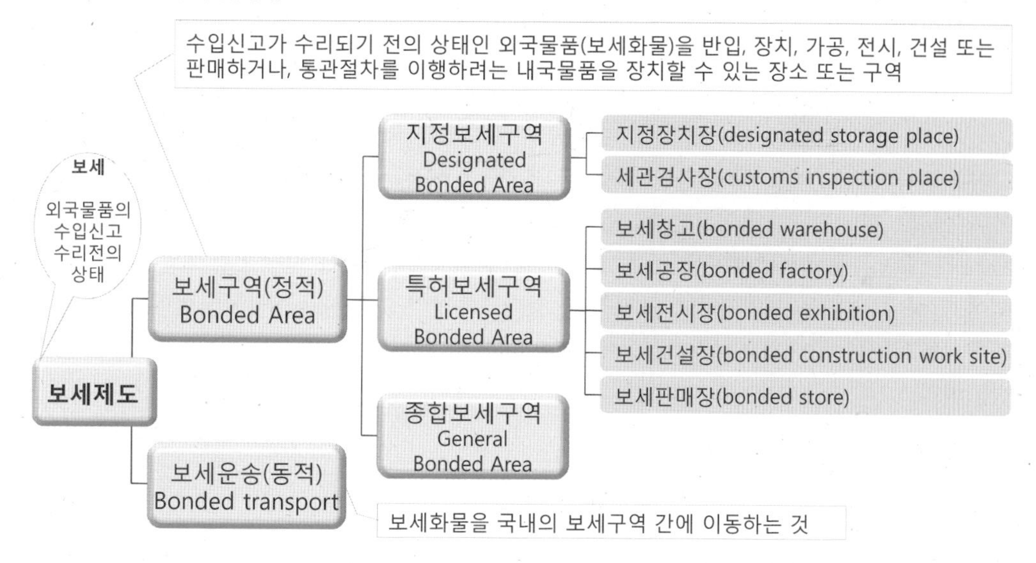

(1) 보세구역제도

보세구역(Bonded Area)이란 정적 보세제도로서, 수입신고가 수리되기 전의 상태인 외국물품(보세화물)을 반입, 장치, 가공, 전시, 건설 또는 판매하거나, 통관절차를 이행하려는 내국물품을 장치할 수 있는 장소 또는 구역을 말한다.

보세구역은 지정보세구역(designated bonded area)·특허보세구역(licensed bonded area) 및 종합보세구역(general bonded area)으로 구분하고, 지정보세구역은 지정장치장(designated storage place) 및 세관검사장(customs inspection place)으로 구분하며, 특허보세구역은 보세창고(bonded warehouse)·보세공장(bonded factory)·보세전시장(bonded exhibition)·보세건설장(bonded construction work site) 및 보세판매장(bonded store)으로 구분한다(법 제154조).

(2) 보세운송제도

보세운송이란 동적 보세제도로서, 보세화물을 국내의 보세구역간에 이동하는 것을 말한다.

3. 보세제도와 유사한 제도

(1) 자유항

자유항(Free Port)은 영유국의 관세권 밖에 위치하는 경제적 국제지역(國際地域)의 일종으로 설치된 것이며, 항구를 관세행정의 구역 밖에 두어 관세를 면제함으로써 외국화물의 출입의 자유와 개장·가공·제조 등의 자유를 허용한 곳이다. 자유항은 홍콩이나 싱가포르와 같이 중계무역에 필요한 보관·운송·보험 등의 산업이 발달함으로써 무역중계기지로서 기능을 수행하는 경우가 많다.

(2) 자유무역지역

자유무역지역의 지정 등에 관한 법률 제2조 제1호에서는 "자유무역지역(Free Trade Zone)이란 이란 「관세법」, 「대외무역법」 등 관계 법률에 대한 특례와 지원을 통하여 자유로운 제조 · 물류 · 유통 및 무역활동 등을 보장하기 위한 지역으로서 산업통상자원부장관에 의하여 지정된 지역을 말한다"고 규정하고 있다. 종전의 수출자유지역설치법에 따른 수출자유지역은 자유무역지역의 지정 등에 관한 법률에 따른 자유무역지역으로 그 명칭이 변경되었다.

4. 운영인의 정의

"운영인(operator)"이란 다음의 어느 하나에 해당하는 자(person falling under each of the following items)를 말한다(법 제2조 제16호).

① 특허보세구역(licensed bonded area)의 설치·운영에 관한 특허를 받은 자(person who has been granted a licence)[법 제174조 제1항]

② 종합보세사업장(general bonded workplace)의 설치(establishment)·운영(operation)에 관한 신고를 한 자(person who has filed a report)[법 제198조 제1항]

Ⅱ. 보세물품에 대한 규제

1. 보세구역의 물품취급시간

세관의 업무시간, 보세구역과 운송수단에 있어서의 물품의 취급시간은 대통령령으로 정하는 바에 따르는 바, 세관의 업무시간과 보세구역 및 운송수단의 물품의 취급시간은 다음의 구분에 따른다(법 제321조 제1항 및 영 제274조).

① 세관의 업무(개청)시간 및 운송수단의 물품취급시간 : 「국가공무원 복무규정」에 따른 공무원의 근무시간. 다만, 항공기 · 선박 등이 상시 입 · 출항하는 등 세관의 업무특성상 필요한 경우에 세관장(Head of Customhouse)은 관세청장의 승인을 받아 부서별로 근무시간을 달리 정할 수 있다.

② 보세구역의 물품취급시간 : 24시간. 다만, 감시 · 단속을 위하여 필요한 경우 세관장(Head of Customhouse)은 그 시간을 제한할 수 있다.

2. 보세구역 등에 물품의 장치(Storage of Goods)

(1) 보세구역 장치원칙

(가) 보세구역장치물품

외국물품과 제221조 제1항에 따른 내국운송의 신고를 하려는 내국물품은 보세구역 아닌 장소에 장치할 수 없다(법 제155조 제1항 본문).

(나) 보세구역장치물품의 제한

"보세구역"(법 제154조에 따른 보세구역)에는 인화질 또는 폭발성의 물품을 장치하지 못한다. 그러나, 이들 규정은 해당 물품을 장치하기 위하여 특수한 설비를 한 보세구역에 관하여는 적용하지 아니한다(영 제174조 제1항 ~ 제3항).

(2) 보세구역외 물품의 장치

(가) 보세구역외 장치대상물품

외국물품과 내국운송의 신고를 하려는 내국물품의 보세구역 장치원칙에 대한 예외로서, 다음의 어느 하나에 해당하는 물품은 보세구역이 아닌 장소에 장치할 수 있다(법 제155조 제1항 단서).

① 수출신고가 수리된 물품(Goods on which an export declaration is accepted)(제241조 제1항)

② 크기 또는 무게의 과다나 그 밖의 사유로 보세구역에 장치하기 곤란하거나 부적당한 물품(Goods which are difficult or inappropriate to be stored in a bonded area due to their size and weight, etc.)

③ 재해나 그 밖의 부득이한 사유로 임시로 장치한 물품(Goods temporarily stored due to a calamity or other unavoidable grounds)

④ 검역물품(Goods subject to quarantine)

⑤ 압수물품(Goods in seizure)

⑥ 우편물품(Postal items)

(나) 준용규정

위의 ① 내지 ④에 해당되는 물품에 대하여는 "다음의 규정"(제157조·제158조부터 제161조까지·제163조·제172조·제177조·제208조부터 제212조까지 및 제321조를 준용한다(법 제155조 제2항).

① 보세구역에 물품의 반입·반출(법 제157조)

② 보세구역장치물품의 보수작업(법 제158조)

③ 보세구역장치물품의 해체·절단 등의 작업(법 제159조)

④ 보세구역장치물품의 폐기(법 제160조)
⑤ 보세구역장치외국물품의 견품반출(법 제161조)
⑥ 보세구역에 세관공무원의 파견(법 제163조)
⑦ 지정장치장반입물품에 대한 보관책임(법 제172조)
⑧ 세관검사장반입물품의 검사(법 제173조)
⑨ 특허보세구역의 설치·운영에 관한 특허(법 제174조)
⑩ 특허보세구역의 운영인의 결격사유(법 제175조)
⑪ 특허보세구역의 특허기간(법 제176조)
⑫ 특허보세구역의 물품의 장치기간(법 제177조)
⑬ 보세구역반입외국물품의 매각대상 및 매각절차(법 제208조)
⑭ 보세구역반입외국물품의 매각시 통고(법 제209조)
⑮ 보세구역반입외국물품의 매각방법(법 제210조)
⑯ 보세구역반입외국물품의 매각에 따른 잔금처리(법 제211조)
⑰ 보세구역반입외국물품의 매각불능에 따른 국고귀속(법 제212조)
⑱ 세관의 업무시간·물품취급시간(법 제321조)

보세구역 및 보세구역외장치장의 물품의 장치에 따른 규제

"보세구역" 및 "보세구역외장치장(하기의 ①~④의 물품의 경우)"에 대한 규제

ⓐ 보세구역에 물품의 반입·반출(법 제157조)
ⓑ 보세구역장치물품의 보수작업(법 제158조)
ⓒ 보세구역장치물품의 해체·절단 등의 작업(법 제159조)
ⓓ 보세구역장치물품의 폐기(법 제160조)
ⓔ 보세구역장치외국물품의 견품반출(법 제161조)
ⓕ 보세구역에 세관공무원의 파견(법 제163조)
ⓖ 지정장치장반입물품에 대한 보관책임(법 제172조)
ⓗ 세관검사장반입물품의 검사(법 제173조)
ⓘ 특허보세구역의 설치·운영에 관한 특허(법 제174조)
ⓙ 특허보세구역의 운영인의 결격사유(법 제175조)
ⓚ 특허보세구역의 특허기간(법 제176조)
ⓛ 특허보세구역의 물품의 장치기간(법 제177조)
ⓜ 보세구역반입외국물품의 매각대상 및 매각절차(법 제208조)
ⓝ 보세구역반입외국물품의 매각시 통고(법 제209조)
ⓞ 보세구역반입외국물품의 매각방법(법 제210조)
ⓟ 보세구역반입외국물품의 매각에 따른 잔금처리(법 제211조)
ⓠ 보세구역반입외국물품의 매각불능에 따른 국고귀속(법 제212조)
ⓡ 세관의 업무시간. 물품취급시간(법 제321조)

(준용) 위의ⓐ~ⓡ의 규정은 "보세구역외장치장"에도 준용됨

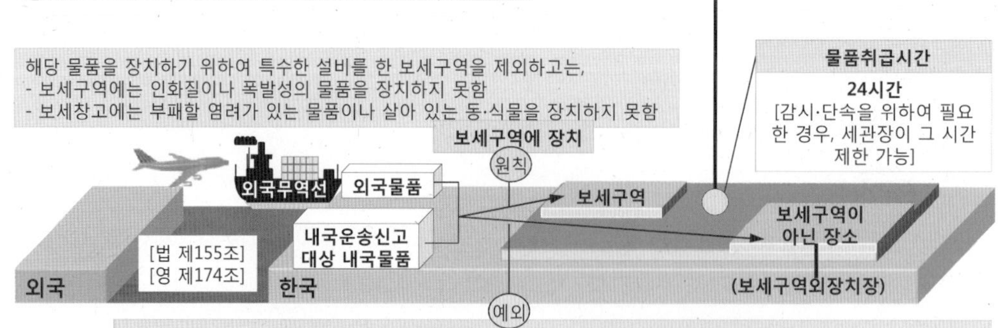

다음의 경우, "보세구역이 아닌 장소"(보세구역외장치장)에 장치 가능

① 수출신고가 수리된 물품(법 제241조 제1항)
② 크기 또는 무게의 과다나 그 밖의 사유로 보세구역에 장치하기 곤란하거나 부적당한 물품
③ 재해나 그 밖의 부득이한 사유로 임시로 장치한 물품
④ 검역물품
⑤ 압수물품
⑥ 우편물품

위의 ②의 물품을 보세구역이 아닌 장소에 장치하는 경우, 세관장 허가 필요

3. 보세구역외 장치의 허가(Permission for Storage of Goods outside Bonded Area)

(1) 허가신청

"크기 또는 무게의 과다나 그 밖의 사유로 보세구역에 장치하기 곤란하거나 부적당한 물품"(제155조 제1항 제2호)을 보세구역이 아닌 장소에 장치하려는 자는 세관장의 허가를 받아야 하는 바, 보세구역이 아닌 장소에 장치의 허가를 받으려는 자는 해당 물품에 관하여 다음 각 호의 사항을 기재한 신청서에 송품장과 선화증권·항공화물운송장 또는 이에 갈음하는 서류를 첨부하여 세관장에게 제출하여야 (법 제156조 제1항 및 영 제175조).

① 장치장소 및 장치사유
② 수입물품의 경우 해당 물품을 외국으로부터 운송하여 온 선박 또는 항공기의 명칭 또는 등록기호·입항예정연월일·선화증권번호 또는 항공화물운송장번호
③ 해당 물품의 내외국물품별 구분과 품명·규격·수량 및 가격
④ 해당 물품의 포장의 종류·번호 및 개수

(2) 담보제공(Pledging of Security)

세관장(Head of Customhouse)은 외국물품에 대하여 보세구역이 아닌 장소에 장치의 허가를 하려는 때에는 그 물품의 관세에 상당하는 담보의 제공, 필요한 시설의 설치 등을 명할 수 있다(법 제156조 제2항).

● 보세구역외 장치의 허가절차

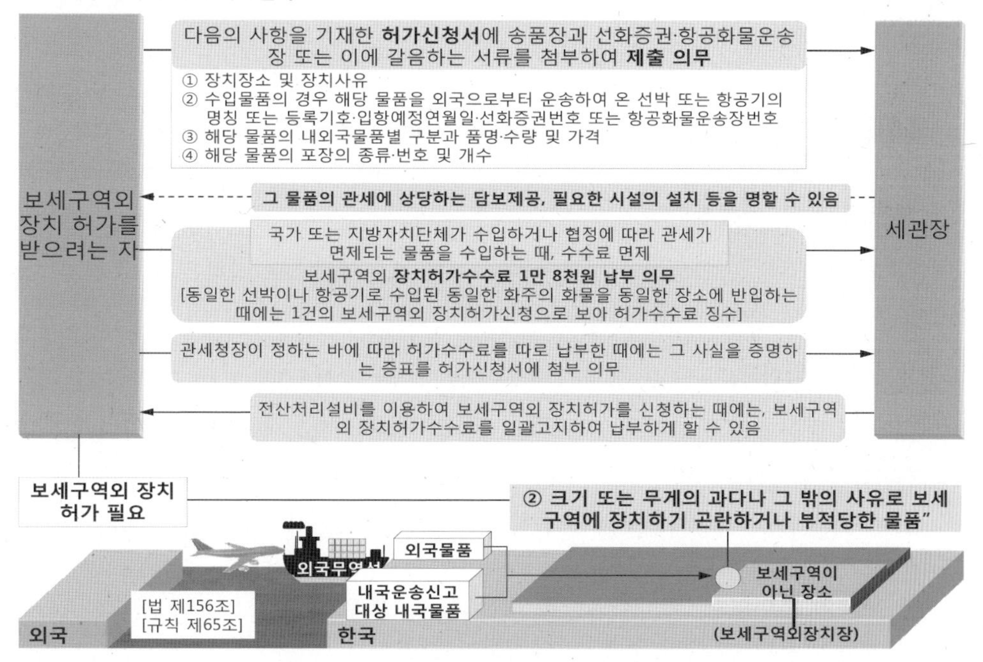

(3) 보세구역외 장치허가수수료

보세구역이 아닌 장소에 장치의 허가를 받으려는 자는 기획재정부령으로 정하는 금액과 방법 등에 따라 수수료를 납부하여야 한다(법 제156조 제3항).

(가) 허가수수료

납부하여야 하는 보세구역이 아닌 장소에 장치허가수수료는 1만8천원으로 한다. 이 경우 동일한 선박 또는 항공기로 수입된 동일한 화주의 화물을 동일한 장소에 반입하는 때에는 1건의 보세구역이 아닌 장소에 장치허가신청으로 보아 허가수수료를 징수한다(규칙 제65조 제1항).

(나) 허가수수료의 면제

국가 또는 지방자치단체가 수입하거나 협정에 따라 관세가 면제되는 물품을 수입하는 때에는 보세구역이 아닌 장소에 장치허가수수료를 면제한다(규칙 제65조 제2항).

(다) 허가수수료납부증명서의 첨부

보세구역이 아닌 장소에 장치허가수수료를 납부하여야 하는 자가 관세청장이 정하는 바에 따라 이를 따로 납부한 때에는 그 사실을 증명하는 증표를 허가신청서에 첨부하여야 한다(규칙 제65조 제3항).

(라) 허가수수료의 일괄고지

세관장(Head of Customhouse)은 전산처리설비를 이용하여 보세구역이 아닌 장소에 장치허가를 신청하는 때에는 보세구역이 아닌 장소에 장치허가수수료를 일괄고지하여 납부하게 할 수 있다(규칙 제65조 제4항).

4. 물품의 반입·반출(Shipment of Goods into and out of Bonded Area)

(1) 물품의 반입·반출신고

보세구역에 물품을 반입하거나 반출하려는 자는 대통령령으로 정하는 바에 따라 세관장에게 신고하여야 한다(법 제157조 제1항).

(가) 물품의 반입신고

보세구역에의 물품의 반입신고는 다음의 사항을 기재한 신고서에 따라야 한다(영 제176조 제1항).

① 수입물품의 경우
  ㉮ 해당 물품을 외국으로부터 운송하여 온 선박 또는 항공기의 명칭·입항일자·입항세관·적재항
  ㉯ 물품의 반입일시, 선화증권번호 또는 항공화물운송장번호와 화물관리번호
  ㉰ 물품의 품명, 포장의 종류, 반입개수와 장치위치

② 내국물품(수출신고가 수리된 물품을 포함)의 경우
  ㉮ 물품의 반입일시
  ㉯ 물품의 품명, 포장의 종류, 반입개수, 장치위치와 장치기간

(나) 반입신고된 물품의 반출신고

위에 따라 반입신고된 물품의 반출신고는 다음의 사항을 기재한 신고서에 따라야 한다(영 제176조 제2항).

① 반출신고번호·반출일시·반출유형·반출근거번호
② 화물관리번호
③ 반출개수 및 반출중량

(다) 신고서의 제출면제

세관장(Head of Customhouse)은 다음의 어느 하나에 해당하는 경우에는 물품의 반입신고서 및 반입신고된 물품의 반출신고서의 제출을 면제하거나 기재사항의 일부를 생략하게 할 수 있다(영 제176조 제3항).

① 다음의 어느 하나에 해당하는 서류를 제출하여 반출입하는 경우
  ㉮ 적화목록
  ㉯ 보세운송신고서 사본 또는 수출신고필증
  ㉰ 제197조 제1항에 따른 내국물품장치신고서
② 법 제164조에 따라 자율관리보세구역으로 지정받은 자가 "내국물품(수출신고가 수리된 물품을 포함)"[제1항 제2호]에 대하여 장부를 비치하고 반출입사항을 기록관리하는 경우

(2) 반출입신고물품의 검사

보세구역에 물품을 반입하거나 반출하려는 경우에는 세관장은 세관공무원을 참여시킬 수 있으며, 세관공무원은 해당 물품을 검사할 수 있는 바, 세관장은 물품의 반출 또는 반입시의 검사를 함에 있어서 반입신고서·송품장 등 검사에 필요한 서류를 제출하게 할 수 있다(법 제157조 제2항, 영 제176 제4항).

(3) 물품의 제한

세관장은 보세구역에 반입할 수 있는 물품의 종류를 제한할 수 있다(법 제157조 제3항).

5. 수입신고수리물품의 반출

관세청장이 정하는 보세구역에 반입되어 수입신고가 수리된 물품의 화주 또는 반입자

는 제177조에도 불구하고 그 수입신고 수리일부터 15일 이내에 해당 물품을 보세구역으로부터 반출하여야 한다. 다만, 외국물품을 장치하는 데에 방해가 되지 아니하는 것으로 인정되어 세관장으로부터 해당 반출기간의 연장승인을 받았을 때에는 그러하지 아니하다(법 제157조의2).

따라서, 반출기간의 연장승인을 받으려는 자는 다음의 사항을 기재한 신청서를 세관장에게 제출하여야 한다(영 제176조의2).

① "수입물품의 경우 해당 물품을 외국으로부터 운송하여 온 선박 또는 항공기의 명칭 또는 등록기호 · 입항예정연월일 · 선화증권번호 또는 항공화물운송장번호"(영 제175조 제2호에 규정된 사항)

② 장치장소

③ 신청사유

6. 보수작업(Maintenance and Supplementary Work)

(1) 보세구역내의 보수작업

보세구역에 장치된 물품은 그 현상을 유지하기 위하여 필요한 보수작업과 그 성질을 변하지 아니하게 하는 범위에서 포장을 바꾸거나 구분 · 분할 · 합병을 하거나 그 밖의 비슷한 보수작업을 할 수 있다(법 제158조 제1항 전단).

(2) 보세구역밖의 보수작업

보세구역에서의 보수작업이 곤란하다고 세관장이 인정할 때에는 기간과 장소를 지정받아 보세구역 밖에서 보수작업을 할 수 있는 바, 보수작업을 하는 경우 해당 물품에 관한 반출검사 등에 관하여는 "다음"(제187조제3항 · 제4항 및 제6항)을 준용한다(법 제158조 제1항 후단 및 제5항).

① 세관장은 가공무역이나 국내산업의 진흥을 위하여 필요한 경우에는 대통령령으로 정하는 바에 따라 기간, 장소, 물품 등을 정하여 해당 보세공장 외에서 제185조제1항에 따른 작업을 허가할 수 있다(법 제158조 제5항: 제187조 제3항 준용).

② 허가를 받아 지정된 장소(이하 "공장외작업장"이라 한다)에 반입된 외국물품은 지정된 기간이 만료될 때까지는 보세공장에 있는 것으로 본다(법 제158조 제5항: 제187조 제4항 준용).

③ 지정된 기간이 지난 경우 해당 공장외작업장에 허가된 외국물품이나 그 제품이 있을 때에는 해당 물품의 허가를 받은 보세공장의 운영인으로부터 그 관세를 즉시 징수한다(법 제158조 제5항: 제187조 제6항 준용).

(3) 보수작업의 승인

(가) 보수작업의 승인신청

보세구역에 장치된 물품에 대하여 또는 보세구역밖에서 보수작업을 하려는 자는 세관장의 승인을 받아야 하는 바, 그 승인을 받으려는 자는 다음의 사항을 기재한 신청서를 세관장에게 제출하여야 한다(법 제158조 제2항, 영 제177 제1항).

① 다음(제175조 각호)의 사항
　㉮ 장치장소 및 장치사유
　㉯ 수입물품의 경우 해당 물품을 외국으로부터 운송하여 온 선박 또는 항공기의 명칭 또는 등록기호·입항예정연월일·선화증권번호 또는 항공화물운송장번호
　㉰ 해당 물품의 내외국물품별 구분과 품명·규격·수량 및 가격
　㉱ 해당 물품의 포장의 종류·번호 및 개수
② 사용할 재료의 품명·규격·수량 및 가격
③ 보수작업의 목적·방법 및 예정기간
④ 장치장소

(나) 보수작업의 완료확인

보세구역에 장치된 물품에 대하여 보수작업의 승인을 받은 자는 보수작업을 완료한 때에는 다음의 사항을 기재한 보고서를 세관장에게 제출하여 그 확인을 받아야 한다(영 제177조 제2항).

① 해당 물품의 품명·규격·수량 및 가격
② 포장의 종류·기호·번호 및 개수
③ 사용한 재료의 품명·규격·수량 및 가격
④ 잔존재료의 품명·규격·수량 및 가격
⑤ 작업완료연월일

(4) 보수작업의 의제

보세구역에 장치된 물품에 대하여 또는 보세구역밖에서 보수작업으로 외국물품에 부가된 내국물품은 외국물품으로 본다(법 제158조 제3항).

또한, 외국물품은 수입될 물품의 보수작업의 재료로 사용할 수 없다(법 제158조 제4항).

7. 해체·절단 등의 작업(Work of Dismantling and Cutting Goods)

(1) 해체·절단 등의 작업

보세구역에 장치된 물품에 대하여는 그 원형을 변경하거나 해체·절단 등의 작업을 할 수 있으며, 해체·절단 등의 작업을 할 수 있는 물품의 종류는 관세청장이 정하고, 세관장은 수입신고한 물품에 대하여 필요하다고 인정될 때에는 화주 또는 그 위임을 받은 자에게 해체·절단 등의 작업을 명할 수 있다(법 제159조 제1항·제3항 및 제4항).

(2) 해체·절단 등의 작업허가신청

보세구역에 장치된 물품에 대하여 그 원형을 변경하거나 해체·절단 등의 작업을 하려는 자는 세관장의 허가를 받아야 하는 바, 해체·절단 등의 작업의 허가를 받으려는 자는 다음의 사항을 기재한 신청서를 세관장에게 제출하여야 한다(법 제159조 제2항 및 영 178조 제1항).

① 해당 물품의 품명·규격·수량 및 가격
② 작업의 목적·방법 및 예정기간
③ 그 밖의 참고사항

(3) 해체·절단 등의 작업완료확인

보세구역에 장치된 물품에 대하여 그 원형을 변경하거나 해체·절단 등의 작업을 완료한 때에는 다음의 사항을 기재한 보고서를 세관장에게 제출하여 그 확인을 받아야 한다(영 제178조 제2항).

① 작업 후의 물품의 품명·규격·수량 및 가격
② 작업개시 및 종료연월일
③ 작업상황에 관한 검정기관의 증명서(세관장이 특히 지정하는 경우로 한정)
④ 그 밖의 참고사항

8. 장치물품의 폐기(Disposal of Stored Goods)

(1) 장치물품의 폐기(Disposal of Stored Goods)

(가) 폐기승인신청

부패·손상되거나 그 밖의 사유로 보세구역에 장치된 물품을 폐기하려는 자는 세관장의 승인을 받아야 하는 바, 그 승인을 받으려는 자는 다음의 사항을 기재한 신청서를 세관장에게 제출하여야 한다(법 제160조 제1항 및 영 179조 제1항).

① 다음(제175조 각호)의 사항
  ㉮ 장치장소 및 장치사유
  ㉯ 수입물품의 경우 해당 물품을 외국으로부터 운송하여 온 선박 또는 항공기의 명칭 또는 등록기호·입항예정연월일·선화증권번호 또는 항공화물운송장번호
  ㉰ 해당 물품의 내외국물품별 구분과 품명·수량 및 가격
  ㉱ 해당 물품의 포장의 종류·번호 및 개수
② 장치장소
③ 폐기예정연월일·폐기방법 및 폐기사유

(나) 폐기작업의 종료보고

폐기의 승인을 받은 자는 폐기작업을 종료한 때에는 잔존하는 물품의 품명·규격·수량

및 가격을 세관장에게 보고하여야 한다(영 제179조 제2항).

(2) 폐기시의 관세의 징수

보세구역에 장치된 외국물품이 멸실되거나 폐기되었을 때에는 그 운영인이나 보관인으로부터 즉시 그 관세를 징수한다. 다만, 재해나 그 밖의 부득이한 사유로 멸실된 때와 미리 세관장의 승인을 받아 폐기한 때에는 예외로 한다(법 제160조 제2항).

(3) 잔존물품의 관세부과

폐기승인을 받은 외국물품 중 폐기 후에 남아 있는 부분에 대하여는 폐기 후의 성질과 수량에 따라 관세를 부과한다(법 제160조 제3항).

(4) 반송 또는 폐기의 명령

세관장(Head of Customhouse)은 제1항에도 불구하고 보세구역에 장치된 물품 중 다음 각 호의 어느 하나에 해당하는 것은 "화주등"(화주, 반입자, 화주 또는 반입자의 위임을 받은 자나 「국세기본법」 제38조부터 제41조까지의 규정에 따른 제2차 납세의무자)에게 이를 반송 또는 폐기할 것을 명하거나 화주등에게 통고한 후 폐기할 수 있다. 다만, 급박하여 통고할 여유가 없는 경우에는 폐기한 후 즉시 통고하여야 한다(법 제160조 제4항).

① 사람의 생명이나 재산에 해를 끼칠 우려가 있는 물품
② 부패하거나 변질한 물품
③ 유효기간이 지난 물품
④ 상품가치가 없어진 물품
⑤ 위의 ①부터 ④까지에 준하는 물품으로서 관세청장이 정하는 물품

(5) 폐기의 통고

제4항에 따른 통고를 할 때 화주등의 주소나 거소를 알 수 없거나 그 밖의 사유로 통고할 수 없는 경우에는 공고로써 이를 갈음할 수 있다(법 제160조 제5항).

(6) 폐기비용

제1항과 제4항에 따라 세관장이 물품을 폐기하거나 화주등이 물품을 폐기 또는 반송한 경우 그 비용은 화주등이 부담한다(법 제160조 제6항).

9. 장치물품의 멸실등

(1) 장치물품의 멸실신고

보세구역 또는 보세구역이 아닌 장소에 장치된 외국물품이 멸실된 때에는 다음의 사항을 기재한 신고서를 세관장에게 제출하여 그 확인을 받아야 한다(영 제180조 제1항).

① 다음(제175조 각호)의 사항

㉮ 장치장소 및 장치사유

㉯ 수입물품의 경우 해당 물품을 외국으로부터 운송하여 온 선박 또는 항공기의 명칭 또는 등록기호·입항예정연월일·선화증권번호 또는 항공화물운송장번호

㉰ 해당 물품의 내외국물품별 구분과 품명·수량 및 가격

㉱ 해당 물품의 포장의 종류·번호 및 개수

② 장치장소

③ 멸실연월일 및 멸실원인

이 경우, 멸실신고는 특허보세구역장치물품인 경우에는 운영인의 명의로, 특허보세구역장치물품이 아닌 경우에는 보관인의 명의로 하여야 한다(영 제180조 제2항).

(2) 물품의 도난 또는 분실신고

보세구역 또는 보세구역이 아닌 장소에 장치된 물품이 도난당하거나 분실된 때에는 다음의 사항을 기재한 신고서를 세관장에게 제출하여야 한다(영 제181조 제1항).

① 다음(제175조 각호)의 사항

㉮ 장치장소 및 장치사유

㉯ 수입물품의 경우 해당 물품을 외국으로부터 운송하여 온 선박 또는 항공기의 명칭 또는 등록기호·입항예정연월일·선화증권번호 또는 항공화물운송장번호

㉰ 해당 물품의 내외국물품별 구분과 품명·수량 및 가격

㉱ 해당 물품의 포장의 종류·번호 및 개수

② 장치장소

③ 도난 또는 분실연월일과 사유

이 경우, 도난 또는 분실신고는 특허보세구역장치물품인 경우에는 운영인, 특허보세구역장치물품이 아닌 경우에는 보관인의 명의로 하여야 한다(영 제181조 제2항 : 제180조 제2항 준용).

(3) 물품의 이상신고

보세구역 또는 보세구역이 아닌 장소에 장치된 물품에 이상이 있는 때에는 다음의 사항을 기재한 신고서를 세관장에게 제출하여야 한다(영 제182조 제1항).

① 다음(제175조 각호)의 사항

㉮ 장치장소 및 장치사유
㉯ 수입물품의 경우 해당 물품을 외국으로부터 운송하여 온 선박 또는 항공기의 명칭 또는 등록기호·입항예정연월일·선화증권번호 또는 항공화물운송장번호
㉰ 해당 물품의 내외국물품별 구분과 품명·수량 및 가격
㉱ 해당 물품의 포장의 종류·번호 및 개수
② 장치장소
③ 발견연월일
④ 이상의 원인 및 상태

이 경우, 이상신고는 특허보세구역장치물품인 경우에는 운영인, 특허보세구역장치물품이 아닌 경우에는 보관인의 명의로 하여야 한다(영 제182조 제2항: 제180조 제2항 준용).

10. 견본품반출(Shipment of Goods out of Bonded Area as Samples)

(1) 견본품반출의 허가

보세구역에 장치된 외국물품의 전부 또는 일부를 견본품으로 반출하려는 자는 세관장의 허가를 받아야 하는 바, 그 허가를 받으려는 자는 다음의 사항을 기재한 신청서를 세관장에게 제출하여야 한다(법 제161조 제1항 및 영 183조).

① "다음"(영 제175조 각호)의 사항
㉮ 장치장소 및 장치사유
㉯ 수입물품의 경우 해당 물품을 외국으로부터 운송하여 온 선박 또는 항공기의 명칭 또는 등록기호·입항예정연월일·선화증권번호 또는 항공화물운송장번호
㉰ 해당 물품의 내외국물품별 구분과 품명·수량 및 가격
㉱ 해당 물품의 포장의 종류·번호 및 개수
② 장치장소
③ 반출목적 및 반출기간

(2) 견품 채취

세관공무원은 보세구역에 반입된 물품에 대하여 검사상 필요하면 그 물품의 일부를 견본품으로 채취할 수 있으며, 다음의 어느 하나에 해당하는 물품이 사용·소비된 경우에는 수입신고를 하여 관세를 납부하고 수리된 것으로 본다(법 제161조 제2항 및 제3항).

① 제2항에 따라 채취된 물품
② 다른 법률에 따라 실시하는 검사·검역 등을 위하여 견본품으로 채취된 물품으로서 세관장의 확인을 받은 물품

11. 물품취급자에 대한 단속과 세관공무원의 파견(Control of Goods Handlers and Dispatch of Customs Officers)

(1) 물품취급자에 대한 단속

다음의 어느 하나에 해당하는 자는 물품 및 보세구역감시에 관한 세관장의 명령을 준수하고 세관공무원의 지휘를 받아야 한다(법 제162조).

① "보세구역이 아닌 장소에 장치할 수 있는 다음의 물품"(제155조 제1항 각호의 물품)을 취급하는 자
   ㉮ 수출신고가 수리된 물품(제241조 제1항)
   ㉯ 크기 또는 무게의 과다나 그 밖의 사유로 보세구역에 장치하기 곤란하거나 부적당한 물품
   ㉰ 재해나 그 밖의 부득이한 사유로 임시로 장치한 물품
   ㉱ 검역물품
   ㉲ 압수물품
   ㉳ 우편물품
② 보세구역에 출입하는 자

(2) 세관공무원의 파견

세관장은 보세구역에 세관공무원을 파견하여 세관사무의 일부를 처리하게 할 수 있다(법 제163조).

12. 보세구역의 자율관리(Self-Managed Bonded Area)

(1) 자율관리보세구역의 장치물품

"자율관리보세구역"(보세구역 중 물품의 관리 및 세관감시에 지장이 없다고 인정하여 관세청장이 정하는 바에 따라 세관장이 지정하는 보세구역)에 장치한 물품은 제157조에 따른 세관공무원의 참여와 이 법에 따른 절차 중 관세청장이 정하는 절차를 생략한다(법 제164조 제1항).

(2) 자율관리보세구역의 지정신청

보세구역의 화물관리인이나 운영인은 자율관리보세구역의 지정을 받으려면 세관장에게 지정을 신청하여야 하는 바, 자율관리보세구역의 지정을 받으려는 자는 다음의 사항을 기재한 신청서에 채용된 "보세사"(법 제164조 제3항에 따른 보세사)의 보세사등록증과 관세청장이 정하는 서류를 첨부하여 세관장에게 지정신청을 하여야 한다(법 제164조 제2항 및 영 제184조 제1항).

① 보세구역의 종류·명칭·소재지·구조·동수 및 면적
② 장치하는 물품의 종류 및 수용능력

(3) 자율관리보세구역의 관리

자율관리보세구역의 관리에 관하여 필요한 사항은 관세청장이 정한다(영 제184조 제3항).

(4) 보세사의 채용

자율관리보세구역의 지정을 신청하려는 자는 "보세사"(해당 보세구역에 장치된 물품을 관리하는 자)를 채용하여야 하며, 보세사의 직무, 보세사의 전형 및 등록절차와 그 밖에 필요한 사항은 대통령령으로 정한다(법 제164조 제3항 및 법 제165조 제6항).

(가) 보세사의 자격(Qualifications for Licensed Manager of Bonded Goods)

보세사는 "보세구역 운영인의 결격사유"(법 제175조 제1호부터 제7호까지)의 어느 하나에 해당하지 아니하는 사람으로서 다음의 어느 하나에 해당하는 사람이어야 한다(법 제165조 제1항 및 영 제185조 제5항).

① 일반직공무원으로서 5년 이상 관세행정에 종사한 경력이 있는 사람
② "보세화물의 관리업무에 관한 전형에 합격한 사람"에 합격한 사람. 이러한 "보세화물의 관리업무에 관한 전형"을 실시할 때에는 관세청장은 그 전형의 일시, 장소, 방법 및 그 밖에 필요한 사항을 전형 시행일 90일 전까지 공고하여야 한다.

여기에서, "보세구역 운영인의 결격사유"(법 제175조 제1호부터 제7호까지)는 다음과 같다.

① 미성년자
② 피성년후견인과 피한정후견인
③ 파산선고를 받고 복권되지 아니한 자
④ 이 법을 위반하여 징역형의 실형을 선고받고 그 집행이 끝나거나(집행이 끝난 것으로 보는 경우를 포함한다) 면제된 후 2년이 지나지 아니한 자
⑤ 이 법을 위반하여 징역형의 집행유예를 선고받고 그 유예기간 중에 있는 자
⑥ 법 제178조 제2항에 따라 특허보세구역의 설치·운영에 관한 특허가 취소(이 조 제1호부터 제3호까지의 어느 하나에 해당하여 특허가 취소된 경우는 제외한다)된 후 2년이 지나지 아니한 자
⑦ "밀수출입죄·관세포탈죄·미수범·밀수품의 취득죄·체납처분면탈죄·타인에 대한 명의대여죄"(제269조부터 제271조까지, 제274조, 제275조의2 또는 제275조의3)에 따라 벌금형 또는 통고처분을 받은 자로서 그 벌금형을 선고받거나 통고처분을 이행한 후 2년이 지나지 아니한 자[다만, "양벌규정"(제279조)에 따라 처벌된 개인 또는 법인은 제외]

(나) 보세사의 직무

보세사의 직무는 다음과 같다(영 제185조 제1항).

① 보세화물 및 내국물품의 반입 또는 반출에 대한 입회 및 확인
② 보세구역안에 장치된 물품의 관리 및 취급에 대한 입회 및 확인
③ 보세구역출입문의 개폐 및 열쇠관리의 감독
④ 보세구역의 출입자관리에 대한 감독
⑤ 견품의 반출 및 회수
⑥ 그 밖에 보세화물의 관리를 위하여 필요한 업무로서 관세청장이 정하는 업무

(다) 보세사의 등록

보세사의 자격을 갖춘 사람이 보세사로 근무하려면 해당 보세구역을 관할하는 세관장에게 등록하여야 하는 바, 보세사로 등록하려는 자는 등록신청서를 세관장에게 제출하여야 한다(법 제165조 제2항 및 영 제185조 제2항).

이 경우, 세관장의 보세사의 등록에 관한 권한을 「민법」 제32조에 따라 설립된 사단법인 중 관세청장이 지정하여 고시하는 법인의 장에게 위탁한다(영 제288조 제6항).

(라) 보세사등록증 교부

세관장(Head of Customhouse)은 보세사의 등록신청을 한 자가 "보세사의 자격요건"(법 제165조 제1항의 요건)을 갖춘 경우에는 보세사등록증을 교부하여야 한다(영 제185조 제3항).

(마) 보세사의 교육

보세사는 관세청장이 정하는 바에 따라 그 업무수행에 필요한 교육을 받아야 한다(영 제185조 제4항).

(바) 보세사의 등록취소

세관장은 보세사의 등록을 한 사람이 다음의 어느 하나에 해당하는 경우에는 등록의 취소, 6개월 이내의 업무정지 또는 그 밖에 필요한 조치를 할 수 있다. 다만, ① 및 ②에 해당하면 등록을 취소하여야 한다(법 제165조 제4항).

① 다음의 "보세구역 운영인의 결격사유"(법 제175조 제1호부터 제7호까지)의 하나에 해당하게 된 때
   ㉮ 미성년자
   ㉯ 피성년후견인과 피한정후견인
   ㉰ 파산선고를 받고 복권되지 아니한 자

㉣ 이 법을 위반하여 징역형의 실형을 선고받고 그 집행이 끝나거나(집행이 끝난 것으로 보는 경우를 포함한다) 면제된 후 2년이 지나지 아니한 자
㉤ 이 법을 위반하여 징역형의 집행유예를 선고받고 그 유예기간 중에 있는 자
㉥ 법 제178조 제2항에 따라 특허보세구역의 설치 · 운영에 관한 특허가 취소(이 조 제1호부터 제3호까지의 어느 하나에 해당하여 특허가 취소된 경우는 제외한다)된 후 2년이 지나지 아니한 자
㉦ "밀수출입죄 · 관세포탈죄 · 미수범 · 밀수품의 취득죄 · 체납처분면탈죄 · 타인에 대한 명의대여죄"(제269조부터 제271조까지, 제274조, 제275조의2 또는 제275조의3)에 따라 벌금형 또는 통고처분을 받은 자로서 그 벌금형을 선고받거나 통고처분을 이행한 후 2년이 지나지 아니한 자[다만, "양벌규정"(제279조)에 따라 처벌된 개인 또는 법인은 제외]

② 사망한 경우
③ 이 법이나 이 법에 따른 명령을 위반한 경우

(사) 등록이 취소된 보세사의 등록 금지

제4항에 따라 등록이 취소[제175조 제1호부터 제3호(위의 ㉮부터 ㉰)까지의 어느 하나에 해당하여 등록이 취소된 경우는 제외한다]된 후 2년이 지나지 아니한 사람은 제2항에 따른 등록을 할 수 없다(법 제165조 제3항).

(아) 해당 전형의 정지 또는 무효 및 응시자격의 정지

관세청장은 다음의 어느 하나에 해당하는 사람에 대하여는 해당 전형을 정지시키거나 무효로 하고, 그 처분이 있는 날부터 5년간 전형 응시자격을 정지한다(법 제165조 제5항).

① 부정한 방법으로 전형에 응시한 사람
② 전형에서 부정한 행위를 한 사람

(자) 보세사의 명의대여 등의 금지

보세사는 다른 사람에게 자신의 성명 · 상호를 사용하여 보세사 업무를 하게 하거나 그 자격증 또는 등록증을 빌려주어서는 아니 된다(법 제165조의2).

(5) 자율관리보세구역의 지정 및 취소

(가) 자율관리보세구역의 지정

세관장은 자율관리보세구역의 지정신청을 받은 경우 해당 보세구역의 위치와 시설상태 등을 확인하여 제1항에 따른 자율관리보세구역으로 적합하다고 인정될 때에는 해당 보세구역을 자율관리보세구역으로 지정할 수 있다(법 제164조 제4항).

이 경우, 자율관리보세구역의 지정을 받은 자는 물품의 반출입 상황을 장부에 기록하여야 한다(법 제164조 제5항).

(나) 자율관리보세구역의 지정취소

세관장은 자율관리보세구역의 지정을 받은 자가 "이 법에 따른 의무를 위반하거나 세관감시에 지장이 있다고 인정되는 경우 등 대통령령으로 정하는 다음의 어느 하나에 해당하는 사유"가 발생한 경우에는 제4항에 따른 지정을 취소할 수 있으며, 지정을 취소하려면 청문을 실시하여야 한다(법 제164조 제6항 제328조 제6항 및 영 제84조 제2항).

① 법 제178조 제1항 각 호의 어느 하나에 해당하는 경우
② 자율관리보세구역 운영인이 보세사가 아닌 사람에게 보세사의 직무를 수행하게 한 경우
③ 그 밖에 세관감시에 지장이 있다고 인정되는 경우로서 관세청장이 정하여 고시하는 사유에 해당하는 경우

제2절 지정보세구역(Designated Bonded Area)

Ⅰ. 개요

1. 의의

지정보세구역(Designated Bonded Area)은 국가, 지방자치단체, 공항 또는 항만시설을 관리하는 법인이 소유 또는 관리하는 토지·건물 또는 그 밖의 시설 중에서 세관장이 지정한 구역을 말한다.

2. 지정보세구역의 지정(Designation of Designated Bonded Area)

지정보세구역은 다음의 어느 하나에 해당하는 자가 소유 또는 관리하는 "토지등"(토지·건물 또는 그 밖의 시설)중에서 세관장이 지정할 수 있으며, 세관장은 해당 세관장이 관리하지 아니하는 토지등을 지정보세구역으로 지정하려면 해당 토지등의 소유자나 관리자의 동의를 받아야 한다. 이 경우 세관장은 임차료 등을 지급할 수 있다(법 제166조 제1항 및 제2항).

① 국가

② 지방자치단체
③ 공항시설 또는 항만시설을 관리하는 법인

3. 지정보세구역의 취소(Cancellation of Designation of Designated Bonded Area)

세관장은 수출입물량이 감소하거나 그 밖의 사유로 지정보세구역의 전부 또는 일부를 보세구역으로 존속시킬 필요가 없어졌다고 인정될 때에는 그 지정을 취소하여야 하며, 그 지정을 취소하려는 때에는 청문을 실시하여야 한다(법 제167조 및 법 제328조).

4. 지정보세구역의 처분(Disposal of Designated Bonded Area)

지정보세구역의 지정을 받은 토지등의 소유자나 관리자는 다음의 어느 하나에 해당하는 행위를 하려면 미리 세관장과 협의하여야 한다. 다만, 해당 행위가 지정보세구역으로서의 사용에 지장을 주지 아니하거나 지정보세구역으로 지정된 토지등의 소유자가 국가 또는 지방자치단체인 경우에는 그러하지 아니하다(법 제168조 제1항).

① 해당 토지등의 양도, 교환, 임대 또는 그 밖의 처분이나 그 용도의 변경
② 해당 토지에 대한 공사나 해당 토지 안에 건물 또는 그 밖의 시설의 신축
③ 해당 건물 또는 그 밖의 시설의 개축·이전·철거나 그 밖의 공사

또한, 세관장은 제1항에 따른 협의에 대하여 정당한 이유 없이 이를 거부하여서는 아니된다(법 제168조 제2항).

Ⅱ. 지정장치장(Designated Storage Area)

1. 의의

지정장치장(Designated Storage Area)은 통관을 하려는 물품을 일시 장치하기 위한 장소로서 세관장이 지정하는 구역으로 한다(법 제169조).

2. 장치기간(Storage Period)

지정장치장에 물품을 장치하는 기간은 6개월의 범위에서 관세청장이 정한다. 다만, 관세청장이 정하는 기준에 따라 세관장은 3개월의 범위에서 그 기간을 연장할 수 있다(법 제170조).

3. 물품에 대한 보관책임(Responsibility for Keeping Goods in Custody)

(1) 화주의 보관책임

지정장치장에 반입한 물품은 화주 또는 반입자가 그 보관의 책임을 진다(법 제172조 제1항).

(2) 화물관리인의 지정

세관장(Head of Customhouse)은 지정장치장의 질서유지와 화물의 안전관리를 위하여 필요하다고 인정할 때에는 화주를 갈음하여 보관의 책임을 지는 화물관리인을 지정할 수 있다. 다만, 세관장이 관리하는 시설이 아닌 경우에는 세관장은 해당 시설의 소유자나 관리자와 협의하여 화물관리인을 지정하여야 한다(법 제172조 제2항).

법 제172조 제2항 본문에 따른 보관의 책임은 법 제160조 제2항에 따른 보관인의 책임과 해당 화물의 보관과 관련한 하역·재포장 및 경비 등을 수행하는 책임으로 한다(영 제187조의2 제2항).

(가) 화물관리인의 지정기준

화물관리인의 지정기준, 지정절차, 지정의 유효기간, 재지정 및 지정 취소 등에 필요한 사항은 대통령령으로 정하는 바, 화물관리인으로 지정받을 수 있는 자는 다음의 어느 하나에 해당하는 자로 하며, 세관장은 다음의 구분에 따라 화물관리인을 지정한다(법 제172조 제6항 및 영 제187조 제1항·제2항).

지정받을 수 있는 자	세관장의 지정
① 직접 물품관리를 하는 국가기관의 장	세관장이 요청한 후 왼쪽의 ①의 국가기관의 장이 승낙한 경우에 지정한다.
② 관세행정 또는 보세화물의 관리와 관련 있는 비영리법인 ③ 해당 시설의 소유자 또는 관리자가 요청한 자(법 제172조 제2항 단서에 따라 화물관리인을 지정하는 경우로 한정한다)	세관장이 왼쪽의 ② 및 ③에 해당하는 자로부터 지정신청서를 제출받아 이를 심사하여 지정한다. 이 경우 왼쪽의 ③에 해당하는 자는 해당 시설의 소유자 또는 관리자를 거쳐 제출하여야 한다.

따라서, 세관장이나 해당 시설의 소유자 또는 관리자는 "영 제187조 제2항 제2호에 따라 화물관리인을 지정"(세관장이 ② 및 ③에 해당하는 자로부터 지정신청서를 제출받아 이를 심사하여 화물관리인을 지정)하려는 경우에는 지정 예정일 3개월 전까지 지정 계획을 공고하여야 하여, 이에 따라 화물관리인으로 지정을 받으려는 자는 지정신청서를 제1항에 따른 공고일부터 30일 내에 세관장이나 해당 시설의 소유자 또는 관리자에게 제출하여야 한다(규칙 제69조의2 제1항·제2항).

또한, 규칙 제69조의2 제1항 및 제2항에서 규정한 사항 외에 화물관리인의 지정절차 등에 관하여 필요한 사항은 관세청장이 정한다(규칙 제69조의2 제4항).

(나) 화물관리인의 지정을 위한 심사기준

위의 ②(제2항 제2호)에 따라 화물관리인을 지정할 때에는 다음의 사항에 대하여 관세청장이 정하는 심사기준에 따라 평가한 결과를 반영하여야 한다(영 제187조 제3항 및 규칙 제69조의2 제3항).

① 보세화물 취급경력 및 화물관리시스템 구비 사항
② 보세사의 보유에 관한 사항
③ 자본금, 부채비율 및 신용평가등급 등 재무건전성에 관한 사항
④ 그 밖에 기획재정부령으로 정하는 "다음의 사항"
㉮ 지게차, 크레인 등 화물관리에 필요한 시설장비 구비 현황
㉯ 법 제255조의2 제1항에 따라 수출입 안전관리 우수업체로 공인을 받았는지 여부
㉰ 그 밖에 관세청장이나 해당 시설의 소유자 또는 관리자가 정하는 사항

(다) 화물관리인의 지정의 유효기간

화물관리인 지정의 유효기간은 5년 이내로 한다(영 제187조 제4항).

(라) 화물관리인의 재지정

화물관리인으로 재지정을 받으려는 자는 제4항에 따른 유효기간이 끝나기 1개월 전까지 세관장에게 재지정을 신청하여야 한다. 이 경우 재지정의 기준 및 절차는 제1항부터 제4항까지의 규정을 준용한다(영 제187조 제5항).

(마) 화물관리인의 재지정절차에 대한 통보

세관장은 제2항에 따라 지정을 받은 자에게 재지정을 받으려면 지정의 유효기간이 끝나는 날의 1개월 전까지 재지정을 신청하여야 한다는 사실과 재지정 절차를 지정의 유효기간이 끝나는 날의 2개월 전까지 휴대폰에 의한 문자전송, 전자메일, 팩스, 전화, 문서 등으로 미리 알려야 한다(영 제187조 제6항).

(바) 화물관리인의 지정에 따른 세부사항

제2항부터 제6항까지의 규정에 따른 화물관리인 지정 또는 재지정의 심사기준, 절차 등에 관하여 필요한 세부 사항은 기획재정부령으로 정한다(영 제187조 제7항).

(사) 화물관리인의 지정의 취소

세관장은 다음의 어느 하나에 해당하는 사유가 발생한 경우에는 화물관리인의 지정을 취소할 수 있다. 이 경우 ①부터 ③까지의 규정에 따라 화물관리인의 지정을 취소하려는 경우에는 청문을 하여야 하며, ③에 해당하는 자에 대한 지정을 취소할 때에는 해당 시설의 소유자 또는 관리자에게 미리 그 사실을 통보하여야 한다(영 제187조의2 제1항).

① 거짓이나 그 밖의 부정한 방법으로 지정을 받은 경우
② 화물관리인이 다음의 "특허보세구역 운영인의 결격사유"(법 제175조 각호의 결격사

유)의 어느 하나에 해당하는 경우

㉮ 미성년자

㉯ 피성년후견인과 피한정후견인

㉰ 파산선고를 받고 복권되지 아니한 자

㉱ 이 법을 위반하여 징역형의 실형을 선고받고 그 집행이 끝나거나(집행이 끝난 것으로 보는 경우를 포함한다) 면제된 후 2년이 지나지 아니한 자

㉲ 이 법을 위반하여 징역형의 집행유예를 선고받고 그 유예기간 중에 있는 자

㉳ 법 제178조 제2항에 따라 특허보세구역의 설치 · 운영에 관한 특허가 취소(이 조 제1호부터 제3호까지의 어느 하나에 해당하여 특허가 취소된 경우는 제외한다) 된 후 2년이 지나지 아니한 자

㉴ "밀수출입죄 · 관세포탈죄 · 미수범 · 밀수품의 취득죄 · 체납처분면탈죄 · 타인에 대한 명의대여죄"(제269조부터 제271조까지, 제274조, 제275조의2 또는 제275조의3)에 따라 벌금형 또는 통고처분을 받은 자로서 그 벌금형을 선고받거나 통고처분을 이행한 후 2년이 지나지 아니한 자. 다만, "양벌규정"(제279조)에 따라 처벌된 개인 또는 법인은 제외한다.

㉵ 위의 ㉯부터 ㉴까지에 해당하는 자를 임원(해당 보세구역의 운영업무를 직접 담당하거나 이를 감독하는 자로 한정)으로 하는 법인

③ 화물관리인이 세관장 또는 해당 시설의 소유자 · 관리자와 맺은 화물관리업무에 관한 약정을 위반하여 해당 지정장치장의 질서유지 및 화물의 안전관리에 중대한 지장을 초래하는 경우

④ 화물관리인이 그 지정의 취소를 요청하는 경우

(3) 관리비용의 징수

지정장치장의 화물관리인은 화물관리에 필요한 비용(제323조에 따른 세관설비 사용료를 포함한다)을 화주로부터 징수할 수 있다. 다만, 그 요율에 대하여는 세관장의 승인을 받아야 한다(법 제172조 제3항).

또한, 지정장치장의 화물관리인은 화물관리에 필요하영 징수한 비용 중 세관설비 사용료에 해당하는 금액을 세관장에게 납부하여야 한다(법 제172조 제4항).

그리고, 세관장은 불가피한 사유로 화물관리인을 지정할 수 없을 때에는 화주를 대신하여 직접 화물관리를 할 수 있다. 이 경우 제3항에 따른 화물관리에 필요한 비용을 화주로부터 징수할 수 있다(법 제172조 제5항).

Ⅲ. 세관검사장(Customs Inspection Place)

1. 의의

세관검사장(Customs Inspection Place)은 통관하려는 물품을 검사하기 위한 장소로서 세관장이 지정하는 지역으로 한다(법 제173조 제1항).

2. 검사

세관장은 관세청장이 정하는 바에 따라 검사를 받을 물품의 전부 또는 일부를 세관검사장에 반입하여 검사할 수 있으며, 이 경우, 세관검사장에 반입되는 물품의 채취 · 운반 등에 필요한 비용은 화주가 부담한다(법 제173조 제2항 및 제3항).

제3절 특허보세구역(Licensed Bonded Area)

Ⅰ. 개요

1. 특허보세구역의 의의

특허보세구역(Licensed Bonded Area)은 사인이 소유 또는 관리하는 토지, 건물, 시설 등에 대하여 세관장의 특허를 받아서 설치·운영하는 보세구역을 말한다. 특허보세구역에는 보세창고, 보세공장, 보세전시장, 보세건설장, 보세판매장이 있으며, 또한, 그 설치·운영의 형태에 따라 영업용보세구역과 자가용보세구역으로 구분할 수 있다. 영업용보세구역은 타인의 물품을 장치하기 위한 보세구역을 말하고, 자가용보세구역은 운영인의 물품을 장치하기 위한 보세구역을 말한다.

2. 특허보세구역의 설치·운영에 관한 특허(License for Establishment and Operation of Licensed Bonded Area)

(1) 특허보세구역의 설치·운영에 관한 특허(License for Establishment and Operation of Licensed Bonded Area)

특허보세구역을 설치 · 운영하려는 자는 세관장의 특허를 받아야 한다. 기존의 특허를 갱신하려는 경우에도 또한 같다(법 제174조 제1항).

(가) 특허보세구역의 설치·운영에 관한 특허의 신청

"특허보세구역"의 설치·운영에 관한 특허를 받으려는 자는 다음의 사항을 기재한 신청서에 기획재정부령으로 정하는 서류를 첨부하여 세관장에게 제출하여야 한다(영 제188조 제1항).

① 특허보세구역의 종류 및 명칭, 소재지, 구조, 동수와 면적 및 수용능력

② 장치할 물품의 종류

③ 설치·운영의 기간

여기에서, 신청서에 첨부하여야 하는 "기획재정부령으로 정하는 서류"는 다음과 같다(규칙 제67조 제1항).

① 보세구역의 도면

② 보세구역의 위치도

③ 운영인의 자격을 증명하는 서류

④ 필요한 시설 및 장비의 구비를 증명하는 서류

(나) 보세공장의 설치·운영에 관한 특허의 신청

특허보세구역 중 보세공장의 설치운영에 관한 특허를 받으려는 자는 다음 각 호의 사항을 기재한 신청서에 사업계획서와 그 구역 및 부근의 도면을 첨부하여 세관장에게 제출하여야 한다. 이 경우 세관장은 「전자정부법」 제36조 제1항에 따른 행정정보의 공동이용을 통하여 법인 등기사항증명서를 확인하여야 한다(영 제188조 제2항).

① 공장의 명칭, 소재지, 구조, 동수 및 면적

② 공장의 작업설비·작업능력

③ 공장에서 할 수 있는 작업의 종류

④ 원재료 및 제품의 종류

⑤ 설치·운영의 기간

(다) 특허보세구역의 설치·운영에 관한 특허의 갱신

특허를 갱신하려는 자는 다음 각 호의 사항을 적은 신청서에 기획재정부령으로 정하는 서류를 첨부하여 그 기간만료 1개월 전까지 세관장에게 제출하여야 한다(영 제188조 제3항).

① 갱신사유

② 갱신기간

여기에서, 신청서에 첨부하여야 하는 "기획재정부령으로 정하는 서류"는 다음과 같다(규칙 제67조 제2항).

① 운영인의 자격을 증명하는 서류

② 필요한 시설 및 장비의 구비를 증명하는 서류

(라) 특허보세구역의 설치·운영에 관한 특허갱신절차의 통보

세관장은 제1항에 따라 특허를 받은 자에게 특허를 갱신받으려면 특허기간이 끝나는 날의 1개월 전까지 특허 갱신을 신청하여야 한다는 사실과 갱신절차를 특허기간이 끝나는 날의 2개월 전까지 휴대폰에 의한 문자전송, 전자메일, 팩스, 전화, 문서 등으로 미리 알려야 한다(영 제188조 제4항).

(2) 특허보세구역의 설치·운영특허의 수수료

(가) 특허수수료

특허보세구역의 설치·운영에 관한 특허를 받으려는 자, 특허보세구역을 설치·운영하는 자, 이미 받은 특허를 갱신하려는 자는 기획재정부령으로 정하는 바에 따라 수수료를 납부하여야 하는 바, 납부하여야 하는 특허신청의 수수료는 4만5천원으로 한다. 이 경우, "특허수수료"(특허보세구역의 설치·운영에 관한 수수료)는 다음의 구분에 따른 금액으로 한다. 다만, 보세공장과 목재만을 장치하는 수면의 보세창고에 대하여는 다음의 구분에 따른 금액의 1/4로 한다(법 제174조 제2항 및 규칙 제68조 제1항·제2항).

① 특허보세구역의 연면적이 1,000m² 미만인 경우: 매 분기당 7만2천원
② 특허보세구역의 연면적이 1,000m² 이상 2,000m² 미만인 경우: 매 분기당 10만 8천원
③ 특허보세구역의 연면적이 2,000m² 이상 3,500m² 미만인 경우: 매 분기당 14만4천원
④ 특허보세구역의 연면적이 3,500m² 이상 7,000m² 미만인 경우: 매 분기당 18만원
⑤ 특허보세구역의 연면적이 7,000m² 이상 15,000m² 미만인 경우: 매 분기당 22만5천원
⑥ 특허보세구역의 연면적이 15,000m² 이상 25,000m² 미만인 경우: 매 분기당 29만1천원
⑦ 특허보세구역의 연면적이 25,000m² 이상 50,000m² 미만인 경우: 매 분기당 36만원
⑧ 특허보세구역의 연면적이 50,000m² 이상 100,000m² 미만인 경우: 매 분기당 43만5천원
⑨ 특허보세구역의 연면적이 100,000m²이상인 경우: 매 분기당 51만원

이 경우, 수수료를 납부하여야 하는 자가 관세청장이 정하는 바에 따라 이를 따로 납부한 때에는 그 사실을 증명하는 증표를 특허신청서 등에 첨부하여야 한다(규칙 제68조 제8항).

(나) 특허수수료의 납부 등

특허수수료는 분기단위로 매분기말까지 다음 분기분을 납부하되, 특허보세구역의 설치·운영에 관한 특허가 있은 날이 속하는 분기분의 수수료는 이를 면제한다. 이 경우 운영인이 원하는 때에는 1년 단위로 일괄하여 미리 납부할 수 있다(규칙 제68조 제3항).

특허수수료를 계산함에 있어서 특허보세구역의 연면적은 특허보세구역의 설치·운영에 관한 특허가 있은 날의 상태에 의하되, 특허보세구역의 연면적이 변경된 때에는 그 변경된 날이 속하는 분기의 다음 분기 첫째 달 1일의 상태에 따른다(규칙 제68조 제4항).

특허보세구역의 연면적이 수수료납부 후에 변경된 경우 납부하여야 하는 특허수수료의 금액이 증가한 때에는 변경된 날부터 5일 내에 그 증가분을 납부하여야 하고, 납부하여야 하는 특허수수료의 금액이 감소한 때에는 그 감소분을 다음 분기 이후에 납부하는 수수료의 금액에서 공제한다(규칙 제68조 제5항).

영 제193조에 따른 특허보세구역의 휴지 또는 폐지의 경우에는 해당 특허보세구역 안에 외국물품이 없는 경우로 한정하여 그 다음 분기의 특허수수료를 면제한다. 다만, 휴지 또는 폐지를 한 날이 속하는 분기분의 특허수수료는 이를 환급하지 아니한다(규칙 제68조 제6항).

우리나라에 있는 외국공관이 직접 운영하는 보세전시장에 대하여는 특허수수료를 면제한다(규칙 제68조 제7항).

(3) 특허보세구역의 설치·운영의 특허기준

특허보세구역의 설치·운영의 특허를 받을 수 있는 요건은 보세구역의 종류별로 대통령령으로 정하는 기준에 따라 관세청장이 정한다(법 제174조 제3항).

따라서, 특허보세구역 설치·운영에 관한 특허를 받을 수 있는 요건은 다음과 같다(영 제189조).

① 체납된 관세 및 내국세가 없을 것

② "특허보세구역운영인의 결격사유"(법 제175조 각호의 결격사유)가 없을 것

③ 위험물품을 장치·제조·전시 또는 판매하는 경우에는 위험물품의 종류에 따라 관계행정기관의 장의 허가 또는 승인 등을 받을 것

④ 관세청장이 정하는 바에 따라 보세화물의 보관·판매 및 관리에 필요한 자본금·수출입규모·구매수요·장치면적 등에 관한 요건을 갖출 것

(4) 특허보세구역 운영인의 결격사유(Disqualifications for Operator of Licensed Bonded Area)

다음의 어느 하나에 해당하는 자는 특허보세구역을 설치·운영을 할 수 없다(법 제175조).

① 미성년자

② 피성년후견인과 피한정후견인

③ 파산선고를 받고 복권되지 아니한 자

④ 이 법을 위반하여 징역형의 실형을 선고받고 그 집행이 끝나거나(집행이 끝난 것으로 보는 경우를 포함한다) 면제된 후 2년이 지나지 아니한 자

⑤ 이 법을 위반하여 징역형의 집행유예를 선고받고 그 유예기간 중에 있는 자

⑥ 법 제178조 제2항에 따라 특허보세구역의 설치·운영에 관한 특허가 취소(이 조 제1호부터 제3호까지의 어느 하나에 해당하여 특허가 취소된 경우는 제외한다)된 후 2년이 지나지 아니한 자

⑦ "밀수출입죄·관세포탈죄·미수범·밀수품의 취득죄·체납처분면탈죄·타인에 대한

명의대여죄"(제269조부터 제271조까지, 제274조, 제275조의2 또는 제275조의3)에 따라 벌금형 또는 통고처분을 받은 자로서 그 벌금형을 선고받거나 통고처분을 이행한 후 2년이 지나지 아니한 자. 다만, "양벌규정"(제279조)에 따라 처벌된 개인 또는 법인은 제외한다.

⑧ 위의 ②부터 ⑦까지에 해당하는 자를 임원(해당 보세구역의 운영업무를 직접 담당하거나 이를 감독하는 자로 한정)으로 하는 법인

3. 특허보세구역의 특허기간(License Period)

특허보세구역의 특허기간은 10년 이내로 한다. 그럼에도 불구하고 보세전시장과 보세건설장의 특허기간은 다음 각 호의 구분에 따른다. 다만, 세관장은 전시목적을 달성하거나 공사를 진척하기 위하여 부득이하다고 인정할 만한 사유가 있을 때에는 그 기간을 연장할 수 있다(법 제176조 제1항 및 제2항).

① 보세전시장: 해당 박람회 등의 기간을 고려하여 세관장이 정하는 기간

② 보세건설장: 해당 건설공사의 기간을 고려하여 세관장이 정하는 기간

특허보세구역(보세전시장, 보세건설장 및 보세판매장은 제외한다)의 특허기간은 10년의 범위내에서 신청인이 신청한 기간으로 한다. 다만, 관세청장은 보세구역의 합리적 운영을 위하여 필요한 경우에는 신청인이 신청한 기간과 달리 특허기간을 정할 수 있다(영 제192조).

4. 특허보세구역의 특례

(1) 보세판매장의 특허기준

세관장은 보세판매장 특허를 부여하는 경우에 「중소기업기본법」 제2조에 따른 중소기업 및 「산업발전법」 제10조의2에 따른 중견기업으로서 매출액, 자산총액 및 지분 소유나 출자 관계 등이 대통령령으로 정하는 기준에 맞는 기업 중 제174조 제3항에 따른 특허를 받을 수 있는 요건을 갖춘 자에게 대통령령으로 정하는 일정 비율 이상의 특허를 부여하여야 하고, 「독점규제 및 공정거래에 관한 법률」 제14조 제1항에 따른 상호출자제한기업집단에 속한 기업에 대해 대통령령으로 정하는 일정 비율 이상의 특허를 부여할 수 없다(법 제176조의2 제1항).

(가) 보세판매장의 특허비율

법 제176조의2제1항에 따라 세관장은 「중소기업기본법」 제2조에 따른 중소기업과 「중견기업 성장촉진 및 경쟁력 강화에 관한 특별법」 제2조제1호에 따른 중견기업으로서 다음 각 호의 요건을 모두 충족하는 기업(이하 "중견기업"이라 한다) 중 법 제174조제3항에 따른 특허를 받을 수 있는 요건을 갖춘 자에게 보세판매장 총 특허 수의 100분의 30

이상(2017년 12월 31일까지는 보세판매장 총 특허 수의 100분의 20 이상)의 특허를 부여하여야 한다(영 제192조의2 제1항).

① 제192조의5제1항에 따른 공고일 직전 3개 사업연도의 매출액(기업회계기준에 따라 작성한 손익계산서상의 매출액으로서, 창업·분할·합병의 경우 그 등기일의 다음 날 또는 창업일이 속하는 사업연도의 매출액을 연간 매출액으로 환산한 금액을 말하며, 사업연도가 1년 미만인 사업연도의 매출액은 1년으로 환산한 매출액을 말한다)의 평균금액이 5천억원 미만인 기업일 것

② 자산총액(제192조의5제1항에 따른 공고일 직전 사업연도 말일 현재 재무상태표상의 자산총액을 말한다. 이하 이 항에서 같다)이 1조원 미만인 기업일 것

③ 자산총액이 1조원 이상인 법인(외국법인을 포함한다)이 주식 또는 출자지분의 100분의 30 이상을 직접적 또는 간접적으로 소유하고 있는 최다출자자인 기업이 아닐 것. 이 경우 주식 또는 출자지분의 간접소유 비율에 관하여는 「국제조세조정에 관한 법률 시행령」 제2조제2항을 준용하고, 최다출자자에 관하여는 「중소기업기본법 시행령」 제3조제1항제2호나목 후단을 준용한다.

또한, 법 제176조의2 제1항에 따라 세관장은 「독점규제 및 공정거래에 관한 법률」 제14조 제1항에 따른 상호출자제한기업집단에 속한 기업에 대하여 보세판매장 총 특허 수의 100분의 60 이상의 특허를 부여할 수 없다(영 제192조의2 제2항).

(나) 보세판매장의 특허비율의 적합 여부의 판단시점

영 제192조의2 제1항과 제2항에 따른 특허 비율에 적합한지를 판단하는 시점은 보세판매장의 설치·운영에 관한 특허를 부여할 때를 기준으로 한다(영 제192조의2 제3항).

또한, 세관장이 영 제192조의2 제3항에 따라 특허 비율에 적합한지를 판단할 때에 제192조의5 제1항에 따른 공고일 이후 기존 특허의 반납 등 예상하지 못한 사유로 특허 비율이 변경된 경우 그 변경된 특허 비율은 적용하지 아니한다(영 제192조의2 제4항).

(2) 보세판매장의 특허의 적용배제

제1항에도 불구하고 기존 특허가 만료되었으나 제3항에 따른 신규 특허의 신청이 없는 등 대통령령으로 정하는 경우에는 제1항을 적용하지 아니하는 바, "기존 특허가 만료되었으나 제3항에 따른 신규 특허의 신청이 없는 등 대통령령으로 정하는 경우"란 기존 특허의 기간 만료, 취소 및 반납 등으로 인하여 보세판매장의 설치·운영에 관한 특허를 부여하는 경우로서 다음 각 호의 모두에 해당하는 경우를 말한다(법 제176조의2 제2항 및 영 제192조의2 제5항).

① 「중소기업기본법」 제2조에 따른 중소기업 또는 중견기업 외의 자에게 특허를 부여할 경우 제1항 또는 제2항에 따른 특허 비율 요건을 충족하지 못하게 되는 경우

② 제192조의3제1항에 따른 특허의 신청자격 요건을 갖춘 「중소기업기본법」 제2조에 따른 중소기업 또는 중견기업이 없는 경우

(3) 보세판매장의 특허의 평가기준

보세판매장의 특허는 대통령령으로 정하는 일정한 자격을 갖춘 자의 신청을 받아 대통령령으로 정하는 평가기준에 따라 심사하여 부여한다. 기존 특허가 만료되는 경우(제6항에 따라 갱신되는 경우는 제외한다)에도 또한 같다(법 제176조의2 제3항).

여기에서, "대통령령으로 정하는 일정한 자격을 갖춘 자"란 제189조에 따른 특허보세구역의 설치 · 운영에 관한 특허를 받을 수 있는 요건을 갖춘 자를 말하고, "대통령령으로 정하는 평가기준"이란 다음의 평가요소를 고려하여 관세청장이 정하는 평가기준을 말한다(영 제192조의3 제1항·제2항).

① 제189조에 따른 특허보세구역의 설치 · 운영에 관한 특허를 받을 수 있는 요건의 충족 여부
② 관세 관계 법령에 따른 의무 · 명령 등의 위반 여부
③ 재무건전성 등 보세판매장 운영인의 경영 능력
④ 중소기업제품의 판매 실적 등 경제 · 사회 발전을 위한 공헌도
⑤ 관광 인프라 등 주변 환경요소
⑥ 기업이익의 사회 환원 정도
⑦ 「독점규제 및 공정거래에 관한 법률」 제14조제1항에 따른 상호출자제한기업집단에 속한 기업과 「중소기업기본법」 제2조에 따른 중소기업 및 중견기업 간의 상생협력을 위한 노력 정도

(4) 보세판매장의 특허수수료

보세판매장의 특허수수료는 제174조 제2항에도 불구하고 기획재정부령으로 정하는 바에 따라 다른 종류의 보세구역 특허수수료와 달리 정할 수 있다(법 제176조의2 제4항).

따라서, "보세판매장 특허수수료"(보세판매장의 설치 · 운영에 관한 수수료)는 제68조제2항에도 불구하고 해당 연도 매출액을 기준으로 그 매출액의 1만분의 5에 해당하는 금액으로 한다. 다만, 「중소기업기본법」 제2조에 따른 중소기업과 「중견기업 성장촉진 및 경쟁력 강화에 관한 특별법」 제2조제1호에 따른 중견기업으로서 영 제192조의2제1항 각 호의 요건을 모두 충족하는 기업이 운영인인 경우에는 해당 연도 매출액의 1만분의 1에 해당하는 금액으로 한다(규칙 제68조의2 제1항).

해당 연도 매출액	특허수수료율
2천억원 이하	해당 연도 매출액의 1천분의 1
2천억원 초과 1조원 이하	2억원+(2천억원을 초과하는 금액의 1천분의 5)
1조원 초과	42억원+(1조원을 초과하는 금액의 100분의 1)

또한, 보세판매장 특허수수료는 제68조 제2항에도 불구하고 다음 표의 특허수수료율을 적용하여 계산한 금액으로 한다. 다만, 「중소기업기본법」 제2조에 따른 중소기업과 「중견기업 성장촉진 및 경쟁력 강화에 관한 특별법」 제2조제1호에 따른 중견기업으로서 영 제192조의2제1항 각 호의 요건을 모두 충족하는 기업이 운영인인 경우에는 해당 연도 매출액의 1만분의 1에 해당하는 금액으로 한다(규칙 제68조의2 제2항).

(5) 보세판매장의 특허기간

보세판매장의 특허기간은 제176조 제1항에도 불구하고 5년 이내로 한다(법 제176조의2 제5항).

(6) 보세판매장의 특허갱신

보세판매장의 특허를 받은 중소기업 및 중견기업에 대해서는 대통령령으로 정하는 바에 따라 특허를 갱신할 수 있다(법 제176조의2 제6항).

(7) 보세판매장의 매출액 보고

기획재정부장관은 매 회계연도 종료 후 3개월 이내에 보세판매장 별 매출액을 대통령령으로 정하는 바에 따라 국회 소관 상임위원회에 보고하여야 한다(법 제176조의2 제7항).

관세청장은 법 제176조의2제6항에 따른 기획재정부장관의 국회 소관 상임위원회에 대한 보고를 위하여 매 회계연도 종료 후 2월 말일까지 전국 보세판매장의 매장별 매출액을 기획재정부장관에게 보고하여야 한다(영 제192조의7).

(8) 보세판매장의 특허절차

그 밖에 보세판매장 특허절차에 관한 사항은 대통령령으로 정한다(법 제176조의2 제8항).

(가) 보세판매장의 특허신청절차의 공고

관세청장은 기존 특허의 기간 만료, 취소 및 반납 등으로 인하여 법 제176조의2에 따른 보세판매장의 설치 · 운영에 관한 특허를 부여할 필요가 있는 경우에는 다음 각 호의 사항을 관세청의 인터넷 홈페이지 등에 공고하여야 한다(영 제192조의5 제1항).

① 특허의 신청 기간과 장소 등 특허의 신청절차에 관한 사항

② 특허의 신청자격

③ 특허장소와 특허기간

④ 제192조의3 제2항에 따라 관세청장이 정하는 평가기준(세부평가항목과 배점을 포함한다)

⑤ 그 밖에 보세판매장의 설치 · 운영에 관한 특허의 신청에 필요한 사항

(나) 보세판매장의 특허신청

"보세판매장 특허 신청자"(법 제176조의2에 따른 보세판매장의 설치 · 운영에 관한 특허를 받으려는 자)는 제1항에 따라 공고된 신청 기간에 제188조제1항에 따라 신청서를 세관장에게 제출하여야 한다(영 제192조의5 제2항).

(다) 서류 또는 자료의 제출

신청서를 제출받은 세관장은 다음의 서류 또는 자료를 관세청장을 거쳐 "보세판매장 특허심사위원회"(법 제176조의3에 따른 보세판매장 특허심사위원회)에 제출하여야 한다(영 제192조의5 제3항).

① 제2항에 따른 신청서
② 보세판매장 특허 신청자가 제192조의3 제1항에 따른 요건을 갖추었는지에 대한 세관장의 검토의견
③ 제192조의3 제2항 제1호 및 제2호에 관하여 관세청장이 정하는 자료

(라) 보세판매장의 특허여부 결정 후 통보

특허심사위원회는 제3항에 따라 제출받은 서류 또는 자료의 적정성을 검토한 후 제192조의3 제2항에 따른 평가기준에 따라 보세판매장 특허 신청자를 평가하고 보세판매장 특허 여부를 심의하며, 그 결과를 관세청장 및 해당 세관장에게 통보하여야 한다(영 제192조의5 제4항).

(마) 보세판매장의 특허 부여 및 통보

제4항에 따라 결과를 통보받은 세관장은 선정된 보세판매장 특허 신청자에게 특허를 부여하고, 관세청장이 정하여 고시하는 바에 따라 모든 보세판매장 특허 신청자에게 해당 신청자의 평가 결과와 보세판매장 특허를 부여받을 자로 선정되었는지 여부 등을 통보하여야 한다(영 제192조의5 제5항).

(바) 보세판매장의 특허 신청자에 대한 평가 결과 등의 공개

관세청장은 제4항에 따른 특허심사위원회의 심의가 완료된 후 다음의 사항을 관세청장이 정하는 바에 따라 관세청의 인터넷 홈페이지 등을 통하여 공개하여야 한다. 다만, 보세판매장 특허를 부여받을 자로 선정되지 아니한 보세판매장 특허 신청자의 평가 결과는 해당 신청자가 동의한 경우에만 공개할 수 있다(영 제192조의5 제6항).

① 보세판매장 특허 신청자에 대한 평가 결과
② 심의에 참여한 특허심사위원회 위원의 명단

(사) 청렴 옴부즈만 제도의 운영

관세청장은 보세판매장 특허 관련 업무를 수행하는 과정의 투명성 및 공정성을 높이기 위하여 특허심사위원회의 회의 및 그 심의에 참여하는 위원 선정 등의 과정을 참관하여 관련 비위사실 등을 적발하고 그에 따른 시정 또는 감사 요구 등을 할 수 있는 청렴 옴부즈만 제도를 운영할 수 있다. 이 경우 관세청장은 특허심사위원회의 심의에 참여한 위원의 명단이 제6항에 따라 공개되기 전까지 유출되지 아니하도록 적절한 조치를 하여야 한다(영 제192조의5 제7항).

(아) 보세판매장의 특허의 구체적인 절차

영 제192조의5 제1항부터 제7항까지에서 규정한 사항 외에 보세판매장의 설치 · 운영에 관한 특허의 구체적인 절차는 관세청장이 정하여 고시한다(영 제192조의5 제8항).

(9) 중소기업 등에 대한 보세판매장 특허의 갱신

(가) 중소기업 등에 대한 보세판매장의 특허의 갱신

제192조의6(중소기업 등에 대한 보세판매장 특허의 갱신) ① 세관장은 법 제176조의2제6항에 따라 1회에 한정하여 5년의 범위에서 법 제176조의2제1항에 따른 중소기업 및 중견기업에 대한 보세판매장의 특허를 갱신할 수 있다(영 제192조의6 제1항).

(나) 중소기업 등에 대한 보세판매장의 특허의 갱신 신청

제1항에 따라 중소기업 및 중견기업에 대한 보세판매장의 특허를 갱신하려는 자는 ① 갱신사유 및 ② 갱신기간을 적은 신청서에 "기획재정부령으로 정하는 다음의 서류"를 첨부하여 그 기간만료 6개월 전까지 세관장에게 제출하여야 한다(영 제192조의6 제2항).

① 운영인의 자격을 증명하는 서류
② 필요한 시설 및 장비의 구비를 증명하는 서류

(다) 중소기업 등에 대한 보세판매장의 특허의 갱신절차의 통보

세관장은 법 제176조의2제1항에 따라 중소기업 및 중견기업에 대한 보세판매장의 특허를 받은 자에게 특허를 갱신받으려면 특허기간이 끝나는 날의 6개월 전까지 특허 갱신을 신청하여야 한다는 사실과 갱신절차를 특허기간이 끝나는 날의 7개월 전까지 휴대폰에 의한 문자전송, 전자메일, 팩스, 전화, 문서 등으로 미리 알려야 한다(영 제192조의6 제3항).

(10) 보세판매장에 대한 규제의 재검토

기획재정부장관은 보세판매장의 설치 · 운영에 관한 특허와 관련하여 「독점규제 및 공정거래에 관한 법률」 제14조 제1항에 따른 상호출자제한기업집단에 속한 기업과 「중소기업기본법」 제2조에 따른 중소기업 및 중견기업에 적용할 특허 비율을 정한 제192조의2제1항 및 제2항에 대하여 2013년 10월 31일을 기준으로 하여 3년마다 그 타당성을 검토하여 강화 · 완화 또는 유지 등의 조치를 하여야 한다(영 제290조).

(11) 보세판매장 특허심사위원회

(가) 특허심사위원회의 설치

보세판매장의 특허에 관한 다음의 사항을 심의하기 위하여 관세청에 보세판매장 특허심사위원회를 두며, 보세판매장 특허심사위원회의 설치 · 구성 및 운영방법 등에 관하여 필요한 사항은 대통령령으로 정한다(법 제176조의3 제1항 및 제2항).

① 제176조의2제3항에 따른 보세판매장 특허 신청자의 평가 및 선정

② 그 밖에 보세판매장 운영에 관한 중요 사항

(나) 특허심사위원회의 구성

특허심사위원회는 위원장 1명을 포함하여 100명 이내의 위원으로 성별을 고려하여 구성한다(영 제192조의8 제1항).

(다) 특허심사위원회의 위원의 자격 및 공무원 의제

특허심사위원회의 위원은 다음 각 호의 어느 하나에 해당되는 사람 중에서 관세청장이 "평가분야"(제192조의3제2항에 따른 평가기준을 고려하여 관세청장이 정하는 분야)별로 위촉하고, 위원장은 위원 중에서 호선한다(영 제192조의8 제2항).

① 변호사 · 공인회계사 · 세무사 또는 관세사 자격이 있는 사람

② 「고등교육법」 제2조제1호 또는 제3호에 따른 학교에서 법률 · 회계 등을 가르치는 부교수 이상으로 재직하고 있거나 재직하였던 사람

③ 법률 · 경영 · 경제 및 관광 등의 분야에 전문적 지식이나 경험이 풍부한 사람

또한, 위원회(관세품목분류위원회, 관세체납정리위원회, 관세정보공개심의위원회, 관세심사위원회, 보세판매장 특허심사위원회, 원산지확인위원회)의 위원 중 공무원이 아닌 사람은 「형법」 제127조 및 제129조부터 제132조까지의 규정을 적용할 때에는 공무원으로 본다(법 제330조 제8호).

(라) 특허심사위원회의 위원의 임기

특허심사위원회 위원의 임기는 1년으로 하되, 한 차례만 연임할 수 있다(영 제192조의8 제3항).

(마) 특허심사위원회의 위원의 해촉

관세청장은 특허심사위원회의 위원이 다음 각 호의 어느 하나에 해당하는 경우에는 해당 위원을 해촉할 수 있다(영 제192조의8 제4항).

① 심신장애로 인하여 직무를 수행할 수 없게 된 경우
② 직무와 관련된 비위사실이 있는 경우
③ 직무태만, 품위손상이나 그 밖의 사유로 인하여 위원으로 적합하지 아니하다고 인정되는 경우
④ 위원 스스로 직무를 수행하는 것이 곤란하다고 의사를 밝히는 경우

(바) 특허심사위원회의 위원의 공개

제192조의9 제3항 각 호의 어느 하나에 해당함에도 불구하고 회피하지 아니한 경우

관세청장은 제2항에 따라 위촉한 위원 명단을 관세청의 인터넷 홈페이지 등에 공개하여야 한다(영 제192조의8 제5항).

(사) 특허심사위원회의 기타 운영사항

영 제192조의3 제1항부터 제5항까지에서 규정한 사항 외에 특허심사위원회의 구성 및 운영에 필요한 사항은 관세청장이 정한다(영 제192조의8 제6항).

(아) 특허심사위원회의 회의

첫째, 특허심사위원회의 위원장은 위원회의 회의를 소집하고 그 의장이 된다. 다만, 특허심사위원회의 위원장이 부득이한 사유로 직무를 수행할 수 없는 경우에는 특허심사위원회의 위원장이 미리 지명한 위원이 그 직무를 대행한다(영 제192조의2 제1항).

둘째, 특허심사위원회의 회의는 회의 때마다 평가분야별로 무작위 추출 방식으로 선정하는 25명 이내의 위원으로 구성한다(영 제192조의2 제2항).

셋째, 다음의 어느 하나에 해당하는 사람은 해당 회의에 참여할 수 없다(영 제192조의2 제3항).

① 해당 안건의 당사자(당사자가 법인 · 단체 등인 경우에는 그 임원을 포함한다. 이하 이 항에서 같다)이거나 해당 안건에 관하여 직접적인 이해관계가 있는 사람
② 배우자, 4촌 이내의 혈족 및 2촌 이내의 인척의 관계에 있는 사람이 해당 안건의 당사자이거나 해당 안건에 관하여 직접적인 이해관계가 있는 사람
③ 해당 안건 당사자의 대리인이거나 대리인이었던 사람
④ 해당 안건 당사자의 대리인이거나 대리인이었던 법인 · 단체 등에 현재 속하고 있거나 최근 3년 이내에 속하였던 사람
⑤ 해당 안건 당사자의 자문 · 고문에 응하였거나 해당 안건 당사자와 연구 · 용역 등의

업무 수행에 동업 또는 그 밖의 형태로 직접 해당 안건 당사자의 업무에 관여를 하였던 사람

⑥ 해당 안건 당사자의 자문·고문에 응하였거나 해당 안건 당사자와 연구·용역 등의 업무 수행에 동업 또는 그 밖의 형태로 직접 해당 안건 당사자의 업무에 관여를 하였던 법인·단체 등에 현재 속하고 있거나 최근 3년 이내에 속하였던 사람

넷째, 특허심사위원회의 회의에 참석하는 위원은 제3항 각 호의 어느 하나에 해당되는 경우에는 스스로 해당 회의의 심의·의결에서 회피하여야 한다(영 제192조의2 제4항).

다섯째, 특허심사위원회의 회의는 제2항에 따라 선정된 위원 과반수의 참석으로 개의하고, 회의에 참석한 위원 과반수의 찬성으로 의결한다(영 제192조의2 제5항).

여섯째, 제5항에도 불구하고 법 제176조의3제1항제1호에 따른 보세판매장 특허 신청자의 평가 및 선정에 관한 심의를 하는 경우에는 위원장을 제외하고 각 위원이 자신의 평가분야에 대하여 평가한 후 그 평가분야별 점수를 합산하여 가장 높은 점수를 받은 보세판매장 특허 신청자를 특허를 부여받을 자로 결정한다(영 제192조의2 제6항).

일곱째, 특허심사위원회는 심의를 위하여 필요한 경우에는 관계 행정기관의 장에 대하여 자료 또는 의견의 제출 등을 요구할 수 있으며, 관계 공무원 또는 전문가를 참석하게 하여 의견을 들을 수 있다(영 제192조의2 제7항).

여덟째, 영 제192조의2 제1항부터 제7항까지에서 규정한 사항 외에 특허심사위원회의 회의에 관하여 필요한 사항은 관세청장이 정한다(영 제192조의2 제8항).

5. 특허보세구역의 물품의 장치기간(Storage Period)

특허보세구역에 물품을 장치하는 기간은 다음의 구분에 따른다(법 제177조 제1항).

① 보세창고: 다음의 어느 하나에서 정하는 기간

㉮ 외국물품(㉰에 해당하는 물품을 제외한다): 1년의 범위에서 관세청장이 정하는 기간. 다만, 세관장이 필요하다고 인정하는 경우에는 1년의 범위에서 그 기간을 연장할 수 있다.

㉯ 내국물품(㉰에 해당하는 물품을 제외한다): 1년의 범위에서 관세청장이 정하는 기간

㉰ 정부비축용물품, 정부와의 계약이행을 위하여 비축하는 방위산업용물품, 장기간 비축이 필요한 수출용원재료와 수출품보수용 물품으로서 세관장이 인정하는 물품, 국제물류의 촉진을 위하여 관세청장이 정하는 물품: 비축에 필요한 기간

② 그 밖의 특허보세구역 : 해당 특허보세구역의 특허기간

이 경우, 세관장은 물품관리에 필요하다고 인정될 때에는 위의 ①의 기간에도 운영인에 대하여 그 반출을 명할 수 있다(법 제177조 제2항).

6. 특허보세구역 운영인의 명의대여 금지

특허보세구역의 운영인은 다른 사람에게 자신의 성명 · 상호를 사용하여 특허보세구역을 운영하게 해서는 아니 된다(법 제177조의2).

7. 반입정지 등과 특허의 취소(Suspension of Shipment of Goods into Licensed Bonded Area and Cancellation of License)

(1) 반입정지

(가) 반입정지의 사유

세관장은 특허보세구역의 운영인이 다음의 어느 하나에 해당하는 경우에는 관세청장이 정하는 바에 따라 6개월의 범위에서 해당 특허보세구역에의 "물품반입등"(물품반입 또는 보세건설 · 보세판매 · 보세전시 등)을 정지시킬 수 있다(법 제178조 제1항).

① 장치물품에 대한 관세를 납부할 자금능력이 없다고 인정되는 경우
② 본인이나 그 사용인이 이 법 또는 이 법에 따른 명령을 위반한 경우
③ 해당 시설의 미비 등으로 특허보세구역의 설치 목적을 달성하기 곤란하다고 인정되는 경우

(나) 반입정지에 따른 과징금의 부과

세관장은 물품반입등의 정지처분이 그 이용자에게 심한 불편을 주거나 공익을 해칠 우려가 있는 경우에는 특허보세구역의 운영인에게 물품반입등의 정지처분을 갈음하여 해당 특허보세구역 운영에 따른 매출액의 3/100 이하의 과징금을 부과할 수 있다. 이 경우 매출액 산정, 과징금의 금액, 과징금의 납부기한 등에 관하여 필요한 사항은 대통령령으로 정한다(법 제178조 제3항).

(다) 반입정지에 따른 과징금의 산정금액

법 제178조제3항에 따라 부과하는 과징금의 금액은 다음의 ①의 기간에 ②의 금액을 곱하여 산정한다(영 제193조의2 제1항 및 제2항).

① 기간: 법 제178조제1항에 따라 산정한 물품반입 등의 정지 일수(1개월은 30일을 기준으로 한다)
② 1일당 과징금 금액: 해당 특허보세구역 운영에 따른 연간 매출액의 6천분의 1. 이 경우, 연간매출액은 다음의 구분에 따라 산정한다.
　㉮ 특허보세구역의 운영인이 해당 사업연도 개시일 이전에 특허보세구역의 운영을 시작한 경우: 직전 3개 사업연도의 평균 매출액(특허보세구역의 운영을 시작한

날부터 직전 사업연도 종료일까지의 기간이 3년 미만인 경우에는 그 시작일부터 그 종료일까지의 매출액을 연평균 매출액으로 환산한 금액)

㉯ 특허보세구역의 운영인이 해당 사업연도에 특허보세구역 운영을 시작한 경우: 특허보세구역의 운영을 시작한 날부터 반입정지 등의 처분사유가 발생한 날까지의 매출액을 연매출액으로 환산한 금액

(라) 반입정지에 따른 과징금의 가중 또는 경감

세관장은 제1항에 따라 산정된 과징금 금액의 4분의 1의 범위에서 사업규모, 위반행위의 정도 및 위반횟수 등을 고려하여 그 금액을 가중하거나 감경할 수 있다. 다만, 과징금을 가중하는 경우에는 과징금 총액이 제2항에 따라 산정된 연간매출액의 100분의 3을 초과할 수 없다(영 제193조의2 제3항).

(마) 반입정지에 따른 과징금의 납부절차

제1항에 따른 과징금의 부과 및 납부에 관하여는 제285조의7을 준용한다. 이 경우 "관세청장"은 "세관장"으로 본다(영 제193조의2 제2항: 영 제285조의7 제1항 준용). 따라서, 그 준용규정을 보면 다음과 같다.

첫째, 세관장은 법 제327조의2 제5항 또는 법 제327조의3 제4항에 따라 위반행위를 한 자에게 과징금을 부과하고자 할 때에는 그 위반행위의 종별과 해당 과징금의 금액을 명시하여 이를 납부할 것을 서면 또는 전자문서로 통지하여야 한다(영 제193조의2 제2항: 영 제285조의7 제1항 준용)

둘째, 제1항의 규정에 의하여 통지를 받은 자는 납부통지일부터 20일 이내에 과징금을 세관장이 지정하는 수납기관에 납부하여야 한다. 다만, 천재·지변 그 밖의 부득이한 사유로 인하여 그 기간내에 과징금을 납부할 수 없는 때에는 그 사유가 소멸한 날부터 7일 이내에 이를 납부하여야 한다(영 제193조의2 제2항: 영 제285조의7 제2항 준용).

셋째, 제3항에 따라 과징금의 납부를 받은 수납기관은 영수증을 납부자에게 서면으로 교부하거나 전자문서로 송부하여야 한다(영 제193조의2 제2항: 영 제285조의7 제3항 준용).

넷째, 과징금의 수납기관은 제2항에 따라 과징금을 수납한 때에는 그 사실을 세관장에게 서면 또는 전자문서로 지체 없이 통지하여야 한다(영 제193조의2 제2항: 영 제285조의7 제4항 준용).

다섯째, 과징금은 이를 분할하여 납부할 수 없다(영 제193조의2 제2항: 영 제285조의7 제5항 준용).

(바) 반입정지에 따른 과징금의 부과절차

과징금을 납부하여야 할 자가 납부기한까지 납부하지 아니한 경우 과징금의 징수에 관하여는 법 제26조를 준용하는 바, 담보 제공이 없거나 징수한 금액이 부족한 관세의 징수에 관하여는 이 법에 규정된 것을 제외하고는 「국세기본법」과 「국세징수법」의 예에 따른다(법 제178조 제4항 및 제26조 제1항).

세관장은 관세의 체납처분을 할 때에는 재산의 압류, 보관, 운반 및 공매에 드는 비용에

상당하는 체납처분비를 징수할 수 있다(법 제26조 제2항).

(2) 특허의 취소

(가) 특허의 취소사유

세관장(Head of Customhouse)은 특허보세구역의 운영인이 다음의 어느 하나에 해당하는 경우에는 그 특허를 취소할 수 있다. 다만, 제1호, 제2호 및 제5호에 해당하는 경우에는 특허를 취소하여야 한다. 또한, 특허를 취소하려는 때에는 청문을 실시하여야 한다(법 제178조 제2항 및 법 제328조).

① 거짓이나 그 밖의 부정한 방법으로 특허를 받은 경우

② 다음의 "특허보세구역 운영인의 결격사유"(법 제175조 각호의 결격사유)의 어느 하나에 해당하는 경우

㉮ 미성년자

㉯ 피성년후견인과 피한정후견인

㉰ 파산선고를 받고 복권되지 아니한 자

㉱ 이 법을 위반하여 징역형의 실형을 선고받고 그 집행이 끝나거나(집행이 끝난 것으로 보는 경우를 포함한다) 면제된 후 2년이 지나지 아니한 자

㉲ 이 법을 위반하여 징역형의 집행유예를 선고받고 그 유예기간 중에 있는 자

㉳ 법 제178조 제2항에 따라 특허보세구역의 설치·운영에 관한 특허가 취소(이 조 제1호부터 제3호까지의 어느 하나에 해당하여 특허가 취소된 경우는 제외한다)된 후 2년이 지나지 아니한 자

㉴ "밀수출입죄·관세포탈죄·미수범·밀수품의 취득죄·체납처분면탈죄·타인에 대한 명의대여죄"(제269조부터 제271조까지, 제274조, 제275조의2 또는 제275조의3)에 따라 벌금형 또는 통고처분을 받은 자로서 그 벌금형을 선고받거나 통고처분을 이행한 후 2년이 지나지 아니한 자. 다만, "양벌규정"(제279조)에 따라 처벌된 개인 또는 법인은 제외한다.

㉵ 위의 ㉯부터 ㉴까지에 해당하는 자를 임원(해당 보세구역의 운영업무를 직접 담당하거나 이를 감독하는 자로 한정)으로 하는 법인

③ 1년 이내에 3회 이상 물품반입등의 정지처분(제3항에 따른 과징금 부과처분을 포함한다)을 받은 경우

④ 2년 이상 물품의 반입실적이 없어서 세관장이 특허보세구역의 설치 목적을 달성하기 곤란하다고 인정하는 경우

⑤ 제177조의2(특허보세구역 운영인의 명의대여 금지)를 위반하여 명의를 대여한 경우

(3) 특허의 효력상실 및 승계(Losing of Effect and Succession of License)

(가) 특허의 효력상실(Losing of Effect of License)

특허보세구역의 설치 · 운영에 관한 특허는 다음 각 호의 어느 하나에 해당하면 그 효력을 상실한다(법 제179조 제1항).

① 운영인이 특허보세구역을 운영하지 아니하게 된 경우
② 운영인이 해산하거나 사망한 경우
③ 특허기간이 만료한 경우
④ 특허가 취소된 경우

위의 ①, ②의 경우에는 운영인, 그 상속인, 청산법인 또는 "승계법인"(합병·분할·분할합병 후 존속하거나 합병·분할·분할합병으로 설립된 법인)은 지체 없이 세관장에게 그 사실을 보고하여야 한다(법 제179조 제2항).

(나) 특허의 효력상실시 조치(Measure on Loss of License' s Effect)

특허보세구역의 설치 · 운영에 관한 특허의 효력이 상실되었을 때에는 운영인이나 그 상속인은 해당 특허보세구역에 있는 외국물품을 지체 없이 다른 보세구역으로 반출하여야 한다(법 제182조 제1항).

또한, 특허보세구역의 설치 · 운영에 관한 특허의 효력이 상실되었을 때에는 해당 특허보세구역에 있는 외국물품의 종류와 수량 등을 고려하여 6개월의 범위에서 세관장이 지정하는 기간 동안 그 구역은 특허보세구역으로 보며, 운영인이나 그 상속인에 대하여는 해당 구역과 장치물품에 관하여 특허보세구역의 설치 · 운영에 관한 특허가 있는 것으로 본다(법 제182조 제2항).

(다) 특허의 승계신고

특허보세구역의 설치 · 운영에 관한 특허를 받은 자가 사망하거나 해산한 경우 상속인 또는 승계법인이 계속하여 그 특허보세구역을 운영하려면 피상속인 또는 피승계법인이 사망하거나 해산한 날부터 30일 이내에 "툭허보세구역의 특허를 받을 수 있는 요건은 보세구역의 종류별로 대통령령으로 정하는 기준에 따라 관세청장이 정한다"는 제174조 제3항에 따른 요건을 갖추어 대통령령으로 정하는 바에 따라 세관장에게 신고하여야 한다(법 제179조 제3항).

따라서, 특허보세구역의 운영을 계속하려는 상속인 또는 승계법인은 해당 특허보세구역의 종류 · 명칭 및 소재지를 기재한 특허보세구역승계신고서에 다음의 서류를 첨부하여 세관장에게 제출하여야 한다(영 제194조 제1항).

① 상속인 또는 승계법인을 확인할 수 있는 서류
② "특허요건"(법 제174조 제3항의 특허요건)의 구비를 확인할 수 있는 서류로서 관세청장이 정하는 서류

(라) 승계신고의 금지대상자

"다음"(법 제175조 각호)의 어느 하나에 해당하는 자는 제3항에 특허의 승계신고를 할 수 없다(법 제179조 제5항).

① 미성년자
② 피성년후견인과 피한정후견인
③ 파산선고를 받고 복권되지 아니한 자
④ 이 법을 위반하여 징역형의 실형을 선고받고 그 집행이 끝나거나(집행이 끝난 것으로 보는 경우를 포함한다) 면제된 후 2년이 지나지 아니한 자
⑤ 이 법을 위반하여 징역형의 집행유예를 선고받고 그 유예기간 중에 있는 자
⑥ 법 제178조 제2항에 따라 특허보세구역의 설치 · 운영에 관한 특허가 취소(이 조 제1호부터 제3호까지의 어느 하나에 해당하여 특허가 취소된 경우는 제외한다)된 후 2년이 지나지 아니한 자
⑦ "밀수출입죄 · 관세포탈죄 · 미수범 · 밀수품의 취득죄 · 체납처분면탈죄 · 타인에 대한 명의대여죄"(제269조부터 제271조까지, 제274조, 제275조의2 또는 제275조의3)에 따라 벌금형 또는 통고처분을 받은 자로서 그 벌금형을 선고받거나 통고처분을 이행한 후 2년이 지나지 아니한 자. 다만, "양벌규정"(제279조)에 따라 처벌된 개인 또는 법인은 제외한다.
⑧ 위의 ②부터 ⑦까지에 해당하는 자를 임원(해당 보세구역의 운영업무를 직접 담당하거나 이를 감독하는 자로 한정)으로 하는 법인

(마) 승계신고의 결과통보

특허의 승계신고를 받은 세관장은 이를 심사하여 신고일부터 5일 이내에 그 결과를 신고인에게 통보하여야 한다(영 제194조 제2항).

(바) 승계신고의 의제

상속인 또는 승계법인이 특허의 승계신고를 하였을 때에는 피상속인 또는 피승계법인이 사망하거나 해산한 날부터 신고를 한 날까지의 기간에 있어서 피상속인 또는 피승계법인의 특허보세구역의 설치 · 운영에 관한 특허는 상속인 또는 승계법인에 대한 특허로 본다(법 제179조 제4항).

(4) 휴지 · 폐지 등의 보고

특허보세구역의 운영인은 해당 특허보세구역을 운영하지 아니하게 된 때에는 다음의 사항을 세관장에게 통보하여야 한다(영 제193조 제1항).

① 해당 특허보세구역의 종류 · 명칭 및 소재지

② 운영을 폐지하게 된 사유 및 그 일시

③ 장치물품의 명세

④ 장치물품의 반출완료예정연월일

특허보세구역의 운영인은 30일 이상 계속하여 특허보세구역의 운영을 휴지하려는 때에는 다음의 사항을 세관장에게 통보하여야 하며, 특허보세구역의 운영을 다시 개시하려는 때에는 그 사실을 세관장에게 통보하여야 한다(영 제193조 제2항).

① 해당 특허보세구역의 종류·명칭 및 소재지

② 휴지사유 및 휴지기간

8. 특허보세구역의 설치·운영에 관한 관리 등(Supervision of Establishment and Operation of Licensed Bonded Area)

(1) 운영인에 대한 감독

세관장은 특허보세구역의 운영인을 감독한다(법 제180조 제1항).

(가) 종업원에 관한 보고

세관장은 특허보세구역의 관리상 필요하다고 인정되는 때에는 특허보세구역의 운영인에게 그 업무에 종사하는 자의 성명이나 그 밖의 인적사항을 보고하도록 명할 수 있다(영 제195조 제1항).

(나) 출입구개폐시 입회

특허보세구역의 출입구를 개폐하거나 특허보세구역에서 물품을 취급하는 때에는 세관공무원의 참여가 있어야 한다. 다만, 세관장이 불필요하다고 인정하는 때에는 그러하지 아니하다(영 제195조 제2항).

(다) 출입구자물쇠의 관리

특허보세구역의 출입구에는 자물쇠를 채워야 한다. 이 경우 세관장은 필요하다고 인정되는 장소에는 2중으로 자물쇠를 채우게 하고, 그 중 1개소의 열쇠를 세관공무원에게 예치하도록 할 수 있다(영 제195조 제3항).

(라) 종업원 및 출입자의 단속

지정보세구역의 관리인 또는 특허보세구역의 운영인은 그 업무에 종사하는 자 기타 보세구역에 출입하는 자에 대하여 상당한 단속을 하여야 한다(영 제195조 제4항).

(2) 설영에 관한 보고와 검사

세관장은 특허보세구역의 운영인에게 그 설치 · 운영에 관한 보고를 명하거나 세관공무원에게 특허보세구역의 운영상황을 검사하게 할 수 있다(법 제180조 제2항).

(3) 업무내용의 변경승인

특허보세구역의 운영인이 그 장치물품의 종류를 변경하거나 그 특허작업의 종류 또는 작업의 원재료를 변경하려면 그 사유를 기재한 신청서를 세관장에게 제출하여 그 승인을 받아야 한다(영 제190조 제1항).

특허보세구역의 운영인이 법인인 경우에 그 등기사항을 변경한 때에는 지체 없이 그 요지를 세관장에게 통보하여야 한다(영 제190조 제2항).

(4) 수용능력증감 등의 변경

특허보세구역의 운영인이 그 장치물품의 수용능력을 증감하거나 그 특허작업의 능력을 변경할 설치·운영시설의 증축, 수선 등의 공사를 하려면 그 사유를 기재한 신청서에 공사내역서 및 관계도면을 첨부하여 세관장에게 제출하여 그 승인을 받아야 한다. 다만, 특허받은 면적의 범위에서 수용능력 또는 특허작업능력을 변경하는 경우에는 신고함으로써 승인을 받은 것으로 본다(영 제191조 제1항).

또한, 증감·설치·증축·수선 등의 공사를 준공한 운영인은 그 사실을 지체 없이 세관장에게 통보하여야 한다(영 제191조 제2항).

(5) 설비의 명령

세관장은 특허보세구역의 운영에 필요한 시설·기계·기구의 설치를 명할 수 있다(법 제180조 제3항).

(6) 반입물품에 대한 반출명령

특허보세구역에 반입된 물품이 해당 특허보세구역의 설치목적에 합당하지 아니한 경우에는 세관장은 해당 물품을 다른 보세구역으로 반출할 것을 명할 수 있다(법 제180조 제4항).

Ⅱ. 보세창고(Bonded Warehouse)

1. 보세창고의 의의

보세창고(Bonded Warehouse)는 외국물품 또는 통관을 하려는 물품을 장치하는 구역을 말한다. 보세창고는 외국으로부터 보세상태로 물품을 반입하여 이를 개장, 분할, 구역 등의 보수작업을 거친 후 제3국으로 다시 수출하거나 상거래 시기에 맞추어 반출하려는 경우에 주로 이용된다.

2. 보세창고의 장치물품

(1) 외국물품 등의 장치

보세창고에는 외국물품 또는 통관을 하려는 물품을 장치한다(법 제183조 제1항).

(2) 내국물품의 장치

(가) 내국물품의 장치신고

운영인은 미리 세관장에게 신고를 하고 "외국물품 또는 통관을 하려는 물품"(제1항의 물품)의 장치에 방해되지 아니하는 범위에서 보세창고에 내국물품을 장치할 수 있는 바, 장치신고를 하려는 자는 다음의 사항을 기재한 신고서를 세관장에게 제출하여야 한다. 다만, 동일한 보세창고에 장치되어 있는 동안 수입신고가 수리된 물품은 신고 없이 계속하여 장치할 수 있다(법 제183조 제2항 및 영 제197조 제1항).

① "수출신고가 수리된 물품을 포함한 내국물품으로서 다음의 사항"(제176조 제1항 제2호의 사항)
  ㉮ 물품의 반입일시
  ㉯ 물품의 품명, 포장의 종류, 반입개수, 장치위치와 장치기간
② 장치사유
③ 생산지 또는 제조지

(나) 내국물품의 장치승인

운영인은 보세창고에 1년(제2항 단서에 따른 물품, 즉 동일한 보세창고에 장치되어 있는 동안 수입신고가 수리된 물품은 6개월) 이상 계속하여 제2항에 규정한 내국물품만을 장치하려면 세관장의 승인을 받아야 하는 바, 장치승인을 받으려는 자는 다음의 사항을 기재한 신청서를 세관장에게 제출하여야 한다(법 제183조 제3항 및 영 제197조 제2항).

① 수입물품의 경우 해당 물품을 외국으로부터 운송하여 온 선박 또는 항공기의 명칭 또는 등록기호·입항예정연월일·선화증권번호 또는 항공화물운송장번호(제175조 제2호의 사항)
② 장치장소 및 장치기간
③ 생산지 또는 제조지
④ 신청사유
⑤ 현존 외국물품의 처리완료연월일

(다) 장치승인을 받은 내국물품의 반출입신고의 생략

세관장은 장치승인을 받아 장치하는 물품에 대하여는 제176조에 따른 반출입신고를 생략하게 할 수 있다(영 제197조 제3항).

(라) 장치승인을 받은 내국물품의 적용배제

내국물품의 장치승인을 받은 보세창고에 내국물품만을 장치하는 기간에는 "견품반출"(제161조) 및 "특허보세구역의 물품의 장치기간"(제177조)을 적용하지 아니한다(법 제183조 제4항).

3. 장치기간이 경과한 내국물품(Expiration of Storage Period for Domestic Goods)

제183조제2항에 따른 내국물품으로서 장치기간이 지난 물품은 그 기간이 지난 후 10일 내에 그 운영인의 책임으로 반출하여야 하며, 제183조 제3항에 따라 승인받은 내국물품도 그 승인기간이 지난 경우에는 그 기간이 지난 후 10일 내에 그 운영인의 책임으로 반출하여야 한다(법 제184조 제1항 및 제2항).

4. 보세창고운영인의 기장의 의무

보세창고의 운영인은 장치물품에 관한 장부를 비치하고 다음의 사항을 기재하여야 한다. 다만, "정부비축용물품, 정부와의 계약이행을 위하여 비축하는 방위산업용물품 및 장기간 비축이 필요한 수출용원재료와 수출품보수용물품으로서 세관장이 인정하는 물품, 국제물류의 촉진을 위하여 관세청장이 정하는 물품"(법 제177조 제1항 제1호 다목)의 경우에는 관세청장이 정하는 바에 따라 장부의 비치 및 기재사항의 일부를 생략하거나 간소하게 할 수 있다(영 제198조).

① 반입 또는 반출한 물품의 내외국물품별 구분, 품명·수량 및 가격과 포장의 종류·기호·번호 및 개수
② 반입 또는 반출연월일과 신고번호
③ 보수작업물품과 보수작업재료의 내외국물품별 구분, 품명·수량 및 가격과 포장의 종류·기호·번호 및 개수
④ 보수작업의 종류와 승인연월일 및 승인번호
⑤ 보수작업의 검사완료연월일

Ⅲ. 보세공장(Bonded Factory)

1. 보세공장의 의의

보세공장(Bonded Factory)이란 외국물품 또는 외국물품과 내국물품과를 원료로 하거나 재료로 하여 제조·가공 기타 이에 유사한 작업을 하기 위한 구역을 말한다. 즉, 보세공장은 가공무역을 진흥시키기 위하여 외국으로부터 원재료를 들여와서 이를 보세상태로 공장에 반입하여 가공·제조한 후 다시 외국에 수출하는 것을 말한다.

보세공장은 수출용 보세공장과 내수용 보세공장, 수출·내수겸용 보세공장 등으로 구분할 수 있다.

(1) 수출용 보세공장

수출용 보세공장은 외국물품 또는 내·외국물품을 원재료로 하여 제조·가공한 물품을 수출(반송)하는 보세공장을 말한다.

(2) 내수용 보세공장

내수용 보세공장은 외국물품 또는 내·외국물품을 원재료로 하여 제조·가공한 물품을 국내로 수입하는 보세공장을 말한다.

(3) 내수·수출겸용 보세공장

내수·수출겸용 보세공장은 외국물품 또는 내·외국물품을 원재료로 하여 제조·가공한 물품을 수출하거나 또는 국내로 수입하는 것이 모두 가능한 보세공장이다.

2. 보세공장내의 작업

(1) 보세공장내의 작업

보세공장에서는 외국물품을 원료 또는 재료로 하거나 외국물품과 내국물품을 원료 또는 재료로 하여 제조·가공하거나 그 밖에 이와 비슷한 작업을 할 수 있다(법 제185조 제1항).

(가) 보세공장원재료의 범위등

"보세공장원재료"(법 제185조에 따라 보세공장에서 보세작업을 하기 위하여 반입되는 원료 또는 재료)는 다음의 어느 하나에 해당하는 것을 말한다. 다만, 기계 · 기구 등의 작동 및 유지를 위한 연료, 윤활유 등 제품의 생산 · 수리 · 조립 · 검사 · 포장 및 이와 유사한 작업에 간접적으로 투입되어 소모되는 물품은 제외한다(영 제199조 제1항).

① 해당 보세공장에서 생산하는 제품에 물리적 또는 화학적으로 결합되는 물품
② 해당 보세공장에서 생산하는 제품을 제조 · 가공하거나 이와 비슷한 공정에 투입되어 소모되는 물품
③ 해당 보세공장에서 수리 · 조립 · 검사 · 포장 및 이와 유사한 작업에 직접적으로 투입되는 물품

또한, 보세공장원재료는 "원자재소요량"(해당 보세공장에서 생산하는 제품에 소요되는 수량)을 객관적으로 계산할 수 있는 물품이어야 한다(영 제199조 제2항).

(나) 원자재소요량계산서류의 제출

세관장은 물품의 성질, 보세작업의 종류 등을 고려하여 감시상 필요하다고 인정되는 때에는 보세공장의 운영인에게 보세작업으로 생산된 제품에 소요된 원자재소요량을 계산한 서류를 제출하게 할 수 있으며, 제출하는 서류의 작성 및 그에 필요한 사항은 관세청장이 정한다(영 제199조 제3항 및 제4항).

(다) 재고조사

세관장은 영 제199조 제3항에 따라 제출한 원자재소요량을 계산한 서류의 적정여부, "기장의무의 성실한 이행 여부"(영 제206조) 등을 확인하기 위하여 필요한 경우 보세공장에 대한 재고조사를 실시할 수 있다(영 제207조).

(2) 내국물품만을 원재료로 하는 작업의 허가

(가) 작업의 허가

보세공장에서는 세관장의 허가를 받지 아니하고는 내국물품만을 원료로 하거나 재료로 하여 제조·가공하거나 그 밖에 이와 비슷한 작업을 할 수 없다(법 제185조 제2항).

따라서, 내국물품만을 원재료로 하는 작업의 허가를 받으려는 자는 다음의 사항을 기재한 신청서를 세관장에게 제출하여야 한다. 이 경우 해당 작업은 외국물품을 사용하는 작업과 구별하여 실시하여야 한다(영 제200조 제1항).

① 작업의 종류
② 원재료의 품명 및 수량과 생산지 또는 제조지
③ 작업기간

(나) 내국물품의 반입

위의 작업에 사용하는 내국물품을 반입하는 때에는 "물품의 반출입신고"(제176조)를 준용한다. 다만, 세관장은 보세공장의 운영실태, 작업의 성질 및 기간 등을 고려하여 물품을 반입할 때마다 신고를 하지 아니하고 작업개시 전에 그 작업기간에 소요될 것으로 예상되는 물품의 품명과 수량을 일괄하여 신고하게 할 수 있으며, 작업의 성질, 물품의 종류

등에 비추어 필요하다고 인정하는 때에는 신고서의 기재사항중 일부를 생략하도록 할 수 있다(영 제200조 제2항).

보세공장에의 물품의 반입신고는 다음의 사항을 기재한 신고서에 따라야 한다(영 제200조 제2항 본문 : 영 제176조 제1항 준용).

① 수입물품의 경우

㉮ 해당 물품을 외국으로부터 운송하여 온 선박 또는 항공기의 명칭·입항일자·입항세관·적재항

㉯ 물품의 반입일시, 선화증권번호 또는 항공화물운송장번호와 화물관리번호

㉰ 물품의 품명, 포장의 종류, 반입개수와 장치위치

② 내국물품(수출신고가 수리된 물품을 포함)의 경우

㉮ 물품의 반입일시

㉯ 물품의 품명, 포장의 종류, 반입개수, 장치위치와 장치기간

위에 따라 반입신고된 물품의 반출신고는 다음의 사항을 기재한 신고서에 따라야 한다(영 제200조 제2항 본문 : 영 제176조 제2항 준용).

① 반출신고번호·반출일시·반출유형·반출근거번호

② 화물관리번호

③ 반출개수 및 반출중량

또한, 세관장은 다음의 어느 하나에 해당하는 경우에는 물품의 반입신고서 및 반입신고된 물품의 반출신고서의 제출을 면제하거나 기재사항의 일부를 생략하게 할 수 있다(영 제200조 제2항 본문 : 영 제176조 제3항 준용).

① 다음의 어느 하나에 해당하는 서류를 제출하여 반출입하는 경우

㉮ 적화목록

㉯ 보세운송신고서 사본 또는 수출신고필증

㉰ 제197조 제1항에 따른 내국물품장치신고서

② 법 제164조에 따라 자율관리보세구역으로 지정받은 자가 제1항 제2호의 물품에 대하여 장부를 비치하고 반출입사항을 기록관리하는 경우

그리고, 세관장은 물품의 반출 또는 반입시의 검사를 함에 있어 반입신고서·송품장 등 검사에 필요한 서류를 제출하게 할 수 있다(영 제200조 제2항 본문 : 영 제176조 제4항 준용).

3. 보세공장의 대상업종

(1) 보세공장업종의 제한

보세공장 중 수입하는 물품을 제조·가공하는 것을 목적으로 하는 보세공장의 업종은 기획재정부령으로 정하는 바에 따라 이를 제한할 수 있는 바, 수입물품을 제조·가공하는 것을 목적으로 하는 보세공장의 업종은 다음의 어느 하나에 규정된 업종을 제외한 업종으로 한다(법 제185조 제3항 및 규칙 제69조).

① "국제협력관세"(법 제73조)에 따라 국내외가격차에 상당하는 율로 양허한 농·임·축산물을 원재료로 하는 물품을 제조·가공하는 업종
② 국민보건 또는 환경보전에 지장을 초래하거나 풍속을 해하는 물품을 제조·가공하는 업종으로 세관장이 인정하는 업종

(2) 외국물품의 반입제한

관세청장은 공급상황을 고려하여 필요하다고 인정되는 때에는 법 제185조 제3항에 따른 보세공장에 대하여는 외국물품의 반입을 제한할 수 있다(영 제201조).

4. 보세공장 물품반입후 수입신고

세관장은 수입통관 후 보세공장에서 사용하게 될 물품에 대하여는 보세공장에 직접 반입하여 수입신고를 하게 할 수 있다. 이 경우 "다음의 제241조 제3항"을 준용한다(법 제185조 제4항).

수입하거나 반송하려는 물품을 지정장치장 또는 보세창고에 반입하거나 보세구역이 아닌 장소에 장치한 자는 그 반입일 또는 장치일부터 30일 이내(제243조 제1항에 해당하는 물품은 관세청장이 정하는 바에 따라 반송신고를 할 수 있는 날부터 30일 이내)에 "제1항에 따른 신고"(물품을 수출·수입 또는 반송하려면 해당 물품의 품명·규격·수량 및 가격과 그 밖에 대통령령으로 정하는 사항을 세관장에게 신고)를 하여야 한다(법 제241조 제3항).

5. 보세공장 물품반입의 사용신고

(1) 사용신고 및 검사(Use Report and Inspection)

운영인은 보세공장에 반입된 물품에 대하여 그 사용 전에 세관장에게 사용신고를 하여야 하는 바, 그 사용신고를 하려는 자는 해당 물품의 사용 전에 다음의 사항을 기재한 신고서를 세관장에게 제출하여야 한다. 이 경우 세관공무원은 그 물품을 검사할 수 있다(법 제186조 제1항 및 영 제202조).

① "다음"(영 제246조 제1항 각호)의 사항
  ㉮ 포장의 종류·번호 및 개수
  ㉯ 목적지·원산지 및 선적지
  ㉰ 원산지표시 대상물품인 경우에는 표시유무·방법 및 형태
  ㉱ 상표
  ㉲ 사업자등록번호·통관고유부호 및 해외공급자부호 또는 해외구매자부호
  ㉳ 물품의 장치장소
  ㉴ 그 밖의 참고사항

② 품명·규격·수량 및 가격

③ 장치장소

(2) 수입허가·승인 등의 증명

보세공장 물품반입의 사용신고를 한 외국물품이 마약, 총기 등 다른 법령에 따라 허가·승인·표시 또는 그 밖의 요건을 갖출 필요가 있는 물품으로서 관세청장이 정하여 고시하는 물품인 경우에는 세관장에게 그 요건을 갖춘 것임을 증명하여야 한다(법 제186조 제2항).

6. 보세공장외 작업의 허가(Permission for Work Outside Bonded Factory)

(1) 공장외 작업의 허가신청

세관장은 가공무역이나 국내산업의 진흥을 위하여 필요한 경우에는 대통령령으로 정하는 바에 따라 기간, 장소, 물품 등을 정하여 해당 보세공장 외에서 "외국물품을 원료 또는 재료로 하거나 외국물품과 내국물품을 원료 또는 재료로 하여 제조·가공 기타 이와 비슷한 작업"(제185조 제1항)을 허가할 수 있는 바, 보세공장외 작업허가를 받으려는 자는 다음의 사항을 기재한 신청서를 세관장에게 제출하여야 한다(법 제187조 제1항 및 영 제203조 제1항).

① 보세작업의 종류·기간 및 장소

② 신청사유

③ 해당 작업에 따라 생산되는 물품의 품명·규격 및 수량

(2) 공장외 작업의 기간 또는 장소변경

세관장은 재해나 그 밖의 부득이한 사유로 인하여 필요하다고 인정되는 때에는 신청에 따라 보세공장외에서의 보세작업의 기간 또는 장소를 변경할 수 있다(영 제203조 제2항).

(3) 물품의 검사

보세공장외 작업의 허가를 한 경우 세관공무원은 해당 물품이 보세공장에서 반출될 때에 이를 검사할 수 있다(법 제187조 제3항).

(4) 공장외작업물품의 보세작업 의제

"공장외작업장"(보세공장외 작업허가를 받아 지정된 장소)에 반입된 외국물품은 지정된 기간이 만료될 때까지는 보세공장에 있는 것으로 본다(법 제187조 제4항).

(5) 공장외작업장에의 반입

세관장은 보세공장외 작업허가를 받은 보세작업에 사용될 물품을 관세청장이 정하는 바에 따라 공장외작업장에 직접 반입하게 할 수 있다(법 제187조 제5항).

(6) 공장외작업 기간경과시의 관세징수

보세공장외 작업으로 지정된 기간이 지난 경우 해당 공장외작업장에 허가된 외국물품이나 그 제품이 있을 때에는 해당 물품의 허가를 받은 보세공장의 운영인으로부터 그 관세를 즉시 징수한다(법 제187조 제6항).

7. 제품 · 원료수입시의 과세방법

(1) 제품과세(Imposition of Customs Duties on Manufactured Goods)

(가) 보세작업에 혼용된 내국물품의 외국물품 의제

외국물품이나 외국물품과 내국물품을 원료로 하거나 재료로 하여 작업을 하는 경우 그로써 생긴 물품은 외국으로부터 우리나라에 도착한 물품으로 본다. 다만, 대통령령으로 정하는 바에 따라 세관장의 승인을 받고 외국물품과 내국물품을 혼용하는 경우에는 그로써 생긴 제품 중 해당 외국물품의 수량 또는 가격에 상응하는 것은 외국으로부터 우리나라에 도착한 물품으로 본다(법 제188조).

(나) 내외국물품 혼용승인에 따른 비례과세

"보세작업에 혼용된 내국물품의 외국물품 의제"(법 제188조 단서)에 따라 승인을 받으려는 자는 다음의 사항을 기재한 신청서를 세관장에게 제출하여야 한다(영 제204조 제1항).

① 혼용할 외국물품 및 내국물품의 기호·번호·품명·규격별 수량 및 손모율

② 승인을 받으려는 보세작업기간 및 사유

위의 승인을 할 수 있는 경우는 작업의 성질·공정 등에 비추어 해당 작업에 사용되는 외국물품과 내국물품의 품명·규격별 수량과 그 손모율이 확인되고, 제4항에 따른 과세표준이 결정될 수 있는 경우로 한정한다(영 제204조 제2항).

또한, 세관장은 승인을 받은 사항 중 혼용하는 외국물품 및 내국물품의 품명 및 규격이 각각 동일하고, 손모율에 변동이 없는 동종의 물품을 혼용하는 경우에는 새로운 승인신청을 생략하게 할 수 있다(영 제204조 제3항).

(다) 내외국물품 혼용의 경우의 과세표준

"보세작업에 혼용된 내국물품의 외국물품 의제"(법 제188조 단서)에 따라 외국물품과 내

국물품을 혼용한 때에는 그로써 생긴 제품 중에서 그 원료 또는 재료 중 외국물품의 가격(종량세물품인 경우에는 수량을 말한다)이 차지하는 비율에 상응하는 분을 외국으로부터 우리나라에 도착된 물품으로 본다(영 제204조 제4항).

(2) 원료과세(Imposition of Customs Duties on Raw Materials)

(가) 보세공장에 반입된 물품의 원료에 대한 과세의 적용

보세공장에서 제조된 물품을 수입하는 경우 "제186조"(보세공장에 반입된 물품에 대하여 그 사용 전에 하는 사용신고)에 따른 사용신고 전에 미리 세관장에게 해당 물품의 원료인 외국물품에 대한 과세의 적용을 신청한 때에는 "과세물건 확정의 시기"(법 제16조)에도 불구하고 "보세공장에 반입된 물품에 대하여 그 사용 전에 사용신고"(제186조에 따른 사용신고)를 하는 때의 그 원료의 성질 및 수량에 따라 관세를 부과한다(법 제189조 제1항).

(나) 보세공장에 반입된 물품의 원료에 대한 과세대상

세관장은 "대통령령으로 정하는 다음의 기준"에 해당하는 보세공장에 대하여는 1년의 범위에서 원료별, 제품별 또는 보세공장 전체에 대하여 "보세공장에 반입된 물품의 원료인 외국물품에 대한 과세의 적용신청"(제1항에 따른 신청)을 하게 할 수 있다(법 제189조 제2항 및 영 제205조 제3항)

① 최근 2년간 생산되어 판매된 물품 중 수출된 물품의 가격 비율이 100분의 50 이상일 것
② 관세청장이 정하여 고시하는 성실도 및 원자재 관리방법 등에 관한 기준을 충족할 것

(다) 보세공장에 반입된 물품의 원료에 대한 과세의 적용신청

세관장은 "대통령령으로 정하는 위의 기준"에 해당하는 보세공장에 대하여는 1년의 범위에서 원료별, 제품별 또는 보세공장 전체에 대하여 "보세공장에 반입된 물품의 원료인 외국물품에 대한 과세의 적용신청"(제1항에 따른 신청)을 하게 할 수 있는 바, 신청을 하려는 자는 다음의 사항을 적은 신청서를 세관장에게 제출하여야 한다(법 제189조 제2항 및 영 제205조 제1항).

① "다음"(영 제175조 각호)의 사항
  ㉮ 장치장소 및 장치사유
  ㉯ 수입물품의 경우 해당 물품을 외국으로부터 운송하여 온 선박 또는 항공기의 명칭 또는 등록기호·입항예정연월일·선화증권번호 또는 항공화물운송장번호
  ㉰ 해당 물품의 내외국물품별 구분과 품명·수량 및 가격
  ㉱ 해당 물품의 포장의 종류·번호 및 개수
② 원료인 외국물품의 규격과 생산지 또는 제조지
③ 신청사유
④ 원료과세 적용을 원하는 기간

이 신청서에는 다음의 서류를 첨부하여야 한다. 다만, 세관장이 부득이한 사유가 있다고 인정하는 때에는 그러하지 아니하다(영 제205조 제2항).

① "법 제186조 제2항"(보세공장 물품반입의 사용신고를 한 외국물품이 법 제226조의 "수출입의 허가·승인 등의 증명 및 확인"에 따라 허가·승인·표시 또는 그 밖의 조건을 갖출 필요가 있는 것일 때에는 해당 조건을 갖춘 것임을 증명하여야 한다)의 증명서류
② 해당 물품의 송품장 또는 이에 갈음할 수 있는 서류

8. 보세공장운영인의 기장의무 등

(1) 보세공장운영인의 기장의무

보세공장의 운영인은 물품에 관한 장부를 비치하고 다음의 사항을 기재하여야 한다. 이 경우 세관장은 기장의무의 성실한 이행여부 등을 확인하기 위하여 필요한 경우 보세공장에 대한 재고조사를 실시할 수 있다(영 제206조 제1항 및 제207조).

① 반입 또는 반출한 물품의 내외국물품의 구별·품명·규격 및 수량, 포장의 종류·기호·번호 및 개수, 반입 또는 반출연월일과 신고번호
② 작업에 사용한 물품의 내외국물품의 구분, 품명·규격 및 수량, 포장의 종류·기호·번호 및 개수와 사용연월일
③ 작업에 따라 생산된 물품의 기호·번호·품명·규격·수량 및 검사연월일
④ 외국물품 및 내국물품의 혼용에 관한 승인을 받은 경우에는 다음의 사항
   ㉮ 승인연월일
   ㉯ 혼용한 물품 및 생산된 물품의 기호·번호·품명·규격 및 수량, 내외국물품의 구별과 생산연월일
⑤ 보세공장외 작업허가를 받아 물품을 보세공장 바깥으로 반출하는 경우에는 다음의 사항
   ㉮ 허가연월일 및 허가기간
   ㉯ 반출장소
   ㉰ 해당 물품의 품명·규격·수량 및 가격

세관장은 물품의 성질, 보세작업의 종류, 기타의 사정을 참작하여 위의 ①~⑤의 사항중 필요가 없다고 인정되는 사항에 대하여는 이의 기재를 생략하게 할 수 있다(영 제206조 제2항).

Ⅳ. 보세전시장(Bonded Exhibition)

1. 보세전시장의 의의

보세전시장(Bonded Exhibition)이란 박람회·전람회·견품시 등의 운영을 위하여 외국물품을 장치·전시 또는 사용할 수 있는 구역을 말한다.

2. 보세전시장의 반입물품

보세전시장에서는 박람회, 전람회, 견본품 전시회 등의 운영을 위하여 외국물품을 장치 · 전시하거나 사용할 수 있다(법 제190조).

3. 보세전시장안에서의 사용

법 제190조에 따른 박람회 등의 운영을 위한 외국물품의 사용에는 다음의 행위가 포함되는 것으로 한다(영 제208조).

① 해당 외국물품의 성질 또는 형상에 변경을 가하는 행위

② 해당 박람회의 주최자·출품자 및 관람자가 그 보세전시장안에서 소비하는 행위

4. 보세전시장의 장치 제한 등

(1) 장치장소의 제한

세관장은 필요하다고 인정되는 때에는 보세전시장안의 장치물품에 대하여 장치할 장소를 제한하거나 그 사용사항을 조사하거나 운영인에게 필요한 보고를 하게 할 수 있다(영 제209조 제1항).

(2) 판매용품의 수입신고수리전 사용금지

보세전시장에 장치된 판매용 외국물품은 수입신고가 수리되기 전에는 이를 사용하지 못한다(영 제209조 제2항).

(3) 직매된 전시용품의 통관전 반출금지

보세전시장에 장치된 전시용 외국물품을 현장에서 직매하는 경우 수입신고가 수리되기 전에는 이를 인도하여서는 아니된다(영 제209조 제3항).

Ⅴ. 보세건설장(Bonded Construction Work Site)

1. 보세건설장의 의의

보세건설장(Bonded Construction Work Site)이란 산업시설의 건설에 소요되는 외국물품인 기계류 설비품이나 공사용 장비를 장치·사용하여 해당 건설공사를 할 수 있는 구역을 말한다

2. 보세건설장의 반입물품

보세건설장에서는 산업시설의 건설에 소요되는 외국물품인 기계류 설비품이나 공사용 장비를 장치·사용하여 해당 건설공사를 할 수 있다(법 제191조).

보세건설장에 반입할 수 있는 물품은 "산업시설의 건설에 소요되는 기계류 설비품이나 공사용 장비 등"(법 제191조)의 외국물품 및 이와 유사한 물품으로서 해당 산업시설의 건설에 필요하다고 세관장이 인정하는 물품으로 한정한다(영 제210조).

3. 보세건설장에 대한 세관규제

(1) 사용전 수입신고(Import Declaration Prior to Use)

운영인은 보세건설장에 외국물품을 반입하였을 때에는 사용 전에 해당 물품에 대하여 수입신고를 하고 세관공무원의 검사를 받아야 한다. 다만, 세관공무원이 검사가 필요 없다고 인정하는 경우에는 검사를 하지 아니할 수 있다(법 제192조).

보세건설장의 운영인은 법 제192조에 따른 사용전 수입신고를 한 물품을 사용한 건설공사가 완료된 때에는 지체 없이 이를 세관장에게 보고하여야 한다(영 제211조).

(2) 반입물품의 장치제한(Storage Limit for Foreign Goods Shipped into Bonded Construction Work Site)

세관장은 보세건설장에 반입된 외국물품에 대하여 필요하다고 인정될 때에는 보세건설장 안에서 그 물품을 장치할 장소를 제한하거나 그 사용상황에 관하여 운영인으로 하여금 보고하게 할 수 있다(법 제193조).

(3) 보세건설물품의 가동제한(Restriction on Operation of Facilities)

운영인은 보세건설장에서 건설된 시설을 제248조에 따른 수입신고가 수리되기 전에 가동하여서는 아니 된다(법 제194조).

(4) 보세건설장외 작업허가(Work Permit Outside Bonded Construction Work Site)

세관장은 보세작업상 필요하다고 인정될 때에는 대통령령으로 정하는 바에 따라 기간, 장소, 물품 등을 정하여 해당 보세건설장 외에서의 보세작업을 허가할 수 있으며, 보세건설장 외에서의 보세작업 허가에 관하여는 제187조 제3항부터 제6항까지의 규정을 준용한다(법 제195조 제1항 및 제2항).

(가) 건설장외 작업허가의 신청

보세건설장외 보세작업의 허가를 받으려는 자는 다음의 사항을 기재한 신청서를 세관장에게 제출하여야 한다(영 제212조 제1항).

① "다음"(영 제175조 각호)의 사항

㉮ 장치장소 및 장치사유

㉯ 수입물품의 경우 해당 물품을 외국으로부터 운송하여 온 선박 또는 항공기의 명칭 또는 등록기호·입항예정연월일·선화증권번호 또는 항공화물운송장번호

㉰ 해당 물품의 내외국물품별 구분과 품명·수량 및 가격

㉱ 해당 물품의 포장의 종류·번호 및 개수

② 보세작업의 종료기한 및 작업장소

③ 신청사유

④ 해당 작업에서 생산될 물품의 품명·규격 및 수량

(나) 공장외 작업의 기간 또는 장소변경

세관장은 재해나 그 밖의 부득이한 사유로 인하여 필요하다고 인정되는 때에는 보세건설장 운영인의 신청에 따라 보세건설장외에서의 보세작업의 기간 또는 장소를 변경할 수 있다(영 제212조 제2항).

(다) 물품의 검사

보세건설장외 작업의 허가를 한 경우 세관공무원은 해당 물품이 보세건설장에서 반출되는 때에 이를 검사할 수 있다(법 제195조 제2항 : 제187조 제3항 준용).

(라) 건설장외작업물품의 보세작업 의제

"건설장외작업장"(보세건설장외 작업허가를 받아 지정된 장소)에 반입된 외국물품은 지정된 기간이 만료될 때까지는 보세건설장에 있는 것으로 본다(법 제195조 제2항 : 제187조 제4항 준용).

(마) 건설장외작업장에의 반입

세관장은 보세건설장외 작업허가를 받은 보세작업에 사용될 물품을 관세청장이 정하는 바에 따라 건설장외작업장에 직접 반입하게 할 수 있다(법 제195조 제2항 : 제187조 제5항 준용).

(바) 건설장외작업 기간경과시의 관세징수

보세건설장외 작업으로 지정된 기간이 지난 경우 해당 건설장외작업장에 허가된 외국물품이나 그 제품이 있을 때에는 해당 물품의 허가를 받은 보세건설장의 운영인으로부터 그 관세를 즉시 징수한다(법 제195조 제2항 : 제187조 제6항 준용).

Ⅵ. 보세판매장(Bonded Store)

1. 보세판매장의 의의

보세판매장(Bonded Store)이란 외국으로 반출하거나 "외교관용 물품등의 면세"에 따라 관세의 면제를 받을 수 있는 자가 사용하는 것을 조건으로 외국물품을 판매할 수 있는 구역을 말한다.

2. 보세판매장의 반입물품

보세판매장에서는 외국으로 반출하거나 "외교관용 물품등의 면세"(제88조 제1항 제1호부터 제4호까지)에 따라 관세의 면제를 받을 수 있는 자가 사용하는 것을 조건으로 외국물품을 판매할 수 있다(법 제196조 제1항).

3. 보세판매장 등의 관리

세관장은 보세판매장에서 판매할 수 있는 물품의 종류, 수량, 장치장소 등을 제한할 수 있으며, 보세판매장에서 판매하는 물품의 반입, 반출, 인도, 관리에 관하여 필요한 사항은 대통령령으로 정한다(법 제196조 제2항 및 제3항).

(1) 판매사항 등의 기록·유지

보세판매장의 운영인은 보세판매장에서 물품을 판매하는 때에는 판매사항·구매자인적사항이나 그 밖에 필요한 사항을 관세청장이 정하는 바에 따라 기록·유지하여야 한다(영 제213조 제1항).

(2) 판매방법 등

관세청장은 보세판매장에서의 판매방법, 구매자에 대한 인도방법 등을 정할 수 있다(영 제213조 제2항).

(3) 판매한도

보세판매장의 운영인이 외국으로 출국하는 내국인에게 보세판매장의 물품을 판매하는 때에는 기획재정부령으로 정하는 금액 한도안에서 판매하여야 한다(영 제213조 제3항).

여기에서, "기획재정부령으로 정하는 금액"이란 미화 3천달러를 말한다(규칙 제69조의3).

(4) 판매량 등의 조사

세관장은 연 2회 이상 보세화물의 반출입량·판매량·외국반출현황·재고량 등을 파악하기 위하여 보세판매장에 대한 조사를 실시할 수 있다(영 제213조 제4항).

(5) 보세화물의 불법반출 방지

관세청장은 보세화물이 보세판매장에서 불법적으로 반출되지 아니하도록 하기 위하여 반입·반출의 절차나 그 밖에 필요한 사항을 정할 수 있다(영 제213조 제5항).

제4절 종합보세구역(General Bonded Area)

Ⅰ. 개요

1. 종합보세구역의 의의

종합보세구역(General Bonded Area)은 관세청장이 직권으로 또는 관계중앙행정기관의 장이나 지방자치단체의 장, 그 밖에 종합보세구역을 운영하려는 자(이하 "지정요청자"라 한다)의 요청에 따라 무역진흥에의 기여정도, 외국물품의 반입·반출 물량 등을 고려하여 일정한 지역전체를 지정한 지역을 말한다. 이 지역에서는 외국물품을 통관되지 않은 상태로 장치, 보관, 제조, 전시, 건설, 판매하는 것이 가능하다.

2. 종합보세구역의 기능

종합보세구역에서는 "종합보세기능"(보세창고·보세공장·보세전시장·보세건설장 또는 보세판매장의 기능 중 둘 이상의 기능)을 종합적으로 수행할 수 있다(법 제197조 제2항).

Ⅱ. 종합보세구역에 관한 규제

1. 종합보세구역 또는 그 예정지의 지정

(1) 종합보세구역 또는 그 예정지의 지정

(가) 종합보세구역의 지정(Designation of General Bonded Area)

관세청장은 직권으로 또는 관계 중앙행정기관의 장이나 지방자치단체의 장, 그 밖에 종합보세구역을 운영하려는 자(이하 "지정요청자"라 한다)의 요청에 따라 무역진흥에의 기여 정도, 외국물품의 반입·반출 물량 등을 고려하여 일정한 지역을 종합보세구역으로 지정할 수 있으며, 종합보세구역의 지정요건, 지정절차 등에 관하여 필요한 사항은 대통령령으로 정한다(법 제197조 제1항 및 제3항).

(나) 종합보세구역 예정지의 지정

관세청장은 지정요청자의 요청에 따라 종합보세기능의 수행이 예정되는 지역을 종합보세구역예정지역(이하 "예정지역"이라 한다)으로 지정할 수 있으며, 예정지역의 지정기간은 3년 이내로 한다. 다만, 관세청장은 해당 예정지역에 대한 개발계획의 변경 등으로 지정기간의 연장이 불가피하다고 인정되는 때에는 3년의 범위에서 연장할 수 있다(영 제214조의2 제1항 및 제2항).

(2) 종합보세구역 또는 그 예정지의 지정절차

(가) 종합보세구역 또는 그 예정지의 지정대상

"종합보세구역"은 다음의 어느 하나에 해당하는 지역으로서 관세청장이 종합보세구역 또는 종합보세구역예정지역으로 지정할 필요가 있다고 인정하는 지역을 그 지정대상으로 한다(영 제214조 제1항 및 제214조의2 제3항).

① 「외국인투자촉진법」에 따른 외국인투자지역
② 「산업입지 및 개발에 관한 법률」에 따른 산업단지
③ 「유통산업발전법」에 따른 공동집배송센터
④ 「물류시설의 개발 및 운영에 관한 법률」에 따른 물류단지
⑤ 그 밖에 종합보세구역으로 지정됨으로써 외국인투자촉진·수출증대 또는 물류촉진 등의 효과가 있을 것으로 예상되는 지역

(나) 종합보세구역 또는 그 예정지의 지정요청

"지정요청자"(종합보세구역 또는 종합보세구역예정지역의 지정을 요청하려는 자)는 다음의 사항을 기재한 지정요청서에 해당 지역의 도면을 첨부하여 관세청장에게 제출하여야

한다(영 제214조 제2항 및 제214조의2 제3항).

① 해당 지역의 소재지 및 면적
② 구역안의 시설물현황 또는 시설계획
③ 사업계획

(다) 종합보세구역 또는 그 예정지의 지정시 협의

관세청장은 직권으로 종합보세구역 또는 종합보세구역예정지역을 지정하려면 관계중앙행정기관의 장 또는 지방자치단체의 장과 협의하여야 한다(영 제214조 제3항 및 제214조의2 제3항).

(라) 종합보세구역의 지정

관세청장은 종합보세구역예정지역의 개발이 완료된 후 지정요청자의 종합보세구역의 지정요청에 따라 종합보세구역으로 지정할 수 있다(영 제214조의2 제4항).

2. 종합보세사업장의 설치·운영에 관한 신고 등(Report on Establishment and Operation of General Bonded Business Place)

종합보세구역에서 종합보세기능을 수행하려는 자는 그 기능을 정하여 세관장에게 종합보세사업장의 설치·운영에 관한 신고를 하여야 하며, 신고의 절차 등에 관하여 필요한 사항은 대통령령으로 정한다(법 제198조 제1항 및 제4항).

(1) 설치·운영신고

종합보세사업장의 설치·운영에 관한 신고의 절차에 관하여는 "특허보세구역의 설치·운영에 관한 특허의 신청"(영 제188조)을 준용한다. 다만, 관세청장은 종합보세구역의 규모·기능 등을 고려하여 첨부서류의 일부를 생략하는 등 설치·운영의 신고절차를 간소하게 할 수 있다(영 제215조 제1항).

(가) 종합보세사업장의 설치·운영에 관한 신고

"종합보세사업장"의 설치·운영에 관한 신고를 하려는 자는 다음의 사항을 기재한 신청서에 기획재정부령으로 정하는 서류를 첨부하여 세관장에게 제출하여야 한다(영 제215조 제1항 : 영 제188조 제1항 준용).

① 종합보세사업장의 종류 및 명칭, 소재지, 구조, 동수와 면적 및 수용능력
② 장치할 물품의 종류
③ 설치·운영의 기간

참고로, 시행령에서는 "시행령 제188조"를 준용한다는 규정이 있는데, "기획재정부령으로 정하는 서류"와 관련하여 시행규칙에서는 "규칙 제67조 제1항"을 준용한다는 규정이 없다.

(나) 보세공장의 설치·운영에 관한 신고의 신청

종합보세사업장 중 보세공장의 설치운영에 관한 신고를 하려는 자는 다음의 사항을 기재한 신청서에 사업계획서와 그 구역 및 부근의 도면을 첨부하여 세관장에게 제출하여야 한다. 이 경우 세관장은 「전자정부법」 제36조제1항에 따른 행정정보의 공동이용을 통하여 법인 등기사항증명서를 확인하여야 한다(영 제215조 제1항: 영 제188조 제2항 준용).

① 공장의 명칭, 소재지, 구조, 동수 및 면적
② 공장의 작업설비·작업능력
③ 공장에서 할 수 있는 작업의 종류
④ 원재료 및 제품의 종류
⑤ 설치·운영의 기간

(다) 종합보세사업장의 설치·운영에 관한 신고의 갱신

신고를 갱신하려는 자는 다음의 사항을 적은 신청서에 기획재정부령으로 정하는 서류를 첨부하여 그 기간만료 1개월 전까지 세관장에게 제출하여야 한다(영 제215조 제1항: 영 제188조 제3항 준용).

① 갱신사유
② 갱신기간

참고로, 시행령에서는 "시행령 제188조"를 준용한다는 규정이 있는데, "기획재정부령으로 정하는 서류"와 관련하여 시행규칙에서는 "규칙 제67조 제2항"을 준용한다는 규정이 없다.

(라) 종합보세사업장의 설치·운영에 관한 특허갱신절차의 통보

세관장은 "종합보세사업장"의 설치·운영에 관한 신고를 한 자에게 신고를 갱신받으려면 특허기간이 끝나는 날의 1개월 전까지 특허 갱신을 신청하여야 한다는 사실과 갱신절차를 특허기간이 끝나는 날의 2개월 전까지 휴대폰에 의한 문자전송, 전자메일, 팩스, 전화, 문서 등으로 미리 알려야 한다(영 제215조 제1항: 영 제188조 제4항 준용).

(2) 설치·운영신고의 결격사유

"다음"(법 제175조 각호)의 어느 하나에 해당하는 자는 종합보세사업장의 설치·운영에 관한 신고를 할 수 없다(법 제198조 제2항).

① 미성년자
② 피성년후견인과 피한정후견인
③ 파산선고를 받고 복권되지 아니한 자
④ 이 법을 위반하여 징역형의 실형을 선고받고 그 집행이 끝나거나(집행이 끝난 것으로 보는 경우를 포함한다) 면제된 후 2년이 지나지 아니한 자

⑤ 이 법을 위반하여 징역형의 집행유예를 선고받고 그 유예기간 중에 있는 자
⑥ 법 제178조 제2항에 따라 특허보세구역의 설치 · 운영에 관한 특허가 취소(이 조 제1호부터 제3호까지의 어느 하나에 해당하여 특허가 취소된 경우는 제외한다)된 후 2년이 지나지 아니한 자
⑦ "밀수출입죄·관세포탈죄·미수범·밀수품의 취득죄 · 체납처분면탈죄 · 타인에 대한 명의대여죄"(제269조부터 제271조까지, 제274조, 제275조의2 또는 제275조의3)에 따라 벌금형 또는 통고처분을 받은 자로서 그 벌금형을 선고받거나 통고처분을 이행한 후 2년이 지나지 아니한 자. 다만, "양벌규정"(제279조)에 따라 처벌된 개인 또는 법인은 제외한다.
⑧ 위의 ②부터 ⑦까지에 해당하는 자를 임원(해당 보세구역의 운영업무를 직접 담당하거나 이를 감독하는 자로 한정)으로 하는 법인

(3) 종합보세기능의 변경

종합보세사업장의 운영인은 그가 수행하는 종합보세기능을 변경하려면 세관장에게 이를 신고하여야 하는 바, 종합보세기능의 변경신고를 하려는 자는 그 변경내용을 기재한 신고서를 세관장에게 제출하여야 한다(법 제198조 제3항 및 영 제215조 제2항).

3. 종합보세구역에의 물품의 반입 · 반출(Shipment of Goods into and out of General Bonded Area, etc.)

(1) 물품의 반출입신고

종합보세구역에 물품을 반입하거나 반출하려는 자는 대통령령으로 정하는 바에 따라 세관장에게 신고하여야 하는 바, 종합보세구역에의 물품반출입신고에 관하여는 "보세구역물품의 반출입신고"(영 제176조)를 준용한다(법 제199조 제1항 및 영 제216조).

(가) 물품의 반입신고

종합보세구역에의 물품의 반입신고는 다음의 사항을 기재한 신고서에 따라야 한다(영 제216조: 영 제176조 제1항 준용).

① 수입물품의 경우
㉮ 해당 물품을 외국으로부터 운송하여 온 선박 또는 항공기의 명칭·입항일자·입항세관·적재항
㉯ 물품의 반입일시, 선화증권번호 또는 항공화물운송장번호와 화물관리번호
㉰ 물품의 품명, 포장의 종류, 반입개수와 장치위치
② 내국물품(수출신고가 수리된 물품을 포함)의 경우

㉮ 물품의 반입일시

㉯ 물품의 품명, 포장의 종류, 반입개수, 장치위치와 장치기간

(나) 반입신고된 물품의 반출신고

위에 따라 반입신고된 물품의 반출신고는 다음의 사항을 기재한 신고서에 따라야 한다(영 제216조: 영 제176조 제2항 준용).

① 반출신고번호·반출일시·반출유형·반출근거번호

② 화물관리번호

③ 반출개수 및 반출중량

(다) 신고서의 제출면제

세관장은 다음의 어느 하나에 해당하는 경우에는 물품의 반입신고서 및 반입신고된 물품의 반출신고서의 제출을 면제하거나 기재사항의 일부를 생략하게 할 수 있다(영 제216조: 영 제176조 제3항 준용).

① 다음의 어느 하나에 해당하는 서류를 제출하여 반출입하는 경우

㉮ 적화목록

㉯ 보세운송신고서 사본 또는 수출신고필증

㉰ 제197조 제1항에 따른 내국물품장치신고서

② 법 제164조에 따라 자율관리보세구역으로 지정받은 자가 제1항 제2호의 물품에 대하여 장부를 비치하고 반출입사항을 기록관리하는 경우

(라) 반출입신고물품의 검사

세관장은 물품의 반출 또는 반입시의 검사를 함에 있어서 반입신고서·송품장 등 검사에 필요한 서류를 제출하게 할 수 있다(영 제216조: 영 제176조 제4항 준용).

(2) 반출입신고의 생략 또는 간이신고

종합보세구역에 반입·반출되는 물품이 내국물품인 경우에는 기획재정부령으로 정하는 바에 따라 종합보세구역에의 물품의 반출입신고를 생략하거나 간소한 방법으로 반입·반출하게 할 수 있다(법 제199조 제2항).

따라서, 세관장은 다음의 어느 하나에 해당하지 아니하는 경우에는 반출입신고를 생략하게 할 수 있다(규칙 제70조).

① 법 제185조 제2항에 따라 세관장의 허가를 받고 내국물품만을 원료로 하여 제조·가공 등을 하는 경우 그 원료 또는 재료

② 법 제188조 단서에 따른 혼용작업에 소요되는 원재료

③ 법 제196조에 따른 보세판매장에서 판매하려는 물품

④ 해당 내국물품이 외국에서 생산된 물품으로서 종합보세구역안의 외국물품과 구별될 필요가 있는 물품(보세전시장의 기능을 수행하는 경우로 한정한다)

(3) 반출입물품의 규제

(가) 수입통관후 소비 또는 사용하는 물품

종합보세구역에서 소비하거나 사용되는 물품으로서 기획재정부령으로 정하는 다음의 물품은 수입통관 후 이를 소비하거나 사용하여야 한다(법 제200조 제1항 및 규칙 제71조).

① 제조·가공에 사용되는 시설기계류 및 그 수리용 물품
② 연료·윤활유·사무용품 등 제조·가공에 직접적으로 사용되지 아니하는 물품

(나) 반입물품의 무제한

종합보세구역에 반입한 물품의 장치기간은 제한하지 아니한다. 다만, 제197조제2항에 따른 보세창고의 기능을 수행하는 장소 중에서 관세청장이 수출입물품의 원활한 유통을 촉진하기 위하여 필요하다고 인정하여 지정한 장소에 반입되는 물품의 장치기간은 1년의 범위에서 관세청장이 정하는 기간으로 한다(법 제200조 제2항).

(다) 반출입의 제한

세관장은 종합보세구역에 반입·반출되는 물품으로 인하여 국가안전, 공공질서, 국민보건 또는 환경보전 등에 지장이 초래되거나 종합보세구역의 지정 목적에 부합되지 아니하는 물품이 반입·반출되고 있다고 인정될 때에는 해당 물품의 반입·반출을 제한할 수 있다(법 제200조 제3항).

(4) 종합보세구역에서의 판매물품에 대한 관세등의 환급(Scope of Goods Shipped into and out of General Bonded Area)

외국인관광객 등 대통령령으로 정하는 자가 종합보세구역에서 구입한 물품을 국외로 반출하는 경우에는 해당 물품을 구입할 때 납부한 관세 및 내국세등을 환급받을 수 있으며, 이에 따른 관세 및 내국세등의 환급 절차 및 방법 등에 관하여 필요한 사항은 대통령령으로 정한다(법 제199조의2 제1항 및 제2항).

(가) 외국인관광객 등의 범위

"외국인 관광객 등 대통령령으로 정하는 자"란 "외국인관광객등"(「외국환거래법」 제3조에 따른 비거주자)을 말한다. 다만, 다음의 자를 제외한다(영 제216조의2).

① 법인
② 국내에 주재하는 외교관(이에 준하는 외국공관원을 포함한다)
③ 국내에 주재하는 국제연합군과 미국군의 장병 및 군무원

(나) 종합보세구역에서의 물품의 판매등

종합보세구역에서 "판매인"(외국인관광객등에게 물품을 판매하는 자)은 관세청장이 정하는 바에 따라 판매물품에 대한 수입신고 및 신고납부를 하여야 한다(영 제216조의3 제1항).

또한, 판매인은 제1항에 따른 수입신고가 수리된 경우에는 구매자에게 해당 물품을 인도하되, 국외반출할 목적으로 구매한 외국인관광객등에게 판매한 경우에는 물품판매확인서(이하 "판매확인서"라 한다)를 교부하여야 한다(영 제216조의3 제2항).

그리고 관세청장은 종합보세구역의 위치 및 규모 등을 고려하여 판매하는 물품의 종류 및 수량 등을 제한할 수 있다(영 제216조의3 제3항).

(다) 외국인관광객 등에 대한 관세등의 환급

외국인관광객등이 종합보세구역에서 물품을 구매할 때에 부담한 관세등을 환급 또는 송금받으려는 경우에는 출국하는 때에 "출국항 관할세관장"(출국항을 관할하는 세관장)에게 판매확인서와 구매물품을 함께 제시하여 확인을 받아야 한다(영 제216조의4 제1항).

또한, 출국항 관할세관장은 제1항에 따라 외국인관광객등이 제시한 판매확인서의 기재사항과 물품의 일치여부를 확인한 후 판매확인서에 확인인을 날인하고, 외국인관광객등에게 이를 교부하거나 판매인에게 송부하여야 한다(영 제216조의4 제2항).

그리고 제2항에 따라 외국인관광객등이 판매확인서를 교부받은 때에는 제216조의6에 따른 환급창구운영사업자에게 이를 제시하고 환급 또는 송금받을 수 있다. 다만, 판매인이 제2항에 따라 판매확인서를 송부받은 경우에는 그 송부받은 날부터 20일 이내에 외국인관광객등이 종합보세구역에서 물품을 구매한 때 부담한 관세등을 해당 외국인관광객등에게 송금하여야 한다(영 제216조의4 제3항).

(라) 판매인에 대한 관세등의 환급

판매인은 법 제199조의2에 따라 종합보세구역에서 "관세등"(관세 및 내국세등)이 포함된 가격으로 물품을 판매한 후 다음에 해당하는 경우에는 관세등을 환급받을 수 있다(영 제216조의5 제1항).

① 외국인관광객등이 구매한 날부터 3개월 이내에 물품을 국외로 반출한 사실이 확인되는 경우

② 판매인이 제216조의4 제3항 본문의 규정에 따라 환급창구운영사업자를 통하여 해당 관세등을 환급 또는 송금하거나 동항 단서의 규정에 따라 외국인관광객등에게 송금한 것이 확인되는 경우

또한, 판매인이 제1항에 따라 관세등을 환급받으려는 경우에는 다음의 사항을 기재한 신청서에 제216조의4에 따라 세관장이 확인한 판매확인서 및 수입신고필증 그 밖에 관세등의 납부사실을 증빙하는 서류와 제1항 제2호에 따른 환급 또는 송금사실을 증명하는

서류를 첨부하여 해당 종합보세구역을 관할하는 세관장에게 제출하여야 한다. 이 경우 관세등의 환급에 관하여는 제54조 및 제55조의 규정을 준용한다(영 제216조의5 제2항).

① 해당 물품의 품명 및 규격
② 해당 물품의 판매연월일 및 판매확인번호
③ 해당 물품의 수입신고연월일 및 수입신고번호
④ 환급받으려는 금액

그리고 제1항 및 제2항에 따라 환급금을 지급받은 판매인은 외국인관광객등에 대하여 환급 또는 송금한 사실과 관련된 증거서류를 5년간 보관하여야 한다(영 제216조의5 제3항).

(마) 판매인에 대한 관세등의 환급절차

영 제216조의5 제2항 후단에 따라 관세등의 환급에 관하여 영 제54조 및 제55조를 준용하는 경우는 다음과 같다.

첫째, 세관장은 관세환급금을 결정한 때에는 즉시 환급금 해당액을 환급받을 자에게 지급할 것을 내용으로 하는 지급지시서를 한국은행(국고대리점을 포함)에 송부하고, 그 환급받을 자에게 환급내용 및 방법 등을 기재한 환급통지서를 송부하여야 한다(법 제216조 제2항 후단: 영 제54조 제1항 준용).

둘째, 한국은행은 세관장으로부터 지급지시서를 송부받은 때에는 즉시 세관장의 해당연도 소관세입금 중에서 환급에 필요한 금액을 세관장의 환급금지급계정에 이체하고 그 내용을 세관장에게 통지하여야 한다(법 제216조 제2항 후단: 영 제54조 제2항 준용).

셋째, 한국은행은 환급통지서를 제시받은 때에는 이를 세관장으로부터 송부받은 지급지시서와 대조·확인한 후 환급금을 지급하고 지급내용을 세관장에게 통지하여야 한다(법 제216조 제2항 후단: 영 제54조 제3항 준용).

넷째, 한국은행은 환급금을 지급하는 때에는 환급받을 자로 하여금 주민등록증 기타 신분증을 제시하도록 하여 그가 정당한 권리자인지를 확인하여야 한다(법 제216조 제2항 후단: 영 제54조 제4항 준용).

다섯째, 관세환급금을 환급받으려는 자는 "관세환급금"(영 제50조)의 신청을 하는 때에 다른 지역의 한국은행으로 지급받을 환급금을 송금할 것을 신청하거나, 금융기관에 계좌를 개설하고 세관장에게 계좌개설신고를 한 후 그 계좌에 이체입금하여 줄 것을 신청할 수 있다. 신청을 받은 세관장은 그 내용을 기재한 지급지시서를 한국은행에 송부하여야 한다. 이 경우 국고금송금요구서 또는 국고금입금의뢰서를 첨부하여야 한다. 또한, 한국은행은 세관장으로부터 지급지시서를 송부받은 때에는 즉시 그 금액을 해당 은행에 송금하거나 지정 금융기관의 계좌에 이체입금하고 그 내용을 세관장에게 통지하여야 한다. 그리고 환급금을 송금받은 다른 지역의 한국은행은 해당 환급금을 지급한다(법 제216조 제2항 후단: 영 제54조 제5항~제8항 준용).

여섯째, 한국은행은 세관장이 환급금지급계정에 이체된 금액으로부터 해당 회계연도의 환급통지서 발행금액 중 다음 회계연도 1월 15일까지 지급하지 못한 환급금을 세관환급금지급미필이월계정에 이월하여 정리하여야 한다(법 제216조 제2항 후단: 영 제55조 제1항 준용).

일곱째, 세관환급금지급미필이월계정에 이월한 금액 중 환급통지서발행일부터 1년 내에 지급하지 못한 금액은 그 기간이 만료한 날이 속하는 회계연도의 세입에 편입하여야 한다(법 제216조 제2항 후단: 영 제55조 제2항 준용).

여덟째, 관세환급금을 환급받을 자가 환급통지서발행일부터 1년 내에 환급금을 지급받지 못한 때에는 세관장에게 다시 환급절차를 밟을 것을 요구할 수 있으며, 세관장은 이를 조사·확인하여 그 지급에 필요한 조치를 하여야 한다(법 제216조 제2항 후단: 영 제55조 제3항 준용).

(바) 환급창구운영사업자의 지정

관세청장은 외국인관광객등이 종합보세구역에서 물품을 구입한 때에 납부한 관세등을 판매인을 대리하여 환급 또는 송금하는 사업을 영위하는 자(이하 "환급창구운영사업자"라 한다)를 지정하여 운영할 수 있다(영 제216조의6 제1항).

제1항에 따른 환급창구운영사업자에 대하여는 외국인관광객등에대한부가가치세및특별소비세특례규정(이하 "특례규정"이라 한다) 제5조의2 제2항부터 제5항까지, 제10조의2, 제10조의3 및 제14조제2항의 규정을 준용한다. 이 경우 특례규정 제5조의2 제2항부터 제5항 중 "관할지방국세청장"은 "관세청장"으로 보고, 제5조의2 제5항 제1호에 따라 준용되는 제5조 제4항 제3호 중 "국세 또는 지방세"는 "관세"로 보며, 제10조의2 중 "외국인관광객"을 "외국인관광객등"으로, "면세물품"을 "물품"으로, "세액상당액"을 "관세등"으로, "면세판매자"를 "판매인"으로, "국세청장"을 "관세청장"으로 보고, 제10조의3 중 "외국인관광객"을 "외국인관광객등"으로, "세액상당액"을 "관세등"으로, "면세판매자"를 "판매인"으로 보며, 제14조제2항 중 "국세청장·관할지방국세청장 또는 관할세무서장"은 "관세청장 또는 관할세관장"으로, "외국인관광객"을 "외국인관광객등"으로 본다(영 제216조의6 제2항).

(사) 환급창구운영사업자의 지정 및 환급절차

첫째, 환급창구운영사업자의 지정을 받으려는 자는 기획재정부령으로 정하는 지정신청서를 관세청장에게 제출하여야 한다. 이 경우 다른 법령에 따라 허가 또는 지정을 받거나 등록을 하여야 하는 사업에 있어서는 해당 허가증·지정증 또는 등록증 사본을 첨부하여야 한다(영 제216조의6 제2항: 특례규정 제5조의2 제2항 준용).

둘째, 환급창구운영사업자의 지정신청을 받은 관세청장은 신청인이 다음의 요건을 모두 갖춘 경우로 한정하여 환급창구운영사업자로 지정할 수 있다(영 제216조의6 제2항: 특례규정 제5조의2 제3항 준용).

① 해당 사업에 필요한 자력 및 신용이 있을 것

② 환급에 필요한 인원 및 시설을 갖출 것

③ 그 밖에 환급창구의 운영에 필요한 것으로서 기획재정부령으로 정하는 요건을 갖출 것

셋째, 환급창구운영사업자의 지정신청을 받은 관세청장은 신청일부터 30일 이내에 환급창구운영사업자의 지정여부를 결정하여야 하며, 환급창구운영사업자로 지정을 한 경우에는 환급창구운영사업자지정증을 교부하여야 한다(영 제216조의6 제2항: 특례규정 제5조의2 제4항 준용).

넷째, 관세청장은 다음의 어느 하나에 해당하는 경우에는 환급창구운영사업자의 지정을 취소할 수 있다(영 제216조의6 제2항 : 특례규정 제5조의2 제5항 준용).

① 제5조제4항제1호 · 제3호 또는 제5호에 해당하게 된 경우

② 환급창구운영사업자의 지정요건에 해당하지 아니하게 된 경우

③ 환급창구운영사업자가 해당 사업을 하지 아니하게 된 경우

④ 환급창구운영사업자가 지정취소를 요청한 경우

⑤ 제10조의2부터 제10조의4까지의 규정에 따른 환급절차 또는 송금절차를 위반한 경우

다섯째, 환급창구운영사업자는 출국항 관할세관장이 확인한 판매확인서를 제출받은 때에는 지체 없이 외국인관광객등이 물품을 구입한 때에 부담한 관세등을 판매인을 대리하여 해당 외국인관광객등에게 환급 또는 송금하여야 한다. 다만, 그 외국인관광객등이 제10조의4 제3항에 따라 환급 또는 송금받는 경우에는 그러하지 아니하다(영 제216조의6 제2항 : 특례규정 제10조의2 제1항 준용).

여섯째, 환급창구운영사업자가 관세등을 환급 또는 송금하려면 해당 관세등에서 환급 또는 송금에 따른 제비용 등으로서 환급창구운영사업자가 관세청장의 승인을 받은 금액을 공제할 수 있다(영 제216조의6 제2항 : 특례규정 제10조의2 제2항 준용).

일곱째, 외국인관광객등에게 관세등을 환급 또는 송금한 환급창구운영사업자는 기획재정부령으로 정하는 바에 따라 "환급 · 송금증명서"(환급 또는 송금사실을 증명하는 서류)를 판매인에게 송부하여야 한다(영 제216조의6 제2항 : 특례규정 제10조의3 준용).

여덟째, 관세청장 또는 관할세관장은 환급창구운영사업자에게 다음의 사항을 명할 수 있다(영 제216조의6 제2항 : 특례규정 제14조 제2항 준용).

① 환급창구의 표시

② 외국인관광객이 알아야 할 사항에 관한 안내문의 게시 또는 고지

③ 납세보전상 필요한 서류의 제출 및 영업에 관한 보고

4. 운영인의 물품관리(Management of Goods by Operator)

운영인은 종합보세구역에 반입된 물품을 종합보세기능별로 구분하여 관리하여야 하며, 세관장은 종합보세구역에 장치된 물품 중 "다음"(제208조 제1항 단서)에 해당되는 물품은 같은 조에 따라 매각할 수 있다(법 제201조 제1항 및 제2항).

① 살아 있는 동식물

② 부패하거나 부패할 우려가 있는 것

③ 창고나 다른 외국물품에 해를 끼칠 우려가 있는 것

④ 기간이 지나면 사용할 수 없게 되거나 상품가치가 현저히 떨어질 우려가 있는 것

⑤ 관세청장이 정하는 물품 중 화주가 요청하는 것

또한, 운영인은 종합보세구역에 반입된 물품을 종합보세구역 안에서 이동·사용 또는 처분을 할 때에는 장부 또는 전산처리장치를 이용하여 그 기록을 유지하여야 한다. 이 경

우 "기획재정부령으로 정하는 물품"(종합보세구역의 운영인 상호간에 이동하는 물품)은 미리 세관장에게 신고하여야 한다(법 제201조 제3항 및 규칙 제72조).

그리고, 종합보세구역 안에서 물품의 이동·사용 또는 처분기록의 방법·절차 등에 관하여 필요한 사항은 관세청장이 정한다(법 제201조 제4항)

5. 설비의 유지의무(Duty to Maintain Facilities and Equipment)

(1) 운영인의 설비유지

운영인은 대통령령으로 정하는 바에 따라 종합보세기능의 수행에 필요한 시설 및 장비 등을 유지하여야 하는 바, 종합보세구역의 운영인이 유지하여야 하는 시설 및 장비 등의 설비는 다음의 설비로 한다(법 제202조 제1항 및 영 제217조 제1항).

① 제조·가공·전시·판매·건설 및 장치, 그 밖에 보세작업에 필요한 기계시설 및 기구
② 반입·반출물품의 관리 및 세관의 업무검사에 필요한 전산설비
③ 소방·전기 및 위험물관리 등에 관한 법령에서 정하는 시설 및 장비
④ 보세화물의 분실과 도난방지를 위한 시설

이러한 설비가 천재·지변이나 그 밖의 불가피한 사유로 일시적으로 기준에 미달하게 된 때에는 종합보세구역의 운영인은 관세청장이 정하는 기간 내에 이를 갖추어야 한다(영 제217조 제2항).

(2) 보수작업 또는 보세작업

종합보세구역에 장치된 물품에 대하여 보수작업을 하거나 종합보세구역 밖에서 보세작업을 하려는 자는 대통령령으로 정하는 바에 따라 세관장에게 신고하여야 하는 바, 보수작업 또는 보세작업에 관한 신고에 관하여는 "보수작업의 승인신청"(영 제177조) 및 "보세공장외 작업허가 신청"(영 제203조)을 준용한다(법 제202조 제2항 및 영 217조 제3항).

(가) 보수작업의 신고

종합보세구역에 장치된 물품에 대하여 보수작업의 신고를 하려는 자는 다음의 사항을 기재한 신청서를 세관장에게 제출하여야 한다(영 제217조 제3항 : 영 제177 제1항 준용).

① 다음(제175조 각호)의 사항
㉮ 장치장소 및 장치사유
㉯ 수입물품의 경우 해당 물품을 외국으로부터 운송하여 온 선박 또는 항공기의 명칭 또는 등록기호·입항예정연월일·선화증권번호 또는 항공화물운송장번호
㉰ 해당 물품의 내외국물품별 구분과 품명·수량 및 가격
㉱ 해당 물품의 포장의 종류·번호 및 개수

② 사용할 재료의 품명·수량 및 가격
③ 보수작업의 목적·방법 및 예정기간
④ 장치장소

또한, 종합보세구역에 장치된 물품에 대하여 보수작업의 신고를 한 자는 보수작업을 완료한 때에는 다음의 사항을 기재한 보고서를 세관장에게 제출하여 그 확인을 받아야 한다(영 제217조 제3항 : 영 제177 제2항 준용).

① 해당 물품의 품명·수량 및 가격
② 포장의 종류·기호·번호 및 개수
③ 사용한 재료의 품명·수량 및 가격
④ 잔존재료의 품명·수량 및 가격
⑤ 작업완료연월일

(나) 보세작업의 신고

종합보세구역 밖에서 보세작업의 신고를 하려는 자는 다음의 사항을 기재한 신청서를 세관장에게 제출하여야 한다(영 제217조 제3항 : 영 제203 제1항 준용).

① 보세작업의 종류·기간 및 장소
② 신청사유
③ 해당 작업에 따라 생산되는 물품의 품명·규격 및 수량

또한, 세관장은 재해나 그 밖의 부득이한 사유로 인하여 필요하다고 인정되는 때에는 신청에 따라 종합보세구역밖에서의 보세작업의 기간 또는 장소를 변경할 수 있다(영 제217조 제3항: 영 제203조 제2항 및 제3항 준용).

(3) 반출검사

종합보세구역에 장치된 물품에 대하여 보수작업을 하거나 종합보세구역 밖에서 보세작업을 하는 경우의 반출검사 등에 관하여는 "다음의 보세공장외 작업허가"(법 제187조)를 준용한다(법 제202조 제3항).

① 세관장은 가공무역이나 국내산업의 진흥을 위하여 필요한 경우에는 대통령령으로 정하는 바에 따라 기간, 장소, 물품 등을 정하여 해당 종합보세구역 밖에서 "제185조 제1항에 따른 작업"(외국물품을 원료 또는 재료로 하거나 외국물품과 내국물품을 원료 또는 재료로 하여 제조·가공하거나 그 밖에 이와 비슷한 작업)을 허가할 수 있다(법 제202조 제3항 : 제187조 제1항 준용).

② 종합보세구역 밖에서 외국물품을 원료 또는 재료로 하거나 외국물품과 내국물품을 원료 또는 재료로 하여 제조·가공하거나 그 밖에 이와 비슷한 작업허가를 한 경우 세관공무원은 해당 물품이 종합보세구역에서 반출될 때에 이를 검사할 수 있다(법 제202조 제3항 : 제187조 제3항 준용).

③ 종합보세구역 밖에서 외국물품을 원료 또는 재료로 하거나 외국물품과 내국물품을 원료 또는 재료로 하여 제조·가공하거나 그 밖에 이와 비슷한 작업허가를 받아 지정된 장소(종합보세구역외 작업장)에 반입된 외국물품은 지정된 기간이 만료될 때까지는 종합보세구역에 있는 것으로 본다(법 제202조 제3항 : 제187조 제4항 준용).

④ 세관장은 "외국물품을 원료 또는 재료로 하거나 외국물품과 내국물품을 원료 또는 재료로 하여 제조·가공하거나 그 밖에 이와 비슷한 작업"(제1항) 허가를 받은 보세작업에 사용될 물품을 관세청장이 정하는 바에 따라 종합보세구역밖에 직접 반입하게 할 수 있다(법 제202조 제3항 : 제187조 제5항 준용).

⑤ 지정된 기간이 지난 경우 해당 종합보세구역외 작업장에 허가된 외국물품이나 그 제품이 있을 때에는 해당 물품의 허가를 받은 종합보세구역의 운영인으로부터 그 관세를 즉시 징수한다(법 제202조 제3항 : 제187조 제6항 준용).

6. 종합보세구역에 대한 세관의 관리(Management of General Bonded Area by Customhouse)

(1) 물품의 검사

세관장은 관세채권의 확보, 감시·단속 등 종합보세구역을 효율적으로 운영하기 위하여 종합보세구역에 출입하는 인원과 차량 등의 출입을 통제하거나 휴대 또는 운송하는 물품을 검사할 수 있다(법 제203조 제1항).

(2) 업무실적 등의 보고

세관장은 종합보세구역에 반입·반출되는 물품의 반입·반출 상황, 그 사용 또는 처분 내용 등을 확인하기 위하여 제201조 제3항에 따른 장부나 전산처리장치를 이용한 기록을 검사 또는 조사할 수 있으며, 운영인으로 하여금 업무실적 등 필요한 사항을 보고하게 할 수 있다(법 제203조 제2항).

(3) 시설설치의 요구

관세청장은 종합보세구역 안에 있는 외국물품의 감시·단속에 필요하다고 인정될 때에는 종합보세구역의 지정요청자에게 보세화물의 불법유출, 분실, 도난방지 등을 위한 시설을 설치할 것을 요구할 수 있다. 이 경우 지정요청자는 특별한 사유가 없으면 이에 따라야 한다(법 제203조 제3항).

7. 종합보세구역의 지정취소(Cancellation of Designation of General Bonded Area)

(1) 지정취소의 사유

관세청장은 종합보세구역에 반입 · 반출되는 물량이 감소하거나 그 밖에 "대통령령으로 정하는 다음의 사유"로 종합보세구역을 존속시킬 필요가 없다고 인정될 때에는 종합보세구역의 지정을 취소할 수 있으며, 지정을 취소하려면 청문을 실시하여야 한다(법 제204조 제1항·제328조 및 영 제218조 제1항).

① 종합보세구역의 지정요청자가 지정취소를 요청한 경우

② 종합보세구역의 지정요건이 소멸한 경우

(2) 기능중지의 사유

세관장은 종합보세사업장의 운영인이 다음의 어느 하나에 해당하는 경우에는 6개월의 범위에서 운영인의 종합보세기능의 수행을 중지시킬 수 있으며, 수행을 중지하려면 청문을 실시하여야 한다(법 제204조 제2항·제328조 및 영 제218조 제2항).

① 다음의 "특허보세구역 운영인의 결격사유"(법 제175조 각호의 결격사유)의 어느 하나에 해당하는 경우

㉮ 미성년자

㉯ 피성년후견인과 피한정후견인

㉰ 파산선고를 받고 복권되지 아니한 자

㉱ 이 법을 위반하여 징역형의 실형을 선고받고 그 집행이 끝나거나(집행이 끝난 것으로 보는 경우를 포함한다) 면제된 후 2년이 지나지 아니한 자

㉲ 이 법을 위반하여 징역형의 집행유예를 선고받고 그 유예기간 중에 있는 자

㉳ 법 제178조 제2항에 따라 특허보세구역의 설치 · 운영에 관한 특허가 취소(이 조 제1호부터 제3호까지의 어느 하나에 해당하여 특허가 취소된 경우는 제외한다)된 후 2년이 지나지 아니한 자

㉴ "밀수출입죄 · 관세포탈죄 · 미수범 · 밀수품의 취득죄 · 체납처분면탈죄 · 타인에 대한 명의대여죄"(제269조부터 제271조까지, 제274조, 제275조의2 또는 제275조의3)에 따라 벌금형 또는 통고처분을 받은 자로서 그 벌금형을 선고받거나 통고처분을 이행한 후 2년이 지나지 아니한 자. 다만, "양벌규정"(제279조)에 따라 처벌된 개인 또는 법인은 제외한다.

㉵ 위의 ㉯부터 ㉴까지에 해당하는 자를 임원(해당 보세구역의 운영업무를 직접 담당하거나 이를 감독하는 자로 한정)으로 하는 법인

② 운영인이 수행하는 종합보세기능과 관련하여 반입 · 반출되는 물량이 감소하거나 그 밖에 "대통령령으로 정하는 다음의 사유"가 발생한 경우

㉮ 1년 동안 계속하여 외국물품의 반입·반출실적이 없는 경우

㉯ 운영인이 법 제202조 제1항에 따른 설비유지의무에 위반한 경우

8. 준용규정

종합보세구역에 대하여는 "다음"(제175조, 제177조 제2항, 제178조 제1항·제3항, 제180조 제1항·제3항·제4항, 제182조, 제184조, 제185조 제2항부터 제4항까지, 제186조, 제188조, 제189조, 제192조부터 제194조까지 및 제241조 제2항)을 준용한다(법 제205조).

① 특허보세구역 운영인의 결격사유(제175조)
② 특허보세구역의 물품장치기간 내 반출(제177조 제2항)
③ 특허보세구역에의 반입정지 등과 특허의 취소(법 제178조 제1항)
④ 특허보세구역에의 반입정지에 따른 과징금의 부과(법 제178조 제3항)
⑤ 특허보세구역의 설치·운영에 관한 감독 등(법 제180조 제1항·제3항 및 제4항)
⑥ 특허의 효력상실시 조치 등(법 제182조)
⑦ 보세창고에 장치기간이 경과한 내국물품(제184조)
⑧ 보세공장(법 제185조 제2항 내지 제4항)
⑨ 보세공장 반입물품의 사용신고(법 제186조)
⑩ 제품과세(법 제188조)
⑪ 원료과세(법 제189조)
⑫ 보세건설장 반입물품의 사용전 수입신고(법 제192조)
⑬ 보세건설장 반입물품의 장치제한(법 제193조)
⑭ 보세건설물품의 가동제한(법 제194조)
⑮ 신고생략 및 간이신고대상물품(법 제241조 제2항)

제5절 유치 및 처분(Custody and Disposal)

Ⅰ. 유치 및 예치(Custody and Deposit)

1. 유치 및 예치의 의의

(1) 유치의 의의

유치(Custody)는 여행자의 휴대품 또는 우리나라와 외국 간을 왕래하는 운송수단에 종사하는 승무원의 휴대품으로서 수출입요건(필요한 허가·승인·표시 또는 그 밖의 조건)이 갖추어지지 아니한 것에 대하여 수입통관을 일시 보류하고 세관에서 관리하는 장소에 그 물품을 보관하는 것을 말한다.

(2) 예치의 의의

예치(Deposit)는 여행자의 휴대품 또는 우리나라와 외국 간을 왕래하는 운송수단에 종사하는 승무원의 휴대품으로서 수입할 의사가 없는 물품에 대하여 그 여행자 또는 승무원이 세관장에게 신고하여 그 물품을 입국지세관에 일시 보관시키는 것을 말한다.

(3) 유치 및 예치물품

다음의 어느 하나에 해당하는 물품으로서 제226조에 따라 필요한 허가 · 승인 · 표시 또는 그 밖의 조건이 갖추어지지 아니한 것은 세관장이 이를 유치할 수 있으며, 다음의 어느 하나에 해당하는 물품으로서 수입할 의사가 없는 물품은 세관장에게 신고하여 일시 예치시킬 수 있다(법 제206조 제1항 및 제3항).

① 여행자의 휴대품
② 우리나라와 외국 간을 왕래하는 운송수단에 종사하는 승무원의 휴대품

2. 물품의 유치 · 예치 및 해제절차

(1) 유치증 · 예치증의 교부

세관장이 물품을 유치 또는 예치한 때에는 다음의 사항을 기재한 유치증 또는 예치증을 교부하여야 한다(영 제219조 제1항).

① 해당 물품의 포장의 종류 · 개수 · 품명 · 규격 및 수량
② 유치사유 또는 예치사유
③ 보관장소

(2) 유치·예치의 해제

유치한 물품은 해당 사유가 해소되었거나 반송하는 경우에만 유치를 해제하는 바, 유치를 해제하거나 예치물품을 반환받으려는 자는 교부받은 유치증 또는 예치증을 세관장에게 제출하여야 한다(법 제206조 제2항 및 영 제219조 제2항).

3. 유치 · 예치물품의 보관(Goods in Custody and on Deposit)

(1) 보관 및 관리

유치하거나 예치한 물품은 세관장이 관리하는 장소에 보관한다. 다만, 세관장이 필요하다고 인정할 때에는 그러하지 아니하다(법 제207조 제1항).

(2) 준용규정

유치하거나 예치한 물품에 관하여는 제160조제4항부터 제6항까지, 제170조 및 제208조부터 제212조까지의 규정을 준용한다(법 제207조 제2항).

(가) 반송 또는 폐기의 명령

세관장은 유치 또는 예치한 물품 중 다음의 어느 하나에 해당하는 것은 "화주등"(화주, 반입자, 화주 또는 반입자의 위임을 받은 자나 「국세기본법」 제38조부터 제41조까지의 규정에 따른 제2차 납세의무자)에게 이를 반송 또는 폐기할 것을 명하거나 화주등에게 통고한 후 폐기할 수 있다. 다만, 급박하여 통고할 여유가 없는 경우에는 폐기한 후 즉시 통고하여야 한다(법 제207조 제2항: 제160조 제4항 준용).

① 사람의 생명이나 재산에 해를 끼칠 우려가 있는 물품
② 부패하거나 변질된 물품
③ 유효기간이 지난 물품
④ 상품가치가 없어진 물품
⑤ 위의 ①부터 ④까지에 준하는 물품으로서 관세청장이 정하는 물품

(나) 폐기의 통고

제4항에 따른 통고를 할 때 화주등의 주소나 거소를 알 수 없거나 그 밖의 사유로 통고할 수 없는 경우에는 공고로써 이를 갈음할 수 있다(법 제207조 제2항: 제160조 제5항 준용).

(다) 폐기비용

제4항에 따라 세관장이 물품을 폐기하거나 화주등이 물품을 폐기 또는 반송한 경우 그 비용은 화주등이 부담한다(법 제207조 제2항: 제160조 제6항 준용).

(라) 장치기간

유치 또는 예치된 물품을 장치하는 기간은 6개월의 범위에서 관세청장이 정한다. 다만, 관세청장이 정하는 기준에 따라 세관장은 3개월의 범위에서 그 기간을 연장할 수 있다(법 제207조 제2항: 제170조 준용).

(3) 유치·예치물품의 매각통고

세관장은 유치되거나 예치된 물품의 원활한 통관을 위하여 필요하다고 인정될 때에는 제2항에 따라 준용되는 제209조에도 불구하고 관세청장이 정하는 바에 따라 해당 물품을 유치하거나 예치할 때에 유치기간 또는 예치기간 내에 수출·수입 또는 반송하지 아니하면 매각한다는 뜻을 통고할 수 있다(법 제207조 제3항).

Ⅱ. 장치·유치·예치물품의 처분

1. 의의

여기에서는 보세구역에 장치되어 있는 외국물품에 대하여 규정하고 있는데, 그 표제가 장치 및 유치·예치물품의 처분으로 되어 있는 것은 다음과 같다. 즉, 유치 또는 예치한 물품에 관하여는 제160조 제4항 내지 제6항, 제170조 및 제208조 내지 제212조의 규정을 준용한다(법 제207조 제2항).

따라서, 여기에서는 보세구역에 장치된 물품에 대하여만 규정하고 있다고 하더라도 그 대상은 보세구역에 장치된 물품 뿐만 아니라 유치·예치물품에 대하여도 적용되는 것이다.

2. 장치기간 경과물품의 매각(Sale of Goods Whose Storage Period Expires)

(1) 물품의 매각

(가) 장치기간 경과후 매각

세관장은 보세구역에 반입한 외국물품의 장치기간이 지나면 그 사실을 공고한 후 해당 물품을 매각할 수 있다(법 제208조 제1항 본문).

(나) 장치기간 경과전 매각

다만, 다음의 어느 하나에 해당하는 물품은 기간이 지나기 전이라도 공고한 후 매각할 수 있다(법 제208조 제1항 단서).

① 살아 있는 동식물
② 부패하거나 부패할 우려가 있는 것
③ 창고나 다른 외국물품에 해를 끼칠 우려가 있는 것
④ 기간이 지나면 사용할 수 없게 되거나 상품가치가 현저히 떨어질 우려가 있는 것
⑤ 관세청장이 정하는 물품 중 화주가 요청하는 것

장치기간이 지난 물품이 위의 어느 하나에 해당하는 물품으로서 급박하여 공고할 여유가 없을 때에는 매각한 후 공고할 수 있다(법 제208조 제2항).

(2) 질권자·유치권자의 물품인도의무

매각된 물품의 질권자나 유치권자는 다른 법령에도 불구하고 그 물품을 매수인에게 인도하여야 한다(법 제208조 제3항).

(3) 매각대행기관의 매각대행

(가) 매각대행

세관장은 제1항에 따른 매각을 할 때 다음 각 호의 어느 하나에 해당하는 경우에는 "매각대행기관"(대통령령으로 정하는 기관)에 이를 대행하게 할 수 있다(법 제208조 제4항).

① 신속한 매각을 위하여 사이버몰(컴퓨터 등과 정보통신설비를 이용하여 재화 등을 거래할 수 있도록 설정된 가상의 영업장을 말한다) 등에서 전자문서를 통하여 매각하려는 경우

② 매각에 전문지식이 필요한 경우

③ 그 밖에 특수한 사정이 있어 직접 매각하기에 적당하지 아니하다고 인정되는 경우

제4항에 따라 매각대행기관이 매각을 대행하는 경우(제211조 제6항에 따라 매각대금의 잔금처리를 대행하는 경우를 포함한다)에는 매각대행기관의 장을 세관장으로 보며, "매각대행기관"에서 대행 업무에 종사하는 사람은 「형법」 제127조 및 제129조부터 제132조까지의 규정을 적용할 때에는 공무원으로 본다(법 제208조 제5항 및 제330조 제1호).

또한, 매각대행기관이 대행하는 매각에 필요한 사항은 대통령령으로 정한다(법 제208조 제8항).

(나) 매각대행기관

세관장이 장치기간경과물품의 매각을 대행하게 할 수 있는 기관은 다음의 기관·법인 또는 단체 중에서 관세청장이 지정하는 기관·법인 또는 단체(이하 "매각대행기관"이라 한다)로 한다(영 제220조).

① 「금융회사부실자산 등의 효율적 처리 및 한국자산관리공사의 설립에 관한 법률」에 의하여 설립된 한국자산관리공사

② 「한국보훈복지의료공단법」에 의하여 설립된 한국보훈복지의료공단

③ 관세청장이 정하는 기준에 따라 전자문서를 통한 매각을 수행할 수 있는 시설 및 시스템 등을 갖춘 것으로 인정되는 법인 또는 단체

(다) 화주 등에 대한 매각대행의 통지

세관장은 법 제208조 제4항에 따라 장치기간경과물품의 매각을 대행하게 하는 때에는 매각대행의뢰서를 매각대행기관에 송부하여야 하며, 세관장은 매각대행의 사실을 화주 및 물품보관인에게 통지하여야 한다(영 제221조 제1항 및 제2항).

(라) 매각대행의 수수료

세관장은 제4항에 따라 매각대행기관이 매각을 대행하는 경우에는 매각대행에 따른 실비 등을 고려하여 기획재정부령으로 정하는 바에 따라 수수료를 지급할 수 있는 바, 매각대행수수료는 다음의 금액으로 한다(법 제208조 제6항 및 규칙 제73조 제1항).

① 매각대행을 의뢰한 물품이 매각된 경우 : 건별 매각금액에 1천분의 20을 곱하여 계산한 금액

② 매각대행을 의뢰한 물품이 수입 또는 반송되어 매각대행이 중지된 경우 : 건별 최초공매예정가격에 1천분의 1을 곱하여 계산한 금액

③ 매각대행을 의뢰한 물품의 국고귀속·폐기·매각의뢰철회 등의 사유로 매각대행이 종료된 경우 : 건별 최초공매예정가격에 1천분의 2를 곱하여 계산한 금액

이 규정에 따른 매각대행수수료를 계산함에 있어서 건별 매각금액이나 건별 최초공매예정가격이 10억원을 초과하는 때에는 해당 매각금액 또는 최초공매예정가격은 10억원으로 하며, 계산한 매각대행수수료의 금액이 5천원 미만인 때에는 해당 매각대행수수료는 5천원으로 한다(규칙 제73조 제2항 및 제3항).

(마) 매각대상물품의 인도

세관장이 점유하고 있거나 제3자가 보관하고 있는 매각대상물품은 이를 매각대행기관에 인도할 수 있다. 이 경우 제3자가 보관하고 있는 물품에 대하여는 그 제3자가 발행하는 해당 물품의 보관증을 인도함으로써 이에 갈음할 수 있다(영 제223조 제1항).

매각대행기관은 제1항에 따라 물품을 인수한 때에는 인계·인수서를 작성하여야 한다(영 제223조 제2항).

(바) 매각대행의뢰의 철회요구

매각대행기관은 매각대행의뢰서를 받은 날부터 2년 이내에 매각되지 아니한 물품이 있는 때에는 세관장에게 해당 물품에 대한 매각대행의뢰의 철회를 요구할 수 있으며, 세관장은 철회요구를 받은 때에는 특별한 사유가 없는 한 이에 응하여야 한다(영 제224조 제1항 및 제2항).

(사) 매각대행의 세부사항

매각대행기관이 대행하는 매각에 관하여 필요한 사항으로서 이 영에 정하지 아니한 것은 관세청장이 매각대행기관과 협의하여 정한다(영 제225조).

3. 통고(Notice)

(1) 매각통고

세관장은 제208조 제1항에 따라 장치기간경과물품을 매각하려면 그 화주등에게 통고일부터 1개월 내에 해당 물품을 수출·수입 또는 반송할 것을 통고하여야 한다(법 제209조 제1항)

이 경우, 세관장의 보세구역장치기간 경과물품의 매각통고(자가용보세구역에서의 통고 제외)의 권한은 보세구역의 운영인 또는 화물관리인에게 위탁한다(영 제288조 제4항).

(2) 매각공고

화주등이 분명하지 아니하거나 그 소재가 분명하지 아니하여 제1항에 따른 통고를 할 수 없을 때에는 공고로 이를 갈음할 수 있다(법 제209조 제2항).

4. 매각방법(Method of Sale)

장치기간 경과물품의 매각은 일반경쟁입찰 · 지명경쟁입찰 · 수의계약 · 경매 및 위탁판매의 방법으로 하여야 한다(법 제210조 제1항).

(1) 경쟁입찰(Competitive bidding)

(가) 의의

경쟁입찰(competitive bidding)은 2인 이상의 응찰자의 공개입찰에 따라 미리 정해놓은 예정가격 이상으로 제시한 최고 응찰자에게 매각하는 것을 말한다.

(나) 예정가격의 체감

경쟁입찰의 방법으로 매각하려는 경우 매각되지 아니하였을 때에는 5일 이상의 간격을 두어 다시 입찰에 부칠 수 있으며 그 예정가격은 최초 예정가격의 100분의 10 이내의 금액을 입찰에 부칠 때마다 줄일 수 있다. 이 경우에 줄어들 예정가격 이상의 금액을 제시하는 응찰자가 있을 때에는 대통령령으로 정하는 바에 따라 그 응찰자가 제시하는 금액으로 수의계약을 할 수 있다(법 제210조 제2항).

따라서, 경쟁입찰에서 예정가격의 체감은 제2회 경쟁입찰 때부터 하되, 그 체감 한도액은 최초예정가격의 100분의 50으로 한다. 다만, 관세청장이 정하는 물품을 제외하고는 최초예정가격을 기초로 하여 산출한 세액이하의 금액으로 체감할 수 없다(영 제222조 제1항).

(다) 차회 예정가격 이상 응찰자와의 수의계약

응찰가격 중 다음 회의 입찰에 체감될 예정가격보다 높은 것이 있는 때에는 응찰가격의 순위에 따라 수의계약을 체결한다. 단독응찰자의 응찰가격이 다음 회의 입찰시에 체감될 예정가격보다 높은 경우 또는 공매절차가 종료한 물품을 최종예정가격 이상으로 매수하려는 자가 있는 때에도 또한 같다(영 제222조 제2항).

(라) 차회 예정가격

위의 경우(제2항)에 수의계약을 체결하지 못하고 재입찰에 부친 때에는 직전입찰에서의 최고응찰가격을 다음 회의 예정가격으로 한다(영 제222조 제3항).

또한, 수의계약을 할 수 있는 자로서 그 체결에 응하지 아니하는 자는 해당 물품에 대한 다음 회 이후의 경쟁입찰에 참가할 수 없다(영 제222조 제4항).

(2) 경매 또는 수의계약(Auction or Free contract)

(가) 의의

경매(auction)는 물품을 매입할 의사가 있는 자에게 구두 등으로 순차적으로 고가의 매입신청을 하게 하여 매각예정가격 이상의 청약자 중에서 최고가를 제시한 청약자를 낙찰하여 매각하는 방법을 말하며, 수의계약(free contract)은 발주자가 경쟁의 방법이 아니라 임의대로 상대방과 체결하는 계약을 말한다.

(나) 수의계약의 대상

다음의 어느 하나에 해당하는 때에는 경매나 수의계약으로 매각할 수 있다(법 제210조 제3항 및 영 제222조 제9항).

① 제2항에 따라 2회 이상 경쟁입찰에 부쳐도 매각되지 아니한 경우

② 매각물품의 성질 · 형태 · 용도 등을 고려할 때 경쟁입찰의 방법으로 매각할 수 없는 경우(여기에서, "매각물품의 성질 · 형태 · 용도 등을 고려할 때 경쟁입찰의 방법으로 매각할 수 없는 경우"란 다음의 어느 하나에 해당하는 경우를 말한다)

㉮ 부패 · 손상 · 변질 등의 우려가 현저한 물품으로서 즉시 매각하지 아니하면 상품가치가 저하할 우려가 있는 경우

㉯ 물품의 매각예정가격이 50만원미만인 경우

㉰ 경쟁입찰의 방법으로 매각하는 것이 공익에 반하는 경우

(3) 위탁판매(Consignment sale)

(가) 의의

위탁판매(consignment sale)는 특정인에게 물품의 판매를 위탁하여 매각하는 것을 말한다.

매각할 물품의 예정가격의 산출방법과 위탁판매에 관한 사항은 대통령령으로 정하고, 경매절차에 관하여는 「국세징수법」을 준용한다(법 제210조 제6항).

(나) 위탁판매의 대상

경매나 수의계약으로도 매각되지 아니한 물품과 "대통령령으로 정하는 다음의 어느 하나에 해당하는 물품" 중에서 관세청장이 신속한 매각이 필요하다고 인정하여 위탁판매대상으로 지정한 물품은 위탁판매의 방법으로 매각할 수 있다(법 제210조 제4항 및 영 제222조 제5항).

① 부패하거나 부패의 우려가 있는 물품

② 기간경과로 사용할 수 없게 되거나 상품가치가 현저히 감소할 우려가 있는 물품

③ 공매하는 경우 매각의 효율성이 저하되거나 공매에 전문지식이 필요하여 직접 공매하기에 부적합한 물품

(다) 위탁판매의 가격

위탁판매하는 경우 판매가격은 해당 물품의 최종예정가격(다음의 어느 하나에 해당하는 물품은 제7항에 따라 산출한 가격을 말한다)으로 하고, 위탁판매의 장소·방법·수수료, 그 밖에 필요한 사항은 관세청장이 정한다(영 제222조 제6항).

① 부패하거나 부패의 우려가 있는 물품
② 기간경과로 사용할 수 없게 되거나 상품가치가 현저히 감소할 우려가 있는 물품
③ 공매하는 경우 매각의 효율성이 저하되거나 공매에 전문지식이 필요하여 직접 공매하기에 부적합한 물품

위 탁 판 매 대 상	판 매 가 격
경쟁입찰 또는 경매·수의계약으로 매각되지 않은 경우	해당 물품의 최종예정가격
부패하거나 부패의 우려가 있는 물품	관세청장이 정하는 바에 따라 산출한 가격
기간경과로 사용할 수 없게 되거나 상품가치가 현저히 감소할 우려가 있는 물품	
공매하는 경우 매각의 효율성이 저하되거나 공매에 전문지식이 필요하여 직접 공매하기에 부적합한 물품	

(라) 매각물품의 예정가격 및 과세가격

일반경쟁입찰·지명경쟁입찰·수의계약·경매 및 위탁판매의 방법으로 매각된 물품(제1항부터 제4항까지)에 대한 과세가격은 "과세가격의 결정원칙과 예외"의 규정(제30조부터 제35조까지)에 불구하고 제2항에 따른 최초예정가격을 기초로 하여 과세가격을 산출한다(법 제210조 제5항).

이 경우 매각한 물품의 예정가격과 매각된 물품의 과세가격은 관세청장이 정하는 바에 따라 산출한다(영 제222조 제7항).

(마) 매각공고

세관장은 일반경쟁입찰·지명경쟁입찰·수의계약·경매 및 위탁판매의 방법으로 매각을 할 때에는 매각 물건, 매각 수량, 매각 예정가격 등을 매각 개시 10일 전에 공고하여야 한다(법 제210조 제7항).

(바) 매각조건

일반경쟁입찰·지명경쟁입찰·수의계약·경매 및 위탁판매의 방법으로 매각한 물품으로 다음의 어느 하나에 해당하는 물품은 수출하거나 외화를 받고 판매하는 것을 조건으로

매각한다. 다만, 다음의 ②의 물품으로서 관세청장이 필요하다고 인정하는 물품은 주무부장관 또는 주무부장관이 지정하는 기관의 장과 협의하여 수입하는 것을 조건으로 판매할 수 있다(영 제222조 제8항).

① 법률에 따라 수입이 금지된 물품
② 그 밖에 관세청장이 지정하는 물품

5. 매각대금의 잔금처리(Disposition of Balance)

(1) 매각대금의 제세충당 및 잔금교부

세관장은 제210조에 따른 매각대금을 그 매각비용, 관세, 각종 세금의 순으로 충당하고, 잔금이 있을 때에는 이를 화주에게 교부한다(법 제211조 제1항).

(2) 질권자·유치권자에 대한 교부

장치기간이 지나서 매각하는 물품의 질권자나 유치권자는 해당 물품을 매각한 날부터 1개월 이내에 그 권리를 증명하는 서류를 세관장에게 제출하여야 한다(법 제211조 제2항).

또한, 세관장은 장치기간이 지난 물품이 매각된 때에 그 매각된 물품의 질권자나 유치권자가 있을 때에는 그 잔금을 화주에게 교부하기 전에 그 질권이나 유치권에 의하여 담보된 채권의 금액을 질권자나 유치권자에게 교부한다(법 제211조 제3항).

그리고, 질권자나 유치권자에게 공매대금의 잔금을 교부하는 경우 그 잔금액이 질권이나 유치권에 의하여 담보된 채권액보다 적고 교부받을 권리자가 2인 이상인 경우에는 세관장은 「민법」이나 그 밖의 법령에 따라 배분할 순위와 금액을 정하여 배분하여야 한다(법 제211조 제4항).

(3) 잔금교부의 보류

매각대금을 그 매각비용, 관세, 각종 세금의 순으로 충당하고, 잔금이 있을 때에 화주에게 하는 잔금의 교부는 관세청장이 정하는 바에 따라 일시 보류할 수 있다(법 제211조 제5항).

(4) 매각대행기관의 잔금처리

제208조제4항에 따라 매각대행기관이 매각을 대행하는 경우에는 매각대행기관이 제1항부터 제5항까지의 규정에 따라 매각대금의 잔금처리를 대행할 수 있다(법 제211조 제6항).

6. 국고귀속(Reversion of Goods to National Treasury)

(1) 반출통고

세관장은 일반경쟁입찰·지명경쟁입찰·수의계약·경매 및 위탁판매의 방법으로 매각되지 아니한 물품에 대하여는 그 물품의 화주등에게 장치 장소로부터 지체 없이 반출할 것을 통고하여야 한다(법 제212조 제1항).

(2) 국고귀속

반출통고일부터 1개월 내에 해당 물품이 반출되지 아니하는 경우에는 소유권을 포기한 것으로 보고 이를 국고에 귀속시킬 수 있다(법 제212조 제2항).

MEMO

Chapter
7
운 송

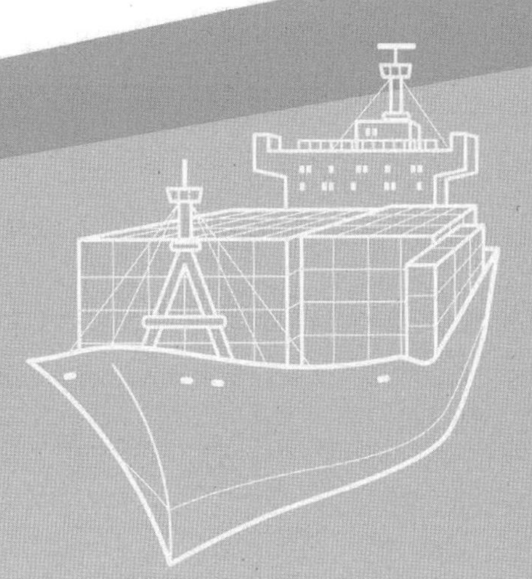

제1절 보세운송

제2절 내국운송

제3절 보세운송업자

Chapter 7

운 송

제1절 보세운송(Bonded Transportation)

Ⅰ. 개요

1. 보세운송의 의의

보세운송(Bonded Transportation)은 외국물품을 보세상태로 국내의 일정 장소 간에 운송하는 것을 말한다.

2. 보세운송의 범위

외국물품은 다음의 장소 간에 한정하여 외국물품 그대로 운송할 수 있다. 다만, 수출신고가 수리된 물품(법 제248조)은 해당 물품이 장치된 장소에서 다음의 장소로 운송할 수 있다(법 제213조 제1항).

① 개항
② 보세구역
③ 허가된 보세구역외의 장소(법 제156조)
④ 세관관서

⑤ 통관역
⑥ 통관장
⑦ 통관우체국

Ⅱ. 보세운송의 신고(Report of Bonded Transportation)

1. 보세운송의 신고(Report of Bonded Transportation)

보세운송을 하려는 자는 관세청장이 정하는 바에 따라 세관장에게 보세운송의 신고를 하여야 한다(법 제213조 제2항 본문).

(1) 신고신청

보세운송신고를 하거나 승인을 받으려는 자는 다음의 사항을 기재한 신고서 또는 신청서를 세관장에게 제출하여야 한다. 다만, 외국무역선 또는 외국무역기에의 효율적인 하역을 위하여 필요하거나 세관의 감시단속상 애로가 없다고 인정하여 관세청장이 따로 정하는 경우에는 그 정하는 바에 따른다(영 제226조 제1항).

① 운송수단의 종류·명칭 및 번호
② 운송통로와 목적지
③ 화물상환증 또는 선화증권번호 또는 항공화물운송장번호와 물품의 적재지·생산지 또는 제조지
④ 포장의 종류·번호 및 개수
⑤ 품명·규격·수량 및 가격
⑥ 운송기간
⑦ 화주의 명칭(성명)·주소·사업자등록번호 및 대표자성명

그러나, 세관장은 운송거리나 그 밖의 사정을 참작하여 필요가 없다고 인정되는 때에는 위의 기재사항 중 일부의 기재를 생략하게 할 수 있다(영 제226조 제2항).

(2) 보세운송의 신고인(Reporter of Bonded Transportation)

보세운송의 신고 또는 승인신청은 다음의 어느 하나에 해당하는 자의 명의로 하여야 한다(법 제214조).

① 화주
② 관세사등
③ "보세운송업자"(보세운송을 업으로 하는 자)

(3) 보세운송신고의 취하 및 각하

보세운송의 신고·승인 및 검사에 대하여는 제247조와 제250조를 준용한다(법 제213조 제5항). 따라서 그 준용규정을 살펴보면 다음과 같다.

(가) 보세운송신고의 취하승인

보세운송의 신고는 정당한 이유가 있는 경우에만 세관장의 승인을 받아 취하할 수 있다. 다만, 보세운송의 신고는 운송수단, 관세통로, 하역통로 또는 이 법에 규정된 장치 장소에서 물품을 반출한 후에는 취하할 수 없다(법 제213조 제5항 : 법 제250조 제1항 준용).

(나) 보세운송신고수리의 효력상실

보세운송의 신고를 수리한 후 제1항에 따라 신고의 취하를 승인한 때에는 신고수리의 효력이 상실된다(법 제213조 제5항 : 법 제250조 제2항 준용).

(다) 보세운송신고의 각하

세관장은 보세운송의 신고가 그 요건을 갖추지 못하였거나 부정한 방법으로 신고되었을 때에는 해당 보세운송의 신고를 각하할 수 있다(법 제213조 제5항 : 법 제250조 제3항 준용).

2. 보세운송의 승인

(1) 보세운송의 승인대상

보세운송을 하려는 자는 관세청장이 정하는 바에 따라 세관장에게 보세운송의 신고를 하여야 하는 것이 원칙이지만, 물품의 감시 등을 위하여 필요하다고 인정하여 "대통령령으로 정하는 다음의 어느 하나에 해당하는 물품을 운송하려는 경우" 세관장의 승인을 받아야 한다(법 제213조 제2항 단서 및 영 제226조 제3항)

① 보세운송된 물품중 다른 보세구역 등으로 재보세운송하고자 하는 물품
② 「검역법」·「식물방역법」·「가축전염병예방법」 등에 따라 검역을 요하는 물품
③ 「위험물안전관리법」에 따른 위험물
④ 「화학물질관리법」에 따른 유해화학물질
⑤ 비금속설
⑥ 화물이 국내에 도착된 후 최초로 보세구역에 반입된 날부터 30일이 경과한 물품
⑦ 통관이 보류되거나 수입신고수리가 불가능한 물품
⑧ 법 제156조의 규정에 의한 보세구역외 장치허가를 받은 장소로 운송하는 물품
⑨ 귀석·반귀석·귀금속·한약재·의약품·향료 등과 같이 부피가 작고 고가인 물품
⑩ 화주 또는 화물에 대한 권리를 가진 자가 직접 보세운송하는 물품

⑪ 법 제236조의 규정에 의하여 통관지가 제한되는 물품
⑫ 적화목록상 동일한 화주의 선화증권 단위의 물품을 분할하여 보세운송하는 경우 그 물품
⑬ 불법 수출입의 방지 등을 위하여 세관장이 지정한 물품
⑭ 법 및 법에 의한 세관장의 명령을 위반하여 관세범으로 조사를 받고 있거나 기소되어 확정판결을 기다리고 있는 보세운송업자등이 운송하는 물품

(2) 보세운송의 신고대상

보세운송의 승인대상물품 중 관세청장이 보세운송승인대상으로 하지 아니하여도 화물관리 및 불법 수출입의 방지에 지장이 없다고 판단하여 정하는 물품에 대하여는 신고만으로 보세운송할 수 있다(영 제226조 제4항).

3. 보세운송물품의 검사

(1) 물품의 검사

세관공무원은 감시 · 단속을 위하여 필요하다고 인정될 때에는 관세청장이 정하는 바에 따라 보세운송을 하려는 물품을 검사할 수 있다(법 제213조 제3항).

(2) 검사장소

보세운송의 신고 · 승인 및 검사에 대하여는 제247조와 제250조를 준용한다(법 제213조 제5항). 따라서 그 준용규정을 살펴보면 다음과 같다.

(가) 검사장소

물품의 검사는 보세구역 및 보세구역이 아닌 장소에 장치할 수 있는 장소에서 행한다. 다만, 수출하려는 물품은 해당 물품이 장치되어 있는 장소에서 검사한다. 그럼에도 불구하고 세관장은 효율적인 검사를 위하여 부득이하다고 인정될 때에는 관세청장이 정하는 바에 따라 해당 물품을 보세구역에 반입하게 한 후 검사할 수 있다(법 제213조 제5항 : 제247조 제1항 및 제2항 준용).

(나) 검사장소가 지정보세구역이 아닌 경우 수수료 납부

검사 장소가 지정장치장이나 세관검사장이 아닌 경우 신고인은 기획재정부령으로 정하는 바에 따라 수수료를 납부하여야 한다. 다만, 보세창고의 경우 신고인이 운영인과 다른 경우에는 수수료를 납부하지 아니한다(법 제213조 제5항 : 제247조 제3항 준용).

4. 보세운송의 보고 및 담보제공(Report of Bonded Transportation and Pledging of Security)

(1) 보세운송물품의 도착보고

보세운송의 신고를 하거나 승인을 받은 자는 해당 물품이 운송 목적지에 도착하였을 때에는 관세청장이 정하는 바에 따라 도착지의 세관장에게 보고하여야 한다(법 제215조).

이 경우, 세관장은 보세운송의 도착보고의 수리에 관한 권한을 보세구역의 운영인 또는 화물관리인에게 위탁한다(영 제288조 제5항).

(2) 보세운송의 담보

세관장은 보세운송의 신고를 하거나 승인을 받으려는 물품에 대하여 관세의 담보를 제공하게 할 수 있다(법 제218조).

5. 보세운송절차의 생략

수출신고가 수리된 물품은 관세청장이 따로 정하는 것을 제외하고는 보세운송절차를 생략한다(법 제213조 제4항).

6. 보세운송통로와 기간의 제한

(1) 보세운송통로(Bonded Transportation Route)의 제한

세관장은 보세운송물품의 감시 · 단속을 위하여 필요하다고 인정될 때에는 관세청장이 정하는 바에 따라 운송통로를 제한할 수 있다(법 제216조 제1항).

(2) 보세운송기간(Bonded Transportation Period)의 제한

보세운송은 관세청장이 정하는 기간 내에 끝내야 한다. 다만, 세관장은 재해나 그 밖의 부득이한 사유로 필요하다고 인정될 때에는 그 기간을 연장할 수 있는 바, 보세운송기간의 연장을 받으려는 자는 다음의 사항을 기재한 신청서를 해당 보세운송을 신고하거나 승인한 세관장 또는 도착지 세관장에게 제출하여야 한다(법 제216조 제2항 및 영 제227조).

① 보세운송의 신고 또는 승인연월일과 신고번호 또는 승인번호

② 해당 물품의 품명·규격 및 수량

③ 연장신청기간 및 신청사유

7. 보세운송기간경과시의 징수(Collection of Customs Duties Upon Expiration of Bonded Transportation Period)

(1) 기간경과시의 관세징수

보세운송의 신고를 하거나 승인을 받아 보세운송하는 외국물품이 지정된 기간 내에 목적지에 도착하지 아니한 경우에는 즉시 그 관세를 징수한다(법 제217조 본문).

(2) 운송물품의 폐기승인신청

보세운송기간이 경과한 경우에는 그 즉시 관세를 징수하는 것이 원칙이지만, 해당 물품이 재해나 그 밖의 부득이한 사유로 망실되었거나 미리 세관장의 승인을 받아 그 물품을 폐기하였을 때에는 그러하지 아니하다(법 제217조 단서).

영 제179조 및 제180조의 규정은 법 제217조 단서의 경우에 이를 준용한다(영 제228조). 따라서, 운송물품의 폐기승인신청에 준용되는 제179조 및 제180조의 규정을 살펴보면 다음과 같다.

(가) 운송물품의 폐기승인신청

승인을 받으려는 자는 다음의 사항을 기재한 신청서를 세관장에게 제출하여야 하고, 승인을 받은 자는 폐기작업을 종료한 때에는 잔존하는 물품의 품명·규격·수량 및 가격을 세관장에게 보고하여야 한다(영 제228조: 제179조 제1항 및 제2항 준용).

① "다음"(영 제175조 각호)의 사항
  ㉮ 장치장소 및 장치사유
  ㉯ 수입물품의 경우 해당 물품을 외국으로부터 운송하여 온 선박 또는 항공기의 명칭 또는 등록기호·입항예정연월일·선화증권번호 또는 항공화물운송장번호
  ㉰ 해당 물품의 내외국물품별 구분과 품명·수량 및 가격
  ㉱ 해당 물품의 포장의 종류·번호 및 개수
② 장치장소
③ 폐기예정연월일·폐기방법 및 폐기사유

(나) 신고

보세구역 또는 보세구역이 아닌 장소에 장치된 외국물품이 멸실된 때에는 다음의 사항을 기재한 신고서를 세관장에게 제출하여 그 확인을 받아야 한다. 이 경우, 신고는 특허보세구역장치물품인 경우에는 운영인의 명의로, 특허보세구역장치물품이 아닌 경우에는 보관인의 명의로 하여야 한다(영 제228조: 제180조 제1항 및 제2항 준용).

① "다음"(영 제175조 각호)의 사항

㉮ 장치장소 및 장치사유

㉯ 수입물품의 경우 해당 물품을 외국으로부터 운송하여 온 선박 또는 항공기의 명칭 또는 등록기호·입항예정연월일·선화증권번호 또는 항공화물운송장번호

㉰ 해당 물품의 내외국물품별 구분과 품명·수량 및 가격

㉱ 해당 물품의 포장의 종류·번호 및 개수

② 장치장소

③ 멸실연월일 및 멸실원인

8. 간이보세운송(Simplified Bonded Transportation)

세관장은 보세운송을 하려는 물품의 성질과 형태, 보세운송업자의 신용도 등을 고려하여 관세청장이 정하는 바에 따라 보세운송업자나 물품을 지정하여 다음의 조치를 할 수 있다(법 제220조).

① 제213조 제2항에 따른 신고절차의 간소화

② 제213조 제3항에 따른 검사의 생략

③ 제218조에 따른 담보 제공의 면제

9. 조난물품의 운송(Transportation of Goods in Wrecked Vessel or Aircraft)

(1) 의의

조난물품의 운송(Transportation of Goods in Wrecked Vessel or Aircraft)이란 외국무역선(기) 등이 재해나 그 밖의 부득이한 사유로 하선 또는 하기한 외국물품을 그 물품이 있는 장소로부터 개항·보세구역·보세구역외장치허가장소·세관관서·통관역·통관장 등의 장소로 운송하는 것을 말한다.

이 경우 조난물품의 운송을 하지 않고, 양륙한 그 장소에서 수입 또는 반송의 통관절차를 이행하여 수입 또는 반송을 할 수도 있다.

(2) 조난물품의 운송신고 및 승인

재해나 그 밖의 부득이한 사유로 선박 또는 항공기로부터 내려진 외국물품은 그 물품이 있는 장소로부터 "다음의 장소"(제213조 제1항의 장소)로 운송될 수 있다(법 제219조 제1항).

① 개항

② 보세구역

③ "보세구역 외 장치의 허가"(제156조)에 따라 허가된 장소

④ 세관관서

⑤ 통관역

⑥ 통관장

⑦ 통관우체국

따라서, 외국물품을 운송하려는 자는 제213조 제2항에 따른 승인을 받아야 한다. 다만, 긴급한 경우에는 세관공무원이나 국가경찰공무원(세관공무원이 없는 경우로 한정한다)에게 신고하여야 하며, 신고를 받은 국가경찰공무원은 지체 없이 그 내용을 세관공무원에게 통보하여야 한다(법 제219조 제2항 및 제3항).

이 경우, 조난물품의 운송승인을 받으려는 자는 다음의 사항을 기재한 신청서를 세관장에게 제출하여야 한다(영 제229조 제1항).

① 운송수단의 종류·명칭 및 번호

② 운송통로와 목적지

③ 화물상환증 또는 선화증권번호 또는 항공화물운송장번호와 물품의 적재지·생산지 또는 제조지

④ 포장의 종류·번호 및 개수

⑤ 품명·규격·수량 및 가격

⑥ 운송기간

⑦ 화주의 명칭(성명)·주소·사업자등록번호 및 대표자성명

(3) 준용규정

조난물품의 운송에 관하여는 "보세운송보고(법 제215조)", "보세운송통로(법 제216조)", "보세운송기간경과시의 징수(법 제217조)", "보세운송의 담보(법 제218조)", "보세운송의 승인을 받아야 하는 물품(영 제226조 제3항)"을 준용한다(법 제219조 제4항 및 영 229조 제2항).

따라서, 조난물품의 운송에 관하여 준용되는 상기의 규정을 살펴보면 다음과 같다.

(가) 조난물품의 운송의 승인

물품의 감시 등을 위하여 필요하다고 인정하여 "대통령령으로 정하는 다음의 어느 하나에 해당하는 물품을 운송하려는 경우" 세관장의 승인을 받아야 한다(영 제229조 제2항: 영 제226조 제3항 준용).

① 보세운송된 물품 중 다른 보세구역 등으로 재보세운송하려는 물품

② 「검역법」·「식물방역법」·「가축전염병예방법」 등에 따라 검역을 요하는 물품

③ 「위험물안전관리법」에 따른 위험물

④ 「유해화학물질관리법」에 따른 유해화학물질

⑤ 비금속설

⑥ 화물이 국내에 도착된 후 최초로 보세구역에 반입된 날부터 30일이 경과한 물품

⑦ 통관이 보류되거나 수입신고수리가 불가능한 물품

⑧ 법 제156조에 따른 보세구역외 장치허가를 받은 장소로 운송하는 물품
⑨ 귀석 · 반귀석 · 귀금속 · 한약재 · 의약품 · 향료 등과 같이 부피가 작고 고가인 물품
⑩ 화주 또는 화물에 대한 권리를 가진 자가 직접 보세운송하는 물품
⑪ 법 제236조에 따른 통관지가 제한되는 물품
⑫ 적화목록상 동일한 화주의 선화증권 단위의 물품을 분할하여 보세운송하는 경우 그 물품
⑬ 불법 수출입의 방지 등을 위하여 세관장이 지정한 물품
⑭ 법 및 법에 따른 세관장의 명령을 위반하여 관세범으로 조사를 받고 있거나 기소되어 확정판결을 기다리고 있는 보세운송업자등이 운송하는 물품

(나) 조난물품의 운송보고

조난물품의 운송의 신고를 하거나 승인을 받은 자는 해당 물품이 운송 목적지에 도착하였을 때에는 관세청장이 정하는 바에 따라 도착지의 세관장에게 보고하여야 한다(법 제219조 제4항: 법 제215조 준용).

(다) 조난물품의 운송통로의 제한

세관장은 조난운송물품의 감시 · 단속을 위하여 필요하다고 인정될 때에는 관세청장이 정하는 바에 따라 운송통로를 제한할 수 있다(법 제219조 제4항: 법 제216조 제1항 준용).

(라) 조난물품의 운송기간의 제한

조난물품의 운송은 관세청장이 정하는 기간 내에 끝내야 한다. 다만, 세관장은 재해나 그 밖의 부득이한 사유로 필요하다고 인정될 때에는 그 기간을 연장할 수 있다(법 제219조 제4항: 법 제216조 제2항 준용).

(마) 조난물품의 운송기간경과시의 관세징수 및 물품의 폐기승인신청

조난눌품의 운송의 신고를 하거나 승인을 받아 조난물품을 운송하는 외국물품이 지정된 기간 내에 목적지에 도착하지 아니한 경우에는 즉시 그 관세를 징수한다. 다만, 해당 물품이 재해나 그 밖의 부득이한 사유로 망실되었거나 미리 세관장의 승인을 받아 그 물품을 폐기하였을 때에는 그러하지 아니하다(법 제219조 제4항: 법 제217조 준용).

(바) 조난물품의 운송의 담보

세관장은 조난물품의 운송의 신고를 하거나 승인을 받으려는 물품에 대하여 관세의 담보를 제공하게 할 수 있다(법 제219조 제4항: 법 제218조 준용).

제2절 내국운송(Domestic Transportation)

Ⅰ. 개요

내국운송(Domestic Transportation)이란 내국물품을 세관장의 승인을 받아 외국무역선(기)으로 국내에서 운송하는 것을 말한다. 내국물품은 원칙적으로 관세법의 규제대상이 아니다. 그러나, 내국물품을 외국무역선(기)으로 국내에서 운송하는 경우에는 관세법의 규제대상이 된다.

Ⅱ. 내국운송

1. 내국운송의 신고(Report of Domestic Transportation)

내국물품을 외국무역선이나 외국무역기로 운송하려는 자는 대통령령으로 정하는 바에 따라 세관장에게 내국운송의 신고를 하여야 하는 바, 내국운송의 신고에 관하여는 "보세운송의 신고등"(영 제266조)의 규정을 준용한다(법 제221조 제1항 및 영 제230조).

따라서, 내국운송의 신고에 준용되는 영 제226조를 살펴보면 다음과 같다.

내국운송신고를 하려는 자는 다음의 사항을 기재한 신고서를 세관장에게 제출하여야 한다. 다만, 외국무역선 또는 외국무역기에의 효율적인 하역을 위하여 필요하거나 세관의 감시단속상 애로가 없다고 인정하여 관세청장이 따로 정하는 경우에는 그 정하는 바에 따른다(영 제230조: 영 제226조 제1항 준용).

① 운송수단의 종류·명칭 및 번호
② 운송통로와 목적지
③ 화물상환증 또는 선화증권번호 또는 항공화물운송장번호와 물품의 적재지·생산지 또는 제조지
④ 포장의 종류·번호 및 개수
⑤ 품명·규격·수량 및 가격
⑥ 운송기간
⑦ 화주의 명칭(성명)·주소·사업자등록번호 및 대표자성명

그러나, 세관장은 운송거리나 그 밖의 사정을 참작하여 필요가 없다고 인정되는 때에는 위의 기재사항 중 일부의 기재를 생략하게 할 수 있다(영 제230조: 영 제226조 제2항 준용).

2. 준용규정

내국운송에 관하여는 다음의 규정을 준용한다(법 제221조 제2항).

① 보세운송보고(법 제215조)
② 보세운송통로(법 제216조)
③ 물품의 검사(법 제246조)
④ 물품의 검사장소(법 제247조)
⑤ 신고의 취하 및 각하(법 제250조)

따라서, 내국운송에 관하여 준용되는 상기의 규정을 살펴보면 다음과 같다.

(1) 내국운송물품의 도착보고

내국운송의 신고를 한 자는 해당 물품이 운송 목적지에 도착하였을 때에는 관세청장이 정하는 바에 따라 도착지의 세관장에게 보고하여야 한다(법 제221조 제2항 : 법 제215조 준용).

(2) 내국운송의 통로 및 기간의 제한

(가) 내국운송통로(Domestic Transportation Route)의 제한

세관장은 내국운송물품의 감시·단속을 위하여 필요하다고 인정될 때에는 관세청장이 정하는 바에 따라 운송통로를 제한할 수 있다(법 제221조 제2항 : 법 제216조 제1항 준용).

(나) 내국운송기간(Domestic Transportation Period)의 제한

내국운송은 관세청장이 정하는 기간 내에 끝내야 한다. 다만, 세관장은 재해나 그 밖의 부득이한 사유로 필요하다고 인정될 때에는 그 기간을 연장할 수 있다(법 제221조 제2항 : 법 제216조 제2항 준용).

(3) 내국운송물품의 검사(Inspection of Goods for Domestic Transportation)

(가) 내국운송물품의 검사

세관공무원은 내국운송하려는 물품에 대하여 검사를 할 수 있다(법 제221조 제2항 : 법 제246조 제1항 준용).

(나) 내국운송물품의 검사대상의 기준

관세청장은 검사의 효율을 거두기 위하여 검사대상, 검사범위, 검사방법 등에 관하여 필요한 기준을 정할 수 있다(법 제221조 제2항 : 법 제246조 제2항 준용).

(다) 내국운송물품의 신고전 물품확인

화주는 내국운송의 신고를 하려는 물품에 대하여 내국운송의 신고 전에 관세청장이 정하는 바에 따라 확인을 할 수 있다(법 제221조 제2항: 법 제246조 제3항 준용).

(4) 내국운송물품의 검사장소(Inspection Place of Goods for Domestic Transportation)

(가) 보세구역 또는 보세구역외의 장소

내국운송에 대한 검사는 "보세구역 또는 보세구역이 아닌 장소"(법 제155조 제1항)에서 행한다. 다만, 내국운송하려는 물품은 해당 물품이 장치되어 있는 장소에서 검사한다(법 제221조 제2항: 법 제247조 제1항 준용).

(나) 보세구역

제1항에도 불구하고, 세관장은 효율적인 검사를 위하여 부득이하다고 인정될 때에는 관세청장이 정하는 바에 따라 해당 물품을 보세구역에 반입하게 한 후 검사할 수 있다(법 제221조 제2항: 법 제247조 제2항 준용).

(다) 검사수수료

검사 장소가 지정장치장이나 세관검사장이 아닌 경우 신고인은 기획재정부령으로 정하는 바에 따라 수수료를 납부하여야 한다. 다만, 보세창고의 경우 신고인이 운영인과 다른 경우에는 수수료를 납부하지 아니한다(법 제221조 제2항: 법 제247조 제3항 준용).

(5) 내국운송신고의 취하 및 각하

(가) 내국운송신고의 취하 및 각하

신고는 정당한 이유가 있는 경우에만 세관장의 승인을 받아 취하할 수 있다. 다만, 내국운송의 신고는 운송수단, 관세통로, 하역통로 또는 이 법에 규정된 장치 장소에서 물품을 반출한 후에는 취하할 수 없다(법 제221조 제2항: 법 제250조 제1항 준용).

(나) 내국운송신고의 취하승인

내국운송의 신고를 수리한 후 신고의 취하를 승인한 때에는 신고수리의 효력은 상실된다(법 제221조 제2항: 법 제250조 제2항 준용).

(다) 내국운송신고의 취하승인

세관장은 내국운송의 신고가 그 요건을 갖추지 못하였거나 부정한 방법으로 신고되었을 때에는 해당 내국운송의 신고를 각하할 수 있다(법 제221조 제2항: 법 제250조 제3항 준용).

제3절 보세운송업자(Bonded Transportation Operator)

Ⅰ. 보세운송업자등의 등록 및 등록요건

1. 보세운송업자등의 등록(Registration of Bonded Transportation Operator)

(1) 보세운송업자등의 등록신청

"보세운송업자등"(다음의 어느 하나에 해당하는 자)은 대통령령으로 정하는 바에 따라 관세청장 또는 세관장에게 등록하여야 하며, 등록의 기준·절차 등에 관하여 필요한 사항은 대통령령으로 정한다(법 제222조 제1항 및 제2항).

① 보세운송업자
② "화물운송주선업자"(보세화물을 취급하려는 자로서 다른 법령에 따라 화물운송의 주선을 업으로 하는 자)
③ 외국무역선·외국무역기 또는 국경출입차량에 물품을 하역하는 것을 업으로 하는 자
④ 외국무역선·외국무역기 또는 국경출입차량에 다음 각 목의 어느 하나에 해당하는 물품 등을 공급하는 것을 업으로 하는 자
㉮ 선용품
㉯ 기용품
㉰ 차량용품
㉱ 선박·항공기 또는 철도차량 안에서 판매할 물품
㉲ 용역
⑤ 개항 안에 있는 보세구역에서 물품이나 용역을 제공하는 것을 업으로 하는 자
⑥ 외국무역선·외국무역기 또는 국경출입차량을 이용하여 상업서류나 그 밖의 견본품 등을 송달하는 것을 업으로 하는 자

보세운송업자의 등록을 하려는 자는 다음의 사항을 기재한 신청서를 세관장에게 제출하여야 한다(영 제231조 제1항).

① 신청인의 주소·성명 및 상호
② 영업의 종류 및 영업장소
③ 운송수단의 종류·명칭 및 번호(관련 법령에 따라 등록 등을 한 번호를 말한다)

이 경우, 세관장은 법 제329조 제3항에 따라 법 제165조 제2항에 따른 보세사의 등록과 법 제222조제1항 제1호에 따른 보세운송업자의 등록에 관한 권한을 「민법」 제32조에 따라 설립된 사단법인 중 관세청장이 지정하여 고시하는 법인의 장에게 위탁한다(영 제288조 제7항).

(2) 등록증의 교부

세관장은 보세운송업자등의 등록신청을 한 자가 보세운송업자의 등록요건(법 제223조)을 갖추고 다음에 해당하는 경우에는 해당 등록부에 필요한 사항을 기재하고 등록증을 교부한다(영 제231조 제2항).

① 보세운송, 하역물품의 제공, 국제운송 등에 필요하다고 관세청장이 정하는 운송수단 또는 설비를 갖추고 있는 경우
② 관세청장이 정하는 일정금액 이상의 자본금 또는 예금을 보유한 경우
③ 법 및 법에 따른 세관장의 명령에 위반하여 관세범으로 조사받고 있거나 기소 중에 있지 아니한 경우

(3) 보세운송업자등의 등록의 유효기간

"보세운송업자등"(제1항)의 등록의 유효기간은 3년으로 하되, 대통령령으로 정하는 바에 따라 갱신할 수 있다. 다만, 관세청장이나 세관장은 제255조의2제7항에 따른 안전관리기준의 준수 정도 측정·평가 결과가 우수한 자가 등록을 갱신하는 경우에는 유효기간을 2년의 범위에서 연장하여 정할 수 있다. 따라서, 등록의 유효기간을 갱신하려는 자는 등록갱신신청서를 기간만료 1개월 전까지 관할지세관장에게 제출하여야 한다(법 제222조 제5항 및 영 제231조 제3항).

(4) 등록의 갱신

세관장은 보세운송업자의 등록을 한 자에게 등록의 유효기간을 갱신하려면 등록의 유효기간이 끝나는 날의 1개월 전까지 등록 갱신을 신청하여야 한다는 사실과 갱신절차를 등록의 유효기간이 끝나는 날의 2개월 전까지 휴대폰에 의한 문자전송, 전자메일, 팩스, 전화, 문서 등으로 미리 알려야 한다(영 제231조 제4항).

(5) 등록의 변경신고

보세운송업자의 등록을 한 자는 등록사항에 변동이 생긴 때에는 지체 없이 등록지를 관할하는 세관장에게 신고하여야 한다(영 제231조 제5항).

(6) 보세운송업자등의 보고

관세청장이나 세관장은 필요하다고 인정할 때는 "보세운송업자등"(제1항 각호의 자)에 게 그 영업에 관하여 보고를 하게 하거나 장부 또는 그 밖의 서류의 제출을 명할 수 있다(법 제222조 제3항).

(7) 화물운송주선업자의 보고

관세청장이나 세관장은 화물운송주선업자에게 제225조 제2항에 따라 해당 업무에 관하여 보고하게 할 수 있다(법 제222조 제4항).

참고로, 법 제225조 제2항에서는 "세관장은 통관의 신속을 기하고 보세화물의 관리절차를 간소화하기 위하여 필요하다고 인정할 때에는 대통령령으로 정하는 바에 따라 제1항에 따른 선박회사 또는 항공사로 하여금 해당 업무에 관하여 보고하게 할 수 있다"고 규정하고 있다.

2. 보세운송업자등의 등록요건(Requirements for Registration of Bonded Transportation Operator)

보세운송업자등은 다음의 요건을 갖춘 자이어야 한다(법 제223조).

① 다음의 "특허보세구역 운영인의 결격사유"(제175조 각호)의 어느 하나에 해당하지 아니할 것

㉮ 미성년자

㉯ 피성년후견인과 피한정후견인

㉰ 파산선고를 받고 복권되지 아니한 자

㉱ 이 법을 위반하여 징역형의 실형을 선고받고 그 집행이 끝나거나(집행이 끝난 것으로 보는 경우를 포함한다) 면제된 후 2년이 지나지 아니한 자

㉲ 이 법을 위반하여 징역형의 집행유예를 선고받고 그 유예기간 중에 있는 자

㉳ 법 제178조 제2항에 따라 특허보세구역의 설치 · 운영에 관한 특허가 취소(이 조 제1호부터 제3호까지의 어느 하나에 해당하여 특허가 취소된 경우는 제외한다)된 후 2년이 지나지 아니한 자

㉴ "밀수출입죄 · 관세포탈죄 · 미수범 · 밀수품의 취득죄 · 체납처분면탈죄 · 타인에 대한 명의대여죄"(제269조부터 제271조까지, 제274조, 제275조의2 또는 제275조의3)에 따라 벌금형 또는 통고처분을 받은 자로서 그 벌금형을 선고받거나 통고처분을 이행한 후 2년이 지나지 아니한 자. 다만, "양벌규정"(제279조)에 따라 처벌된 개인 또는 법인은 제외한다.

㉵ 위의 ㉯부터 ㉴까지에 해당하는 자를 임원(해당 보세구역의 운영업무를 직접 담당하거나 이를 감독하는 자로 한정)으로 하는 법인

② 「항만운송사업법」 등 관련 법령에 따른 면허 · 허가 · 지정 등을 받거나 등록을 하였을 것

③ 관세 및 국세의 체납이 없을 것

④ 보세운송업자등의 등록이 취소((제175조 제1호부터 제3호까지의 어느 하나에 해당하여 등록이 취소된 경우는 제외한다))된 후 2년이 지났을 것

3. 보세운송업자등의 명의대여 등의 금지

보세운송업자등은 다른 사람에게 자신의 성명 · 상호를 사용하여 보세운송업자등의 업무를 하게 하거나 그 등록증을 빌려주어서는 아니 된다(법 제223조의2).

Ⅱ. 보세운송업자의 행정제재 등(Revocation of Registration of Bonded Transportation Operator, etc.)

1. 보세운송업자등의 행정제재(Revocation of Registration of Bonded Transportation Operator)

(1) 보세운송업자등의 등록취소 등

세관장은 보세운송업자등이 다음의 어느 하나에 해당하는 경우에는 등록의 취소, 6개월의 범위에서의 업무정지 또는 그 밖에 필요한 조치를 할 수 있다. 다만, ① 및 ②에 해당하는 경우에는 등록을 취소하여야 한다(법 제224조 제1항).

① 거짓이나 그 밖의 부정한 방법으로 등록을 한 경우

② 다음의 "특허보세구역 운영인의 결격사유"(제175조 각호)의 어느 하나에 해당하는 경우

㉮ 미성년자

㉯ 피성년후견인과 피한정후견인

㉰ 파산선고를 받고 복권되지 아니한 자

㉱ 이 법을 위반하여 징역형의 실형을 선고받고 그 집행이 끝나거나(집행이 끝난 것으로 보는 경우를 포함한다) 면제된 후 2년이 지나지 아니한 자

㉲ 이 법을 위반하여 징역형의 집행유예를 선고받고 그 유예기간 중에 있는 자

㉳ 법 제178조 제2항에 따라 특허보세구역의 설치 · 운영에 관한 특허가 취소(이 조 제1호부터 제3호까지의 어느 하나에 해당하여 특허가 취소된 경우는 제외한다) 된 후 2년이 지나지 아니한 자

㉴ "밀수출입죄 · 관세포탈죄 · 미수범 · 밀수품의 취득죄 · 체납처분면탈죄 · 타인에 대한 명의대여죄"(제269조부터 제271조까지, 제274조, 제275조의2 또는 제275조의3)에 따라 벌금형 또는 통고처분을 받은 자로서 그 벌금형을 선고받거나 통고처분을 이행한 후 2년이 지나지 아니한 자. 다만, "양벌규정"(제279조)에 따라 처벌된 개인 또는 법인은 제외한다.

㉵ 위의 ㉯부터 ㉴까지에 해당하는 자를 임원(해당 보세구역의 운영업무를 직접 담당하거나 이를 감독하는 자로 한정)으로 하는 법인

③ 「항만운송사업법」 등 관련 법령에 따라 면허 · 허가 · 지정 · 등록 등이 취소되거나 사업정지처분을 받은 경우
④ 보세운송업자등(그 임직원 및 사용인을 포함한다)이 보세운송업자등의 업무와 관련하여 이 법이나 이 법에 따른 명령을 위반한 경우
⑤ "보세운송업자등의 명의대여 등의 금지"(법 제223조의2)를 위반한 경우
⑥ 보세운송업자등(그 임직원 및 사용인을 포함한다)이 보세운송업자등의 업무와 관련하여 「조세범 처벌법」 제4조제4항에 따른 과태료를 부과받은 경우

(2) 보세운송업자등에게 과징금 부과

세관장은 제1항에 따른 업무정지가 그 이용자에게 심한 불편을 주거나 공익을 해칠 우려가 있을 경우에는 보세운송업자등에게 업무정지처분을 갈음하여 해당 업무 유지에 따른 매출액의 100분의 3 이하의 과징금을 부과할 수 있다. 이 경우 매출액 산정, 과징금의 금액 및 과징금의 납부기한 등에 관하여 필요한 사항은 대통령령으로 정한다(법 제224조 제2항).

(가) 보세운송업자에 대한 과징금의 부과기준

법 제224조제2항에 따라 부과하는 과징금의 금액은 제1호의 기간에 제2호의 금액을 곱하여 산정한다(영 제231조의2 제1항).

① 기간: 법 제224조제1항에 따라 산정된 업무정지 일수(1개월은 30일을 기준으로 한다)
② 1일당 과징금 금액: 해당 사업의 수행에 따른 연간매출액의 6천분의 1

위의 ②(제1항 제2호)의 연간매출액은 다음의 구분에 따라 산정한다(영 제231조의2 제2항).

① 법 제222조 제1항의 어느 하나에 해당하는 자(이하 "보세운송업자등"이라 한다)가 해당 사업연도 개시일 전에 사업을 시작한 경우: 직전 3개 사업연도의 평균 매출액. 이 경우 사업을 시작한 날부터 직전 사업연도 종료일까지의 기간이 3년 미만인 경우에는 그 시작일부터 그 종료일까지의 매출액을 연간 평균매출액으로 환산한 금액으로 한다.
② 보세운송업자등이 해당 사업연도에 사업을 시작한 경우: 사업을 시작한 날부터 업무정지의 처분 사유가 발생한 날까지의 매출액을 연간매출액으로 환산한 금액

(나) 보세운송업자에 대한 과징금의 가중 또는 경감

세관장은 제1항에 따라 산정된 과징금 금액의 4분의 1 범위에서 사업규모, 위반행위의 정도 및 위반횟수 등을 고려하여 그 금액을 가중하거나 감경할 수 있다. 이 경우 과징금을 가중하는 때에는 과징금 총액이 제2항에 따라 산정된 연간매출액의 100분의 3을 초과할 수 없다(영 제231조의2 제3항).

(다) 보세운송업자에 대한 과징금의 부과 및 납부에 관한 준용

제1항에 따른 과징금의 부과 및 납부에 관하여는 제285조의7을 준용한다. 이 경우 제285조의7 제1항, 제2항 및 제4항 중 "관세청장"은 "세관장"으로 본다(영 제231조의2 제4항).

(3) 보세운송업자등의 과징금의 징수

제2항에 따른 과징금을 납부하여야 할 자가 납부기한까지 납부하지 아니한 경우 과징금의 징수에 관하여는 제26조를 준용한다(법 제224조 제3항).

2. 보세운송업자등의 등록의 효력상실

다음의 어느 하나에 해당하면 제222조제1항에 따른 보세운송업자등의 등록은 그 효력을 상실한다(법 제224조의2).

① 보세운송업자등이 폐업한 경우
② 보세운송업자등이 사망한 경우(법인인 경우에는 해산된 경우)
③ 제222조제5항에 따른 등록의 유효기간이 만료된 경우
④ 제224조제1항에 따라 등록이 취소된 경우

3. 보세화물취급 선박회사 등의 신고 및 보고

(1) 보세화물취급 선박회사 등의 신고

보세화물을 취급하는 선박회사 또는 항공사(그 업무를 대행하는 자를 포함)는 대통령령으로 정하는 바에 따라 세관장에게 신고하여야 한다. 신고인의 주소 등 "대통령령으로 정하는 다음의 중요한 사항"을 변경한 때에도 또한 같다(법 제225조 제1항 및 영 제232조 제2항).

① 신고인의 주소 및 성명
② 신고인의 상호 또는 영업장소
③ "제1항 제2호"(「해운법」, 「항공법」 등 관련 법령에 따른 등록을 할 것)에 따라 신고한 등록사항

따라서, 보세화물을 취급하는 선박회사 또는 항공사(그 업무를 대행하는 자를 포함하며, 이하 이 조에서 "선박회사 또는 항공사"라 한다)는 다음 각 호의 요건을 모두 갖추어 주소·성명·상호 및 영업장소 등을 적은 신고서를 세관장에게 제출하여야 한다(영 제232조 제1항).

① 다음의 "특허보세구역 운영인의 결격사유"(제175조 각호)의 어느 하나에 해당하지 아니할 것
   ㉮ 미성년자

㉯ 피성년후견인과 피한정후견인
㉰ 파산선고를 받고 복권되지 아니한 자
㉱ 이 법을 위반하여 징역형의 실형을 선고받고 그 집행이 끝나거나(집행이 끝난 것으로 보는 경우를 포함한다) 면제된 후 2년이 지나지 아니한 자
㉲ 이 법을 위반하여 징역형의 집행유예를 선고받고 그 유예기간 중에 있는 자
㉳ 법 제178조 제2항에 따라 특허보세구역의 설치 · 운영에 관한 특허가 취소(이 조 제1호부터 제3호까지의 어느 하나에 해당하여 특허가 취소된 경우는 제외한다)된 후 2년이 지나지 아니한 자
㉴ "밀수출입죄 · 관세포탈죄 · 미수범 · 밀수품의 취득죄 · 체납처분면탈죄 · 타인에 대한 명의대여죄"(제269조부터 제271조까지, 제274조, 제275조의2 또는 제275조의3)에 따라 벌금형 또는 통고처분을 받은 자로서 그 벌금형을 선고받거나 통고처분을 이행한 후 2년이 지나지 아니한 자. 다만, "양벌규정"(제279조)에 따라 처벌된 개인 또는 법인은 제외한다.
㉵ 위의 ㉯부터 ㉴까지에 해당하는 자를 임원(해당 보세구역의 운영업무를 직접 담당하거나 이를 감독하는 자로 한정)으로 하는 법인

② 「해운법」, 「항공사업법」 등 관련 법령에 따른 등록을 할 것

(2) 보세화물취급 선박회사 등의 보고

세관장은 통관의 신속을 기하고 보세화물의 관리절차를 간소화하기 위하여 필요하다고 인정할 때에는 대통령령으로 정하는 바에 따라 제1항에 따른 선박회사 또는 항공사로 하여금 해당 업무에 관하여 보고하게 할 수 있다(법 제225조 제2항).

따라서, 세관장은 다음의 사항을 선박회사 또는 항공사로 하여금 보고하게 할 수 있다(영 제232조 제3항).

① 선박회사 또는 항공사가 화주 또는 화물운송주선업자(법 제222조 제1항 제2호)에게 발행한 선화증권 또는 항공화물운송장의 내역
② 화물 취급과정에서 발견된 보세화물의 이상 유무 등 통관의 신속 또는 관세법의 조사상 필요한 사항

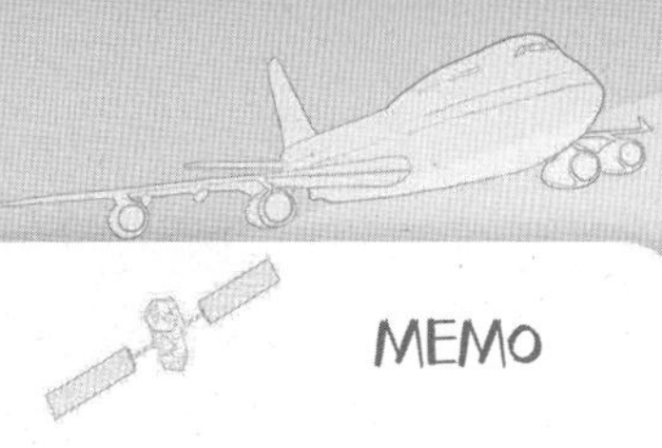

MEMO

Chapter

8

통 관

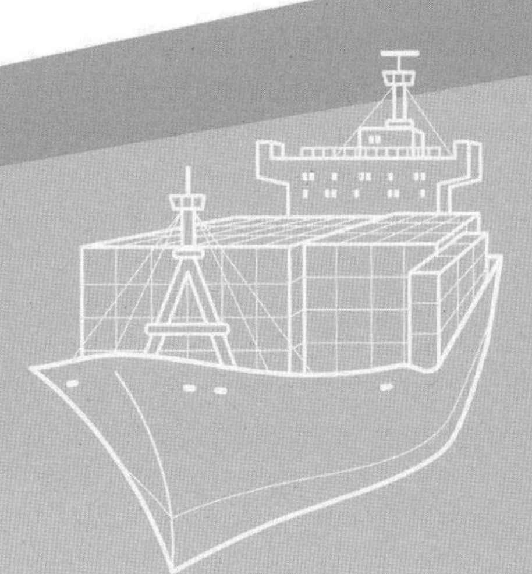

통 관

제1절 개 요

Ⅰ. 의의

통관(Customs Clearance)이란 이 법에 따른 절차를 이행하여 물품을 수출·수입 또는 반송하는 것을 말한다(법 제2조 제13호). 물품을 수출 또는 수입하려는 경우에는 통관절차를 거쳐야 한다. 이러한 통관절차는 수출·수입 및 반송통관, 간이통관으로 구분할 수 있다. 즉, 물품을 수출·수입 및 반송하려는 경우에는 해당 물품의 품명·규격·수량 및 가격 기타 대통령령으로 정하는 사항을 세관장에게 신고하는 것이 원칙이지만, 휴대품이나 우편물 등의 물품의 경우에는 그 신고를 생략하게 하거나 간소한 방법으로 신고하게 할 수 있다.

통관은 통관절차의 편의성 및 특수성에 따라, 일반수출입통관, 간이수출입통관 및 특별수출입통관으로, 물품의 대금결제방식에 따라 유환수출입통관과 무환수출입통관으로, 관세의 부과방식에 따라 통관은 신고납부수입통관과 부과고지수입통관으로 구분된다. 여기에서, 일반수출입통관은 화물의 이동경로에 따라 수입통관, 반송통관 및 수출통관으로 구분된다.

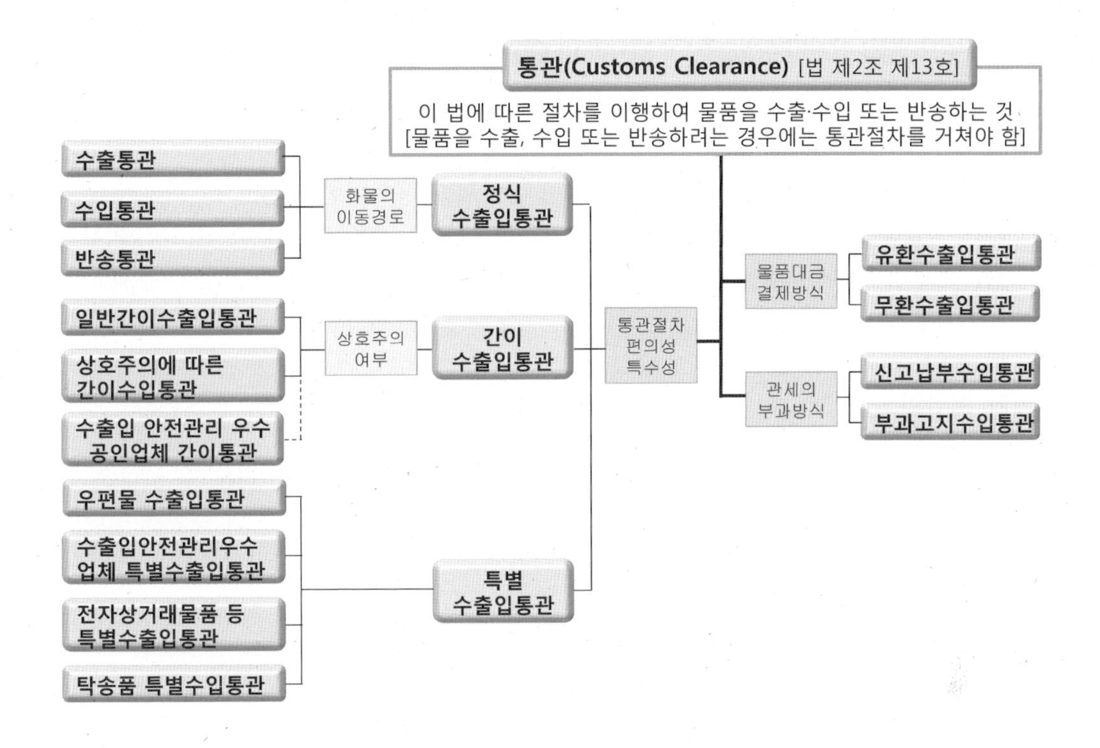

Ⅱ. 통관요건(Requirements for Customs Clearance)

1. 세관장확인대상물품(Certification and Confirmation of Permission and Approval)

수출입을 할 때 법령에서 정하는 바에 따라 허가 · 승인 · 표시 또는 그 밖의 조건을 갖출 필요가 있는 물품은 세관장에게 그 허가 · 승인 · 표시 또는 그 밖의 조건을 갖춘 것임을 증명하여야 하며, 그 증명에 관하여는 제245조 제2항을 준용한다(법 제226조 제1항 및 제3항).

통관을 할 때 위의 구비조건에 대한 세관장의 확인이 필요한 수출입물품에 대하여는 다른 법령에도 불구하고 그 물품과 확인방법, 확인절차, 그 밖에 필요한 사항을 대통령령으로 정하는 바에 따라 미리 공고하여야 한다(법 제226조 제2항).

따라서, "구비조건"(허가·승인·표시 또는 그 밖의 조건)의 구비를 요하는 물품에 대하여 관세청장은 주무부장관의 요청을 받아 세관공무원에 의하여 확인이 가능한 사항인지 여부, 물품의 특성 기타 수출입물품의 통관여건 등을 고려하여 세관장의 확인대상물품, 확인방법, 확인절차(관세청장이 지정 · 고시하는 정보통신망을 이용한 확인신청 등의 절차를 포함한다), 그 밖에 확인에 필요한 사항을 공고하여야 한다(영 제233조).

2. 의무이행의 요구(Request for Meeting Obligation)

(1) 의무이행의 조건

세관장은 다른 법령에 따라 수입 후 특정한 용도로 사용하여야 하는 등의 의무가 부가되어 있는 물품에 대하여는 문서로써 해당 의무를 이행할 것을 요구할 수 있으며, 의무의 이행을 요구받은 자는 대통령령으로 정하는 특별한 사유가 없으면 해당 물품에 대하여 부가된 의무를 이행하여야 한다(법 제227조 제1항 및 제2항).

(2) 의무의 면제

법 제227조 제1항에 따라 수입신고수리시에 부과된 의무를 면제받으려는 자는 다음 의 어느 하나에 해당하는 경우에 한정하여 해당 의무이행을 요구한 세관장의 승인을 받아야 한다(영 제234조).

① 법령이 정하는 허가·승인·추천 또는 그 밖의 조건을 구비하여 의무이행이 필요하지 아니하게 된 경우
② 법령의 개정 등으로 인하여 의무이행이 해제된 경우
③ 관계행정기관의 장의 요청 등으로 부과된 의무를 이행할 수 없는 사유가 있다고 인정된 경우

3. 통관표지(Customs Clearance Labels)

세관장은 관세 보전을 위하여 필요하다고 인정할 때에는 대통령령으로 정하는 바에 따라 수입하는 물품에 통관표지를 첨부할 것을 명할 수 있는 바, 세관장은 다음의 어느 하나에 해당하는 물품에 대하여는 관세 보전을 위하여 통관표지의 첨부를 명할 수 있다(법 제228조 및 영 제235조 제1항).

① 법에 따라 관세의 감면 또는 용도세율의 적용을 받은 물품
② 법 제107조 제2항에 따라 관세의 분할납부승인을 받은 물품
③ 부정수입물품과 구별하기 위하여 관세청장이 지정하는 물품

또한, 통관표지첨부대상, 통관표지의 종류, 첨부방법 등에 관하여 필요한 사항은 관세청장이 정한다(영 제235조 제2항).

Ⅲ. 원산지의 확인 등(Confirmation of Country of Origin)

1. 원산지확인기준(Standards for Confirming Country of Origin)

(1) 원산지결정기준

관세법, 조약, 협정 등에 따른 관세의 부과 · 징수, 수출입물품의 통관, 법 제233조 제3항의 확인요청에 따른 조사 등을 위하여 원산지를 확인할 때에는 다음의 어느 하나에 해당하는 나라를 원산지로 하며, 이 규정을 적용할 물품의 범위, 구체적 확인 기준 등에 관하여 필요한 사항은 기획재정부령으로 정한다. 이들 규정에도 불구하고 조약 · 협정 등의 시행을 위하여 원산지 확인 기준 등을 따로 정할 필요가 있을 때에는 기획재정부령으로 원산지 확인 기준 등을 따로 정한다(법 제229조 제1항~제3항).

① 해당 물품의 전부를 생산 · 가공 · 제조한 나라
② 해당 물품이 2개국 이상에 걸쳐 생산 · 가공 또는 제조된 경우에는 그 물품의 본질적 특성을 부여하기에 충분한 정도의 실질적인 생산 · 가공 · 제조 과정이 최종적으로 수행된 나라

(가) 완전생산기준

관세법·조약·협정 등에 따른 관세의 부과 · 징수, 수출입물품의 통관, 제233조 제3항의 확인요청에 따른 조사 등을 위하여 원산지를 확인할 때에는 "해당 물품의 전부를 생산·가공·제조한 나라"를 원산지로 한다(법 제229조 제1항 제1호).

따라서, 이 경우 원산지를 인정하는 물품은 다음과 같다(규칙 제74조 제1항).

① 해당 국가의 영역에서 생산된 광산물과 식물성 생산물
② 해당 국가의 영역에서 번식 또는 사육된 산 동물과 이들로부터 채취한 물품
③ 해당 국가의 영역에서의 수렵 또는 어로로 채집 또는 포획한 물품
④ 해당 국가의 선박에 의하여 채집 또는 포획한 어획물 그 밖의 물품
⑤ 해당 국가에서의 제조·가공의 공정 중에 발생한 부스러기
⑥ 해당 국가 또는 그 선박에서 위의 ㉮부터 ㉱까지의 물품을 원재료로 하여 제조·가공한 물품

(나) 실질적 변형의 기준

관세법·조약·협정 등에 따른 관세의 부과 · 징수, 수출입물품의 통관, 제233조 제3항의 확인요청에 따른 조사 등을 위하여 원산지를 확인할 때에는 "해당 물품이 2개국 이상에 걸쳐 생산 · 가공 또는 제조된 경우에는 그 물품의 본질적 특성을 부여하기에 충분한 정도의 실질적인 생산 · 가공 · 제조 과정이 최종적으로 수행된 나라"를 원산지로 한다(법 제229조 제1항 제2호).

① 세번변경기준

2개국 이상에 걸쳐 생산 · 가공 또는 제조(이하 이 조에서 "생산"이라 한다)된 물품의 원산지는 해당 물품의 생산과정에 사용되는 물품의 품목분류표상 6단위 품목번호와 다른 6단위 품목번호의 물품을 최종적으로 생산한 국가로 한다(규칙 제74조 제2항).

② 주요공정, 부가가치기준

관세청장은 제2항에 따라 6단위 품목번호의 변경만으로 법 제229조 제1항 제2호에 따른 본질적 특성을 부여하기에 충분한 정도의 실질적인 생산과정을 거친 것으로 인정하기 곤란한 품목에 대하여는 주요공정 · 부가가치 등을 고려하여 품목별로 원산지기준을 따로 정할 수 있으며, 이에 따라 품목별 원산지기준을 정하는 때에는 기획재정부장관 및 해당 물품의 관계부처의 장과 협의하여야 한다(규칙 제74조 제3항 및 제5항).

(다) 단순한 가공활동의 기준

다음의 어느 하나에 해당하는 작업이 수행된 국가는 제2항에 따른 원산지로 인정하지 아니한다(규칙 제74조 제4항).

① 운송 또는 보세구역장치 중에 있는 물품의 보존을 위하여 필요한 작업
② 판매를 위한 물품의 포장개선 또는 상표표시 등 상품성 향상을 위한 개수작업
③ 단순한 선별·구분·절단 또는 세척작업
④ 재포장 또는 단순한 조립작업
⑤ 물품의 특성이 변하지 아니하는 범위 안에서의 원산지가 다른 물품과의 혼합작업
⑥ 가축의 도축작업

(마) 특수물품의 원산지결정기준

촬영된 영화용 필름, 부속품·예비부분품 및 공구와 포장용품은 다음의 구분에 따라 원산지를 인정한다(규칙 제75조).

① 촬영된 영화용 필름은 그 제작자가 속하는 국가
② 기계 · 기구 · 장치 또는 차량에 사용되는 부속품 · 예비부분품 및 공구로서 기계 · 기구 · 장치 또는 차량과 함께 수입되어 동시에 판매되고 그 종류 및 수량으로 보아 통상 부속품 · 예비부분품 및 공구라고 인정되는 물품은 해당 기계 · 기구 또는 차량의 원산지
③ 포장용품은 그 내용물품의 원산지. 다만, 품목분류표상 포장용품과 내용품을 각각 별개의 품목번호로 하고 있는 경우에는 그러하지 아니한다.

(바) 직접운송원칙

법 제229조에 따라 원산지를 결정할 때 해당 물품이 원산지가 아닌 국가를 경유하지 아니하고 직접 우리나라에 운송 · 반입된 물품인 경우에만 그 원산지로 인정한다. 다만, 다

음의 어느 하나에 해당하는 물품인 경우에는 우리나라에 직접 반입한 것으로 본다(규칙 제76조).

① 다음의 요건을 모두 충족하는 물품일 것
  ㉮ 지리적 또는 운송상의 이유로 단순 경유한 것
  ㉯ 원산지가 아닌 국가에서 관세당국의 통제하에 보세구역에 장치된 것
  ㉰ 원산지가 아닌 국가에서 하역, 재선적 또는 그 밖에 정상 상태를 유지하기 위하여 요구되는 작업 외의 추가적인 작업을 하지 아니한 것
② 박람회·전시회 및 그 밖에 이에 준하는 행사에 전시하기 위하여 원산지가 아닌 국가로 수출되어 해당 국가 관세당국의 통제하에 전시목적에 사용된 후 우리나라로 수출된 물품일 것

2. 원산지허위표시물품 등의 통관제한(Limitations on Customs Clearance of Goods with False Country of Origin Labels)

(1) 원산지허위표시물품의 통관제한

세관장은 법령에 따라 원산지를 표시하여야 하는 물품이 다음 각 호의 어느 하나에 해당하는 경우에는 해당 물품의 통관을 허용하여서는 아니 된다. 다만, 그 위반사항이 경미한 경우에는 이를 보완·정정하도록 한 후 통관을 허용할 수 있다(법 제230조).

① 원산지 표시가 법령에서 정하는 기준과 방법에 부합되지 아니하게 표시된 경우
② 원산지 표시가 부정한 방법으로 사실과 다르게 표시된 경우
③ 원산지 표시가 되어 있지 아니한 경우

(2) 품질등 허위·오인표시물품의 통관제한

세관장은 물품의 "품질등"(품질, 내용, 제조 방법, 용도, 수량)을 사실과 다르게 표시한 물품 또는 품질등을 오인(誤認)할 수 있도록 표시하거나 오인할 수 있는 표지를 부착한 물품으로서 「부정경쟁방지 및 영업비밀보호에 관한 법률」, 「식품위생법」, 「산업표준화법」 등 품질등의 표시에 관한 법령을 위반한 물품에 대하여는 통관을 허용하여서는 아니 된다(법 제230조의2).

(3) 원산지허위표시 환적물품 등의 유치(Custody of Transshipped Goods, etc.)

(가) 유치물품

세관장은 제14조(외국물품의 일시양륙 등)에 따라, 일시적으로 육지에 내려지거나 다른 운송수단으로 환적 또는 복합환적되는 외국물품 중 원산지를 우리나라로 허위 표시한 물품은 유치할 수 있다(법 제231조 제1항).

(나) 유치장소

유치하는 외국물품은 세관장이 관리하는 장소에 보관하여야 한다. 다만, 세관장이 필요하다고 인정할 때에는 그러하지 아니하다(법 제231조 제2항).

(다) 유치통지

세관장은 외국물품을 유치할 때에는 그 사실을 그 물품의 화주나 그 위임을 받은 자에게 통지하여야 하며, 통지를 할 때에는 이행기간을 정하여 원산지 표시의 수정 등 필요한 조치를 명할 수 있다. 이 경우 지정한 이행기간 내에 명령을 이행하지 아니하면 매각한다는 뜻을 함께 통지하여야 한다(법 제231조 제3항 및 제4항).

(라) 유치해제

세관장은 원산지표시의 수정 등 필요한 조치의 명령이 이행된 경우에는 제1항에 따른 물품의 유치를 즉시 해제하여야 한다(법 제231조 제5항).

(마) 수정명령의 불이행시 매각

세관장은 원산지표시의 수정 등 필요한 조치의 명령이 이행되지 아니한 경우에는 이를 매각할 수 있다. 이 경우 매각 방법 및 절차에 관하여는 제160조제4항부터 제6항까지 및 제210조를 준용한다(법 제231조 제6항).

3. 원산지증명서 등(Country of Origin Certificate, etc.)

(1) 수입물품의 원산지의 사전확인

(가) 원산지의 사전확인요청

이 법, 조약, 협정 등에 따라 원산지 확인이 필요한 물품을 수입하는 자는 "원산지증명서"(해당 물품의 원산지를 증명하는 서류를 제출하여야 하는 바, 원산지확인이 필요한 물품을 수입하는 자는 관세청장에게 다음의 어느 하나에 해당하는 사항에 대하여 "사전확인"(해당 물품의 수입신고를 하기 전에 미리 확인 또는 심사)하여 줄 것을 신청할 수 있다(법 제232조 제1항 전단 및 영 제236조의2 제1항).

① 법 제229조에 따른 원산지 확인기준의 충족여부
② 조약 또는 협정 등의 체결로 인하여 관련법령에서 특정물품에 대한 원산지 확인기준을 달리 정하고 있는 경우에 해당 법령에 따른 원산지 확인기준의 충족여부
③ 위의 ① 및 ②의 원산지 확인기준의 충족여부를 결정하기 위한 기초가 되는 사항으로서 관세청장이 정하는 사항
④ 그 밖에 관세청장이 원산지에 따른 관세의 적용과 관련하여 필요하다고 정하는 사항

(나) 원산지의 사전확인서의 교부

사전확인의 신청을 받은 경우 관세청장은 60일 이내에 이를 확인하여 그 결과를 기재한 서류(이하 "사전확인서"라 한다)를 신청인에게 교부하여야 한다. 다만, 제출자료의 미비 등으로 인하여 사전확인이 곤란한 경우에는 그 사유를 신청인에게 통지하여야 한다(영 제236조의2 제2항).

또한, 세관장은 수입신고된 물품 및 원산지증명서의 내용이 사전확인서상의 내용과 동일하다고 인정되는 때에는 특별한 사유가 없는 한 사전확인서의 내용에 따라 관세의 경감 등을 적용하여야 한다(영 제236조의2 제3항).

(다) 사전확인서의 내용변경

관세청장은 사전확인서의 근거가 되는 사실관계 또는 상황이 변경된 경우에는 사전확인서의 내용을 변경할 수 있다. 이 경우 관세청장은 신청인에게 그 변경내용을 통지하여야 한다(영 제236조의3 제1항).

사전확인서의 내용을 변경한 경우에는 그 변경일후에 수입신고되는 물품에 대하여 변경된 내용을 적용한다. 다만, 사전확인서의 내용변경이 자료제출누락 또는 허위자료제출 등 신청인의 귀책사유로 인한 때에는 해당 사전확인과 관련하여 그 변경일전에 수입신고된 물품에 대하여도 소급하여 변경된 내용을 적용한다(영 제236조의3 제2항).

(라) 사전확인의 결과통지내용에 대한 이의제기

제2항에 따른 사전확인의 결과를 통지받은 자(제236조의3제1항에 따른 사전확인서의 내용변경 통지를 받은 자를 포함한다)는 그 통지내용에 이의를 제기하려는 경우 그 결과를 통지받은 날부터 30일 이내에 다음 각 호의 사항이 기재된 신청서에 이의제기 내용을 확인할 수 있는 자료를 첨부하여 관세청장에게 제출하여야 한다(영 제236조의2 제4항).

① 이의를 제기하는 자의 성명과 주소 또는 거소

② 해당 물품의 품명 · 규격 · 용도 · 수출자 · 생산자 및 수입자

③ 이의제기의 요지와 내용

(마) 사전확인의 결과통지내용에 대한 이의제기에 따른 결정통지

관세청장은 제4항에 따라 이의제기를 받은 때에는 이를 심사하여 30일 이내에 그 결정내용을 신청인에게 알려야 한다(영 제236조의2 제5항).

(바) 사전확인의 결과통지내용에 대한 이의제기에 따른 결정통지

관세청장은 이의제기의 내용이나 절차가 적합하지 아니하거나 보정할 수 있다고 인정되는 때에는 20일 이내의 기간을 정하여 다음 각 호의 사항을 적은 문서로써 보정하여 줄 것을 요구할 수 있다. 이 경우 보정기간은 제5항에 따른 심사결정기간에 산입하지 아니한

다(영 제236조의2 제6항).

① 보정할 사항

② 보정을 요구하는 이유

③ 보정할 기간

④ 그 밖의 필요한 사항

(2) 원산지확인위원회

(가) 원산지확인위원회의 설치

다음의 사항을 심의하기 위하여 관세청에 원산지확인위원회를 두며, 원산지확인위원회의 구성·운영과 그 밖에 필요한 사항은 대통령령으로 정한다(법 제232조의3 제1항 및 제2항).

① 제229조제3항에 따른 원산지 확인 기준 충족 여부 확인

② 제230조 각 호에 따른 원산지 표시의 적정성 확인

③ 제232조제3항에 따른 원산지증명서의 내용 확인

④ 그 밖에 이 법 또는 「자유무역협정의 이행을 위한 관세법의 특례에 관한 법률」에 따른 원산지 확인 등과 관련하여 관세청장이 원산지확인위원회의 심의가 필요하다고 인정하여 회의에 부치는 사항

(나) 원산지확인위원회의 구성

원산지확인위원회는 위원장 1명을 포함하여 20명 이상 30명 이하의 위원으로 구성하며, 위원장은 관세청에서 원산지업무를 관장하는 고위공무원단에 속하는 공무원이 되고, 위원은 다음의 어느 하나에 해당하는 자중에서 관세청장이 임명 또는 위촉한다(영 제236조의4 제2항 및 제3항).

① 관계중앙행정기관에서 원산지 관련업무를 담당하는 공무원

② 관세청·관세평가분류원·중앙관세분석소 또는 세관에서 원산지 관련업무를 담당하고 있는 공무원

③ 그 밖에 원산지업무에 관하여 학식과 경험이 풍부한 자

위의 ③(제3항 제3호)에 해당하는 위원의 임기는 2년으로 하되, 한번만 연임할 수 있다. 다만, 보궐위원의 임기는 전임위원 임기의 남은 기간으로 한다(영 제236조의4 제4항).

(다) 원산지확인위원회의 위원의 해임 또는 해촉

관세청장은 위원이 다음 각 호의 어느 하나에 해당하는 경우에는 해당 위원을 해임 또는 해촉할 수 있다(영 제236조의4 제5항).

① 심신장애로 인하여 직무를 수행할 수 없게 된 경우

② 직무와 관련된 비위사실이 있는 경우

③ 직무태만, 품위손상이나 그 밖의 사유로 인하여 위원으로 적합하지 아니하다고 인정

되는 경우
④ 위원 스스로 직무를 수행하는 것이 곤란하다고 의사를 밝히는 경우
⑤ 제6항 각 호의 어느 하나에 해당함에도 불구하고 회피하지 아니한 경우

(다) 원산지확인위원회의 위원의 제척

위원회의 위원은 다음의 어느 하나에 해당하는 경우에는 심의·의결에서 제척된다(영 제236조의4 제6항).

① 위원이 해당 안건의 당사자(당사자가 법인·단체 등인 경우에는 그 임원을 포함한다. 이하 이 항에서 같다)이거나 해당 안건에 관하여 직접적인 이해관계가 있는 경우
② 위원의 배우자, 4촌 이내의 혈족 및 2촌 이내의 인척의 관계에 있는 사람이 해당 안건의 당사자이거나 해당 안건에 관하여 직접적인 이해관계가 있는 경우
③ 위원이 해당 안건 당사자의 대리인이거나 최근 5년 이내에 대리인이었던 경우
④ 위원이 해당 안건 당사자의 대리인이거나 최근 5년 이내에 대리인이었던 법인·단체 등에 현재 속하고 있거나 속하였던 경우
⑤ 위원이 최근 5년 이내에 해당 안건 당사자의 자문·고문에 응하였거나 해당 안건 당사자와 연구·용역 등의 업무 수행에 동업 또는 그 밖의 형태로 직접 해당 안건 당사자의 업무에 관여를 하였던 경우
⑥ 위원이 최근 5년 이내에 해당 안건 당사자의 자문·고문에 응하였거나 해당 안건 당사자와 연구·용역 등의 업무 수행에 동업 또는 그 밖의 형태로 직접 해당 안건 당사자의 업무에 관여를 하였던 법인·단체 등에 현재 속하고 있거나 속하였던 경우

또한, 위원회의 위원은 위의 ①부터 ⑥까지(제6항 각 호)의 어느 하나에 해당하는 경우에는 스스로 해당 안건의 심의·의결에서 회피하여야 한다(영 제236조의4 제7항).

(라) 원산지확인위원회의 운영

(a) 원산지확인위원회의 운영

위원장이 부득이한 사유로 그 직무를 수행하지 못하는 경우에는 위원장이 지명하는 자가 그 직무를 대행하며, 위원중 공무원인 위원이 회의에 출석하지 못할 부득이한 사정이 있는 때에는 그가 지명하는 공무원(해당 직위가 공석인 때에는 위원장이 지명하는 공무원을 말한다)으로 하여금 회의에 출석하여 그 직무를 대행하게 할 수 있다(영 제236조의4 제8항 및 제9항).

또한, 위원회의 회의는 위원장을 포함한 재적위원 과반수의 출석과 출석위원 과반수의 찬성으로 의결하며, 위원회의 서무를 처리하기 위하여 위원회에 간사 1인을 두며, 위원회의 간사는 관세청의 5급 이상 공무원 또는 고위공무원단에 속하는 일반직공무원중에서 위원장이 지명한다(영 제236조의4 제10항 및 제11항).

그리고 관세청장은 회의의 원활한 운영을 위하여 위원회에 상정된 물품의 원산지 확인 업무와 관련된 의견을 듣기 위하여 관련 학계·연구기관 또는 협회 등에서 활동하는 자를

자문위원으로 위촉할 수 있다(영 제236조의4 제12항).

(b) 원산지확인위원회의 수당 및 공무원 의제

원산지확인위원회에 출석한 공무원이 아닌 위원 및 자문위원에 대하여는 예산이 정하는 범위에서 여비 및 수당을 지급할 수 있다(영 제236조의4 제13항).

또한, 위원회(관세품목분류위원회, 관세체납정리위원회, 관세정보공개심의위원회, 관세심사위원회, 보세판매장 특허심사위원회, 원산지확인위원회)의 위원 중 공무원이 아닌 사람은 「형법」 제127조 및 제129조부터 제132조까지의 규정을 적용할 때에는 공무원으로 본다(법 제330조 제8호).

그리고 영 제236조의4 제1항부터 제13항까지에서 규정한 사항 외에 위원회의 구성 및 운영에 필요한 사항은 관세청장이 정한다(영 제236조의4 제14항).

(3) 수입물품 원산지증명서의 제출

(가) 원산지증명서의 제출

이 법, 조약, 협정 등에 따라 원산지 확인이 필요한 물품을 수입하는 자는 "원산지증명서"(해당 물품의 원산지를 증명하는 서류를 제출하여야 하는 바, 다음의 어느 하나에 해당하는 자는 해당 물품의 수입신고시에 "원산지증명서"를 세관장에게 제출하여야 한다. 다만, 다음의 ①(제1호)에 해당하는 자로서 수입신고 전에 원산지증명서를 발급받았으나 분실 등의 사유로 수입신고 시에 원산지증명서를 제출하지 못한 경우에는 제4항에 따른 원산지증명서 유효기간 내에 해당 원산지증명서 또는 그 부본을 제출할 수 있다(법 제232조 제1항 본문 및 영 236조 제1항).

① 법 · 조약 · 협정 등에 의하여 다른 국가의 생산(가공을 포함한다)물품에 적용되는 세율보다 낮은 세율을 적용받고자 하는 자로서 원산지확인이 필요하다고 관세청장이 정하는 자
② 관세율의 적용 기타의 사유로 인하여 원산지확인이 필요하다고 관세청장이 지정한 물품을 수입하는 자

위의 ①과 ②(제1항 각 호) 외의 부분 단서에 따라 원산지증명서 또는 그 부본을 제출하는 경우에는 영 제34조 제1항에 따른 경정청구서를 함께 제출하여야 한다(영 제236조 제5항).

(나) 원산지증명서의 제출면제

이 법, 조약·협정 등에 따라 원산지확인이 필요한 물품을 수입하는 자는 "원산지증명서"(해당 물품의 원산지를 증명하는 서류)를 제출하여야 하지만, 대통령령으로 정하는 다음의 물품에 대하여는 원산지증명서의 제출을 면제한다(법 제232조 제1항 단서 및 영 236조 제2항).

① 세관장이 물품의 종류 · 성질 · 형상 또는 그 상표 · 생산국명 · 제조자 등에 의하여 원산지를 확인할 수 있는 물품
② 우편물(법 제258조제2항의 규정에 해당하는 것을 제외한다)

③ 과세가격(종량세의 경우에는 이를 법 제15조의 규정에 준하여 산출한 가격을 말한다)이 15만원 이하인 물품
④ 개인에게 무상으로 송부된 탁송품·별송품 또는 여행자의 휴대품
⑤ 기타 관세청장이 관계행정기관의 장과 협의하여 정하는 물품

(다) 원산지증명서 미제출시 불이익

세관장은 제1항에 따라 원산지 확인이 필요한 물품을 수입하는 자가 원산지증명서를 제출하지 아니하는 경우에는 이 법, 조약, 협정 등에 따른 관세율을 적용할 때 일반특혜관세·국제협력관세 또는 편익관세를 배제하는 등 관세의 편익을 적용하지 아니할 수 있다(법 제232조 제2항).

(4) 수입물품 원산지증명서의 요건

세관장에게 제출하는 원산지증명서는 다음의 어느 하나에 해당하는 것이어야 한다(영 제236조 제3항).

① 원산지국가의 세관 기타 발급권한이 있는 기관 또는 상공회의소가 해당 물품에 대하여 원산지국가(지역을 포함한다)를 확인 또는 발행한 것
② 원산지국가에서 바로 수입되지 아니하고 제3국을 경유하여 수입된 물품에 대하여 그 제3국의 세관 기타 발급권한이 있는 기관 또는 상공회의소가 확인 또는 발행한 경우에는 원산지국가에서 해당 물품에 대하여 발행된 원산지증명서를 기초로 하여 원산지국가(지역을 포함한다)를 확인 또는 발행한 것
③ 관세청장이 정한 물품의 경우에는 해당 물품의 상업송장 또는 관련서류에 생산자·공급자·수출자 또는 권한있는 자가 원산지국가를 기재한 것

이 경우의 원산지증명서에는 해당 수입물품의 품명, 수량, 생산지, 수출자 등 관세청장이 정하는 사항이 적혀 있어야 하며, 제출일부터 소급하여 1년(다음 각 호의 구분에 따른 기간은 제외한다) 이내에 발행된 것이어야 한다(영 제236조 제4항).

① 원산지증명서 발행 후 1년 이내에 해당 물품이 수입항에 도착하였으나 수입신고는 1년을 경과하는 경우: 물품이 수입항에 도착한 날의 다음 날부터 해당 물품의 수입신고를 한 날까지의 기간
② 천재지변, 그 밖에 이에 준하는 사유로 원산지증명서 발행 후 1년이 경과한 이후에 수입항에 도착한 경우: 해당 사유가 발생한 날의 다음 날부터 소멸된 날까지의 기간

(5) 수입물품 원산지증명서확인자료의 제출

(가) 원산지증명서확인자료의 제출

세관장은 원산지 확인이 필요한 물품을 수입한 자로 하여금 "원산지증명서확인자료"

(제출받은 원산지증명서의 내용을 확인하기 위하여 필요한 자료)를 제출하게 할 수 있다. 이 경우 원산지 확인이 필요한 물품을 수입한 자가 정당한 사유 없이 원산지증명서확인자료를 제출하지 아니할 때에는 세관장은 수입신고 시 제출받은 원산지증명서의 내용을 인정하지 아니할 수 있다(법 제232조 제3항).

(나) 원산지증명서확인자료의 공개금지

세관장은 제3항에 따라 원산지증명서확인자료를 제출한 자가 정당한 사유를 제시하여 그 자료를 공개하지 아니할 것을 요청한 경우에는 그 제출인의 명시적 동의 없이는 해당 자료를 공개하여서는 아니 된다(법 제232조 제4항).

(6) 수입물품 원산지증명서 제출 등의 별도 규정

제1항부터 제4항까지의 규정에도 불구하고 조약·협정 등의 시행을 위하여 원산지증명서 제출 등에 관한 사항을 따로 정할 필요가 있을 때에는 기획재정부령으로 정한다(법 제232조 제5항).

(7) 수출물품 원산지증명서 발급

(가) 수출물품 원산지증명서 발급

이 법, 조약, 협정 등에 따라 관세를 양허받을 수 있는 물품의 수출자가 원산지증명서의 발급을 요청하는 경우에는 세관장이나 그 밖에 원산지증명서를 발급할 권한이 있는 기관은 그 수출자에게 원산지증명서를 발급하여야 한다(법 제232조의2 제1항).

(나) 수출물품 원산지증명서 확인

세관장은 제1항에 따라 발급된 원산지증명서의 내용을 확인하기 위하여 필요하다고 인정되는 경우에는 다음의 자로 하여금 원산지증명서확인자료(대통령령으로 정하는 자료로 한정한다)를 제출하게 할 수 있다. 이 경우 자료의 제출기간은 20일 이상으로서 기획재정부령으로 정하는 기간 이내로 한다(법 제232조의2 제2항 및 영 제236조의6 제2항).

① 원산지증명서를 발급받은 자

② 원산지증명서를 발급한 자

③ 그 밖에 대통령령으로 정하는 자, 즉 해당 수출물품의 생산자 또는 수출자

여기에서, "기획재정부령으로 정하는 기간"이란 세관장으로부터 원산지증명서확인자료의 제출을 요구받은 날부터 30일을 말한다. 다만, 제출을 요구받은 자가 부득이한 사유로 그 기간에 원산지증명서확인자료를 제출하기 곤란할 때에는 그 기간을 30일의 범위에서 한 차례만 연장할 수 있다(규칙 제77조).

여기에서, "대통령령으로 정하는 자료"란 다음의 구분에 따른 자료로서 수출신고 수리일부터 3년 이내의 자료를 말한다(영 제236조의6 제1항).

① 수출물품의 생산자가 제출하는 다음 각 목의 자료
　㉮ 수출자에게 해당 물품의 원산지를 증명하기 위하여 제공한 서류
　㉯ 수출자와의 물품공급계약서
　㉰ 해당 물품의 생산에 사용된 원재료의 수입신고필증(생산자 명의로 수입신고한 경우만 해당한다)
　㉱ 해당 물품 및 원재료의 생산 또는 구입 관련 증명 서류
　㉲ 원가계산서 · 원재료내역서 및 공정명세서
　㉳ 해당 물품 및 원재료의 출납 · 재고관리대장
　㉴ 해당 물품의 생산에 사용된 재료를 공급하거나 생산한 자가 그 재료의 원산지를 증명하기 위하여 작성하여 생산자에게 제공한 서류
　㉵ 원산지증명서 발급 신청서류(전자문서를 포함하며, 생산자가 원산지증명서를 발급받은 경우만 해당한다)

② 수출자가 제출하는 다음 각 목의 자료
　㉮ 원산지증명서가 발급된 물품을 수입하는 국가의 수입자에게 제공한 원산지증명서(전자문서를 포함한다)
　㉯ 수출신고필증
　㉰ 수출거래 관련 계약서
　㉱ 원산지증명서 발급 신청서류(전자문서를 포함하며, 수출자가 원산지증명서를 발급받은 경우만 해당한다)
　㉲ 위의 ㉮부터 ㉳까지의 서류(수출자가 원산지증명서를 발급받은 경우만 해당한다)

③ 원산지증명서를 발급한 자가 제출하는 다음 각 목의 자료
　㉮ 발급한 원산지증명서(전자문서를 포함한다)
　㉯ 원산지증명서 발급신청 서류(전자문서를 포함한다)
　㉰ 그 밖에 발급기관이 보관 중인 자료로서 원산지 확인에 필요하다고 판단하는 자료

(8) 수출 또는 수입물품 원산지증명서 등의 확인

(가) 수입물품 원산지증명서 등의 확인요청

세관장은 원산지증명서를 발급한 "외국세관등"(원산지증명서를 발급한 국가의 세관이나 그 밖에 발급권한이 있는 기관)에 제232조제1항 및 제3항에 따라 제출된 원산지증명서 및 원산지증명서확인자료의 진위 여부, 정확성 등의 확인을 요청할 수 있다. 이 경우 세관장의 확인요청은 해당 물품의 수입신고가 수리된 이후에 하여야 하며, 세관장은 확인을 요청한 사실 및 회신 내용과 그에 따른 결정 내용을 수입자에게 통보하여야 한다(법 제233조 제1항).

따라서, 세관장은 법 제233조 제1항에 따라 원산지증명서 및 원산지증명서확인자료에 대한 진위 여부 등의 확인을 요청할 때에는 다음의 사항이 적힌 요청서와 수입자 또는 그 밖의 조사대상자 등으로부터 수집한 원산지증명서 사본 및 송품장 등 원산지 확인에 필요한 서류를 함께 송부하여야 한다(영 제236조의7).

① 원산지증명서 및 원산지증명서확인자료의 진위 여부 등에 대하여 의심을 갖게 된 사유 및 확인 요청사항

② 해당 물품에 적용된 원산지결정기준

(나) 일반특혜관세 · 국제협력관세 또는 편익관세의 적용 제외

제1항에 따라 세관장이 확인을 요청한 사항에 대하여 조약 또는 협정에서 다르게 규정한 경우를 제외하고 다음의 어느 하나에 해당하는 경우에는 일반특혜관세 · 국제협력관세 또는 편익관세를 적용하지 아니할 수 있다. 이 경우 세관장은 제38조의3제6항 및 제39조 제2항에 따라 납부하여야 할 세액 또는 납부하여야 할 세액과 납부한 세액의 차액을 부과 · 징수하여야 한다(법 제233조 제2항 및 규칙 제77조의2).

① 외국세관등이 "기획재정부령으로 정한 다음의 구분에 따른 기간 이내"에 그 결과를 회신하지 아니한 경우

㉮ 법 제73조에 따른 국제협력관세로서 「아시아 · 태평양 무역협정」에 따른 국제협정관세를 적용하기 위하여 원산지증명서를 발급한 국가의 세관이나 그 밖에 발급권한이 있는 기관(이하 이 조에서 "외국세관등"이라 한다)에 원산지증명서 등의 확인을 요청한 경우: 확인을 요청한 날부터 4개월

㉯ 법 제76조제3항에 따른 최빈 개발도상국에 대한 일반특혜관세를 적용하기 위하여 외국세관등에 원산지증명서 등의 확인을 요청한 경우: 확인을 요청한 날부터 6개월

② 세관장에게 신고한 원산지가 실제 원산지와 다른 것으로 확인된 경우

③ 외국세관등의 회신내용에 제229조에 따른 원산지증명서 및 원산지증명서확인자료를 확인하는 데 필요한 정보가 포함되지 아니한 경우

(다) 수출물품 원산지증명서 등의 확인요청에 따른 조사

세관장은 제232조의2에 따라 원산지증명서가 발급된 물품을 수입하는 국가의 권한 있는 기관으로부터 원산지증명서 및 원산지증명서확인자료의 진위 여부, 정확성 등의 확인을 요청받은 경우 등 필요하다고 인정되는 경우에는 제232조의2 제2항의 어느 하나에 해당하는 자를 대상으로 서면조사 또는 현지조사를 할 수 있으며, 제1항에 따른 확인요청 및 제3항에 따른 조사에 필요한 사항은 대통령령으로 정한다(법 제233조 제3항 및 제4항).

따라서, 수출물품의 원산지증명서 등에 관한 조사 절차 등을 살펴보면 다음과 같다.

(a) 현지조사

법 제233조 제3항에 따른 현지조사는 서면조사만으로 원산지증명서 및 원산지증명서확인자료의 진위 여부, 정확성 등을 확인하기 곤란하거나 추가로 확인할 필요가 있는 경우에 할 수 있다(영 제236조의8 제1항).

(b) 서면조사 또는 현지조사의 내용통보

세관장은 서면조사 또는 현지조사를 하는 경우에는 기획재정부령으로 정하는 사항을 조사대상자에게 조사 시작 7일 전까지 서면으로 통지하여야 한다. 여기에서, "기획재정부령으로 정하는 사항"이란 다음의 구분에 따른 사항을 말한다(영 제236조의8 제2항 및 규칙 제77조의3).

① 서면조사의 경우
  ㉮ 조사대상자 및 조사기간
  ㉯ 조사대상 수출입물품
  ㉰ 조사이유
  ㉱ 조사할 내용
  ㉲ 조사의 법적 근거
  ㉳ 제출서류 및 제출기간
  ㉴ 조사기관, 조사자의 직위 및 성명
  ㉵ 그 밖에 세관장이 필요하다고 인정하는 사항

② 현지조사의 경우
  ㉮ 조사대상자 및 조사예정기간
  ㉯ 조사대상 수출입물품
  ㉰ 조사방법 및 조사이유
  ㉱ 조사할 내용
  ㉲ 조사의 법적 근거
  ㉳ 조사에 대한 동의 여부 및 조사동의서 제출기간(조사에 동의하지 아니하거나 조사동의서 제출기간에 그 동의 여부를 통보하지 아니하는 경우의 조치사항을 포함한다)
  ㉴ 조사기관, 조사자의 직위 및 성명
  ㉵ 그 밖에 세관장이 필요하다고 인정하는 사항

(c) 조사의 연기신청, 조사결과의 통지에 관한 준용

조사의 연기신청, 조사결과의 통지에 관하여는 법 제114조제2항 및 제115조를 준용한다(영 제236조의8 제3항).

(d) 조사결과에 대한 이의제기

조사결과에 대하여 이의가 있는 조사대상자는 조사결과를 통지받은 날부터 30일 이내에 다음의 사항이 적힌 신청서에 이의제기 내용을 확인할 수 있는 자료를 첨부하여 세관장에게 제출할 수 있다(영 제236조의8 제4항).

① 이의를 제기하는 자의 성명과 주소 또는 거소
② 제3항에 따른 조사결과통지서를 받은 날짜 및 조사결정의 내용
③ 해당 물품의 품명 · 규격 · 용도 · 수출자 · 생산자 및 수입자
④ 이의제기의 요지와 내용

(e) 이의제기에 따른 결정통지

세관장은 제4항에 따라 이의제기를 받은 날부터 30일 이내에 심사를 완료하고 그 결정 내용을 통지하여야 한다(영 제236조의8 제5항).

(f) 이의제기의 내용 보정

세관장은 제4항에 따른 이의제기의 내용이나 절차에 결함이 있는 경우에는 20일 이내의 기간을 정하여 다음의 사항을 적은 문서로서 보정할 것을 요구할 수 있다. 다만, 보정할 사항이 경미한 경우에는 직권으로 보정할 수 있다(영 제236조의8 제6항).

① 보정할 사항
② 보정을 요구하는 이유
③ 보정할 기간
④ 그 밖의 필요한 사항

(g) 보정기간

제6항 본문에 따른 보정기간은 제5항에 따른 결정기간에 산입하지 아니한다(영 제236조의8 제7항).

(라) 수출 또는 수입물품 원산지증명서 등의 확인요청 및 조사 등에 관한 별도 규정

제1항부터 제4항까지의 규정에도 불구하고 조약 · 협정 등의 시행을 위하여 원산지증명서 확인요청 및 조사 등에 관한 사항을 따로 정할 필요가 있을 때에는 기획재정부령으로 정한다(법 제233조 제5항).

(9) 수출 또는 수입물품의 원산지정보 수집 · 분석

(가) 수출 또는 수입물품 원산지정보 수집 · 분석

관세청장은 이 법과 「자유무역협정의 이행을 위한 관세법의 특례에 관한 법률」 및 조약 · 협정 등에 따라 수출입물품의 원산지 확인 · 결정 또는 검증 등의 업무에 필요한 정보를 수집 · 분석할 수 있으며, 수출입물품의 원산지정보 수집 · 분석을 위하여 필요한 사항은 대통령령으로 정한다(법 제233조의2 제1항 및 제3항).

(나) 수출 또는 수입물품 원산지정보 수집 · 분석업무의 위탁

관세청장은 제1항에 따른 정보를 효율적으로 수집 · 분석하기 위하여 필요한 경우 대통령령으로 정하는 업무의 일부를 대통령령으로 정하는 법인 또는 단체에 위탁할 수 있으며 예산의 범위에서 위탁업무의 수행에 필요한 경비를 지원할 수 있는 바, 관세청장이 법인 또는 단체의 장에게 위탁할 수 있는 업무는 다음과 같다(법 제233조의2 제2항 및 영 제236조의5 제1항).

① 수출입물품의 원산지정보 관리를 위한 시스템의 구축 및 운영에 관한 사항
② 「자유무역협정의 이행을 위한 관세법의 특례에 관한 법률」 제17조 제1항 및 제18조 제1항에 따른 서면조사 또는 현지조사 업무 중 물품의 생산 공정 분석, 거래형태 분석, 품목분류 및 부가가치 계산 등 전문성을 요하는 사항
③ 「자유무역협정의 이행을 위한 관세법의 특례에 관한 법률」 제31조 및 조약 · 협정에 따른 사전심사를 위한 예비 조사에 관한 사항
④ 제236조의2에 따른 사전확인 업무의 예비 조사에 관한 사항
⑤ 원산지 확인 · 결정 또는 검증이 필요한 수출입물품 또는 그 수출입자 등의 자료분석에 관한 사항
⑥ 그 밖에 관세청장이 정하여 고시하는 사항

또한, 업무를 위탁받을 수 있는 법인 또는 단체의 장은 관세청장이 정하는 품목분류 · 원산지 기준 등 원산지정보 수집 · 분석에 필요한 전문인력 및 전산설비를 갖춘 법인 또는 단체의 장 중에서 관세청장이 지정하여 고시하며, 업무의 위탁을 받은 법인 또는 단체의 장에 대한 지휘 · 감독의 관한 사항은 관세청장이 정한다(영 제236조의5 제2항 및 제3항).

이 경우, 업무의 위탁을 받은 법인 또는 단체에서 위탁받은 업무에 종사하는 사람은 「형법」 제127조 및 제129조부터 제132조까지의 규정을 적용할 때에는 공무원으로 본다(법 제330조 제2호).

(10) 원산지표시위반단속기관협의회

(가) 원산지표시위반단속기관협의의 설치

관세법, 「농수산물의 원산지표시에 관한 법률」 및 「대외무역법」에 따른 다음의 "원산지표시 위반 단속업무에 필요한 정보교류 등 대통령령으로 정하는 사항"을 협의하기 위하여 관세청에 원산지표시위반단속기관협의회를 두며, 원산지표시위반단속기관협의회의 구성 · 운영과 그 밖에 필요한 사항은 대통령령으로 정한다(법 제233조의3 제1항·제2항 및 영 제236조의9 제1항).

(나) 원산지표시위반단속기관협의의 구성

원산지표시위반단속기관협의회(이하 이 조에서 "협의회"라 한다)는 위원장 1명을 포함하여 25명 이내의 위원으로 구성하는 바, 협의회의 위원장은 원산지표시 위반 단속업무를 관장하는 관세청의 고위공무원단에 속하는 공무원 중에서 관세청장이 지정하는 사람이

되고, 위원은 다음의 사람이 된다(영 제236조의9 제2항·제3항).

① 관세청장이 지정하는 과장급 공무원 1명

② 농림축산식품부장관이 지정하는 국립농산물품질관리원 소속 과장급 공무원 1명

③ 해양수산부장관이 지정하는 국립수산물품질관리원 소속 과장급 공무원 1명

④ 특별시, 광역시, 특별자치시, 도, 특별자치도의 장이 지정하는 과장급 공무원 각 1명

한편, 위원장은 협의회를 대표하고 직무를 통할한다. 다만, 부득이한 사유로 위원장이 그 직무를 수행하지 못하는 경우에는 위원장이 미리 지명한 사람이 그 직무를 대행한다(영 제236조의9 제4항).

(다) 원산지표시위반단속기관협의의 회의

협의회의 회의는 정기회의와 임시회의로 구분하되, 정기회의는 반기마다 소집하며, 임시회의는 위원장이 필요하다고 인정하는 경우에 소집하고, 협의회의 회의는 재적위원 과반수의 출석으로 개의하고, 출석위원 3분의 2 이상의 찬성으로 의결한다(영 제236조의9 제5항·제7항).

또한, 협의회의 회의는 위원장이 소집하며 그 의장은 위원장이 되고, 협의회의 사무를 처리하게 하기 위하여 관세청 소속 5급 공무원 1명을 간사로 둔다(영 제236조의9 제6항·제8항).

그리고, 제1항부터 제8항까지에서 규정한 사항 외에 협의회의 운영에 필요한 사항은 협의회의 의결을 거쳐 위원장이 정한다(영 제236조의9 제9항).

Ⅳ. 통관의 제한(Restrictions on Customs Clearance)

1. 수출입의 금지(Prohibition on Export and Import)

다음의 어느 하나에 해당하는 물품은 수출하거나 수입할 수 없다(법 제234조).

① 헌법질서를 문란하게 하거나 공공의 안녕질서 또는 풍속을 해치는 서적 · 간행물 · 도화, 영화 · 음반 · 비디오물 · 조각물 또는 그 밖에 이에 준하는 물품

② 정부의 기밀을 누설하거나 첩보활동에 사용되는 물품

③ 화폐 · 채권이나 그 밖의 유가증권의 위조품 · 변조품 또는 모조품

2. 지식재산권 보호(Protection of Intellectual Property Right)

(1) 지식재산권 침해물품의 수출입금지

(가) 지식재산권 침해물품의 수출입금지

다음의 어느 하나에 해당하는 지식재산권을 침해하는 물품은 수출하거나 수입할 수 없

으며, 제2항부터 제5항까지의 규정에 따른 지식재산권에 관한 신고, 담보 제공, 통관의 보류·허용 및 유치·유치해제 등에 필요한 사항은 대통령령으로 정한다(법 제235조 제1항 및 제6항).

① 「상표법」에 따라 설정등록된 상표권
② 「저작권법」에 따른 저작권과 저작인접권(이하 "저작권등"이라 한다)
③ 「식물신품종 보호법」에 따라 설정등록된 품종보호권
④ 「농산물품질관리법」 또는 「수산물품질관리법」에 따라 등록되거나 조약·협정 등에 따라 보호대상으로 지정된 지리적표시권 또는 지리적표시(이하 "지리적표시권등"이라 한다)
⑤ 「특허법」에 따라 설정등록된 특허권
⑥ 「디자인보호법」에 따라 설정등록된 디자인권

(나) 적용배제

상업적 목적이 아닌 개인용도에 사용하기 위한 여행자휴대품으로서 소량으로 수출입되는 물품에 대하여는 법 제235조제1항을 적용하지 아니한다(영 제243조).

(2) 지식재산권의 신고

관세청장은 지식재산권을 침해하는 물품을 효율적으로 단속하기 위하여 필요한 경우에는 해당 지식재산권을 관계 법령에 따라 등록 또는 설정등록한 자 등으로 하여금 해당 지식재산권에 관한 사항을 신고하게 할 수 있는 바, "지식재산권(법 제235조 제1항 각 호에 따른 지식재산권을 같은 조 제2항에 따라 신고하려는 자는 다음의 사항을 적은 신고서 및 해당 지식재산권을 관련 법령에 따라 등록 또는 설정등록한 증명서류를 세관장에게 제출하여야 한다(법 제235조 제2항 및 영 237조 제1항).

① 지식재산권을 사용할 수 있는 권리자
② 지식재산권의 내용 및 범위
③ 침해가능성이 있는 수출입자 또는 수출입국
④ 침해사실을 확인하기 위하여 필요한 사항

또한, 지식재산권의 신고절차 및 기간, 그 밖에 필요한 사항은 관세청장이 정하여 고시한다(영 제237조 제2항).

(3) 통관보류등

(가) 통관보류등의 요청

세관장은 다음의 어느 하나에 해당하는 물품이 제2항에 따라 신고된 지식재산권을 침해하였다고 인정될 때에는 그 지식재산권을 신고한 자에게 해당 물품의 수출입, 환적, 복합환적, 보세구역 반입, 보세운송 또는 제141조제1호에 따른 일시양륙의 신고(이하 이 조에서 "수출입신고등"이라 한다) 사실을 통보하여야 한다. 이 경우 통보를 받은 자는 세관장에게 담보를 제공하고 해당 물품의 통관 보류나 유치를 요청할 수 있다(법 제235조 제3항).

① 수출입신고된 물품
② 환적 또는 복합환적 신고된 물품
③ 보세구역에 반입신고된 물품
④ 보세운송신고된 물품
⑤ 제141조제1호에 따라 일시양륙이 신고된 물품

또한, 제1항 각 호에 따른 지식재산권을 보호받으려는 자는 세관장에게 담보를 제공하고 해당 물품의 통관 보류나 유치를 요청할 수 있다(법 제235조 제4항).

따라서, 법 제235조 제3항 및 제4항에 따라 "통관보류등"(통관의 보류나 유치)을 요청하려는 자는 다음의 사항을 적은 신청서와 해당 법령에 따른 정당한 권리자임을 증명하는 서류를 세관장에게 제출하여야 한다(영 제238조).

① 품명 · 수출입자 및 수출입국
② 지식재산권의 내용 및 범위
③ 요청사유
④ 침해사실을 입증하기 위하여 필요한 사항

(나) 통관보류등의 조치

제3항 또는 제4항에 따른 통관보류나 유치의 요청을 받은 세관장은 특별한 사유가 없으면 해당 물품의 통관을 보류하거나 유치하여야 한다. 다만, 수출입신고등을 한 자가 담보를 제공하고 통관 또는 유치 해제를 요청하는 경우에는 다음의 물품을 제외하고는 해당 물품의 통관을 허용하거나 유치를 해제할 수 있다(법 제235조 제5항).

① 위조하거나 유사한 상표를 부착하여 제1항제1호에 따른 상표권을 침해하는 물품
② 불법복제된 물품으로서 저작권등을 침해하는 물품
③ 같거나 유사한 품종명칭을 사용하여 제1항제3호에 따른 품종보호권을 침해하는 물품
④ 위조하거나 유사한 지리적표시를 사용하여 지리적표시권등을 침해하는 물품
⑤ 특허로 설정등록된 발명을 사용하여 제1항제5호에 따른 특허권을 침해하는 물품
⑥ 같거나 유사한 디자인을 사용하여 제1항제6호에 따른 디자인권을 침해하는 물품

따라서, 세관장은 통관보류등이 요청된 같은 조 제3항의 어느 하나에 해당하는 물품이 지식재산권을 침해한 물품이라고 인정되면 해당 물품의 통관보류등을 하여야 한다. 다만, 지식재산권의 권리자가 해당 물품의 통관 또는 유치 해제에 동의하는 때에는 관세청장이 정하는 바에 따라 통관을 허용하거나 유치를 해제할 수 있다. 여기에서, 통관보류등이 된 물품은 통관이 허용되거나 유치가 해제될 때까지 세관장이 지정한 장소에 보관하여야 한다(영 제239조 제1항 및 제6항).

(다) 통관보류등의 통보

세관장은 제3항에 따른 물품이 지식재산권을 침해하였음이 명백한 경우에는 대통령령으로 정하는 바에 따라 직권으로 해당 물품의 통관을 보류하거나 해당 물품을 유치할 수 있다. 이 경우 세관장은 해당 물품의 수출입신고등을 한 자에게 그 사실을 즉시 통보하여야 한다(법 제235조 제7항).

따라서, 세관장은 법 제235조제5항 및 제7항에 따라 통관보류등을 한 경우 그 사실을 해당 물품의 수출입, 환적 또는 복합환적, 보세구역 반입, 보세운송 또는 법 제141조제1호에 따른 일시양륙의 신고(이하 "수출입신고등"이라 한다)를 한 자에게 통보하여야 하며, 지식재산권의 권리자에게는 통관보류등의 사실 및 다음 각 호의 사항을 통보하여야 한다. 이 경우, 법 제235조제7항에 따른 통관보류등은 위반사실 및 통관보류등을 한 해당 물품의 신고번호 · 품명 · 수량 등을 명시한 문서로서 하여야 한다(영 제239조 제2항 및 제5항).

① 수출입신고등을 한 자, 송화인 및 수화인의 성명과 주소
② 원산지 등 그 밖의 필요한 사항
③ 통관보류등을 한 물품의 성질 · 상태 및 수량

(라) 통관보류기간

세관장은 통관보류등을 요청한 자가 제2항에 따라 해당 물품에 대한 통관보류등의 사실을 통보받은 후 10일(휴일 및 공휴일을 제외한다. 이하 이 항에서 같다) 이내에 법원에의 제소사실 또는 무역위원회에의 조사신청사실을 입증하였을 때에는 해당 통관보류등을 계속할 수 있다. 이 경우 통관보류등을 요청한 자가 부득이한 사유로 인하여 10일 이내에 법원에 제소하지 못하거나 무역위원회에 조사신청을 하지 못하는 때에는 상기 입증기간은 10일간 연장될 수 있다(영 제239조 제3항).

그러나, 해당 통관보류등이 법원의 가보호조치에 의하여 시행되는 상태이거나 계속되는 경우 통관보류등의 기간은 다음 각 호의 구분에 따른다(영 제239조 제4항).

① 법원에서 가보호조치기간을 명시한 경우: 그 마지막 날
② 법원에서 가보호조치기간을 명시하지 아니한 경우: 가보호조치 개시일부터 31일

(마) 통관보류물품의 보관

통관이 보류된 물품은 통관이 허용될 때까지 세관장이 지정한 장소에 보관하여야 한다(영 제239조 제6항).

(바) 통관이 보류된 물품의 통관허용요청

수출입신고등을 한 자가 법 제235조제5항 단서에 따라 통관 또는 유치 해제를 요청하려는 때에는 관세청장이 정하는 바에 따라 신청서와 해당 물품이 지식재산권을 침해하지

아니하였음을 소명하는 자료를 세관장에게 제출하여야 한다. 이 경우, 요청을 받은 세관장은 그 요청사실을 지체 없이 통관보류등을 요청한 자에게 통보하여야 하며, 그 통보를 받은 자는 침해와 관련된 증거자료를 세관장에게 제출할 수 있다(영 제240조 제1항 및 제2항).

또한, 세관장은 통관의 요청이 있는 경우 해당 물품의 통관 또는 유치 해제 허용 여부를 요청일부터 15일 이내에 결정한다. 이 경우 세관장은 관계기관과 협의하거나 전문가의 의견을 들어 결정할 수 있다(영 제240조 제3항).

(4) 담보제공(Pledging of Security)

(가) 통관보류등 및 이의 해제의 요청자의 담보제공

법 제235조 제3항 및 제4항에 따라 통관 보류나 유치를 요청하려는 자와 법 제235조 제5항 각 호 외의 부분 단서에 따라 통관 또는 유치 해제를 요청하려는 자는 세관장에게 해당 물품의 과세가격의 120/100에 상당하는 금액의 담보를 "다음"(법 제24조 제1항 제1호부터 제3호까지 및 제7호에 따른 금전 등)의 금전 등으로 제공하여야 한다(영 제241조 제1항).

① 금전
② 국채 또는 지방채
③ 세관장이 인정하는 유가증권
④ 세관장이 인정하는 보증인의 납세보증서

(나) 통관허용등 및 이의 해제에 따른 담보제공

제1항에 따른 담보 금액은 담보를 제공하여야 하는 자가 「조세특례제한법」 제5조제1항에 따른 중소기업인 경우에는 해당 물품의 과세가격의 100분의 40에 상당하는 금액으로 한다(영 제241조 제2항).

(다) 담보제공자의 문서제출

제1항 또는 제2항에 따라 담보를 제공하는 자는 제공된 담보를 법원의 판결에 따라 수출입신고등을 한 자 또는 통관보류등을 요청한 자가 입은 손해의 배상에 사용하여도 좋다는 뜻을 세관장에게 문서로 제출하여야 한다(영 제241조 제3항).

(라) 담보반환

세관장은 법 제235조 제3항 및 제4항에 따라 통관보류등이 된 물품의 통관을 허용하거나 유치를 해제하였을 때 또는 법 제235조 제5항 단서에 따른 통관 또는 유치 해제 요청에도 불구하고 통관보류등을 계속할 때에는 제1항 또는 제2항에 따라 제공된 담보를 담보제공자에게 반환하여야 한다(영 제241조 제4항).

(마) 담보의 해제신청 및 포괄담보

제1항 및 제2항에 따라 제공된 담보의 해제신청 및 포괄담보에 관하여는 제11조 및 제13조를 준용한다(영 제241조 제5항).

(5) 지식재산권 침해 여부의 확인 등

세관장은 수출입신고등이 된 물품의 지식재산권 침해 여부를 판단하기 위하여 필요하다고 인정되는 경우에는 해당 지식재산권의 권리자로 하여금 지식재산권에 대한 전문인력 또는 검사시설을 제공하도록 할 수 있으며, 지식재산권 침해 여부의 확인, 통관보류등의 절차 등에 관하여 필요한 사항은 관세청장이 정한다(영 제242조 제1항 및 제3항).

또한, 세관장은 지식재산권의 권리자 또는 수출입신고등을 한 자가 지식재산권의 침해 여부를 판단하기 위하여 법 제235조 제3항에 따라 수출입신고등의 사실이 통보된 물품 또는 법 제235조 제5항 본문에 따라 통관보류등이 된 물품에 대한 검사 및 견본품의 채취를 요청하면 해당 물품에 관한 영업상의 비밀보호 등 특별한 사유가 없는 한 이를 허용하여야 한다(영 제242조 제2항).

3. 통관물품 및 통관절차의 제한(Restrictions on Customs Clearance)

관세청장이나 세관장은 감시에 필요하다고 인정될 때에는 통관역 · 통관장 또는 특정한 세관에서 통관할 수 있는 물품을 제한할 수 있다(법 제236조).

4. 통관의 보류(Withholding of Customs Clearance)

세관장은 다음의 어느 하나에 해당하는 경우에는 해당 물품의 통관을 보류할 수 있다(법 제237조).

① 제241조 또는 제244조에 따른 수출·수입 또는 반송에 관한 신고서의 기재사항에 보완이 필요한 경우
② 제245조에 따른 제출서류 등이 갖추어지지 아니하여 보완이 필요한 경우
③ 이 법에 따른 의무사항을 위반하거나 국민보건 등을 해칠 우려가 있는 경우
④ 제246조의3 제1항에 따른 안전성 검사가 필요한 경우
⑤ 「국세징수법」 제30조의2에 따라 세관장에게 체납처분이 위탁된 해당 체납자가 수입하는 경우
⑥ 그 밖에 이 법에 따라 필요한 사항을 확인할 필요가 있다고 인정하여 대통령령으로 정하는 경우

위의 ⑥(법 제237조 제6호)에서 “대통령령으로 정하는 경우”란 관세 관계 법령을 위반한 혐의로 고발되거나 조사를 받는 경우를 말한다(영 제244조).

5. 보세구역 반입명령(Order Given to Ship Goods into Bonded Area)

(1) 보세구역 반입명령(Order Given to Ship Goods into Bonded Area)

관세청장이나 세관장은 다음의 어느 하나에 해당하는 물품으로서 이 법에 따른 의무사항을 위반하거나 국민보건 등을 해칠 우려가 있는 물품은 대통령령으로 정하는 바에 따라 이를 보세구역으로 반입할 것을 명할 수 있다(법 제238조 제1항).

① 수출신고가 수리되어 외국으로 반출되기 전에 있는 물품

② 수입신고가 수리되어 반출된 물품

따라서, 관세청장 또는 세관장은 수출입신고가 수리된 물품이 다음 각 호의 어느 하나에 해당하는 경우에는 법 제238조제1항에 따라 해당 물품을 보세구역으로 반입할 것을 명할 수 있다. 다만, 해당 물품이 수출입신고가 수리된 후 3개월이 지났거나 관련 법령에 따라 관계행정기관의 장의 시정조치가 있는 경우에는 그러하지 아니하다(영 제245조 제1항).

① 법 제227조에 따른 의무를 이행하지 아니한 경우

② 법 제230조에 따른 원산지 표시가 적법하게 표시되지 아니하였거나 수출입신고 수리 당시와 다르게 표시되어 있는 경우

③ 법 제230조의2에 따른 품질등의 표시(표지의 부착을 포함한다. 이하 이 호에서 같다)가 적법하게 표시되지 아니하였거나 수출입신고 수리 당시와 다르게 표시되어 있는 경우

④ 지식재산권을 침해한 경우

(2) 반입명령서의 송달

관세청장 또는 세관장이 보세구역으로 반입명령을 하는 경우에는 반입대상물품, 반입할 보세구역, 반입사유와 반입기한을 기재한 명령서를 화주 또는 수출입신고자에게 송달하여야 한다(영 제245조 제2항).

관세청장 또는 세관장은 명령서를 받을 자의 주소 또는 거소가 불분명한 때에는 관세청 또는 세관의 게시판 및 기타 적당한 장소에 반입명령사항을 공시할 수 있다. 이 경우 공시한 날부터 2주일이 경과한 때에는 명령서를 받을 자에게 반입명령서가 송달된 것으로 본다(영 제245조 제3항).

(3) 보세구역 반입

보세구역으로 반입명령을 받은 자는 해당 물품을 지정받은 보세구역으로 반입하여야 한다(법 제238조 제2항).

따라서, 제2항 또는 제3항에 따라 반입명령서를 받은 자는 관세청장 또는 세관장이 정한 기한내에 제1항의 어느 하나에 해당하는 것으로서 명령서에 기재된 물품을 지정받은

보세구역에 반입하여야 한다. 다만, 반입기한내에 반입하기 곤란한 사유가 있는 경우에는 관세청장 또는 세관장의 승인을 받아 반입기한을 연장할 수 있다(영 제245조 제4항).

(4) 반송 또는 폐기명령 등

세관장은 제4항에 따라 반입된 물품에 대하여 명령을 받은 자에게 그 물품을 반송 또는 폐기할 것을 명하거나 보완 또는 정정후 반출하게 할 수 있다. 이 경우 반송 또는 폐기에 소요되는 비용은 명령을 받은 자가 이를 부담한다(영 제245조 제5항).

또한, 제4항에 따라 반입된 물품이 제5항에 따라 반송 또는 폐기된 경우에는 당초의 수출입신고수리는 취소된 것으로 본다(영 제245조 제6항).

그리고, 제5항에 따라 반송 또는 폐기된 물품에 대하여는 법 제46조 및 법 제48조의 규정을 준용한다(영 제245조 제7항).

(5) 반입명령의 시행기준

관세청장은 보세구역 반입명령의 적정한 시행을 위하여 필요한 반입보세구역, 반입기한, 반입절차, 수출입신고필증의 관리방법 등에 관한 세부기준을 정할 수 있다(영 제245조 제8항).

Ⅴ. 통관의 예외적용(Application of Exception in Customs Clearance)

1. 수입이 아닌 소비 또는 사용(Consumption or Use of Goods not Deemed Imported)

외국물품의 소비나 사용이 다음의 어느 하나에 해당하는 경우에는 이를 수입으로 보지 아니한다(법 제239조).

① 선용품 · 기용품 또는 차량용품을 운송수단 안에서 그 용도에 따라 소비하거나 사용하는 경우

② 선용품 · 기용품 또는 차량용품을 관세청장이 정하는 지정보세구역에서 「출입국관리법」에 따라 출국심사를 마치거나 우리나라에 입국하지 아니하고 우리나라를 경유하여 제3국으로 출발하려는 자에게 제공하여 그 용도에 따라 소비하거나 사용하는 경우

③ 여행자가 휴대품을 운송수단 또는 관세통로에서 소비하거나 사용하는 경우

④ 이 법에서 인정하는 바에 따라 소비하거나 사용하는 경우

2. 수출입의 의제(Legal Fiction of Export and Import)

다음의 어느 하나에 해당하는 외국물품은 이 법에 따라 적법하게 수입된 것으로 보고

관세 등을 따로 징수하지 아니한다(법 제240조 제1항).

① 체신관서가 수취인에게 내준 우편물
② 이 법에 따라 매각된 물품
③ 이 법에 따라 몰수된 물품
④ "밀수출입죄·밀수전용운반기구몰수·범죄공용물품몰수등 또는 밀수품의 취득죄등"(제269조·제272조·제273조·제274조 제1항 제1호)에 해당하여 관세법에 따른 통고처분으로 납부된 물품
⑤ 법령에 따라 국고에 귀속된 물품
⑥ 몰수에 갈음하여 추징된 물품(법 제282조 제3항)

또한, 체신관서가 외국으로 발송한 우편물은 이 법에 따라 적법하게 수출되거나 반송된 것으로 본다(법 제240조 제2항).

Ⅵ. 통관 후 유통이력 관리

1. 통관 後 유통이력 신고

(1) 유통이력의 신고

외국물품을 수입하는 자와 수입물품을 국내에서 거래하는 자(소비자에 대한 판매를 주된 영업으로 하는 사업자는 제외한다)는 "유통이력 신고물품"(사회안전 또는 국민보건을 해칠 우려가 현저한 물품 등으로서 관세청장이 지정하는 물품)에 대한 "유통이력"(유통단계별 거래명세)를 관세청장에게 신고하여야 한다(법 제240조의2 제1항).

(2) 유통이력의 기록 및 자료의 보관

"유통이력 신고의무자"(제1항에 따라 유통이력 신고의 의무가 있는 자)는 유통이력을 장부에 기록(전자적 기록방식을 포함한다)하고, 그 자료를 거래일부터 1년간 보관하여야 한다(법 제240조의2 제2항).

(3) 유통이력 신고물품의 지정을 위한 협의

관세청장은 유통이력 신고물품을 지정할 때 미리 관계 행정기관의 장과 협의하여야 한다(법 제240조의2 제3항).

(4) 유통이력 관련 수입물품의 차별 금지

관세청장은 유통이력 신고물품의 지정, 신고의무 존속기한 및 신고대상 범위 설정 등을 할 때 수입물품을 내국물품에 비하여 부당하게 차별하여서는 아니 되며, 이를 이행하는 유통이력 신고의무자의 부담이 최소화 되도록 하여야 한다(법 제240조의2 제4항).

(5) 유통이력 신고에 필요한 사항

유통이력 신고물품별 신고의무 존속기한, 유통이력의 범위, 신고절차, 그 밖에 유통이력 신고에 필요한 사항은 관세청장이 정한다(법 제240조의2 제5항).

2. 유통이력 조사

(1) 유통이력 신고의무자의 장부나 서류 등의 조사

관세청장은 제240조의2를 시행하기 위하여 필요하다고 인정할 때에는 세관공무원으로 하여금 유통이력 신고의무자의 사업장에 출입하여 영업 관계의 장부나 서류를 열람하여 조사하게 할 수 있다(법 제240조의3 제1항).

(2) 유통이력 신고의무자의 조사의 거부 금지

유통이력 신고의무자는 정당한 사유 없이 제1항에 따른 조사를 거부·방해 또는 기피하여서는 아니 된다(법 제240조의3 제2항).

(3) 유통이력조사를 위한 세관공무원 신분 확인

제1항에 따라 조사를 하는 세관공무원은 신분을 확인할 수 있는 증표를 지니고 이를 관계인에게 보여 주어야 한다(법 제240조의3 제3항).

Ⅶ. 통관절차 등의 국제협력

1. 무역원활화 기본계획의 수립 및 시행

(1) 무역원활화 기본계획의 수립 및 시행

기획재정부장관은 「세계무역기구 설립을 위한 마라케쉬협정」에 따라 이 법 및 관련

법에서 정한 통관 등 수출입 절차의 원활화 및 이와 관련된 국제협력의 원활화(이하 "무역원활화"라 한다)를 촉진하기 위하여 다음 각 호의 사항이 포함된 무역원활화 기본계획(이하 "기본계획"이라 한다)을 수립·시행하여야 한다(법 제240조의4 제1항).

① 무역원활화 정책의 기본 방향에 관한 사항
② 무역원활화 기반 시설의 구축과 운영에 관한 사항
③ 무역원활화의 환경조성에 관한 사항
④ 무역원활화와 관련된 국제협력에 관한 사항
⑤ 무역원활화와 관련된 통계자료의 수집·분석 및 활용방안에 관한 사항
⑥ 무역원활화 촉진을 위한 재원 확보 및 배분에 관한 사항
⑦ 그 밖에 무역원활화를 촉진하기 위하여 필요한 사항

(2) 무역원활화에 관한 업무수행기관 또는 단체에 지원

기획재정부장관은 기본계획을 시행하기 위하여 대통령령으로 정하는 바에 따라 무역원활화에 관한 업무를 수행하는 기관 또는 단체에 필요한 지원을 할 수 있다(법 제240조의4 제2항).

2. 상호주의에 따른 통관절차 간소화

국제무역 및 교류를 증진하고 국가 간의 협력을 촉진하기 위하여 우리나라에 대하여 통관절차의 편익을 제공하는 국가에서 수입되는 물품에 대하여는 상호 조건에 따라 대통령령으로 정하는 바에 따라 간이한 통관절차를 적용할 수 있다(법 제240조의5).

따라서, 법 제240조의5에 따른 간이한 통관절차(이하 “통관절차의 특례”라 한다)를 적용받을 수 있는 국가는 다음의 국가로 한다(영 제245조의4 제1항).

① 우리나라와 통관절차의 편익에 관한 협정을 체결한 국가
② 우리나라와 무역협정 등을 체결한 국가

또한, 통관절차의 특례 부여의 절차 및 특례 부여 중지, 그 밖에 필요한 사항은 관세청장이 정하여 고시한다(영 제245조의4 제2항).

3. 국가 간 세관정보의 상호 교환 등

(1) 세계관세기구에서 정하는 수출입 신고항목 등의 사용

관세청장은 물품의 신속한 통관과 이 법을 위반한 물품의 반입을 방지하기 위하여 세계관세기구에서 정하는 수출입 신고항목 및 화물식별번호를 발급하거나 사용하게 할 수 있다(법 제240조의6 제1항).

(2) 타국과 세계관세기구에서 정하는 수출입 신고항목 등의 교환

관세청장은 세계관세기구에서 정하는 수출입 신고항목 및 화물식별번호 정보를 다른 국가와 상호 조건에 따라 교환할 수 있다(법 제240조의6 제2항).

(3) 타국과 수출입신고자료 등의 교환

관세청장은 관세의 부과와 징수, 과세 불복에 대한 심리 및 형사소추를 위하여 "수출입신고자료 등 대통령령으로 정하는 다음의 어느 하나에 해당하는 사항"을 대한민국 정부가 다른 국가와 관세행정에 관한 협력 및 상호지원에 관하여 체결한 협정과 국제기구와 체결한 국제협약에 따라 다른 법률에 저촉되지 아니하는 범위에서 다른 국가와 교환할 수 있다(법 제240조의6 제3항 및 영 제245조의5 제1항).

① 수출·수입 또는 반송의 신고와 관련된 다음 각 목의 자료
  ㉮ 신고서
  ㉯ 송품장, 포장명세서, 원산지증명서 및 선화증권 등 신고 시 제출한 자료
  ㉰ 가목 및 나목의 서류 또는 자료의 진위 확인에 필요한 자료

② 해당 물품에 대한 법 제30조부터 제35조까지의 규정에 따른 과세가격의 결정 및 관세율표상의 품목분류의 정확성 확인에 필요한 자료

③ 법 제234조 및 제235조에 따라 수출하거나 수입할 수 없는 물품의 반출입과 관련된 자료

④ 법 제283조부터 제318조까지의 규정에 따른 관세범의 조사 및 처분과 관련된 자료

또한, 관세청장은 위의 ①(제1항 제1호)에 따른 자료를 다른 국가와 교환한 경우에는 법 제240조의6 제5항에 따라 그 교환한 날부터 10일 이내에 자료의 교환 사실 및 내용 등을 해당 신고인 또는 그 대리인에게 통지하여야 한다(영 제245조의5 제2항).

제2항에도 불구하고, 관세청장은 해당 통지가 다음의 어느 하나에 해당하는 경우에는 6개월의 범위에서 통지를 유예할 수 있다. 다만, 다음의 ①(제1호)에 해당하는 경우에는 6개월을 초과하여 유예할 수 있다(영 제245조의5 제3항).

① 사람의 생명이나 신체의 안전을 위협할 우려가 있는 경우
② 증거인멸 등 공정한 사법절차의 진행을 방해할 우려가 있는 경우
③ 질문·조사 등의 행정절차 진행을 방해하거나 지나치게 지연시킬 우려가 있는 경우
④ 다른 국가로부터 해당 통지의 유예를 서면으로 요청받은 경우

(4) 수출입신고자료 등의 제공 제한

제3항에도 불구하고 관세청장은 상호주의 원칙에 따라 상대국에 수출입신고자료 등을 제공하는 것을 제한할 수 있다(법 제240조의6 제4항).

(5) 수출입신고자료 등의 교환에 따른 통지

관세청장은 제3항에 따라 다른 국가와 수출입신고자료 등을 교환하는 경우 대통령령으로 정하는 바에 따라 이를 신고인 또는 그 대리인에게 통지하여야 한다(법 제240조의6 제5항).

4. 무역원활화위원회

(1) 무역원활화위원회의 설치

"무역원활화"(법 제240조의4에 따른 통관 등 수출입 절차의 원활화 및 이와 관련된 국제협력의 원활화)의 촉진에 관한 다음의 사항을 심의하기 위하여 기획재정부장관 소속으로 무역원활화위원회(이하 이 조 및 제245조의3에서 "위원회"라 한다)를 둔다(영 제245조의2 제1항).

① 무역원활화 기본계획에 관한 사항
② 무역원활화 추진 관련 행정기관 간의 업무 협조에 관한 사항
③ 무역원활화 관련 법령 · 제도의 정비 · 개선에 관한 사항
④ 그 밖에 무역원활화 추진에 관한 주요 사항

(2) 무역원활화위원회의 구성

"위원회는 위원장 1명을 포함하여 20명 이내의 위원으로 구성하며, 위원회의 위원장은 기획재정부차관이 되고, 위원은 다음의 사람이 된다(영 제245조의2 제2항 및 제3항).

① 무역원활화 관련 행정기관의 고위공무원단에 속하는 공무원 중에서 기획재정부장관이 임명하는 사람, 즉 기획재정부장관이 임명하는 위원은 다음과 같다(규칙 제77조의4 제1항).
  ㉮ 기획재정부 관세국제조세정책관
  ㉯ 농림축산식품부, 산업통상자원부, 국토교통부, 해양수산부, 식품의약품안전처 및 관세청 소속 고위공무원단에 속하는 일반직공무원 중에서 그 소속기관의 장이 추천하는 사람
② 다음의 어느 하나에 해당하는 사람 중에서 기획재정부장관이 위촉하는 사람
  ㉮ 무역원활화 관계 기관 및 단체의 임직원, 즉, 이 규정에 따라 기획재정부장관이 위촉하는 위원은 「관세사법」에 따른 관세사회, 「대한무역투자진흥공사법」에 따른 대한무역투자진흥공사, 「민법」 제32조에 따라 산업통상자원부장관의 허가를 받아 설립된 한국무역협회 및 「상공회의소법」에 따른 대한상공회의소의 임원 중에서 그 소속기관의 장이 추천하는 사람으로 한다(규칙 제77조의4 제2항).
  ㉯ 무역원활화에 관한 학식과 경험이 풍부한 사람으로서 해당 업무에 2년 이상 종사한 사람

위의 ②(제3항 제2호)에 따른 위원의 임기는 2년으로 하되, 한번만 연임할 수 있다. 다

만, 보궐위원의 임기는 전임위원 임기의 남은 기간으로 한다(영 제245조의2 제4항).

위의 ②(영 제245조의2 제3항 제2호)에 따른 위원 중 결원이 생긴 경우 새로 위촉된 위원의 임기는 전임자 임기의 남은 기간으로 한다(규칙 제77조의4 제3항).

(3) 무역원활화위원회의 위원의 해임 또는 해촉

기획재정부장관은 위원회의 위원이 다음의 어느 하나에 해당하는 경우에는 해당 위원을 해임 또는 해촉할 수 있다(영 제245조의2 제5항).

① 심신장애로 인하여 직무를 수행할 수 없게 된 경우
② 직무와 관련된 비위사실이 있는 경우
③ 직무태만, 품위손상이나 그 밖의 사유로 인하여 위원으로 적합하지 아니하다고 인정되는 경우
④ 위원 스스로 직무를 수행하는 것이 곤란하다고 의사를 밝히는 경우

(4) 무역원활화위원회의 간사

위원회의 사무를 처리하기 위하여 간사 1명을 두며, 간사는 기획재정부의 고위공무원단에 속하는 공무원 중에서 기획재정부장관이 지명한다(영 제245조의2 제6항).

(5) 무역원활화위원회의 구성에 필요한 사항

영 제245조의2 제1항부터 제6항까지에서 규정한 사항 외에 위원회의 구성에 필요한 사항은 기획재정부령으로 정한다(영 제245조의2 제7항).

(6) 무역원활화위원회의 운영

(가) 무역원활화위원회의 의장

위원회의 위원장은 회의를 소집하고 그 의장이 되고, 위원회의 위원장이 부득이한 사유로 그 직무를 수행할 수 없을 때에는 위원장이 미리 지명한 위원이 그 직무를 대행한다(영 제245조의3 제1항 및 제2항).

(나) 무역역활화위원회의 회의

위원회의 회의를 소집하려면 회의 개최 7일 전까지 회의 일시·장소 및 안건을 각 위원에게 서면으로 알려야 한다. 다만, 긴급한 사정이나 그 밖의 부득이한 사유가 있는 경우에는 회의 개최 전날까지 구두로 알릴 수 있다(영 제245조의3 제3항).

또한, 위원회는 재적위원 과반수의 출석으로 개의하고, 출석위원 과반수의 찬성으로 의결한다(영 제245조의3 제4항).

(다) 무역역활화위원회의 업무수행에 필요한 전문가 등의 의견진술

위원회는 업무수행을 위하여 필요한 경우에는 전문적인 지식과 경험이 있는 관계 분야 전문가 및 공무원으로 하여금 위원회의 회의에 출석하여 의견을 진술하게 할 수 있다(영 제245조의3 제5항).

(라) 무역역활화위원회의 위원의 수당과 여비

위원회에 출석한 위원과 관계 분야 전문가에게는 예산의 범위에서 수당과 여비를 지급할 수 있다. 다만, 공무원이 그 소관 업무와 직접적으로 관련되어 출석하는 경우에는 수당과 여비를 지급하지 아니한다(영 제245조의3 제6항).

(마) 무역역활화위원회의 회의

제1항부터 제6항까지에서 규정한 사항 외에 위원회의 운영에 필요한 사항은 기획재정부령으로 정한다(영 제245조의3 제7항).

제2절 수입통관절차

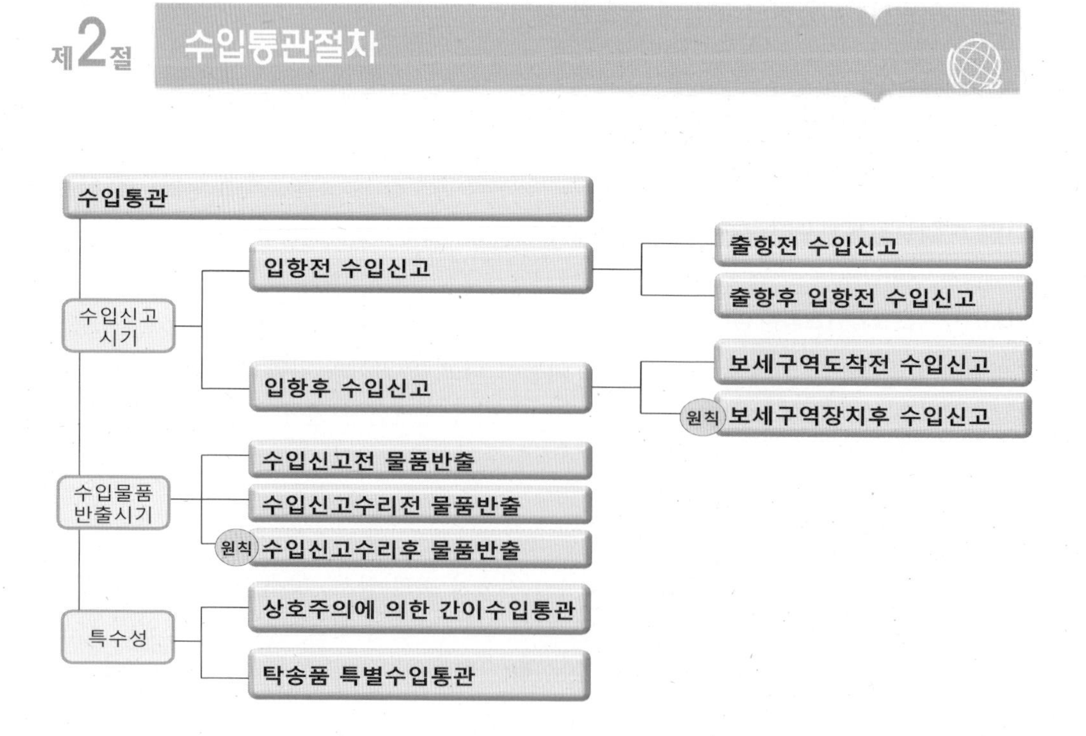

Ⅰ. 수입신고(Declaration on Importation)

1. 수입신고인(Declarer of Import)

"수출·수입 또는 반송의 신고"(법 제241조)·"입항전수입신고"(법 제244조) 또는 "수입신고전의 물품반출"(법 제253조)에 따른 신고는 화주 또는 관세사등의 명의로 하여야 한다(법 제242조 본문).

참고로, 수출신고의 경우에는 화주 또는 관세사등의 명의로 하여야 하는 것뿐만 아니라, 화주에게 해당 수출물품을 제조하여 공급한 자의 명의로 할 수 있다(법 제242조 단서).

2. 수입신고의 시기

수입신고를 시기에 따라 구분하면, 해당 물품을 적재한 선박이나 항공기가 입항하기 전에 수입신고를 하는 입항전수입신고와 입항한 후에 수입신고를 하는 입항후수입신고로 구분할 수 있다. 입항전수입신고는 해당 물품을 적재한 선박이나 항공기가 그 물품을 적재한 항구나 공항에서 출항하기 전에 수입신고를 하는 출항전수입신고와 그 물품을 적재한 항구나 공항을 출항하여 우리나라에 입항하기전에 수입신고를 하는 입항전수입신고로 구분되며, 입항후수입신고는 해당 물품을 적재한 선박이나 항공기가 입항한 후에 보세구역에 도착하기 전에 수입신고를 하는 보세구역도착전수입신고와 해당 물품을 적재한 선박이나 항공기가 입항하여 보세구역에 장치한 후 수입신고를 하는 보세구역장치후수입신고로 구분된다.

◎ 수입통관의 흐름과 수입신고 시기

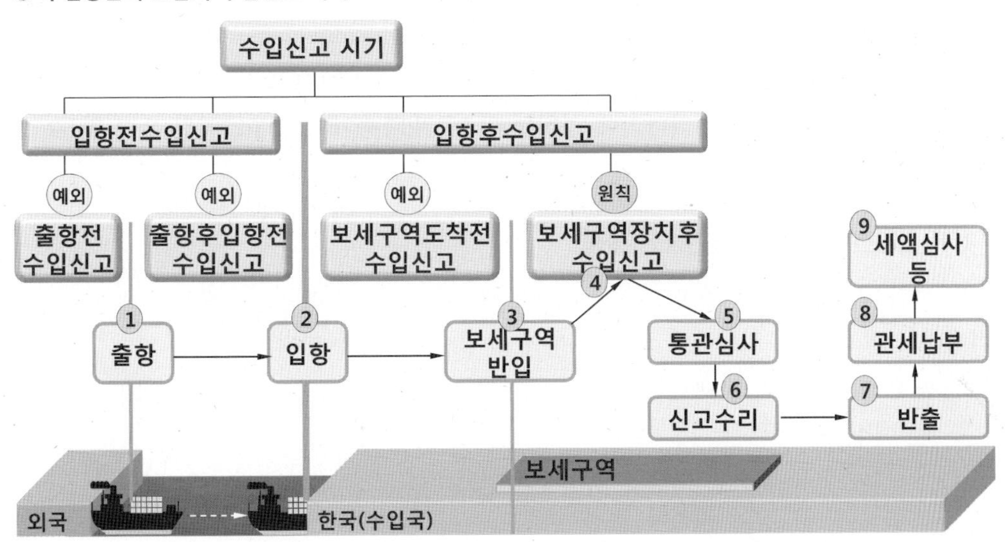

(1) 입항전수입신고(Import Declaration Prior to Port Entry)

(가) 입항전수입신고의 정의와 종류

입항전수입신고는 "출항전수입신고"와 "출항후입항전수입신고"로 구분될 수 있다.

(a) 출항전수입신고

출항전 수입신고는 수입물품을 적재한 선박 등이 수출국에서 출항하기 전에 수입신고를 하는 것으로서, 항공기로 수입되는 물품 전부와 선박으로 수입되는 물품중 일본·중국·대만·홍콩에서 수입되는 물품은 운송기간이 짧아 입항전 수입신고를 할 기간이 없기 때문에 출항전에도 수입신고를 할 수 있도록 규정한 것이다.

출항부터 입항까지의 기간이 단기간인 경우 등 해당 선박 등이 출항한 후에 신고하는 것이 곤란하다고 인정되어 출항하기 전에 신고하게 할 필요가 있는 때에는 관세청장이 정하는 바에 따라 그 신고시기를 조정할 수 있다(영 제249조 제2항).

(b) 출항후입항전수입신고

출항후입항전수입신고는 수입하려는 물품의 신속한 통관이 필요한 경우에 해당 물품을 적재한 선박이나 항공기가 물품을 적재한 항구나 공항에서 출항한 후 입항하기 전에 수입신고를 하는 것을 말한다.

(나) 입항전수입신고의 수입신고시기

수입의 신고는 해당 물품을 적재한 선박이나 항공기가 입항된 후에만 할 수 있지만(법 제243조 제2항), 그럼에도 불구하고 수입하려는 물품의 신속한 통관이 필요할 때에는 대통령령으로 정하는 바에 따라 해당 물품을 적재한 선박이나 항공기가 입항하기 전에 수입신고를 할 수 있다. 이 경우 입항전수입신고가 된 물품은 우리나라에 도착한 것으로 본다(법 제244조 제1항).

따라서, 입항전수입신고는 해당 물품을 적재한 선박이나 항공기가 그 물품을 적재한 항구나 공항에서 출항하여 우리나라에 입항하기 5일전(항공기의 경우 1일전)부터 할 수 있다(영 제249조 제1항).

(다) 입항전수입신고가 불가능한 물품

"입항전수입신고"의 규정에도 불구하고 다음의 어느 하나에 해당하는 물품은 해당 물품을 적재한 선박 등이 우리나라에 도착된 후에 수입신고하여야 한다(영 제249조 제3항).

① 세율이 인상되거나 새로운 수입요건을 갖추도록 요구하는 법령이 적용되거나 적용될 예정인 물품

② 수입신고하는 때와 우리나라에 도착하는 때의 물품의 성질과 수량이 달라지는 물품으로서 관세청장이 정하는 물품

(라) 검사대상통보시기

세관장은 입항전수입신고를 한 물품에 대하여 제246조에 따른 물품검사의 실시를 결정하였을 때에는 수입신고를 한 자에게 이를 통보하여야 한다(법 제244조 제2항).

(마) 검사대상물품의 반입

검사대상으로 결정된 물품은 수입신고를 한 세관의 관할 보세구역(보세구역이 아닌 장소에 장치하는 경우 그 장소를 포함한다)에 반입되어야 한다. 다만, 세관장이 적재상태에서 검사가 가능하다고 인정하는 물품은 해당 물품을 적재한 선박이나 항공기에서 검사할 수 있다(법 제244조 제3항).

(바) 입항전수입신고의 수리

검사대상으로 결정되지 아니한 물품은 입항 전에 그 수입신고를 수리할 수 있다(법 제244조 제4항).

(사) 멸실·변질·손상등의 관세환급

입항전수입신고가 수리되고 보세구역 등으로부터 반출되지 아니한 물품에 대하여는 해당 물품이 지정보세구역에 장치되었는지 여부에 관계없이, 재해로 멸실되거나 변질 또는 손상되어 그 가치가 떨어졌을 때에는 대통령령으로 정하는 바에 따라 그 관세의 전부 또는 일부를 환급할 수 있다(법 제244조 제5항: 제106조 제4항 준용).

(아) 입항전수입신고된 물품의 통관절차

입항전수입신고된 물품의 통관절차 등에 관하여 필요한 사항은 관세청장이 정한다(법 제244조 제6항).

(2) 입항후수입신고

(가) 입항후수입신고의 정의와 종류

수입의 신고는 해당 물품을 적재한 선박이나 항공기가 입항된 후에만 할 수 있다(법 제243조 제2항).

따라서, 입항후수입신고는 해당 물품을 적재한 선박이나 항공기가 입항된 후에 수입신고하는 것으로서, 물품이 보세구역에 도착되기 전에 수입신고하는 "보세구역도착전수입신고"와 물품이 보세구역에 장치된 후에 수입신고하는 "보세구역장치후수입신고"로 구분된다.

(a) 보세구역도착전 수입신고

보세구역도착전 수입신고는 수입물품을 적재한 선박이나 항공기가 입항하여 해당 물품을 통관하기 위하여 반입하려는 보세구역(부두밖 컨테이너 보세창고 및 컨테이너 내륙통관기지를 포함)에 도착하기 전에 수입신고하는 것으로서, 해당 물품이 도착할 보세구역을 관할하는 세관장에게 수입신고하여야 한다.

(b) 보세구역장치후 수입신고

보세구역장치후 수입신고는 수입물품을 보세구역에 장치한 후 수입신고를 하는 것으로서, 수입물품의 보세구역장치 여부는 보세구역운영인 등이 물품반입내역을 전산입력함으로 수입신고시에 전산으로 자동확인된다. 수입신고는 해당 물품이 장치된 보세구역을 관할하는 세관장에게 하여야 한다.

(나) 보세구역장치후 수입신고의 신고기한

(a) 반입일 또는 장치일부터 30일 이내 신고의무(원칙)

수입하거나 반송하려는 물품을 지정장치장 또는 보세창고에 반입하거나 보세구역이 아닌 장소에 장치한 자는 그 반입일 또는 장치일부터 30일 이내(제243조 제1항에 해당하는 물품은 관세청장이 정하는 바에 따라 반송신고를 할 수 있는 날부터 30일 이내)에 수입 또는 반송신고를 하여야 한다(법 제241조 제3항).

(b) 1개월 단위로 다음달 10일까지 신고의무(예외)

위에도 불구하고, 전기 · 유류 등 "대통령령으로 정하는 물품"(전기, 가스, 유류 또는 용수)을 그 물품의 특성으로 인하여 전선이나 배관 등 대통령령으로 정하는 시설 또는 장치 등을 이용하여 수출 · 수입 또는 반송하는 자는 1개월을 단위로 하여 해당 물품에 대한 제1항의 사항을 대통령령으로 정하는 바에 따라 다음 달 10일까지 신고하여야 한다(법 제241조 제6항 및 영 제246조 제7항).

여기에서 "대통령령으로 정하는 시설 또는 장치 등"이란 전선로, 배관 등 제6항의 어느 하나에 해당하는 물품(전기, 가스, 유류 또는 용수)을 공급하기에 적합하도록 설계 · 제작된 일체의 시설을 말한다(영 제246조 제8항).

영 제246조 제1항 및 제2항은 법 제241조 제6항에 따라 수출 · 수입 또는 반송하는 경우에 준용한다(영 제246조 제9항).

(다) 보세구역장치후 수입신고의 기한내 미신고에 따른 가산세의 징수

세관장은 "대통령령으로 정하는 물품"(물품의 신속한 유통이 긴요하다고 인정하여 보세구역의 종류와 물품의 특성을 감안하여 관세청장이 정하는 물품)을 수입하거나 반송하는 자가 지정장치장 또는 보세창고에 반입하거나 보세구역이 아닌 장소에 장치한 날부터 30일 이내(제243조 제1항에 해당하는 물품은 관세청장이 정하는 바에 따라 반송신고를 할 수 있는 날부터 30일 이내)에 수입 또는 반송의 신고를 하지 아니한 경우에는 해당 물품 과세가격의 2/100에 상당하는 금액의 범위에서 다음의 표의 율에 따라 산출한 금액을 가산세로 징수한다. 다만, 그 가산액은 500만원을 초과할 수 없다(법 제241조 제4항·제6항 후단 및 영 제247조 제1항·제2항, 제248조).

가산세율의 산출방법

구 분	가산세율
① 신고기한이 경과한 날부터 20일내에 신고한 때	과세가격의 5/1,000
② 신고기한이 경과한 날부터 50일내에 신고한 때	과세가격의 10/,1000
③ 신고기한이 경과한 날부터 80일내에 신고한 때	과세가격의 15/1,000
④ 기타의 경우	과세가격의 20/1,000

또한, 신고기한(반입일 또는 장치일부터 30일 이내)이 경과한 후 보세운송된 물품에 대하여는 보세운송신고를 한 때를 기준으로 위의 가산세율을 적용하며 그 세액은 수입 또는 반송신고를 하는 때에 징수한다(영 제247조 제3항).

(라) 휴대품 등의 가산세

세관장은 다음의 어느 하나에 해당하는 경우에는 해당 물품에 대하여 납부할 세액(관세 및 내국세를 포함)의 20/100(다음의 ①의 경우에는 40/100으로 하되, 반복적으로 자진신고를 하지 아니하는 경우 등 대통령령으로 정하는 사유에 해당하는 경우에는 60/100)에 상당하는 금액을 가산세로 징수한다(법 제241조 제5항).

① 여행자나 승무원이 휴대품(제96조 제1항 제1호 및 제3호에 해당하는 물품 제외)을 신고하지 아니하여 과세하는 경우

② 우리나라로 거주를 이전하기 위하여 입국하는 자가 입국할 때에 수입하는 이사물품(제96조 제1항 제2호에 해당하는 물품 제외)을 신고하지 아니하여 과세하는 경우

여기(법 제241조 제5항 각 호 외의 부분)에서 "반복적으로 자진신고를 하지 아니하는 경우 등 대통령령으로 정하는 사유에 해당하는 경우"란 같은 여행자나 승무원에 대하여 그 여행자나 승무원의 입국일을 기준으로 소급하여 2년 이내에 2회 이상 법 제241조 제5항 제1호의 경우에 해당하는 사유로 가산세를 징수한 경우를 말한다(영 제247조 제4항).

3. 수입신고시 제출서류(Document to be Submitted at Time of Declaration)

(1) 수입신고서의 제출

물품을 수출 · 수입 또는 반송하려면 해당 물품의 품명 · 규격 · 수량 및 가격과 그 밖에 대통령령으로 정하는 사항을 세관장에게 신고하여야 하는 바, 수출·수입 또는 반송의 신고를 하려는 자는 "기획재정부령으로 정하는 수출·수입 또는 반송의 신고서"(수출 또는 반송의 신고서는 별지 제1호의2 서식과 같고, 수입의 신고서는 별지 제1호의3 서식과 같다)를 세관장에게 제출하여야 한다(법 제241조 제1항, 영 제246조 제1항·제2항 및 규칙 제77조의5, 제77조의6 제1항~제3항).

① "다음"(영 제246조 제1항)의 사항

㉮ 포장의 종류 · 번호 및 개수

㉯ 목적지 · 원산지 및 선적지

㉰ 원산지표시 대상물품인 경우에는 표시유무 · 방법 및 형태

㉱ 상표

㉲ 납세의무자 또는 화주의 상호(개인의 경우 성명을 말한다) · 사업자등록번호 · 통관고유부호와 해외공급자부호 또는 해외구매자부호

이 경우, 통관고유부호, 해외공급자부호 또는 해외구매자부호를 발급받거나 변경하려는 자는 주소, 성명, 사업종류 등을 적은 신청서에 다음 각 호의 서류를 첨부하여 세관장에게 제출하여야 한다. 다만, 세관장이 필요 없다고 인정하는 경우에는 첨부서류의 제출을 생략할 수 있다. 또한, 통관고유부호, 해외공급자부호 또는 해외구매자부호의 발급절차 및 관리 등에 관하여 필요한 사항은 관세청장이 정한다.

㉠ 사업자등록증

㉡ 해외공급자 또는 해외구매자의 국가 · 상호 · 주소가 표기된 송품장

㉢ 그 밖에 관세청장이 정하여 고시하는 서류

㉳ 물품의 장치장소

㉴ 그 밖에 "기획재정부령으로 정하는 다음의 참고사항"

㉠ 물품의 모델 및 중량

㉡ 품목분류표의 품목 번호

㉢ 법 제226조에 따른 허가 · 승인 · 표시 또는 그 밖의 조건을 갖춘 것임을 증명하기 위하여 발급된 서류의 명칭

② 해당 물품의 품명·규격·수량 및 가격

법 제241조제1항에 따른 가격 중 수출신고가격은 해당 물품을 본선에 인도하는 조건으로 실제로 지급하였거나 지급하여야 할 가격으로서 최종 선적항 또는 선적지까지의 운임 · 보험료를 포함한 가격으로 한다(영 제246조 제3항).

(2) 부대서류의 제출

물품수출 · 수입 또는 반송의 신고를 하는 자는 과세가격결정자료 외에 대통령령으로 정하는 다음의 서류를 제출하여야 한다(법 제245조 제1항 및 영 제250조 제1항).

① 선화증권 사본 또는 항공화물운송장 사본

② 원산지증명서(제236조제1항이 적용되는 경우로 한정한다)

③ 기타 참고서류

위의 서류를 제출하여야 하는 자가 해당 서류를 관세사등에게 제출하고, 관세사등이 해당 서류를 확인한 후 수출 · 수입 또는 반송에 관한 신고를 할 때에는 해당 서류의 제출을 생략하게 하거나 해당 서류를 수입신고 수리 후에 제출하게 할 수 있으며, 서류의 제출을 생략하게 하거나 수입신고 수리 후에 서류를 제출하게 하는 경우 세관장이 필요하다고 인정하여 신고인에게 관세청장이 정하는 장부나 그 밖의 관계 자료의 제시 또는 제출을 요청하면 신고인은 이에 따라야 한다(법 제245조 제2항 및 제3항).

수출입신고를 하는 물품이 허가·승인·표시·그 밖의 조건의 구비(법 제226조)의 증명을 필요로 하는 것인 때에는 관련증명서류를 첨부하여 수출입신고를 하여야 한다. 다만, 세관장은 필요없다고 인정되는 때에는 이를 생략하게 할 수 있다(영 제250조 제2항).

4. 수입신고사항의 보완

세관장은 다음 각 호의 어느 하나에 해당하는 경우에는 "수출·수입 또는 반송의 신고"(법 제241조) 또는 "입항전수입신고"(법 제244조)에 따른 신고가 수리되기 전까지 갖추어지지 아니한 사항을 보완하게 할 수 있다. 다만, 해당 사항이 경미하고 신고수리 후에 보완이 가능하다고 인정되는 경우에는 관세청장이 정하는 바에 따라 신고수리 후 이를 보완하게 할 수 있다(법 제249조).

① 제241조 또는 제244조에 따른 수출·수입 또는 반송에 관한 신고서의 기재사항이 갖추어지지 아니한 경우
② 수출·수입 또는 반송신고시의 제출서류가 갖추어지지 아니한 경우

5. 수입신고의 취하 및 각하

(1) 수입신고의 취하

(가) 수입신고의 취하승인신청

신고는 정당한 이유가 있는 경우에만 세관장의 승인을 받아 취하할 수 있다. 다만, 수입 및 반송의 신고는 운송수단, 관세통로, 하역통로 또는 이 법에 규정된 장치 장소에서 물품을 반출한 후에는 취하할 수 없다(법 제250조 제1항).

이 경우, 승인을 받으려는 자는 다음의 사항을 기재한 신청서를 세관장에게 제출하여야 한다(영 제253조).

① "다음"(영 제175조 각호)의 사항
   ㉮ 장치장소 및 장치사유
   ㉯ 수입물품의 경우 해당 물품을 외국으로부터 운송하여 온 선박 또는 항공기의 명칭 또는 등록기호·입항예정연월일·선화증권번호 또는 항공화물운송장번호
   ㉰ 해당 물품의 내외국물품별 구분과 품명·수량 및 가격
   ㉱ 해당 물품의 포장의 종류·번호 및 개수
② 신고의 종류
③ 신고연월일 및 신고번호
④ 신청사유

(나) 수입신고의 취하승인

수출·수입 또는 반송의 신고를 수리한 후 신고의 취하를 승인한 때에는 신고수리의 효력은 상실된다(법 제250조 제2항).

(2) 수입신고의 각하

세관장은 "수출·수입 또는 반송의 신고"(법 제241조) 또는 "입항전수입신고"(법 제244조)가 그 요건을 갖추지 못하였거나 부정한 방법으로 신고되었을 때에는 해당 수출·수입 또는 반송의 신고를 각하할 수 있다(법 제250조 제3항).

따라서, 세관장은 해당 수출·수입 또는 반송의 신고를 각하한 때에는 즉시 그 신고인에게 다음의 사항을 기재한 통지서를 송부하여야 한다(영 제254조).

① 신고의 종류
② 신고연월일 및 신고번호
③ 각하사유

Ⅱ. 수입물품의 검사(Inspection of Goods)

1. 수입물품의 검사(Inspection of Goods)

세관공무원은 수출·수입 또는 반송하려는 물품에 대하여 검사를 할 수 있다(법 제246조 제1항).

(1) 수입물품의 검사

"수입하거나 반송하려는 물품은 지정장치장 또는 보세창고에 반입하거나 보세구역이 아닌 장소에 장치한 후 그 반입일 또는 장치일일부터 30일 이내(제243조제1항에 해당하는 물품은 관세청장이 정하는 바에 따라 반송신고를 할 수 있는 날부터 30일 이내)에 수입 또는 반송신고를 하여야 한다"고 법 제241조 제3항에서 규정하고 있는 바, 세관장은 그 신고를 하지 아니한 물품에 대하여는 관세청장이 정하는 바에 따라 직권으로 이를 검사할 수 있다(영 제251조 제1항).

(2) 검사참여의 통지

세관장은 수입 또는 반송신고인이 제1항에 따른 검사에 참여할 것을 신청하거나 신고인의 참여가 필요하다고 인정하는 때에는 그 일시·장소·방법 등을 정하여 검사에 참여할 것을 통지할 수 있다(영 제251조 제2항).

(3) 검사대상 등의 기준

관세청장은 검사의 효율을 거두기 위하여 검사대상, 검사범위, 검사방법 등에 관하여 필요한 기준을 정할 수 있다(법 제246조 제2항).

(4) 수입신고전 물품확인

화주는 수입신고를 하려는 물품에 대하여 수입신고 전에 관세청장이 정하는 바에 따라 확인을 할 수 있다(법 제246조 제3항).

3. 물품의 검사에 따른 손실보상

(1) 물품의 검사에 따른 손실보상

관세청장 또는 세관장은 제246조에 따른 세관공무원의 적법한 물품검사로 인하여 물품에 손실이 발생한 경우 그 손실을 입은 자에게 보상(이하 "손실보상"이라 한다)하여야 하며, 손실보상의 기준, 보상금액에 관한 사항은 대통령령으로 정하고, 손실보상의 지급절차 및 방법, 그 밖에 필요한 사항은 관세청장이 정한다(법 제246조의2 제1항, 제2항 및 제3항).

(2) 물품의 검사에 대한 손실보상의 금액

법 제246조의2 제1항에 따른 손실보상의 금액은 다음 각 호의 구분에 따른 금액으로 한다(영 제251조의2).

① 해당 물품을 수리할 수 없는 경우: 법 제30조부터 제35조까지의 규정에 따른 해당 물품의 과세가격에 상당하는 금액

② 해당 물품을 수리할 수 있는 경우: 수리비에 상당하는 금액. 다만, 제1호에 따른 금액을 한도로 한다.

4. 물품에 대한 안전성 검사

(1) 물품에 대한 안전성 검사

관세청장은 중앙행정기관의 장의 요청을 받아 세관장으로 하여금 "안전성검사"(제226조에 따른 세관장의 확인이 필요한 수출입물품 등 다른 법령에서 정한 물품의 성분·품질 등에 대한 안전성 검사)를 하게 할 수 있다(법 제246조의3 제1항).

(2) 물품에 대한 안전성 검사방법 등의 정보 제공

중앙행정기관의 장은 제1항에 따라 안전성 검사를 요청하는 경우 관세청장에게 해당 물품에 대한 안전성 검사 방법 등 관련 정보를 제공하여야 한다(법 제246조의3 제2항).

(3) 물품에 대한 안전성 검사 대상물품의 지정 및 결과 통보

관세청장은 제1항에 따라 중앙행정기관의 장의 안전성 검사 요청을 받은 경우 해당 안전성 검사를 위하여 필요한 인력 및 설비 등을 고려하여 안전성 검사 대상 물품을 지정하여야 하고, 그 결과를 해당 중앙행정기관의 장에게 통보하여야 한다(법 제246조의3 제3항).

(4) 물품에 대한 안전성 검사의 조치

관세청장은 세관장에게 제3항에 따라 지정된 안전성 검사 대상 물품의 안전성 검사에 필요한 자체 검사 설비를 지원하는 등 원활한 안전성 검사를 위한 조치를 취하여야 한다(법 제246조의3 제4항).

(5) 물품에 대한 안전성 검사의 실시

세관장은 제3항에 따라 안전성 검사 대상 물품으로 지정된 물품에 대하여 중앙행정기관의 장과 협력하여 안전성 검사를 실시하여야 한다(법 제246조의3 제5항).

(6) 물품에 대한 안전성 검사에 따른 불법 물품 등의 정보 공개

관세청장은 안전성 검사 결과 불법 · 불량 · 유해 물품으로 확인된 물품의 정보를 관세청 인터넷 홈페이지를 통하여 공개할 수 있다(법 제246조의3 제6항).

(7) 수출입물품안전관리기관협의회

(가) 수출입물품안전관리기관협의회의 설치

"안전성 검사에 필요한 정보교류 등 대통령령으로 정하는 다음의 사항"을 협의하기 위하여 관세청에 수출입물품안전관리기관협의회를 두며, 수출입물품안전관리기관협의회의 구성 · 운영과 그 밖에 필요한 사항은 대통령령으로 정하고, 제1항부터 제8항까지에서 규정한 사항 외에 안전성 검사의 방법 · 절차 등에 관하여 필요한 사항은 관세청장이 정한다(법 제246조의3 제7항－제9항 및 영 제251조의2 제1항).

① "안전성 검사"(법 제246조의3 제1항에 따른 안전성 검사)에 필요한 정보교류

② 안전성 검사 대상 물품의 선정에 관한 사항
③ 그 밖에 관세청장이 안전성 검사와 관련하여 협의가 필요하다고 인정하는 사항

(나) 수출입물품안전관리기관협의회의 구성

"협의회"(법 제246조의3 제7항에 따른 수출입물품안전관리기관협의회)는 위원장 1명을 포함하여 25명 이내의 위원으로 구성하며, 협의회의 위원장은 관세청 소속 고위공무원단에 속하는 공무원 중에서 관세청장이 지명하는 사람으로 하고, 위원은 다음 각 호의 사람으로 한다(영 제251조의2 제2항 및 제3항).

① 관세청의 4급 이상 공무원 중에서 관세청장이 지명하는 사람 1명
② 관계 중앙행정기관의 4급 이상 공무원 중에서 해당 기관의 장이 지명하는 사람 각 1명

(다) 수출입물품안전관리기관협의회의 위원의 지명 철회

제2항에 따라 협의회의 위원을 지명한 자는 해당 위원이 다음 각 호의 어느 하나에 해당하는 경우에는 그 지명을 철회할 수 있다(영 제251조의2 제4항).

① 심신장애로 인하여 직무를 수행할 수 없게 된 경우
② 직무와 관련된 비위사실이 있는 경우
③ 직무태만, 품위손상이나 그 밖의 사유로 인하여 위원으로 적합하지 아니하다고 인정되는 경우
④ 위원 스스로 직무를 수행하는 것이 곤란하다고 의사를 밝히는 경우

(라) 수출입물품안전관리기관협의회의 회의

협의회의 회의는 위원의 과반수 출석으로 개의하고, 출석위원 3분의 2 이상의 찬성으로 의결한다(영 제251조의2 제5항).

(마) 수출입물품안전관리기관협의회의 운영

제1항부터 제5항까지에서 규정한 사항 외에 협의회의 운영에 필요한 사항은 협의회의 의결을 거쳐 위원장이 정한다(영 제251조의2 제6항).

4. 검사장소(Inspection Place)

(1) 보세구역 또는 보세구역외의 장소

"보세공장에 반입된 물품"(법 제186조 제1항) 또는 "수입 또는 반송하려는 물품"(법 제

246조)에 대한 검사는 "보세구역 또는 보세구역이 아닌 장소"(법 제155조 제1항)에서 행한다(법 제247조 제1항 본문).

참고로, 수출하려는 물품은 해당 물품이 장치되어 있는 장소에서 검사한다(법 제247조 제1항 단서)

(2) 보세구역

제1항에도 불구하고, 세관장은 효율적인 검사를 위하여 부득이하다고 인정될 때에는 관세청장이 정하는 바에 따라 해당 물품을 보세구역에 반입하게 한 후 검사할 수 있다(법 제247조 제2항).

5. 검사수수료

검사 장소가 지정장치장이나 세관검사장이 아닌 경우 신고인은 기획재정부령으로 정하는 바에 따라 수수료를 납부하여야 하는 바, 그 납부하는 검사수수료는 다음 계산식에 따른다. 다만, 보세창고의 경우, 신고인이 운영인과 다른 경우에는 수수료를 납부하지 아니한다(법 제247조 제3항 및 규칙 제78조 제1항 본문). 참고로, 수출물품에 대한 검사의 경우에는 기본수수료를 면제한다(규칙 제78조 제1항 단서)

[기본수수료(시간당 기본수수료 2천원 × 해당 검사에 걸리는 시간)] + 실비상당액(세관과 검사장소와의 거리 등을 고려하여 관세청장이 정하는 금액)

이 경우 수입화주와 검사의 시기 및 장소가 동일한 물품에 대하여는 이를 1건으로 하여 기본수수료를 계산하며, 검사수수료를 납부하여야 하는 자가 관세청장이 정하는 바에 따라 이를 따로 납부한 때에는 그 사실을 증명하는 증표를 수출입신고서에 첨부하여야 한다(규칙 제78조 제2항 및 제3항).

또한, 세관장은 전산처리설비를 이용하여 검사수수료를 고지하는 때에는 검사수수료를 일괄고지하여 납부하게 할 수 있다(규칙 제78조 제4항).

Ⅲ. 수입신고의 수리(Acceptance of Declaration)

1. 수입신고필증의 교부

세관장은 "수출·수입 또는 반송신고"(법 제241조) 또는 "입항전수입신고"(법 제244조)에 따른 신고가 이 법에 따라 적합하게 이루어졌을 때에는 이를 지체 없이 수리하고 신고인에게 신고필증을 발급하여야 한다. 다만, 제327조제2항에 따라 국가관세종합정보망의 전산처리설비를 이용하여 신고를 수리하는 경우에는 관세청장이 정하는 바에 따라 신고인이 직접 전산처리설비를 이용하여 신고필증을 발급받을 수 있다(법 제248조 제1항).

2. 수입신고수리시 담보제공

세관장은 관세를 납부하여야 하는 물품에 대하여는 "수출·수입 또는 반송신고"(법 제241조) 또는 "입항전수입신고"(법 제244조)에 따른 신고를 수리할 때에 다음의 어느 하나에 해당하는 자에게 관세에 상당하는 담보의 제공을 요구할 수 있다(법 제248조 제2항 및 영 제252조).

① 이 법 또는 「수출용원재료에 대한 관세 등 환급에 관한 특례법」 제23조를 위반하여 징역형의 실형을 선고받고 그 집행이 끝나거나(집행이 끝난 것으로 보는 경우를 포함한다) 면제된 후 2년이 지나지 아니한 자

② 이 법 또는 「수출용원재료에 대한 관세 등 환급에 관한 특례법」 제23조를 위반하여 징역형의 집행유예를 선고받고 그 유예기간 중에 있는 자

③ 제269조부터 제271조까지, 제274조, 제275조의2, 제275조의3 또는 「수출용원재료에 대한 관세 등 환급에 관한 특례법」 제23조에 따라 벌금형 또는 통고처분을 받은 자로서 그 벌금형을 선고받거나 통고처분을 이행한 후 2년이 지나지 아니한 자

④ 제241조 또는 제244조에 따른 수입신고일을 기준으로 최근 2년간 관세 등 조세를 체납한 사실이 있는 자

⑤ 수입실적, 수입물품의 관세율 등을 고려하여 다음의 "대통령령으로 정하는 관세채권의 확보가 곤란한 경우에 해당하는 자"

㉮ 최근 2년간 계속해서 수입실적이 없는 자

㉯ 파산, 청산 또는 개인회생절차가 진행 중인 자

㉰ 수입실적, 자산, 영업이익, 수입물품의 관세율 등을 고려할 때 관세채권 확보가 곤란한 경우로서 관세청장이 정하는 요건에 해당하는 자

3. 수입신고수리후 물품반출

"수출·수입 또는 반송신고" 또는 "입항전수입신고"의 수리 전에는 운송수단·관세통로·하역통로 또는 이 법에 따른 장치 장소로부터 신고된 물품을 반출하여서는 아니 된다(법 제248조 제3항).

따라서, 물품의 반출은 원칙적으로 수입신고가 수리된 후에 반출되어야 하지만, 예외적으로 다음과 같이 수입신고가 수리된 후에 반출되는 경우와 수입신고 전에 반출되는 경우도 있다.

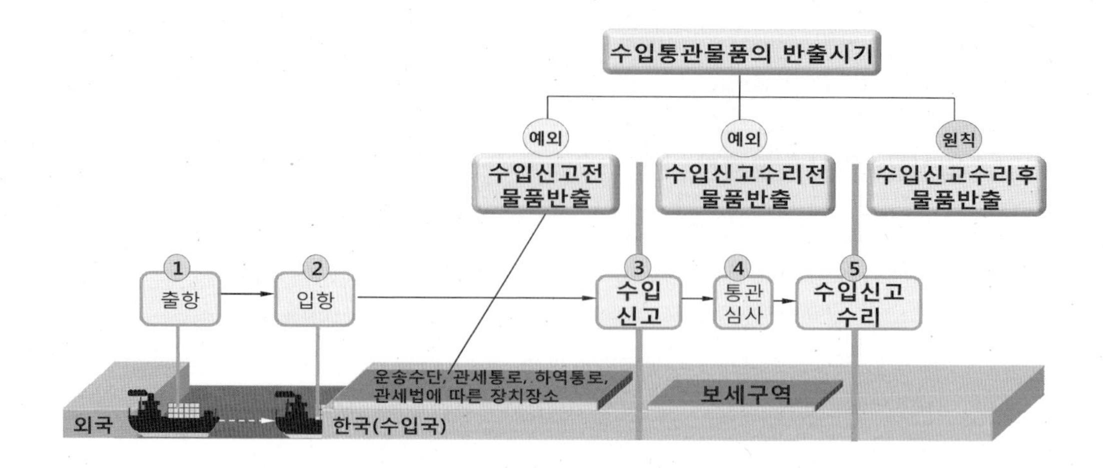

Ⅳ. 수입신고수리전 및 수입신고전의 물품반출

1. 수입신고수리전 물품반출

(1) 물품반출

수입신고를 한 물품을 제248조에 따른 세관장의 수리 전에 해당 물품이 장치된 장소로부터 반출하려는 자는 납부하여야 할 관세에 상당하는 담보를 제공하고 세관장의 승인을 받아야 한다. 다만, 정부 또는 지방자치단체가 수입하거나 담보를 제공하지 아니하여도 관세의 납부에 지장이 없다고 인정하여 대통령령으로 정하는 물품에 대하여는 담보의 제공을 생략할 수 있다(법 제252조).

여기에서, 담보의 제공을 생략할 수 있는 대통령령으로 정하는 물품이란 다음의 어느 하나에 해당하는 물품을 말한다. 다만, 다음의 ② 및 ③의 물품을 수입하는 자 중 관세 등의 체납, 불성실신고 등의 사유로 담보 제공을 생략하는 것이 타당하지 아니하다고 관세청장이 인정하는 자가 수입하는 물품에 대해서는 담보를 제공하게 할 수 있다(영 제256조 제3항).

① 국가, 지방자치단체, 「공공기관의 운영에 관한 법률」 제4조에 따른 공공기관, 「지방공기업법」 제49조에 따라 설립된 지방공사 및 같은 법 제79조에 따라 설립된 지방공단이 수입하는 물품

② 법 제90조제1항제1호 및 제2호에 따른 기관이 수입하는 물품

③ 최근 2년간 법 위반(관세청장이 법 제270조 · 제276조 및 제277조에 따른 처벌을 받은 자로서 재범의 우려가 없다고 인정하는 경우를 제외한다) 사실이 없는 수출입자 또는 신용평가기관으로부터 신용도가 높은 것으로 평가를 받은 자로서 관세청장이 정하는 자가 수입하는 물품

④ 수출용원재료 등 수입물품의 성질, 반입사유 등을 고려할 때 관세채권의 확보에 지장이 없다고 관세청장이 인정하는 물품
⑤ 거주 이전(移轉)의 사유, 납부할 세액 등을 고려할 때 관세채권의 확보에 지장이 없다고 관세청장이 정하여 고시하는 기준에 해당하는 자의 이사물품

(2) 물품반출의 승인

수입신고수리전 반출승인을 받으려는 자는 다음의 사항을 기재한 신청서를 세관장에게 제출하여야 한다(영 제256조 제1항).

① "다음"(영 제175조 각호)의 사항
　㉮ 장치장소 및 장치사유
　㉯ 수입물품의 경우 해당 물품을 외국으로부터 운송하여 온 선박 또는 항공기의 명칭 또는 등록기호·입항예정연월일·선화증권번호 또는 항공화물운송장번호
　㉰ 해당 물품의 내외국물품별 구분과 품명·수량 및 가격
　㉱ 해당 물품의 포장의 종류·번호 및 개수
② 신고의 종류
③ 신고연월일 및 신고번호
④ 신청사유

또한, 세관장이 수입신고수리전 반출승인신청을 받아 그 승인을 하는 때에는 관세청장이 정하는 절차에 따라야 한다(영 제256조 제2항).

2. 수입신고전 물품반출

(1) 신고서의 제출

수입하려는 물품을 수입신고 전에 운송수단, 관세통로, 하역통로 또는 이 법에 따른 장치 장소로부터 즉시 반출하려는 자는 대통령령으로 정하는 바에 따라 세관장에게 즉시반출신고를 하여야 한다. 이 경우 세관장은 납부하여야 하는 관세에 상당하는 담보를 제공하게 할 수 있다(법 제253조 제1항).

따라서 수입하려는 물품을 수입신고전에 즉시반출하려는 자는 해당 물품의 품명·규격·수량 및 가격을 기재한 신고서를 제출하여야 한다(영 제257조 제1항).

(2) 신고인 및 물품의 지정

수입하려는 물품을 수입신고전에 즉시반출을 할 수 있는 자 또는 물품은 대통령령으로 정하는 바에 따라 세관장이 지정하는 바, 즉시반출을 할 수 있는 자 및 물품은 다음의 어

느 하나에 해당하는 것중 법 제226조 제2항에 따른 구비조건의 확인에 지장이 없는 경우로서 세관장이 지정하는 것으로 한정한다(법 제253조 제2항 및 영 제257조 제2항).

① 관세등의 체납이 없고 최근 3년동안 수출입실적이 있는 제조업자 또는 외국인투자자가 수입하는 시설재 또는 원부자재
② 그 밖에 관세 등의 체납우려가 없는 경우로서 관세청장이 정하는 물품

(3) 수입신고(Declaration on Importation)

수입하려는 물품을 수입신고전에 즉시반출신고를 하고 반출을 하는 자는 즉시반출신고를 한 날부터 10일 이내에 제241조에 따른 수입신고를 하여야 한다(법 제253조 제3항).

(4) 관세의 부과·징수(Imposition and Collection of Customs Duties)

세관장은 수입신고전에 반출을 한 자가 즉시반출신고를 한 날부터 10일 이내에 수입신고를 하지 아니하는 경우에는 관세를 부과·징수한다. 이 경우 해당 물품에 대한 관세의 20/100에 상당하는 금액을 가산세로 징수하고, 수입신고전에 즉시반출할 수 있는 자 또는 물품의 지정을 취소할 수 있다(법 제253조 제4항).

수입신고전 즉시반출신고를 하고 반출된 물품은 내국물품으로 본다(법 제2조 제5호).

V. 상호주의에 따른 간이수입통관 및 탁송품 특별수입통관

1. 상호주의에 따른 간이수입통관

국제무역 및 교류를 증진하고 국가 간의 협력을 촉진하기 위하여 우리나라에 대하여 통관절차의 편익을 제공하는 국가에서 수입되는 물품에 대하여는 상호 조건에 따라 대통령령으로 정하는 바에 따라 간소한 통관절차를 적용할 수 있는 바, 통관절차의 특례를 적용받을 수 있는 국가는 다음의 국가로 한다(법 제255조 및 영 제259조 제1항).

① 우리나라와 통관절차의 편의에 관한 협정을 체결한 국가
② 우리나라와 무역협정 등을 체결한 국가

또한, 통관절차에 관한 특례부여절차, 특례부여의 중지, 그 밖에 필요한 사항은 관세청장이 정하는 바에 따른다(영 제259조 제2항).

2. 탁송품 특별수입통관

(1) 수입신고 생략대상 탁송품

제241조 제2항 제1호의 탁송품으로서 기획재정부령으로 정하는 물품은 "탁송품 운송업자"(제222조 제1항 제6호에 따라 관세청장 또는 세관장에게 등록한 자)가 "통관목록"(다음에 해당하는 사항이 적힌 목록)을 세관장에게 제출함으로써 제241조 제1항에 따른 수입신고를 생략할 수 있다(법 제254조의2 제1항 및 규칙 제79조의2 제2항).

① 물품의 송화인 및 수화인의 성명, 주소, 국가
② 물품의 품명, 수량, 중량 및 가격
③ 탁송품의 통관목록에 관한 것으로 기획재정부령으로 정하는 다음의 사항
㉮ 운송업자명
㉯ 선박편명 또는 항공편명
㉰ 선화증권 번호
㉱ 그 밖에 관세청장이 정하는 사항

여기에서, "기획재정부령으로 정하는 물품"이란 자가사용물품 또는 면세되는 상용견품 중 물품가격이 미화 150달러 이하인 물품을 말한다(규칙 제79조의2 제1항).

(2) 탁송품의 통관목록

탁송품 운송업자는 통관목록을 사실과 다르게 제출하여서는 아니 된다(법 제254조의2 제2항).

또한, 탁송품 운송업자는 제1항에 따라 제출한 통관목록에 적힌 수화인의 주소지(제241조제1항에 따른 수입신고를 한 탁송품의 경우에는 수입신고서에 적힌 납세의무자의 주소지)가 아닌 곳에 탁송품을 배송하거나 배송하게 한 경우(「우편법」 제31조 단서에 해당하는 경우는 제외한다)에는 배송한 날이 속하는 달의 다음달 15일까지 실제 배송한 주소지를 세관장에게 제출하여야 한다(법 제254조의2 제3항).

(3) 탁송품의 통관절차의 적용 배제

세관장은 탁송품 운송업자가 제2항 또는 제3항을 위반하거나 이 법에 따라 통관이 제한되는 물품을 국내에 반입하는 경우에는 제1항에 따른 통관절차의 적용을 배제할 수 있다(법 제254조의2 제4항).

(4) 탁송품의 검사

관세청장 또는 세관장은 탁송품에 대하여 세관공무원으로 하여금 검사하게 하여야 하

며, 탁송품의 통관목록의 제출시한, 실제 배송지의 제출, 물품의 검사 등에 필요한 사항은 관세청장이 정하여 고시한다(법 제254조의2 제5항).

(5) 지정장치장에서 탁송품 통관

세관장은 관세청장이 정하는 절차에 따라 별도로 정한 지정장치장에서 탁송품을 통관하여야 한다. 다만, 세관장은 탁송품에 대한 감시·단속에 지장이 없다고 인정하는 경우 탁송품을 해당 탁송품 운송업자가 운영하는 보세창고 또는 시설(「자유무역지역의 지정 및 운영에 관한 법률」 제11조에 따라 입주계약을 체결하여 입주한 업체가 해당 자유무역지역에서 운영하는 시설에 한정한다)에서 통관할 수 있으며, 이 단서에 따라 탁송품 운송업자가 운영하는 보세창고 또는 시설에서 통관하는 경우 그에 필요한 탁송품 검사설비 기준, 설비이용 절차, 설비이용 유효기간 등에 관하여 필요한 사항은 대통령령으로 정한다(법 제254조의2 제6항 및 제7항).

법 제254조의2 제6항 단서에 따라 세관장이 탁송품 운송업자가 운영하는 보세창고 또는 시설(이하 이 조부터 제258조의4까지에서 "자체시설"이라 한다)에서 탁송품을 통관하는 경우 탁송품 운송업자가 갖추어야 할 검사설비는 다음과 같고, 검사설비의 세부기준은 관세청장이 고시로 정한다(영 제258조의2 제1항 및 제2항).

① X-Ray 검색기

② 자동분류기

③ 세관직원전용 검사장소

● 수출통관절차

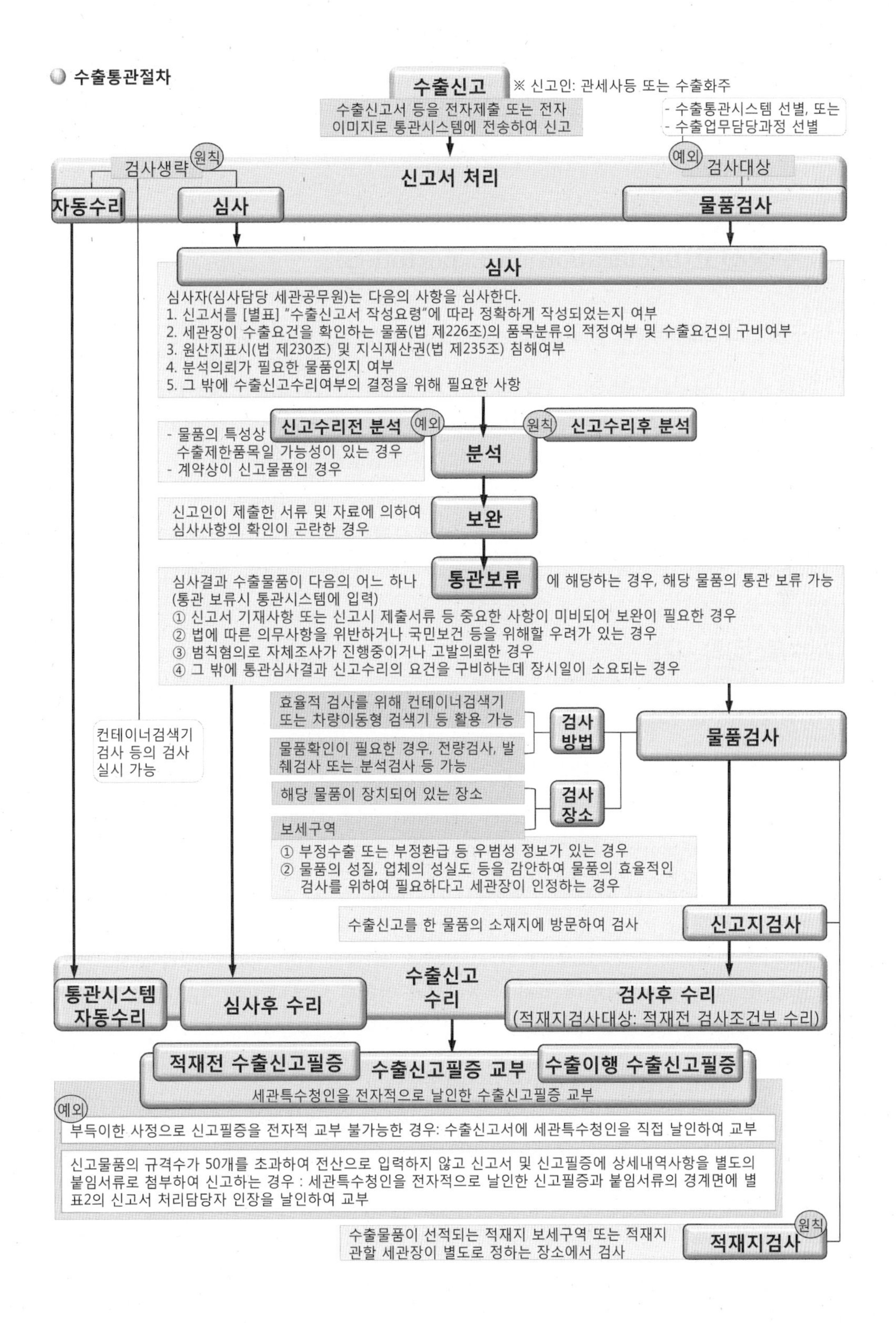

수출신고
※ 신고인: 관세사등 또는 수출화주
수출신고서 등을 전자제출 또는 전자 이미지로 통관시스템에 전송하여 신고
- 수출통관시스템 선별, 또는
- 수출업무담당과정 선별
검사생략
원칙
예외
검사대상
신고서 처리
자동수리
심사
물품검사
심사
심사자(심사담당 세관공무원)는 다음의 사항을 심사한다.
1. 신고서를 [별표] "수출신고서 작성요령"에 따라 정확하게 작성되었는지 여부
2. 세관장이 수출요건을 확인하는 물품(법 제226조)의 품목분류의 적정여부 및 수출요건의 구비여부
3. 원산지표시(법 제230조) 및 지식재산권(법 제235조) 침해여부
4. 분석의뢰가 필요한 물품인지 여부
5. 그 밖에 수출신고수리여부의 결정을 위해 필요한 사항
신고수리전 분석
예외
원칙
신고수리후 분석
- 물품의 특성상 수출제한품목일 가능성이 있는 경우
- 계약상이 신고물품인 경우
분석
신고인이 제출한 서류 및 자료에 의하여 심사사항의 확인이 곤란한 경우
보완
심사결과 수출물품이 다음의 어느 하나
통관보류
에 해당하는 경우, 해당 물품의 통관 보류 가능
(통관 보류시 통관시스템에 입력)
① 신고서 기재사항 또는 신고시 제출서류 등 중요한 사항이 미비되어 보완이 필요한 경우
② 법에 따른 의무사항을 위반하거나 국민보건 등을 위해할 우려가 있는 경우
③ 범칙혐의로 자체조사가 진행중이거나 고발의뢰한 경우
④ 그 밖에 통관심사결과 신고수리의 요건을 구비하는데 장시일이 소요되는 경우
컨테이너검색기 검사 등의 검사 실시 가능
효율적 검사를 위해 컨테이너검색기 또는 차량이동형 검색기 등 활용 가능
물품확인이 필요한 경우, 전량검사, 발췌검사 또는 분석검사 등 가능
검사 방법
물품검사
해당 물품이 장치되어 있는 장소
검사 장소
보세구역
① 부정수출 또는 부정환급 등 우범성 정보가 있는 경우
② 물품의 성질, 업체의 성실도 등을 감안하여 물품의 효율적인 검사를 위하여 필요하다고 세관장이 인정하는 경우
수출신고를 한 물품의 소재지에 방문하여 검사
신고지검사
통관시스템 자동수리
심사후 수리
수출신고 수리
검사후 수리
(적재지검사대상: 적재전 검사조건부 수리)
적재전 수출신고필증
수출신고필증 교부
수출이행 수출신고필증
세관특수청인을 전자적으로 날인한 수출신고필증 교부
예외
부득이한 사정으로 신고필증을 전자적 교부 불가능한 경우: 수출신고서에 세관특수청인을 직접 날인하여 교부
신고물품의 규격수가 50개를 초과하여 전산으로 입력하지 않고 신고서 및 신고필증에 상세내역사항을 별도의 붙임서류로 첨부하여 신고하는 경우 : 세관특수청인을 전자적으로 날인한 신고필증과 붙임서류의 경계면에 별표2의 신고서 처리담당자 인장을 날인하여 교부
수출물품이 선적되는 적재지 보세구역 또는 적재지 관할 세관장이 별도로 정하는 장소에서 검사
원칙
적재지검사

제3절 수출통관절차

Ⅰ. 수출신고(Declaration on Exportation)

1. 수출신고인(Declarer of Export)

"수출·수입 또는 반송의 신고"(법 제241조)·"입항전수입신고"(법 제244조) 또는 "수입신고전의 물품반출"(법 제253조)에 따른 신고는 화주 또는 관세사등의 명의로 하여야 한다. 다만, 수출신고의 경우에는 화주에게 해당 수출물품을 제조하여 공급한 자의 명의로 할 수 있다(법 제242조).

따라서, 수출신고는 "관세사등"(관세사, 「관세사법」 제17조에 따른 관세법인, 「관세사법」 제19조에 따른 통관취급법인 또는 수출 화주의 명의로 하여야 한다(출통고시 제5조).

2. 수출신고의 시기

(1) 적재전 수출신고

(가) 적재전 30일 이내 신고의무(원칙)

적재전 수출신고는 수출물품을 우리나라와 외국 간을 왕래하는 운송수단에 적재하기 전에, 즉 적재하기 30일 이내에 수출신고하는 것을 말한다. 즉, 법 제251조 제1항 본문에서는 "수출신고가 수리된 물품은 수출신고가 수리된 날부터 30일 이내에 운송수단에 적재하여야 한다"고 규정하고 있으며, 수출통관사무처리에 관한 고시(이하 표기의 편의를 위하여 본 교재에서는 "출통고시"라 한다) 제45조 제1항에서는 "수출자는 수출신고가 수리된 물품을 법 제251조 제1항에 따라 수출신고가 수리된 날부터 30일 이내에 우리나라와 외국간을 왕래하는 운송수단에 적재하여야 한다"고 규정하고 있다.

(나) 1개월 단위로 다음달 10일까지 신고의무(예외)

위에도 불구하고, 전기·유류 등 "대통령령으로 정하는 물품"(전기, 가스, 유류 또는 용수)을 그 물품의 특성으로 인하여 전선이나 배관 등 대통령령으로 정하는 시설 또는 장치 등을 이용하여 수출·수입 또는 반송하는 자는 1개월을 단위로 하여 해당 물품에 대한 제1항의 사항을 대통령령으로 정하는 바에 따라 다음 달 10일까지 신고하여야 한다(법 제241조 제6항 및 영 제246조 제7항).

여기에서 "대통령령으로 정하는 시설 또는 장치 등"이란 전선로, 배관 등 제6항의 어느 하나에 해당하는 물품(전기, 가스, 유류 또는 용수)을 공급하기에 적합하도록 설계 · 제작된 일체의 시설을 말한다(영 제246조 제8항).

영 제246조 제1항 및 제2항은 법 제241조 제6항에 따라 수출 · 수입 또는 반송하는 경우에 준용한다(영 제246조 제9항).

● 수출통관의 흐름과 수출신고 시기

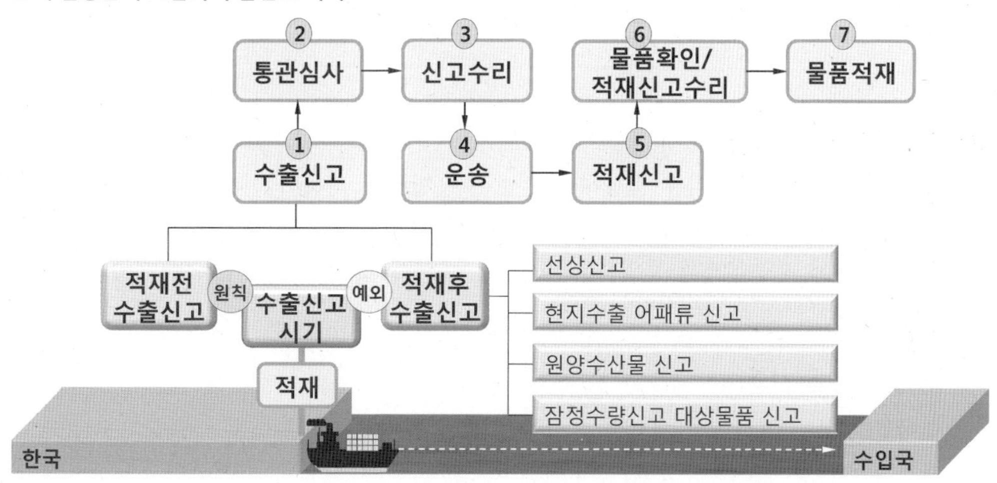

(2) 적재후 수출신고

수출신고는 수출물품의 특성에 따라 물품의 적재 후에 행해지는 다음의 4가지 경우도 있다.[1)]

(가) 선상수출신고

수출하려는 물품이 다음의 어느 하나에 해당하는 경우에는 해당 물품을 선적한 후 선상에서 수출신고를 할 수 있다.

① 선적한 후 공인검정기관의 검정서(SURVEY REPORT)에 의하여 수출물품의 수량을 확인하는 물품(예 : 산물[2)] 및 광산물)

② 물품의 신선도 유지 등의 사유로 선상 수출신고가 불가피하다고 인정되는 물품(예: 내항선에 적재된 수산물을 다른 선박으로 이적하지 아니한 상태로 외국무역선으로 자격변경하여 출항하고자 하는 경우)

③ 자동차운반전용선박에 적재하여 수출하는 신품자동차

1) 관세청, 2018년 3월 5일 개정 수출통관사무처리에 관한 고시, 제32조부터 제35조까지.

2) 산물(산화물; Bulk cargo)이란 곡물, 원유, 광산물 등 무포장 상태로 운송되는 화물을 말한다. 즉, 2016년 3월 14일 개정 관세청보세화물입출항하선하기및적재에관한고시 제2조 제9호에서는 "산물이란 .곡물, 원유, 광산물 등 무포장 상태로 운송되는 화물을 말한다"고 규정하고 있다.

제1항에도 불구하고 제1항 제1호의 물품이 다음을 모두 충족하는 경우에는 출항 후 최초세관근무시간까지 수출신고 할 수 있다.

① 법 제140조제4항 단서에 따른 적재허가를 받은 물품

② 제7조제2항제1호부터 제2호까지 해당하지 않는 물품

③ 세관근무시간외에 적재 또는 출항하는 경우

제1항에 따라 선상수출신고를 하려는 자는 사전에 법 제140조 제4항 단서에 따라 별지 제8호 서식의 수출신고수리전적재허가(신청)서를 세관장에 제출하고 허가를 받아야 한다. 이 경우 세관장은 수출 물품의 특성 등을 감안하여 1년 범위내에서 일괄하여 허가할 수 있다.

(나) 현지수출 어패류 신고

어패류를 법 제136조에 따른 출항허가를 받은 운반선에 의하여 현지에서 수출하는 것이 부득이한 경우에는 수출 후 대금결제전까지 출항허가를 받은 세관장에게 신고자료를 전송하고, 신고서류에 수출실적을 증명하는 서류(예 : Cargo Receipt)를 첨부하여 제출하여야 한다.

(다) 원양수산물 신고

우리나라 선박이 공해에서 채포한 수산물을 현지 판매하는 경우에는 수출자가 수출후 대금결제전까지 수출사실을 증명하는 서류[예: Cargo Receipt, B/L, Final(Fish) Settlement]가 첨부된 수출실적보고서(수출신고서 양식 사용)를 한국원양산업협회를 경유하여 서울세관장에게 신고자료를 전송하여야 한다.

(라) 잠정수량신고 · 잠정가격신고 대상물품의 수출신고

배관 등 고정운반설비를 이용하여 적재하는 경우 또는 제조공정상의 이유 및 국제원자재 시세에 따른 금액이 사후에 확정되어 수출신고시에 수량이나 가격 확정이 곤란한 물품 중 다음의 어느 하나에 해당하는 물품을 수출하려는 자는 별지 제1호서식에 의거 수출신고시에 적재예정수량 및 금액을 신고하고, 적재완료일로부터 수량의 경우 5일, 금액의 경우 60일이 경과하기 전까지 별지 제2호 서식에 의거 실제 공급한 수량 및 금액을 신고할 수 있다

① 가스

② 액체

③ 전기

④ HS 제50류부터 제60류까지 중 직물 및 편물

⑤ HS 71류부터 83류까지의 귀금속 및 비금속제 물품

⑥ 그 밖에 계약의 내용이나 거래의 특성상 잠정수량 또는 잠정가격으로 신고하는 것이 불가피하다고 세관장이 인정하는 물품

3. 수출신고물품의 장치와 수출신고가격의 산정

(1) 수출신고물품의 장치

수출물품의 경우에는 수입물품과는 달리 장치장소에 대한 제한이 없기 때문에, 보세구역이 아닌 제조공장이나 창고에 장치할 수 있다. 따라서 보세구역이 아닌 다른 장소에 물품을 장치하더라도 보세구역외 장치의 허가를 받을 필요가 없다.

하지만, 밀수출 등 불법행위가 발생할 우려가 높거나 감시단속상 필요하다고 인정하여 대통령령으로 정하는 물품은 관세청장이 정하는 장소에 반입한 후 제241조 제1항에 따른 수출의 신고를 하게 할 수 있다(법 제243조 제4항).

여기(법 제243조 제4항)에서, "대통령령으로 정하는 물품"이란 다음 각 호의 어느 하나에 해당하는 물품으로서 관세청장이 정하여 고시하는 물품을 말한다(영 제248조의2 제1항).

① 도난우려가 높은 물품 등 국민의 재산권 보호를 위하여 수출관리가 필요한 물품

② 고세율 원재료를 제조·가공하여 수출하는 물품 등 부정환급 우려가 높은 물품

제1항에도 불구하고 법 제255조의2에 따른 수출입 안전관리 우수 공인업체가 수출하는 물품은 법 제243조제4항에 따라 관세청장이 정하는 장소에 반입한 후 수출의 신고를 하는 물품(이하 이 조에서 "반입 후 신고물품"이라 한다)에서 제외할 수 있다(영 제248조의2 제2항).

또한, 반입 후 신고물품의 반입절차 및 그 밖에 필요한 사항은 관세청장이 정하여 고시한다(영 제248조의2 제3항).

(2) 수출신고가격의 산정

수출신고를 함에 있어 수출신고가격을 산정하기 위하여 외국통화로 표시된 가격을 내국통화로 환산하는 때에는 수출신고일이 속하는 주의 전주의 외국환매입률을 평균하여 관세청장이 정한 율로 하여야 한다(영 제246조 제6항).

4. 수출신고시 제출서류(Document to be Submitted at Time of Declaration)

(1) 수출신고서의 제출

물품을 수출·수입 또는 반송하려면 해당 물품의 품명·규격·수량 및 가격과 그 밖에 대통령령으로 정하는 사항을 세관장에게 신고하여야 하는 바, 수출·수입 또는 반송의 신고를 하려는 자는 "기획재정부령으로 정하는 수출·수입 또는 반송의 신고서"(수출 또는 반송의 신고서는 별지 제1호의2 서식과 같고, 수입의 신고서는 별지 제1호의3 서식과 같다)를 세관장에게 제출하여야 한다(법 제241조 제1항, 영 제246조 제1항·제2항 및 규칙 제77조의5, 제77조의6 제1항~제3항).

① "다음"(영 제246조 제1항)의 사항

㉮ 포장의 종류 · 번호 및 개수

㉯ 목적지 · 원산지 및 선적지

㉰ 원산지표시 대상물품인 경우에는 표시유무 · 방법 및 형태

㉱ 상표

㉲ 납세의무자 또는 화주의 상호(개인의 경우 성명을 말한다) · 사업자등록번호 · 통관고유부호와 해외공급자부호 또는 해외구매자부호

이 경우, 통관고유부호, 해외공급자부호 또는 해외구매자부호를 발급받거나 변경하려는 자는 주소, 성명, 사업종류 등을 적은 신청서에 다음 각 호의 서류를 첨부하여 세관장에게 제출하여야 한다. 다만, 세관장이 필요 없다고 인정하는 경우에는 첨부서류의 제출을 생략할 수 있다. 또한, 통관고유부호, 해외공급자부호 또는 해외구매자부호의 발급절차 및 관리 등에 관하여 필요한 사항은 관세청장이 정한다.

㉠ 사업자등록증

㉡ 해외공급자 또는 해외구매자의 국가 · 상호 · 주소가 표기된 송품장

㉢ 그 밖에 관세청장이 정하여 고시하는 서류

㉳ 물품의 장치장소

㉴ 그 밖에 "기획재정부령으로 정하는 다음의 참고사항"

㉠ 물품의 모델 및 중량

㉡ 품목분류표의 품목 번호

㉢ 법 제226조에 따른 허가 · 승인 · 표시 또는 그 밖의 조건을 갖춘 것임을 증명하기 위하여 발급된 서류의 명칭

② 해당 물품의 품명 · 규격 · 수량 및 가격

법 제241조제1항에 따른 가격 중 수출신고가격은 해당 물품을 본선에 인도하는 조건으로 실제로 지급하였거나 지급하여야 할 가격으로서 최종 선적항 또는 선적지까지의 운임 · 보험료를 포함한 가격으로 한다(영 제246조 제3항).

(2) 부대서류의 제출

물품수출 · 수입 또는 반송의 신고를 하는 자는 과세가격결정자료 외에 대통령령으로 정하는 다음의 서류를 제출하여야 한다(법 제245조 제1항 및 영 제250조 제1항).

① 선화증권 사본 또는 항공화물운송장 사본

② 원산지증명서(제236조제1항이 적용되는 경우로 한정한다)

③ 기타 참고서류

위의 서류를 제출하여야 하는 자가 해당 서류를 관세사등에게 제출하고, 관세사등이 해당 서류를 확인한 후 수출 · 수입 또는 반송에 관한 신고를 할 때에는 해당 서류의 제출을 생략하게 하거나 해당 서류를 수입신고 수리 후에 제출하게 할 수 있으며, 서류의 제출을 생략하게 하거나 수입신고 수리 후에 서류를 제출하게 하는 경우 세관장이 필요하다고

인정하여 신고인에게 관세청장이 정하는 장부나 그 밖의 관계 자료의 제시 또는 제출을 요청하면 신고인은 이에 따라야 한다(법 제245조 제2항 및 제3항).

수출입신고를 하는 물품이 허가·승인·표시·그 밖의 조건의 구비(법 제226조)의 증명을 필요로 하는 것인 때에는 관련증명서류를 첨부하여 수출입신고를 하여야 한다. 다만, 세관장은 필요없다고 인정되는 때에는 이를 생략하게 할 수 있다(영 제250조 제2항).

5. 수출신고사항의 보완

세관장은 다음 각 호의 어느 하나에 해당하는 경우에는 "수출·수입 또는 반송의 신고"(법 제241조) 또는 "입항전수입신고"(법 제244조)에 따른 신고가 수리되기 전까지 갖추어지지 아니한 사항을 보완하게 할 수 있다. 다만, 해당 사항이 경미하고 신고수리 후에 보완이 가능하다고 인정되는 경우에는 관세청장이 정하는 바에 따라 신고수리 후 이를 보완하게 할 수 있다(법 제249조).

① 제241조 또는 제244조에 따른 수출·수입 또는 반송에 관한 신고서의 기재사항이 갖추어지지 아니한 경우
② 수출·수입 또는 반송신고시의 제출서류가 갖추어지지 아니한 경우

6. 수출신고의 취하 및 각하

(1) 수출신고의 취하

(가) 수출신고의 취하승인신청

신고는 정당한 이유가 있는 경우에만 세관장의 승인을 받아 취하할 수 있다. 다만, 수입 및 반송의 신고는 운송수단, 관세통로, 하역통로 또는 이 법에 규정된 장치 장소에서 물품을 반출한 후에는 취하할 수 없다(법 제250조 제1항).

이 경우, 승인을 받으려는 자는 다음의 사항을 기재한 신청서를 세관장에게 제출하여야 한다(영 제253조).

① "다음"(영 제175조 각호)의 사항
　㉮ 장치장소 및 장치사유
　㉯ 수입물품의 경우 해당 물품을 외국으로부터 운송하여 온 선박 또는 항공기의 명칭 또는 등록기호·입항예정연월일·선화증권번호 또는 항공화물운송장번호
　㉰ 해당 물품의 내외국물품별 구분과 품명·수량 및 가격
　㉱ 해당 물품의 포장의 종류·번호 및 개수
② 신고의 종류
③ 신고연월일 및 신고번호

④ 신청사유

(나) 수출신고의 취하승인

수출·수입 또는 반송의 신고를 수리한 후 신고의 취하를 승인한 때에는 신고수리의 효력은 상실된다(법 제250조 제2항).

(2) 수출신고의 각하

세관장은 "수출·수입 또는 반송의 신고"(법 제241조) 또는 "입항전수입신고"(법 제244조)가 그 요건을 갖추지 못하였거나 부정한 방법으로 신고되었을 때에는 해당 수출·수입 또는 반송의 신고를 각하할 수 있다(법 제250조 제3항).

따라서, 세관장은 해당 수출·수입 또는 반송의 신고를 각하한 때에는 즉시 그 신고인에게 다음의 사항을 기재한 통지서를 송부하여야 한다(영 제254조).

① 신고의 종류
② 신고연월일 및 신고번호
③ 각하사유

Ⅱ. 수출신고의 처리

수출신고물품에 대한 신고서의 처리방법은 다음의 구분에 따르지만, 수출업무담당과장은 다음의 처리방법을 변경할 수 있으며, 이 경우 변경된 사항을 시스템에 정정등록한다(출통고시 제10조 제1항 및 제2항).

① 자동수리
② 심사
③ 물품검사

수출업무담당과장은 서류제출없는 신고물품의 신고사항을 검토한 결과 심사 또는 물품검사가 필요하다고 판단되는 경우에는 서류제출대상으로 선별하고, 제7조제2항에 따른 서류의 제출을 요구할 수 있다. 다만, 제7조제2항에 따른 서류를 제7조의2에 따라 전자제출 하였거나 전자이미지 전송한 경우에는 서류제출을 생략할 수 있다(출통고시 제10조 제3항).

1. 자동수리

"자동수리"란 수출신고를 하면 별도의 세관 심사없이 수출통관시스템에서 자동으로 즉시 신고수리하는 것을 말한다(출통고시 제2조 제1호).

2. 수출물품의 심사(Examination of Goods)

(1) 수출물품의 심사(Examination of Goods)

(가) 심사의 의의

"심사"란 신고된 세번과 신고가격 등 신고사항의 적정여부, 법령에 의한 수출요건의 충족여부 등을 확인하기 위하여 관련 서류(전자이미지 포함)나 분석결과를 검토하는 것을 말한다(출통고시 제2조 제7호).

(나) 심사사항

심사자는 다음 각 호의 사항을 심사한다(출통고시 제11조).

① 신고서를 [별표] "수출신고서 작성요령"에 따라 정확하게 작성되었는지 여부
② 법 제226조에 따라 세관장이 수출요건을 확인하는 물품의 품목분류의 적정여부 및 수출요건의 구비여부
③ 법 제230조에 따른 원산지 표시 및 법 제235조에 따른 지식재산권 침해여부
④ 분석의뢰가 필요한 물품인지 여부
⑤ 그 밖에 수출신고수리여부를 결정하기 위하여 필요한 사항

3. 수출물품의 검사(Inspection of Goods)

(1) 수출물품의 검사(Inspection of Goods)

"물품검사"란 수출신고된 물품이외에 은닉된 물품이 있는지 여부와 수출신고사항과 현품의 일치여부를 확인하는 것을 말한다(출통고시 제2조 제8호).

세관공무원은 수출·수입 또는 반송하려는 물품에 대하여 검사를 할 수 있다(법 제246조 제1항).

(2) 검사대상 등의 기준

관세청장은 검사의 효율을 거두기 위하여 검사대상, 검사범위, 검사방법 등에 관하여 필요한 기준을 정할 수 있다(법 제246조 제2항).

4. 검사장소(Inspection Place)

(1) 해당 물품의 장치장소

수출하려는 물품은 해당 물품이 장치되어 있는 장소에서 검사한다(법 제247조 제1항 단서).

(2) 보세구역

수출하려는 물품은 해당 물품이 장치되어 있는 장소에서 검사하지만, 그럼에도 불구하고, 세관장은 효율적인 검사를 위하여 부득이하다고 인정될 때에는 관세청장이 정하는 바에 따라 해당 물품을 보세구역에 반입하게 한 후 검사할 수 있다(법 제247조 제2항).

5. 검사수수료

검사 장소가 지정장치장이나 세관검사장이 아닌 경우 신고인은 기획재정부령으로 정하는 바에 따라 수수료를 납부하여야 하는 바, 그 납부하는 검사수수료는 다음 계산식에 따른다. 다만, 보세창고의 경우, 신고인이 운영인과 다른 경우에는 수수료를 납부하지 아니한다(법 제247조 제3항 및 규칙 제78조 제1항 본문). 참고로, 수출물품에 대한 검사의 경우에는 기본수수료를 면제한다(규칙 제78조 제1항 단서).

[기본수수료(시간당 기본수수료 2천원 × 해당 검사에 걸리는 시간)] +
실비상당액(세관과 검사장소와의 거리 등을 고려하여 관세청장이 정하는 금액)

이 경우 수입화주와 검사의 시기 및 장소가 동일한 물품에 대하여는 이를 1건으로 하여 기본수수료를 계산하며, 검사수수료를 납부하여야 하는 자가 관세청장이 정하는 바에 따라 이를 따로 납부한 때에는 그 사실을 증명하는 증표를 수출입신고서에 첨부하여야 한다(규칙 제78조 제2항 및 제3항).

또한, 세관장은 전산처리설비를 이용하여 검사수수료를 고지하는 때에는 검사수수료를 일괄고지하여 납부하게 할 수 있다(규칙 제78조 제4항).

Ⅲ. 수출신고수리(Acceptance of Declaration)

1. 수출신고필증의 교부

세관장은 "수출·수입 또는 반송신고"(법 제241조) 또는 "입항전수입신고"(법 제244조)에 따른 신고가 이 법에 따라 적합하게 이루어졌을 때에는 이를 지체 없이 수리하고 신고인에게 신고필증을 발급하여야 한다. 다만, 제327조제2항에 따라 국가관세종합정보망의 전산처리설비를 이용하여 신고를 수리하는 경우에는 관세청장이 정하는 바에 따라 신고인이 직접 전산처리설비를 이용하여 신고필증을 발급받을 수 있다(법 제248조 제1항).

2. 수출신고수리시 담보제공

세관장은 관세를 납부하여야 하는 물품에 대하여는 "수출·수입 또는 반송신고"(법 제241조) 또는 "입항전수입신고"(법 제244조)에 따른 신고를 수리할 때에 다음의 어느 하나에 해당하는 자에게 관세에 상당하는 담보의 제공을 요구할 수 있다(법 제248조 제2항 및 영 제252조).

① 이 법 또는 「수출용원재료에 대한 관세 등 환급에 관한 특례법」 제23조를 위반하여 징역형의 실형을 선고받고 그 집행이 끝나거나(집행이 끝난 것으로 보는 경우를 포함한다) 면제된 후 2년이 지나지 아니한 자

② 이 법 또는 「수출용원재료에 대한 관세 등 환급에 관한 특례법」 제23조를 위반하여 징역형의 집행유예를 선고받고 그 유예기간 중에 있는 자

③ 제269조부터 제271조까지, 제274조, 제275조의2, 제275조의3 또는 「수출용원재료에 대한 관세 등 환급에 관한 특례법」 제23조에 따라 벌금형 또는 통고처분을 받은 자로서 그 벌금형을 선고받거나 통고처분을 이행한 후 2년이 지나지 아니한 자

④ 제241조 또는 제244조에 따른 수입신고일을 기준으로 최근 2년간 관세 등 조세를 체납한 사실이 있는 자

⑤ 수입실적, 수입물품의 관세율 등을 고려하여 다음의 "대통령령으로 정하는 관세채권의 확보가 곤란한 경우에 해당하는 자"

㉮ 최근 2년간 계속해서 수입실적이 없는 자

㉯ 파산, 청산 또는 개인회생절차가 진행 중인 자

㉰ 수입실적, 자산, 영업이익, 수입물품의 관세율 등을 고려할 때 관세채권 확보가 곤란한 경우로서 관세청장이 정하는 요건에 해당하는 자

3. 수출신고수리후 물품반출

"수출·수입 또는 반송신고" 또는 "입항전수입신고"의 수리 전에는 운송수단·관세통로·하역통로 또는 이 법에 따른 장치 장소로부터 신고된 물품을 반출하여서는 아니 된다(법 제248조 제3항).

따라서, 물품의 반출은 수출신고가 수리된 후에 반출되어야 한다.

4. 수출신고수리물품의 적재 등

(1) 수출신고수리물품의 적재

수출신고가 수리된 물품은 수출신고가 수리된 날부터 30일 이내에 운송수단에 적재하여야 한다. 다만, 기획재정부령으로 정하는 바에 따라 1년의 범위에서 적재기간의 연장승인을 받은 것은 그러하지 아니하다(법 제251조 제1항).

이 경우, 적재기간의 연장승인을 받으려는 자는 다음의 사항을 기재한 신청서를 세관장에게 제출하여야 한다(규칙 제79조).

① 수출신고번호·품명·규격 및 수량
② 수출자·신고자 및 제조자
③ 연장승인신청의 사유
④ 그 밖의 참고사항

(2) 수출신고수리의 취소

세관장은 수출신고가 수리된 날부터 30일 이내의 기간 내에 적재되지 아니한 물품에 대하여는 대통령령으로 정하는 바에 따라 수출신고의 수리를 취소할 수 있다(법 제251조 제2항).

따라서, 세관장은 우리나라와 외국 간을 왕래하는 운송수단에 적재하는 기간을 초과하는 물품에 대하여 수출신고의 수리를 취소하여야 한다. 다만, 다음의 어느 하나에 해당하는 경우에는 그러하지 아니하다(영 제255조 제1항).

① 법 제250조 제1항에 따른 신고취하의 승인신청이 정당한 사유가 있다고 인정되는 경우
② 법 제251조 제1항 단서에 따른 적재기간연장승인의 신청이 정당한 사유가 있다고 인정되는 경우
③ 세관장이 수출신고의 수리를 취소하기 전에 해당 물품의 적재를 확인한 경우
④ 그 밖에 세관장이 법 제251조 제1항에 따른 기간 내에 적재하기 곤란하다고 인정하는 경우

또한, 세관장은 수출신고의 수리를 취소하는 때에는 즉시 신고인에게 그 내용을 통지하여야 한다(영 제255조 제2항).

제4절 반송통관절차

Ⅰ. 반송신고(Declaration on Return)

1. 반송신고인(Declarer of Return)

"수출·수입 또는 반송의 신고"(법 제241조)·"입항전수입신고"(법 제244조) 또는 "수입신고전의 물품반출"(법 제253조)에 따른 신고는 화주 또는 관세사등의 명의로 하여야 한다(법 제242조 본문).

참고로, 수출신고의 경우에는 화주에게 해당 수출물품을 제조하여 공급한 자의 명의로 할 수 있다(법 제242조 단서).

2. 반송신고의 요건

여행자의 휴대품(제206조 제1항 제1호의 물품)중 관세청장이 정하는 물품에 대하여는 관세청장이 정하는 바에 따라 반송방법을 제한할 수 있다(법 제243조 제1항).

3. 반송신고의 시기

반송의 신고는 해당 물품이 이 법에 따른 장치 장소에 있는 경우에만 할 수 있다(법 제243조 제3항).

4. 반송신고기한

(1) 반송신고의 기한

(가) 반입일 또는 장치일부터 30일 이내 신고의무(원칙)

수입하거나 반송하려는 물품을 지정장치장 또는 보세창고에 반입하거나 보세구역이 아닌 장소에 장치한 자는 그 반입일 또는 장치일부터 30일 이내(제243조 제1항에 해당하는 물품은 관세청장이 정하는 바에 따라 반송신고를 할 수 있는 날부터 30일 이내)에 수입 또는 반송신고를 하여야 한다(법 제241조 제3항).

(나) 1개월 단위로 다음달 10일까지 신고의무(예외)

위에도 불구하고, 전기 · 유류 등 "대통령령으로 정하는 물품"(전기, 가스, 유류 또는 용수)을 그 물품의 특성으로 인하여 전선이나 배관 등 대통령령으로 정하는 시설 또는 장치 등을 이용하여 수출 · 수입 또는 반송하는 자는 1개월을 단위로 하여 해당 물품에 대한 제1항의 사항을 대통령령으로 정하는 바에 따라 다음 달 10일까지 신고하여야 한다(법 제241조 제6항 및 영 제246조 제7항).

여기에서 "대통령령으로 정하는 시설 또는 장치 등"이란 전선로, 배관 등 제6항 각 호의 어느 하나에 해당하는 물품(전기, 가스, 유류 또는 용수)을 공급하기에 적합하도록 설계 · 제작된 일체의 시설을 말한다(영 제246조 제8항).

영 제246조 제1항 및 제2항은 법 제241조 제6항에 따라 수출 · 수입 또는 반송하는 경우에 준용한다(영 제246조 제9항).

(2) 보세구역장치후 반송신고의 기한내 미신고에 따른 가산세의 징수

세관장은 "대통령령으로 정하는 물품"(물품의 신속한 유통이 긴요하다고 인정하여 보세구역의 종류와 물품의 특성을 감안하여 관세청장이 정하는 물품)을 수입하거나 반송하는 자가 지정장치장 또는 보세창고에 반입하거나 보세구역이 아닌 장소에 장치한 날부터 30일 이내(제243조 제1항에 해당하는 물품은 관세청장이 정하는 바에 따라 반송신고를 할 수 있는 날부터 30일 이내)에 수입 또는 반송의 신고를 하지 아니한 경우에는 해당 물품 과세가격의 2/100에 상당하는 금액의 범위에서 다음의 표의 율에 따라 산출한 금액을 가산세로 징수한다. 다만, 그 가산액은 500만원을 초과할 수 없다(법 제241조 제4항·제6항 후단 및 영 제247조 제1항·제2항, 제248조).

가산세율의 산출방법

구 분	가산세율
① 신고기한이 경과한 날부터 20일내에 신고한 때	과세가격의 5/1,000
② 신고기한이 경과한 날부터 50일내에 신고한 때	과세가격의 10/,1000
③ 신고기한이 경과한 날부터 80일내에 신고한 때	과세가격의 15/1,000
④ 기타의 경우	과세가격의 20/1,000

또한, 신고기한(반입일 또는 장치일부터 30일 이내)이 경과한 후 보세운송된 물품에 대하여는 보세운송신고를 한 때를 기준으로 위의 가산세율을 적용하며 그 세액은 수입 또는 반송신고를 하는 때에 징수한다(영 제247조 제3항).

5. 반송신고시 제출서류(Document to be Submitted at Time of Declaration)

(1) 반송신고서의 제출

물품을 수출 · 수입 또는 반송하려면 해당 물품의 품명 · 규격 · 수량 및 가격과 그 밖에 대통령령으로 정하는 사항을 세관장에게 신고하여야 하는 바, 수출·수입 또는 반송의 신고를 하려는 자는 "기획재정부령으로 정하는 수출·수입 또는 반송의 신고서"(수출 또는 반송의 신고서는 별지 제1호의2 서식과 같고, 수입의 신고서는 별지 제1호의3 서식과 같다)를 세관장에게 제출하여야 한다(법 제241조 제1항, 영 제246조 제1항·제2항 및 규칙 제77조의5, 제77조의6 제1항~제3항).

① "다음"(영 제246조 제1항)의 사항

㉮ 포장의 종류 · 번호 및 개수

㉯ 목적지 · 원산지 및 선적지

㉰ 원산지표시 대상물품인 경우에는 표시유무 · 방법 및 형태

㉱ 상표

㉲ 납세의무자 또는 화주의 상호(개인의 경우 성명을 말한다) · 사업자등록번호 · 통관고유부호와 해외공급자부호 또는 해외구매자부호

이 경우, 통관고유부호, 해외공급자부호 또는 해외구매자부호를 발급받거나 변경하려는 자는 주소, 성명, 사업종류 등을 적은 신청서에 다음 각 호의 서류를 첨부하여 세관장에게 제출하여야 한다. 다만, 세관장이 필요 없다고 인정하는 경우에는 첨부서류의 제출을 생략할 수 있다. 또한, 통관고유부호, 해외공급자부호 또는 해외구매자부호의 발급절차 및 관리 등에 관하여 필요한 사항은 관세청장이 정한다.

㉠ 사업자등록증

㉡ 해외공급자 또는 해외구매자의 국가 · 상호 · 주소가 표기된 송품장

㉢ 그 밖에 관세청장이 정하여 고시하는 서류

㉳ 물품의 장치장소

㉴ 그 밖에 "기획재정부령으로 정하는 다음의 참고사항"

㉠ 물품의 모델 및 중량

㉡ 품목분류표의 품목 번호

㉢ 법 제226조에 따른 허가 · 승인 · 표시 또는 그 밖의 조건을 갖춘 것임을 증명하기 위하여 발급된 서류의 명칭

② 해당 물품의 품명·규격·수량 및 가격

법 제241조제1항에 따른 가격 중 수출신고가격은 해당 물품을 본선에 인도하는 조건으로 실제로 지급하였거나 지급하여야 할 가격으로서 최종 선적항 또는 선적지까지의 운임 · 보험료를 포함한 가격으로 한다(영 제246조 제3항).

(2) 부대서류의 제출

물품수출 · 수입 또는 반송의 신고를 하는 자는 과세가격결정자료 외에 대통령령으로 정하는 다음의 서류를 제출하여야 한다(법 제245조 제1항 및 영 제250조 제1항).

① 선화증권 사본 또는 항공화물운송장 사본

② 원산지증명서(제236조제1항이 적용되는 경우로 한정한다)

③ 기타 참고서류

위의 서류를 제출하여야 하는 자가 해당 서류를 관세사등에게 제출하고, 관세사등이 해당 서류를 확인한 후 수출 · 수입 또는 반송에 관한 신고를 할 때에는 해당 서류의 제출을 생략하게 하거나 해당 서류를 수입신고 수리 후에 제출하게 할 수 있으며, 서류의 제출을 생략하게 하거나 수입신고 수리 후에 서류를 제출하게 하는 경우 세관장이 필요하다고 인정하여 신고인에게 관세청장이 정하는 장부나 그 밖의 관계 자료의 제시 또는 제출을 요청하면 신고인은 이에 따라야 한다(법 제245조 제2항 및 제3항).

6. 반송신고사항의 보완

세관장은 다음 각 호의 어느 하나에 해당하는 경우에는 "수출·수입 또는 반송의 신고"

(법 제241조) 또는 "입항전수입신고"(법 제244조)에 따른 신고가 수리되기 전까지 갖추어지지 아니한 사항을 보완하게 할 수 있다. 다만, 해당 사항이 경미하고 신고수리 후에 보완이 가능하다고 인정되는 경우에는 관세청장이 정하는 바에 따라 신고수리 후 이를 보완하게 할 수 있다(법 제249조).

① 제241조 또는 제244조에 따른 수출·수입 또는 반송에 관한 신고서의 기재사항이 갖추어지지 아니한 경우

② 수출·수입 또는 반송신고시의 제출서류가 갖추어지지 아니한 경우

7. 반송신고의 취하 및 각하

(1) 반송신고의 취하

(가) 반송신고의 취하승인신청

신고는 정당한 이유가 있는 경우에만 세관장의 승인을 받아 취하할 수 있다. 다만, 수입 및 반송의 신고는 운송수단, 관세통로, 하역통로 또는 이 법에 규정된 장치 장소에서 물품을 반출한 후에는 취하할 수 없다(법 제250조 제1항).

이 경우, 승인을 받으려는 자는 다음의 사항을 기재한 신청서를 세관장에게 제출하여야 한다(영 제253조).

① "다음"(영 제175조 각호)의 사항

㉮ 장치장소 및 장치사유

㉯ 수입물품의 경우 해당 물품을 외국으로부터 운송하여 온 선박 또는 항공기의 명칭 또는 등록기호·입항예정연월일·선화증권번호 또는 항공화물운송장번호

㉰ 해당 물품의 내외국물품별 구분과 품명·수량 및 가격

㉱ 해당 물품의 포장의 종류·번호 및 개수

② 신고의 종류

③ 신고연월일 및 신고번호

④ 신청사유

(나) 반송신고의 취하승인

수출·수입 또는 반송의 신고를 수리한 후 신고의 취하를 승인한 때에는 신고수리의 효력은 상실된다(법 제250조 제2항).

(2) 반송신고의 각하

세관장은 "수출·수입 또는 반송의 신고"(법 제241조) 또는 "입항전수입신고"(법 제244

조)가 그 요건을 갖추지 못하였거나 부정한 방법으로 신고되었을 때에는 해당 수출·수입 또는 반송의 신고를 각하할 수 있다(법 제250조 제3항).

따라서, 세관장은 해당 수출·수입 또는 반송의 신고를 각하한 때에는 즉시 그 신고인에게 다음의 사항을 기재한 통지서를 송부하여야 한다(영 제254조).

① 신고의 종류
② 신고연월일 및 신고번호
③ 각하사유

Ⅱ. 반송물품의 검사(Inspection of Goods)

1. 반송물품의 검사(Inspection of Goods)

"물품검사"란 수출신고된 물품이외에 은닉된 물품이 있는지 여부와 수출신고사항과 현품의 일치여부를 확인하는 것을 말한다(출통고시 제2조 제8호).

세관공무원은 수출·수입 또는 반송하려는 물품에 대하여 검사를 할 수 있다(법 제246조 제1항).

(1) 반송물품의 검사

"수입하거나 반송하려는 물품은 지정장치장 또는 보세창고에 반입하거나 보세구역이 아닌 장소에 장치한 후 그 반입일 또는 장치일일부터 30일 이내(제243조제1항에 해당하는 물품은 관세청장이 정하는 바에 따라 반송신고를 할 수 있는 날부터 30일 이내)에 수입 또는 반송신고를 하여야 한다"고 법 제241조 제3항에서 규정하고 있는 바, 세관장은 그 신고를 하지 아니한 물품에 대하여는 관세청장이 정하는 바에 따라 직권으로 이를 검사할 수 있다(영 제251조 제1항).

(2) 검사참여의 통지

세관장은 수입 또는 반송신고인이 제1항에 따른 검사에 참여할 것을 신청하거나 신고인의 참여가 필요하다고 인정하는 때에는 그 일시·장소·방법 등을 정하여 검사에 참여할 것을 통지할 수 있다(영 제251조 제2항).

(3) 검사대상 등의 기준

관세청장은 검사의 효율을 거두기 위하여 검사대상, 검사범위, 검사방법 등에 관하여 필요한 기준을 정할 수 있다(법 제246조 제2항).

2. 검사장소(Inspection Place)

(1) 보세구역 또는 보세구역외의 장소

"보세공장에 반입된 물품"(법 제186조 제1항) 또는 "수입 또는 반송하려는 물품"(법 제246조)에 대한 검사는 "보세구역 또는 보세구역이 아닌 장소"(법 제155조 제1항)에서 행한다(법 제247조 제1항 본문).

참고로, 수출하려는 물품은 해당 물품이 장치되어 있는 장소에서 검사한다(법 제247조 제1항 단서)

(2) 보세구역

제1항에도 불구하고, 세관장은 효율적인 검사를 위하여 부득이하다고 인정될 때에는 관세청장이 정하는 바에 따라 해당 물품을 보세구역에 반입하게 한 후 검사할 수 있다(법 제247조 제2항).

3. 검사수수료

검사 장소가 지정장치장이나 세관검사장이 아닌 경우 신고인은 기획재정부령으로 정하는 바에 따라 수수료를 납부하여야 하는 바, 그 납부하는 검사수수료는 다음 계산식에 따른다. 다만, 보세창고의 경우, 신고인이 운영인과 다른 경우에는 수수료를 납부하지 아니한다(법 제247조 제3항 및 규칙 제78조 제1항 본문). 참고로, 수출물품에 대한 검사의 경우에는 기본수수료를 면제한다(규칙 제78조 제1항 단서)

[기본수수료(시간당 기본수수료 2천원 × 해당 검사에 걸리는 시간)] +
실비상당액(세관과 검사장소와의 거리 등을 고려하여 관세청장이 정하는 금액)

이 경우 수입화주와 검사의 시기 및 장소가 동일한 물품에 대하여는 이를 1건으로 하여 기본수수료를 계산하며, 검사수수료를 납부하여야 하는 자가 관세청장이 정하는 바에 따라 이를 따로 납부한 때에는 그 사실을 증명하는 증표를 수출입신고서에 첨부하여야 한다(규칙 제78조 제2항 및 제3항).

또한, 세관장은 전산처리설비를 이용하여 검사수수료를 고지하는 때에는 검사수수료를 일괄고지하여 납부하게 할 수 있다(규칙 제78조 제4항).

Ⅲ. 반송신고수리(Acceptance of Declaration)

1. 반송신고필증의 교부

세관장은 "수출·수입 또는 반송신고"(법 제241조) 또는 "입항전수입신고"(법 제244조)에 따른 신고가 이 법에 따라 적합하게 이루어졌을 때에는 이를 지체 없이 수리하고 신고인에게 신고필증을 발급하여야 한다. 다만, 제327조제2항에 따라 국가관세종합정보망의 전산처리설비를 이용하여 신고를 수리하는 경우에는 관세청장이 정하는 바에 따라 신고인이 직접 전산처리설비를 이용하여 신고필증을 발급받을 수 있다(법 제248조 제1항).

2. 반송신고수리시 담보제공

세관장은 관세를 납부하여야 하는 물품에 대하여는 "수출·수입 또는 반송신고"(법 제241조) 또는 "입항전수입신고"(법 제244조)에 따른 신고를 수리할 때에 다음의 어느 하나에 해당하는 자에게 관세에 상당하는 담보의 제공을 요구할 수 있다(법 제248조 제2항 및 영 제252조).

① 이 법 또는 「수출용원재료에 대한 관세 등 환급에 관한 특례법」 제23조를 위반하여 징역형의 실형을 선고받고 그 집행이 끝나거나(집행이 끝난 것으로 보는 경우를 포함한다) 면제된 후 2년이 지나지 아니한 자

② 이 법 또는 「수출용원재료에 대한 관세 등 환급에 관한 특례법」 제23조를 위반하여 징역형의 집행유예를 선고받고 그 유예기간 중에 있는 자

③ 제269조부터 제271조까지, 제274조, 제275조의2, 제275조의3 또는 「수출용원재료에 대한 관세 등 환급에 관한 특례법」 제23조에 따라 벌금형 또는 통고처분을 받은 자로서 그 벌금형을 선고받거나 통고처분을 이행한 후 2년이 지나지 아니한 자

④ 제241조 또는 제244조에 따른 수입신고일을 기준으로 최근 2년간 관세 등 조세를 체납한 사실이 있는 자

⑤ 수입실적, 수입물품의 관세율 등을 고려하여 다음의 "대통령령으로 정하는 관세채권의 확보가 곤란한 경우에 해당하는 자"

㉮ 최근 2년간 계속해서 수입실적이 없는 자

㉯ 파산, 청산 또는 개인회생절차가 진행 중인 자

㉰ 수입실적, 자산, 영업이익, 수입물품의 관세율 등을 고려할 때 관세채권 확보가 곤란한 경우로서 관세청장이 정하는 요건에 해당하는 자

3. 반송신고수리후 물품반출

"수출·수입 또는 반송신고" 또는 "입항전수입신고"의 수리 전에는 운송수단·관세통로·하역통로 또는 이 법에 따른 장치 장소로부터 신고된 물품을 반출하여서는 아니 된다(법 제248조 제3항).

따라서, 물품의 반출은 수출신고가 수리된 후에 반출되어야 한다.

제5절 간이통관절차(Simplified Customs Clearance)

Ⅰ. 간이통관절차의 대상

1. 간이통관절차의 대상물품

다음의 어느 하나에 해당하는 물품은 대통령령으로 정하는 바에 따라 수출·수입 또는 반송신고를 생략하게 하거나 관세청장이 정하는 간소한 방법으로 신고하게 할 수 있다(법 제241조 제2항).

① 휴대품·탁송품 또는 별송품
② 우편물
③ 제91조부터 제94조까지, 제96조 제1항 및 제97조 제1항에 따라 관세가 면제되는 물품
④ 국제운송을 위한 컨테이너(별표 관세율표 중 기본세율이 무세인 것으로 한정한다)

이 규정에 따라, 신고를 생략하게 하는 물품은 다음의 어느 하나와 같다. 다만, "수출입을 할 때 법령에서 정하는 바에 따라 허가 · 승인 · 표시 또는 그 밖의 조건을 갖출 필요가 있는 물품"(법 제226조)을 제외한다(영 제246조 제4항).

① 여행자휴대품(법 제96조 제1호)
② 승무원휴대품(법 제96조 제3호)
③ 우편물(법 제258조 제2항에 해당하는 것. 즉 「대외무역법」 제11조에 따른 수출입의 승인을 받은 것이거나 그 밖에 대통령령으로 정하는 기준에 해당하는 것을 제외한다)
④ 국제운송을 위한 컨테이너(법 별표 관세율표 중 기본세율이 무세인 것으로 한정한다)
⑤ 그 밖에 서류·소액면세물품 등 신속한 통관을 위하여 필요하다고 인정하여 관세청장이 정하는 탁송품 또는 별송품

위의 수입물품 중 관세가 면제되거나 무세인 물품에 있어서는 그 검사를 마친 때에 해당 물품에 대한 수입신고가 수리된 것으로 본다(영 제246조 제5항).

● 간이수출입통관

간이통관 (Simplified Customs Clearance)	정식통관절차를 필요로 하지 않는 물품의 수출·수입 또는 반송 통관에 적용하는 간이한 절차

[법 제241조]

수출·수입 또는 반송의 "신고생략가능 대상물품" 또는 "간이신고가능 대상물품"
① 휴대품·탁송품 또는 별송품
② 우편물
③ 관세가 면제되는 물품(제91조부터 제94조까지, 제96조 및 제97조 제1항)
④ 국제운송을 위한 컨테이너(별표 관세율표 중 기본세율이 무세인 것으로 한정)

[영 제246조 제3항]

수출·수입 또는 반송의 "신고생략 대상물품"
① 여행자휴대품(법 제96조 제1호)
② 승무원휴대품(법 제96조 제3호)
③ 우편물
④ 국제운송을 위한 컨테이너(법 별표 관세율표 중 기본세율이 무세인 것으로 한정)
⑤ 그 밖에 서류·소액면세물품 등 신속한 통관을 위하여 필요하다고 인정하여 관세청장이 정하는 탁송품 또는 별송품

"수출입을 할 때 법령에서 정하는 바에 따라 허가·승인·표시 또는 그 밖의 조건을 갖출 필요가 있는 물품"(법 제226조)은 **신고대상**임

다음의 우편물(법 제258조 제2항)은 신고대상임
①「대외무역법」 제11조에 따른 수출입승인을 받은 것
② 그 밖에 대통령령으로 정하는 다음의 기준의 것
㉮ 법령에 따라 수출입이 제한되거나 금지되는 물품
㉯ 법 제226조에 따라 세관장의 확인이 필요한 물품
㉰ 판매를 목적으로 반입하는 물품 또는 대가를 지급하였거나 지급하여야 할 물품(통관허용여부 및 과세대상여부에 관하여 관세청장이 정한 기준에 해당하는 것으로 한정)
㉱ 가공무역을 위하여 우리나라와 외국간에 무상으로 수출입하는 물품 및 그 물품의 원·부자재
㉲ 그 밖에 수출입신고가 필요하다고 인정되는 물품으로서 관세청장이 정하는 금액을 초과하는 물품

수입신고의 수리	수입물품 중 관세가 면제되거나 무세인 물품에 있어서는 그 검사를 마친 때에 해당 물품에 대한 수입신고가 수리된 것으로 본다. [영 제246조 제4항]

2. 수출입 안전관리 우수공인업체 등에 대한 간이통관

(1) 수출입 안전관리 우수공인업체에 대한 통관혜택

관세청장에 의하여 공인된 "수출입 안전관리 우수 공인업체"에 대하여는 관세청장이 정하는 바에 따라 통관절차상의 혜택을 제공할 수 있으며, 관세청장은 다른 국가의 수출입 안전관리 우수 공인업체에 대하여 상호 조건에 따라 통관절차상의 혜택을 제공할 수 있다. 여기에서, "통관절차상의 혜택"이란 수출입 물품에 대한 검사의 완화 또는 수출입 신고 및 납부 절차의 간소화를 말하며 그 세부내용은 관세청장이 정한다(법 제255조의2 제3항·제4항 및 영 제259조의2 제5항).

● 수출입 안전관리 우수공인업체에 대한 간이통관

수출입 안전관리 우수공인업체 간이통관	관세청장에 의해 공인된 "수출입 안전관리 우수공인업체" 및 다른 국가의 수출입 안전관리 우수공인업체에 대하여 수출입 물품에 대한 검사의 완화 또는 수출입 신고 및 납부 절차의 간소화 등의 통관절차상의 혜택을 제공하는 것

[법 제255조의2 제3항·제4항] [영 제259조의2 제5항]

관세청장

관세청장이 정하는 바에 따라 **"통관절차상의 혜택"** 제공 가능

상호 조건에 따라 **"통관절차상의 혜택"** 제공 가능

수출입 안전관리 우수공인업체 (관세청장 공인) **한국**

정의 통관절차상의 혜택"
수출입 물품에 대한 검사의 완화 또는 수출입 신고 및 납부 절차의 간소화로서, 그 세부내용은 관세청장이 정한다

수출입 안전관리 우수공인업체 **외국**

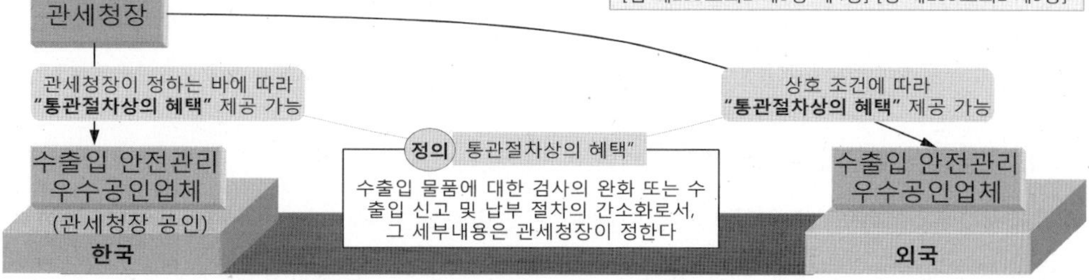

(2) 수출입 안전관리 우수업체의 공인절차

(가) 수출입 안전관리 우수업체의 공인을 위한 안전관리기준

관세청장은 수출입물품의 제조 · 운송 · 보관 또는 통관 등 무역과 관련된 자가 시설, 서류 관리, 직원 교육 등에서 이 법 또는 「자유무역협정의 이행을 위한 관세법의 특례에 관한 법률」 등 수출입에 관련된 법령에 따른 의무 또는 절차와 재무 건전성 등 "대통령령으로 정하는 다음의 안전관리 기준"을 충족하는 경우 수출입 안전관리 우수업체로 공인할 수 있다(법 제255조의2 제1항 및 영 제259조의2 제1항).

① 「관세법」, 「자유무역협정의 이행을 위한 관세법의 특례에 관한 법률」, 「대외무역법」 등 수출입에 관련된 법령을 성실하게 준수하였을 것

② 관세 등 영업활동과 관련한 세금을 체납하지 않는 등 재무 건전성을 갖출 것

③ 수출입물품의 안전한 관리를 확보할 수 있는 운영시스템, 거래업체, 운송수단 및 직원교육체계 등을 갖출 것

④ 그 밖에 세계관세기구에서 정한 수출입 안전관리에 관한 표준 등을 반영하여 관세청장이 정하는 기준을 갖출 것 「관세법」, 「자유무역협정의 이행을 위한 관세법의 특례에 관한 법률」, 「대외무역법」 등 수출입에 관련된 법령을 성실하게 준수하였을 것

한편, 수출입 안전관리 우수업체에 대한 공인의 등급, 안전관리 공인심사에 관한 세부절차, 그 밖에 필요한 사항은 관세청장이 정한다. 다만, 「국제항해선박 및 항만시설의 보안에 관한 법률」 등 안전관리에 관한 다른 법령과 관련된 사항에 대하여는 관계기관의 장과 미리 협의하여야 한다(영 제259조의3 제3항).

(나) 수출입 안전관리 우수업체의 공인이나 유지에 필요한 상담 · 교육 지원

관세청장은 「중소기업기본법」 제2조에 따른 중소기업 중 수출입물품의 제조 · 운송 · 보관 또는 통관 등 무역과 관련된 기업을 대상으로 수출입 안전관리 우수업체로 공인을 받거나 유지하는 데에 필요한 상담 · 교육 등의 지원사업을 할 수 있다(법 제255조의2 제6항).

(다) 수출입 안전관리 우수업체의 공인신청

수출입 안전관리 우수업체로 공인받으려는 자는 신청서에 다음의 서류를 첨부하여 관세청장에게 제출하여야 한다(영 제259조의3 제1항).

① 자체 안전관리 평가서

② 안전관리 현황 설명서

③ 그 밖에 업체의 안전관리 현황과 관련하여 관세청장이 정하는 서류

(라) 수출입 안전관리 우수업체의 공인심사

관세청장은 수출입 안전관리 우수업체로 공인받으려고 심사를 요청한 자에 대하여 대통령령으로 정하는 절차에 따라 심사하여야 한다. 이 경우 관세청장은 대통령령으로 정하

는 기관이나 단체에 안전관리 기준 충족 여부를 심사하게 할 수 있는 바, 심사를 할 때 「국제항해선박 및 항만시설의 보안에 관한 법률」 제12조에 따른 국제선박보안증서를 교부받은 국제항해선박소유자 또는 같은 법 제27조에 따른 항만시설적합확인서를 교부받은 항만시설소유자에 대하여는 제1항의 안전관리 기준 중 일부에 대하여 심사를 생략할 수 있다(법 제255조의2 제2항 및 영 제259조의2 제2항).

(마) 수출입 안전관리 우수업체의 공인의 유효기간 및 갱신 신청

법 제255조의2 제1항에 따른 공인의 유효기간은 5년으로 하되, 대통령령으로 정하는 바에 따라 갱신할 수 있는 바, 공인을 갱신하려는 자는 공인의 유효기간이 끝나는 날의 6개월 전까지 신청서에 다음(제1항)에 따른 서류를 첨부하여 관세청장에게 제출하여야 한다(법 제255조의2 제8항 및 영 제259조의3 제2항).

① 자체 안전관리 평가서
② 안전관리 현황 설명서
③ 그 밖에 업체의 안전관리 현황과 관련하여 관세청장이 정하는 서류

(바) 수출입 안전관리 우수업체의 공인의 갱신 신청을 위한 사전 통지

관세청장은 공인을 받은 자에게 공인을 갱신하려면 공인의 유효기간이 끝나는 날의 6개월 전까지 갱신을 신청하여야 한다는 사실을 해당 공인의 유효기간이 끝나는 날의 7개월 전까지 휴대폰에 의한 문자전송, 전자메일, 팩스, 전화, 문서 등으로 미리 알려야 한다(영 제259조의3 제3항).

(사) 수출입 안전관리 우수업체에 대한 공인인증서 교부

④ 관세청장은 제1항 또는 제2항에 따른 신청을 받은 경우 안전관리기준을 충족하는 업체에 대하여 공인증서를 교부하여야 한다(영 제259조의3 제4항).

(아) 수출입 안전관리 우수업체에 대한 세부절차

⑤ 수출입 안전관리 우수업체에 대한 공인의 등급, 안전관리 공인심사에 관한 세부절차, 그 밖에 필요한 사항은 관세청장이 정한다. 다만, 「국제항해선박 및 항만시설의 보안에 관한 법률」 등 안전관리에 관한 다른 법령과 관련된 사항에 대하여는 관계기관의 장과 미리 협의하여야 한다(영 제259조의3 제5항).

(자) 수출입 안전관리 우수업체의 공인취소

관세청장은 수출입 안전관리 우수 공인업체가 다음 각 호의 어느 하나에 해당하는 경우에는 공인을 취소할 수 있다(법 제255조의2 제5항).

① 제1항에 따른 안전관리 기준에 미달하게 되는 경우

② 제2항에 따른 공인 심사요청을 거짓으로 한 경우

(차) 수출입 안전관리 우수업체의 활용

관세청장은 수출입 안전관리 우수 공인업체로 공인받기 위한 신청 여부에 관계없이 수출입물품의 제조 · 운송 · 보관 또는 통관 등 무역과 관련된 자를 대상으로 제1항에 따른 안전관리 기준을 준수하는 정도를 대통령령으로 정하는 절차에 따라 측정 · 평가하고, 그 결과를 대통령령으로 정하는 바에 따라 해당 업체의 지원 및 관리 등에 활용할 수 있다(법 제255조의2 제7항).

(a) 준수도 측정·평가

관세청장은 법 제255조의2 제7항에 따라 연 4회의 범위에서 다음 각 호의 어느 하나에 해당하는 자(이하 이 조에서 "대상자"라 한다)를 대상으로 안전관리기준의 준수 정도에 대한 측정 · 평가(이하 "준수도 측정 · 평가"라 한다)를 할 수 있다(영 제259조의4 제1항).

① 운영인
② 법 제19조에 따른 납세의무자
③ 법 제172조 제2항에 따른 화물관리인
④ 법 제225조 제1항에 따른 선박회사 또는 항공사
⑤ 법 제242조에 따른 수출 · 수입 · 반송 등의 신고인(화주를 포함한다)
⑥ 법 제254조 및 이 영 제258조 제1호에 따른 특별통관 대상 업체
⑦ 보세운송업자등
⑧ 「자유무역지역의 지정 및 운영에 관한 법률」 제2조제2호에 따른 입주기업체

(b) 준수도 측정·평가의 결과 활용

관세청장은 제255조의2 제7항에 따라 준수도 측정 · 평가의 결과를 다음의 사항에 활용할 수 있다(영 제259조의4 제2항 및 규칙 제79조의3).

① 간이한 신고 방식의 적용 등 통관 절차의 간소화
② 검사 대상 수출입물품의 선별
③ 그 밖에 업체 및 화물 관리의 효율화를 위하여 "기획재정부령으로 정하는 다음의 사항"
  ㉮ 보세구역의 지정 또는 특허
  ㉯ 보세구역의 관리 · 감독
  ㉰ 법 제222조제1항에 따른 보세운송업자등의 관리 · 감독
  ㉱ 「자유무역지역의 지정 및 운영에 관한 법률」에 따른 자유무역지역 입주기업체의 지원 · 관리
  ㉲ 과태료 · 과징금의 산정
  ㉳ 행정제재 처분의 감경

(c) 준수도 측정·평가의 세부사항

준수도 측정 · 평가에 대한 평가 항목, 배점 및 등급 등 세부 사항은 관세청장이 정하여 고시한다(영 제259조의4 제3항).

(3) 벌칙 적용에서 공무원 의제

"관세청장이 수출입 안전관리 우수업체에 대한 안전관리 기준 충족 여부를 심사하게 한 기관이나 단체에서 안전관리 기준 충족 여부를 심사하는 사람"(법 제255조의2 제2항 후단)은 「형법」 제127조 및 제129조부터 제132조까지의 규정을 적용할 때에는 공무원으로 본다(법 제330조 제3호).

Ⅱ. 전자상거래물품 등의 특별통관(Special Customs Clearance for E-Commerce Goods)

관세청장은 전자문서로 거래되는 수출입물품에 대하여 대통령령으로 정하는 바에 따라 수출입신고 · 물품검사 등 통관에 필요한 사항을 따로 정할 수 있는 바, 관세청장은 전자문서로 거래되는 수출입 물품에 대하여는 다음의 사항을 따로 정할 수 있다(법 제254조 및 영 제258조).

① 특별통관 대상 거래물품 또는 업체
② 수출입신고 방법 및 절차
③ 관세 등에 대한 납부방법
④ 물품검사방법
⑤ 그 밖에 관세청장이 필요하다고 인정하는 사항

Ⅲ. 우편물(Postal Materials)의 통관

1. 우편물 통관의 의의

(1) 우편물의 정의

통관의 대상이 되는 우편물(Postal Materials)은 서신을 제외한 우편물로서, 통상우편물, 특급우편물, 소포우편물로 구분된다.[3]

① 통상우편물: 보통 2Kg이내의 물품(다만, 서적, 소책자 등은 5Kg이내)으로 배달증명을 요하지 않는 편지, 우편엽서(LC), 서적, 카다록, 신문(AO)등의 물품

3) http://www.customs.go.kr

② 특급(EMS)우편물: 30Kg이내의 물품(통상특급, 소포특급 우편물의 2종류)으로 당일 또는 익일 오전 중 긴급배달을 요하는 샘플, 카다록, 서류 및 수출용원재료 등.

③ 소포우편물: 30Kg이내의 물품(보통 20kg이내)으로 선박 또는 항공편을 통해 운송되는 우편물이며 화장품, 전자제품 등의 선물과 각종 샘플이 주종.

(2) 우편물 통관의 의의

우편물(서신은 제외)의 통관은 주로 해외에 거주하는 가족이나 친지 등이 기증으로 송부해주는 물품, 해외의 거래회사가 송부해주는 물품, 국내에 거주하는 내국인이 인터넷 등의 통신을 통하여 대금을 지급하고 외국에서 송부받는 물품 등이 우편물로 반입되는 경우에 적용되는 통관절차로서, 정식신고대상 우편물, 면세대상 우편물 및 통관이 제한되는 우편물 등으로 구분하여 처리된다.

우편물통관의 흐름

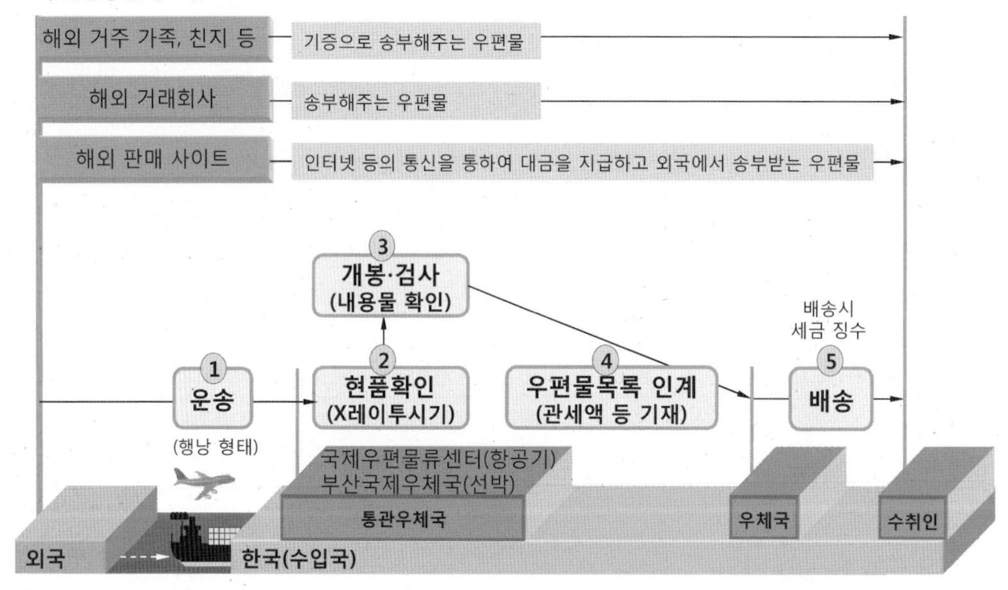

2. 우편물 수출입통관

(1) 통관우체국 경유

수출·수입 또는 반송하려는 우편물(Postal Materials)[서신은 제외]은 체신관서 중 관세청장이 지정한 통관우체국(Clearance Post Offices)을 경유하여야 하는 바, 관세청장은 "국제우편물 수입통관 사무처리에 관한 고시"(이하 본 교재에서는 편의상 "우편고시"라 한다)에서 국제우편물류센터와 부산국제우체국을 통관우체국으로 지정하고 있다(법 제256조 제1항·제2항 및 우편고시 제4조).

여기에서, 통관우체국이란 국제우편물(통상우편물, 특급우편물, 소포우편물 등으로서 서신은 제외한다)이 집중되어 세관의 통관절차를 이행하는 우체국으로서, 국제우편물류센터에서는 항공기로 반입되는 우편물을, 부산국제우체국에서는 선박으로 반입되는 우편물을 각각 전담하고 있다.

(2) 수출입신고대상 우편물

우편물은 원칙적으로 수출입신고가 생략되지만, 우편물이 다음의 어느 하나에 해당하는 것일 때에는 해당 우편물의 수취인이나 발송인은 수출·수입 또는 반송신고를 하여야 한다(법 제258조 제2항 및 영 제261조).

① 「대외무역법」 제11조에 따른 수출입의 승인을 받은 것
② 그 밖에 대통령령으로 정하는 다음의 기준에 해당하는 것
  ㉮ 법령에 따라 수출입이 제한되거나 금지되는 물품
  ㉯ 법 제226조에 따라 세관장의 확인이 필요한 물품
  ㉰ 판매를 목적으로 반입하는 물품 또는 대가를 지급하였거나 지급하여야 할 물품(통관허용여부 및 과세대상여부에 관하여 관세청장이 정한 기준에 해당하는 것으로 한정한다)
  ㉱ 가공무역을 위하여 우리나라와 외국간에 무상으로 수출입하는 물품 및 그 물품의 원·부자재
  ㉲ 그 밖에 수출입신고가 필요하다고 인정되는 물품으로서 관세청장이 정하는 금액을 초과하는 물품

(3) 우편물의 검사(Inspection of Postal Materials)

통관우체국의 장이 우편물을 접수하였을 때에는 세관장에게 우편물목록을 제출하고 해당 우편물에 대한 검사를 받아야 한다. 다만, 관세청장이 정하는 우편물은 검사를 생략할 수 있다(법 제257조).

통관우체국장은 우편물에 대한 검사를 받는 때에는 소속공무원을 참여시켜야 하며, 통관우체국은 세관공무원이 해당 우편물의 포장을 풀고 검사할 필요가 있다고 인정되는 때에는 그 우편물의 포장을 풀었다가 다시 포장하여야 한다(영 제260조 제1항 및 제2항).

(4) 우편물 통관불허의 결정

통관우체국의 장은 세관장이 우편물에 대하여 수출·수입 또는 반송을 할 수 없다고 결정하였을 때에는 그 우편물을 발송하거나 수취인에게 내줄 수 없다(법 제258조 제1항).

(5) 우편물통관에 대한 결정 및 결정세액의 통지

(가) 통관우체국에 대한 세관장의 통지

세관장은 우편물통관에 대한 결정을 한 경우에는 그 결정사항을, 관세를 징수하려는 경우에는 그 세액을 통관우체국의 장에게 통지하여야 하는 바, 이러한 통지는 "수출입신고대상 우편물"(법 제258조 제2항에 해당하는 우편물)에 있어서 "수출입신고의 수리"(법 제248조) 또는 "수입신고수리전 반출승인"(법 제252조)을 받은 서류를 해당 신고인이 통관우체국에 제출하는 것으로써 이에 갈음한다(법 제259조 제1항 및 영 제262조 제1항).

(나) 수취인·발송인에 대한 통관우체국의 통지

세관장으로부터 우편물에 대한 수출 · 수입 또는 반송불허의 결정사항 및 관세를 징수하려는 경우의 그 결정세액의 통지를 받은 통관우체국의 장은 우편물의 수취인이나 발송인에게 그 결정사항을 통지하여야 하는 바, 이러한 통지는 세관이 발행하는 납세고지서로써 이에 갈음한다(법 제259조 제2항 및 영 제262조 제2항).

(6) 우편물의 납세절차(Procedures for Duty Payment of Postal Materials)

(가) 관세납부

통관우체국으로부터 납세통지를 받은 자는 대통령령으로 정하는 바에 따라 해당 관세를 수입인지 또는 금전으로 납부하여야 하는 바, 관세를 납부하려는 자는 세관장으로부터 납세고지서를 받은 경우에는 세관장에게, 그 밖의 경우에는 체신관서에 각각 금전으로 이를 납부하여야 한다(법 제260조 제1항 및 영 제263조).

(나) 우편물 교부

체신관서는 관세를 징수하여야 하는 우편물은 관세를 징수하기 전에 수취인에게 내줄 수 없다(법 제260조 제2항). 즉, 체신관서는 우편물에 대한 관세가 납부되면 수취인에게 우편물을 교부한다.

(7) 우편물의 반송(Return of Postal Materials)

우편물에 대한 관세의 납세의무는 해당 우편물이 반송되면 소멸한다(법 제261조).

MEMO

Chapter 9

납세자의 권리 및 불복절차

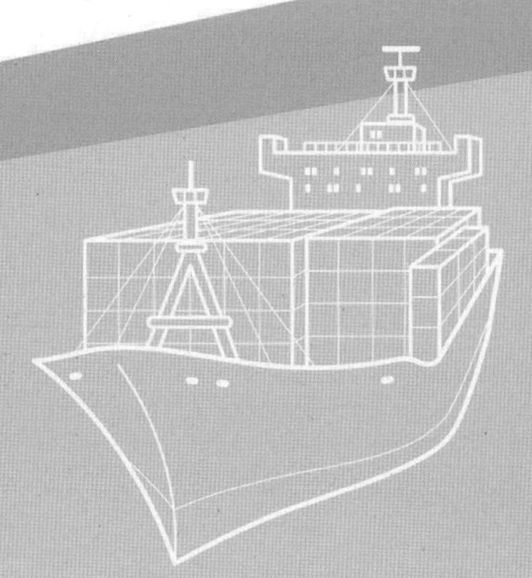

제1절 납세자의 권리

제2절 심사와 심판

Chapter 9

납세자의 권리 및 불복절차

제1절 납세자의 권리(Right of Duty Payer)

Ⅰ. 납세자의 권리헌장의 제정 및 교부(Formulation of Duty Payer Right Charter and Delivery)

1. 납세자권리헌장의 제정(Formulation of Duty Payer Right Charter)

관세청장은 "납세자권리헌장"(제111조부터 제116조까지, 제116조의2 및 제117조에서 규정한 사항과 그 밖에 납세자의 권리보호에 관한 사항을 포함하는 납세자권리헌장)을 제정하여 고시하여야 한다(법 제110조 제1항).

납세자권리헌장의 제정 및 교부

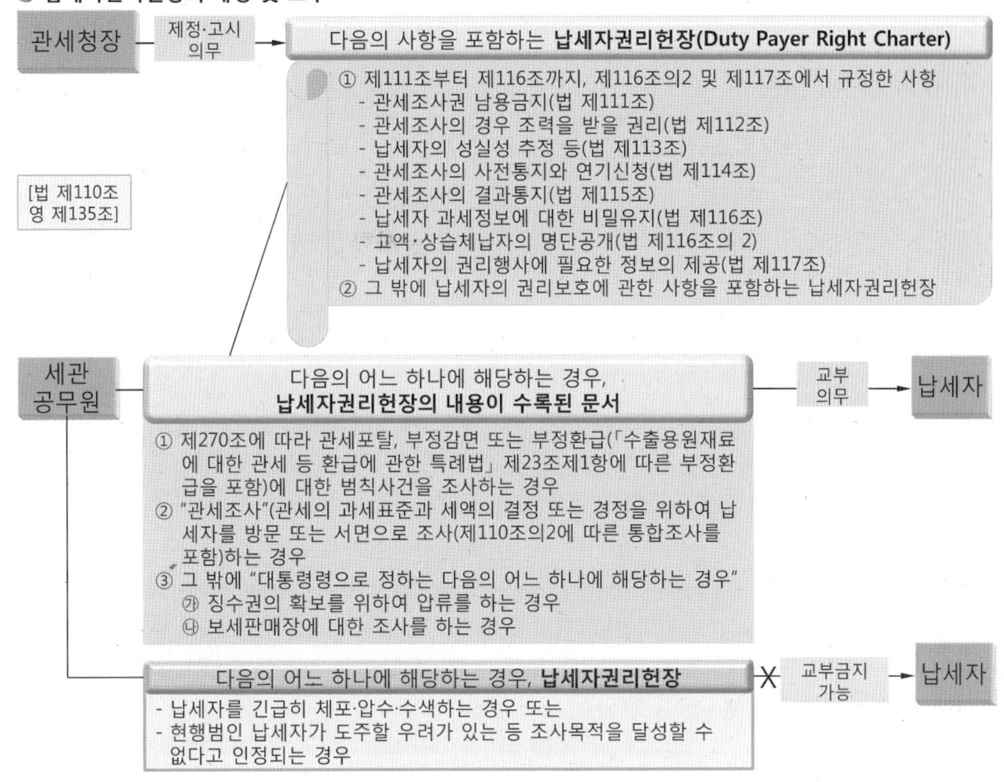

2. 납세자권리헌장의 교부(Delivery of Duty Payer Right Charter)

세관공무원은 다음의 어느 하나에 해당하는 경우에는 납세자권리헌장의 내용이 수록된 문서를 납세자에게 내주어야 한다(법 제110조 제2항 및 영 제135조).

① 제283조에 따른 관세범(「수출용 원재료에 대한 관세 등 환급에 관한 특례법」 제23조제 1항부터 제4항까지의 규정에 따른 죄를 포함한다)에 관한 조사를 하는 경우

② "관세조사"(관세의 과세표준과 세액의 결정 또는 경정을 위하여 납세자를 방문 또는 서면으로 조사(제110조의2에 따른 통합조사 포함)하는 경우

③ 그 밖에 "대통령령으로 정하는 다음의 어느 하나에 해당하는 경우"

㉮ 징수권의 확보를 위하여 압류를 하는 경우

㉯ 보세판매장에 대한 조사를 하는 경우

3. 납세자권리헌장의 교부금지

세관공무원은 납세자를 긴급히 체포 · 압수 · 수색하는 경우 또는 현행범인 납세자가 도주할 우려가 있는 등 조사목적을 달성할 수 없다고 인정되는 경우에는 납세자권리헌장을

내주지 아니할 수 있다(법 제110조 제3항).

4. 통합조사의 원칙

세관공무원은 특정한 분야만을 조사할 필요가 있는 등 대통령령으로 정하는 다음의 어느 하나에 해당하는 경우를 제외하고는, 신고납부세액과 이 법 및 다른 법령에서 정하는 수출입 관련 의무 이행과 관련하여 그 권한에 속하는 사항을 통합하여 조사하는 것을 원칙으로 한다(법 제110조의2 및 영 제135조의2).

① 세금탈루 혐의, 수출입 관련 의무위반 혐의, 수출입업자 등의 업종·규모 등을 고려하여 특정 사안만을 조사할 필요가 있는 경우
② 조세채권의 확보 등을 위하여 긴급히 조사할 필요가 있는 경우
③ 그 밖에 조사의 효율성, 납세자의 편의 등을 고려하여 특정 분야만을 조사할 필요가 있는 경우로서 기획재정부령으로 정하는 경우

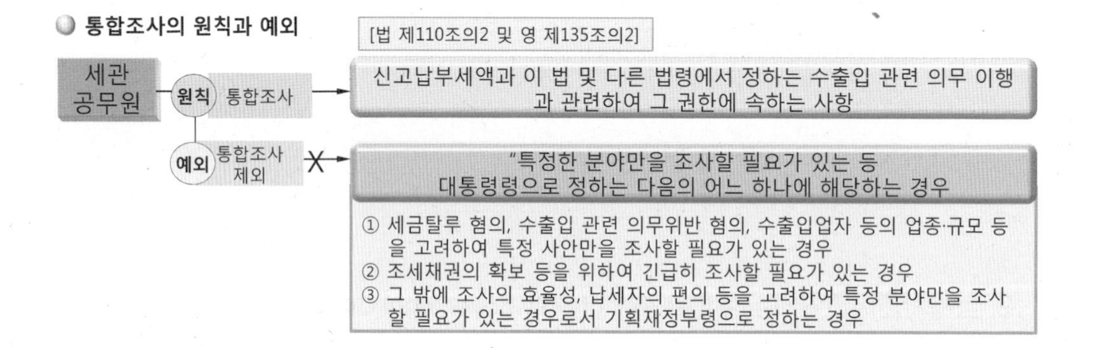

5. 관세조사 대상자 선정

(1) 정기선정에 의한 조사

(가) 정기선정에 의한 조사의 대상

세관장은 다음의 어느 하나에 해당하는 경우에 "정기선정"(정기적으로 신고의 적정성을 검증하기 위하여 대상을 선정)하여 조사를 할 수 있다. 이 경우 세관장은 객관적 기준에 따라 공정하게 그 대상을 선정하여야 한다(법 제110조의3 제1항 및 영 제135조의3 제1항).

① 관세청장이 수출입업자의 신고 내용에 대하여 정기적으로 성실도를 분석한 결과 불성실 혐의가 있다고 인정하는 경우
② 최근 4년 이상 조사를 받지 아니한 납세자에 대하여 업종, 규모 등을 고려하여 대통령령으로 정하는 바에 따라 신고 내용이 적정한지를 검증할 필요가 있는 경우. 이 규정에 따라 실시하는 조사는 수출입업자 등의 업종, 규모, 이력 등을 고려하여 관

세청장이 정하는 기준에 따른다.

③ 무작위추출방식으로 표본조사를 하려는 경우

(나) 소규모 성실사업자에 대한 정기선정에 의한 조사의 면제

세관장은 최근 2년간 수출입신고 실적이 일정금액 이하인 경우 등 대통령령으로 정하는 요건을 충족하는 자에 대해서는 "정기선정에 의한 조사"(제1항)에 따른 조사를 하지 아니할 수 있는 바, 다음의 요건을 모두 충족하는 자에 대해서는 "정기선정에 의한 조사"(같은 조 제1항에 따른 조사)를 하지 아니할 수 있다. 다만, 객관적인 증거자료에 의하여 과소 신고한 것이 명백한 경우에는 그러하지 아니하다(법 제110조의3 제4항 및 영 제135조의4).

① 최근 2년간 수출입신고 실적이 30억원 이하일 것

② 최근 4년 이내에 다음의 어느 하나에 해당하는 사실이 없을 것

㉮ 수출입 관련 법령을 위반하여 통고처분을 받거나 벌금형 이상의 형의 선고를 받은 사실

㉯ 관세 및 내국세를 체납한 사실

㉰ 법 제38조의3 제4항에 따라 신고납부한 세액이 부족하여 세관장으로부터 경정을 받은 사실

관세조사 대상자 선정

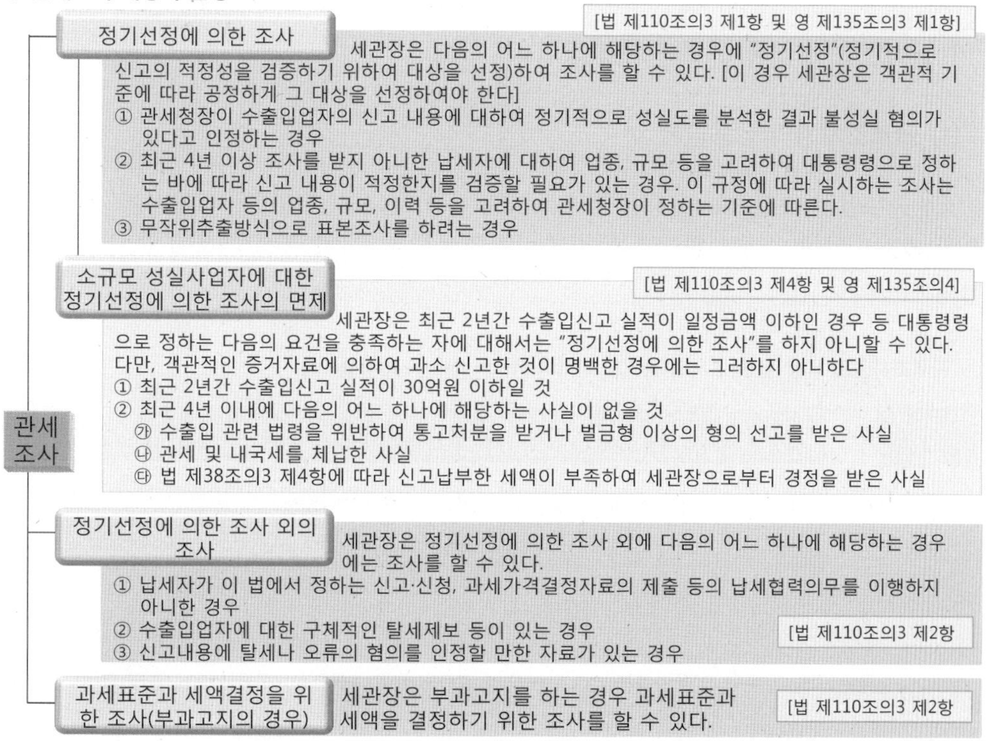

관세조사

정기선정에 의한 조사 [법 제110조의3 제1항 및 영 제135조의3 제1항]

세관장은 다음의 어느 하나에 해당하는 경우에 "정기선정"(정기적으로 신고의 적정성을 검증하기 위하여 대상을 선정)하여 조사를 할 수 있다. [이 경우 세관장은 객관적 기준에 따라 공정하게 그 대상을 선정하여야 한다]

① 관세청장이 수출입업자의 신고 내용에 대하여 정기적으로 성실도를 분석한 결과 불성실 혐의가 있다고 인정하는 경우

② 최근 4년 이상 조사를 받지 아니한 납세자에 대하여 업종, 규모 등을 고려하여 대통령령으로 정하는 바에 따라 신고 내용이 적정한지를 검증할 필요가 있는 경우. 이 규정에 따라 실시하는 조사는 수출입업자 등의 업종, 규모, 이력 등을 고려하여 관세청장이 정하는 기준에 따른다.

③ 무작위추출방식으로 표본조사를 하려는 경우

소규모 성실사업자에 대한 정기선정에 의한 조사의 면제 [법 제110조의3 제4항 및 영 제135조의4]

세관장은 최근 2년간 수출입신고 실적이 일정금액 이하인 경우 등 대통령령으로 정하는 다음의 요건을 충족하는 자에 대해서는 "정기선정에 의한 조사"를 하지 아니할 수 있다. 다만, 객관적인 증거자료에 의하여 과소 신고한 것이 명백한 경우에는 그러하지 아니하다

① 최근 2년간 수출입신고 실적이 30억원 이하일 것

② 최근 4년 이내에 다음의 어느 하나에 해당하는 사실이 없을 것

㉮ 수출입 관련 법령을 위반하여 통고처분을 받거나 벌금형 이상의 형의 선고를 받은 사실

㉯ 관세 및 내국세를 체납한 사실

㉰ 법 제38조의3 제4항에 따라 신고납부한 세액이 부족하여 세관장으로부터 경정을 받은 사실

정기선정에 의한 조사 외의 조사

세관장은 정기선정에 의한 조사 외에 다음의 어느 하나에 해당하는 경우에는 조사를 할 수 있다.

① 납세자가 이 법에서 정하는 신고·신청, 과세가격결정자료의 제출 등의 납세협력의무를 이행하지 아니한 경우

② 수출입업자에 대한 구체적인 탈세제보 등이 있는 경우

③ 신고내용에 탈세나 오류의 혐의를 인정할 만한 자료가 있는 경우

[법 제110조의3 제2항

과세표준과 세액결정을 위한 조사(부과고지의 경우)

세관장은 부과고지를 하는 경우 과세표준과 세액을 결정하기 위한 조사를 할 수 있다.

[법 제110조의3 제2항

(2) 정기선정에 의한 조사외의 조사

세관장은 정기선정에 의한 조사 외에 다음의 어느 하나에 해당하는 경우에는 조사를 할 수 있다(법 제110조의3 제2항).

① 납세자가 이 법에서 정하는 신고·신청, 과세가격결정자료의 제출 등의 납세협력의무를 이행하지 아니한 경우
② 수출입업자에 대한 구체적인 탈세제보 등이 있는 경우
③ 신고내용에 탈세나 오류의 혐의를 인정할 만한 자료가 있는 경우
④ 납세자가 세관공무원에게 직무와 관련하여 금품을 제공하거나 금품제공을 알선한 경우

(3) 부과고지의 경우 과세표준과 세액결정을 위한 조사

세관장은 제39조 제1항에 따라 부과고지를 하는 경우 과세표준과 세액을 결정하기 위한 조사를 할 수 있다(법 제110조의3 제3항).

Ⅱ. 납세자의 권리(Right of Duty Payer)

1. 관세조사권 남용 및 재조사의 금지

(1) 관세조사권의 남용금지

세관공무원은 적정하고 공평한 과세를 실현하고 통관의 적법성을 보장하기 위하여 필요한 최소한의 범위에서 관세조사를 하여야 하며 다른 목적 등을 위하여 조사권을 남용하여서는 아니 된다(법 제111조 제1항).

관세조사권의 남용 및 재조사의 금지(Prohibition on Reinvestigations)

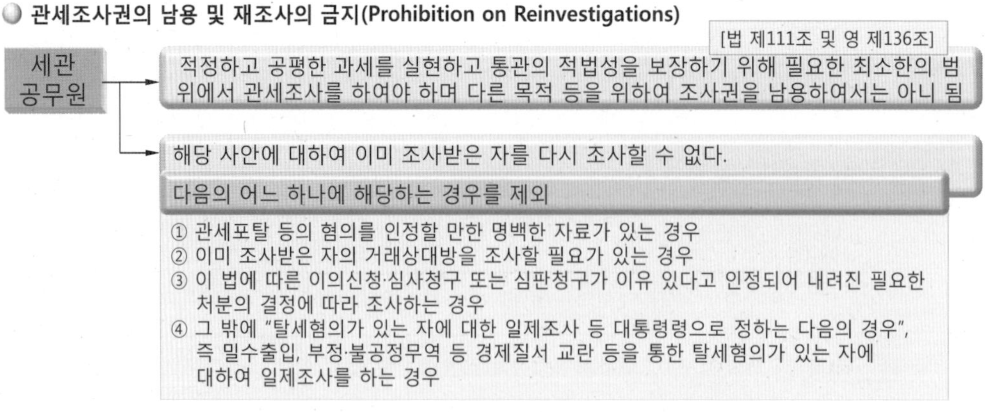

[법 제111조 및 영 제136조]

세관 공무원
→ 적정하고 공평한 과세를 실현하고 통관의 적법성을 보장하기 위해 필요한 최소한의 범위에서 관세조사를 하여야 하며 다른 목적 등을 위하여 조사권을 남용하여서는 아니 됨
→ 해당 사안에 대하여 이미 조사받은 자를 다시 조사할 수 없다.

다음의 어느 하나에 해당하는 경우를 제외

① 관세포탈 등의 혐의를 인정할 만한 명백한 자료가 있는 경우
② 이미 조사받은 자의 거래상대방을 조사할 필요가 있는 경우
③ 이 법에 따른 이의신청·심사청구 또는 심판청구가 이유 있다고 인정되어 내려진 필요한 처분의 결정에 따라 조사하는 경우
④ 그 밖에 "탈세혐의가 있는 자에 대한 일제조사 등 대통령령으로 정하는 다음의 경우", 즉 밀수출입, 부정·불공정무역 등 경제질서 교란 등을 통한 탈세혐의가 있는 자에 대하여 일제조사를 하는 경우

(2) 재조사의 금지(Prohibition on Reinvestigation)

세관공무원은 다음의 어느 하나에 해당하는 경우를 제외하고는 해당 사안에 대하여 이미 조사받은 자를 다시 조사할 수 없다(법 제111조 제2항 및 영 제136조).

① 관세포탈 등의 혐의를 인정할 만한 명백한 자료가 있는 경우
② 이미 조사받은 자의 거래상대방을 조사할 필요가 있는 경우
③ 제118조 제4항 제2호 후단(과세전적부심사 청구) 또는 제128조 제1항 제3호 후단(제132조 제4항 본문에서 준용하는 경우를 포함한다)[심사청구(이의신청)]에 따른 재조사 결정에 따라 재조사를 하는 경우(결정서 주문에 기재된 범위의 재조사에 한정한다)
④ 납세자가 세관공무원에게 직무와 관련하여 금품을 제공하거나 금품제공을 알선한 경우
⑤ 그 밖에 "탈세혐의가 있는 자에 대한 일제조사 등 대통령령으로 정하는 다음의 경우", 즉 밀수출입, 부정·불공정무역 등 경제질서 교란 등을 통한 탈세혐의가 있는 자에 대하여 일제조사를 하는 경우

2. 관세조사의 경우 조력을 받을 권리(Right to Obtain Assistance in Customs Duty Investigations)

납세자는 "납세자권리헌장의 교부"(제110조 제2항)의 어느 하나에 해당하여 세관공무원에게 조사를 받는 경우에 변호사, 관세사로 하여금 조사에 참여하게 하거나 의견을 진술하게 할 수 있다(법 제112조).

관세조사의 경우 조력을 받을 권리(Right to Obtain Assistance in Customs Duty Investigations)

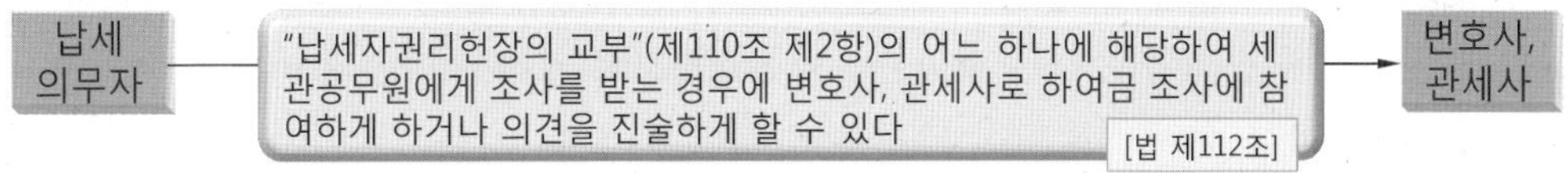

3. 납세자의 성실성 추정 등(Assumption of Duty Payer' s Sincerity, etc.)

(1) 납세자의 성실성 추정(Assumption of Duty Payer' s Sincerity)

세관공무원은 납세자가 이 법에 따른 신고 등의 의무를 이행하지 아니한 경우 또는 납세자에게 구체적인 관세포탈 등의 혐의가 있는 경우 등 "대통령령으로 정하는 다음의 어느 하나에 해당하는 경우"를 제외하고는 납세자가 성실하며 납세자가 제출한 신고서 등이 진실한 것으로 추정하여야 한다(법 제113조 제1항 및 영 제138조 제1항).

① 납세자가 법에서 정하는 신고 및 신청, 과세자료의 제출 등의 납세협력의무를 이행

하지 아니한 경우
② 납세자에 대한 구체적인 탈세정보가 있는 경우
③ 신고내용에 탈루나 오류의 혐의를 인정할 만한 명백한 자료가 있는 경우
④ 납세자의 신고내용이 관세청장이 정한 기준과 비교하여 불성실하다고 인정되는 경우

납세자의 성실성 추정 등

세관 공무원

[법 제113조 제1항 및 영 제138조] 제1항

납세자의 성실성의 추정(Assumption of Duty Payer's Sincerity)

납세자가 성실하며 납세자가 제출한 신고서 등이 진실한 것으로 추정하여야 한다.

납세자가 이 법에 따른 신고 등의 의무를 이행하지 아니한 경우 또는 납세자에게 구체적인 관세포탈 등의 혐의가 있는 경우 등
"대통령령으로 정하는 다음의 어느 하나에 해당하는 경우"를 제외

① 납세자가 법에서 정하는 신고 및 신청, 과세자료의 제출 등의 납세협력의무를 이행하지 아니한 경우
② 납세자에 대한 구체적인 탈세정보가 있는 경우
③ 신고내용에 탈루나 오류의 혐의를 인정할 만한 명백한 자료가 있는 경우
④ 납세자의 신고내용이 관세청장이 정한 기준과 비교하여 불성실하다고 인정되는 경우

[법 제113조 제2항 및 영 제138조] 제2항

납세자의 성실성의 확인(Confirmation of Duty Payer's Sincerity)

"납세자의 성실성의 추정(제1항)"은 세관공무원이 납세자가 제출한 신고서 등의 내용에 관하여 질문을 하거나 신고한 물품에 대하여 확인을 하는 행위 등
"대통령령으로 정하는 다음의 어느 하나에 해당하는 행위"를 하는 것을 제한하지 아니한다.
① 납세신고에 따른 세액심사를 위한 질문이나 자료제출의 요구(법 제38조 제2항)
② 수출·수입 또는 반송하려는 물품의 검사(법 제246조)
③ 장부 또는 자료의 제출(법 제266조 제1항)
④ 그 밖의 법(「수출용원재료에 대한 관세 등 환급에 관한 특례법」을 포함)에 따른 자료조사나 자료제출의 요구

(2) 납세자의 성실성의 확인(Confirmation of Duty Payer's Sincerity)

제1항은 세관공무원이 납세자가 제출한 신고서 등의 내용에 관하여 질문을 하거나 신고한 물품에 대하여 확인을 하는 행위 등 "대통령령으로 정하는 다음의 어느 하나에 해당하는 행위"를 하는 것을 제한하지 아니한다(법 제113조 제2항 및 영 제138조 제2항).

① 납세신고에 따른 세액심사를 위한 질문이나 자료제출의 요구(법 제38조 제2항)
② 수출·수입 또는 반송하려는 물품의 검사(법 제246조)
③ 장부 또는 자료의 제출(법 제266조 제1항)[1]
④ 그 밖의 법(「수출용원재료에 대한 관세 등 환급에 관한 특례법」을 포함)에 따른 자료조사나 자료제출의 요구

1) 필자의 견해로는 이 조항은 "법 제266조 제1항에 따른 장부 또는 자료의 제출의 요구"로 변경되는 것이 바람직하다고 생각한다.

4. 관세조사의 사전통지와 연기신청(Prior Notice on Customs Investigation and Application for Postponement thereof)

(1) 관세조사의 사전통지(Prior Notice on Customs Investigation)

세관공무원은 "납세자권리헌장의 교부"(제110조 제2항)의 어느 하나에 해당하는 조사를 하기 위하여 해당 장부, 서류, 전산처리장치 또는 그 밖의 물품 등을 조사하는 경우에는 조사를 받게 될 납세자(그 위임을 받은 자를 포함한다. 이하 이 조에서 같다)에게 조사 시작 15일 전에 조사 대상, 조사 사유, 그 밖에 대통령령으로 정하는 사항을 통지하여야 한다. 다만, 다음의 어느 하나에 해당하는 경우에는 그러하지 아니하다(법 제114조 제1항).

① 범칙사건에 대하여 조사하는 경우

② 사전에 통지하면 증거인멸 등으로 조사 목적을 달성할 수 없는 경우

따라서, 납세자 또는 그 위임을 받은 자에게 관세조사에 관한 사전통지를 하는 경우에는 다음의 사항을 적은 문서로 하여야 한다(영 제139조).

① 납세자 또는 그 위임을 받은 자의 성명과 주소 또는 거소

② 조사기간

③ 조사대상 및 조사사유

④ 그 밖에 필요한 사항

(2) 관세조사기간(Period of Customs Investigation)

(가) 관세조사기간

관세조사기간은 조사대상자의 수출입 규모, 조사 인원·방법·범위 및 난이도 등을 종합적으로 고려하여 최소한이 되도록 하되, 방문하여 조사하는 경우에 그 조사기간은 20일 이내로 한다(영 제139조의2 제1항).

(나) 관세조사기간의 연장

제1항에도 불구하고 다음의 어느 하나에 해당하는 경우에는 20일 이내의 범위에서 조사기간을 연장할 수 있다. 이 경우 2회 이상 연장하는 경우에는 관세청장의 승인을 받아 각각 20일 이내에서 연장할 수 있다(영 제139조의2 제2항).

① 조사대상자가 장부·서류 등을 은닉하거나 그 제출을 지연 또는 거부하는 등 조사를 기피하는 행위가 명백한 경우

② 조사범위를 다른 품목이나 거래상대방 등으로 확대할 필요가 있는 경우

③ 천재지변이나 노동쟁의로 조사가 중단되는 경우

④ 위의 ①부터 ③까지에 준하는 사유로 사실관계의 확인이나 증거 확보 등을 위하여 조사기간을 연장할 필요가 있는 경우

(다) 관세조사의 중지기간

세관공무원은 납세자가 자료의 제출을 지연하는 등 다음의 어느 하나에 해당하는 사유로 조사를 진행하기 어려운 경우에는 조사를 중지할 수 있다. 이 경우 그 중지기간은 제1항 및 제2항의 조사기간 및 조사연장기간에 산입하지 아니한다(영 제139조의2 제3항).

① 납세자가 천재지변이나 제140조 제1항에 따른 관세조사 연기신청 사유에 해당하는 사유가 있어 조사중지를 신청한 경우
② 납세자가 장부 · 서류 등을 은닉하거나 그 제출을 지연 또는 거부하는 등으로 인하여 조사를 정상적으로 진행하기 어려운 경우
③ 노동쟁의 등의 발생으로 관세조사를 정상적으로 진행하기 어려운 경우
④ 그 밖에 관세조사를 중지하여야 할 특별한 사유가 있는 경우로서 관세청장이 정하는 경우

(라) 관세조사의 중지사유소멸에 따른 관세조사의 재개

세관공무원은 제3항에 따라 관세조사를 중지한 경우에는 그 중지사유가 소멸하면 즉시 조사를 재개하여야 한다. 다만, 관세채권의 확보 등 긴급히 조사를 재개하여야 할 필요가 있는 경우에는 그 중지사유가 소멸하기 전이라도 관세조사를 재개할 수 있다(영 제139조의2 제4항).

(마) 관세조사기간의 연장, 중지 또는 재개의 통지

세관공무원은 제2항부터 제4항까지의 규정에 따라 조사기간을 연장, 중지 또는 재개하는 경우에는 그 사유, 기간 등을 문서로 통지하여야 한다(영 제139조의2 제5항).

(3) 관세조사의 연기신청(Application for Postponement of Customs Investigation)

관세조사의 사전통지를 받은 납세자가 천재지변이나 그 밖에 "대통령령으로 정하는 다음의 어느 하나에 해당하는 사유"로 조사를 받기가 곤란한 경우에는 대통령령으로 정하는 바에 따라 해당 세관장에게 조사를 연기하여 줄 것을 신청할 수 있다(법 제114조 제2항 및 영 제140조 제1항).

① 화재나 그 밖의 재해로 사업상 심한 어려움이 있는 경우
② 납세자 또는 그 위임을 받은 자의 질병, 장기출장 등으로 관세조사가 곤란하다고 판단되는 경우
③ 권한있는 기관에 의하여 장부 및 증빙서류가 압수 또는 영치된 경우
④ 그 밖에 위의 ①부터 ③까지의 규정에 준하는 사유가 있는 경우

따라서, 관세조사의 연기를 받으려는 자는 다음의 사항을 기재한 문서를 해당 세관장에게 제출하여야 한다(영 제140조 제2항).

① 관세조사의 연기를 받으려는 자의 성명과 주소 또는 거소
② 관세조사의 연기를 받으려는 기간
③ 관세조사의 연기를 받으려는 사유
④ 그 밖에 필요한 사항

관세조사의 사전통지와 연기신청[Prior Notice on Customs Investigation and Application for Postponement]

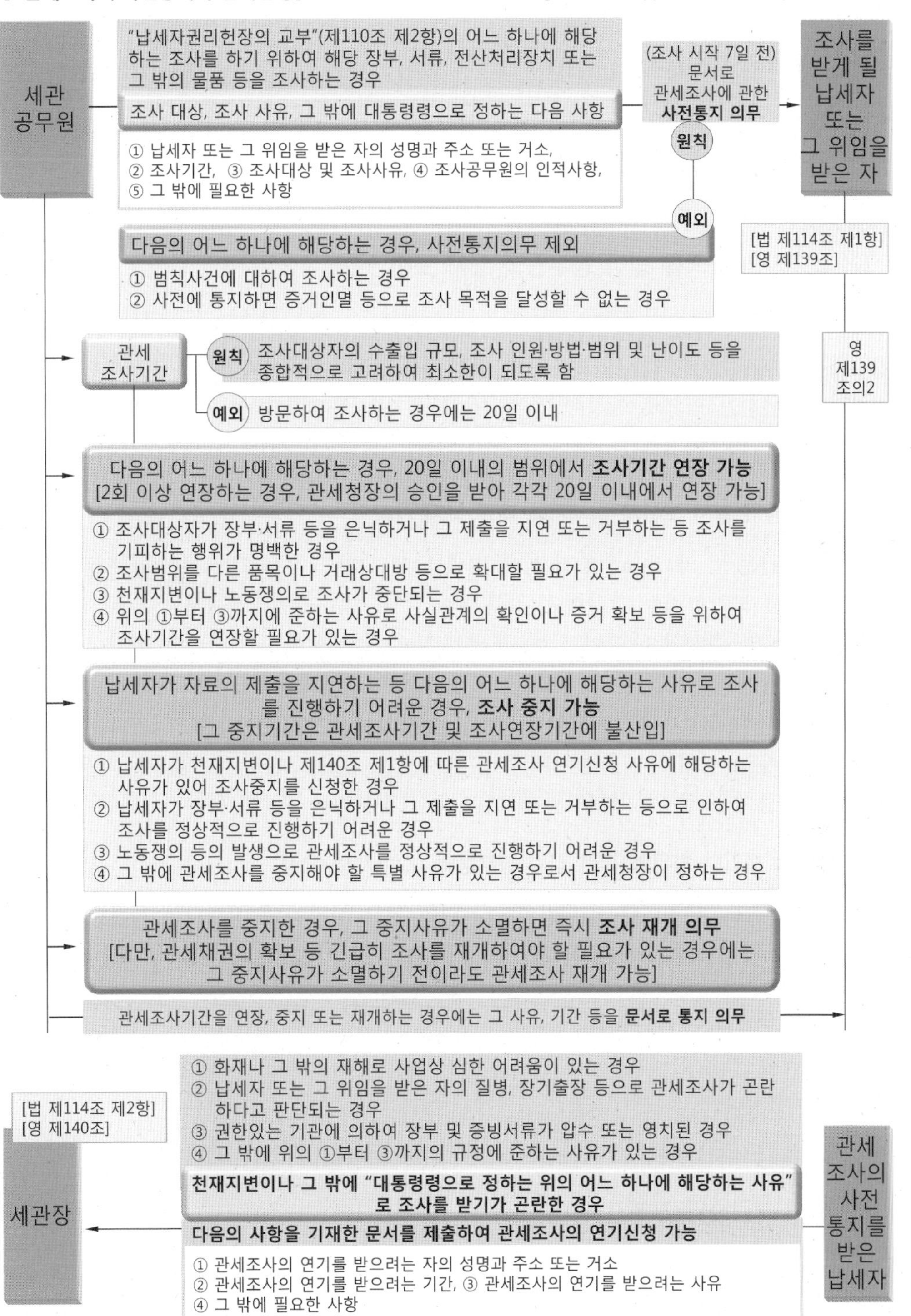

5. 장부 · 서류 등의 보관 금지

(1) 장부등의 보관금지

세관공무원은 관세조사의 목적으로 납세자의 "장부등"(장부 · 서류 또는 그 밖의 물건)을 세관관서에 임의로 보관할 수 없다(법 제114조의2 제1항).

(2) 납세자의 동의를 받아 장부등의 일시 보관

제1항에도 불구하고 세관공무원은 제110조의3 제2항의 어느 하나의 사유에 해당하는 경우에는 조사목적에 필요한 최소한의 범위에서 납세자, 소지자 또는 보관자 등 정당한 권한이 있는 자가 임의로 제출한 장부등을 납세자의 동의를 받아 세관관서에 일시 보관할 수 있다(법 제114조의2 제2항).

(가) 장부등의 일시 보관시 납세자에 대한 고지 사항

세관공무원은 법 제114조의2 제2항에 따라 납세자의 "장부등"(장부 · 서류 또는 그 밖의 물건)을 일시 보관하려는 경우에는 장부등의 일시 보관 전에 "납세자등"(납세자, 소지자 또는 보관자 등 정당한 권한이 있는 자)에게 다음의 사항을 고지하여야 한다(법 제140조의2 제1항).

1. 법 제110조의3제2항 각 호에 따른 장부등을 일시 보관하는 사유
2. 납세자등이 동의하지 아니하는 경우에는 장부등을 일시 보관할 수 없다는 내용
3. 납세자등이 임의로 제출한 장부등에 대해서만 일시 보관할 수 있다는 내용
4. 납세자등이 요청하는 경우 일시 보관 중인 장부등을 반환받을 수 있다는 내용

(나) 조사목적이나 범위와 관련 없는 장부등의 보관 제외 요청

납세자등은 조사목적이나 조사범위와 관련이 없는 장부등에 대해서는 세관공무원에게 일시 보관할 장부등에서 제외할 것을 요청할 수 있다(법 제140조의2 제2항).

(다) 일시 보관한 장부등의 반환

세관공무원은 해당 관세조사를 종료하였을 때에는 일시 보관한 장부등을 모두 반환하여야 한다(법 제140조의2 제3항).

(3) 일시 보관증의 교부

세관공무원은 제2항에 따라 납세자의 장부등을 세관관서에 일시 보관하려는 경우 납세자로부터 일시 보관 동의서를 받아야 하며, 일시 보관증을 교부하여야 한다(법 제114조의2 제3항).

(4) 장부등의 반환 요청에 따른 보관기간

세관공무원은 제2항에 따라 일시 보관하고 있는 장부등에 대하여 납세자가 반환을 요청한 경우에는 납세자가 그 반환을 요청한 날부터 14일을 초과하여 장부등을 보관할 수 없다. 다만, 조사목적을 달성하기 위하여 필요한 경우에는 납세자의 동의를 받아 한 차례만 14일 이내의 범위에서 보관 기간을 연장할 수 있다(법 제114조의2 제4항).

(5) 장부등의 즉시 반환

제4항에도 불구하고 세관공무원은 납세자가 제2항에 따라 일시 보관하고 있는 장부등의 반환을 요청한 경우로서 관세조사에 지장이 없다고 판단될 때에는 요청한 장부등을 즉시 반환하여야 한다(법 제114조의2 제5항).

(6) 장부등의 사본의 보관 금지

제4항 및 제5항에 따라 납세자에게 장부등을 반환하는 경우 세관공무원은 장부등의 사본을 보관할 수 있고, 그 사본이 원본과 다름없다는 사실을 확인하는 납세자의 서명 또는 날인을 요구할 수 있다(법 제114조의2 제6항).

(7) 장부등의 일시 보관 방법 및 절차 등

제1항부터 제6항까지에서 규정한 사항 외에 장부등의 일시 보관 방법 및 절차 등에 관하여 필요한 사항은 대통령령으로 정한다(법 제114조의2 제7항).

6. 관세조사의 결과통지(Notice on Outcome of Customs Investigation)

세관공무원은 "납세자권리헌장의 교부"(제110조 제2항)의 어느 하나에 해당하는 조사를 종료하였을 때에는 종료 후 20일 이내에 그 조사 결과를 서면으로 납세자에게 통지하여야 한다. 다만, 납세자가 폐업한 경우 등 "대통령령으로 정하는 다음의 어느 하나에 해당하는 경우"에는 그러하지 아니하다(법 제115조 및 영 제141조).

① 납세자에게 통고처분을 하는 경우
② 범칙사건을 고발하는 경우
③ 폐업한 경우
④ 납세자의 주소 및 거소가 불명하거나 그 밖의 사유로 통지를 하기 곤란하다고 인정되는 경우

관세조사의 결과통지[Notice on Outcome of Customs Investigation]

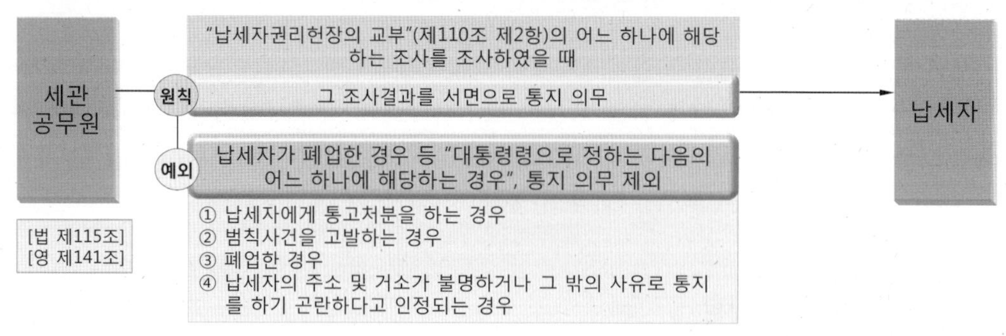

7. 세관공무원의 납세자 과세정보에 대한 비밀유지(Keeping Secrets)

(1) 과세정보의 제공금지

세관공무원은 "과세정보(duty imposition information)"[납세자가 이 법에서 정한 납세의무를 이행하기 위하여 제출한 자료나 관세의 부과·징수 또는 통관을 목적으로 업무상 취득한 자료 등(이하 "과세정보"라 한다)]를 제공하거나 누설하여서는 아니 되며, 사용 목적 외의 용도로 사용하여서도 아니 된다. 다만, 다음의 어느 하나에 해당하는 경우에는 그 사용 목적에 맞는 범위에서 납세자의 과세정보를 제공할 수 있다(법 제116조 제1항).

① 국가기관이 관세에 관한 쟁송이나 관세범에 대한 소추(訴追)를 목적으로 과세정보를 요구하는 경우

② 법원의 제출명령이나 법관이 발부한 영장에 따라 과세정보를 요구하는 경우

③ 세관공무원 상호간에 관세를 부과 · 징수, 통관 또는 질문 · 검사하는 데에 필요하여 과세정보를 요구하는 경우

④ 통계청장이 국가통계작성 목적으로 과세정보를 요구하는 경우

⑤ 다른 법률에 따라 과세정보를 요구하는 경우

(2) 과세정보의 제공요구

위의 ①, ④ 및 ⑤에 따라 과세정보의 제공을 요구하는 자는 문서로 해당 세관장에게 요구하여야 한다(법 제116조 제2항).

◉ 세관공무원의 납세자 과세정보에 대한 비밀유지[keeping secrets]

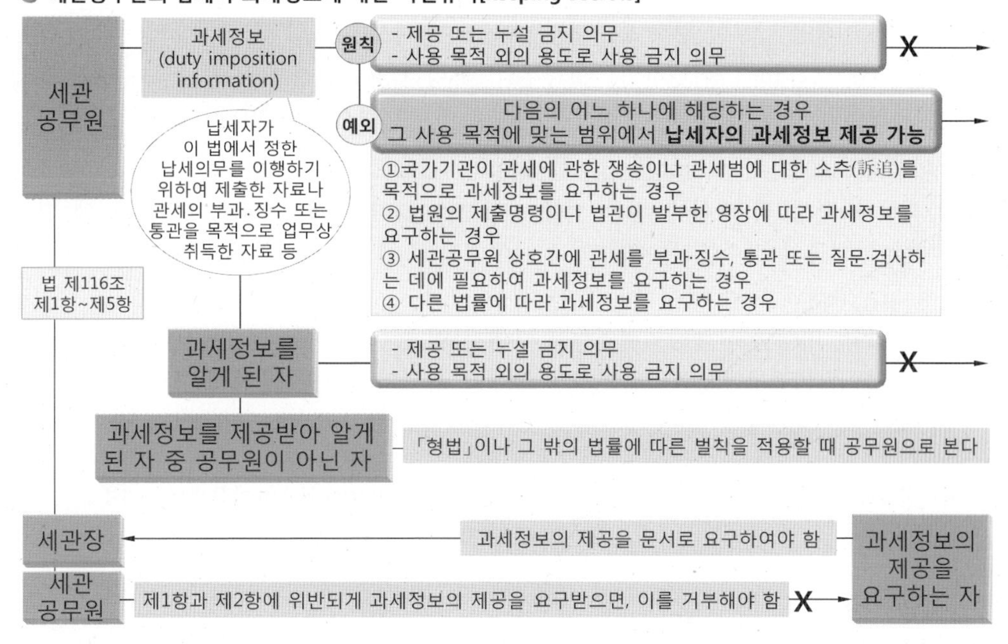

(3) 과세정보 제공요구의 거부

세관공무원은 제1항 및 제2항에 위반되게 과세정보의 제공을 요구받으면 이를 거부하여야 한다(법 제116조 제3항).

(4) 과세정보의 제공금지

제1항에 따라 과세정보를 알게 된 자는 타인에게 제공하거나 누설하여서는 아니 되며, 그 목적 외의 용도로 사용하여서도 아니 된다(법 제116조 제4항).

(5) 공무원의 의제

이 조에 따라 과세정보를 제공받아 알게 된 자 중 공무원이 아닌 자는 「형법」이나 그 밖의 법률에 따른 벌칙을 적용할 때 공무원으로 본다(법 제116조 제5항).

8. 고액 · 상습체납자의 명단공개(Disclosure of Lists of Large Amount or Habitual Delinquents)

(1) 고액·상습체납자의 명단공개

제116조에도 불구하고 관세청장은 "체납관세등"(체납발생일부터 1년이 지난 관세 및 내국세등)이 2억원 이상인 체납자에 대하여는 그 인적사항과 체납액 등을 공개할 수 있

다. 다만, 체납관세등에 대하여 이의신청 · 심사청구 등 불복청구가 진행 중이거나 체납액의 일정금액 이상을 납부한 경우 등 "대통령령으로 정하는 다음의 어느 하나의 사유에 해당하는 경우"에는 그러하지 아니하며, 제1항부터 제5항까지의 규정에 따른 체납자 명단 공개 및 심의위원회의 구성 · 운영 등에 필요한 사항은 대통령령으로 정한다(법 제116조의2 제1항·제6항 및 영 제141조의2 제1항).

① 체납액의 100분의 30이상을 납부한 경우

② 「채무자 회생 및 파산에 관한 법률」 제243조에 따른 회생계획인가의 결정에 따라 체납된 세금의 징수를 유예받고 그 유예기간 중에 있거나 체납된 세금을 회생계획의 납부일정에 따라 납부하고 있는 경우

③ 재산상황, 미성년자 해당여부 및 그 밖의 사정 등을 고려할 때 법 제116조의2 제2항에 따른 관세정보공개심의위원회가 공개할 실익이 없거나 공개하는 것이 부적절하다고 인정하는 경우

◐ 고액·상습체납자의 명단공개[Disclosure of Lists of Large Amount or Habitual Delinquents]

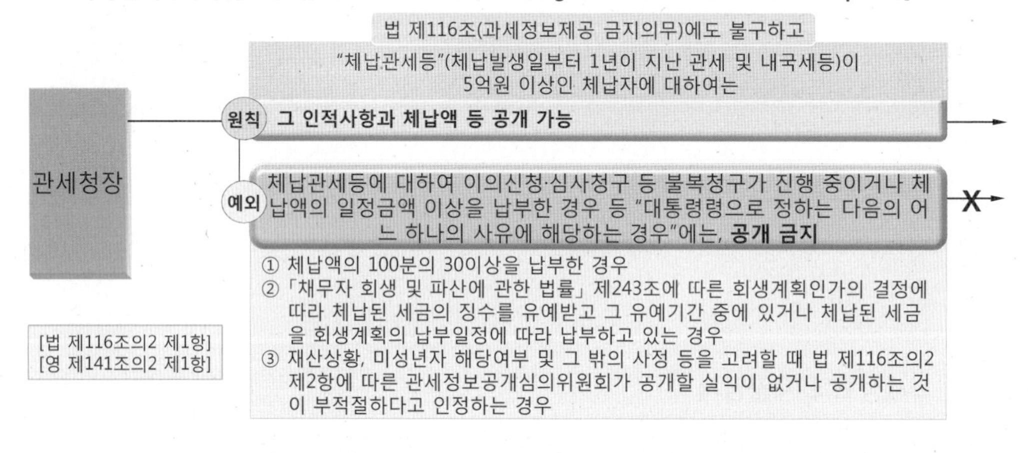

(2) 관세정보공개심의위원회의 설치(Establishing the Customs Information Disclosure Deliberative Committee)

제1항과 제4항에 따른 체납자의 인적사항과 체납액 등에 대한 공개 여부를 심의하거나 재심의하기 위하여 관세청에 관세정보공개심의위원회(이하 이 조에서 "심의위원회"라 한다)를 둔다(법 제116조의2 제2항).

(가) 관세정보공개심의위원회의 구성

관세정보공개심의위원회(이하 이 조에서 "위원회"라 한다)의 위원장은 관세청 차장이 되고, 위원은 다음의 자가 되며, 다음의 ②에 따른 위촉위원의 임기는 2년으로 하되, 한번만 연임할 수 있다. 다만, 보궐위원의 임기는 전임위원 임기의 남은 기간으로 한다(영 제141조의3 제1항 및 제2항).

① 관세청의 고위공무원단에 속하는 일반직공무원 중에서 관세청장이 임명하는 자 4인

② 법률 또는 재정·경제에 관한 학식과 경험이 풍부한 자 중에서 관세청장이 위촉하는 자 6인

(나) 관세정보공개심의위원회의 위원의 해임 또는 해촉

관세청장은 위원회의 위원이 다음 각 호의 어느 하나에 해당하는 경우에는 해당 위원을 해임 또는 해촉할 수 있다(영 제141조의3 제3항).

① 심신장애로 인하여 직무를 수행할 수 없게 된 경우
② 직무와 관련된 비위사실이 있는 경우
③ 직무태만, 품위손상이나 그 밖의 사유로 인하여 위원으로 적합하지 아니하다고 인정되는 경우
④ 위원 스스로 직무를 수행하는 것이 곤란하다고 의사를 밝히는 경우
⑤ 영 제141조의3 제5항 각 호의 어느 하나에 해당함에도 불구하고 회피하지 아니한 경우

(다) 관세정보공개심의위원회의 회의

위원회의 회의는 위원장을 포함한 재적의원 과반수의 출석으로 개의하고, 출석위원 과반수의 찬성으로 의결한다(영 제141조의3 제4항).

관세정보공개심의위원회[Customs Information Disclosure Deliberative Committee]

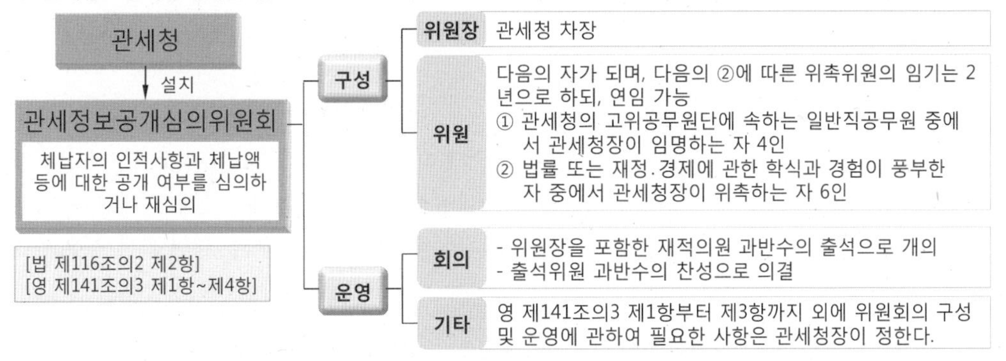

(라) 관세정보공개심의위원회의 위원의 제척

위위원회의 위원은 다음 각 호의 어느 하나에 해당하는 경우에는 심의·의결에서 제척된다(영 제141조의3 제5항).

① 위원이 해당 안건의 당사자(당사자가 법인·단체 등인 경우에는 그 임원을 포함한다. 이하 이 항에서 같다)이거나 해당 안건에 관하여 직접적인 이해관계가 있는 경우
② 위원의 배우자, 4촌 이내의 혈족 및 2촌 이내의 인척의 관계에 있는 사람이 해당 안건의 당사자이거나 해당 안건에 관하여 직접적인 이해관계가 있는 경우
③ 위원이 해당 안건 당사자의 대리인이거나 최근 5년 이내에 대리인이었던 경우

④ 위원이 해당 안건 당사자의 대리인이거나 최근 5년 이내에 대리인이었던 법인·단체 등에 현재 속하고 있거나 속하였던 경우

⑤ 위원이 최근 5년 이내에 해당 안건 당사자의 자문·고문에 응하였거나 해당 안건 당사자와 연구·용역 등의 업무 수행에 동업 또는 그 밖의 형태로 직접 해당 안건 당사자의 업무에 관여를 하였던 경우

⑥ 위원이 최근 5년 이내에 해당 안건 당사자의 자문·고문에 응하였거나 해당 안건 당사자와 연구·용역 등의 업무 수행에 동업 또는 그 밖의 형태로 직접 해당 안건 당사자의 업무에 관여를 하였던 법인·단체 등에 현재 속하고 있거나 속하였던 경우

또한, 위원회의 위원은 제5항 각 호의 어느 하나에 해당하는 경우에는 스스로 해당 안건의 심의·의결에서 회피하여야 한다(영 제141조의3 제6항).

(마) 관세정보공개심의위원회의 운영

영 제141조의3 제1항부터 제6항까지에서 규정한 사항 외에 위원회의 구성 및 운영에 관하여 필요한 사항은 관세청장이 정한다(영 제141조의3 제7항).

(바) 관세정보공개심의위원회의 위원의 공무원 의제

위원회(관세품목분류위원회, 관세체납정리위원회, 관세정보공개심의위원회, 관세심사위원회, 보세판매장 특허심사위원회, 원산지확인위원회)의 위원 중 공무원이 아닌 사람은 「형법」 제127조 및 제129조부터 제132조까지의 규정을 적용할 때에는 공무원으로 본다(법 제330조 제8호).

(3) 공대대상예정자에 대한 소명기회 부여

관세청장은 위원회의 심의를 거친 공개대상예정자에게 체납자 명단 공개대상예정자임을 통지하여 소명할 기회를 주어야 하는 바, 관세청장은 공개대상예정자에게 체납자 명단 공개 대상예정자임을 통지하는 때에는 그 체납된 세금의 납부촉구와 명단공개 제외사유에 해당되는 경우 이에 관한 소명자료를 제출하도록 각각 안내하여야 한다(법 제116조의2 제3항 및 영 제141조의2 제2항).

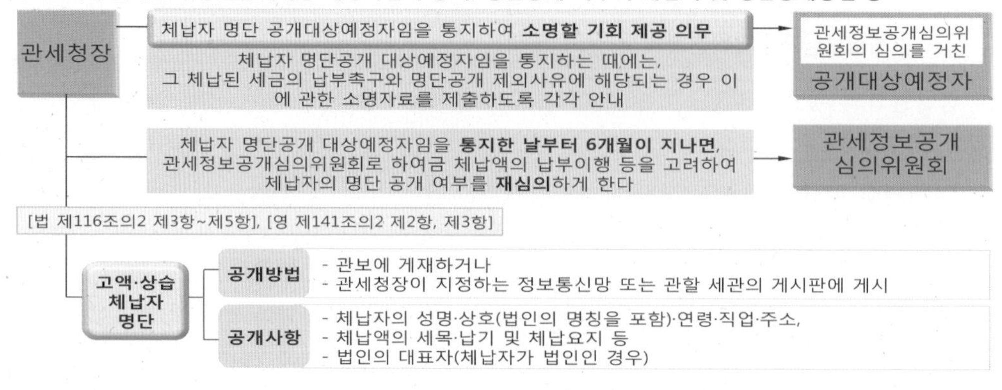

(4) 체납자의 명단공개 여부의 재심의

관세청장은 체납자 명단공개 대상예정자임을 통지한 날부터 6개월이 지나면 심의위원회로 하여금 체납액의 납부이행 등을 고려하여 체납자의 명단 공개 여부를 재심의하게 한다(법 제116조의2 제4항).

(5) 고액 · 상습체납자의 명단공개의 방법 및 내용

고액·상습체납자의 명단공개는 관보에 게재하거나 관세청장이 지정하는 정보통신망 또는 관할 세관의 게시판에 게시하는 방법으로 하는 바, 체납자 명단공개시 공개할 사항은 체납자의 성명 · 상호(법인의 명칭을 포함한다) · 연령 · 직업 · 주소, 체납액의 세목 · 납기 및 체납요지 등으로 하고, 체납자가 법인인 경우에는 법인의 대표자를 함께 공개한다(법 제116조의2 제5항 및 영 제141조의2 제3항).

9. 납세증명서의 제출 및 발급

(1) 납세증명서의 제출

납세자(미과세된 자를 포함한다. 이하 이 조에서 같다)는 다음 각 호의 어느 하나에 해당하는 경우에는 대통령령으로 정하는 바에 따라 납세증명서를 제출하여야 한다(법 제116조의3 제1항 및 영 제141조의4 제1항).

① 국가, 지방자치단체 또는 대통령령으로 정하는 정부관리기관으로부터 대금을 지급받을 경우(여기에서, "대통령령으로 정하는 정부 관리기관"이란 「감사원법」 제22조 제1항 제3호 및 제4호에 따라 감사원의 회계검사의 대상이 되는 법인 또는 단체 등을 말한다)

② 관세를 납부할 의무가 있는 외국인이 출국할 경우

③ 내국인이 외국으로 이주하거나 1년을 초과하여 외국에 체류할 목적으로 외교부장관에게 거주목적의 여권을 신청하는 경우

한편, 법 제116조의3에 따른 납세증명서의 내용과 납세증명서의 제출 등에 관하여는 「국세징수법 시행령」 제2조(제1호는 제외한다), 제4조 및 제5조를 준용한다. 이 경우 「국세징수법 시행령」 제5조제2항 중 "국세청장(국세정보통신망을 통한 조회만 해당한다) 또는 세무서장"은 "관세청장 또는 세관장"으로 본다(영 제141조의4 제2항).

(2) 납세증명서의 발급신청

법 제116조의3 제2항에 따라 납세증명서를 발급받으려는 자는 "기획재정부령으로 정하는 서식에 따른 신청서", 즉 납세증명서의 발급 신청서(별지 제1호 서식)를 세관장에게 제

출하여야 한다(영 제141조의5 및 규칙 제60조의2).

(3) 납세증명서의 발급

세관장은 납세자로부터 납세증명서의 발급신청을 받았을 때에는 그 사실을 확인하고 즉시 납세증명서를 발급하여야 한다(법 제116조의3 제2항).

(4) 납세증명서의 유효기간

납세증명서의 유효기간은 그 증명서를 발급한 날부터 30일로 한다. 다만, 발급일 현재 납부기한이 진행 중인 관세 및 내국세등이 있는 경우에는 그 납부기한까지로 할 수 있다(영 제141조의6 제1항).

또한, 세관장은 제1항 단서에 따라 유효기간을 정할 경우에는 해당 납세증명서에 그 사유와 유효기간을 분명하게 적어야 한다(영 제141조의6 제2항).

10. 세관공무원의 납세자의 권리행사에 필요한 정보의 제공

세관공무원은 납세자가 납세자의 권리행사에 필요한 정보를 요구하면 신속하게 제공하여야 한다. 이 경우 세관공무원은 납세자가 요구한 정보와 관련되어 있어 관세청장이 정하는 바에 따라 납세자가 반드시 알아야 한다고 판단되는 그 밖의 정보도 함께 제공하여야 한다(법 제117조).

세관공무원의 납세자의 권리행사에 필요한 정보의 제공[Provision of Information]

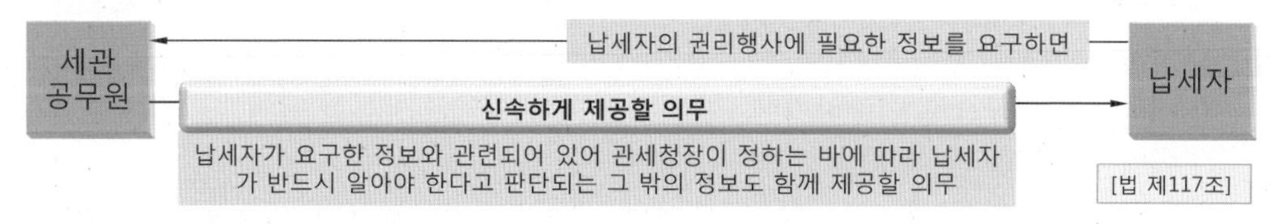

제2절 심사와 심판(Examination and Adjudication)

Ⅰ. 행정쟁송제도

1. 행정쟁송제도의 의의

(1) 행정쟁송제도의 개념

행정쟁송제도란 법률이나 조약에 따른 처분과 관련하여 행정기관이 위법·부당한 처분을 하였거나 필요한 처분을 하지 아니함으로 인하여 그 권리 또는 이익의 침해를 당한 자, 그 이해관계인 또는 그 처분에 불복하는 자 등이 행정기관에 해당 처분의 취소, 변경 또는 필요한 처분을 청구함으로써 그 처분을 행한 행정기관 또는 그 감독기관이 그 처분의 정당성 여부를 재심사·결정하는 제도를 말한다.

(2) 관련용어

(가) 처분

"처분등"이란 행정청이 행하는 구체적 사실에 관한 법집행으로서의 공권력의 행사 또는 그 거부와 그 밖에 이에 준하는 행정작용(이하 "처분"이라 한다) 및 행정심판에 대한 재결을 말한다(행정소송법 제2조 제1호).

(나) 부작위

"부작위"란 행정청이 당사자의 신청에 대하여 상당한 기간내에 일정한 처분을 하여야 할 법률상 의무가 있음에도 불구하고 이를 하지 아니하는 것을 말한다(행정소송법 제2조 제2호).

(다) 처분청

처분청(disposition agency; 處分廳)이란 행정처분을 한 행정관청으로서 행정심판의 상대방을 말한다.

(라) 재결청

재결청(ruling agency; 裁決廳)이란 이의신청, 심사청구 또는 심판청구를 수리하고 해당 청구사건에 대하여 결정(재결)할 수 있는 권한을 가진 행정관청으로서, 처분청의 상급기관을 말한다.

2. 관세에 관한 쟁송절차

관세에 관한 행정쟁송은 관세법에 따른 행정심판과 감사원법에 따른 심사청구로 구분된다. 관세법에 따른 행정심판에는 이의신청, 심사청구, 심판청구로 구분된다.

즉, 관세법상의 불복청구는 관세행정기관(세관장 또는 관세청장)이 관세에 관한 법률이나 조약에 따른 처분과 관련하여 위법 · 부당한 처분을 하였거나 필요한 처분을 하지 않은 경우, "신청인 또는 청구인(그 권리 또는 이익의 침해를 당한 자, 그 이해관계인 또는 그 처분에 불복하는 자)"이 해당 처분의 취소, 변경 또는 필요한 처분을 신청 또는 청구하는 것을 말한다.

이러한 불복청구는 과세전적부심사청구, 이의신청, 심사청구, 심판청구 및 감사원심사청구로 구분된다.

행정쟁송제도의 의의

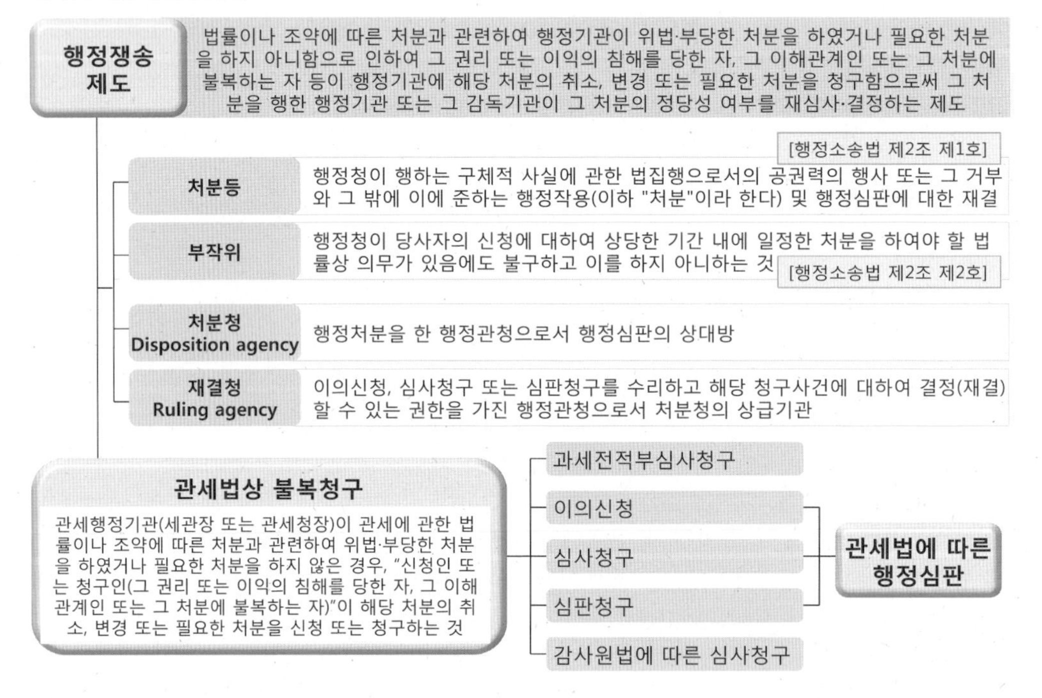

(1) 이의신청, 심사청구 및 심판청구의 정의

(가) 이의신청(Objections)

이의신청(Objections; 異議申請)은 신청인이 해당 처분을 한 것을 안 날 또는 해당 처분의 통지를 받은 날(해당 처분의 통지를 받은 경우)부터 90일 이내에 해당 처분의 취소, 변경 또는 필요한 처분을 하도록 신청한 경우, 세관장(해당 처분을 하였거나 하였어야 하는 세관장)이 이를 재심하는 절차를 말한다.

이의신청, 심사청구 및 심판청구의 정의

신청인 또는 청구인이
해당 처분을 한 것을 안 날 또는 해당 처분의 통지를 받은 날(해당 처분의 통지를 받은 경우)부터 90일 이내

이의신청 (Objections): 신청인이 해당 처분을 한 것을 안 날 또는 해당 처분의 통지를 받은 날(해당 처분의 통지를 받은 경우)부터 90일 이내에 해당 처분의 취소, 변경 또는 필요한 처분을 하도록 신청한 경우, 세관장(해당 처분을 하였거나 하였어야 하는 세관장)이 이를 재심하는 절차

이의신청에 대한 결정을 통지받은 날부터 90일 이내

<이의신청 없이 심사청구 가능>

심사청구 (Examination request): 청구인이 해당 처분을 한 것을 안 날 또는 해당 처분의 통지를 받은 날(해당 처분의 통지를 받은 경우)부터 90일 이내에 세관장(그 처분을 하였거나 하였어야 하는 세관장)을 거쳐 관세청장에게 그 처분의 취소, 변경 또는 필요한 처분을 하도록 청구한 경우, 관세청장이 이를 심사하는 절차

심사청구에 대한 결정을 통지받은 날부터 90일 이내

심판청구 (Request for adjudication): 청구인이 심사청구에 대한 결정의 통지를 받은 날부터 90일 이내에 세관장(해당 처분을 하였거나 하였어야 하는 세관장)과 관세청장을 거쳐 조세심판원장에게 해당 처분의 취소, 변경 또는 필요한 처분을 하도록 청구한 경우, 조세심판원장이 이를 재심사하는 절차

※ [어주-디**케**이션] 재결, 심판; <법률> 판결, 선고; (법원에 의한) 파산 선고

(나) 심사청구(Examination request)

심사청구(Examination request; 審査請求)는 청구인이 해당 처분을 한 것을 안 날 또는 해당 처분의 통지를 받은 날(해당 처분의 통지를 받은 경우)부터 90일 이내에 세관장(해당 처분을 하였거나 하였어야 하는 세관장)을 거쳐 관세청장에게 해당 처분의 취소, 변경 또는 필요한 처분을 하도록 청구한 경우, 관세청장이 이를 심사하는 절차를 말한다.

(다) 심판청구(Request for adjudication)

심판청구(Request for adjudication; 審判請求)는 청구인이 심사청구에 대한 결정의 통지를 받은 날부터 90일 이내에 세관장(해당 처분을 하였거나 하였어야 하는 세관장)과 관세청장을 거쳐 조세심판원장에게 해당 처분의 취소, 변경 또는 필요한 처분을 하도록 청구한 경우, 조세심판원장이 이를 재심사하는 절차를 말한다.

(2) 이의신청, 심사청구 및 심판청구의 요건

(가) 권리 또는 이익을 침해당한 자에 의한 심사청구 또는 심판청구

관세법이나 그 밖의 관세에 관한 법률 또는 조약에 따른 처분으로서 위법한 처분 또는 부당한 처분을 받거나 필요한 처분을 받지 못하여 권리 또는 이익을 침해당한 자는 이 절에 따른 심사청구 또는 심판청구를 하여 그 처분을 취소 또는 변경하거나 그 밖에 필요한 처분을 하여 줄 것을 청구할 수 있다(법 제119조 제1항 본문).

하지만, 다음의 처분은 "위의 처분"(제1항)에 포함되지 아니한다(법 제119조 제2항). 즉, 다음의 처분에 대하여는 심사청구 또는 심판청구를 할 수 없다.

① 이 절에 따른 이의신청 · 심사청구 또는 심판청구에 대한 처분(당초 처분의 적법성에 관하여 재조사하여 그 결과에 따라 과세표준과 세액을 경정하거나 당초 처분을 유지하는 등의 처분을 하도록 하는 결정에 따른 처분을 포함한다. 이하 이 항에서 같다). 다만, 이의신청에 대한 처분에 대하여 심사청구 또는 심판청구를 하는 경우는 제외한다.

② 이 법에 따른 통고처분

③ 「감사원법」에 따라 심사청구를 한 처분이나 그 심사청구에 대한 처분

(나) 이해관계인에 의한 심사청구 또는 심판청구

관세법이나 그 밖의 관세에 관한 법률 또는 조약에 따른 처분으로 권리나 이익을 침해받게 되는 제2차 납세의무자 등 "대통령령으로 정하는 다음의 어느 하나에 해당하는 이해관계인"은 그 처분에 대하여 이 절에 따른 심사청구 또는 심판청구를 하여 그 처분의 취소 또는 변경이나 그 밖에 필요한 처분을 청구할 수 있다(법 제119조 제7항 전단 및 영 제145조 제3항).

① 제2차 납세의무자로서 납부통지서를 받은 자

② 양도담보권자의 물적 납세의무를 지는 자로서 납부통지서를 받은 자(법 제19조 제6항)

③ 납세보증인

④ 그 밖에 기획재정부령으로 정하는 자

(다) 세관장의 처분에 불복이 있는 자에 의한 이의신청, 심사청구 또는 심판청구

수입물품에 부과하는 내국세등의 부과, 징수, 감면, 환급 등에 관한 세관장의 처분에 불복하는 자는 이 절에 따른 이의신청 · 심사청구 및 심판청구를 할 수 있다(법 제119조 제6항).

(3) 이의신청, 심사청구 또는 심판청구인의 대리인(Attorneys)

이의신청인, 심사청구인 또는 심판청구인은 변호사(lawyer)나 관세사(licensed customs broker)를 대리인(attorney)으로 선임할 수 있다(법 제126조 제1항).

이의신청인, 심사청구인 또는 심판청구인은 신청 또는 청구의 대상이 대통령령으로 정하는 금액 미만인 경우에는 배우자, 4촌 이내의 혈족 또는 배우자의 4촌 이내의 혈족을 대리인으로 선임할 수 있다(법 제126조 제2항). 여기에서, "대통령령으로 정하는 금액"이란 3천만원을 말한다(영 제149조의2).

이 경우 대리인의 권한은 서면으로 증명하여야 하며, 대리인은 본인을 위하여 청구에 관한 모든 행위를 할 수 있다. 다만, 청구의 취하는 특별한 위임을 받은 경우에만 할 수 있다. 대리인을 해임하였을 때에는 그 뜻을 서면으로 해당 재결청에 신고하여야 한다(법 제126조 제3항~제6항).

◉ 이의신청, 심사청구 및 심판청구의 요건 및 대리인

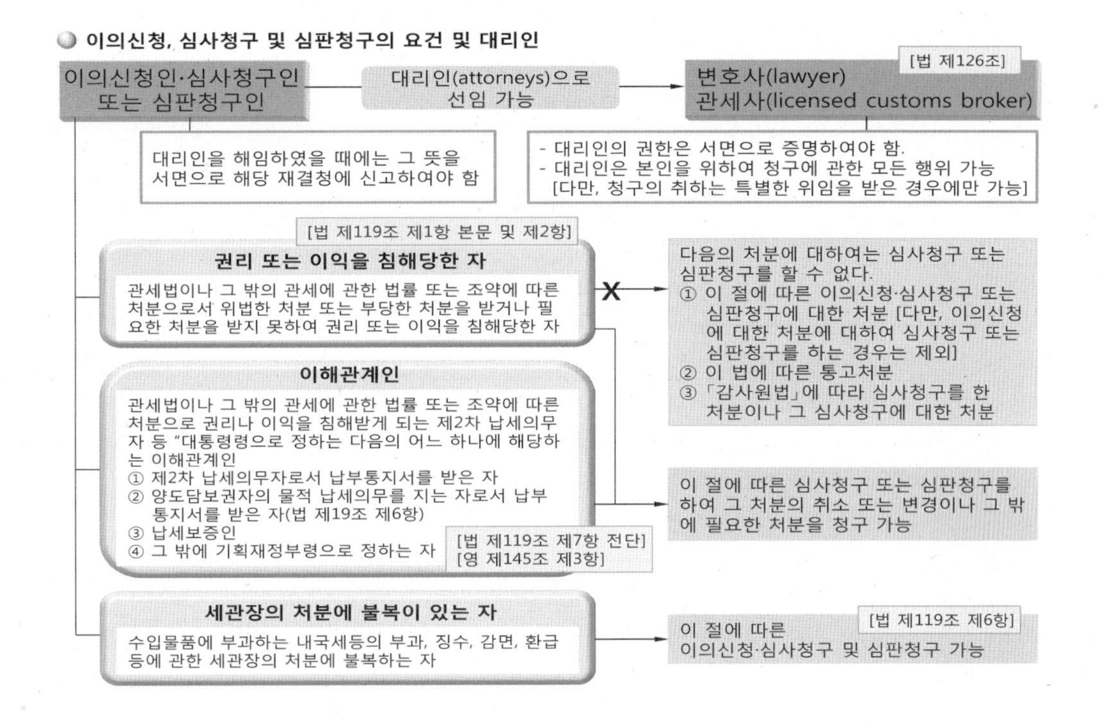

Ⅱ. 이의신청과 심사청구(Objection and Examination request)

1. 이의신청의 개요

이의신청(Objection)은 행정상 쟁송에 있어서 예외적인 절차이다. 즉, 심사청구의 필요적 전심절차가 아니고 선택적 임의절차이므로 이의신청없이 바로 심사청구를 할 수 있다. 즉, 이의신청의 경우에는 제기기관이 세관장이고, 그 처리기간이 30일이라는 점을 제외하고는 심사청구를 준용하도록 되어 있다.

이의신청에 관하여는 심사청구 관련규정(법 제121조[2]·제122조 제2항·제123조·제127조[3] 및 제128조)을 준용한다. 다만, 법 제128조 제2항 중 "90일"은 이를 "30일"로 본다(법 제132조 제4항).

또한, 이의신청에 관하여는 심사청구 관련규정(영 제145조[4]·제146조 및 제150조부터 제153조까지의 규정)을 준용한다(영 제154조).

---

2) 참고로, 필자의 견해로는 "법 제121조"는 "법 제121조 제1항 및 제3항"으로 변경되어야 한다. 왜냐하면, "법 제121조 제2항"은 "법 제132조 제2항"의 준용의 대상이 될 수 없기 때문이다.

3) 참고로, 필자의 견해로는 "법 제127조"는 그대로 두고, "법 제132조 제2항"을 삭제하거나, 또는 "법 제132조 제2항"은 그대로 두고, "법 제127조"를 "법 제127조 제2항"으로 변경하여야 한다. 왜냐하면, "법 제132조 제2항"과 "법 제127조 제1항"은 서로 중복되는 규정이 있기 때문이다.

4) 참고로, 필자의 견해로는 "영 제145조"는 "영 제145조 제1항부터 제5항까지"로 변경되어야 한다. 왜냐하면, "영 제145조 제5항과 제6항"은 "영 제154조"의 준용의 대상이 될 수 없기 때문이다.

이의신청의 절차

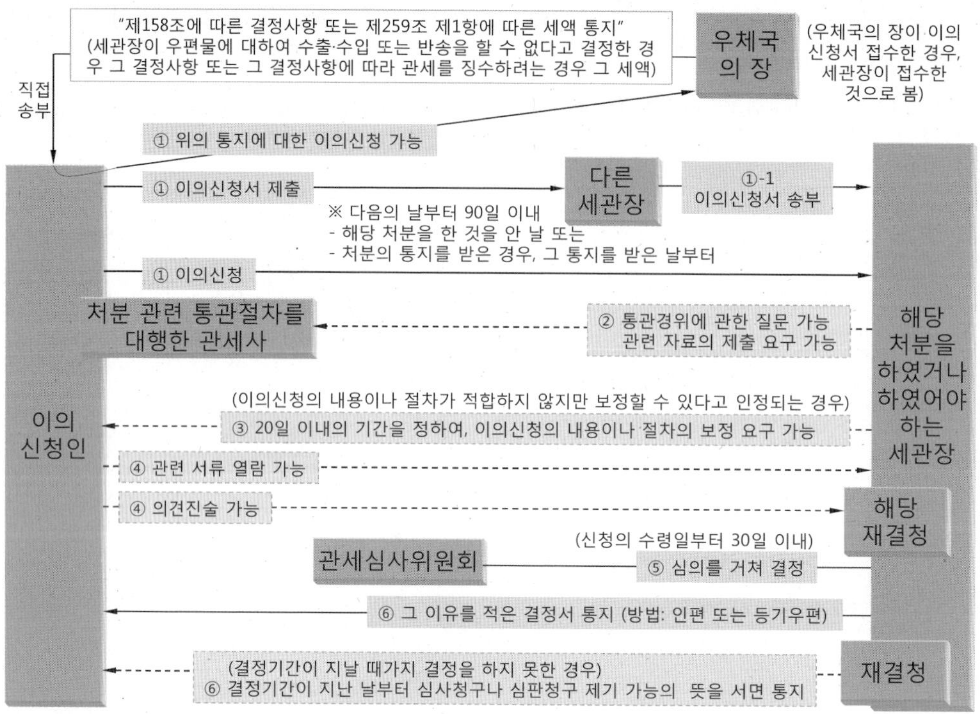

심사청구의 절차

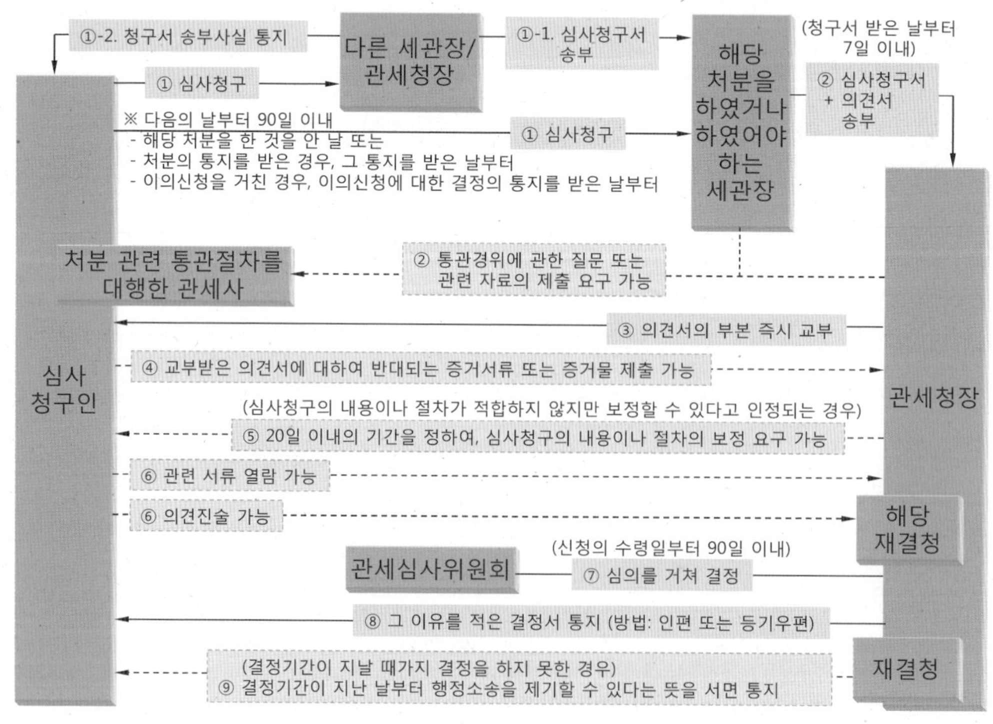

2. 이의신청과 심사청구의 기간(Period for Filing Request for Evaluation)

(1) 이의신청과 심사청구의 기간

(가) 이의신청기간

이의신청은 해당 처분을 한 것을 안 날(처분하였다는 통지를 받았을 때에는 통지를 받은 날을 말한다)부터 90일 이내에 제기하여야 한다(법 제132조 제4항 : 법 제121조 제1항 준용).

(나) 이의신청을 거친 경우의 심사청구기간

이의신청을 거친 후 심사청구를 하려는 경우에는 이의신청에 대한 결정을 통지받은 날부터 90일 이내에 하여야 한다. 다만, "이의신청을 받은 날부터 30일 이내"(제132조 제4항 단서에 따른 결정기간 내)에 결정을 통지받지 못한 경우에는 결정을 통지받기 전이라도 그 결정기간이 지난 날부터 심사청구를 할 수 있다(법 제121조 제2항).

(다) 이의신청을 거치지 않은 경우의 심사청구기간

심사청구는 해당 처분을 한 것을 안 날(처분하였다는 통지를 받았을 때에는 통지를 받은 날을 말한다)부터 90일 이내에 제기하여야 한다(법 제121조 제1항).

(라) 우편에 의한 이의신청서 또는 심사청구서의 기한경과 후 도달

"상기의 이의신청 또는 심사청구의 기한"(법 제132조 또는 법 제121조 제1항과 제2항 본문의 기한) 내에 우편으로 제출(「국세기본법」 제5조의2에서 정한 날을 기준으로 한다)한 이의신청서 또는 심사청구서가 신청 또는 청구기간이 지나 세관장 또는 관세청장에게 도달한 경우에는 그 기간의 만료일에 청구된 것으로 본다(법 제121조 제3항).

[국세기본법 제5조의2(우편신고 및 전자신고)]

① 우편으로 과세표준신고서, 과세표준수정신고서, 경정청구서 또는 과세표준신고 · 과세표준수정신고 · 경정청구와 관련된 서류를 제출한 경우 「우편법」에 따른 통신일부인(通信日附印)이 찍힌 날(통신일부인이 찍히지 아니하였거나 분명하지 아니한 경우에는 통상 걸리는 우송일수를 기준으로 발송한 날로 인정되는 날)에 신고된 것으로 본다.

② 제1항의 신고서 등을 국세정보통신망을 이용하여 제출하는 경우에는 국세정보통신망에 입력된 때에 신고된 것으로 본다.

③ 제2항에 따라 전자신고된 경우 과세표준신고 또는 과세표준수정신고와 관련된 서류 중 대통령령으로 정하는 서류에 대해서는 대통령령으로 정하는 바에 따라 10일의 범위에서 제출기한을 연장할 수 있다.

④ 전자신고에 의한 과세표준 등의 신고 절차 등에 관한 세부적인 사항은 기획재정부령으로 정한다.

◉ 이의신청과 심사청구의 기간[Period for Filing Request for Evaluation]

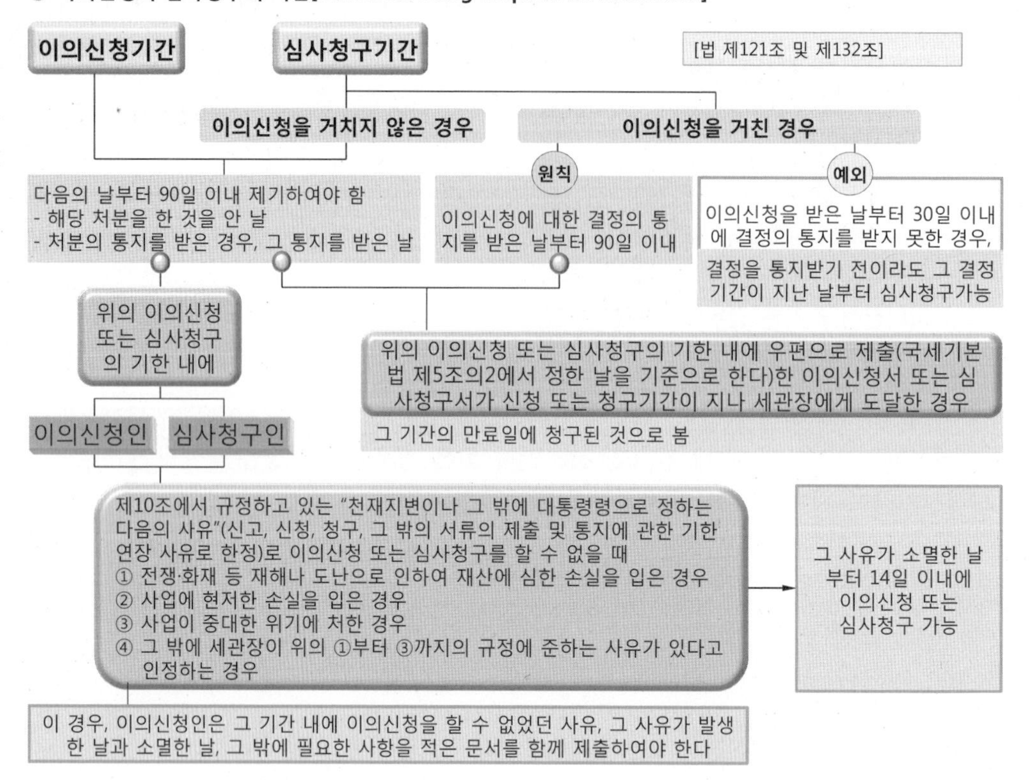

(2) 이의신청과 심사청구의 기간의 특례

이의신청인 또는 심사청구인이 제10조에서 규정하고 있는 "천재지변이나 그 밖에 대통령령으로 정하는 사유"(신고, 신청, 청구, 그 밖의 서류의 제출 및 통지에 관한 기한 연장 사유로 한정한다)로 "위의 이의신청 또는 심사청구의 기간"(제1항에서 정한 기간) 내에 이의신청 또는 심사청구를 할 수 없을 때에는 그 사유가 소멸한 날부터 14일 이내에 이의신청 또는 심사청구를 할 수 있다. 이 경우 이의신청인은 그 기간 내에 이의신청을 할 수 없었던 사유, 그 사유가 발생한 날과 소멸한 날, 그 밖에 필요한 사항을 적은 문서를 함께 제출하여야 한다(법 제121조 제4항 및 법 제132조 제4항).

참고로, 위의 법 제121조 제4항에서 언급하고 있는 "제10조에서 규정하고 있는 사유"와 관련하여, 관세법시행령에서는 준용규정을 두고 있지 않지만, 관세법시행령 제2조 제1항에서는 "대통령령으로 정하는 사유"란 다음의 어느 하나에 해당하는 경우라고 규정하고 있다.

① 전쟁 · 화재 등 재해나 도난으로 인하여 재산에 심한 손실을 입은 경우

② 사업에 현저한 손실을 입은 경우

③ 사업이 중대한 위기에 처한 경우

④ 그 밖에 세관장이 위의 ①부터 ③까지의 규정에 준하는 사유가 있다고 인정하는 경우

3. 이의신청서와 심사청구서의 제출

(1) 이의신청서와 심사청구서의 제출

(가) 처분세관장에게 이의신청서의 제출

이의신청은 대통령령으로 정하는 바에 따라 불복의 사유를 갖추어 해당 처분을 하였거나 하였어야 할 세관장에게 하여야 한다. 이 경우 "제258조에 따른 결정사항 또는 제259조 제1항에 따른 세액"(세관장이 우편물에 대하여 수출·수입 또는 반송을 할 수 없다고 결정한 경우 그 결정사항 또는 그 결정사항에 따라 관세를 징수하려는 경우 그 세액)에 관한 이의신청은 해당 결정사항 또는 세액에 관한 통지를 직접 우송한 우체국의 장에게 이의신청서를 제출함으로써 할 수 있고, 우체국의 장이 이의신청서를 접수한 때에 세관장이 접수한 것으로 본다(법 제132조 제1항).

(나) 처분세관장을 거쳐 관세청장에게 심사청구서의 제출

심사청구는 대통령령으로 정하는 바에 따라 불복하는 사유를 심사청구서에 적어 해당 처분을 하였거나 하였어야 하는 세관장을 거쳐 관세청장에게 하여야 한다(법 제122조 제1항).

(다) 다른 세관장에게 제출된 이의신청서 또는 심사청구서의 송부

심사청구서가 해당 처분을 하였거나 하였어야 할 세관장외의 세관장 또는 관세청장에게 제출된 때에는 해당 청구서를 관할세관장에게 지체 없이 송부하고 그 뜻을 해당 청구인에게 통지하여야 한다(영 제145조 제4항).

(라) 이의신청기간 또는 심사청구기간의 계산

이의신청기간(법 제132조) 또는 심사청구기간(법 제121조)을 계산할 때에는 해당 이의신청서 또는 심사청구서가 해당 처분을 하였거나 하였어야 하는 세관장에게 제출된 때에 이의신청 또는 심사청구가 된 것으로 본다. 해당 이의신청서 또는 심사청구서가 해당 처분을 하였거나 하였어야 하는 세관장 외의 세관장이나 관세청장에게 제출된 경우에도 또한 같다(법 제122조 제2항 및 법 제132조 제4항).

(2) 이의신청서와 심사청구서의 기재사항

이의신청 또는 심사청구를 하는 때에는 관세청장이 정하는 이의신청서 또는 심사청구서에 다음의 사항을 기재하여야 한다. 이 경우 관계증거서류 또는 증거물이 있는 때에는 이를 첨부할 수 있다(영 제145조 제1항 및 영 제154조).

① 이의신청인 또는 심사청구인의 주소 또는 거소와 성명

② 처분이 있은 것을 안 연월일(처분의 통지를 받은 경우에는 그 받은 연월일)

③ 처분의 내용
④ 이의신청 또는 심사청구의 요지와 불복의 이유

이의신청서와 심사청구서의 제출, 송부 및 교부

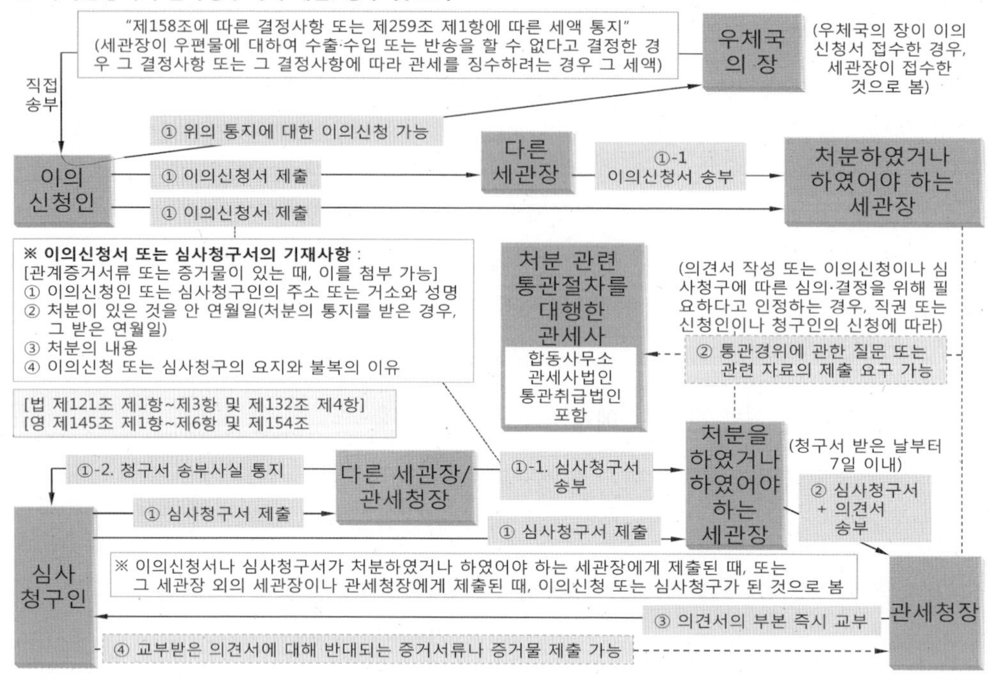

(3) 통관경위에 관한 질문 또는 관련 자료의 제출

세관장 또는 관세청장은 제1항에 따른 심사청구에 관한 법 제122조 제3항에 따른 의견서 작성 또는 "법 제127조에 따른 심의 · 결정"(이의신청이나 심사청구에 따른 심의 · 결정)을 위하여 필요하다고 인정하는 경우에는 직권으로 또는 이의신청인이나 심사청구인의 신청에 따라 해당 신청 또는 청구의 대상이 된 처분에 관계되는 통관절차 등을 대행한 관세사(합동사무소 · 관세사법인 및 통관취급법인을 포함한다)에게 통관경위에 관하여 질문하거나 관련 자료를 제출하도록 요구할 수 있다(영 제145조 제2항 및 영 제154조).

4. 이의신청서 또는 심사청구서의 송부 및 교부

(1) 이의신청서 또는 심사청구서의 송부

(가) 이의신청의 대상이 된 처분에 대한 의견서의 이의신청인에게 송부

법 제132조 제1항에 따라 이의신청을 받은 세관장은 이의신청을 받은 날부터 7일 이내에 이의신청의 대상이 된 처분에 대한 의견서를 이의신청인에게 송부하여야 한다. 이 경우 의견서에는 처분의 근거·이유 및 처분의 이유가 된 사실 등이 구체적으로 기재되어야 한다(법 제132조 제5항).

(나) 심사청구서 및 의견서를 관세청장에게 송부

심사청구서를 제출받은 세관장은 이를 받은 날부터 7일 내에 그 심사청구서에 의견서를 첨부하여 관세청장에게 보내야 한다(법 제122조 제3항).

(2) 의견서의 부본을 심사청구인에게 송부

관세청장은 제3항에 따라 세관장의 의견서를 받은 때에는 지체 없이 해당 의견서의 부본을 심사청구인에게 송부하여야 한다(법 제122조 제4항).

(3) 반대의 증거서류 등의 제출

(가) 이의신청인의 반대의 증거서류 등의 제출

이의신청인은 법 제132조 제5항 전단에 따라 송부받은 의견서에 대하여 반대되는 증거서류 또는 증거물을 세관장에게 제출할 수 있다(법 제132조 제6항).

(나) 심사청구인의 반대의 증거서류 등의 제출

심사청구인은 법 제122조 제4항에 따라 송부받은 의견서에 대하여 반대되는 증거서류 또는 증거물을 관세청장에게 제출할 수 있다(법 제122조 제5항).

5. 이의신청서 또는 심사청구서의 보정(Supplement or Correction of Written Request)

관세청장(또는 세관장)은 심사청구(또는 이의신청)의 내용이나 절차가 이 절에 적합하지 아니하지만 보정할 수 있다고 인정되는 경우에는 20일 이내의 기간을 정하여 해당 사항을 보정할 것을 요구할 수 있는 바, 심사청구(또는 이의신청)의 내용이나 절차의 보정을 요구하는 때에는 다음의 사항을 기재한 문서로 하여야 한다. 다만, 보정할 사항이 경미한 경우에는 직권으로 보정할 수 있다(법 제123조 제1항 및 영 제146조; 법 제132조 제4항 및 영 제154조).

① 보정할 사항
② 보정을 요구하는 이유
③ 보정할 기간
④ 그 밖에 필요한 사항

이 경우 보정기간은 심사청구기간(법 제121조) 또는 이의신청기간(법 재132조 제2항에 따른 법 제121조 준용)에 산입(算入)하지 아니한다(법 제123조 제2항 및 법 제132조 제4항).

이의신청서 또는 심사청구서의 보정, 서류의 열람 및 의견진술

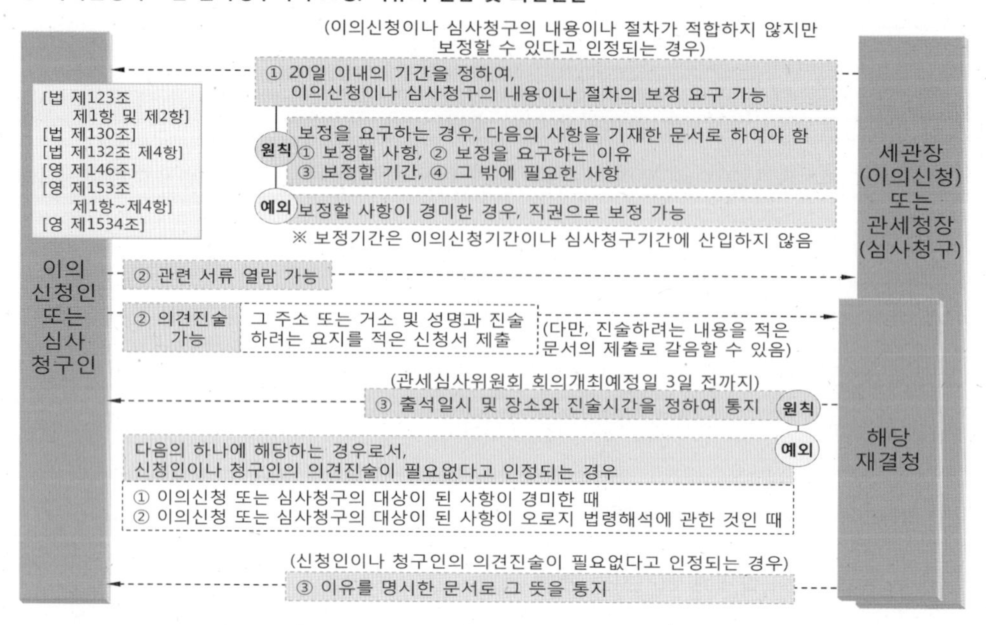

6. 서류의 열람 및 의견진술(Perusal of Documents and Statement of Opinions)

이의신청인 · 심사청구인 · 심판청구인 또는 처분청(처분청의 경우 심판청구에 한정한다)은 그 청구와 관계되는 서류를 열람할 수 있으며 대통령령으로 정하는 바에 따라 해당 재결청에 의견을 진술할 수 있다(법 제130조).

(1) 이의신청인 또는 심사청구인의 의견진술

법 제130조에 따라 의견을 진술하려는 자는 그 주소 또는 거소 및 성명과 진술하려는 요지를 적은 신청서를 해당 재결청에 제출하여야 한다. 다만, 이 의견진술은 진술하려는 내용을 적은 문서의 제출로 갈음할 수 있다(법 제130조 및 영 제153조 제1항·제4항 : 영 제154조).

(2) 이의신청인 또는 심사청구인의 의견진술의 일시 등 통지

의견진술의 신청을 받은 재결청은 다음의 어느 하나에 해당하는 경우로서 이의신청인 또는 심사청구인의 의견진술이 필요없다고 인정되는 때를 제외하고는 출석일시 및 장소와 진술시간을 정하여 관세심사위원회 회의개최예정일 3일 전까지 이의신청인 또는 심사청구인에게 통지하여야 한다(영 제153조 제2항 및 영 제154조).

① 이의신청 또는 심사청구의 대상이 된 사항이 경미한 때

② 이의신청 또는 심사청구의 대상이 된 사항이 오로지 법령해석에 관한 것인 때

또한, 신청을 받은 재결청은 이의신청인 또는 심사청구인의 의견진술이 필요없다고 인정

되는 때에는 이유를 명시한 문서로 그 뜻을 해당 이의신청인 또는 심사청구인에게 통지하여야 한다(영 제153조 제3항 및 영 제154조).

7. 이의신청 또는 심사청구의 결정

(1) 이의신청 또는 심사청구에 대한 심의

(가) 이의신청 또는 심사청구에 대한 관세심사위원회의 심의

이의신청을 받은 세관장은, 또는 심사청구가 있으면 관세청장은 관세심사위원회(Tariff Examination Committee)의 심의를 거쳐 이를 결정하여야 한다(법 제132조 제2항 및 법 제127조 제1항 본문).

(나) 이의신청 또는 심사청구에 대한 관세심사위원회의 심의면제

다만, 이의신청기간 또는 심사청구기간이 지난 후 이의신청 또는 심사청구가 제기된 경우 등 "대통령령으로 정하는 다음의 경미한 사유에 해당하는 경우"에는 그러하지 아니하다(법 제127조 제1항 단서 및 영 제150조: 법 제132조 제4항 및 영 제154조).

① 이의신청 또는 심사청구기간이 지난 경우
② 이의신청 또는 심사청구의 대상이 되는 처분이 존재하지 아니하는 경우
③ 해당 처분으로 권리 또는 이익을 침해당하지 아니한 자가 이의신청 또는 심사청구를 제기한 경우
④ 이의신청 또는 심사청구의 대상이 되지 아니하는 처분에 대하여 이의신 청 또는 심사청구가 제기된 경우
⑤ 법 제123조 제1항에 따른 보정기간 내에 필요한 보정을 하지 아니한 경우
⑥ 이의신청 또는 심사청구의 대상이 되는 처분의 내용 · 쟁점 · 적용법령 등이 이미 관세심사위원회의 심의를 거쳐 결정된 사항과 동일한 경우
⑦ 그 밖에 신속히 결정하여 상급심에서 심의를 받도록 하는 것이 권리구제에 도움이 된다고 판단되는 경우

(2) 이의신청 또는 심사청구에 대한 결정

이의신청 또는 심사청구에 대한 결정(decision on an objections or examination request)은 다음의 구분에 따른다(법 제128조 제1항 및 법 제132조 제4항).

① 심사청구가 다음 각 목의 어느 하나에 해당하는 경우: 그 청구를 각하하는 결정
　㉮ 심판청구를 제기한 후 심사청구를 제기(같은 날 제기한 경우도 포함한다)한 경우
　㉯ 제121조에 따른 심사청구 기간이 지난 후에 심사청구를 제기한 경우
　㉰ 제123조에 따른 보정기간 내에 필요한 보정을 하지 아니한 경우
　㉱ 적법하지 아니한 심사청구를 제기한 경우

㉮ 가목부터 라목까지의 규정에 따른 경우와 유사한 경우로서 대통령령으로 정하는 경우

② 심사청구가 이유 없다고 인정되는 경우: 그 청구를 기각하는 결정

③ 심사청구가 이유 있다고 인정되는 경우: 그 청구의 대상이 된 처분의 취소·경정 또는 필요한 처분의 결정. 이 경우 취소·경정 또는 필요한 처분을 하기 위하여 사실관계 확인 등 추가적으로 조사가 필요한 경우에는 처분청으로 하여금 이를 재조사하여 그 결과에 따라 취소·경정하거나 필요한 처분을 하도록 하는 재조사 결정을 할 수 있다.

(3) 이의신청 또는 심사청구의 결정기간

이의신청 또는 심사청구에 대한 결정은 부득이한 사유가 있을 때를 제외하고는, "다음의 기간" 이내에 하여야 한다. 다만, 이의신청 또는 심사청구서의 보정기간은 이 결정기간에 산입하지 아니한다(법 제128조 제2항·제4항 및 법 제132조 제4항).

① 이의신청의 경우: 이의신청을 받은 날부터 30일(법 제132조 제6항에 따라 증거서류 또는 증거물을 제출한 경우에는 "60일") 이내

② 심사청구의 경우: 심사청구를 받은 날부터 90일 이내

이의신청 또는 심사청구의 결정

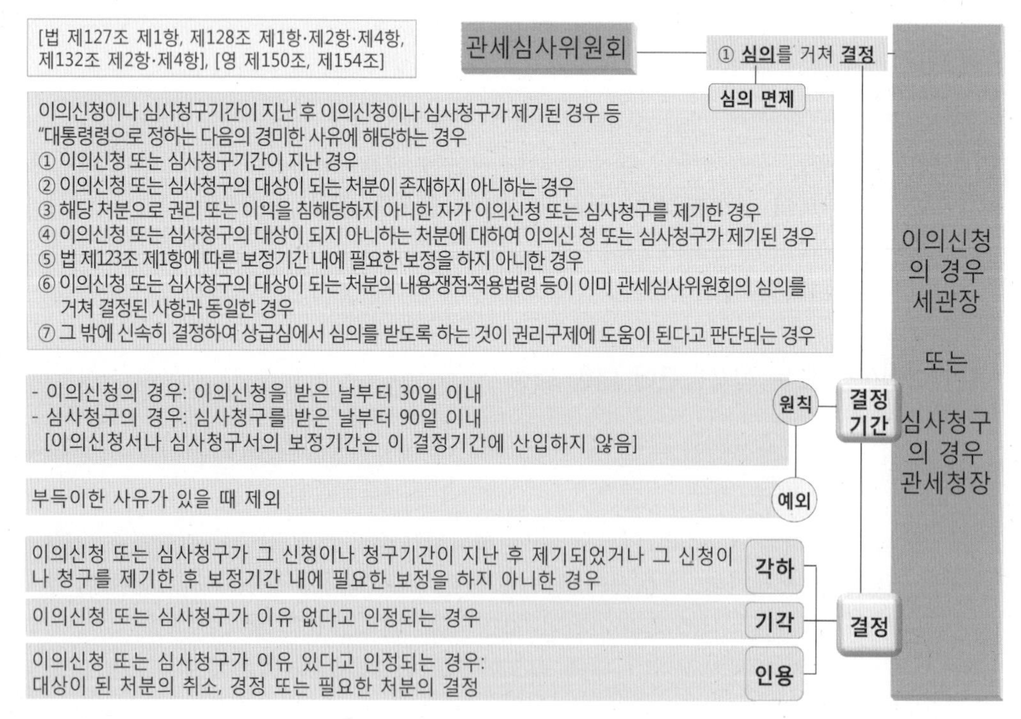

(4) 이의신청 또는 심사청구에 대한 결정의 통지

(가) 이의신청 또는 심사청구에 대한 결정의 통지

이의신청 또는 심사청구에 대한 결정을 하였을 때에는 "이의신청 또는 심사청구의 결정기간"(부득이한 사유가 있을 때를 제외하고 이의신청을 받은 날부터 30일 이내 또는 심사청구를 받은 날부터 90일 이내)에 그 이유를 적은 결정서를 이의신청인 또는 심사청구인에게 통지하여야 한다(법 제128조 제3항 및 법 제132조 제4항).

(나) 결정서의 기재사항

심사청구(이의신청 또는 심판청구를 포함)의 재결청은 결정서에 다음의 구분에 따른 사항을 함께 적어야 한다(법 제129조 제1항).

① 이의신청인 경우: 결정서를 받은 날부터 90일 이내에 심사청구 또는 심판청구를 제기할 수 있다는 뜻

② 심사청구 또는 심판청구인 경우: 결정서를 받은 날부터 90일 이내에 행정소송을 제기할 수 있다는 뜻

(다) 재조사 결정

법 제128조 제1항 제3호 후단에 따른 재조사 결정이 있는 경우 처분청은 재조사 결정일부터 60일 이내에 결정서 주문에 기재된 범위에 한정하여 조사하고, 그 결과에 따라 취소·경정하거나 필요한 처분을 하여야 한다. 이 경우 처분청은 대통령령으로 정하는 바에 따라 조사를 연기 또는 중지하거나 조사기간을 연장할 수 있으며, 제1항 제3호 후단 및 제5항에서 규정한 사항 외에 재조사 결정에 필요한 사항은 대통령령으로 정한다(법 제128조 제5항·제6항 및 법 제132조 제4항).

법 제128조 제5항 후단(법 제118조제 6항 및 제132조 제4항에서 준용하는 경우를 포함한다)에 따라 재조사를 연기 또는 중지하거나 조사기간을 연장하는 경우에는 제139조의2 제2항부터 제5항까지 및 제140조를 준용한다(영 제151조의2).

(5) 이의신청 또는 심사청구에 대한 불복방법의 통지(Notice of Method of Appealing Dissatisfaction)

심사청구(이의신청 또는 심판청구를 포함)의 재결청은 해당 신청 또는 청구에 대한 결정기간이 지날 때까지 결정을 하지 못한 경우에는 지체 없이 신청인이나 청구인에게 다음 각 호의 사항을 서면으로 통지하여야 한다(법 제129조 제2항).

① 이의신청인 경우: 결정을 통지받기 전이라도 그 결정기간이 지난 날부터 심사청구 또는 심판청구를 제기할 수 있다는 뜻

② 심사청구 또는 심판청구인 경우: 결정을 통지받기 전이라도 그 결정기간이 지난 날부터 행정소송을 제기할 수 있다는 뜻

◉ 이의신청 또는 심사청구에 대한 결정의 통지

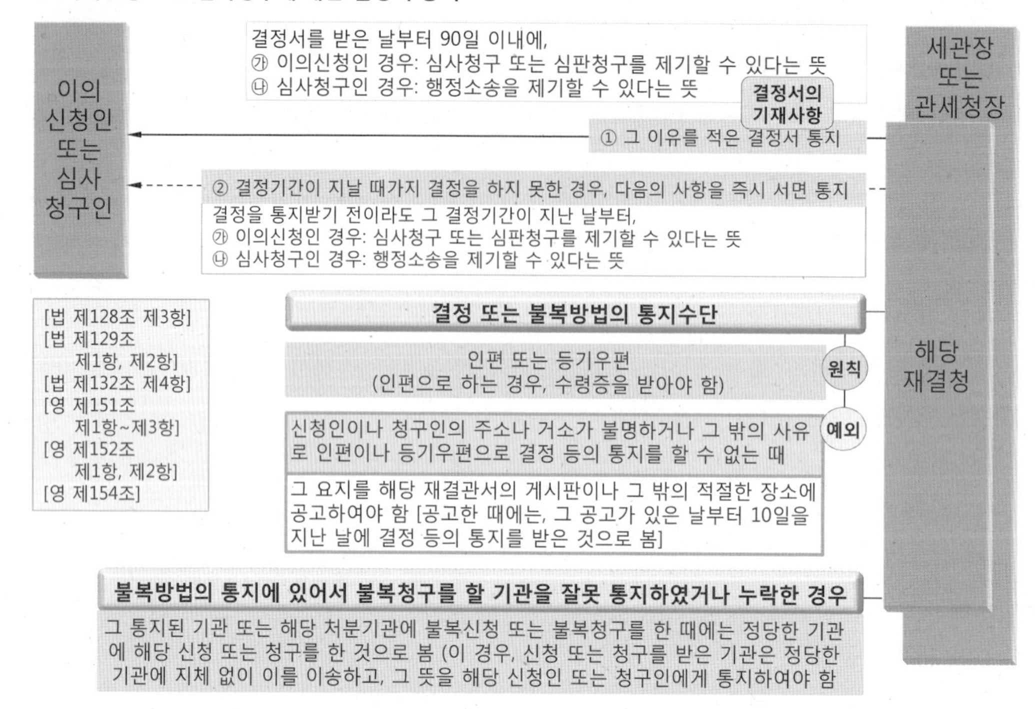

(6) 이의신청 또는 심사청구에 대한 결정 및 불복의 통지

(가) 결정 및 불복의 통지방법

이의신청, 심사청구 또는 심판청구의 결정 또는 불복방법의 통지를 하는 때에는 인편이나 등기우편으로 하여야 하며, 인편으로 하는 경우에는 수령증을 받아야 한다. 그러나 이의신청인 또는 심사청구인의 주소나 거소가 불명하거나 그 밖의 사유로 인편이나 등기우편으로 결정 등의 통지를 할 수 없는 때에는 그 요지를 해당 재결관서의 게시판이나 그 밖의 적절한 장소에 공고하여야 하며, 공고를 한 때에는 그 공고가 있은 날부터 10일을 지난 날에 결정 등의 통지를 받은 것으로 본다(영 제151조 제1항~제3항 및 영 제154조).

(나) 불복방법의 통지를 잘못한 경우의 구제

불복방법의 통지에 있어서 불복청구를 할 기관을 잘못 통지하였거나 누락한 경우 그 통지된 기관 또는 해당 처분기관에 불복신청 또는 불복청구를 한 때에는 정당한 기관에 해당 신청 또는 청구를 한 것으로 본다. 이 경우에 신청 또는 청구를 받은 기관은 정당한 기관에 지체 없이 이를 이송하고, 그 뜻을 해당 신청인 또는 청구인에게 통지하여야 한다(영 제152조 제1항·제2항 및 영 제154조).

8. 이의신청 또는 심사청구가 집행에 미치는 효력(Effect of Examination Request on Execution)

심사청구(이의신청, 심판청구 포함)는 법령에 특별한 규정이 있는 경우를 제외하고는 해당 처분의 집행에 효력을 미치지 아니한다. 다만, 해당 재결청이 필요하다고 인정할 때에는 그 처분의 집행을 중지하게 하거나 중지할 수 있다(법 제125조).

● 이의신청 또는 심사청구가 집행에 미치는 효력

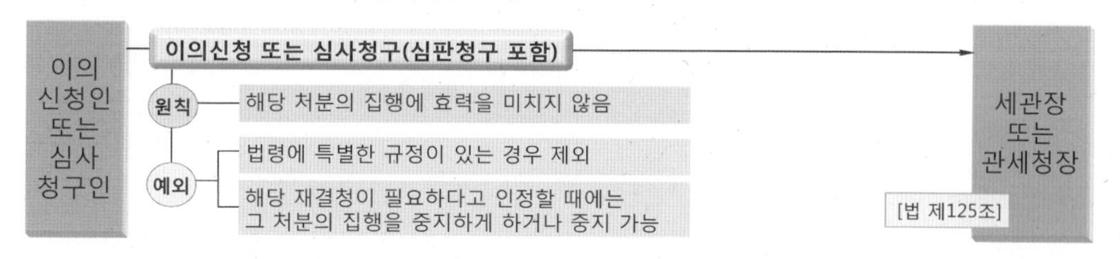

9. 행정소송법 등과의 관계

(1) 행정심판법의 적용금지

"제119조에 따른 처분"(이 법이나 그 밖의 관세에 관한 법률 또는 조약에 따른 처분, 수입물품에 부과하는 내국세등의 부과, 징수, 감면, 환급 등에 관한 세관장의 처분)에 대하여는 「행정심판법」을 적용하지 아니한다. 다만, 심사청구 또는 심판청구에 관하여는 「행정심판법」 제15조, 제16조, 제20조부터 제22조까지, 제29조, 제39조, 제40조, 제42조 및 제51조를 준용하며, 이 경우 "위원회"는 "관세심사위원회", "조세심판관회의" 또는 "조세심판관합동회의"로 본다(법 제120조 제1항).

(2) 행정소송의 제기

제119조에 따른 위법한 처분에 대한 행정소송은 「행정소송법」 제18조제1항 본문, 제2항 및 제3항에도 불구하고 이 법에 따른 심사청구 또는 심판청구와 그에 대한 결정을 거치지 아니하면 제기할 수 없다(법 제120조 제2항).

(3) 행정소송의 제기기간

제2항에 따른 행정소송은 「행정소송법」 제20조에도 불구하고 심사청구나 심판청구에 따른 결정을 통지받은 날부터 90일 이내에 제기하여야 한다. 다만, "제128조 제2항 본문 또는 제131조에 따른 결정기간 내"(심사청구 또는 심판청구를 받은 날부터 90일 이내)에 결정을 통지받지 못한 경우에는 제2항에도 불구하고 결정을 통지받기 전이라도 그 결정

기간이 지난 날부터 행정소송을 제기할 수 있다(법 제120조 제3항).

위의 기간은 불변기간으로 한다(법 제120조 제5항).

● 행정소송법 등과의 관계

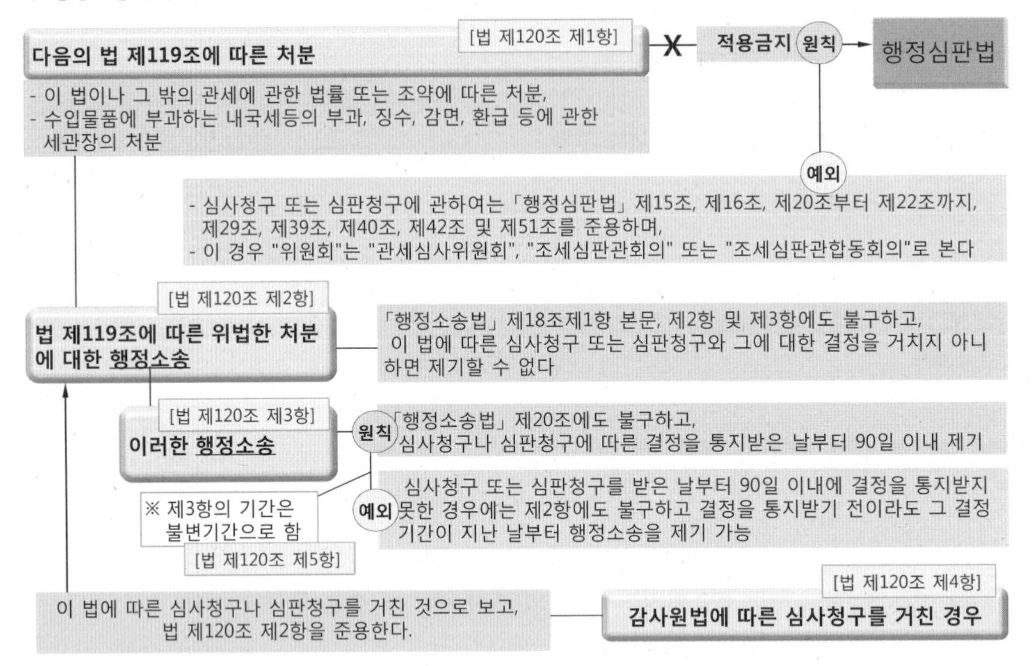

(4) 심사청구 또는 심판청구의 의제

「감사원법」에 따른 심사청구(제119조 제2항 제3호)를 거친 경우에는 이 법에 따른 심사청구나 심판청구를 거친 것으로 보고 제2항을 준용한다(법 제120조 제4항).

Ⅲ. 심판청구(Request for Adjudication)

1. 심판청구의 개요

심판청구에 관하여는「국세기본법」제7장 제3절을 준용한다. 이 경우「국세기본법」중 "세무서장"은 "세관장"으로, "국세청장"은 "관세청장"으로 본다(법 제131조).

◎ 심판청구의 절차

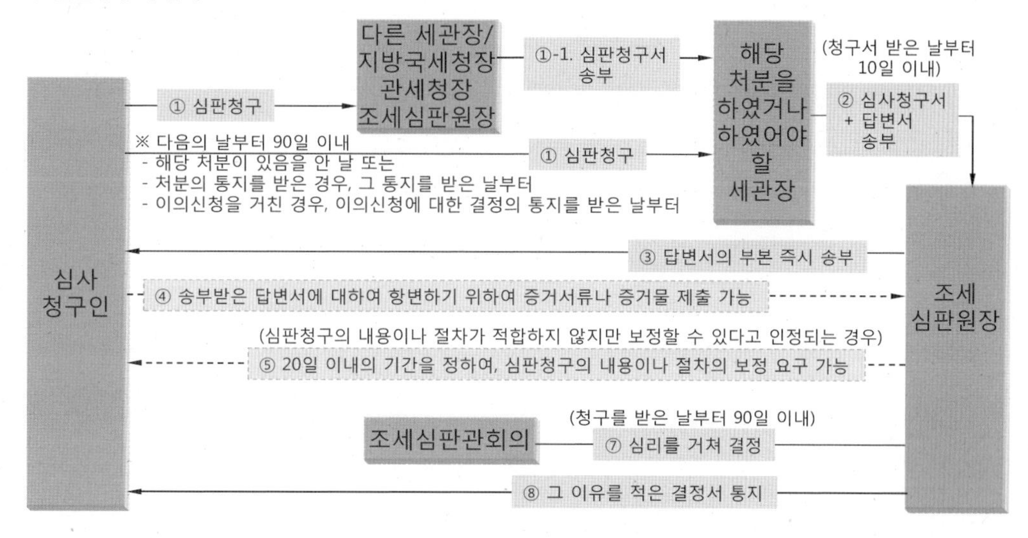

2. 심판청구의 기간

(1) 이의신청을 거친 경우의 심판청구기간

이의신청을 거친 후 심판청구를 하는 경우의 청구기간에 관하여는 다음의 "국세기본법 제61조 제2항"을 준용한다(법 제131조: 국세기본법 제68조 제2항 준용).

즉, 이의신청을 거친 후 심판청구를 하려면 이의신청에 대한 결정의 통지를 받은 날부터 90일 이내에 제기하여야 한다. 다만, "이의신청을 받은 날부터 30일"(국세기본법 제66조 제6항 후단에 따른 결정기간) 내에 결정의 통지를 받지 못한 경우에는 결정의 통지를 받기 전이라도 그 결정기간이 지난 날부터 심판청구를 할 수 있다(국세기본법 제61조 제2항).

(2) 이의신청을 거치지 않은 경우의 심판청구기간

심판청구는 해당 처분이 있음을 안 날(처분의 통지를 받은 때에는 그 받은 날)부터 90일 이내에 제기하여야 한다(법 제131조: 국세기본법 제68조 제1항 준용).

(3) 심판청구기간에 관한 준용규정

심판청구에 관하여는 다음의 "제61조 제3항 · 제4항", 제63조, 제65조(제1항 제1호 중 심사청구와 심판청구를 같은 날 제기한 경우는 제외한다) 및 제65조의2를 준용한다. 이 경우 제63조제1항 중 "20일 이내의 기간"은 "상당한 기간"으로 본다(법 제131조: 국세기본법 제81조 준용).

위의 준용규정에 따른 국세기본법 제61조 제3항 · 제4항의 내용을 살펴보면 다음과 같다.

(가) 우편에 의한 심판청구서의 기한 경과후 도달

위의 심판청구의 기한까지 우편으로 제출(제5조의2에서 정한 날을 기준으로 한다)한 심판청구서가 청구기간을 지나서 도달한 경우에는 그 기간의 만료일에 적법한 청구를 한 것으로 본다(국세기본법 제61조 제3항 준용).

> [국세기본법 제5조의2(우편신고 및 전자신고)]
> ① 우편으로 과세표준신고서, 과세표준수정신고서, 경정청구서 또는 과세표준신고 · 과세표준수정신고 · 경정청구와 관련된 서류를 제출한 경우 「우편법」에 따른 통신일부인(通信日附印)이 찍힌 날(통신일부인이 찍히지 아니하였거나 분명하지 아니한 경우에는 통상 걸리는 우송일수를 기준으로 발송한 날로 인정되는 날)에 신고된 것으로 본다.
> ② 제1항의 신고서 등을 국세정보통신망을 이용하여 제출하는 경우에는 국세정보통신망에 입력된 때에 신고된 것으로 본다.
> ③ 제2항에 따라 전자신고된 경우 과세표준신고 또는 과세표준수정신고와 관련된 서류 중 대통령령으로 정하는 서류에 대해서는 대통령령으로 정하는 바에 따라 10일의 범위에서 제출기한을 연장할 수 있다.
> ④ 전자신고에 의한 과세표준 등의 신고 절차 등에 관한 세부적인 사항은 기획재정부령으로 정한다.

(나) 심판청구의 기간의 특례

심판청구인이 제6조에 규정된 사유(신고, 신청, 청구, 그 밖에 서류의 제출, 통지에 관한 기한연장의 사유만 해당한다)로 "위의 기간"(제1항에서 정한 기간)에 심판청구를 할 수 없을 때에는 그 사유가 소멸한 날부터 14일 이내에 심판청구를 할 수 있다. 이 경우 심판청구인은 그 기간에 심판청구를 할 수 없었던 사유, 그 사유가 발생한 날과 소멸한 날, 그 밖에 필요한 사항을 기재한 문서를 함께 제출하여야 한다(국세기본법 제61조 제4항 준용).

참고로 "국세기본법 제6조 제1항 및 같은 법 시행령 제2조 제1항에 규정된 사유"는 "천재지변이나 그 밖에 대통령령으로 정하는 다음의 사유"를 말한다.

① 납세자가 화재, 전화(戰禍), 그 밖의 재해를 입거나 도난을 당한 경우
② 납세자 또는 그 동거가족이 질병으로 위중하거나 사망하여 상중(喪中)인 경우
③ 납세자가 그 사업에서 심각한 손해를 입거나, 그 사업이 중대한 위기에 처한 경우 (납부의 경우만 해당한다)
④ 정전, 프로그램의 오류, 그 밖의 부득이한 사유로 한국은행(그 대리점을 포함한다) 및 체신관서의 정보통신망의 정상적인 가동이 불가능한 경우
⑤ 금융회사 등(한국은행 국고대리점 및 국고수납대리점인 금융회사 등만 해당한다) 또

는 체신관서의 휴무, 그 밖의 부득이한 사유로 정상적인 세금납부가 곤란하다고 국세청장이 인정하는 경우

⑥ 권한 있는 기관에 장부나 서류가 압수 또는 영치된 경우

⑦ 납세자의 형편, 경제적 사정 등을 고려하여 기한의 연장이 필요하다고 인정되는 경우로서 국세청장이 정하는 기준에 해당하는 경우(납부의 경우만 해당한다)

⑧ 위의 ①, ② 또는 ⑥에 준하는 사유가 있는 경우

심판청구의 기간

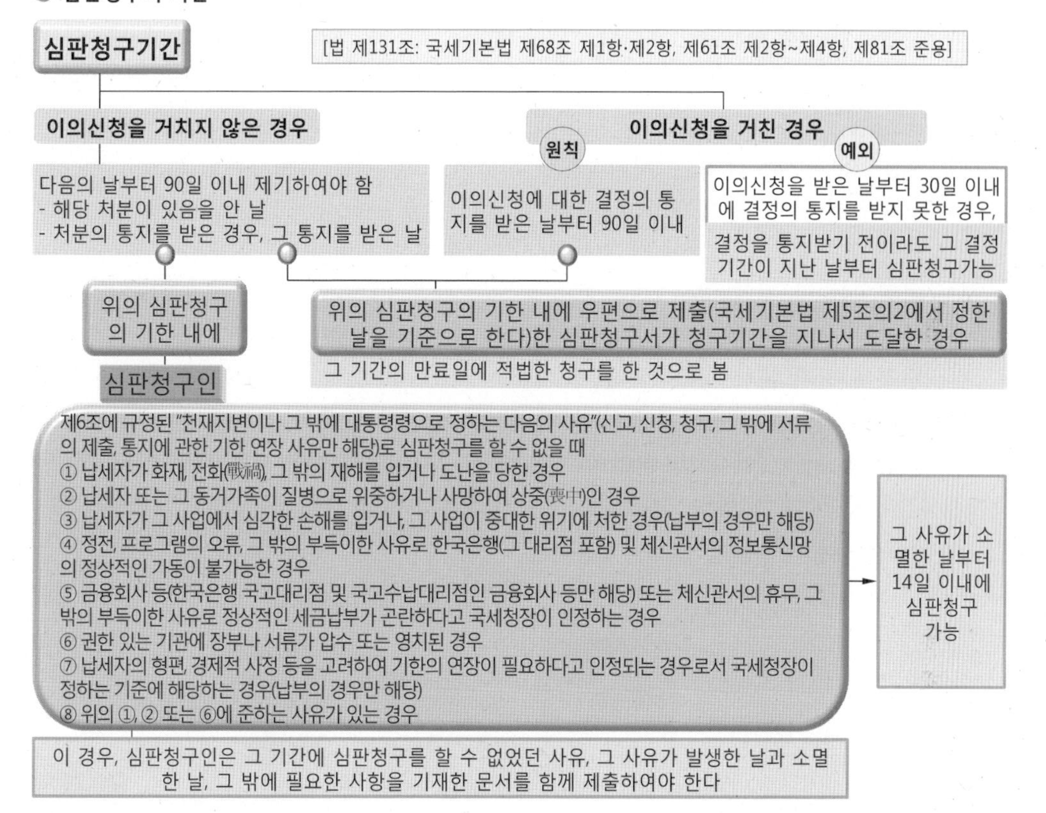

3. 심판청구서의 제출

(1) 심판청구서의 제출

심판청구는 대통령령으로 정하는 바에 따라 불복의 사유를 갖추어 그 처분을 하였거나 하였어야 할 세관장을 거쳐 조세심판원장에게 하여야 한다(법 제131조: 국세기본법 제69조 제1항 준용).

(2) 심판청구기간의 계산

제68조에 따른 심판청구기간을 계산할 때에는 제1항에 따라 세관장에게 해당 청구서가

제출된 때에 심판청구를 한 것으로 한다. 해당 청구서가 제1항의 세관장 외의 세관장, 지방국세청장, 관세청장 또는 조세심판원장에게 제출된 경우에도 또한 같다(법 제131조: 국세기본법 제69조 제2항 준용).

4. 심판청구서의 송부 및 교부

(1) 심판청구서의 송부

해당 청구서를 받은 세관장은 이를 받은 날부터 10일 이내에 그 청구서에 답변서를 첨부하여 조세심판원장에게 송부하여야 한다. 다만, 다음의 제55조 제3항 및 제62조제3항 단서에 해당하는 처분의 경우에는 관세청장 또는 지방국세청장의 답변서를 첨부하여야 한다(법 제131조: 국세기본법 제69조 제3항 준용).

① 국세청장이 조사결정 또는 처리하거나 하였어야 할 처분(국세기본법 제55조 제3항)

② 다음의 처분(국세기본법 제62조 제3항 단서)

㉮ 해당 심판청구의 대상이 된 처분이 지방국세청장이 조사·결정 또는 처리하였거나 하였어야 할 것인 경우

㉯ 지방국세청장에게 이의신청을 한 자가 이의신청에 대한 결정에 이의가 있거나 그 결정을 받지 못한 경우

이 경우, 답변서에는 이의신청에 대한 결정서(이의신청에 대한 결정을 한 경우에만 해당한다), 처분의 근거·이유 및 처분의 이유가 된 사실을 증명할 서류, 청구인이 제출한 증거서류 및 증거물, 그 밖의 심리자료 일체를 첨부하여야 한다(법 제131조: 국세기본법 제69조 제4항 준용).

● 심판청구서의 제출, 송부 및 증거서류의 제출

※ 심판청구서가 처분하였거나 하였어야 할 세관장에게 제출된 때, 또는 그 세관장 외의 세관장, 지방국세청장, 관세청장 또는 조세심판원장에게 제출된 때, 심판청구가 된 것으로 봄

[법 제131조]
[국세기본법 제69조, 제71조 준용]

다른 세관장
지방국세청장
관세청장
조세심판원장

①-1. 심사청구서 송부

처분을 하였거나 하였어야 할 세관장

(청구서 받은 날부터 10일 이내)

② 심사청구서 + 답변서 송부

심판 청구인

① 심사청구서 제출

① 심사청구서 제출

이의신청에 대한 결정서(이의신청에 대한 결정을 한 경우에만 해당한다), 처분의 근거·이유 및 처분의 이유가 된 사실을 증명할 서류, 청구인이 제출한 증거서류 및 증거물, 그 밖의 심리자료 일체

답변서에 첨부될 자료

관세청장 또는 지방국세청장

② 다음의 경우, 답변서 첨부

① 국세청장이 조사결정 또는 처리하거나 하였어야 할 처분
② 해당 심판청구의 대상이 된 처분이 지방국세청장이 조사·결정 또는 처리하였거나 하였어야 할 것인 경우
③ 지방국세청장에게 이의신청을 한 자가 이의신청에 대한 결정에 이의가 있거나 그 결정을 받지 못한 경우

조세 심판원장

③ 답변서의 부본 지체 없이 송부

④ 송부받은 답변서에 대하여 항변하기 위하여 증거서류나 증거물 제출 가능

④ 조세심판원장이 증거서류나 증거물을 기한을 정하여 제출할 것을 요구하면, 심판청구인은 그 기한까지 제출할 의무 있음.

피청구인

⑤ 증거서류의 부본 지체 없이 송부

(2) 답변서의 송부

답변서가 제출되면 조세심판원장은 지체 없이 그 부본(副本)을 해당 심판청구인에게 송부하여야 한다(법 제131조: 국세기본법 제69조 제5항 준용).

5. 증거서류 또는 증거물의 제출

(1) 항변을 위한 증거서류 또는 증거물의 제출가능

심판청구인은 송부받은 답변서에 대하여 항변하기 위하여 조세심판원장에게 증거서류나 증거물을 제출할 수 있다(법 제131조: 국세기본법 제71조 제1항 준용).

(2) 증거서류 또는 증거물의 제출 요청가능

조세심판원장이 심판청구인에게 증거서류나 증거물을 기한을 정하여 제출할 것을 요구하면 심판청구인은 그 기한까지 제출하여야 한다(법 제131조: 국세기본법 제71조 제2항 준용).

(3) 증거서류의 부본 송부

증거서류가 제출되면 조세심판원장은 증거서류의 부본을 지체 없이 피청구인에게 송부하여야 한다(법 제131조: 국세기본법 제71조 제3항 준용).

6. 심판청구서의 보정

심판청구에 관하여는 다음의 제61조 제3항 · 제4항, "제63조", 제65조(제1항 제1호 중 심사청구와 심판청구를 같은 날 제기한 경우는 제외한다) 및 제65조의2를 준용한다. 이 경우 제63조제1항 중 "20일 이내의 기간"은 "상당한 기간"으로 본다(법 제131조: 국세기본법 제81조 준용).

위의 준용규정에 따른 국세기본법 제63조의 내용을 살펴보면 다음과 같다.

(1) 심판청구서의 보정요청

관세청장은 심판청구의 내용이나 절차가 이 법 또는 세법에 적합하지 아니하나 보정(補正)할 수 있다고 인정되면 "상당한 기간(20일 이내의 기간)"을 정하여 보정할 것을 요구할 수 있다. 다만, 보정할 사항이 경미한 경우에는 직권으로 보정할 수 있다(법 제131조: 국세기본법 제63조 제1항 준용).

이 경우의 보정기간은 심판청구기간에 산입하지 아니한다(법 제131조: 국세기본법 제63조 제3항 준용).

● 심판청구서의 보정

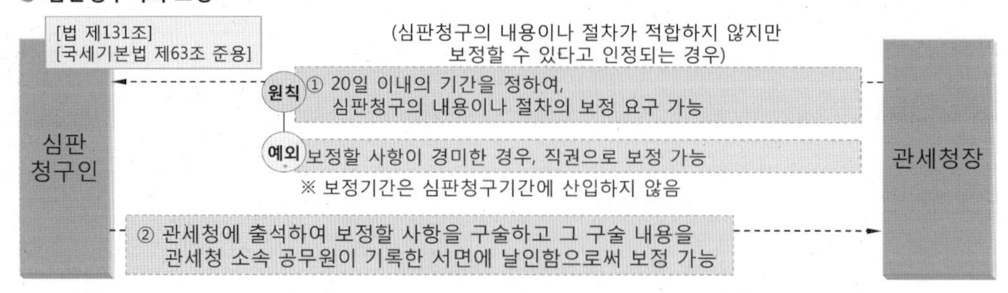

(2) 심판청구서의 보정

보정요구를 받은 심판청구인은 관세청에 출석하여 보정할 사항을 구술하고 그 구술 내용을 관세청 소속 공무원이 기록한 서면에 날인함으로써 보정할 수 있다(법 제131조: 국세기본법 제63조 제2항 준용).

7. 심판청구에 대한 조세심판관회의의 심리

(1) 조세심판관회의

(가) 조세심판관회의의 구성

조세심판원장은 심판청구를 받으면 이에 관한 조사와 심리(審理)를 담당할 주심조세심판관 1명과 배석조세심판관 2명 이상을 지정하여 조세심판관회의를 구성하게 한다(법 제131조: 국세기본법 제72조 제1항 준용).

(나) 조세심판관회의의 의장

조세심판관회의는 주심조세심판관이 그 의장이 되며, 의장은 그 심판사건에 관한 사무를 총괄한다. 다만, 주심조세심판관이 부득이한 사유로 직무를 수행할 수 없을 때에는 조세심판원장이 배석조세심판관 중에서 그 직무를 대행할 사람을 지정한다(법 제131조: 국세기본법 제72조 제2항 준용).

(다) 조세심판관회의의 의결

조세심판관회의는 담당 조세심판관 3분의 2 이상의 출석으로 개의(開議)하고, 출석조세심판관 과반수의 찬성으로 의결한다(법 제131조: 국세기본법 제72조 제3항 준용).

(라) 조세심판관회의의 공개금지

조세심판관회의는 공개하지 아니한다. 다만, 조세심판관회의 의장이 필요하다고 인정할 때에는 공개할 수 있다(법 제131조: 국세기본법 제72조 제4항 준용).

(마) 조세심판관회의의 운영

조세심판관회의의 운영과 그 밖에 필요한 사항은 대통령령으로 정한다(법 제131조: 국세기본법 제72조 제5항 준용).

(2) 조세심판관회의의 제척과 회피

(가) 조세심판관회의의 제척

조세심판관은 다음의 어느 하나에 해당하는 경우에는 심판관여로부터 제척(除斥)된다(법 제131조: 국세기본법 제73조 제1항 준용).

① 심판청구인 또는 제59조에 따른 대리인인 경우(대리인이었던 경우를 포함한다)
② 위의 ①에 규정된 사람의 친족이거나 친족이었던 경우
③ 위의 ①에 규정된 사람의 사용인이거나 사용인이었던 경우
④ 불복의 대상이 되는 처분이나 처분에 대한 이의신청에 관하여 증언 또는 감정을 한 경우
⑤ 심판청구일 전 최근 5년 이내에 불복의 대상이 되는 처분, 처분에 대한 이의신청 또는 그 기초가 되는 세무조사에 관여하였던 경우
⑥ 그 밖에 심판청구인 또는 그 대리인의 업무에 관여하거나 관여하였던 경우

(나) 조세심판관회의의 회피

조세심판관은 위의 ①부터 ⑥의 어느 하나에 해당하는 경우에는 제72조 제1항에 따른 주심조세심판관 또는 배석조세심판관의 지정에서 회피(回避)하여야 한다(법 제131조: 국세기본법 제73조 제2항 준용).

(3) 담당 조세심판관의 기피

(가) 담당 조세심판관의 기피신청

담당 조세심판관에게 공정한 심판을 기대하기 어려운 사정이 있다고 인정될 때에는 심판청구인은 그 조세심판관의 기피(忌避)를 신청할 수 있으며, 기피 신청은 대통령령으로 정하는 바에 따라 조세심판원장에게 하여야 한다(법 제131조: 국세기본법 제74조 제1항 및 제2항 준용).

(나) 담당 조세심판관의 기피신청의 승인

조세심판원장은 기피 신청이 이유 있다고 인정할 때에는 기피 신청을 승인하여야 한다(법 제131조: 국세기본법 제74조 제3항 준용).

(4) 심판조사관의 제척 · 회피 및 기피

심판에 관여하는 심판조사관에 대하여도 제73조 및 제74조를 준용한다(법 제131조: 국세기본법 제74조의2 준용).

(5) 사건의 병합과 분리

담당 조세심판관은 필요하다고 인정하면 여러 개의 심판사항을 병합하거나 병합된 심판사항을 여러 개의 심판사항으로 분리할 수 있다(법 제131조: 국세기본법 제75조 준용).

(6) 질문검사권

(가) 심판청구에 관한 조사와 심리를 위한 질문

담당 조세심판관은 심판청구에 관한 조사와 심리를 위하여 필요하면 직권으로 또는 심판청구인의 신청에 의하여 다음의 행위를 할 수 있다(법 제131조: 국세기본법 제76조 제1항 준용).

① 심판청구인, 처분청, 관계인 또는 참고인에 대한 질문

② 위의 ①에 열거한 자의 장부, 서류, 그 밖의 물건의 제출 요구

③ 위의 ①에 열거한 자의 장부, 서류, 그 밖의 물건의 검사 또는 감정기관에 대한 감정 의뢰

(나) 담당 조세심판관 외의 조세심판원 소속 공무원의 행위

담당 조세심판관 외의 조세심판원 소속 공무원은 조세심판원장의 명에 따라 위의 ① 및 ③의 행위를 할 수 있다(법 제131조: 국세기본법 제76조 제2항 준용).

(다) 조세심판관이나 그 밖의 조세심판원 소속 공무원의 행위

조세심판관이나 그 밖의 조세심판원 소속 공무원이 위의 ① 및 ③의 행위를 할 때에는 그 신분을 표시하는 증표를 지니고 관계자에게 보여야 한다(법 제131조: 국세기본법 제76조 제3항 준용).

(라) 담당 조세심판관의 심판

담당 조세심판관은 심판청구인이 위의 ①, ② 및 ③의 행위 또는 "제71조 제2항"(조세심판원장이 심판청구인에게 증거서류나 증거물을 기한을 정하여 제출할 것을 요구)의 요구에 정당한 사유 없이 응하지 아니하여 해당 심판청구의 전부 또는 일부에 대하여 심판하는 것이 현저히 곤란하다고 인정할 때에는 그 부분에 관한 심판청구인의 주장을 인용(認容)하지 아니할 수 있다(법 제131조: 국세기본법 제76조 제4항 준용).

(7) 사실판단

조세심판관은 심판청구에 관한 조사 및 심리의 결과와 과세의 형평을 고려하여 자유심증(自由心證)으로 사실을 판단한다(법 제131조: 국세기본법 제77조 준용).

(8) 결정절차

(가) 조세심판관회의가 심리를 거쳐 결정

조세심판원장이 심판청구를 받았을 때에는 조세심판관회의가 심리를 거쳐 결정한다. 다만, 심판청구의 대상이 대통령령으로 정하는 금액에 미치지 못하는 소액이거나 경미한 것인 경우나 청구기간이 지난 후에 심판청구를 받은 경우에는 조세심판관회의의 심리를

거치지 아니하고 주심조세심판관이 심리하여 결정할 수 있다(법 제131조: 국세기본법 제78조 제1항 준용).

(나) 조세심판관합동회의가 심리를 거쳐 결정

제1항의 경우 조세심판관회의에서 종전에 조세심판원에서 한 세법의 해석·적용을 변경하는 의결을 하거나 그 밖에 대통령령으로 정하는 사유에 해당할 때에는 조세심판관합동회의가 심리를 거쳐 결정한다(법 제131조: 국세기본법 제78조 제2항 준용).

(다) 조세심판관합동회의의 구성

조세심판관합동회의는 조세심판원장과 상임조세심판관 모두와 상임조세심판관과 같은 수 이상으로 조세심판원장이 지정하는 비상임조세심판관으로 구성한다(법 제131조: 국세기본법 제78조 제3항 준용).

(라) 조세심판관합동회의가 심리를 거쳐 결정

조세심판관합동회의에 관하여는 다음과 같이 제72조 제2항부터 제4항까지의 규정을 준용한다. 이 경우 같은 조 제2항 중 "주심조세심판관"은 "조세심판원장"으로, "조세심판관회의"는 "조세심판관합동회의"로 본다(법 제131조: 국세기본법 제78조 제4항 준용).

① 조세심판관합동회의는 조세심판원장이 그 의장이 되며, 의장은 그 심판사건에 관한 사무를 총괄한다. 다만, 조세심판원장이 부득이한 사유로 직무를 수행할 수 없을 때에는 조세심판원장이 배석조세심판관 중에서 그 직무를 대행할 사람을 지정한다(국세기본법 제72조 제2항 준용).

② 조세심판관회의는 담당 조세심판관 3분의 2 이상의 출석으로 개의(開議)하고, 출석 조세심판관 과반수의 찬성으로 의결한다(국세기본법 제72조 제3항 준용).

③ 조세심판관회의는 공개하지 아니한다. 다만, 조세심판관회의 의장이 필요하다고 인정할 때에는 공개할 수 있다(국세기본법 제72조 제4항 준용).

(마) 심판결정

심판결정은 문서로 하여야 하고, 그 결정서에는 주문(主文)과 이유를 적고 심리에 참석한 조세심판관의 성명을 밝혀 해당 심판청구인과 세무서장에게 송달하여야 한다(법 제131조: 국세기본법 제78조 제5항 준용).

(바) 조세심판관합동회의의 운영 등

조세심판관합동회의의 운영, 결정서의 송달 등에 필요한 사항은 대통령령으로 정한다(법 제131조: 국세기본법 제78조 제6항 준용).

(9) 불고불리, 불이익변경금지

(가) 불고불리

조세심판관회의 또는 조세심판관합동회의는 제81조에서 준용하는 제65조에 따른 결정을 할 때 심판청구를 한 처분 외의 처분에 대해서는 그 처분의 전부 또는 일부를 취소 또는 변경하거나 새로운 처분의 결정을 하지 못한다(법 제131조: 국세기본법 제79조 제1항 준용).

(나) 불이익변경금지

조세심판관회의 또는 조세심판관합동회의는 "제81조에서 준용하는 제65조에 따른 결정"(각하, 기각 등 결정)을 할 때 심판청구를 한 처분보다 청구인에게 불리한 결정을 하지 못한다(법 제131조: 국세기본법 제79조 제2항 준용).

8. 심판청구의 결정과 경정

심판청구에 관하여는 다음의 제61조 제3항·제4항, 제63조, "제65조(제1항 제1호 중 심사청구와 심판청구를 같은 날 제기한 경우는 제외한다) 및 제65조의2"를 준용한다. 이 경우 제63조제1항 중 "20일 이내의 기간"은 "상당한 기간"으로 본다(법 제131조: 국세기본법 제81조 준용).

위의 준용규정에 따른 국세기본법 제65조 및 제65조의2의 내용을 살펴보면 다음과 같다.

(1) 심판청구의 결정과 통지

(가) 심판청구에 대한 결정

심판청구에 대한 결정은 다음의 규정에 따라 하여야 한다(국세기본법 제65조 제1항).

① 각하: 심판청구가 적법하지 아니하거나 제61조에서 규정한 청구기간이 지난 후에 청구되었거나 심판청구 후 제63조 제1항에 규정된 보정기간에 필요한 보정을 하지 아니하였을 때에는 그 청구를 각하하는 결정을 한다.

② 기각: 심판청구가 이유 없다고 인정될 때에는 그 청구를 기각하는 결정을 한다.

③ 용인: 심판청구가 이유 있다고 인정될 때에는 그 청구의 대상이 된 처분의 취소·경정 결정을 하거나 필요한 처분의 결정을 한다.

(나) 심판청구의 결정기간

심판청구에 대한 결정은 심판청구를 받은 날부터 90일 이내에 하여야 한다(국세기본법 제65조 제2항).

이 경우, 제63조 제1항에 규정된 보정기간은 제2항의 결정기간에 산입하지 아니한다(국세기본법 제65조 제4항).

(다) 심판청구의 결정의 통지

심판청구에 대한 제1항의 결정을 하였을 때에는 제2항의 결정기간 내에 그 이유를 기재한 결정서로 심판청구인에게 통지하여야 한다(국세기본법 제65조 제2항).

◉ 심판청구의 결정, 결정의 통지 및 결정의 효력

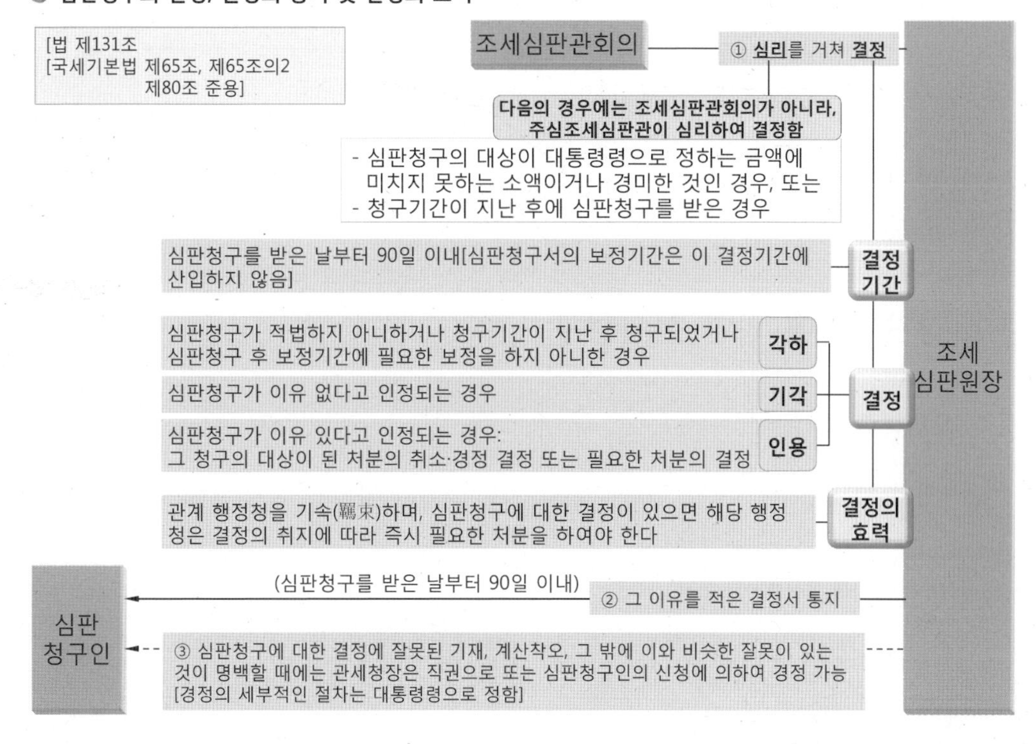

(2) 심판청구의 결정의 경정

심판청구에 대한 결정에 잘못된 기재, 계산착오, 그 밖에 이와 비슷한 잘못이 있는 것이 명백할 때에는 관세청장은 직권으로 또는 심판청구인의 신청에 의하여 경정할 수 있으며, 경정의 세부적인 절차는 대통령령으로 정한다(국세기본법 제65조의2).

9. 심판청구의 결정의 효력

심판청구의 결정은 관계 행정청을 기속(羈束)하며, 심판청구에 대한 결정이 있으면 해당 행정청은 결정의 취지에 따라 즉시 필요한 처분을 하여야 한다(법 제131조: 국세기본법 제80조 제1항 및 제2항 준용).

10. 심판청구가 집행에 미치는 효력(Effect of Request for adjudication on Execution)

심판청구(이의신청, 심사청구 포함)는 법령에 특별한 규정이 있는 경우를 제외하고는 해당 처분의 집행에 효력을 미치지 아니한다. 다만, 해당 재결청이 필요하다고 인정할 때에는 그 처분의 집행을 중지하게 하거나 중지할 수 있다(법 제125조).

◉ 심판청구가 집행에 미치는 효력

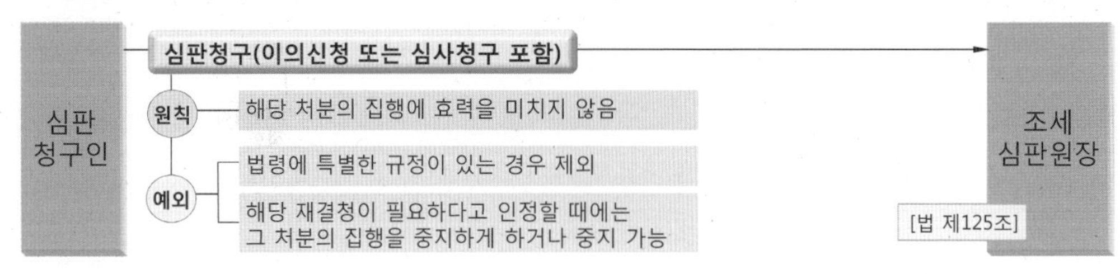

Ⅳ. 감사원법에 의한 심사청구

1. 심사청구

감사원의 감사를 받는 자의 직무에 관한 처분이나 그 밖의 행위에 관하여 이해관계가 있는 자는 감사원에 그 심사의 청구를 할 수 있다(감사원법 제43조 제1항).

◉ 감사원법에 따른 심사청구의 절차

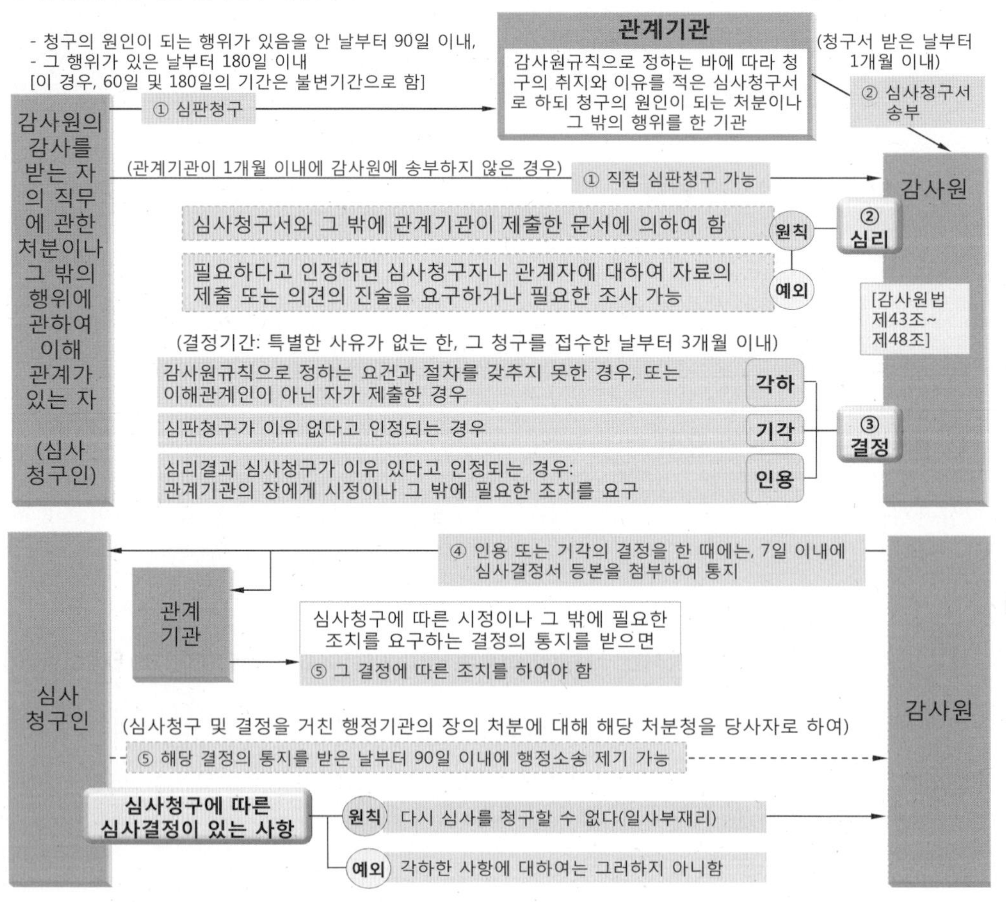

(1) 관계기관을 거쳐 감사원에 심사청구서의 제출

심사청구는 감사원규칙으로 정하는 바에 따라 청구의 취지와 이유를 적은 심사청구서로 하되 청구의 원인이 되는 처분이나 그 밖의 행위를 한 기관(이하 "관계기관"이라 한다)의 장을 거쳐 이를 제출하여야 한다(감사원법 제43조 제2항).

(2) 직접 감사원에 심사청구서의 제출

제2항의 경우에 청구서를 접수한 관계기관의 장이 이를 1개월 이내에 감사원에 송부하지 아니한 경우에는 그 관계기관을 거치지 아니하고 감사원에 직접 심사를 청구할 수 있다(감사원법 제43조 제3항).

2. 심사청구의 기간(제척기간)

이해관계인은 심사청구의 원인이 되는 행위가 있음을 안 날부터 90일 이내에, 그 행위가 있은 날부터 180일 이내에 심사의 청구를 하여야 한다. 이 경우 60일 및 180일의 기간은 불변기간(不變期間)으로 한다(감사원법 제44조).

3. 심사청구의 심리

심사청구의 심리는 심사청구서와 그 밖에 관계기관이 제출한 문서에 의하여 한다. 다만, 감사원은 필요하다고 인정하면 심사청구자나 관계자에 대하여 자료의 제출 또는 의견의 진술을 요구하거나 필요한 조사를 할 수 있다(감사원법 제45조).

4. 심사청구의 결정

(1) 심사청구에 대한 결정

① 각하: 감사원은 심사의 청구가 제43조 및 제44조와 감사원규칙으로 정하는 요건과 절차를 갖추지 못한 경우에는 이를 각하한다. 이해관계인이 아닌 자가 제출한 경우에도 또한 같다(감사원법 제46조 제1항).

② 용인 또는 기각: 감사원은 심리 결과 심사청구의 이유가 있다고 인정하는 경우에는 관계기관의 장에게 시정이나 그 밖에 필요한 조치를 요구하고, 심사청구의 이유가 없다고 인정한 경우에는 이를 기각한다(감사원법 제46조 제2항).

(2) 심사청구의 결정기간

심사청구의 결정(제1항 및 제2항의 결정)은 특별한 사유가 없으면 그 청구를 접수한 날부터 3개월 이내에 하여야 한다(감사원법 제46조 제3항).

(3) 기각결정의 통지

용인 또는 기각의 결정(제2항의 결정)을 하였을 때에는 7일 이내에 심사청구자와 관계기관의 장에게 심사결정서 등본을 첨부하여 통지하여야 한다(감사원법 제46조 제4항).

(4) 결정에 대한 불복

청구인은 제43조 및 제46조에 따른 심사청구 및 결정을 거친 행정기관의 장의 처분에 대하여는 해당 처분청을 당사자로 하여 해당 결정의 통지를 받은 날부터 90일 이내에 행정소송을 제기할 수 있다(감사원법 제46조의 2).

(5) 관계기관의 조치

관계기관의 장은 심사청구에 따른 시정이나 그 밖에 필요한 조치를 요구하는 결정의 통지를 받으면 그 결정에 따른 조치를 하여야 한다(감사원법 제47조).

(6) 일사부재리

심사청구에 따른 심사결정이 있은 사항에 대하여는 다시 심사를 청구할 수 없다. 다만, 각하한 사항에 대하여는 그러하지 아니하다(감사원법 제48조).

Ⅴ. 관세심사위원회(Customs Appeal Committee)

1. 관세심사위원회의 설치

법 제118조에 따른 과세전적부심사, 제122조에 따른 심사청구 및 제132조에 따른 이의신청을 심의하기 위하여 세관 및 관세청에 각각 관세심사위원회를 두며, 관세심사위원회의 조직과 운영, 심의사항 및 그 밖에 필요한 사항은 대통령령으로 정한다(법 제124조 제1항 및 제2항).

2. 관세심사위원회의 심의사항

관세심사위원회의 심의사항은 다음의 구분에 따른다(영 제147조 제1항).

① 관세청에 두는 관세심사위원회: 법 제118조제2항 단서에 따라 관세청장에게 제기된

과세전적부심사청구와 법 제122조에 따라 관세청장에게 제기된 심사청구 사항

② "본부세관"(인천세관 · 서울세관 · 부산세관 · 대구세관 및 광주세관)에 두는 관세심사위원회: 법 제118조 제2항 본문에 따른 과세전적부심사 청구 및 법 제132조에 따른 이의신청 사항

③ "일선세관"(위의 ②의 본부세관 외의 세관)에 두는 관세심사위원회: 법 제132조에 따른 이의신청 사항

3. 관세심사위원회의 구성(Composition of Customs Appeal Committee)

관세심사위원회는 위원장 1명을 포함하여 다음의 구분에 따른 위원으로 구성하며, 관세심사위원회에 그 서무를 처리하게 하기 위하여 간사 1명을 두고, 간사는 위원장이 소속공무원 중에서 지명한다(영 제147조 제2항 및 제148조 제7항).

① 관세청에 두는 관세심사위원회: 29명 이내의 위원

② 본부세관에 두는 관세심사위원회: 22명 이내의 위원

③ 일선세관에 두는 관세심사위원회: 15명 이내의 위원

관세심사위원회의 구성[Composition of Customs Appeal Committee]

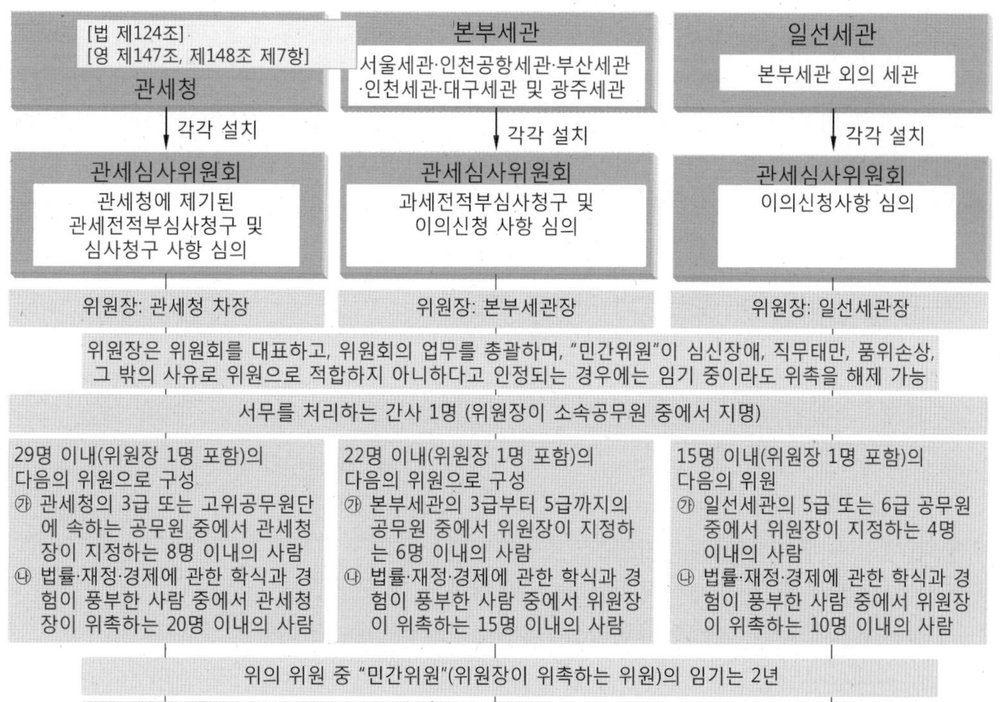

(1) 관세심사위원회의 위원의 자격

관세심사위원회의 위원은 다음의 구분에 따른 사람이 되며, 관세심사위원회의 위원장이 부득이한 사유로 직무를 수행할 수 없는 경우에는 다음의 위원 중 관세심사위원회의 위원장(관세청에 두는 관세심사위원회의 경우에는 관세청장을 말한다. 이하 이 조에서 같다)이 미리 지명한 위원이 그 직무를 대행한다(영 제147조 제4항 및 제6항).

① 관세청에 두는 관세심사위원회
  ㉮ 관세청의 3급 또는 고위공무원단에 속하는 공무원 중에서 관세청장이 지정하는 8명 이내의 사람
  ㉯ 법률 · 재정 · 경제에 관한 학식과 경험이 풍부한 사람 중에서 관세청장이 위촉하는 20명 이내의 사람

② 본부세관에 두는 관세심사위원회
  ㉮ 본부세관의 3급부터 5급까지의 공무원 중에서 위원장이 지정하는 6명 이내의 사람
  ㉯ 법률 · 재정 · 경제에 관한 학식과 경험이 풍부한 사람 중에서 위원장이 위촉하는 15명 이내의 사람

③ 일선세관에 두는 관세심사위원회
  ㉮ 일선세관의 5급 또는 6급 공무원 중에서 위원장이 지정하는 4명 이내의 사람
  ㉯ 법률 · 재정 · 경제에 관한 학식과 경험이 풍부한 사람 중에서 위원장이 위촉하는 10명 이내의 사람

또한, 위의 위원 중 "민간위원"(관세심사위원회의 위원장이 위촉하는 위원)의 임기는 2년으로 하되, 한번만 연임할 수 있다. 다만, 보궐위원의 임기는 전임위원 임기의 남은 기간으로 한다(영 제147조 제7항).

(2) 관세심사위원회의 위원장의 자격과 역할

관세심사위원회의 위원장은 다음의 구분에 따른 사람이 되며, 관세심사위원회의 위원장은 관세심사위원회를 대표하고, 관세심사위원회의 업무를 총괄하며, 위의 "민간위원"이 심신장애, 직무태만, 품위손상, 그 밖의 사유로 위원으로 적합하지 아니하다고 인정되는 경우에는 임기 중이라도 위촉을 해제할 수 있다(영 제147조 제3항·제5항).

① 관세청에 두는 관세심사위원회: 관세청차장
② 본부세관에 두는 관세심사위원회: 본부세관장
③ 일선세관에 두는 관세심사위원회: 일선세관장

또한, 관세심사위원회의 위원장은 관세심사위원회의 위원이 다음 각 호의 어느 하나에 해당하는 경우에는 그 지정을 철회하거나 해당 위원을 해촉할 수 있다(영 제147조 제8항).

① 심신장애로 인하여 직무를 수행할 수 없게 된 경우
② 직무와 관련된 비위사실이 있는 경우

③ 직무태만, 품위손상이나 그 밖의 사유로 인하여 위원으로 적합하지 아니하다고 인정되는 경우
④ 위원 스스로 직무를 수행하는 것이 곤란하다고 의사를 밝히는 경우
⑤ 제148조의2 제1항 각 호의 어느 하나에 해당함에도 불구하고 회피하지 아니한 경우

4. 관세심사위원회의 회의(Meetings of Customs Appeal Committees)

(1) 관세심사위원회의 회의의 소집

관세심사위원회의 회의는 위원장과 다음의 구분에 따라 위원장이 회의마다 지정하는 사람으로 구성하되, 민간위원이 2분의 1 이상 포함되어야 하며, 관세심사위원회의 위원장은 제147조 제1항에 따른 심의가 필요한 경우 기일을 정하여 관세심사위원회의 회의를 소집하고 그 의장이 되며, 기일을 정하였을 때에는 그 기일 7일 전까지 지정된 위원 및 해당 청구인 또는 신청인에게 통지하여야 한다(영 제148조 제1항~제3항).

① 관세청에 두는 관세심사위원회: 10명
② 본부세관에 두는 관세심사위원회: 8명
③ 일선세관에 두는 관세심사위원회: 6명

(2) 관세심사위원회의 회의의 정족수

관세심사위원회의 회의는 구성원 과반수의 출석으로 개의하고, 출석위원 과반수의 찬성으로 의결한다(영 제148조 제4항).

(3) 관세심사위원회의 회의의 비공개 원칙

관세심사위원회의 회의는 공개하지 아니한다. 다만, 관세심사위원회의 위원장이 필요하다고 인정할 때에는 공개할 수 있다(법 제127조 제3항).

(4) 관세심사위원회의 의결사항 보고

관세심사위원회의 회의에서 의결한 사항은 위원장이 관세청장에게 보고하여야 한다(영 제148조 제6항).

● 관세심사위원회의 회의[Meetings of Customs Appeal Committees]

	관세청에 두는 관세심사위원회	본부세관에 두는 관세심사위원회	일선세관에 두는 관세심사위원회	근거
회의의 소집	회의는 위원장과 위의 구분에 따라 위원장이 회의마다 지정하는 사람으로 구성하되, 민간위원이 2분의 1 이상 포함되어야 함			[영 제148조 제1항~제3항]
	10명	8명	6명	
	위원장은 심의가 필요한 경우 기일을 정하여 관세심사위원회의 회의를 소집하고 그 의장이 되며, 기일을 정하였을 때에는 그 기일 7일 전까지 지정된 위원 및 해당 청구인 또는 신청인에게 통지하여야 한다			
회의의 정족수	회의는 구성원 과반수의 출석으로 개의하고, 출석위원 과반수의 찬성으로 의결하되, 관세심사위원회의 위원장과 위원은 자기의 이해에 관한 의사에 참석하지 못한다			[영 제148조 제4항·제5항]
회의의 비공개	원칙: 회의는 공개하지 아니함 예외: 위원장이 필요하다고 인정할 때에는 공개 가능			[법 제127조 제3항]
보고	회의에서 의결한 사항은 위원장이 관세청장에게 보고하여야 함			[영 제146조 제6항]
수당	회의에 출석한 공무원이 아닌 위원에 대하여는 예산의 범위에서 수당 지급 가능			[영 제149조]

(5) 관세심사위원회 위원의 제척 · 회피

관세심사위원회의 위원은 다음 각 호의 어느 하나에 해당하는 경우에는 심의 · 의결에서 제척된다(영 제148조의2 제1항).

① 위원이 해당 안건의 당사자(당사자가 법인 · 단체 등인 경우에는 그 임원을 포함한다. 이하 이 항에서 같다)이거나 해당 안건에 관하여 직접적인 이해관계가 있는 경우

② 위원의 배우자, 4촌 이내의 혈족 및 2촌 이내의 인척의 관계에 있는 사람이 해당 안건의 당사자이거나 해당 안건에 관하여 직접적인 이해관계가 있는 경우

③ 위원이 해당 안건 당사자의 대리인이거나 최근 5년 이내에 대리인이었던 경우

④ 위원이 해당 안건 당사자의 대리인이거나 최근 5년 이내에 대리인이었던 법인 · 단체 등에 현재 속하고 있거나 속하였던 경우

⑤ 위원이 최근 5년 이내에 해당 안건 당사자의 자문 · 고문에 응하였거나 해당 안건 당사자와 연구 · 용역 등의 업무 수행에 동업 또는 그 밖의 형태로 직접 해당 안건 당사자의 업무에 관여를 하였던 경우

⑥ 위원이 최근 5년 이내에 해당 안건 당사자의 자문 · 고문에 응하였거나 해당 안건 당사자와 연구 · 용역 등의 업무 수행에 동업 또는 그 밖의 형태로 직접 해당 안건 당사자의 업무에 관여를 하였던 법인 · 단체 등에 현재 속하고 있거나 속하였던 경우

또한, 관세심사위원회의 위원은 제1항 각 호의 어느 하나에 해당하는 경우에는 스스로 해당 안건의 심의 · 의결에서 회피하여야 한다(영 제148조의2 제2항).

(6) 관세심사위원회의 수당 및 공무원 의제

관세심사위원회의 회의에 출석한 공무원이 아닌 위원에 대하여는 예산의 범위에서 수당을 지급할 수 있다(영 제149조).

또한, 위원회(관세품목분류위원회, 관세체납정리위원회, 관세정보공개심의위원회, 관세심사위원회, 보세판매장 특허심사위원회, 원산지확인위원회)의 위원 중 공무원이 아닌 사람은 「형법」 제127조 및 제129조부터 제132조까지의 규정을 적용할 때에는 공무원으로 본다(법 제330조 제8호).

Chapter

10

세관공무원의 자료제출요청 및 벌칙

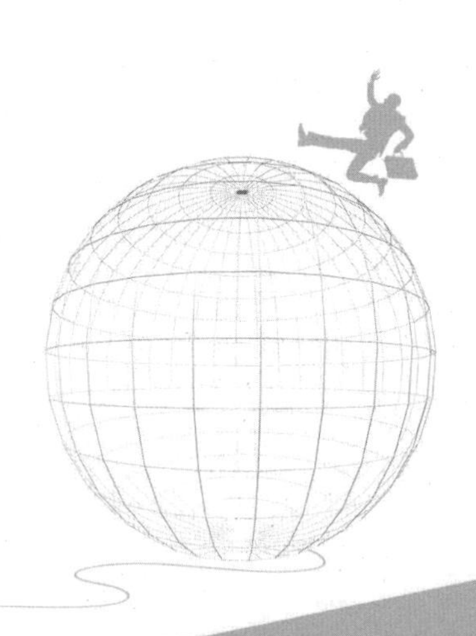

제1절 세관공무원의 자료제출요청

제2절 벌칙

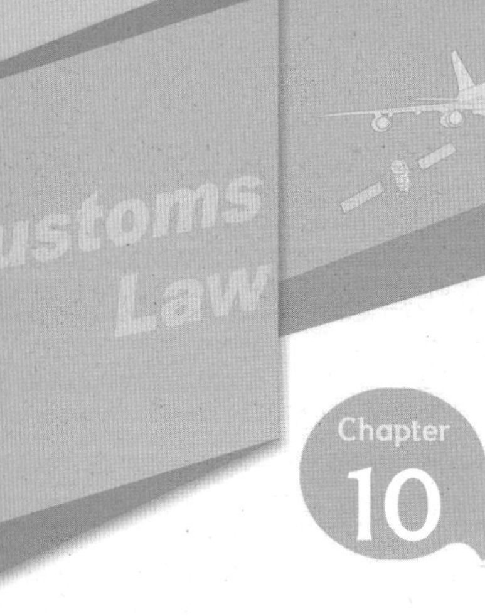

Chapter 10 세관공무원의 자료제출요청 및 벌칙

제1절 세관공무원의 자료제출요청

Ⅰ. 세관장 등의 과세자료요청(Request for Furnishing Data by Head of Customhouse)

1. 운송수단의 출발중지(Suspension of Departure of Transportation Means)

관세청장이나 세관장은 관세법 또는 관세법에 따른 명령을 집행하기 위하여 필요하다고 인정될 때에는 운송수단의 출발을 중지시키거나 그 진행을 정지시킬 수 있다(법 제262조).

● 운송수단의 출발중지[Suspension of Departure of Transportation Means]

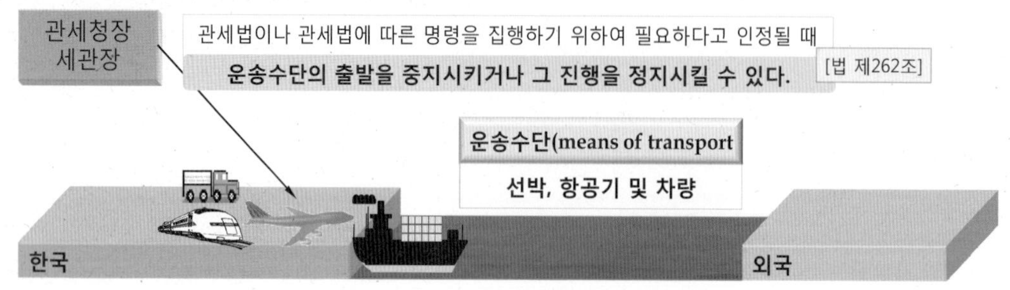

2. 서류의 제출 또는 보고 등의 명령(Order Given to Furnish Document and Make Report, etc.)

관세청장이나 세관장은 관세법(「수출용원재료에 대한 관세 등 환급에 관한 특례법」을 포함) 또는 관세법에 따른 명령을 집행하기 위하여 필요하다고 인정될 때에는 물품·운송수단 또는 장치 장소에 관한 서류의 제출·보고 또는 그 밖에 필요한 사항을 명하거나, 세관공무원으로 하여금 수출입자·판매자 또는 그 밖의 관계자에 대하여 관계 자료를 조사하게 할 수 있다(법 제263조).

● 서류의 제출 또는 보고 등의 명령[Order Given to Furnish Document and Make Report, etc.]

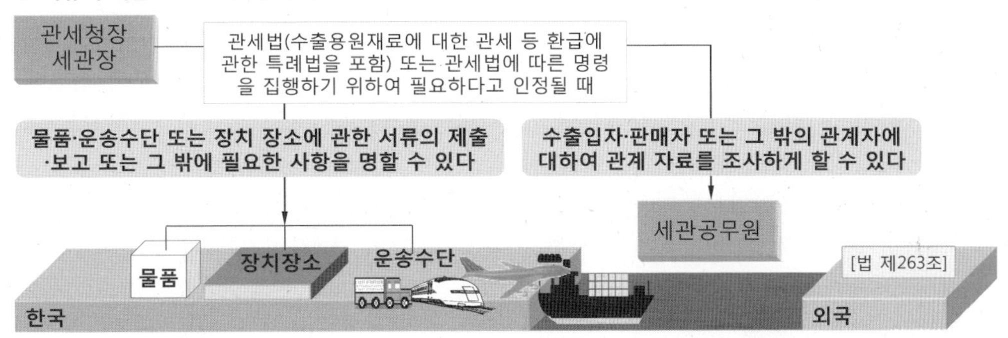

3. 과세자료의 요청(Request for Related Data)

(1) 과세자료의 요청

관세청장은 국가기관 및 지방자치단체 등 관계 기관 등에 대하여 관세의 부과·징수 및 통관에 관계되는 자료 또는 통계를 요청할 수 있다(법 제264조).

● 과세자료의 요청

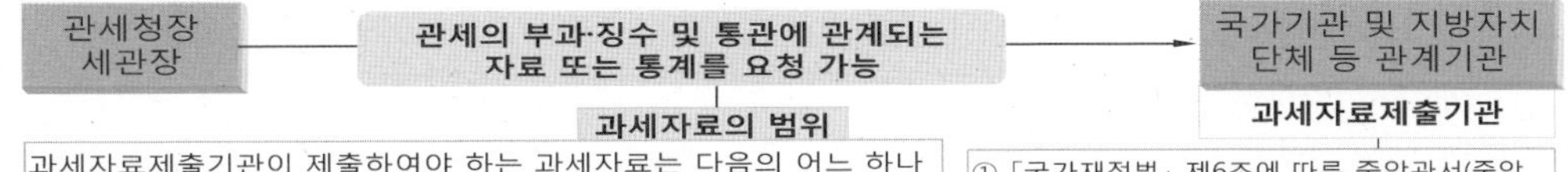

과세자료의 범위

과세자료제출기관이 제출하여야 하는 과세자료는 다음의 어느 하나에 해당하는 자료로서 관세의 부과·징수와 통관에 직접적으로 필요한 자료

① 수입물품에 대해 관세나 내국세등을 감면받거나 낮은 세율을 적용받을 수 있도록 허가,승인,추천 등을 한 경우 그에 관한 자료
② 과세자료제출기관이 법률에 따라 신고나 제출받아 보유하고 있는 자료 중 법 제27조, 제38조, 제241조에 따른 신고내용의 확인이나 법 제96조에 따른 관세 면제 여부의 확인을 위하여 필요한 자료
③ 법 제226조에 따라 허가·승인·표시 또는 그 밖의 조건을 증명할 필요가 있는 물품에 대하여 과세자료제출기관이 허가 등을 갖추었음을 확인하여 준 경우 그에 관한 자료
④ 관세법에 따라 체납된 관세 등의 징수를 위하여 필요한 자료
⑤ 법 제264조의2제1호에 따른 중앙관서 중 중앙행정기관 외의 기관이 보유하는 자료로서 관세청장이 관세의 부과·징수와 통관에 필요한 최소범위에서 해당 기관의 장과 미리 협의하여 정하는 자료
⑥ 거주자의 「여신전문금융업법」에 따른 신용카드등의 대외지급(물품구매 내역에 한한다) 및 외국에서의 외국통화 인출 실적

과세자료제출기관

① 「국가재정법」 제6조에 따른 중앙관서(중앙관서의 업무를 위임받거나 위탁받은 기관 포함)와 그 하급행정기관 및 보조기관
② 지방자치단체(지방자치단체의 업무를 위임이나 위탁받은 기관과 지방자치단체조합 포함)
③ 공공기관, 정부의 출연·보조를 받는 기관이나 단체, 「지방공기업법」에 따른 지방공사·지방공단 및 지방자치단체의 출연·보조를 받는 기관이나 단체
④ 「민법」 외의 다른 법률에 따라 설립되거나 국가 또는 지방자치단체의 지원을 받는 기관이나 단체로서 그 업무에 관하여 제1호나 제2호에 따른 기관으로부터 감독 또는 감사·검사를 받는 기관이나 단체, 그 밖에 공익 목적으로 설립된 기관이나 단체 중 대통령령으로 정하는 기관이나 단체
⑤ 「여신전문금융업법」에 따른 신용카드업자와 여신전문금융업협회

(2) 과세자료제출기관의 범위

"과세자료제출기관"(제264조에 따른 과세자료를 제출하여야 하는 기관 등)은 다음과 같다(법 제264조의2).

① 「국가재정법」 제6조에 따른 중앙관서(중앙관서의 업무를 위임받거나 위탁받은 기관을 포함한다. 이하 같다)와 그 하급행정기관 및 보조기관

② 지방자치단체(지방자치단체의 업무를 위임받거나 위탁받은 기관과 지방자치단체조합을 포함한다. 이하 같다)

③ 공공기관, 정부의 출연·보조를 받는 기관이나 단체, 「지방공기업법」에 따른 지방공사·지방공단 및 지방자치단체의 출연·보조를 받는 기관이나 단체

④ 「민법」 외의 다른 법률에 따라 설립되거나 국가 또는 지방자치단체의 지원을 받는 기관이나 단체로서 그 업무에 관하여 제1호나 제2호에 따른 기관으로부터 감독 또는 감사·검사를 받는 기관이나 단체, 그 밖에 공익 목적으로 설립된 기관이나 단체 중 대통령령으로 정하는 기관이나 단체

⑤ 「여신전문금융업법」에 따른 신용카드업자와 여신전문금융업협회

⑥ 「금융실명거래 및 비밀보장에 관한 법률」 제2조제1호에 따른 금융회사등

(3) 과세자료의 범위

과세자료제출기관이 제출하여야 하는 과세자료는 다음의 어느 하나에 해당하는 자료로서 관세의 부과·징수와 통관에 직접적으로 필요한 자료로 하며, 과세자료의 구체적인 범위는 과세자료제출기관별로 대통령령으로 정한다(법 제264조의3 제1항 및 제2항).

① 수입하는 물품에 대하여 관세 또는 내국세등을 감면받거나 낮은 세율을 적용받을 수 있도록 허가, 승인, 추천 등을 한 경우 그에 관한 자료

② 과세자료제출기관이 법률에 따라 신고·제출받거나 작성하여 보유하고 있는 자료(각종 보조금·보험급여·보험금 등의 지급 현황에 관한 자료를 포함한다) 중 제27조, 제38조, 제241조에 따른 신고내용의 확인 또는 제96조에 따른 관세 감면 여부의 확인을 위하여 필요한 자료

③ 법 제226조에 따라 허가·승인·표시 또는 그 밖의 조건을 증명할 필요가 있는 물품에 대하여 과세자료제출기관이 허가 등을 갖추었음을 확인하여 준 경우 그에 관한 자료

④ 관세법에 따라 체납된 관세 등의 징수를 위하여 필요한 자료

⑤ 법 제264조의2 제1호에 따른 중앙관서 중 중앙행정기관 외의 기관이 보유하고 있는 자료로서 관세청장이 관세의 부과·징수와 통관에 필요한 최소한의 범위에서 해당 기관의 장과 미리 협의하여 정하는 자료

⑥ 거주자의 「여신전문금융업법」에 따른 신용카드등의 대외지급(물품구매 내역에 한한다) 및 외국에서의 외국통화 인출 실적

(4) 과세자료의 제출방법

(가) 과세자료의 제출시기

과세자료제출기관의 장은 분기별로 분기만료일이 속하는 달의 다음 달 말일까지 대통령령으로 정하는 바에 따라 관세청장 또는 세관장에게 과세자료를 제출하여야 한다. 다만, 과세자료의 발생빈도와 활용시기 등을 고려하여 대통령령으로 정하는 바에 따라 그 과세자료의 제출시기를 달리 정할 수 있다(법 제264조의4 제1항).

과세자료의 제출시기와 방법

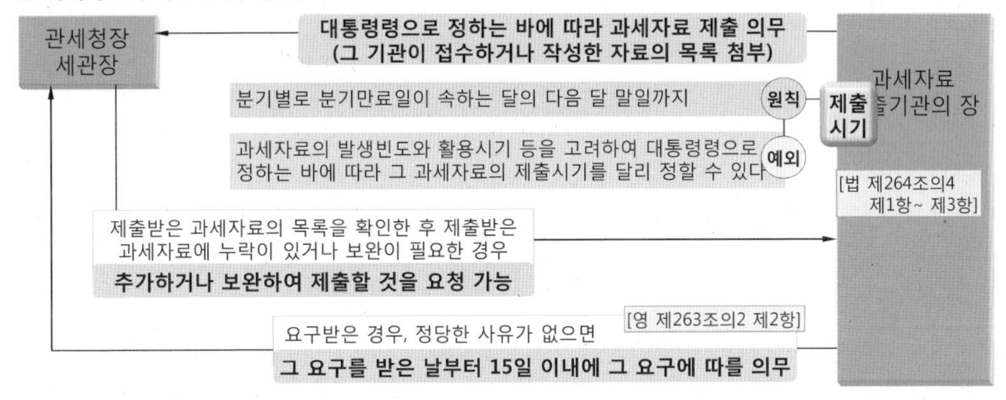

(나) 자료목록의 제출

제1항에 따라 과세자료제출기관의 장이 과세자료를 제출하는 경우에는 그 기관이 접수하거나 작성한 자료의 목록을 함께 제출하여야 한다(법 제264조의4 제2항).

(다) 과세자료의 추가 또는 보완 요청

제2항에 따라 과세자료의 목록을 제출받은 관세청장 또는 세관장은 이를 확인한 후 제출받은 과세자료에 누락이 있거나 보완이 필요한 경우 그 과세자료를 제출한 기관에 대하여 추가하거나 보완하여 제출할 것을 요청할 수 있다(법 제264조의4 제3항).

따라서, 과세자료제출기관의 장은 법 제264조의4제3항에 따라 관세청장 또는 세관장으로부터 과세자료의 추가 또는 보완을 요구받은 경우에는 정당한 사유가 없으면 그 요구를 받은 날부터 15일 이내에 그 요구에 따라야 한다(영 제263조의2 제2항).

(라) 과세자료의 범위, 제출기관 및 제출시기

법 제264조의2에 따른 과세자료제출기관(이하 "과세자료제출기관"이라 한다)이 법 제264조의3 및 제264조의4에 따라 제출하여야 하는 과세자료의 범위, 과세자료를 제출받을 기관 및 제출시기는 별표 3과 같다(영 제263조의2 제1항).

[별표 3] 과세자료의 범위 및 제출시기 등(영 제263조의2제1항 관련)〈신설 2014.3.5〉

번호	과세자료제출기관	과세자료명	받을 기관	과세자료 제출시기
1	농림축산식품부 · 산업통상자원부(농림축산식품부장관 또는 산업통상자원부장관이 제92조제3항에 따라 할당관세 수량의 추천을 위임한 경우에는 그 위임을 받은 기관을 말한다)	제92조제3항에 따른 할당관세 수량의 추천에 관한 자료	관세청	매년 1월 31일, 7월 31일
2	농림축산식품부(농림축산식품부장관이 제94조에 따라 양허세율 적용의 추천을 위임한 경우에는 그 위임을 받은 기관을 말한다)	제94조에 따른 양허세율 적용의 추천에 관한 자료	관세청	매년 1월 31일, 7월 31일
3	미래창조과학부	법 제90조제1항제4호에 따라 관세를 감면받는 자의 기업부설 연구소 또는 연구개발 전담부서에 관한 자료	관세청	매년 1월 31일
4	문화체육관광부	법 제91조제1호에 따른 종교단체의 예배용품과 식전용품에 대한 관세 면제를 위한 신청에 관한 자료	관세청	매년 1월 31일
5	보건복지부, 지방자치단체	법 제91조제2호에 따른 자선 또는 구호의 목적으로 기증되는 물품 및 자선시설 · 구호시설 또는 사회복지시설에 기증되는 물품에 대한 관세 면제를 위한 신청에 관한 자료	관세청	매년 1월 31일
6	외교부	법 제91조제3호에 따라 국제평화봉사활동 또는 국제친선활동을 위하여 기증하는 물품에 대한 관세 면제를 위한 신청에 관한 자료	관세청	매년 1월 31일
7	환경부	법 제92조제6호에 따라 환경오염 측정 또는 분석을 위하여 수입하는 기계 · 기구에 대한 관세 면제를 위한 신청에 관한 자료	관세청	매년 1월 31일
8	국토교통부	법 제92조제7호에 따라 상수도 수질 측정 또는 보전 · 향상을 위하여 수입하는 물품에 대한 관세 면제를 위한 신청에 관한 자료	관세청	매년 1월 31일
9	「포뮬러원 국제자동차경주대회 지원법」에 따른 포뮬러원 국제자동차경주대회조직위원회, 「2011대구세계육상선수권대회, 2013충주세계조정선수권대회, 2014인천아시아경기대회, 2014인천장애인아시아경기대회 및 2015광주하계유니버시아드대회 지원법」에 따른 2014인천아시아경기대회조직위원회, 2014인천장애인아시아경기대회조직위원회, 2015광주하계유니버시아드대회조직위원회, 「2015경북문경세계군인체육	법 제93조제2호에 따라 국제경기대회 행사에 사용하기 위하여 수입하는 물품에 대한 관세 면제를 위한 신청에 관한 자료	관세청	매년 1월 31일

	대회 지원법」에 따른 2015경북문경세계군인체육대회조직위원회,			
	「2018 평창 동계올림픽대회 및 장애인동계올림픽대회 지원 등에 관한 특별법」에 따른 2018 평창 동계올림픽대회 및 장애인동계올림픽대회 조직위원회			
10	「원자력안전위원회의 설치 및 운영에 관한 법률」 제3조에 따른 원자력안전위원회	법 제93조제3호에 따라 핵사고 또는 방사능 긴급사태 복구지원과 구호를 위하여 기증되는 물품에 대한 관세 면제를 위한 신청에 관한 자료	관세청	매년 1월 31일
11	해양수산부	법 제93조제5호에 따라 우리나라 선박이 외국의 선박과 협력하여 채집하거나 포획한 수산물에 대한 관세 면제를 위한 추천에 관한 자료	관세청	매년 1월 31일, 7월 31일
12	해양수산부	법 제93조제6호에 따라 외국인과 합작하여 채집하거나 포획한 수산물에 대한 관세 면제를 위한 추천에 관한 자료	관세청	매년 1월 31일, 7월 31일
13	해양수산부	법 제93조제10호에 따라 조난으로 인하여 해체된 선박 또는 운송수단의 해체재 및 장비에 대한 관세 면제를 위한 신청에 관한 자료	관세청	매년 1월 31일
14	「국민체육진흥법」에 따른 대한체육회 및 대한장애인체육회	법 제93조제15호에 따른 운동용구(부분품을 포함한다)에 대한 관세 면제를 위한 신청에 관한 자료	관세청	매년 1월 31일
15	국세청	「법인세법 시행령」 제90조제1항에 따른 특수관계인 간 거래명세서 자료	관세청	매년 7월 31일
16	국세청	「법인세법」 제60조제2항에 따른 재무상태표 · 포괄손익계산서 및 이익잉여금처분계산서(또는 결손금처리계산서) 자료	관세청	매년 7월 31일
17	국세청	「법인세법」 제121조제5항에 따른 매출 · 매입처별 계산서합계표 자료	관세청	매년 9월 30일
18	국세청	「부가가치세법」 제8조, 「법인세법」 제111조 및 「소득세법」 제168조에 따른 사업자등록에 관한 자료	관세청	매월 15일
19	국세청	「부가가치세법」 제54조제1항에 따른 매출 · 매입처별 세금계산서합계표 자료	관세청	매년 1월 31일, 7월 31일
20	국세청	「국제조세조정에 관한 법률 시행령」 제7조제1항에 따른 정상가격 산출방법 신고 자료	관세청	매년 7월 31일
21	국세청	「국세조세조정에 관한 법률」 제11조제1항에 따른 국외특수관계인과의 국제거래명세서 자료(국외특수관계인의 요약손익계산서를 제출한 경우에는 이를 포함한다)	관세청	매년 7월 31일
22	국세청	「국제조세조정에 관한 법률」 제20조의2제3호에 따른 특정외국법인의 유보소득 계산 명세서 자료	관세청	매년 7월 31일
23	국세청	「국제조세조정에 관한 법률 시행령」 제37조제1항제5호에 따른 특정외국법인의 유보소득 합산과세 적용범위 판정 명세서 자료	관세청	매년 7월 31일
24	국세청	「국제조세조정에 관한 법률 시행령」 제37조제1	관세청	매년

		항제6호에 따른 국외출자 명세서 자료		7월 31일
25	외교부	「여권법」 제7조제1항에 따른 여권발급에 관한 자료	인천공항세관	실시간
26	법무부	「출입국관리법」 제3조 및 제6조에 따른 국민의 출국심사 및 입국심사에 관한 자료	인천공항세관	매일
27	국토교통부	「자동차관리법」 제5조에 따른 자동차 등록에 관한 자료	관세청	매일
28	조달청	「국가를 당사자로 하는 계약에 관한 법률」 제11조에 따른 조달계약에 관한 자료	관세청	매일
29	국세청	「국세기본법」 제51조에 따른 법인세 환급금 내역(관세 등의 체납이 있는 자만 해당한다)	관세청	매년 4월 30일
30	국세청	「국세기본법」 제51조에 따른 종합소득세 환급금 내역(관세 등의 체납이 있는 자만 해당한다)	관세청	매년 6월 30일
31	국세청	「국세기본법」 제51조에 따른 부가가치세 환급금 내역(관세 등의 체납이 있는 자만 해당한다)	관세청	매년 2월 25일, 5월 25일, 8월 25일, 11월 25일
32	국세청	「소득세법」 제94조제1항제4호나목에 따른 이용권·회원권 자료(관세 등의 체납이 있는 자만 해당한다)	관세청	매년 4월 30일, 10월 31일
33	국세청	가. 「소득세법」 제70조에 따른 종합소득과세표준 신고에 관한 자료(관세 등의 체납이 있는 자만 해당한다) 나. 「소득세법」 제71조에 따른 퇴직소득과세표준 신고에 관한 자료(관세 등의 체납이 있는 자만 해당한다)	관세청	매년 10월 31일
		다. 「소득세법」 제127조에 따른 원천징수에 관한 자료(관세 등의 체납이 있는 자만 해당한다)		
34	지방자치단체	「지방세기본법」 제76조제1항에 따른 지방세환급금 내역(관세 등의 체납이 있는 자만 해당한다)	관세청	실시간
35	안전행정부	「지방세법」 제20조·제21조에 따른 과세물건(부동산·골프회원권·콘도미니엄회원권만 해당한다)에 대한 취득세 신고납부 또는 징수에 관한 자료(관세 등의 체납이 있는 자만 해당한다)	관세청	매월 15일
36	안전행정부	「지방세법」 제116조에 따른 과세대상(토지·건축물·주택만 해당한다)에 대한 재산세 부과·징수에 관한 자료(관세 등의 체납이 있는 자만 해당한다)	관세청	매년 10월 15일
37	국토교통부	「공인중개사의 업무 및 부동산 거래신고에 관한 법률」 제27조제1항 및 제2항에 따른 부동산(「건축법 시행령」 별표 1 제2호가목에 따른 아파트에 한정한다)을 취득할 수 있는 권리에 관한 매매계약에 관한 자료(관세 등의 체납이 있는 자만 해당한다)	관세청	매년 4월 30일, 10월 31일
38	특허청	가. 「특허법」 제87조제2항에 따른 특허권의 설정등록에 관한 자료(관세 등의 체납이 있는 자만 해당한다) 나. 「실용신안법」 제21조제2항에 따른 실용신안권	관세청	매년 4월 30일, 10월 31일

		의 설정등록에 관한 자료(관세 등의 체납이 있는 자만 해당한다)		
		다. 「디자인보호법」 제39조제2항에 따른 디자인권의 설정등록에 관한 자료(관세 등의 체납이 있는 자만 해당한다) 라. 「상표법」 제41조제2항에 따른 상표권의 설정등록에 관한 자료(관세 등의 체납이 있는 자만 해당한다)		
39	법원행정처	「공탁법」 제4조에 따른 법원공탁금 자료(관세 등의 체납이 있는 자만 해당한다)	관세청	매년 4월 30일, 10월 31일
40	「여신전문금융업법」에 따른 신용카드업자 및 여신전문금융업협회	「외국환거래법」 제3조제1항제14호에 따른 거주자의 「여신전문금융업법」 제2조제5호가목에 따른 신용카드등의 대외지급(물품구매 내역만 해당한다) 및 외국에서의 외국통화 인출에 관한 자료	관세청	매년 1월 31일, 4월 30일, 7월 31일, 10월 31일

비고

1. 제15호부터 제24호까지의 과세자료는 수출입실적이 있는 사업자에 대한 관세 등 부과 · 징수를 위한 자료로서 관세청장과 국세청장이 협의하여 정한 기준에 맞는 것만 해당한다.
2. 제40호의 신용카드업자는 거주자의 분기별 신용카드등의 대외지급(물품구매 내역만 해당한다) 및 외국통화 인출에 관한 자료를 여신전문금융업협회의 장에게 제출하여야 하고, 여신전문금융업협회의 장은 그 분기별 합계액이 5천달러 이상인 경우에는 관세청장에게 각 분기의 다음 달 말일까지 그 대외지급(물품구매 내역만 해당한다) 및 외국통화 인출에 관한 자료를 제출하여야 한다.
3. 위 표에 따른 과세자료제출시기에 제출하여야 하는 자료는 다음 각 호의 구분에 따른다.
   가. 과세자료제출시기가 매일인 경우: 제26호는 전전날의 과세자료분, 제27호 · 제28호는 전날의 과세자료분
   나. 과세자료제출시기가 매월 15일인 경우(제18호 · 제35호): 전월의 과세자료분
   다. 과세자료제출시기가 매년 1월 31일, 4월 30일, 7월 31일, 10월 31일인 경우(제40호): 해당 시기가 속하는 달의 이전 3개월의 과세자료분
   라. 과세자료제출시기가 매년 2월 25일, 5월 25일, 8월 25일, 11월 25일인 경우(제31호): 해당 시기가 속하는 달의 이전 3개월의 과세자료분
   마. 과세자료제출시기가 매년 1월 31일, 7월 31일인 경우(제1호 · 제2호 · 제11호 · 제12호 · 제19호): 해당 시기가 속하는 달의 이전 6개월의 과세자료분
   바. 과세자료제출시기가 매년 4월 30일, 10월 31일인 경우(제32호 · 제37호부터 제39호까지): 해당 시기가 속하는 달의 이전 6개월의 과세자료분
   사. 과세자료제출시기가 매년 1월 31일인 경우(제3호부터 제10호까지, 제13호 · 제14호): 전년도의 과세자료분
   아. 과세자료제출시기가 매년 4월 30일인 경우(제29호): 전년도의 4월부터 해당 연도의 3월까지의 과세자료분
   자. 과세자료제출시기가 매년 6월 30일인 경우(제30호): 전년도의 6월부터 해당 연도의 5월까지의 과세자료분
   차. 과세자료제출시기가 매년 7월 31일인 경우(제15호 · 제16호, 제20호부터 제24호까지) : 전년도의 과세자료분
   카. 과세자료제출시기가 매년 9월 30일인 경우(제17호): 전년도의 과세자료분
   타. 과세자료제출시기가 매년 10월 15일인 경우(제36호): 전년도의 10월부터 해당 연도의 9월까지의 과세자료분
   파. 과세자료제출시기가 매년 10월 31일인 경우(제33호) : 전년도의 과세자료분

(마) 과세자료의 제출서식 등

과세자료의 제출서식 등 제출방법에 관하여 그 밖에 필요한 사항은 기획재정부령으로 정한다(법 제264조의4 제4항).

따라서, 법 제264조의2에 따른 과세자료제출기관이 영 제263조의2 및 별표 3에 따른 과세자료를 제출하는 경우에는 다음의 서식에 따른다(규칙 제79조의4 제1항).

① 영 별표 3 제1호에 따른 할당관세 수량의 추천에 관한 자료: 별지 제1호의4서식
② 영 별표 3 제2호에 따른 양허세율 적용의 추천에 관한 자료: 별지 제2호서식
③ 영 별표 3 제3호에 따른 관세를 감면받는 자의 기업부설 연구소 또는 연구개발 전담부서에 관한 자료: 별지 제3호서식
④ 영 별표 3 제4호에 따른 종교단체의 예배용품과 식전용품에 대한 관세 면제를 위한 신청에 관한 자료: 별지 제4호서식
⑤ 영 별표 3 제5호에 따른 자선 또는 구호의 목적으로 기증되는 물품 및 자선시설 · 구호시설 또는 사회복지시설에 기증되는 물품에 대한 관세 면제를 위한 신청에 관한 자료: 별지 제4호서식
⑥ 영 별표 3 제6호에 따른 국제평화봉사활동 또는 국제친선활동을 위하여 기증하는 물품에 대한 관세 면제를 위한 신청에 관한 자료: 별지 제4호서식
⑦ 영 별표 3 제7호에 따른 환경오염 측정 또는 분석을 위하여 수입하는 기계 · 기구에 대한 관세 면제를 위한 신청에 관한 자료: 별지 제4호서식
⑧ 영 별표 3 제8호에 따른 상수도 수질 측정 또는 보전 · 향상을 위하여 수입하는 물품에 대한 관세 면제를 위한 신청에 관한 자료: 별지 제4호서식
⑨ 영 별표 3 제9호에 따른 국제경기대회 행사에 사용하기 위하여 수입하는 물품에 대한 관세 면제를 위한 신청에 관한 자료: 별지 제4호서식
⑩ 영 별표 3 제10호에 따른 핵사고 또는 방사능 긴급사태 복구지원과 구호를 위하여 기증되는 물품에 대한 관세 면제를 위한 신청에 관한 자료: 별지 제4호서식
⑪ 영 별표 3 제11호에 따른 우리나라 선박이 외국의 선박과 협력하여 채집하거나 포획한 수산물에 대한 관세 면제를 위한 추천에 관한 자료: 별지 제5호서식
⑫ 영 별표 3 제12호에 따른 외국인과 합작하여 채집하거나 포획한 수산물에 대한 관세 면제를 위한 추천에 관한 자료: 별지 제5호서식
⑬ 영 별표 3 제13호에 따른 조난으로 인하여 해체된 선박 또는 운송수단의 해체재 및 장비에 대한 관세 면제를 위한 신청에 관한 자료: 별지 제4호서식
⑭ 영 별표 3 제14호에 따른 운동용구(부분품을 포함한다)에 대한 관세 면제를 위한 신청에 관한 자료: 별지 제4호서식
⑮ 영 별표 3 제15호에 따른 특수관계인 간 거래명세서 자료: 별지 제6호서식
⑯ 영 별표 3 제16호에 따른 다음 각 목의 자료
㉮ 재무상태표: 별지 제7호서식
㉯ 포괄손익계산서: 별지 제8호서식
㉰ 이익잉여금처분계산서(또는 결손금처리계산서): 별지 제9호서식
⑰ 영 별표 3 제17호에 따른 매출 · 매입처별 계산서합계표 자료: 별지 제10호서식
⑱ 영 별표 3 제18호에 따른 다음 각 목의 자료
㉮ 법인사업자 공통내역: 별지 제11호서식
㉯ 개인사업자 공통내역: 별지 제12호서식

㉰ 주업종 · 부업종 내역: 별지 제13호서식
㉱ 공동사업자 내역: 별지 제14호서식
㉲ 휴업 · 폐업 현황: 별지 제15호서식
㉳ 사업자단위 과세사업자 공통내역: 별지 제16호서식
㉴ 사업자단위 과세사업자 업종: 별지 제17호서식
㉵ 사업자단위 과세사업자 휴업 · 폐업 현황: 별지 제18호서식

⑲ 영 별표 3 제19호에 따른 매출 · 매입처별 세금계산서합계표 자료: 별지 제10호서식
⑳ 영 별표 3 제20호에 따른 다음 각 목의 자료
㉮ 무형자산에 대한 정상가격 산출방법 신고 자료: 별지 제19호서식
㉯ 용역거래에 대한 정상가격 산출방법 신고 자료: 별지 제20호서식
㉰ 위의 ㉮ 및 ㉯ 외의 정상가격 산출방법 신고 자료: 별지 제21호서식
㉑ 영 별표 3 제21호에 따른 국외특수관계인과의 국제거래명세서 자료(국외특수관계인의 요약손익계산서를 제출한 경우에는 이를 포함한다): 별지 제22호서식
㉒ 영 별표 3 제22호에 따른 특정외국법인의 유보소득 계산 명세서 자료: 별지 제23호서식
㉓ 영 별표 3 제23호에 따른 특정외국법인의 유보소득 합산과세 적용범위 판정 명세서 자료: 별지 제24호서식
㉔ 영 별표 3 제24호에 따른 국외출자 명세서 자료: 별지 제25호서식
㉕ 영 별표 3 제25호에 따른 여권발급에 관한 자료: 별지 제26호서식
㉖ 영 별표 3 제26호에 따른 국민의 출국심사 및 입국심사에 관한 자료 : 별지 제27호서식
㉗ 영 별표 3 제27호에 따른 자동차 등록에 관한 자료: 별지 제28호서식
㉘ 영 별표 3 제28호에 따른 조달계약에 관한 자료: 별지 제29호서식
㉙ 영 별표 3 제29호에 따른 법인세 환급금 내역: 별지 제30호서식
㉚ 영 별표 3 제30호에 따른 종합소득세 환급금 내역: 별지 제31호서식
㉛ 영 별표 3 제31호에 따른 부가가치세 환급금 내역: 별지 제32호서식
㉜ 영 별표 3 제32호에 따른 이용권 · 회원권 자료: 별지 제33호서식
㉝ 영 별표 3 제33호 따른 종합소득과세표준 신고에 관한 자료, 퇴직소득과세표준 신고에 관한 자료 및 원천징수에 관한 자료: 별지 제34호서식
㉞ 영 별표 3 제34호에 따른 지방세환급금 내역: 별지 제35호서식
㉟ 영 별표 3 제35호에 따른 과세물건(부동산 · 골프회원권 · 콘도미니엄회원권 · 항공기 · 선박만 해당한다)에 대한 취득세 신고납부 또는 징수에 관한 자료: 별지 제36호서식
㊱ 영 별표 3 제36호에 따른 과세대상(토지 · 건축물 · 주택 · 항공기 · 선박만 해당한다)에 대한 재산세 부과 · 징수에 관한 자료: 별지 제37호서식
㊲ 영 별표 3 제37호에 따른 부동산(「건축법 시행령」 별표 1 제2호 가목에 따른 아파트에 한정한다)을 취득할 수 있는 권리에 관한 매매계약에 관한 자료: 별지 제38호

서식

㊳ 영 별표 3 제38호에 따른 특허권 · 실용신안권 · 디자인권 및 상표권의 설정등록에 관한 자료: 별지 제39호서식

㊴ 영 별표 3 제39호에 따른 법원공탁금 자료: 별지 제40호서식

㊵ 영 별표 3 제40호에 따른 신용카드등의 대외지급(물품구매 내역만 해당한다) 및 외국에서의 외국통화 인출에 관한 자료: 별지 제41호서식

㊶ 영 별표 3 제41호에 따른 외국기업 본점 등의 공통경비배분계산서 자료: 별지 제44호서식

㊷ 영 별표 3 제42호에 따른 비거주자의 사업소득 및 기타소득의 지급명세서 자료: 별지 제45호서식

㊸ 영 별표 3 제43호에 따른 제조자 또는 수입판매업자의 반출신고 자료: 별지 제46호서식

㊹ 영 별표 3 제44호에 따른 신용카드가맹점 정보 관리 업무에 관한 자료: 별지 제47호서식

㊺ 영 별표 3 제45호에 따른 장애인 보장구 보험급여에 관한 자료: 별지 제48호서식

㊻ 영 별표 3 제46호에 따른 장기요양급여 제공에 관한 자료: 별지 제49호서식

㊼ 영 별표 3 제47호에 따른 보험금 등 지급에 관한 자료: 별지 제50호서식

㊽ 영 별표 3 제48호에 따른 주식등변동상황명세서에 관한 자료: 별지 제51호서식

㊾ 영 별표 3 제49호에 따른 해외직접투자 신고에 관한 자료: 별지 제52호서식

㊿ 영 별표 3 제50호에 따른 부동산 소유권 변경 사실에 관한 자료: 별지 제53호서식

(51) 영 별표 3 제51호에 따른 부동산 전세권 및 저당권의 등기에 관한 자료: 별지 제54호서식

(52) 영 별표 3 제52호에 따른 금융거래 내역에 관한 자료: 별지 제55호서식

(53) 영 별표 3 제53호에 따른 다음 각 목의 자료

㉮ 재무상태표: 별지 제56호서식(「소득세법 시행규칙」 별지 제40호의6서식으로 갈음할 수 있다)

㉯ 손익계산서: 별지 제57호서식(「소득세법 시행규칙」 별지 제40호의7서식으로 갈음할 수 있다)

또한, 법 제264조의2에 따른 과세자료제출기관은 관세청장 또는 세관장과 협의하여 영 제263조의2 및 별표 3에 규정된 과세자료를 이동식 저장장치 또는 광디스크 등 전자적 기록매체에 수록하여 제출하거나 정보통신망을 이용하여 제출할 수 있다(규칙 제79조의4 제2항).

(5) 과세자료의 제출 및 수집에 관한 협조

(가) 과세자료의 제출에 관한 협조

관세청장 또는 세관장으로부터 제264조의3에 따른 과세자료의 제출을 요청받은 기관

등의 장은 다른 법령에 특별한 제한이 있는 경우 등 정당한 사유가 없으면 이에 협조하여야 한다(법 제264조의5 제1항).

과세자료의 제출 및 수집에 관한 협조

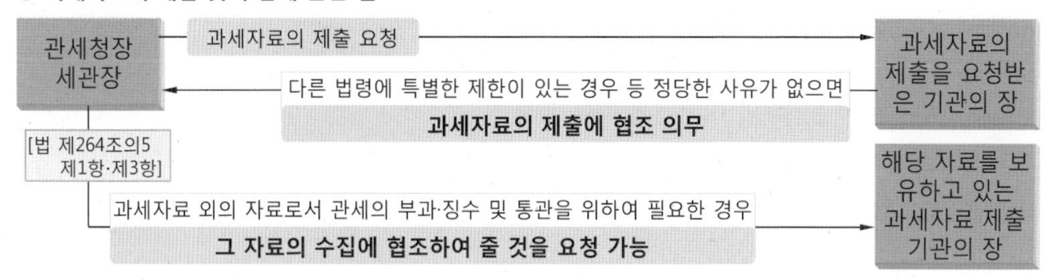

(나) 과세자료의 수집에 관한 협조

관세청장 또는 세관장은 제264조의3에 따른 자료 외의 자료로서 관세의 부과 · 징수 및 통관을 위하여 필요한 경우에는 해당 자료를 보유하고 있는 과세자료제출기관의 장에게 그 자료의 수집에 협조하여 줄 것을 요청할 수 있다(법 제264조의5 제2항).

(6) 과세자료의 관리 및 활용 등

(가) 과세자료의 효율적 관리와 활용을 위한 전산관리체계의 구축

관세청장은 관세법에 따른 과세자료의 효율적인 관리와 활용을 위한 전산관리 체계를 구축하는 등 필요한 조치를 마련하여야 한다(법 제264조의6 제1항).

(나) 과세자료의 제출 · 관리 및 활용 상황의 점검

관세청장은 관세법에 따른 과세자료의 제출 · 관리 및 활용 상황을 수시로 점검하여야 한다(법 제264조의6 제2항).

과세자료의 관리 및 활용

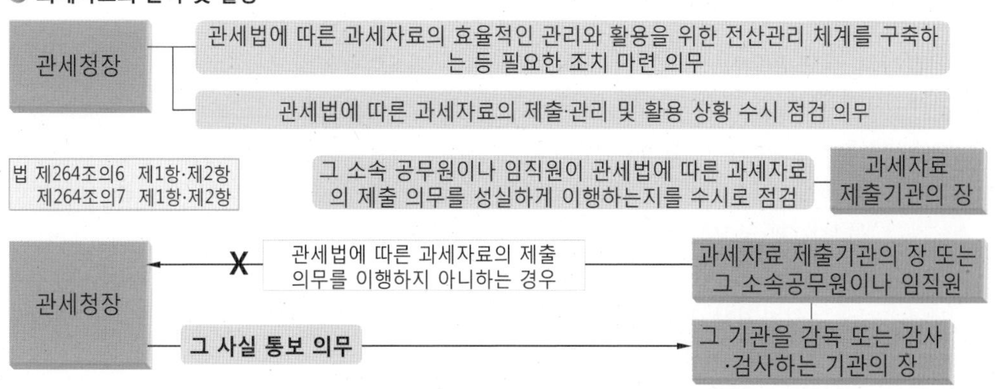

(7) 과세자료제출기관의 책임 등

(가) 과세자료 제출의무의 이행 여부 점검

과세자료제출기관의 장은 그 소속 공무원이나 임직원이 관세법에 따른 과세자료의 제출 의무를 성실하게 이행하는지를 수시로 점검하여야 한다(법 제264조의7 제1항).

(나) 과세자료 제출의무의 미이행에 따른 통보

관세청장은 과세자료제출기관 또는 그 소속 공무원이나 임직원이 관세법에 따른 과세자료의 제출 의무를 이행하지 아니하는 경우 그 기관을 감독 또는 감사 · 검사하는 기관의 장에게 그 사실을 통보하여야 한다(법 제264조의7 제2항).

(다) 고유식별정보의 처리

과세자료제출기관의 장은 법 제264조의4 및 제264조의5에 따라 과세자료를 제출하기 위하여 불가피한 경우 「개인정보 보호법 시행령」 제19조제1호, 제2호 또는 제4호에 따른 주민등록번호, 여권번호 또는 외국인등록번호가 포함된 자료를 처리할 수 있다.(영 제289조 제2항).

(8) 비밀유지의무

(가) 과세자료의 제공·누설 또는 목적외 사용금지

관세청 및 세관 소속 공무원은 제264조, 제264조의2부터 제264조의5까지의 규정에 따라 제출받은 과세자료를 타인에게 제공 또는 누설하거나 목적 외의 용도로 사용하여서는 아니 된다. 다만, "다음의 규정"(법 제116조 제1항 단서 및 같은 조 제2항)에 따라 제공하는 경우에는 그러하지 아니하지만, 이에 따라 과세자료를 제공받은 자는 이를 타인에게 제공 또는 누설하거나 목적 외의 용도로 사용하여서는 아니 된다(법 제264조의8 제1항 및 제3항).

① 국가기관이 관세에 관한 쟁송이나 관세범에 대한 소추(訴追)를 목적으로 과세정보를 요구하는 경우(이 경우, 과세정보의 제공을 요구하는 자는 문서로 해당 세관장에게 요구하여야 한다)

② 법원의 제출명령이나 법관이 발부한 영장에 따라 과세정보를 요구하는 경우

③ 세관공무원 상호간에 관세를 부과 · 징수, 통관 또는 질문 · 검사하는 데에 필요하여 과세정보를 요구하는 경우

④ 다른 법률에 따라 과세정보를 요구하는 경우(이 경우, 과세정보의 제공을 요구하는 자는 문서로 해당 세관장에게 요구하여야 한다)

위의 과세자료의 제공·누설 또는 목적외 사용금지의무를 위반하여 과세자료를 타인에게 제공 또는 누설하거나 목적 외의 용도로 사용한 자는 3년 이하의 징역 또는 1천만원 이하의 벌금에 처하며, 이에 따른 징역과 벌금은 병과할 수 있다(법 제264조의9 제1항 및 제2항).

(나) 비밀유지의무를 위반한 과세자료의 제공 거부

관세청 및 세관 소속 공무원은 제1항을 위반하는 과세자료의 제공을 요구받으면 이를 거부하여야 한다(법 제264조의8 제2항).

◎ 과세자료의 비밀유지의무

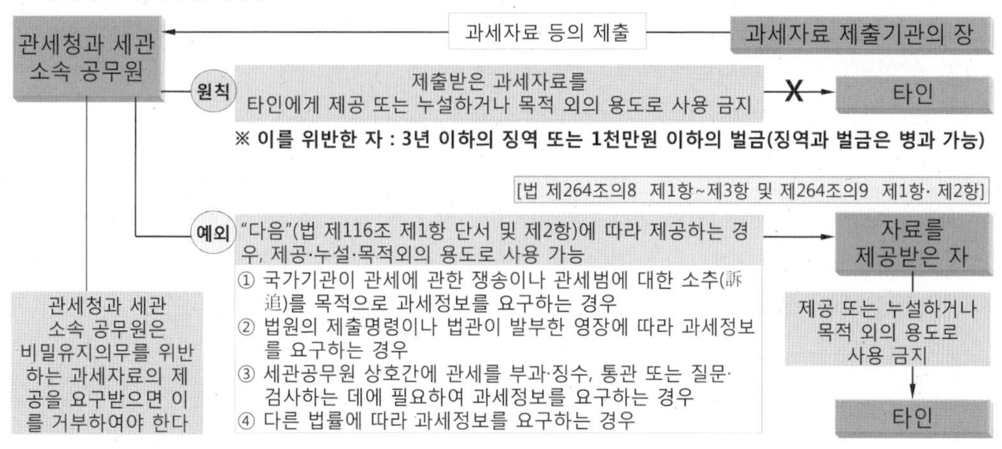

Ⅱ. 세관공무원의 물품검사 등(Inspection of Goods by Customs Officers)

1. 물품 또는 운송수단 등에 대한 검사 등(Inspection of Goods and Transportation Means, etc.)

세관공무원은 관세법 또는 관세법에 따른 명령(대한민국이 체결한 조약 및 일반적으로 승인된 국제법규에 따른 의무를 포함)을 위반한 행위를 방지하기 위하여 필요하다고 인정될 때에는 물품, 운송수단, 장치 장소 및 관계 장부 · 서류를 검사 또는 봉쇄하거나 그 밖에 필요한 조치를 할 수 있다(법 제265조).

◎ 물품 또는 운송수단 등에 대한 검사 등(Inspection of Goods and Transportation Means, etc.)

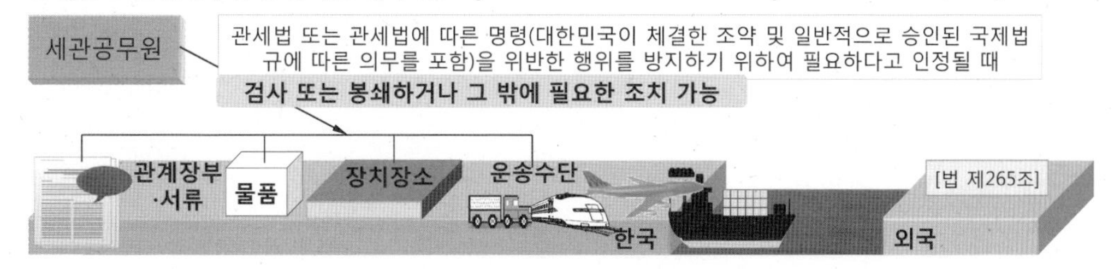

2. 장부 또는 자료의 제출 등(Submission of Books and Data, etc.)

(1) 장부 또는 자료의 제출

세관공무원은 관세법에 따른 직무를 집행하기 위하여 필요하다고 인정될 때에는 수출입업자·판매업자 또는 그 밖의 관계자에 대하여 질문하거나 문서화·전산화된 장부, 서류 등 관계 자료 또는 물품을 조사하거나, 그 제시 또는 제출을 요구할 수 있다(법 제266조 제1항).

(2) 상설영업장에의 자료비치

상설영업장을 갖추고 외국에서 생산된 물품을 판매하는 자로서 기획재정부령으로 정하는 기준에 해당하는 자는 해당 물품에 관하여 「부가가치세법」 제32조 및 제35조에 따른 세금계산서나 수입 사실 등을 증명하는 자료를 영업장에 갖춰 두어야 한다(법 제266조 제2항).

여기에서 "기획재정부령으로 정하는 기준에 해당하는 자"란 다음의 어느 하나에 해당하는 상설영업장을 갖추고 외국에서 생산된 물품을 판매하는 자를 말한다(규칙 제80조).

① 백화점
② 최근 1년간 수입물품의 매출액이 5억원 이상인 수입물품만을 취급하거나 수입물품을 할인판매하는 상설영업장
③ 통신판매하는 자로서 최근 1년간 수입물품의 매출액이 10억원 이상인 상설영업장
④ 관세청장이 정하는 물품을 판매하는 자로서 최근 1년간 수입물품의 매출액이 전체 매출액의 30%를 초과하는 상설영업장
⑤ 상설영업장의 판매자 또는 그 대리인이 최근 3년 이내에 「관세법」 또는 「관세사법」 위반으로 처벌받은 사실이 있는 경우 그 상설영업장

(3) 영업에 관한 보고

관세청장이나 세관장은 이 법 또는 이 법에 따른 명령을 집행하기 위하여 필요하다고 인정될 때에는 제2항에 따른 상설영업장의 판매자나 그 밖의 관계인으로 하여금 대통령령으로 정하는 바에 따라 영업에 관한 보고를 하게 할 수 있다(법 제266조 제3항).

이 규정에 따라 관세청장 또는 세관장은 상설영업장을 갖추고 외국에서 생산된 물품을 판매하는 자, 그 대리인이나 그 밖의 관계인에 대하여 판매물품에 관한 다음의 사항에 관한 보고서의 제출을 명할 수 있다(영 제264조).

① 판매물품의 품명·규격 및 수량
② 수입대상국과 생산국 또는 원산지
③ 수입가격 또는 구입가격
④ 수입자 또는 구입처
⑤ 구입일자, 해당 영업장에의 반입일자
⑥ 판매일자

3. 무기의 휴대 및 사용(Carrying and Use of Weapons)

(1) 무기의 휴대

관세청장이나 세관장은 직무를 집행하기 위하여 필요하다고 인정될 때에는 그 소속 공무원에게 무기를 휴대하게 할 수 있다(법 제267조 제1항).

여기에서, "무기"란 「총포 · 도검 · 화약류 등의 안전관리에 관한 법률」에 따른 총포(권총 또는 소총에 한정한다), 도검, 분사기 또는 전자충격기를 말한다(법 제267조 제2항).

(2) 무기의 사용

세관공무원은 그 직무를 집행할 때 특히 자기나 다른 사람의 생명 또는 신체를 보호하고 공무집행에 대한 방해 또는 저항을 억제하기 위하여 필요한 상당한 이유가 있는 경우 그 사태에 응하여 부득이하다고 판단될 때에는 무기를 사용할 수 있다(법 제267조 제3항).

(가) 무기의 사용 등에 대한 안전기준 마련

관세청장은 법 제267조에 따른 무기의 안전한 사용, 관리 및 사고예방을 위하여 그 무기의 사용, 관리, 보관 및 해당 시설 등에 대한 안전기준을 마련하여야 한다(영 제265조 제1항).

(나) 무기의 사용에 따른 기록 및 보관

관세청장이나 세관장은 무기가 사용된 경우 사용 일시 · 장소 · 대상, 현장책임자, 종류 및 수량 등을 기록하여 보관하여야 한다(영 제265조 제2항).

4. 관계 기관의 장에 대한 원조 요구(Request to Heads of Other Related Organs)

세관공무원은 해상에서 직무를 집행하기 위하여 필요하다고 인정될 때에는 다음 각 호의 어느 하나에 해당하는 자에게 협조를 요청할 수 있다(법 제267조의2 제1항).

① 육군·해군·공군의 각 부대장
② 국가경찰관서의 장
③ 해양경찰관서의 장

협조 요청을 받은 자는 밀수 관련 혐의가 있는 선박에 대하여 추적감시 또는 진행정지 명령을 하거나 세관공무원과 협조하여 해당 선박에 대하여 검문 · 검색을 할 수 있으며, 이에 따르지 아니하는 경우 강제로 그 선박을 정지시키거나 검문 · 검색을 할 수 있다(법 제268조의2 제2항).

5. 명예세관원

관세청장은 밀수감시단속 활동의 효율적인 수행을 위하여 필요한 경우에는 수출입 관련 분야의 민간종사자 등을 명예세관원으로 위촉하여 다음 각 호의 활동을 하게 할 수 있으며, 명예세관원의 자격요건, 임무 그 밖에 필요한 사항은 기획재정부령으로 정한다(법 제268조 제1항 및 제2항).

① 공항·항만에서의 밀수감시
② 정보 제공과 밀수 방지의 홍보

제2절 벌 칙

Ⅰ. 전자문서 위조·변조죄

1. 전자문서 위조·변조죄

"전자문서 등 관련 정보에 관한 보안의무"(법 제327조의4 제1항)를 위반하여 국가관세종합정보망이나 전자문서중계사업자의 전산처리설비에 기록된 전자문서 등 관련 정보를 위조 또는 변조하거나 위조 또는 변조된 정보를 행사한 자는 1년 이상 10년 이하의 징역 또는 1억원 이하의 벌금에 처한다(법 제268조의 2 제1항).

2. 전자문서업무의 위반죄

다음의 어느 하나에 해당하는 자는 5년 이하의 징역 또는 5천만원 이하의 벌금에 처한다(법 제268조의 2 제2항).

① 관세청장의 지정을 받지 아니하고 국가관세종합정보망을 운영하거나, 또는 관세청장의 지정을 받지 아니하고 전자문서중계업무를 행한 자(법 제327조의2 제1항 또는 제327조의3제1항)
② 국가관세종합정보망 또는 전자문서중계사업자의 전산처리설비에 기록된 전자문서 등 관련 정보를 훼손하거나 그 비밀을 침해한 자(법 제327조의4 제2항)
③ 업무상 알게 된 전자문서 등 관련 정보에 관한 비밀을 누설하거나 도용한 국가관세종합정보망 운영사업자 또는 전자문서중계사업자의 임직원 또는 임직원이었던 사람(법 제327조의4제3항)

Ⅱ. 밀수출입죄(Offenses of Smuggling)

1. 금지품의 수출입죄

다음의 수출입금지물품(법 제234조의 물품)을 수출하거나 수입한 자는 7년 이하의 징역 또는 7천만원 이하의 벌금에 처한다(법 제269조 제1항).

① 헌법질서를 문란하게 하거나 공공의 안녕질서 또는 풍속을 해치는 서적·간행물·도화, 영화·음반·비디오물·조각물 또는 그 밖에 이에 준하는 물품

② 정부의 기밀을 누설하거나 첩보활동에 사용되는 물품

③ 화폐·채권이나 그 밖의 유가증권의 위조품·변조품 또는 모조품

2. 밀수입죄

다음의 어느 하나에 해당하는 자는 5년 이하의 징역 또는 관세액의 10배와 물품원가 중 높은 금액 이하에 상당하는 벌금에 처한다(법 제269조 제2항).

① 수입신고를 하지 아니하고 물품을 수입한 자(제241조 제1항·제2항 또는 제244조 제1항). 다만, 반출신고를 한 자를 제외한다(제253조 제1항).

② 수입신고를 하였으나 해당 수입물품과 다른 물품으로 신고하여 수입한 자(제241조 제1항·제2항 또는 제244조 제1항)

3. 밀수출죄

다음의 어느 하나에 해당하는 자는 3년 이하의 징역 또는 물품원가 이하에 상당하는 벌금에 처한다(법 제269조 제3항).

① 수출 또는 반송신고를 하지 아니하고 물품을 수출하거나 반송한 자(제241조 제1항 및 제2항)

② 수출 또는 반송신고를 하였으나 해당 수출물품 또는 반송물품과 다른 물품으로 신고하여 수출하거나 반송한 자(제241조 제1항 및 제2항)

Ⅲ. 관세포탈죄 등

1. 관세포탈죄(Penalty for Evasion of Customs Duties)

수입신고를 한 자(제241조 제1항·제2항 또는 제244조 제1항) 중 다음의 어느 하나에 해당하는 자는 3년 이하의 징역 또는 포탈한 관세액의 5배와 물품원가 중 높은 금액 이하에

상당하는 벌금에 처한다. 이 경우 ①의 물품원가는 전체물품 중 포탈한 세액의 전체세액에 대한 비율에 해당하는 물품만의 원가로 한다(법 제270조 제1항).

① 세액결정에 영향을 미치기 위하여 과세가격 또는 관세율 등을 거짓으로 신고하거나 신고하지 아니하고 수입한 자
② 세액결정에 영향을 미치기 위하여 거짓으로 서류를 갖추어 제86조제1항 · 제3항에 따른 사전심사 · 재심사 및 제87조제3항에 따른 재심사를 신청한 자
③ 법령에 따라 수입이 제한된 사항을 회피할 목적으로 부분품으로 수입하거나 주요 특성을 갖춘 미완성 · 불완전한 물품이나 완제품을 부분품으로 분할하여 수입한 자

2. 부정수입죄

수입신고를 한 자(제241조 제1항 · 제2항 또는 제244조 제1항) 중 법령에 따라 수입에 필요한 허가 · 승인 · 추천 · 증명 또는 그 밖의 조건을 갖추지 아니하거나 부정한 방법으로 갖추어 수입한 자는 3년 이하의 징역 또는 3천만원 이하의 벌금에 처한다(법 제270조 제2항).

3. 부정수출죄

수출신고를 한 자(제241조제1항 및 제2항) 중 법령에 따라 수출에 필요한 허가 · 승인 · 추천 · 증명 또는 그 밖의 조건을 갖추지 아니하거나 부정한 방법으로 갖추어 수출한 자는 1년 이하의 징역 또는 2천만원 이하의 벌금에 처한다(법 제270조 제3항).

4. 부정감면죄

부정한 방법으로 관세를 감면받거나 관세를 감면받은 물품에 대한 관세의 징수를 면탈한 자는 3년 이하의 징역에 처하거나, 감면받거나 면탈한 관세액의 5배 이하에 상당하는 벌금에 처한다(법 제270조 제4항).

5. 부정환급죄

부정한 방법으로 관세를 환급받은 자는 3년 이하의 징역 또는 환급받은 세액의 5배 이하에 상당하는 벌금에 처한다. 이 경우 세관장은 부정한 방법으로 환급받은 세액을 즉시 징수한다(법 제270조 제5항).

6. 가격조작죄

다음의 신청 또는 신고를 할 때 부당하게 재물이나 재산상 이득을 취득하거나 제3자로 하여금 이를 취득하게 할 목적으로 물품의 가격을 조작하여 신청 또는 신고한 자는 2년

이하의 징역 또는 물품원가와 5천만원 중 높은 금액 이하의 벌금에 처한다(법 제270조의2).

① 신고납부한 세액이 부족하다는 것을 알게 되거나 세액산출의 기초가 되는 과세가격 또는 품목분류 등에 오류가 있는 것을 알게 된 경우의 해당 세액의 보정신청(법 제38조의2 제1항 · 제2항)
② 신고납부한 세액이 부족한 경우의 수정신고(법 제38조의3 제1항)
③ 수출 · 수입 또는 반송의 신고(법 제241조 제1항 · 제2항)
④ 입항전수입신고(제244조 제1항)

Ⅳ. 미수범 등

1. 미수범(Attempted Crime)

(1) 교사나 방조한 자의 정범에 준한 처벌

그 정황을 알면서 다음의 행위를 교사하거나 방조한 자는 정범(正犯)에 준하여 처벌한다(법 제271조 제1항).

① 밀수출입죄(법 제269조)
② 관세포탈죄 등(법 제270조)

(2) 예비한 자와 미수범의 본죄에 준한 처벌

다음의 죄를 범할 목적으로 그 예비를 한 자와 미수범은 본죄에 준하여 처벌한다(법 제271조 제2항).

① 전자문서 위조 · 변조죄 등(법 제268조의 2)
② 밀수출입죄(법 제269조)
③ 관세포탈죄 등(법 제270조)

(3) 예비한 자의 본죄의 1/2의 감경 처벌

다음의 죄를 범할 목적으로 그 예비를 한 자는 본죄의 2분의 1을 감경하여 처벌한다(법 제271조 제3항).

① 전자문서 위조 · 변조죄 등(법 제268조의2)
② 밀수출입죄(법 제269조)
③ 관세포탈죄 등(법 제270조)

2. 밀수전용 운반기구 몰수(Forfeiture of Transportation Carrier Exclusively Used for Smuggling)

"밀수출입죄"(법 제269조)에 전용(專用)되는 선박 · 자동차나 그 밖의 운반기구는 그 소유자가 범죄에 사용된다는 정황을 알고 있고, 다음의 어느 하나에 해당하는 경우에는 몰수한다(법 제272조).

① 범죄물품을 적재하거나 적재하려고 한 경우
② 검거를 기피하기 위하여 권한 있는 공무원의 정지명령을 받고도 정지하지 아니하거나 적재된 범죄물품을 해상에서 투기 · 파괴 또는 훼손한 경우
③ 범죄물품을 해상에서 인수 또는 취득하거나 인수 또는 취득하려고 한 경우
④ 범죄물품을 운반한 경우

3. 범죄에 사용된 물품의 몰수 등(Forfeiture of Goods Used to Commit Offenses)

"밀수출입죄에 해당하는 행위"(법 제269조)에 사용하기 위하여 특수한 가공을 한 물품은 누구의 소유이든지 몰수하거나 그 효용을 소멸시킨다(법 제273조 제1항).

"밀수출입죄"(법 제269조)에 해당되는 물품이 다른 물품 중에 포함되어 있는 경우 그 물품이 범인의 소유일 때에는 그 다른 물품도 몰수할 수 있다(법 제273조 제2항).

Ⅴ. 밀수품의 취득죄(Penalty for Acquiring Smuggled Goods)

다음의 어느 하나에 해당되는 물품을 취득 · 양도 · 운반 · 보관 또는 알선하거나 감정한 자는 3년 이하의 징역 또는 물품원가 이하에 상당하는 벌금에 처한다(법 제274조 제1항).

① 수출입금지물품·밀수입품·밀수출품(법 제269조에 해당되는 물품)
② 다음에 해당되는 물품
  ㉮ 수입신고를 한 자 중 수입이 제한된 사항을 회피할 목적으로 부분품으로 수입하거나 주요 특성을 갖춘 미완성·불완전한 물품 또는 완제품을 부분품으로 분할하여 수입한 자에 해당되는 물품(법 제270조 제1항 제3호)
  ㉯ 수입신고를 한 자 중 법령에 따라 수입에 필요한 허가·승인·추천·증명 또는 그 밖의 조건을 구비하지 아니하거나 부정한 방법으로 구비하여 수입한 자에 해당되는 물품(법 제270조 제2항)
  ㉰ 수출신고를 한 자 중 법령에 따라 수출에 필요한 허가·승인·추천·증명 또는 그 밖의 조건을 구비하지 아니하거나 부정한 방법으로 구비하여 수출한 자에 해당되는 물품(법 제270조 제3항)

또한, 밀수품의 취득죄의 미수범은 본죄에 준하여 처벌하며, 밀수품의 취득죄를 범할 목적으로 그 예비를 한 자는 본죄의 2분의 1을 감경하여 처벌한다(법 제274조 제2항 및 제3항).

Ⅵ. 징역과 벌금의 병과(Concurrent Imposition of Penalties)

다음의 죄를 범한 자는 정상(情狀)에 따라 징역과 벌금을 병과할 수 있다(법 제276조).

① 밀수출입죄(제269조)

② 관세포탈죄(제270조)

③ 미수범(제271조)

④ 밀수품의 취득죄(제274조)

Ⅶ. 체납처분면탈죄 등(Offenses of False Reports)

1. 3년 이하의 징역 또는 3천만원 이하의 벌금

다음의 어느 하나에 해당하는 행위를 하였을 때에는 3년 이하의 징역 또는 3천만원 이하의 벌금에 처한다(법 제275조의2 제1항 및 제2항).

① 납세의무자 또는 납세의무자의 재산을 점유하는 자가 체납처분의 집행을 면탈할 목적 또는 면탈하게 할 목적으로 그 재산을 은닉·탈루하거나 거짓 계약을 하였을 때

② 제303조 제2항에 따른 압수물건의 보관자 또는 「국세징수법」 제38조에 따른 압류물건의 보관자가 그 보관한 물건을 은닉·탈루, 손괴 또는 소비하였을 때

2. 2년 이하의 징역 또는 2천만원 이하의 벌금

제1항과 제2항의 사정을 알고도 이를 방조하거나 거짓 계약을 승낙한 자는 2년 이하의 징역 또는 2천만원 이하의 벌금에 처한다(법 제275조의2 제3항).

Ⅷ. 타인에 대한 명의대여죄(Offenses of False Reports)

관세(세관장이 징수하는 내국세등을 포함한다)의 회피 또는 강제집행의 면탈을 목적으로 타인에게 자신의 명의를 사용하여 제38조에 따른 납세신고를 할 것을 허락한 자는 1년 이하의 징역 또는 1천만원 이하의 벌금에 처한다(법 제275조의3).

Ⅸ. 허위신고죄 등(Offenses of False Reports)

1. 물품원가 또는 2천만원 중 높은 금액이하의 벌금

다음의 어느 하나에 해당하는 자는 물품원가 또는 2천만원 중 높은 금액 이하의 벌금에 처한다(법 제276조 제2항).

① 종합보세사업장의 설치·운영에 관한 신고를 하지 아니하고 종합보세기능을 수행한 자(법 제198조 제1항)

② 세관장의 중지조치에 위반하여 종합보세기능을 수행한 자(법 제204조 제2항)

③ 보세구역반입명령에 대하여 반입대상 물품의 전부 또는 일부를 반입하지 아니한 자(법 제238조)

④ "수출·수입 또는 반송신고"(법 제241조 제1항·제2항) 또는 "입항전수입신고"(법 제244조 제1항)에 따른 신고를 할 때 제241조제1항에 따른 사항을 신고하지 아니하거나 허위신고를 한 자

⑤ "신고납부한 세액의 부족 등"(법 제38조의2 제1항 및 제2항, 제38조의3 제1항)에 따른 보정신청 또는 수정신고를 할 때 "수출·수입 또는 반송신고"(법 제241조 제1항)에 따른 사항을 허위로 신청하거나 신고한 자

⑥ "수출·수입 또는 반송신고" 또는 "입항전수입신고"의 수리전에 운송수단·관세통로·하역통로 또는 이 법에 규정된 장치장소로부터 신고물품을 반출하여서는 아니된다고 하는 규정(법 제248조 제3항)을 위반한 자

2. 2천만원이하의 벌금

다음의 어느 하나에 해당되는 자는 2천만원 이하의 벌금에 처한다. 다만, 과실로 ②부터 ④까지의 규정에 해당하게 된 경우에는 300만원 이하의 벌금에 처한다(법 제276조 제3항).

① 부정한 방법으로 적화목록을 작성하였거나 제출한 자

② 다음의 규정을 위반한 자

㉮ 이 법에 따라 가격신고·납세신고·수출입신고·보세화물반출입시고·보세운송신고를 하거나 적화목록을 제출한 자는 신고 또는 제출한 자료를 신고 또는 제출한 날부터 5년의 범위에서 대통령령으로 정하는 기간동안 이를 보관하여야 한다(법 제12조)(제277조 제5항 제2호에 해당하는 경우는 제외)

㉯ 재수출감면세물품의 용도외 사용금지(법 제98조 제2항)

㉰ 다른 법령 등에 따른 감면물품의 용도외 사용금지(법 제109조 제1항)(제277조 제4항 제3호에 해당하는 경우는 제외).

㉱ 외국무역선 또는 외국무역기의 개항 이외 지역의 출입금지(법 제134조 제1항: 제146조 제1항에서 준용하는 경우를 포함한다).

㉮ 출항허가시 선장 또는 기장의 적재물품목록 제출의무(법 제136조 제2항).

㉯ 국경출입차량의 관세통로 경유의무(법 제148조 제1항).

㉰ 국경출입차량의 도착보고의무(법 제149조).

㉱ 보세운송업자의 등록의무(법 제222조 제1항)(제146조제1항에서 준용하는 경우를 포함)

㉲ 화물운송주선업자의 보세화물의 취급신고의무(법 제225조 제1항 전단).

③ 다음의 규정을 위반한 자. 다만, 제277조 제4항 제3호에 해당하는 자는 제외한다.

㉮ 용도세율적용물품의 용도외 사용금지(법 제83조 제2항)

㉯ 외교관용물품 등의 면세에 따라 면제받은 물품의 용도외 사용 또는 양도금지(법 제88조 제2항)

㉰ 재수출면세 규정에 따라 관세를 면제받은 물품의 용도외 사용 또는 양도금지(법 제97조 제2항)

㉱ 관세를 감면받은 물품의 용도외 사용 또는 양도금지(법 제102조 제1항)

④ 법 제277조에 따른 세관장의 의무 이행 요구를 이행하지 아니한 자

⑤ 법 제38조 제3항 후단에 따른 자율심사 결과를 거짓으로 작성하여 제출한 자

⑥ 법 제178조 제2항 제1호·제5호 및 제224조 제1항 제1호에 해당하는 자

3. 1천만원이하의 벌금

다음의 어느 하나에 해당하는 자는 1천만원 이하의 벌금에 처한다. 다만, 과실로 ②부터 ④까지의 규정에 해당하는 경우에는 200만원 이하의 벌금에 처한다(법 제276조 제4항).

① 세관공무원의 질문에 대하여 거짓의 진술을 하거나 그 직무의 집행을 거부 또는 기피한 자

② 외국무역선 또는 외국무역기의 입항보고를 거짓으로 하거나(법 제135조 제1항)(제146조 제1항에서 준용하는 경우를 포함), 출항허가를 거짓으로 받은 자(법 제136조 제1항)(제146조 제1항에서 준용하는 경우를 포함)

③ 다음의 어느 하나의 규정을 위반한 자

㉮ 외국무역선 또는 외국무역기의 입항보고(법 제135조 제1항, 제146조 제1항에서 준용하는 경우를 포함하며, 제277조 제4항 제4에 해당하는 제외한다)

㉯ 외국무역선 또는 외국무역기의 출항보고(법 제136조 제1항, 제146조 제1항에서 준용하는 경우를 포함)

㉰ 제137조의2 제1항 각호 외의 부분 후단(제277조 제4항 제4호에 해당하는 자를 제외한다)

㉱ 물품의 하역(법 제140조 제1항·제2항·제4항)(제146조제1항에서 준용하는 경우를 포함)

㉲ 외국물품의 일시양륙(법 제141조 제1호·제3호)(제146조제1항에서 준용하는 경우

를 포함)

㉳ 항외하역의 허가(법 제142조 제1항)(제146조 제1항에서 준용하는 경우를 포함)

㉴ 외국무역선의 내항선으로의 전환(법 제144조)(제146조 제1항에서 준용하는 경우를 포함)

㉵ 국경출입차량의 출발보고(법 제150조)

㉶ 통관장 또는 통관역에서의 물품하역의 확인(법 제151조)

㉷ 보세운송의 신고(법 제213조 제2항)

④ 다음의 규정에 따른 관세청장 또는 세관장의 조치를 위반하거나 검사를 거부·방해 또는 기피한 자

㉮ 세관장의 외국무역선 또는 외국무역기에 대한 여객명부·적화목록 등의 입항전 제출조치(법 제135조 제2항, 다만 제277조 제4항 제4호에 해당하는 제외)

㉯ 세관장의 종합보세구역 반출입물품의 제한조치(법 제200조 제3항)

㉰ 세관장의 종합보세구역 인원·차량 등의 출입통제 또는 휴대·운송물품의 검사(법 제203조 제1항)

㉱ 관세청장 또는 세관장의 운송수단의 출발중지 또는 그 진행정지조치(법 제262조)

⑤ 부정한 방법으로 제248조 제1항 단서에 따른 신고필증을 교부받은 자

⑥ 물품·운송수단·장치장소에 관한 서류의 제출·보고 또는 그 밖에 필요한 사항에 관한 명령을 이행하지 아니하거나 거짓의 보고를 한 자(법 제263조)

⑦ 세관장 또는 세관공무원의 물품·운송수단·장치장소 및 관계장부서류의 검사 또는 봉쇄 기타 필요한 조치를 거부 또는 방해한 자(법 제265조)

⑧ 세관공무원의 장부 또는 자료의 제시요구 또는 제출요구를 거부한 자(법 제266조 제1항)

4. 500만원 이하의 벌금

보세사로 근무하려면 해당 보세구역을 관할하는 세관장에게 등록하여야 하는 바(법 165조 제2항), 이를 위반한 자는 500만원 이하의 벌금에 처한다(법 제276조 제5항).

Ⅹ. 과태료(Fine for Negligence)

다음의 1억원 이하, 1천만원 이하, 500만원 이하, 200만원 이하, 100만원 이하의 과태료는 세관장이 부과·징수한다(법 제277조 제6항).

1. 1억원 이하의 과태료

제37조의4 제1항에 따라 자료제출을 요구받은 특수관계에 있는 자가 제10조에서 정하는 정당한 사유 없이 제37조의4 제3항에서 정한 기한까지 자료를 제출하지 아니하거나 거

짓의 자료를 제출하는 경우에는 1억원 이하의 과태료를 부과한다. 이 경우 제276조는 적용되지 아니한다(법 제277조 제1항).

2. 1천만원 이하의 과태료

다음의 어느 하나에 해당하는 자에게는 1천만원 이하의 과태료를 부과한다(법 제277조 제2항).

① 다음을 위반한 자

제139조(제146조제1항에서 준용하는 경우를 포함한다), 제143조제1항(제146조제1항에서 준용하는 경우를 포함한다), 제152조제1항, 제155조제1항, 제156조제1항, 제159조제2항, 제160조제1항, 제161조제1항, 제186조제1항(제205조에서 준용하는 경우를 포함한다), 제192조(제205조에서 준용하는 경우를 포함한다), 제200조제1항, 제201조제1항 · 제3항, 제219조제2항 또는 제266조제2항

② 제187조제1항(제89조제5항에서 준용하는 경우를 포함한다) 또는 제195조제1항에 따른 허가를 받지 아니하거나 제202조제2항에 따른 신고를 하지 아니하고 보세공장 · 보세건설장 · 종합보세구역 또는 지정공장 외의 장소에서 작업을 한 자

3. 500만원 이하의 과태료

다음의 어느 하나에 해당하는 자에게는 500만원 이하의 과태료를 부과한다(법 제277조 제3항).

① 제240조의2 제1항을 위반하여 유통이력을 신고하지 아니하거나 거짓으로 신고한 자

② 제240조의2 제2항을 위반하여 장부기록 자료를 보관하지 아니한 자

③ 제243조 제4항을 위반하여 관세청장이 정하는 장소에 반입하지 아니하고 제241조 제1항에 따른 수출의 신고를 한 자

4. 200만원 이하의 과태료

다음의 어느 하나에 해당하는 자에게는 200만원 이하의 과태료를 부과한다(법 제277조 제4항).

① 특허보세구역의 특허사항을 위반한 운영인

② 다음을 위반한 자

자율심사결과의 제출(법 제38조 제3항), 용도세율의 적용승인(법 제83조 제1항), 관세분할납부의 용도변경 또는 양도승인(법 제107조 제3항), 하역통로와 기간의 제한(법 제140조 제3항), 보세구역 물품반출입신고(법 제157조 제1항), 보세구역외 보수작업의 승인 및 외국물품의 보수작업재료의 사용금지(법 제158조 제2항·제4항), 지정장치장의 화물관리비용의 징수요율승인(법 제172조 제3항), 보세건설물품의 가동제한(법 제194조), 종합보세구역물품의 가동제한(법 제205조에서 준용하는 경우), 종합보세사업장의 설치·운영에 관한 신고(법 제198조 제3항), 종합보세구역에의 물품의 반입·반출

신고(법 제199조 제1항), 운영인의 종합보세기능의 수행에 필요한 시설 및 장비 등의 유지(법 제202조 제1항), 보세운송의 신고 또는 승인자격(법 제214조), 보세운송보고(법 제215조), 조난물품의 운송보고(법 제219조 제4항에서 준용하는 경우), 내국운송보고(법 제221조 제2항에서 준용하는 경우), 보세운송통로의 제한(법 제216조 제2항), 조난물품운송통로의 제한(법 제219조 제4항에서 준용하는 경우), 내국운송통로의 제한(법 제221조 제2항에서 준용하는 경우), 내국운송의 신고(법 제221조 제1항), 관세청장 또는 세관장의 보세운송업자 등에 대한 영업보고조치(법 제222조 제3항), 신고인의 주소 등 중요한 사항의 변경(법 제225조 제1항 후단), 또는 수출신고물품의 적재(법 제251조 제1항)

③ 다음을 위반한 자 중 해당 물품을 직접 수입한 경우 관세를 감면받을 수 있고 수입자와 동일한 용도에 사용하려는 자에게 양도한 자
   ㉮ 용도세율적용물품의 용도외 사용 또는 양도금지(법 제83조 제2항)
   ㉯ 외교관면세물품 등의 용도외 사용 또는 양도금지(법 제88조 제2항)
   ㉰ 재수출면세물품의 용도외 사용 또는 양도금지(법 제97조 제2항)
   ㉱ 관세감면물품의 용도외 사용 또는 양도금지(법 제102조 제1항)
   ㉲ 다른 법령 등에 따른 감면물품의 용도외 사용 또는 양도금지(법 제109조 제1항)

④ 제135조 제1항·제2항 또는 제137조의2 제1항 각 호 외의 부분 후단을 위반한 자 중 과실로 여객명부 또는 승객예약자료를 제출하지 아니한 자

⑤ 다음에 따른 관세청장 또는 세관장의 조치를 위반한 자
   ㉮ 세관장의 보세구역장치물품의 해체·절단 등의 작업의 명령(법 제159조 제4항)
   ㉯ 세관장의 특허보세구역의 운영에 관한 필요한 시설·기계 및 기구의 설치명령(법 제180조 제3항)
   ㉰ 세관장의 종합보세구역의 운영에 관한 필요한 시설·기계 및 기구의 설치명령(법 제205조에서 준용하는 경우)
   ㉱ 세관장의 보세판매장에서 판매할 수 있는 물품의 종류·수량·장치장소 등의 제한(법 제196조 제2항)
   ㉲ 세관장의 보세운송물품의 운송통로제한(법 제216조 제1항)
   ㉳ 세관장의 조난물품운송의 운송통로제한(법 제219조 제4항법 제205조에서 준용하는 경우)
   ㉴ 세관장의 내국운송물품의 운송통로제한(법 제221조 제2항법 제205조에서 준용하는 경우)
   ㉵ 관세청장이나 세관장의 화물운송주선업자에 대한 업무보고조치(법 제222조 제4항)
   ㉶ 세관장의 선박회사 또는 항공사에 대한 업무보고조치(법 제225조 제2항)
   ㉷ 세관장의 수입물품에 대한 통관표지의 첨부명령(법 제228조)
   ㉸ 관세청장 또는 세관장의 상설영업장의 판매자 기타 관계인에 대한 영업보고조치(법 제266조 제3항)

⑥ 운송수단의 물품취급시간외에 물품의 취급하는 경우 세관장에 대한 통보의무에 위반하여 운송수단에서 물품을 취급한 자(법 제321조 제2항 제2호)

5. 100만원 이하의 과태료

다음의 어느 하나에 해당하는 자에게는 100만원 이하의 과태료를 부과한다(법 제277조 제5항).

① 적재물품과 일치하지 아니하는 적화목록을 작성하였거나 제출한 자. 다만, 다음 각 목의 어느 하나에 해당하는 자가 투입 및 봉인한 것이어서 적화목록을 제출한 자가 해당 적재물품의 내용을 확인하는 것이 불가능한 경우에는 해당 적화목록을 제출한 자는 제외한다

㉮ "부정한 방법으로 적화목록을 작성하였거나 제출한 자"(법 제276조 제3항 제1호에 해당하는 자)

㉯ 적재물품을 수출한 자

㉰ 다른 선박회사·항공사 및 화물운송주선업자

② 관세법에 따라 가격신고, 납세신고, 수출입신고, 반송신고, 보세화물반출입신고, 보세운송신고를 하거나 적화목록을 제출한 자의 수출입신고필증의 5년간의 보관의무를 위반하여 신고필증을 보관하지 아니한 자(법 제12조)

③ 잠정가격의 신고를 하지 아니한 납세의무자(법 제28조 제2항)

④ 다음의 규정에 위반한 자

㉮ 관세의 분할납부승인을 받은 법인이 합병·분할·분할합병 또는 해산하거나 파산선고를 받은 때 또는 관세의 분할납부승인을 받은 자가 파산선고를 받은 때, 그 관세를 납부하여야 하는 자의 세관장에게 그 사유신고(법 제107조 제4항)

㉯ 용도세율의 적용, 관세감면 또는 분할납부의 승인을 받은 자의 해당 조건의 이행 확인서류의 제출(법 제108조 제2항)

㉰ 재해 기타 부득이한 사유로 인한 면책신고 및 경과보고(법 제138조 제2항·제4항)

㉱ 운송수단의 여객·승무원 또는 운전자가 아닌 자가 타고자 하는 경우의 신고 및 확인(법 제141조 제2호)

㉲ 수입신고수리물품의 반출(법 제157조의2)

㉳ 물품취급자에 대한 단속(법 제162조)

㉴ 운영인이 특허보세구역을 운영하지 아니하거나 해산 또는 사망한 경우 승계법인의 그 사실보고(법 제179조 제2항)

㉵ 보세창고에의 외국물품 또는 통관하려는 물품의 장치(법 제182조 제1항)

㉶ 종합보세구역에의 외국물품 또는 통관하려는 물품의 장치(법 제205조에서 준용)

㉷ 세관장에 대한 신고후 보세창고에의 내국물품의 장치 및 1년 이상 계속하여 내국물품을 장치하는 경우의 승인(법 제183조 제2항·제3항)

㉸ 장치기간이 경과한 내국물품의 반출(법 제184조; 제205조에서 준용)

㉲ 세관장의 허가를 받지 않은 경우 보세공장에서의 내국물품만을 원료로 하거나 재료로 한 제조·가공 기타 이와 비슷한 작업의 금지(법 제185조 제2항)

㉳ 세관장의 허가를 받지 않은 경우 종합보세구역에서의 내국물품만을 원료로 하거나 재료로 한 제조·가공 기타 이와 비슷한 작업의 금지(법 제205조에서 준용)

㉴ 수출·수입 또는 반송에 관한 신고하는 경우로서 서류의 제출을 생략하게 하거나 수입신고 수리후에 서류를 제출하게 하는 경우 신고인에 대한 장부 기타 관계자료의 제시 또는 제출요청(법 제245조 제3항)

㉠ 탁송품 운송업자가 통관목록을 사실과 다르게 제출하여서는 아니 된다는 규정(법 제254조의2 제2항 및 제3항)

⑤ 보세구역장치물품·유치 및 예치물품에 대한 세관장의 반송 또는 폐기명령을 이행하지 아니한 자(법 제160조 제4항·제207조 제2항에서 준용)

⑥ 다음에 따른 세관장의 감독·검사·보고지시 등에 응하지 아니한 자

㉮ 보세창고의 장치기간내에 보세창고에 반입된 물품의 반출명령(법 제177조 제2항; 제205조에서 준용)

㉯ 특허보세구역의 설치목적에 적합하지 않은 경우 특허보세구역에 반입된 물품의 반출명령(법 제180조 제4항)

㉰ 종합보세구역의 설치목적에 적합하지 않은 경우 종합보세구역에 반입된 물품의 반출명령(법 제205조에서 준용)

㉱ 수출·수입 또는 반송에 관한 신고서의 기재사항이 미비되거나 제출서류가 미비된 경우 세관장의 보완조치(법 제249조)

⑥ 다음에 따른 세관장의 감독·검사·보고지시 등에 불응한 자

㉮ 특허보세구역의 설치·운영에 관한 감독(법 제180조 제1항)

㉯ 종합보세구역의 설치·운영에 관한 감독(법 제205조에서 준용)

㉰ 특허보세구역의 설치·운영에 관한 보고 및 운영상황의 검사(법 제180조 제2항)

㉱ 세율불균형을 시정하기 위하여 세관장이 지정한 공장의 설치·운영에 관한 보고 및 운영상황의 검사(법 제89조 제5항에서 준용)

㉲ 보세건설장반입물품의 장치제한(법 제193조)

㉳ 종합보세구역반입물품의 장치제한(법 제205조에서 준용)

㉴ 세관장의 종합보세구역의 운영인에 대한 업무실적 등의 필요한 사항의 보고조치(법 제203조 제2항)

6. 금품 수수 및 공여

(1) 금품 수수에 따른 징계부가금 부과 의결 요구

세관공무원이 그 직무와 관련하여 금품을 수수(收受)하였을 때에는 「국가공무원법」 제82조에 따른 징계절차에서 그 금품 수수액의 5배 내의 징계부가금 부과 의결을 징계위

원회에 요구하여야 한다(법 제277조의2 제1항).

(2) 금품 수수에 따른 징계부가금 감면 등의 요구

징계대상 세관공무원이 제1항에 따른 징계부가금 부과 의결 전후에 금품 수수를 이유로 다른 법률에 따라 형사처벌을 받거나 변상책임 등을 이행한 경우(몰수나 추징을 당한 경우를 포함한다)에는 징계위원회에 감경된 징계부가금 부과 의결 또는 징계부가금 감면을 요구하여야 한다(법 제277조의2 제2항).

(3) 금품 수수에 따른 징계부가금 부과 의결 요구의 국가공무원법 준용

제1항 및 제2항에 따른 징계부가금 부과 의결 요구에 관하여는 「국가공무원법」 제78조제4항을 준용한다. 이 경우 "징계 의결 요구"를 "징계부가금 부과 의결 요구"로 본다(법 제277조의2 제3항).

(4) 금품 수수에 따른 징계부가금 부과처분에 따른 징수

제1항에 따라 징계부가금 부과처분을 받은 자가 납부기간 내에 그 부가금을 납부하지 아니한 때에는 징계권자는 국세체납처분의 예에 따라 징수할 수 있다(법 제277조의2 제4항).

(5) 금품 공여에 대한 과태료 부과

세관장은 세관공무원에게 금품을 공여한 자에 대해서는 그 금품 상당액의 2배 이상 5배 내의 과태료를 부과한다. 다만, 「형법」 등 다른 법률에 따라 형사처벌을 받은 경우에는 과태료를 부과하지 아니하고, 과태료를 부과한 후 형사처벌을 받은 경우에는 과태료 부과를 취소한다(법 제277조의2 제5항).

XI. 기타 벌칙

1. 형법적용의 일부 배제(Non-Application of Provisions of Criminal Act)

관세법에 따른 벌칙에 위반되는 행위를 한 자에게는 「형법」 제38조제1항제2호 중 벌금경합에 관한 제한가중규정을 적용하지 아니한다(법 제278조 제1항).

2. 양벌규정(Joint Penal Provisions)

법인의 대표자나 법인 또는 개인의 대리인, 사용인, 그 밖의 종업원이 그 법인 또는 개인의 업무에 관하여 제11장에서 규정한 벌칙(제277조의 과태료는 제외)에 해당하는 위반행위를 하면 그 행위자를 벌하는 외에 그 법인 또는 개인에게도 해당 조문의 벌금형을 과(科)한다. 다만, 법인 또는 개인이 그 위반행위를 방지하기 위하여 해당 업무에 관하여 상당한 주의와 감독을 게을리하지 아니한 경우에는 그러하지 아니하다. 이 경우, 개인은 다음 각 호의 어느 하나에 해당하는 사람으로 한정한다.(법 제279조).

① 특허보세구역 또는 종합보세사업장의 운영인
② 수출(「수출용원재료에 대한 관세 등 환급에 관한 특례법」 제4조에 따른 수출등을 포함한다)·수입 또는 운송을 업으로 하는 사람
③ 관세사
④ 개항 안에서 물품 및 용역의 공급을 업으로 하는 사람
⑤ 제327조의2 제1항에 따른 국가관세종합정보망 운영사업자 및 제327조의3 제3항에 따른 전자문서중계사업자

3. 몰수·추징(Forfeiture and Additional Collection)

법 제269조 제1항의 경우에는 그 물품을 몰수하며, 제269조제2항·제3항 또는 제274조제1항제1호의 경우에는 범인이 소유하거나 점유하는 그 물품을 몰수한다. 다만, 제269조제2항의 경우로서 다음 각 호의 어느 하나에 해당하는 물품은 몰수하지 아니할 수 있다(법 제282조 제1항 및 제2항).

① 제154조의 보세구역에 제157조에 따라 신고를 한 후 반입한 외국물품
② 제156조에 따라 세관장의 허가를 받아 보세구역이 아닌 장소에 장치한 외국물품

위(제1항과 제2항)에 따라 몰수할 물품의 전부 또는 일부를 몰수할 수 없을 때에는 그 몰수할 수 없는 물품의 범칙 당시의 국내도매가격에 상당한 금액을 범인으로부터 추징한다. 다만, 제274조 제1항 제1호 중 제269조 제2항의 물품을 감정한 자는 제외한다. 여기에서, "국내도매가격"이란 도매업자가 수입물품을 무역업자로부터 매수하여 국내도매시장에서 공정한 거래방법에 의하여 공개적으로 판매하는 가격을 말한다(법 제282조 제3항 및 영 제266조).

또한, 제279조의 개인 및 법인은 제1항부터 제3항까지의 규정을 적용할 때에는 이를 범인으로 본다(법 제282조 제4항).

4. 벌칙 적용에서 공무원 의제

다음에 해당하는 사람은 「형법」 제127조 및 제129조부터 제132조까지의 규정을 적용할 때에는 공무원으로 본다(법 제330조).

① 보세구역에 반입한 외국물품의 장치기간이 지나서 해당 물품을 매각할 때 매각을 대행하는 "매각대행기관"에서 대행 업무에 종사하는 사람(법 제208조 제4항)
② 관세청장이 관세법과 「자유무역협정의 이행을 위한 관세법의 특례에 관한 법률」

및 조약 · 협정 등에 따라 수출입물품의 원산지 확인 · 결정 또는 검증 등의 업무에 필요한 정보를 효율적으로 수집 · 분석하기 위하여 대통령령으로 정하는 업무의 일부를 위탁한 "대통령령으로 정하는 법인 또는 단체"에서 위탁받은 업무에 종사하는 사람(법 제233조의2 제2항)

③ 관세청장이 수출입 안전관리 우수업체에 대한 안전관리 기준 충족 여부를 심사하게 한 "기관이나 단체"에서 안전관리 기준 충족 여부를 심사하는 사람(법 제255조의2 제2항 후단)

④ 관세청장이 수출입화물에 관한 사항 등의 통계, 통계자료 및 통계의 작성 및 교부 업무를 대행하도록 지정한 "대행기관"에서 대행 업무에 종사하는 사람(법 제322조 제5항)

⑤ 관세청장이 국가관세종합정보망을 효율적으로 운영하기 위하여 지정한 국가관세종합정보망 운영사업자(법 제327조의2 제1항)

⑥ 관세청장이 "전자문서중계업무"(전자신고등 및 전자송달을 중계하는 업무)를 수행하기 위하여 지정한 전자문서중계사업자(법 제327조의3 제3항)

⑦ 관세청장 또는 세관장으로부터 권한을 위탁받은 기관(체신관서의 장, 통관질서의 유지와 수출입화물의 효율적인 관리를 위하여 설립된 비영리법인, 화물관리인, 운영인, 보세운송업자, 지식재산권 보호업무와 관련된 단체, 대통령령으로 정하는 법인 또는 단체)에서 위탁받은 업무에 종사하는 사람(법 제329조 제2항부터 제5항까지의 규정)

⑧ 다음 각 목의 위원회의 위원 중 공무원이 아닌 사람

㉮ 관세체납정리위원회(법 제45조 제1항)

㉯ 관세품목분류위원회(법 제85조 제2항)

㉰ 관세정보공개심의위원회(법 제116조의2 제2항)

㉱ 관세심사위원회(법 제124조 제1항)

㉲ 보세판매장 특허심사위원회(법 제176조의3 제1항)

㉳ 원산지확인위원회(법 제232조의3 제1항)

Chapter
11
조사와
처분

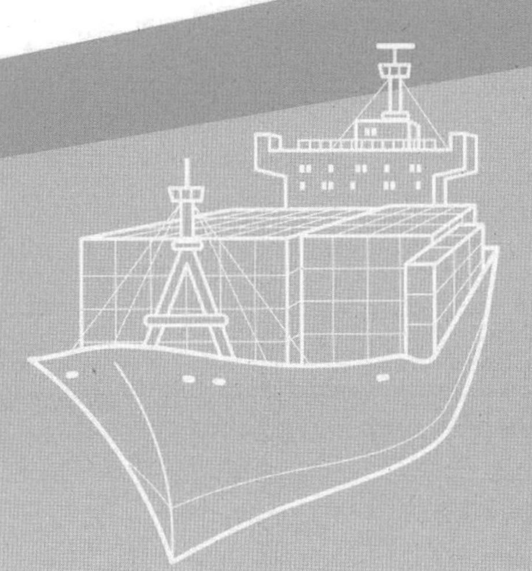

제1절 관세범의 조사

제2절 관세범의 처분

제3절 포상

Chapter 11

조사와 처분

제1절 관세범의 조사

Ⅰ. 관세범의 조사권

1. 관세범에 대한 조사·처분권

(1) 관세범의 의의

관세범(Customs Offenders)이란 관세법 또는 관세법에 따른 명령을 위반하는 행위로서 관세법에 따라 형사처벌되거나 통고처분되는 것을 말한다(법 제283조 제1항).

(2) 관세범에 대한 조사·처분권

관세범에 관한 조사·처분은 세관공무원이 한다(법 제283조 제2항). 즉, 세관공무원이 관세범의 조사를 전담한다.

2. 공소의 요건(Requirements for Indictment)

(1) 세관장의 고발

관세범에 관한 사건에 대하여는 관세청장이나 세관장의 고발이 없으면 검사는 공소를 제기할 수 없다(법 제284조 제1항).

(2) 관세범의 인계

다른 기관이 관세범에 관한 사건을 발견하거나 피의자를 체포하였을 때에는 즉시 관세청이나 세관에 인계하여야 한다(법 제284조 제2항).

3. 관세범에 관한 서류의 처리

(1) 관세범에 관한 서류(Documents concerning Customs Offenders)

관세범에 관한 서류에는 연월일을 적고 서명날인하여야 한다(법 제285조).

(2) 조사처분에 관한 서류(Documents concerning Investigation and Disposition)

관세범의 조사와 처분에 관한 서류에는 장마다 간인(間印)하여야 하며, 문자를 추가하거나 삭제할 때와 난의 바깥에 기입할 때에는 날인(捺印)하여야 한다. 또한, 문자를 삭제할 때에는 그 문자 자체를 그대로 두고 그 글자수를 적어야 한다(법 제286조 제1항~제3항).

(3) 조서의 서명(Signature on Protocol)

관세범에 관한 서류에 서명날인하는 경우 본인이 서명할 수 없을 때에는 다른 사람에게 대서하게 하고 도장을 찍어야 한다. 이 경우 도장을 지니지 아니하였을 때에는 손도장을 찍어야 하며, 다른 사람에게 대서하게 한 경우에는 대서자가 그 사유를 적고 서명날인하여야 한다(법 제287조 제1항 및 제2항).

(4) 서류의 송달(Delivery of Documents)

(가) 서류송달방법

관세범에 관한 서류는 인편이나 등기우편으로 송달한다(법 제288조).

(나) 서류송달 시의 수령증(Receipt Certificate When Document Delivered)

관세범에 관한 서류를 송달하였을 때에는 수령증을 받아야 한다(법 제289조).

4. 사법경찰권(Judicial Police Power)

세관공무원은 관세범에 관하여 「사법경찰관리의 직무를 수행할 자와 그 직무범위에 관한 법률」에서 정하는 바에 따라 사법경찰관리의 직무를 수행한다(법 제295조).

5. 준용규정

관세범에 관하여는 관세법에 특별한 규정이 있는 것을 제외하고는 「형사소송법」을 준용한다(법 제319조).

Ⅱ. 관세범의 조사방법

세관공무원은 관세범이 있다고 인정할 때에는 범인, 범죄사실 및 증거를 조사하여야 한다(법 제290조).

조사는 범죄사실을 확인하고 증거를 수집하는 행위로서, 통고처분 또는 공소제기에 따른 재판에 있어서의 판단자료를 수집하기 위하여 실시하며, 관세범의 조사방법은 다음과 같다.

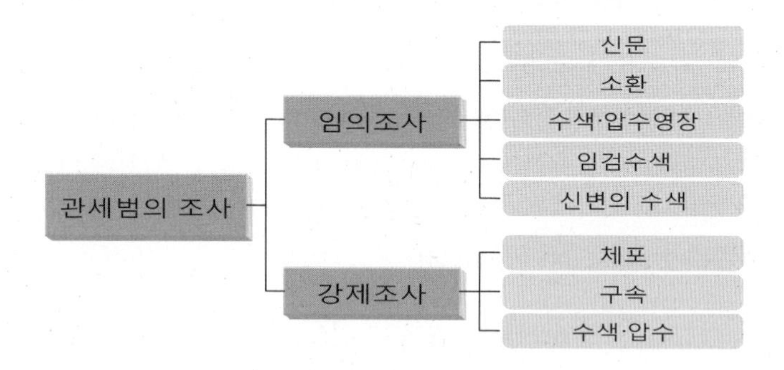

1. 임의조사

(1) 의의

임의조사란 피의자의 자발적인 동의하에 행하는 조사를 말하는 것으로서, 신문, 소환, 수색·압수영장, 검증수색, 신변의 수색 등을 말한다.

(2) 조사(Investigations)

(가) 조사(Investigations)

세관공무원은 관세범 조사에 필요하다고 인정할 때에는 피의자·증인 또는 참고인을 조사할 수 있다(법 제291조).

(나) 조서작성(Preparation of Protocol)

세관공무원이 피의자·증인 또는 참고인을 조사하였을 때에는 조서를 작성하여야 하는 바, 조서는 세관공무원이 진술자에게 읽어 주거나 열람하게 하여 기재 사실에 서로 다른 점이 있는지 물어보아야 하며, 진술자가 조서 내용의 증감 변경을 청구한 경우에는 그 진술을 조서에 적어야 한다(법 제292조 제1항~제3항).

이 경우, 조서에는 연월일과 장소를 적고 다음 각 호의 사람이 함께 서명날인하여야 한다(법 제292조 제4항).

① 조사를 한 사람
② 공술자
③ 입회인

(다) 조서의 대용(Substitution for Protocol)

현행범인에 대한 조사로서 긴급히 처리할 필요가 있을 때에는 그 주요 내용을 적은 서면으로 조서를 대신할 수 있으며, 이 서면에는 연월일시와 장소를 적고 조사를 한 사람과 피의자가 이에 서명날인하여야 한다(법 제293조 제1항 및 제2항).

(3) 소환(Summon)·출석·동행

세관공무원이 관세범 조사에 필요하다고 인정할 때에는 피의자·증인 또는 참고인의 출석을 요구할 수 있으며, 세관공무원이 관세범 조사에 필요하다고 인정할 때에는 지정한 장소에 피의자·증인 또는 참고인의 출석이나 동행을 명할 수 있다. 이 경우, 피의자·증인 또는 참고인에게 출석 요구를 할 때에는 출석요구서를 발급하여야 한다(법 제294조 제1항~제3항).

2. 강제조사

(1) 의의

강제조사란 피의자의 의사에 불구하고 강제력에 따라 상대방을 제약하여 행하는 조사로서, 체포, 구속, 수색·압수 등이 있다.

(2) 현행범의 체포 및 인도

(가) 현행범의 체포(Arrest of Flagrant Offender)

세관공무원이 관세범의 현행범인을 발견하였을 때에는 즉시 체포하여야 한다(법 제297조).

(나) 현행범의 인도(Transfer of Flagrant Offender)

관세범의 현행범인이 그 장소에 있을 때에는 누구든지 체포할 수 있다. 이 경우, 범인을 체포한 자는 지체 없이 세관공무원에게 범인을 인도하여야 한다(법 제298조 제1항 및 제2항).

(3) 피의자의 구속(Detention of Suspect)

사법경찰관리의 직무를 행하는 세관공무원이 법령에 의하여 피의자를 구속하는 때에는 세관관서 · 국가경찰관서 또는 교도관서에 유치하여야 한다(영 제267조).

(4) 검증수색(Inspections and Searches)

세관공무원은 관세범 조사에 필요하다고 인정할 때에는 선박 · 차량 · 항공기 · 창고 또는 그 밖의 장소를 검증하거나 수색할 수 있다(법 제300조).

(5) 수색 또는 압수

(가) 수색 또는 압수(Body Searches, etc.)

세관공무원은 범죄사실을 증명하기에 충분한 물품을 피의자가 신변(身邊)에 은닉하였다고 인정될 때에는 이를 내보이도록 요구하고, 이에 따르지 아니하는 경우에는 신변을 수색할 수 있으며, 여성의 신변을 수색할 때에는 성년의 여성을 참여시켜야 한다(법 제301조 제1항 및 제2항).

또한, 세관공무원은 관세범 조사에 의하여 발견한 물품이 범죄의 사실을 증명하기에 충분하거나 몰수하여야 하는 것으로 인정될 때에는 이를 압수할 수 있다(법 제303조 제1항).

(나) 수색·압수영장(Search and Seizure Warrant)

관세법에 따라 수색 · 압수를 할 때에는 관할 지방법원 판사의 영장을 받아야 한다. 다만, 긴급한 경우에는 사후에 영장을 발급받아야 하며, 소유자 · 점유자 또는 보관자가 임의로 제출한 물품이나 남겨 둔 물품은 영장 없이 압수할 수 있다(법 제296조 제1항 및 제2항).

(다) 수색시의 참여(Participation)

세관공무원이 수색을 할 때에는 다음 각 호의 어느 하나에 해당하는 사람을 참여시켜야 한다. 다만, 이들이 모두 부재중일 때에는 공무원을 참여시켜야 한다. 이 경우, 다음의 ② 및 ③에 따른 사람은 성년자이어야 한다(법 제302조 제1항 및 제2항).

① 선박 · 차량 · 항공기 · 창고 또는 그 밖의 장소의 소지인 · 관리인

② 동거하는 친척이나 고용된 사람

③ 이웃에 거주하는 사람

(라) 압수조서 등의 작성(Compilation of Seizure Report)

검증·수색 또는 압수하였을 때에는 다음의 사항을 기재한 조서를 작성하여야 한다(법 제305조 제1항 및 영 제269조).

① 해당 물품의 품명 및 수량

② 포장의 종류·기호·번호 및 개수
③ 검증·수색 또는 압수의 장소 및 일시
④ 소유자 또는 소지자의 주소 또는 거소와 성명
⑤ 보관장소

또한, 검증·수색 또는 압수조서는 세관공무원이 진술자에게 읽어 주거나 열람하게 하여 기재 사실에 서로 다른 점이 있는지 물어보아야 하며, 진술자가 조서 내용의 증감 변경을 청구한 경우에는 그 진술을 조서에 적어야 한다(법 제305조 제2항 : 제292조 제1항·제2항 준용).

그리고, 현행범인에 대한 조사로서 긴급히 처리할 필요가 있을 때에는 그 주요 내용을 적은 서면으로 조서를 대신할 수 있으며, 그 서면에는 연월일시와 장소를 적고 조사를 한 사람과 피의자가 이에 서명날인하여야 한다(법 제305조 제3항 : 제293조 준용).

(마) 압수물품의 봉인 및 보관

물품을 압수하는 때에는 해당 물품에 봉인하여야 한다. 다만, 물품의 성상에 따라 봉인할 필요가 없거나 봉인이 곤란하다고 인정되는 때에는 그러하지 아니하다(영 제268조 제1항).

또한, 압수물품은 편의에 따라 소지자 또는 시·군·읍·면사무소에 보관시킬 수 있으며, 압수물품을 보관시키는 때에는 수령증을 받고 그 요지를 압수 당시의 소유자에게 통지하여야 한다(법 제303조 제2항 및 영 제268조 제2항).

(바) 압수물품의 매각

관세청장이나 세관장은 압수물품이 다음의 어느 하나에 해당하는 경우에는 피의자나 관계인에게 통고한 후 매각하여 그 대금을 보관하거나 공탁할 수 있다. 다만, 통고할 여유가 없을 때에는 매각한 후 통고하여야 한다(법 제303조 제3항).

① 부패 또는 손상되거나 그 밖에 사용할 수 있는 기간이 지날 우려가 있는 경우
② 보관하기가 극히 불편하다고 인정되는 경우
③ 처분이 지연되면 상품가치가 크게 떨어질 우려가 있는 경우
④ 피의자나 관계인이 매각을 요청하는 경우

이러한 압수물품의 통고 및 매각에 관하여는 "보세구역 장치물품의 폐기"(법 제160조 제5항) 및 "몰수품 등의 처분"(법 제326조)을 준용한다(법 제303조 제4항).

(사) 압수물품의 폐기(Disposal of Seized Goods)

관세청장이나 세관장은 압수물품 중 다음의 어느 하나에 해당하는 것은 피의자나 관계인에게 통고한 후 폐기할 수 있다. 다만, 통고할 여유가 없을 때에는 폐기한 후 즉시 통고하여야 한다(법 제304조 제1항).

① 사람의 생명이나 재산을 해칠 우려가 있는 것
② 부패하거나 변질한 것

③ 유효기간이 지난 것

④ 상품가치가 없어진 것

이러한 압수물품의 통고에 관하여는 “보세구역 장치물품의 폐기”(제160조 제5항)을 준용한다(법 제304조 제2항).

(아) 압수물품의 국고귀속(Reversion of Seized Goods to National Treasury)

세관장은 제269조, 제270조제1항부터 제3항까지 및 제272조부터 제274조까지의 규정에 해당되어 압수된 물품에 대하여 그 압수일부터 6개월 이내에 해당 물품의 소유자 및 범인을 알 수 없는 경우에는 해당 물품을 유실물로 간주하여 유실물 공고를 하여야 하며, 공고일부터 1년이 지나도 소유자 및 범인을 알 수 없는 경우에는 해당 물품은 국고에 귀속된다(법 제299조 제1항 및 제2항).

3. 기타 조사상의 사항

(1) 야간집행의 제한(Restriction of Execution at Night)

현행범인 경우를 제외하고는, 해 진 후부터 해 뜨기 전까지는 검증 · 수색 또는 압수를 할 수 없다. 다만, 현행범인 경우에는 그러하지 아니하며, 이미 시작한 검증 · 수색 또는 압수는 제1항에도 불구하고 계속할 수 있다(법 제306조 제1항 및 제2항).

(2) 조사 중의 출입금지(Off-Limits During Investigation)

세관공무원은 피의자 · 증인 또는 참고인에 대한 조사 · 검증 · 수색 또는 압수 중에는 누구를 막론하고 그 장소에의 출입을 금할 수 있다(법 제307조).

(3) 신분증명(Identification)

세관공무원은 조사 · 검증 · 수색 또는 압수를 할 때에는 제복을 착용하거나 그 신분을 증명할 증표를 지니고 그 처분을 받을 자가 요구하면 이를 보여 주어야 하며, 세관공무원이 제복을 착용하지 아니한 경우로서 그 신분을 증명하는 증표제시 요구에 응하지 아니하는 경우에는 처분을 받을 자는 그 처분을 거부할 수 있다(법 제308조 제1항 및 제2항).

(4) 경찰관의 원조(Assistance of Police Officers)

세관공무원은 조사 · 검증 · 수색 또는 압수를 할 때 필요하다고 인정하는 경우에는 국가경찰공무원의 원조를 요구할 수 있다(법 제309조).

(5) 조사결과의 보고(Report of Investigation Results)

세관공무원은 조사를 종료하였을 때에는 관세청장이나 세관장에게 서면으로 그 결과를 보고하여야 하며, 세관공무원은 이에 따른 보고를 할 때에는 관계 서류를 함께 제출하여야 한다(법 제310조 제1항 및 제2항).

(6) 관세범의 조사에 관한 통지

관세청장 또는 세관장의 조사위촉을 받은 수사기관의 장은 그 조사전말을 관세청장 또는 세관장에게 통지하여야 한다(영 제273조).

제2절 관세범의 처분

Ⅰ. 통고처분(Disposition of Notification)

1. 통고처분의 의의

통고처분(Disposition of Notification)은 관세청장 또는 세관장이 관세범에 대한 조사결과 범죄의 확정을 받은 경우에 통고처분을 받을 자가 수락하는 것을 전제로 처벌하는 것을 말한다.

2. 통고처분의 절차

관세청장이나 세관장은 관세범을 조사한 결과 범죄의 확증을 얻었을 때에는 그 이유를 구체적으로 밝히고 다음의 어느 하나에 해당하는 금액이나 물품을 납부할 것을 통고할 수 있으며, 벌금에 상당하는 금액의 부과기준은 대통령령으로 정한다(법 제311조 제1항 및 제2항).

① 벌금에 상당하는 금액
② 몰수에 해당하는 물품
③ 추징금에 해당하는 금액

위의 ①(법 제311조 제1항 제1호)에 따른 벌금에 상당하는 금액은 해당 벌금 최고액의 100분의 20으로 한다. 다만, 별표 4에 해당하는 범죄로서 해당 물품의 원가가 해당 벌금의 최고액 이하인 경우에는 해당 물품 원가의 100분의 20으로 한다(영 제270조의2 제1항).

또한, 관세청장이나 세관장은 관세범이 조사를 방해하거나 증거물을 은닉·인멸·훼손한 경우 등 관세청장이 정하여 고시하는 사유에 해당하는 경우에는 제1항에 따른 금액의 100분의 50 범위에서 관세청장이 정하여 고시하는 비율에 따라 그 금액을 늘릴 수 있다(영 제270조의2 제2항).

그리고, 관세청장이나 세관장은 관세범이 조사 중 해당 사건의 부족세액을 자진하여 납부한 경우, 심신미약자인 경우 또는 자수한 경우 등 관세청장이 정하여 고시하는 사유에 해당하는 경우에는 제1항에 따른 금액의 100분의 50 범위에서 관세청장이 정하여 고시하는 비율에 따라 그 금액을 줄일 수 있다(영 제270조의2 제3항).

관세범이 제2항 및 제3항에 따른 사유에 2가지 이상 해당하는 경우에는 각각의 비율을 합산하되, 합산한 비율이 100분의 50을 초과하는 경우에는 100분의 50으로 한다(영 제270조의2 제4항).

(1) 통고서의 작성·송달

(가) 통고서의 작성(Preparation of Notices)

통고처분을 할 때에는 통고서를 작성하여야 하며, 그 통고서에는 다음의 사항을 적고 처분을 한 자가 서명날인하여야 한다(법 제314조 제1항 및 제2항).

① 처분을 받을 자의 성명, 나이, 성별, 직업 및 주소
② 벌금에 상당한 금액, 몰수에 해당하는 물품 또는 추징금에 상당한 금액
③ 범죄사실
④ 적용 법조문
⑤ 이행 장소
⑥ 통고처분 연월일

(나) 통고서의 송달(Service of Notice)

통고처분의 고지는 통고서를 송달하는 방법으로 하여야 한다(법 제315조).

(2) 벌금 또는 추징금의 예납(Application for Prepayment of Fine or Surcharge)

(가) 의의

가납제도란 통고의 요지를 이행할 것을 전제로 벌금 또는 추징금에 상당한 금액을 통고처분을 받기전에 미리 관세청장이나 세관장에게 보관시켜 주는 제도이다.

(나) 예납신청(Application for Prepayment)

관세청장이나 세관장은 제1항에 따른 통고처분을 받는 자가 벌금이나 추징금에 상당한 금액을 예납(豫納)하려는 경우에는 이를 예납시킬 수 있세청장 또는 세관장은 통고처분을 받는 자가 벌금 또는 추징금에 상당한 금액을 예납하려면 이를 예납시킬 수 있는 바, 예납

하려는 자는 다음의 사항을 기재한 신청서를 관세청장 또는 세관장에게 제출하여야 한다(법 제311조 제2항 및 영 제271조 제1항).

① 주소 및 성명
② 예납금액
③ 신청사유

(다) 보관증의 교부(Delivery of custody certificate)

예납금을 받은 관세청장 또는 세관장은 그 보관증을 예납자에게 교부하여야 한다(영 제271조 제2항).

(라) 잔금의 환급(Refund of balance)

관세청장 또는 세관장은 보관한 예납금으로써 예납자가 납부하여야 하는 벌금 또는 추징금에 상당하는 금액에 충당하고 잔금이 있는 때에는 지체 없이 예납자에게 환급하여야 한다(영 제271조 제3항).

(3) 통고처분의 효과(Effect of Disposition of Notification)

(가) 관세징수권의 소멸시효의 중단(Suspension of extinctive prescription of the authority to collect customs duties)

관세징수권의 소멸시효(extinctive prescription of the authority to collect customs duties)는 통고처분으로 중단된다(법 제23조 제1항 제4호).

(나) 공소시효의 정지(Suspension of prescription of prosecution)

통고처분의 통고가 있는 때에는 공소의 시효는 정지된다(법 제311조 제3항).

(4) 통고처분의 이행여부

(가) 통고의 불이행과 고발(Failure to Comply with Notices and Accusation)

관세범인이 통고서의 송달을 받았을 때에는 그 날부터 15일 이내에 이를 이행하여야 하며, 이 기간 내에 이행하지 아니하였을 때에는 관세청장이나 세관장은 즉시 고발하여야 한다. 다만, 15일이 지난 후 고발이 되기 전에 관세범인이 통고처분을 이행한 경우에는 그러하지 아니하다(법 제316조).

(나) 일사부재리(Prohibition against Double Jeopardy)

관세범인이 통고의 요지를 이행하였을 때에는 동일사건에 대하여 다시 처벌을 받지 아니한다(법 제317조).

Ⅱ. 고발

1. 고발요건

(1) 즉시고발(Immediate Accusation)

관세청장이나 세관장은 범죄의 정상이 징역형에 처해질 것으로 인정될 때에는 제311조 제1항에도 불구하고 즉시 고발하여야 한다(법 제312조).

(2) 무자력고발(Accusation against Insolvent)

관세청장이나 세관장은 다음의 어느 하나의 경우에는 제311조 제1항에도 불구하고 즉시 고발하여야 한다(법 제318조).

① 관세범인이 통고를 이행할 수 있는 자금능력이 없다고 인정되는 경우
② 관세범인의 주소 및 거소가 분명하지 아니하거나 그 밖의 사유로 통고를 하기 곤란하다고 인정되는 경우

2. 고발의 효과(Effect of Accusation)

관세징수권의 소멸시효(extinctive prescription of the authority to collect customs duties)는 고발로 중단된다(법 제23조 제1항 제5호).

3. 압수물품의 인계

관세청장 또는 세관장은 법 제312조 · 법 제316조 및 법 제318조에 따라 관세범을 고발하는 경우 압수물품이 있는 때에는 압수물품조서를 첨부하여 인계하여야 하며, 압수물품이 법 제303조 제2항에 해당하는 것인 때에는 해당 보관자에게 인계의 요지를 통지하여야 한다(영 제272조 제1항 및 제2항).

Ⅲ. 압수물품의 반환(Return of Seized Goods)

1. 압수물품의 반환

관세청장이나 세관장은 압수물품을 몰수하지 아니할 때에는 그 압수물품이나 그 물품의 환가대금(換價代金)을 반환하여야 한다(법 제313조 제1항).

2. 압수물품에 대한 반환청구가 없는 경우의 국고귀속

압수물품이나 그 환가대금을 반환받을 자의 주소 및 거소가 분명하지 아니하거나 그 밖의 사유로 반환할 수 없을 때에는 그 요지를 공고하여야 하며, 공고를 한 날부터 6개월이 지날 때까지 반환의 청구가 없는 경우에는 그 물품이나 그 환가대금을 국고에 귀속시킬 수 있다(법 제313조 제2항 및 제3항).

3. 압수물품에 대한 관세미납 시의 관세징수

압수물품에 대하여 관세가 미납된 경우에는 반환받을 자로부터 해당 관세를 징수한 후 그 물품이나 그 환가대금을 반환하여야 한다(법 제313조 제4항).

Ⅳ. 몰수품 등의 처분(Disposition of Forfeited Goods, etc.)

1. 몰수품의 처분

세관장은 "몰수품등"(이 법에 따라 몰수되거나 국고에 귀속된 물품)을 공매 또는 그 밖의 방법으로 처분할 수 있다(법 제326조 제1항).

(1) 공매에 따른 처분

몰수품의 공매에 관하여는 "보세구역 장치기간 경과물품의 매각방법"(법 제210조)을 준용한다. 다만, 관세청장이 정하는 물품은 경쟁입찰에 의하지 아니하고 수의계약이나 위탁판매의 방법으로 매각할 수 있다(법 제326조 제2항).

(2) 공매 이외의 방법에 따른 처분

세관장은 관세청장이 정하는 기준에 해당하는 몰수품등을 처분하려면 관세청장의 지시를 받아야 한다(법 제326조 제3항).

(3) 몰수품등에 대한 보관료 등의 지급

세관장은 몰수품등에 대하여 대통령령으로 정하는 금액의 범위에서 몰수 또는 국고귀속 전에 발생한 보관료 및 관리비를 지급할 수 있으며, 몰수품등의 매각대금에서 매각에 든 비용과 제4항에 따른 보관료 및 관리비를 직접 지급할 수 있다(법 제326조 제4항 및 제5항).

여기에서 "대통령령으로 정하는 금액"이란 통상적인 물품의 보관료 및 관리비를 감안하여 관세청장이 정하여 고시하는 금액을 말한다. 이 경우 해당 물품의 매각대금에서 보관료 및 관리비를 지급하는 경우에는 매각대금에서 매각비용을 공제한 금액을 초과하여 지급할 수 없다(영 제283조).

(4) 몰수농산물의 이관(Transfer of Confiscated Farm Commodities)

세관장은 제1항에도 불구하고 몰수품등이 농산물인 경우로서 국내시장의 수급조절과 가격안정을 도모하기 위하여 농림축산식품부장관이 요청할 때에는 대통령령으로 정하는 바에 따라 몰수품등을 농림축산식품부장관에게 이관할 수 있다(영 제326조 제6항).

(가) 몰수농산물의 통보(Notice of Confiscated Farm Commodities)

세관장은 "몰수농수산물("법 제326조제1항에 따라 공매 그 밖의 방법으로 처분할 수 있는 몰수품 등이 농산물)인 경우에는 관세청장이 정하는 바에 따라 농림축산식품부장관에게 이를 통보하여야 한다(영 제282조의2 제1항).

(나) 이관요청서의 제출(file of written request for transfer)

제1항에 따른 통보를 받은 농림축산식품부장관이 법 제326조 제6항에 따라 몰수농산물을 이관받으려는 경우에는 통보받은 날부터 20일 이내에 관세청장이 정하는 바에 따라 이관요청서를 세관장에게 제출하여야 한다(영 제282조의2 제2항).

(다) 몰수농산물의 처분(Disposition of Confiscated Farm Commodities)

세관장은 농림축산식품부장관이 제2항에 따른 기한 내에 이관요청서를 제출하지 아니하는 경우에는 법 제326조 제1항에 따라 처분할 수 있다(영 제282조의2 제3항).

(라) 몰수농산물에 대한 보관료 및 관리비(cost of storing and managing confiscated farm commodities)

제2항에 따른 농림축산식품부장관의 요청에 따라 이관하는 몰수농산물에 대한 보관료 및 관리비는 관세청장이 정하는 바에 따라 농림축산식품부장관이 지급하여야 한다(영 제282조의2 제4항).

2. 몰수품의 납부(Payment in Kind of Forfeited Goods)

몰수에 해당하는 물품으로서 시·군·읍·면사무소에서 보관한 것은 그대로 납부절차를 행할 수 있다(영 제270조).

제3절 포 상

Ⅰ. 포상(Rewards)

1. 관세청장의 포상(Rewards of Commissioner of the Korea Customs Service)

관세청장은 다음의 어느 하나에 해당하는 사람에게는 대통령령으로 정하는 바에 따라 포상할 수 있다(법 제324조 제1항).

① 제269조부터 제271조까지, 제274조, 제275조의2 및 제275조의3에 해당되는 관세법을 세관이나 그 밖의 수사기관에 통보하거나 체포한 자로서 공로가 있는 사람

② 제269조부터 제274조까지의 규정에 해당되는 범죄물품을 압수한 사람으로서 공로가 있는 사람

③ 관세이나 다른 법률에 따라 세관장이 관세 및 내국세 등을 추가 징수하는 데에 공로가 있는 사람

④ 관세행정의 개선이나 발전에 특별히 공로가 있는 사람

2. 은닉재산신고에 대한 관세청장의 포상

(1) 은닉재산의 의의(Definition of Hidden property)

"은닉재산(hidden property)"이란 체납자가 은닉한 현금·예금·주식이나 그 밖에 재산적 가치가 있는 유형·무형의 재산을 말한다. 다만, 다음의 어느 하나에 해당하는 재산은 제외한다(법 제324조 제3항 및 영 제277조 제6항).

①「국세징수법」 제30조에 따른 사해행위 취소소송의 대상이 되어 있는 재산

② 세관공무원이 은닉 사실을 알고 조사를 시작하거나 체납처분 절차를 진행하기 시작한 재산

③ 그 밖에 체납자의 은닉재산을 신고받을 필요가 없다고 인정되는 재산으로서 대통령령으로 정하는 것("대통령령으로 정하는 재산"이란 체납자 본인의 명의로 등기된 국내소재 부동산을 말한다)

(2) 은닉재산의 신고자에 대한 관세청장의 포상

관세청장은 체납자의 은닉재산을 신고한 사람에게 대통령령으로 정하는 바에 따라 10억원의 범위에서 포상금을 지급할 수 있다. 다만, 은닉재산의 신고를 통하여 징수된 금액

이 대통령령으로 정하는 금액 미만인 경우 또는 공무원이 그 직무와 관련하여 은닉재산을 신고한 경우에는 포상금을 지급하지 아니한다. 은닉재산의 신고는 신고자의 성명과 주소를 적고 서명하거나 날인한 문서로 하여야 한다(법 제324조 제2항 및 제4항).

여기에서 "대통령령으로 정하는 금액"이란 2천만원을 말한다(영 제277조 제5항).

(3) 은닉재산의 신고자에 대한 포상금

(가) 포상금(Reward)

체납자의 은닉재산을 신고한 자에 대하여는 "징수금액"(은닉재산의 신고를 통하여 징수된 금액)에 다음의 지급률을 곱하여 계산한 금액을 포상금으로 지급할 수 있다. 다만, 10억원을 초과하는 부분은 지급하지 아니한다(영 제277조 제4항).

징수금액	지급률
2천만원 이상 2억원 이하	100분의 15
2억원 초과 5억원 이하	3천만원 + 2억원을 초과하는 금액의 100분의 10
5억원 초과	6천만원 + 5억원을 초과하는 금액의 100분의 5

(나) 포상금의 지급(Payment of Reward)

은닉재산을 신고한 자에 대한 포상금은 재산은닉 체납자의 체납액에 해당하는 금액을 징수한 후 지급한다(영 제277조 제7항).

Ⅱ. 포상방법 및 공로심사

1. 포상의 방법 등(Method of Rewards)

(1) 포상권의 위임(Delegation of authority on rewards)

관세청장은 포상에 관한 권한을 세관장에게 위임할 수 있다(영 제288조 제1항).

(2) 포상방법(Method of Rewards)

포상은 관세청장이 정하는 바에 따라 포상장 또는 포상금을 수여하거나 포상장과 포상금을 함께 수여할 수 있다. 이 경우 법 제324조 제1항에 따른 공로자 중 관세범을 세관, 그 밖의 수사기관에 통보한 자와 법 제324조 제2항에 따라 체납자의 은닉재산을 신고한 자에 대하여는 관세청장이 정하는 바에 의하여 익명으로 포상할 수 있다(영 제277조 제1항 및 제3항).

또한, 관세청장이 포상금의 수여기준을 정하는 경우 포상금의 수여대상자가 공무원인 때에는 공무원에게 수여하는 포상금총액을 그 공로에 의한 실제 국고수입액의 100분의

25 이내로 하여야 한다. 다만, 1인당 수여액을 100만원 이하로 하는 때에는 그러하지 아니하다(영 제277조 제2항).

2. 공로심사(Examination of Meritorious Services)

관세청장 또는 세관장은 법 제324조의 규정에 의한 공로자의 공로사실을 조사하여 포상할 필요가 있다고 인정되는 자에 대하여 포상할 수 있다. 이 경우 포상에 필요한 공로의 기준·조사방법과 그 밖에 필요한 사항은 관세청장이 정한다. 다만, 동일한 공로에 대하여 이중으로 포상할 수 없다(영 제278조 제1항 및 제3항).

또한, 관세청장 또는 세관장은 포상을 받을 만한 공로가 있는 자에게 공정하게 포상의 기회를 부여하여야 한다(영 제278조 제2항).

저자 약력

전순환

- 건국대학교 무역학과 졸업(상학사)
- 동 대학원 무역학과 졸업(경제학석사)
- 동 대학원 무역학과 졸업(경제학박사)
- Drexel University Exchange Professor
- 강남대학교 무역학과 강사
- 건국대학교 무역학과 강사
- 배재대학교 무역학과 강사
- 한국방송대학교 무역학과 강사
- 한국무역협회 무역아카데미 강사
- 관세청 전문기능자격시험 출제위원
- 관세청 관세사자격시험 선정위원
- 관세청 관세사자격시험 출제위원
- 관세청 관세사자격심의위원회 위원
- 관세청 전문관자격시험 출제·선정위원
- 관세청 무역영어자격시험 출제·선정위원
- 행정안전부 공무원시험 출제·선정위원
- 한국관세학회 총무이사 겸 사무국장
- 한국상품학회 총무이사 겸 사무국장, 부회장
- 한국정보기술전략혁신학회 부회장
- 한국통상정보학회 이사
- 한국무역학회 이사, 감사
- 국제무역학회 이사
- 현) 중부대학교 중국통상학과 교수
  (사)한국무역연구원 원장
  관세청 관세국경관리연수원 외래교수
  관세청특별관세사자격시험 선정위원
  한국창업정보학회 이사장
  한국무역학회 수석부회장
  국제글로벌경영무역학회(IAGBT) 이사장
  한국관세학회 부회장
  한국통상정보학회 부회장
  국제e-Business학회 부회장

주요저서

- 대외무역법 제14개정판, 한올출판사
- 외국환거래법 제4개정판, 한올출판사
- 무역실무 제4개정판, 한올출판사
- 국제운송물류론 제5개정판, 한올출판사
- 정형거래조건의 해석에 관한 국제규칙, 한올출판사
- Incoterms 2010, 한올출판사
- 전자상거래 관련법규, 한올출판사
- 디지털시대 세계무역(공저), 무역경영사
- 무역실무연습(공저), 청목출판사
- 사이버무역, 신성출판사
- Incoterms 2000에 관한 ICC 지침(역), 두남출판사
- 신용장분쟁사례, 신성출판사
- 신용장통일규칙(UCP 500), 한올출판사
- 신용장통일규칙(UCP 600), 한올출판사
- 무역결제론, 한올출판사

주요용역

- 선진 무역환경에 적합한 대외무역법령 정비 연구(책임연구), 2007, 산업자원부
- 대외무역법령의 기업친화적인 정비 연구(책임연구), 2008, 지식경제부
- 선진무역환경조성을 위한 무역제도 개선방안 연구(공동연구), 2009, 지식경제부

<제4개정판> 관세법

2003년 2월 28일 초판1쇄 발행
2018년 8월 30일 개정4판1쇄 발행

저 자 전 순 환
펴낸이 임 순 재
펴낸곳 (주)한올출판사

등록 제11-403호
121-849
주 소 서울시 마포구 모래내로 83(성산동, 한올빌딩 3층)
전 화 (02)376-4298(대표)
팩 스 (02)302-8073
홈페이지 www.hanol.co.kr
e-메일 hanol@hanol.co.kr
정 가 28,000원

- ISBN 979-11-5685-726-6